清康熙

漢南郡志

（清）滕天綬／主修　漢中市檔案館／整理

巴蜀書社

圖書在版編目(CIP)數據

漢南郡志/(清)滕天綬主修;漢中市檔案館整理
—成都:巴蜀書社,2017.5
ISBN 978-7-5531-0776-9

Ⅰ.漢… Ⅱ.①滕… ②漢… Ⅲ.漢中府—
地方志—清代 Ⅳ.K294.1

中國版本圖書館 CIP 數據核字(2017)第 055943 號

漢南郡志

(清)滕天綬　主修
漢中市檔案館　整理

策劃編輯	施　維
責任編輯	張照華　張紅義　張立園
封面設計	周　明
出　　版	巴蜀書社 成都市槐樹街 2 號　郵編　610031 總編室電話:(028)86259397
網　　址	www.bsbook.com
發　　行	巴蜀書社 發行科電話:(028)86259422　86259423
經　　銷	新華書店
印　　刷	四川省南方印務有限公司
版　　次	2017 年 5 月第 1 版
印　　次	2017 年 5 月第 1 次印刷
成品尺寸	290mm×210mm
印　　張	38
字　　數	550 千
書　　號	ISBN 978-7-5531-0776-9
定　　價	1000.00 元

《漢南郡志》及其主修者滕天綬

孫啓祥

清康熙年間由漢中府知府滕天綬主修的《漢南郡志》，是漢中歷史上一部重要的府志，是當今難得一見的珍稀古籍，是國内圖書館的善本書。

一

與其他許多地方一樣，漢中纂修地方志的歷史可以追溯很遠。自東漢至南北朝，漢中先後有祝龜《漢中耆舊傳》、陳術《益部耆舊志》、無名氏《漢中記》、庾仲雍《漢水記》、劉澄之《梁州記》等早期史志著述。唐宋時，又有無名氏《興元舊話》、李宗諤《興元府圖經》、閻蒼舒《興元志》等重要志書，但皆無全本流傳，今天只能從《初學記》《太平寰宇記》《北堂書鈔》《資治通鑒》胡三省注和《輿地紀勝》等典籍中尋覓隻言片語。令人欣慰的是，東晉常璩《華陽國志》卷二《漢中志》、卷十《先賢士女總贊》和卷十二《序志》，比較系統地記述了漢中遠古至晉代的歷史事件和漢代至晉代的人物故事，但《華陽國志》涵蓋地域廣闊，非漢中區域專志。明清兩代，漢中共出現了五部府志，即明嘉靖年間張良知纂修的《漢中府志》、萬曆年間崔應科纂修的《漢中府志》、清順治年間馮達道重修的《漢中府志》、康熙年間滕天綬主修的《漢南郡志》、嘉慶年間嚴如熤主修的《漢南續修郡志》。其中，崔應科之志在清初已無全本，只有嚴如熤《漢南續修郡志》在漢中仍有庋藏，其他三志久已難覓蹤跡。公元二〇一五年冬，漢中市檔案館聽聞南京圖書館已將所藏《漢南郡志》掃描成爲電子版，遂籌集經費，請示審批，以高價購得電子版，並與上海圖書館、國家圖書館所藏《漢南郡志》對照斟覈，去訛補缺，是爲本志。

三

《漢南郡志》的修纂，肇始於康熙二十六年（公元一六八七年），成書于康熙二十八年（一六八九），付梓於康熙三十年（一六九一）。依據主修者滕天綬所撰《序》和《凡例》，本志係在明萬曆癸卯（一六〇三）崔應科纂修、清順治丙申（一六五六）馮達道纂修的兩部《漢中府志》基礎上，『仍舊志之條目，綴後來之考訂』，釐定錯訛，補苴遺缺，增添新材，『從丁酉後採輯三十三年以來之事，合前志』而成。也就是説，新志未改變前二志的篇目結構，只是斟正補綴，擴展内容，並續寫了順治《漢中府志》時間下限以後三十三年相應部分。閲檢《漢南郡志》，確如所述。萬曆《漢中府志》已經失傳，其篇目已不可得。順治《漢中府志》共分六卷，依次爲《輿地志》《建置志》《食貨志》《官守志》《人物志》和《藝文志》，而康熙《漢南郡志》雖有二十四卷，卻也只分六個部分，僅將順治《漢中府志》之《官守志》更名曰《秩官志》。擴展的内容，以條目而論，《輿地志》在前《志》『星野』『沿革』『疆域』『山川』『陵墓』『風俗』外，增設分設了『郡縣釋名』『形勝』『關隘』『古蹟』『軼事』『轉餉』等條目；《建置志》在前《志》『城池』『藩鎮』『公署』『津梁』『秩祀』『寺觀』外，增設分設了『學宫』『坊表』『鄉村』『市集』『鋪舍』『驛傳』等條目；《食貨志》在前《志》『田賦』『茶課』『物産』『水利』等條目外，增設分設了『里甲』『人丁』『均徭』『屯地』『屯丁』『存留經費』『鹽課』『雜税』等條目；《秩官志》在前《官守志》『官師』『宦蹟』條目外，增設分設了『文武沿革』『軍額』等條目；《人物志》在前《志》『科甲』『名賢』『貞烈』『僑寓』『僊釋』外，增設分設了『勳爵』『薦辟』『保舉』『特授』『封贈』『恩廕』『孝義』『賢媛』等條目；《藝文志》前《志》只分詩、文兩類，後《志》則將文類細分爲『書表』『碑記』『論辭』『賦銘』四類；將『災祥』自《食貨志》調至《輿地志》，『兵防』自《建置志》調至《秩官志》。調整增編後，《輿地志》《建置志》各兩卷，《食貨志》《人物志》各三卷，《秩官志》四卷，《藝文志》十卷，内容延伸，篇幅擴大，達煌煌四十萬言。

《漢南郡志》修成後，應主修者漢中知府滕天綬之請，總督四川陝西等處地方軍務兼理糧餉兵部右侍郎兼都察院右都禦史葛思泰、陝西分巡漢興道按察司副使常名揚在康熙三十年分别作序，他們均給予《漢南郡志》高度評價，或譽之『體裁精嚴，藝文高古』[二]，或讚其『秩然而有倫也，錯然而有章也，豈獨存此邦之文獻，而君子且可以觀政矣』[三]。後世也不乏給予肯定者，嚴如熤主修的《漢南續修郡志》即謂其『最稱

[二] 清康熙《漢南郡志·葛思泰序》。
[三] 清康熙《漢南郡志·常名揚序》。

詳盡』〔一〕。但是，今人也有對其提出批評者。陳光貽在《稀見地方志提要》中評《漢南郡志》曰：『卷帙雖大增於前，而祇補藝文居多，事物所增無幾……《輿地志》有《僭亂》《歷代得失大略》《明末流寇紀略》三篇，不入《藝文》，于志例殊若不合。餘類亦子目冗雜，體例有欠嚴慎。』〔二〕平心而論，前人之讚美不可謂過譽，今人之批評更可稱中肯，《漢南郡志》之價值和缺陷都毋庸諱言。

首先，《漢南郡志》將清初已只賸『鐫版數片』，『積塵寸許，點畫不可辨』〔三〕的萬曆《漢中府志》和十卷順治《漢中府志》擴充續編爲二十四卷，功績其莫大焉。修志是記録歷史、傳承文化的事業，其取材必須有案可稽，編目必須囊括週全。《漢南郡志》採用萬曆、順治時兩部《漢中府志》的結構和素材，本身就是對前人事業的尊重和繼承。不過，不單萬曆《漢中府志》和順治《漢中府志》篇幅及内容有限，就是流傳至今、堪稱精嚴的明嘉靖《漢中府志》，雖分十卷卻只有十多萬字，不可能容納更多材料。而《漢南郡志》之《輿地》《建置》《食貨》《秩官》《人物》各志增加的子目及其相應内容，極大地豐富了志書山川勝跡、人文活動和經濟社會發展的素材。其新增子目和歸類大多被後來嘉慶年間嚴如熤主修的《漢南續修郡志》所採用，這也是《漢南郡志》創新性的體現，對後世尤具價值。可以说，《漢南郡志》是漢中歷史上第一部篇目齊全、内容全面、卷帙浩瀚的府志。

其次，相比于先前的府志，《漢南郡志》除《藝文志》篇幅大外，於《建置》和《食貨》增加條目或素材亦多，説明編纂者十分關注社會經濟狀況。在《建置志》中增加的『鄉村』『市集』『鋪舍』『驛傳』等條目，在《食貨志》中增加的『里甲』『人丁』『均徭』『屯地』『屯丁』『存留經費』『鹽課』『雜税』等條目，記載的都是社會最底層的情況，最能反映人民生産生活。這些内容在古代官修史書中最容易被忽視，卻是修地方志時最不該忽視的。《漢南郡志》記述這些事項，并列專條，體現了纂修者的『史識』。

再次，《漢南郡志》增寫改寫的另外一些内容，也不乏可圈可點之處。《輿地志》之『郡縣釋名』，將府、州、縣名之緣起作追溯探討，既不乏新意，亦甚爲重要，被後來的志書屢屢倣效。雖然《漢南郡志》的『郡縣釋名』並不都可信，但畢竟係創新，同時也記録了當時人們的認識。值得一提的是，它對漢中名稱來源的闡釋『郡臨漢水之陽，南面漢山，以當漢江之中，故名漢中』，抓住了『漢中』與『漢水』相關這個要害，與《史記正義》『以漢水爲名』〔四〕的論述一致。相比之下，一百多年後，《漢南續修郡志》表述爲『郡臨漢水之陽，南面漢山，故名漢中』，以漢中

〔一〕 清嘉慶《漢南續修郡志》卷九《秩官上》，民國十四年重刻本。

〔二〕 陳光貽：《稀見地方志提要》卷四，齊魯書社一九八七年版，第二二五頁。

〔三〕 清康熙《漢南郡志・漢中府舊志序》。

〔四〕 （唐）張守節：《史記正義・高祖本紀》。

治所與漢水、漢山的相對位置詮釋漢中之得名，則謬之千里。《輿地志・山川》曰：『鄭谷，鄭子真隱處，一在褒谷，一在箕山，均謂之鄭谷也。』並進一步説明：『按《雍録》，谷口在雲陽縣西四十里。』一事存多説，比之後世的一些史志著述片面强調褒谷口爲鄭子真隱居處要嚴謹得多。《漢南郡志》的《僭亂》《歷代得失大略》《明末流寇紀略》三篇，蒐集歸納漢中歷史上的重大政治、軍事事件入志，爲後世志書沿用，值得稱道，儘管將這些内容歸入《輿地志》顯得牽强，難稱妥當（《稀見地方志提要》曰入《藝文志》亦不恰當；《漢南續修郡志》增設《紀事》專志，方處理得體）。《漢南郡志》對前《志》有些内容的改寫和歸屬調整也有可取之處，如根據平定三藩後的時局，除删除前《志》中有關『平西王』的事跡，在《僭亂》中記述剿滅『滇逆吴三桂』的情況，還在《建置志》子目中去掉了敏感的『藩鎮』字樣。《漢南郡志・災祥》所記爲天災或祥瑞，屬自然現象而非人爲賑災行爲，新《志》歸《輿地》，較前《志》歸《食貨》爲妥；『兵防』與『軍額』主要記録防守重點和軍力配備，駐防設施内容較略，新《志》歸《秩官》較前《志》歸《建置》更宜。

當然，對於一部成於衆人之手，且編纂用時前後不足三年，又有響應『天子時命儒臣修輯《一統志》』之政治需要的長篇鉅制，《漢南郡志》不會没有缺點，美中不足，璧中有瑕亦屬必然。其結構編排、材料取捨、史事考證都有可商榷之處。

《漢南郡志》素材豐富，類目繁多，但纂修者卻未突破順治《漢中府志》分爲六個部分之結構，相對於嘉靖《漢中府志》分十類十卷（《漢南郡志》修纂者似乎未見到嘉靖志，通卷未曾提及），多少顯得結構『倒退』，且留下分志子目和篇幅畸輕畸重、編排駁雜之憾。《食貨》《秩官》《人物》三志所屬子目，按事類和按區域編撰混用混列，略顯鬆散。《藝文志》中詩和文的排列，格式不一，儘管主修者在《藝文志論》中曰：『雖然文墨畢陳，宜於分類，以别其體制，顧前志俱從時代，不便紊列，以易其前後，故仍其舊。』但文章列序卻存在既非視文體，亦非按時代，又非以内容的弊病；卷二十中居然將『元』置於『宋』之前，紊亂畢現。

《漢南郡志》於内容取捨也不夠嚴謹。《輿地志》之『形勝』『關隘』篇，洋縣、寧羌州和略陽縣在地形地勢總體概述下，有主要形勝的描寫，而漢中府和其他縣，大都在簡短總述下排列所謂『十景』『十二景』之類，顯得内容單薄，詳略非當，體例不一〔二〕。與順治《府志》比，《建置志》少了縣域圖，成爲缺憾。

地方志之通弊之一是爲『使桑梓生輝』而攀附名人，《漢南郡志》無此明顯缺陷，卻也有失於考證之處。晉代吉挹在魏興太守任殉國，其事與清代漢中無關，但也被收入『歷代職官政績』。唐代權德輿曾仕宦漢中，爲天水略陽（今甘肅秦安縣東北）人，非漢中略陽人，張良知在嘉靖《漢中府志・凡例》中就特别申明，但《漢南郡志》中幾處記載權氏祖孫三代與漢中無關的事跡詞章，在《人物志論》中還以『權相國之爾雅

〔二〕《漢南郡志》之《幅員》『褒城縣』下有『餘路屢徵無報』語，表明州縣資料由各地方提供，但配合程度不一。

文章』爲漢中壯勢。梁簡文帝《玩漢水》、晚唐韋莊《漢州》詩，均非寫漢中之作，而誤入《藝文志》；《郙閣碑銘》（即《郙閣頌》）爲仇靖作而誤爲蔡邕；《遊石門》係安丙詩而誤爲文同，甄别考證不精，又被後世屢屢援引，以訛傳訛。

三

《漢南郡志》的主修者滕天綬，奉天府遼陽州（今遼寧遼陽市）人，生卒年不詳〔一〕，廕生出身，兄弟五人，行二。父應元，明遼東武舉，曾隨翰林院官使朝鮮，降清後於灤州陣亡，授騎都尉世職。天綬於清康熙二十五年（一六八六）至三十二年（一六九三）間任漢中知府，爲官諳練精敏，被《陝西通志》列爲名宦，卒後入祀漢中府名宦祠，清乾隆《潮州府志》卷三一《職官表》、《欽定盛京通志》卷七八《國朝人物志》、嘉慶《漢南續修郡志》卷九《秩官上》、民國《遼陽縣志》卷九《鄉宦》、《奉天通志》卷一八七《人物》等有其生平事功記載。

滕天綬曾任湖北襄陽知縣，政績卓著，當地人比之於西晉循吏羊祜，爲之立『去思碑』。康熙二十年（一六八一），天綬任廣東潮州府海防同知，二十五年冬陞任陝西漢中府知府。當時，正值清廷先後消滅南明政權、平定三藩之亂、擊敗沙俄侵略者，形勢愈加穩定，國力日趨強盛，政區、邊界以及職官、户口、田賦、物産等都程度不同地發生變化，於是下詔編纂《大清一統志》。漢中是明末清初李自成農民起義軍頻繁出入之地，是反清活動的重鎮，又曾是康熙前期清廷與吴三桂決鬥的戰場。滕天綬涖任，滿目瘡痍，百廢待舉，遂整飭治安，修葺房舍，鼓勵耕織，疏解争訟，使壇廟、樓櫓、倉廒、學宫、吏宇得以次第修復；南鄭、褒城、城固、洋縣各處水利設施逐步恢復，管理措施進一步強化，以致漢中出現了『民賦屯田，則《禹貢》之任土作貢也；表揚節義，則《周禮》之木鐸徇路也；振刷敝政，則李發運之寬民力也；均平水利，則杜父召母之引渠灌溉，養恬萬姓也』〔二〕的良好局面。同時，鑒於朝廷倡導修志，而『漢中當兵燹之餘，廬舍蕩然，郊原非故，民力闕如，豈惟文獻凋零，求所謂殘編斷簡者，幾邈乎不可追矣』〔三〕，明萬曆崔應科、清順治馮達道所修之志又『篇章雖云典雅，而蒐羅未免簡略』〔四〕，況且『合

〔一〕 漢中市地方志編纂委員會編《漢中地區志》以其卒於公元一六九〇年（康熙二十九年），不確。是時，《漢南郡志》還未刻就，滕氏還在漢中知府任内。

〔二〕 清康熙《漢南郡志・葛思泰序》。

〔三〕 清康熙《漢南郡志・葛思泰序》。

〔四〕 清康熙《漢南郡志・滕天綬序》。

數姓之藏，不能得一完本』〔一〕，於是應乎時，順乎勢，本着『雖云徵一方之典故，實以表一代之隆盛』〔二〕，『一郡山川、貢賦、人文、風俗，悉本乎郡守之博稽廣覽，裁成損益，彙爲簡編，登諸志乘』〔三〕的職責和目的，於次年即着手纂修府志，作《延請修志啟》，『廣接紳衿，授餐適館，各抒聞見，彙集篇章』〔四〕，延聘卸任官員和鹽鼎、張京鏜，當地貢生李爾振、周忠等多人，花費兩年多時間，重輯續編完成了《漢南郡志》二十四卷。

關於《漢南郡志》之著作人，按原書之《編輯姓氏》所列，爲『漢中府知府滕天綬重輯』，以下所列『同較』者有十五人之多，其中時任府縣官職、『掛名』色彩濃厚者有漢中府同知、通判和南鄭縣、洋縣知縣等四人，接着爲『原任江南道監察御史和鹽鼎』。而據《稀見地方志提要》云：『是編天綬延邑人和鹽鼎，採輯順治十三年後三十餘年之事，乃合舊志共編爲二十四卷』，則和鹽鼎爲主要編纂人，故一九八九年六月筆者參與編輯的《漢中地方志工作綜覽・地方志書目》（內部資料）中，即將《漢南郡志》標爲『滕天綬修，和鹽鼎纂』，《中國地方志聯合目錄》亦如此表述〔五〕；而郭鵬《漢中地區歷代志乘述略》卻有『鄭炳然（四川廣安人）、楊筠（南鄭人）纂』〔六〕之説，顯然是誤將鄭、楊二氏嘉慶年間曾參與編纂《漢南續修郡志》之事與編纂《漢南郡志》事混淆〔七〕，不足爲據。此因明清以降地方志多由官修，並由當地最高行政長官統率或掛名，且《漢南郡志・葛思泰序》中有滕天綬『蒞至之明年，即有纂修郡志之舉』語，滕氏又在《自序》《凡例》中詳述修志經過，並『退思之下，手自掌摩，繁者刪之，逸者補之，畧者益之，踈者密之，不涉於風化綱紀者去之，或緣於僞傳影射者刊之，皆本之邑乘之筆載，核之往代之史籍』〔八〕，確實做過具體的編纂工作；而據《漢南郡志・人物志》載，和鹽鼎係城固人，爲順治十五年（一六五八）舉人，嗣後康熙五十六年（一七一七）《城固縣志》、嘉慶十九年（一八一四）《漢南續修郡志》及其他所見史料，均未有對和鹽鼎修纂《漢南郡志》的進一步表述，和鹽鼎與其他『同較』者之所爲殊難分辨，故本書只署滕天綬爲主修人，其他編纂人不特別列出。

〔一〕 清康熙《漢南郡志・批詳》。
〔二〕 清康熙《漢南郡志・批詳》。
〔三〕 清康熙《漢南郡志・葛思泰序》。
〔四〕 清康熙《漢南郡志・滕天綬序》。
〔五〕 中國科學院北京天文臺主編：《中國地方志聯合目録》，中華書局一九八六年版，第一九八頁。
〔六〕 郭鵬：《漢中地區歷代志乘述略》，《漢中師範學院學報》一九九四年第一期，第四六頁。
〔七〕 參見清嘉慶《漢南續修郡志・嚴如熤敘》，民國十四年重刻本。
〔八〕 清康熙《漢南郡志・滕天綬序》。

四

《漢南郡志》之書名，按照地方志命名以行政地域名稱爲主題之習慣，應名爲《漢中府志》，因爲當時漢中爲『漢中府』而非『漢南郡』，之所以如此命名，編纂者當有其特殊考量。

查『漢南』一詞，出現甚早，可上溯至《吕氏春秋》。東漢末年，諸葛亮出使江東，對孫權有『將軍起兵江東，劉豫州收衆漢南』語。《南史》卷六《梁武帝紀》載：『四月，帝出沔，命王茂、蕭穎達等逼郢城。五月巳酉，帝移屯漢南。』這裏的『漢南』當漢水（沔水）中游以南之地。稍後，羈留北方的著名文學家庾信在《枯樹賦》中有『桓大司馬聞而歎曰：「昔年移柳，依依漢南；今看摇落，淒愴江潭。樹猶如此，人何以堪」』句，藉用東晉荆州刺史桓温之事抒發漂泊異鄉、歲月流逝之歎。西魏時，於今湖北宜城置漢南縣，唐代廢止。基于這些史實，唐人稱襄陽一帶爲漢南，如劉禹錫有《奉和裴侍中將赴漢南留别座上諸公》詩，李商隱有《漢南書事》詩，白居易有『又昨過漢南日，適遇主人集衆娱樂』（《與元九書》）文。不過，由于『漢南』爲概稱，漢水上游的漢中、安康，古代亦有『漢南』之稱。唐至德二年（七五七）改安康郡爲漢南郡（次年改置金州），治所西城縣在今陝西安康。時間雖短，卻給安康留下了『漢南』的印記。古代漢中未有『漢南』之行政設置，但『漢南』之稱卻甚烈。北宋熙宁年間，著名詩人、畫家文同知興元府（即今漢中），府通判盧微之自外地携芡實在漢中試种成功，文同《采芡》詩曰：『漢南父老舊不識，日日岸上多少人。』詩中的『漢南』即指漢中。明嘉靖《漢中府志・凡例》曰：『漢南山川雄勝，名賢宦客游詠頗劇。』李德性《重修城隍廟記》曰：『萬曆壬寅冬，余承乏尹漢南之略陽。』張煉《拜將臺》詩：『漢南太守風雅人，坐清漢水柔羌民。』都用『漢南』代稱漢中。明末，李自成農民軍和其他起事饑民在陜南、鄂西、豫西多有活動，《明鑒綱目》《明史紀事本末》《明史略》《延綏鎮志》《二申野録》等史籍在記述這些史事時，多出現『漢南』地名，或安康，或漢中，所指未定。至清代，『漢南』已成爲漢中之雅稱、代詞。故滕天綬任職漢中，曰：『丙寅之冬，奉命來守漢南。』『今漢南屢被寇氛。』〔一〕葛思泰在《漢南郡志序》中曰：『粤自西岐化行江漢，維時中林野人、漢南游女，皆知禮義。』《欽定盛京通志》亦曰：『漢南素饒水利，天綬相視地形，築堤建閘。』而康熙年間户部侍郎吕履恒有《留别漢南諸子》詩題，嘉慶年間福建分巡臺灣厦門道梁文煊有『漢南多秔稻，精者柔且旨』詩句，《漢南郡志》《漢南續修郡志》中，更有衆多詩文用『漢南』指稱漢中。

〔一〕清康熙《漢南郡志・滕天綬序》。

總而論之，《漢南郡志》的纂修者對所修志書之所以如是命名，大概有三種理由：其一，從習從雅。既然漢中有漢南之習稱，不妨採之；且漢中戰國至秦漢時即爲郡，稱《漢南郡志》顯得更古雅。以習稱雅稱命名志書非自《漢南郡志》始，而有悠久淵源，不單『南宋所修州縣志，皆不用州縣真名』[一]，明正德《姑蘇志》、嘉靖《南畿志》，以致更早的晉常璩《華陽國志》皆屬此類。《漢南郡志》之名亦非始自清人，明人胡纘宗在嘉靖《漢中府志敘》中之『漢郡張丞重修郡志成』語，已有此義。非要以『（漢中）府治在漢江之北，以「漢南」名之，本身就不甚確切』，『漢中行政建制名「府」而非「郡」』[二]苛求，則《華陽國志》之名豈不亦欠妥貼，因爲『華陽』既非行政區域名稱，更無『國』之實。其二，區別前志。《漢南郡志》所依據的明萬曆、清順治二志，皆名《漢中府志》，後人爲示區別，於書名前冠以帝王年號，但當時人未必如此，從而有不同著作而名稱相同之嫌。《漢南郡志》之名，顯然有與前人著作區別之意。其三，強調星野。《漢南郡志》尤重起於《周禮·保章氏》的星野之説：『以星辨九州之地，所封之域皆有分星。』在《凡例》中申明：『一郡之内，山川雖舊，世代各異，方域疆界，不無與時爲沿革者，星緯躔度，亦宜因之以辨定。』於卷一《輿地志》論曰：『九州皆有分星，以觀妖祥，而鄭《注》以井鬼屬雍州。漢在雍州之西南。』『漢當雍梁之域，則星在井鬼之分無惑矣。志輿地者，統云井鬼軫翼分野。夫軫翼屬荆州，則州邑之近楚屬者有之，非可概指漢中也。』在《輿地志論》中又有『近蒙制憲葛公，南國巡行』語，反復強調『漢當雍州之西南』，屬『南國』，不可混入荆州。這當爲漢南之又一義。綜上所述，此《漢南郡志》之名所由出也。

五

流傳於今之《漢南郡志》，《中國地方志聯合目録》和《稀見地方志提要》皆以其爲『清康熙二十八年（一六八九）刻本』，其依據可能是卷前有『康熙己巳（即二十八年——引者）菊月』主修者滕天綬所作之序。但是，滕氏之兩位上司葛思泰和常名揚之序均署爲康熙三十年（一六九一），且常名揚之序文有言：『在余未啣命關南之先，已授剞劂。及告竣，請予弁言。』於此推斷，《漢南郡志》在康熙二十八年開始鐫刻，於康熙三十年刻制殆竣之時，葛、常二氏應邀所作之序文至，一併補刻，付印裝幀。故嚴格地説，《漢南郡志》應爲康熙三十年而非二十八年刻本，其記事時間下限爲二十八年。

[一] 陳光貽：《稀見地方志提要》卷四，第三五一頁。
[二] 郭鵬：《嘉慶漢中府志校勘·前言》，三秦出版社二〇一二年版，第五頁。

現在所見之《漢南郡志》，非康熙三十年初刻印行本，係康熙三十八年之後補刻重印本，因其中有多處其字型和刻工明顯與整部不同，部分内容也游離于原編之外。補刻分爲四種情況：其一可能因原版損壞，無法再印，故重刻替代。如卷二之『僭亂』一葉，卷三之『公署』一葉，卷十八《重修縣學記》《重修山河堰記》文一葉。其二是改寫文字，不增加篇幅。如卷三之『城池』，增加了滕天綬於康熙『二十九年復修西城樓……三年告成』之事功，但未增加篇幅，頁碼與後文銜接無間。其三是調整卷内内容，打亂秩序重編。這種現象集中體現在卷二十三『藝文』中，新刻了康熙辛未（即三十年）常名揚撰《五雲宫禱雨靈驗記》和康熙三十一年洋縣知縣鄒溶撰《漢中守滕公勸民冬水灌田種麥碑記》等文章；原刻梁鉉《修街濬溝記》第八葉後，下接之文當爲滕天綬《重修漢中府廟學記》，但補刻時爲了將常名揚《五雲宫禱雨靈驗記》置於滕文前，對常文重新編制了從第一葉起的頁碼，將原刻中佔據兩行的滕文標題、署名和正文第一字『今』字挖去，擠排成一行，置於常文之後，滕文正文仍用原版，故書口『九』『十』頁碼字樣猶在。如此，常文和滕文共有四葉，不便嵌入原滕文只有兩葉之位置，衹得補刻正好兩葉篇幅的沔縣紳士百姓頌揚滕天綬政績的《邵伯滕公倍興水利功德碑記》，補爲第九、十葉，將常文、滕文都置於原刻之後。再後大約十葉内容，也做了抽换新刻，故滕天綬《蓄水灌麥碑記》、鄒溶《漢中守滕公勸民冬水灌田種麥碑記》和城固、西鄉《創修秋堰碑記》兩篇，頁碼與前面不連續，卷末本該有的『漢南郡志卷之二十三終』字樣也不見蹤影。其四是卷外增加内容。卷二十四卷外有南鄭縣令魏壽期文七篇、詩十二首，洋縣舉人薛荃文一篇，未署名文一篇，其中含（康熙）三十一年十二月、康熙三十五年以來、康熙三十六年八月、康熙三十八年七月等時間概念。查《漢南續修郡志》卷九，魏壽期爲安徽太平府繁昌縣人，康熙三十四年任南鄭知縣，其繼任者荆克捷康熙三十九年接任，故魏壽期知南鄭縣的時間爲康熙三十四年至康熙三十八年或三十九年。根據補刻内容和魏壽期身份判斷，《漢南郡志》的補刻重印應係魏壽期所爲，時間在其知南鄭縣最後一段時間，即康熙三十八年末或三十九年初。

如果説魏壽期對《漢南郡志》的補刻調整比較慎重，且存留了一些有用的材料的話，康熙五十年後『好事者』的一次羼雜，卻是這部志書的災難。本志卷十一第三十三葉《撫綏名賢》後，插入了一葉，用大段文字評述川陝總督殷泰的才華、人品和軍功，記録康熙癸未（即四十二年，公元一七〇三年）後其總制川陝，辛卯（即五十年，公元一七一一年）秋入蜀時在漢中受官民擁戴之情形。此葉之頁碼仍標爲二十三葉，將原二十三葉最後兩行之『兵防明』字樣挖改至插頁最後，以與下文銜接。與此相呼應，在卷二十三《藝文》中插入了撰於康熙四十九年的《總督川陝部院殷公德政碑記》，並置於原刻文章之間。查兩處所記川陝總督殷泰之德行，全與漢中無直接關係，其偶過漢中，亦非府志必録之事。更有甚者，《德政碑記》基本無事實作鋪陳，整篇充斥對皇帝的頌揚和對殷泰的獻媚之辭，將殷泰比之於召公、孔子，甚至認爲其治理能力在孔子之上，更是不倫不類，足見撰文者之見識和人品。這些内容的摻入，應發生在康熙五十年殷泰路過漢中後不久，係漢中地方官所爲。它影響了全志的風格體例，進一步加劇了卷二十三的順序混亂，殊不可取。

《漢南郡志》經康熙二十年鐫刻印刷、約康熙二十八年補刻重印，隨後再未見刻印記録。一百多年後的嘉慶十三年（一八〇八），當漢中知府嚴如熤再見到它時，已經『板殘字蚀，模糊不能成句讀』，完整印本無從尋覓。但是，嚴氏還是以殘書爲藍本，於嘉慶十八年續修完成了《漢南續修郡志》，並本着尊重前賢的態度，將『舊志所有者，列原輯滕君姓名于前』。於是我們看到，《漢南續修郡志》卷一《星野輿圖》、卷八《城池公署》、卷十一《秩官武職》、卷十二《食貨》、卷十三《學校》、卷十四《祀典》、卷十五《人物上》、卷十八《選舉》、卷二十三《祥異》、卷二十五至卷二十七《藝文》、卷二十八《詩上》署名爲『漢中府知府關左滕天綬輯，漢中府知府楚南嚴如熤重輯』，這些篇章的主要内容，當採自《漢南郡志》。本來《漢南郡志》在漢中已難尋覓，《漢南續修郡志》在嘉慶十九年（一八一四）的付梓面世，加劇了《漢南郡志》的消亡。清代晚期以後，除了國内少數圖書館，市面上已見不到《漢南郡志》，以致于新修《漢中地區志》在介紹這部志書時，曰『原志無存』〔二〕。

據《中國地方志聯合目録》《稀見地方志提要》和其他相關資料顯示，《漢南郡志》在國家圖書館、南京圖書館、上海圖書館和臺灣省有藏，山東省圖書館和湖南師範學院圖書館存有部分卷册，版本皆曰康熙二十八年刻本。這些珍藏，有的無緣一見，有的不予查閲。現在所見的國家圖書館、南京圖書館和上海圖書館所藏，係同一版本，即康熙三十年刻竣本，但裝訂有差異。南圖本卷二《丘墓》中南鄭、褒城、城固、洋縣的内容有錯頁；卷十二《舉人》插入一葉卷十三《貢士》内容，卷末一葉明代舉人列於清代之後；卷十八《重修縣學記》《重修山河堰記》前後顛倒，且重複一葉；卷二《災祥》、卷三《祀典》、卷二十《藝文》、卷末魏壽期詩文有多處闕頁、殘頁，此類差錯，有的國家圖書館、上海圖書館本無，有的卻更爲嚴重。這些現象，表明各館所藏來源不同，或當初裝幀錯誤，或收藏者根據一時需要、自己愛好羼雜一些内容。漢中市檔案館覓得《漢南郡志》後，原擬點校出版，一則因有關人員有效履職時間内不能畢功，二則有鑒於『點校古籍而破壞古籍』現象的普遍存在，爲避免覆轍重蹈，愧對前賢，僅將志書稍加整理，影印出版，以傳承地方文獻，供有志於歷史文化研究者參考借鑒。

公元二〇一六年冬日于漢上醉醒齋

〔二〕漢中市地方志編纂委員會編：《漢中地區志》，三秦出版社二〇〇五年版，第二二二〇頁。

目録

漢中府舊志序

郡國亘古不變者在天爲分野在地爲山川戶口則登耗變矣賦役則輕重變矣兵防則疎畧變矣官師人物則盛衰變矣溝壘渠梁膠庠廨宇以及諸所建置則隆替變矣郡必有志所以紀變也備攷而謹書之使良庖司割者知大窾堅軱所在砉然遊刃診脈而志其浮沉虛實攄案處方補泄可以無誤志之利益如是乎抵興元首問王藏吏漫應曰無有索之再三以鋟版敷片呈積壓寸計點畫不可辯甚[illegible]靡[illegible][illegible]以至於今垂及六十年所不付諸剞劂者幸也[illegible][illegible]既久來軫方棨而絕續之間闕無紀述用枰然[illegible][illegible]於懷會天憫孑遺雨暘時若守土吏既獲有[illegible]字[illegible]禀各憲臺教令朝夕佩成算故雖以謭劣下才如逵道者得勉竭馬牛奔走之力冗中抽暇謀成此書書成撫卷喟歎歎世事之變相尋未有已也雍草卜居流庸漸復由耗而變之登也汰無耗之征用緩有節由重而變之輕也蒙戎蔡藿之中虎豹憑焉由疎而變之密也且氣初動知罷賂之可羞公道重耶以弓旌爲不辱由衰而變之盛也彼黍離離百工歛跡矣斧斤復應乎星辰春鋪乍興其雲雨由替而變之隆也其漸變而之熾者前此十餘年來扶龍潰弃之功其盡變而無乎不熾者從此數十年內規遠慮長之計其萬不至變爲不熾者從此數十年後歷於永持盈戒盛之心功有與立計有與定心有與爲提呼則亦避此志而增修之而考鏡之已矣芻蕘獻忠竊於諸論斷中三致意焉若乃有諏不答時存闕文誼不敢以傳冀當掌故吾領末枯更需攟實云爾

順治歲次丙申漢臺覓飲之日興元長東吳馬逵道謹誌

漢中府志序

漢以尚書僕射出爲郡或自郡入爲三公其時二千石有治理者輒以璽書勉勵增秩賜金謂所與承流宣化實致其事於民者也是以移風易俗捷於影響而一郡山川貢賦人文風

俗彙萃乎郡守之博稽廣覽裁成損益彙爲簡編登諸志乘拜手以獻於朝宁以供採輯而國家之史事以備蓋甚哉志書與治行相爲表裏也今天下車書一統雍州形勝之地所在人民殷庶士馬蕃盛文獻足徵不比西京文物之隆獨漢中當兵燹之餘廬舍蕩然郊原非故民力闕如豈惟文獻凋零求所謂殘編斷簡者幾邈乎不可追矣從事乎此者不其難乎況論志於漢中尤非易易也粵自西岐化行江漢維時中林野人漢南游

女皆知禮義嫺詠歌逮漢唐以來重熙累洽之後賢人君子項背相望氣節文章彪炳千古而藏修抱貞之輩又卓乎不可一世欲於是蒐羅散佚監古準今非具文經武緯之才者烏能坐言起行以奏厥功耶滕太守來

守此邦也興革一中時歿保釐不辭勞瘁章程制度動合古人其蒞至之明年即有纂修郡志之舉書成而質於余見其體裁精嚴藝文高古猶翰墨之餘事其施諸實事而最著者如民賦屯田則禹貢之任土作貢也表揚節義則周禮之木鐸徇路也振刷疑政則李發運之寬民力也均平水利則杜父召母之引渠灌溉養恬萬姓也余方訏其事功之速及奉命行邊兩過漢中採風問俗親覩其化成俗美因謂太守曰凡修志者類皆

崇尚文辭若考其行事都未能脗合無間獨是編所載前乎此者太守能媲其美後乎此者太守能振其頹洵乎坐而言者起而行矣

聖天子方側席求賢余其以賢太守懋績考最用備翔儀廊廟之選不負以

人事君之評將見今日之龔黃不讓從前名宦詠是書爾有光焉援筆以弁其端

旹

康熙叁拾年歲次辛未嘉平吉旦

總督四川陝西等處地方軍務兼理

糧餉兵部右侍郎兼都察院右都御

史楊思聖撰

序

竊謂事之有徵而可信者其惟史乎史者古今之實錄也或所見或所聞或所傳聞爲之綜核其旨而是非定焉或特書或大書或不一書爲之詮次其辭而勸懲寓焉史固由來尚已

乃考古周禮又設有小史專掌刻國之記以周知天下風土區其燥濕別其剛柔等其山川人物以庶幾從欲而治則是今日之志正亦王道之所必重而以備乎史之所未逮也況夫興元一郡居雍首蜀呃楚吭秦捘脊連雲天開美漢其間奇險所鍾迥非耳目之恒經者顧可使之缺焉弗講哉自滕守至止以來衆廢具興而於府志尤裁之心輯之手集爲成書在余未卸

命閣南之先已授剞劂及告竣請予弁

言見其秩然而有倫也鎔然而有章也豈獨以存此邦之文獻而君子且可以觀政矣蓋先之星野所以本乎天也次之建置所以因乎地也叅之食貨所以學乎民也綜之秩官考之人物所以序乎爵辨乎賢也通之篇

文所以裕乎才也披閱一過郎不必
搴帷四出而在在之掌故時宛人官
物曲無不瞭如指掌較若刻眷焉太
史公曰居今之世志古之道所以自
鏡并以鏡人誠使後之典是邦者寶
之如崔寔政論將日置座右可也故

曰君子可以觀政矣雖然政亦從乎
斯民起見耳修其教不異其俗齊其
政不異其宜非謂因乎人情之爲貴
哉造父善御莊蹻善道靡不控縱應
節然未嘗窮馬之力秦越人之醫也
針石熨齊並用以奏奇功而未嘗伐

性命之理牧民之道又何有異於是
師其意不泥其迹斯誠善於志之也
矣更舍其筏而忘其筌斯尤神於志
之外矣今我
皇上方加意纂修
特勅翰苑諸詞臣編輯

本朝政要并明代數百年遺事備輯
有過而採者乎予郎以是志爲輿
獻或可備乎史之所未逮云
旹
康熙辛未菊月陝西分巡漢興道按
察司副使前貴州道監察御史

韓常名揚撰

序

丙寅之冬奉
命來守漢南維時滇逆蕩析山川歸正
民還井里咸樂昇平
天子適命儒臣修輯一統誌以彰聲教
訖四海之盛徵收天下輿圖亟於編

次余因檢閱漢南舊志披而讀之喟
然而歎曰猗歟美哉歷觀流峙則神
禹導漾水而爲南條之漢者也俯覽城
郭則漢高於此肇四百之基武侯於
此定三分之烈者也人文則李固立
嚴正之節德輿冨藻麗之章疆域則

西北尾雍東南首蜀倚空雲棧溲水
黄金矗騰高之險以限巴隴之衝列
遏戾之奇以壯鄖襄之勢者也豈非
方域之鴻圖區宇之勝槩今昔之所
必據治亂之所攸關者乎惜歲月綿
延紀述廢失是編也明萬曆癸卯創

起于崔郡侯建至
皇清丙申繼輯于馮刺史篇章雖云典
雅而蒐羅未免簡略且從乙卯丙辰
以來山猋跳梁釜魚噴沫其間傾欹
反側軼理背倫殊多棼裂一旦
皇威赫濯虎旅掃除立覩廓清芟削殆

盡引端暨末闕爾未書因是廣接紳衿授餐適鉊各抒聞見彙集篇章仍舊志之條目綴後來之考訂共成廿四卷退思之下手自挙摩繁者刪之逸者補之略者益之踈者密之不涉于風化綱紀者去之或緣于謁傳影射者刋之皆本之邑乘之筆載核之往代之史籍而後捐其氷倖付之梓人雖然余有難言者矣古人之成書也左擁圖籍右列縹緗黜竄塗抹指疵斥纇句櫛字比咸以精實正定爲主而又訪問遺賢廣諮故老非藉論

于膾鳳鸞龍之名卿則取資于茹芝披草之逸叟然後勒爲一帙傳之將來書如是其難也今漢南屢被寇氛世胄寥寂家無司空之十乘架無鄴侯之萬籤名山之著述罔求公府之方策遺散老成凋謝隱士莫聞長民鮮與可之逸奇游覽絶子瞻之精曠文獻不足實媿稽求多后少入貽譏柳子余也并千狐而爲裘集百鷄而爲蹠以類聚以羣分或疑信有未袪恐虛實之未覈輒敢仰塵

上公之覽希附一統之編則鄙陋殿

襍曷可辭焉顧或泰山不辭土壤河
海不憎細流後之君子視如岷山之
導以是編爲發源庶幾稱水德之濫
觴焉可矣

旹

康熙巳己菊月知陝西漢中府事闗
左滕天綬撰

漢南郡志

編輯姓氏

陝西漢中府知府滕天綬 重輯

漢中府同知涂文煊

漢中府通判章娗

南鄭縣知縣韓維新

洋縣知縣謝景安

原任江南道監察御史和鹽明

原任廣東肇慶府知府張京鏊

原任中書科中書屈振奇

原任湖廣廣濟縣知縣黃玉鉉

漢中府儒學訓導鞏爾礪

南鄭縣儒學教諭曹晟

貢生李爾振

周忠

劉壎

生員任牧

廩生劉景朱 同較

漢中府經歷司經歷張廷佐 監梓

批詳

漢中府爲誌書遺佚詳請明示以便修輯以垂永久事竊照各省郡邑莫不有誌非徒供一時之流覽所以紀載其山川貢賦人文風俗聊垂千古雖云欲一方之典故實以表一代之隆盛今

朝統志現在修纂下迨各省府縣誌書無不具備獨漢中自變亂之後廬舍蕩然不惟舊誌之刻板無存卽求有印本完全足以備一時之觀覽者去歲遵奉部文查取漢誌卑府於郡城內外遠近紳士之家一

一購求僅得斷簡殘編合數姓之藏不能成一完本卑府費經訪求方始裝訂成集然其中殘闕失次與夫字跡模糊者尙多莫考但念誌書所係甚鉅豈容聽其缺畧況我

皇上崇文尚道厲精圖治天下臣民向風慕化一時窮簷蔀屋之子莫不興起而人心風俗益多可紀今漢誌原板已廢舊本殘缺無幾若不及時採輯修補後日必致淪失則是漢誌一書終成闕文未免貽當事以後府之嘆此卑府所日夜惓惓莫敢自懈者今卑

府之力捐俸廣爲搜輯大加集蒐刊刻成書以大昭垂之意但事關誌典未敢擅便相應詳明

憲臺仰祈批示以便遵行

督院葛　批

如詳修輯仍候

撫院批示繳

撫院布　批

如詳行仍候

督院批示繳

藩司穆　批

誌書卽國史也似不可缺該府能捐俸纂修可謂盡善矣仰如詳行仍候

兩院詳行繳

臬司吳　批

仰候

督撫兩院暨

藩司詳行繳

驛道馮　批

仰候
院示行繳

漢興道金　批　郡誌一書關係風化該府採訪修輯具
見留心如詳行刻仍候
院司批示行繳

督學道張　批　據詳捐俸修刊府志足見留心
大典宜廣加搜輯以成盛事仍候

兩院　兩司批示行繳

延請修誌啟

蓋聞方隅之列紀猶夫奕禩之史書故春秋題諸曾記越絕備在志林遠自聖編下及野乘從古振今並行不悖矣况當
皇上右文
宸覽不遺乎邑載
興朝廣運傳檄採乎輿圖是知纂述郡誌誠亟典也每念洋州勝甸嶓冢名區赤帝於此開基卧龍由茲著烈金牛鐵類雄關岌業於天衢逝水廉泉淵鑑澄

泓乎錯繡傳望則星槎通漢宜弦則柳汁染衣洵秦蜀之巨都寔崎流之傑壤惜也簡章蠹落著作浮沉溯厥明季癸甲暨沿順治丙申兩次鐫修多端闕失加以逆氛煽亂回而冊籍消亡所喜山川歸正乾高坤厚均遊熙皞之版章祗念文獻叢徵宦蹟民風均漢圖書之蕪略撫茲城社每抱慚敬企
高賢
詩書夙望
風雅名流

必予英華立言同爲素願梳藏秘典周度乃其餘功謹擇　月　日專祈
飛駕惠臨披閱舊編增添新譜或訪前喆家本或資野老故聞或各赴家梓細考公私寔蹟或獨行諸論過授疆土碩傳一應廢存起滅今往異同舉凡節孝貞良災祥仙釋殘碑必拭斷簡莫遺務彙零金聿成完玉不佞躬設陳蕃之榻親掃有道之塵場藿萬聊效授餐之好來游來適山甫林杜之懷毋使空谷足音每思嘉客但冀蒹葭秋水忽覩伊人曷勝幸甚

凡例

漢郡舊志百年以前無復存者惟明萬曆癸卯間郡
守崔登吾有志六冊越 清順治丁酉前郡守馮鷟
棻循舊纂修雖欵刻悉且不失古義乃年遠言湮其
間紀人紀地紀事紀年不無遺略而且字畫魯魚錯
板斷殘失夫志以傳信所關于政教者不小何以昭法
鑒示將來也余從丁酉後採輯三十三年以來之事
合前志而一一釐訂之凡所益損務遵時制故視舊
志爲加詳焉

一郡之內山川雖舊世代各異方域疆界不無與時
爲沿革者星緯躔度亦宜因之以辨定今州已屬州
隸而縣郵之分編紀仍舊山水人物惟其地不惟其
時而載列名賢不止重梓今悉確覈徵其詳毋俾假借
毋俾混淆庶幾世傳爲信筆

郡邑之志蓋以一時之紀載而千百世之是非勸懲
因之余于斯志其或文獻無徵近諂近觸自不敢爲
附會而有闕而未備者竊以昭典乃書宦不書其鄉
客以顯親乃傳子不傳其父斯亦拙漏之嫌也而見
兵戈之變異事之遺皆其所不可畀者余故增所未
有爲考覈皆詳明兵變軼事以備參稽

忠孝節烈風化攸關碩紳豐功竹帛固自有書而潛
德幽光多以之湮晦鐫閭中深巖邃谷豈盡緊難入司
風席者夫誰能一一遍知之而乃訪之舊聞採之輿
論以爲庶幾其有一得然傳收則虛徃濫裁訓又慮
其冒余故備加勘磨斂華就實去文存朴詎曰有隱
應繆期秉簡嚴意旨勿或夸也

郡志所紀莫重賦役雖九屬之繁簡不同 大部定

以明之萬曆間爲準額外濫徵久已開除而又叠奉
恩蠲減之又減一一載在全書
主上悲憫蒼民無有不盡蠲者今悉依全書紀之郡邑日
可以無斜而所備者有益課之輕重不一今蓋則計
口課則歸畝而重輕之弊以除所難調者水利之爭
訟不已今水旱近遠工撥主客而爭訟之端以息余
故志賦役而外于一事特爲致詳以其爲生民利害
之所關也

是志之成申請于戊辰之歲獲 上批允隨檄諸州

縣從覓掌故南爲附郭舊無另志其所紀載俱備之郡志外爲若城若洋若褒若西一時採錄所呈猶成全豹至寧沔之與鳳城所輯書目碑目或得之斷簡殘篇或覓之荒堦蘚碣事多遺佚文亦闕畧余典守是邦幾思蒐羅聚有以集大觀其如兵燹之後往帙無存僅取枝取要皆前賢名實所關載之以志僅止若夫事無切于郡邑言無裨于教化曷敢臆載以致貽譏于浮華焉

關左滕天綬識

漢南郡志

祠廟

食貨志目錄

里甲

田賦

人丁

均徭

額外

屯地

屯丁

長解始末

各屬田賦

人丁

均徭

額外

屯地

屯丁

存留經費

鹽課

水利

物產

茶課

礦稅

秩官志目錄

歷代職官

文武沿革

歷代文職

歷代武職

撫綏名賢

汛防

軍額

人物志目錄

勳爵

進士

舉人

貢士

武進士

藝文志目錄

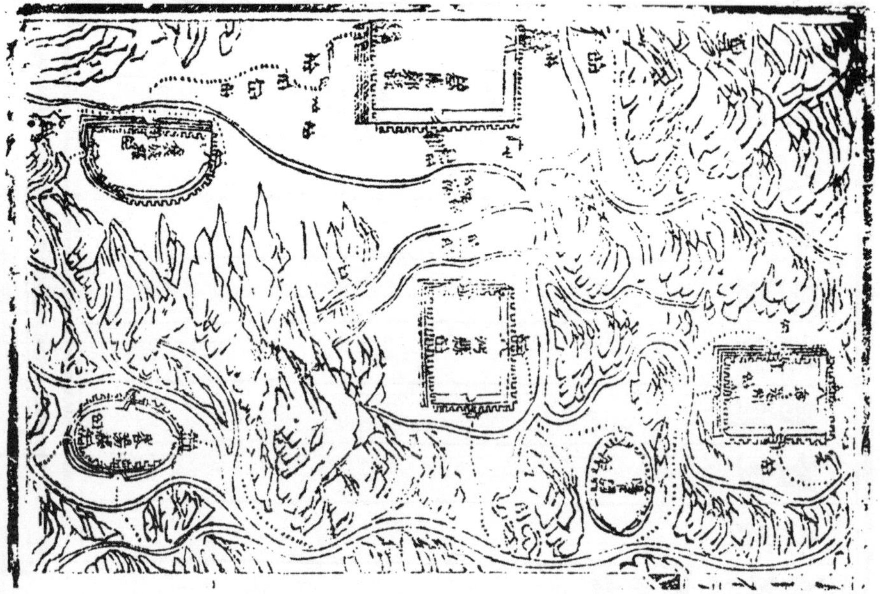

漢南郡志卷之一

闕左　知陝西漢中府事滕天綬　重輯

輿地志

星野

舊志云分野之說昉于周禮保章氏其言曰九州皆有分星以觀妖祥而鄭註以井鬼屬雍州漢在雍州之西南故春秋元命包曰東井鬼宿爲秦分局禮疏曰秦雍州分野東井居兩河之陽自漢中東盡華陽與鶉火相接當地絡之東史記天官書曰東井輿鬼雍州之分漢書地理志曰自井十度至柳三度鶉首之次乃秦之分晉天文志曰自井二十七度至鬼柳鶉火之次屬秦分又天文志曰東井輿鬼鶉首之次其辰屬未自井九度至柳三度屬秦分或曰自東井十六度至柳八度爲鶉首屬秦三分綜斯數者雖度數廣狹稍有不侔然漢當雍梁之域則星在井鬼之分無惑矣志輿地者統云井鬼軫翼分野夫軫翼屬荊州則州邑之近楚屬者有之非可說清漢中也李淳風撰法象志以

屬室州縣分配天文必有確見其後州縣分更但據山河而槩括之宜乎無定判也

分州縣論分野詳載如左

褒城志曰褒城以一統志稽之爲輿鬼翼軫之分野蓋翼軫者楚分也褒地接乎西蜀西蜀隸乎雍州按史天官書曰東井輿鬼雍州前漢地理志曰秦地于天官東井輿鬼之分野後漢天文志曰太白主華陰山梁州雍州益州王衡者謂斗九星也第二主益州隋丹元子步天歌謂天市垣第二十二星其西垣第三星曰梁宋史天文志三台六星中台爲司中其上星主雍梁當屬三台司中上星又參之晉志稽之兩戒自畢十二度至東井十五度爲寔沈魏之分野屬益州自東井十六度至柳八度爲鶉首秦之分野屬雍州漢中當雍州之西南褒當漢中之西北壤接西蜀其卦値坤其辰値未德在少昊當在東井十五度十六度之間自保章氏之後班固取三統歷十二次配十二野則分野之說詳晉武時陳卓更言郡國所入宿度則益詳

至唐李淳風撰法象志以唐之州縣配焉其後州
縣陜隷不同但據山河以分耳
城固縣志曰舊志云按鄭誌以井鬼屬雍州以翼
軫屬荊州夫漢當雍梁之域而城固距漢七十里
則星在鬼井之分可無惑矣然漢于荊楚爲密邇
而城固僅隔一州境則星分翼軫亦自有所據乎
西鄉志曰益州實參臨之次此方輿勝覽之說也
漢中入參九度益州之次當雍梁之交其分星當
在參之次舊謂雍域當在井鬼三分志輿地者統

云井鬼翼軫分野夫翼軫屬荊州邑之近楚者有
之非可槩指漢中今爲井鬼似可破其牴牾之論
矣
又西鄉舊志曰周禮保章氏掌天文志以星土辨
九州之域皆有分星鶉首爲雍梁分野乃井鬼翼
軫域曰西鄉屬梁隷雍爲井鬼翼軫分野矣又曰
天文志鶉首之次井鬼翼軫之分野地志亦謂鶉
首爲梁雍分野然則鶉首之次實雍梁二州之分
星而西鄉爲雍梁分野非在鶉首之次歟又當攷

西華先生星度書西鄉上應翼星之一度鄉星之
十七度止二星纏度耳無別星分野也以西鄉屬
梁隷雍遂爲井鬼翼軫分野似又非確論矣
沔縣志曰周官保章氏以星土辨九州之域皆有
分星以望氛祲察災祥沔爲禹貢梁雍二州之交
天文井鬼分野按天文志輿鬼當鶉首之次在未
自井九度至柳三度屬秦分觀星者察之可矣
按春秋元命包曰東井鬼星散爲雍州分爲秦國
東距殽阪西有漢中南含高山北阻居庸得東井
動深之萌其氣險也

又按度里通議在天之度約一得在地之里二百
五十
又按分野變更議星野之分雖有定屬世歷千古
亦不能無變也有因天運而變者有因地勢而變
者有因人事而變者以天運之宿度分於黃道遷
於歲差如宿屬斗末者或變而爲牛初則野之隷
於斗末者亦當更而爲牛初矣此因天運之變而
分野當改也以地勢而論之據吳越相隔一浙風

俗音容好尚頓殊是人物限於山川而山川限於分野惟山亘古今而不變然川或有壅塞或有開導河或有遷徙如汴城或徙於河之北復更於河之南則亦當隨其遷徙而判其分野矣此因地勢之變而分野當改也以人事而論之據魏徙大梁則西河合於東井秦拔宜陽則上黨入於輿鬼或昨屬荆豫今隸司兗朝爲零桂之士夕爲廬九之民此因人事之變而分野當變也三才交變如此分野之說豈可泥于一定而無變通之議耶

天文恐漢既非甘石安能億測故並著諸說於右俟博雅君子折衷焉漢郡守滕天綬識

郡縣沿革

漢中之隸秦自明始定攷其沿革在唐虞爲雍州域在禹貢曰華陽黒水惟梁州自漢川以下諸郡皆其封域其曰華陽黒水以東距華山之南西距黒水也舜置十二牧梁州其一以西方金剛其氣強梁故曰梁州周禮以梁州併雍州梁州當夏殷之間爲蠻夷之地所謂巴賨彭濮之人也秦平天下置郡爲漢中今漢中洋川郡安康房陵等郡地也漢高祖初封於此改梁曰益蕭何名之天漢武帝分隸益州王莽改曰新成都屬益州王莽末公孫述據有其地後漢建武中平之置益州至獻帝末張魯據其地改曰漢寧三國曹魏平之改爲漢中郡尋入蜀漢昭烈復其地仍爲漢中郡魏末平蜀分置梁益二州晉初因之益領郡八理成都梁領郡八理南鄭晉惠帝以後李特據之至穆帝時平之其後没於苻堅後又復其地安帝時譙縱據之

後又收復梁益寧并因前代梁領郡二十更置秦州領郡十四隸南鄭齊及梁初多因之梁武帝天監三年刺史夏侯道遷所部叛降後魏南至劍閣悉失之後魏得漢中亦曰梁州西魏亦因之復入於梁西魏大統十二年爲梁將蘭欽所陷梁滅再復其地將達奚武平漢川尉遲迥平蜀川隋初郡廢州存大業初州廢爲漢中郡領縣八曰南鄭褒內城固西鄉河池西城安康順政唐復爲梁州開元初以梁京聲相近更名褒州尋復舊名又分天

下爲十道漢中爲山南道尋改爲山南西道加節
度使天寶元年改爲漢中郡乾元二年復爲梁州
德宗幸梁陞爲興元府領州縣二十五曰南鄭褒
城唐固白雲洋州興道武安西鄉鳳州金州安康
漢南平利武都石泉洵州洵城驢川洵陽西安寧
郡廣德漢陰興州畧陽後周改曰漢川統州縣二
十一曰光義褒中城固興勢豐寧故道南岐歸眞
安康梁州金城吉陽吉安永樂晉昌魏昌石泉武
興興州宋仍興元府領南鄭西縣褒城廉水城固

五縣後廢廉水入南鄭乾德三年平孟蜀始盡得
梁州之地鑄興元尹印分置益梓利夔四路興元
府爲利州路復分利州東西路而興元爲利州東
路又名東益領州縣十二曰南鄭褒城城固洋州
鳳州昭化平利石泉洵陽漢陰沔州畧陽元初割
西縣屬沔州以洋州西鄉縣來屬領縣四州二後
立興元路總管府領州縣十二曰南鄭褒城城固
洋州興道西鄉梁泉散州鐸水大安畧陽長舉明
洪武三年將軍徐達平定陝西改爲漢中府隸陝

西布政司領二州一十四縣屬關南道萬曆二十
三年興安改直隸割石泉漢陰紫陽平利洵陽白
河六縣漢中領州一曰寧羌縣八曰南鄭褒城城
固洋縣西鄉鳳縣沔縣畧陽共九屬
皇清因之附郭曰南鄭縣有漢山面其南漢水下流環
圍若帶東七十里曰城固縣山有斗杓水有胥水
東一百二十里而遥曰洋縣龍首峙於北灙水滙
於西東南二百四十里而遥曰西鄉縣北倚蒿坪
南臨木馬北四十五里曰褒城縣背倚連城山直

接雲棧東環褒水自北而南與沔水合東北四百
里而遥曰鳳縣武休西嶂大散東扼水則安河嘉
陵之源也西一百二十里曰沔縣其山曰雲霧其
水曰沔流西北三百里而遥曰畧陽有象山有嘉
陵江與嶓嵎西出之水合入於蜀西南三百里而
遥曰寧羌州控扼蜀門山有嶓冢河有漾水東流
而爲漢焉
南鄭縣在周附庸褒國安王十五年秦伐蜀取南
鄭周衰鄭桓公歿於西戎其民自南來奔因曰南

鄭泰屬公城其地漢爲南鄭東漢置漢中郡始治
此魏改爲光義縣析置白雲縣隋復爲南鄭唐宋
元明皆因之明洪武四年設守禦千户所十三年
改爲漢中衛隸陝西都司
皇清裁守禦千户以衛隸本府縣仍舊名
褒城縣古褒國也夏禹分九州封其子爲褒侯遂
名曰褒國周之褒姒居此後蜀有褒漢之地至六
國楚人兼之懷王衰弱秦畧取焉漢晉俱爲褒中
縣魏置褒中郡隋初改褒内縣尋改褒城後爲褒

中唐貞觀初復爲褒城縣宋元徙治於山河堰北
屬利州興元路明仍宋治
皇清因之
城固縣春秋戰國爲楚地秦爲城固縣漢爲漢陽
縣俱屬漢中郡三國漢建興七年丞相亮築樂城
於城固改爲樂城縣晉復爲城固宋齊梁魏皆因
之隋屬梁州唐武德二年更名唐固三年析置白
雲縣九年省復爲城固宋元明今
皇清因之

洋縣春秋戰國時爲楚地秦爲城固縣屬漢中郡
漢城固縣地又立南鄉縣三國時爲蜀之重鎮晉
分置黄金興道二郡於豐寧戍置豐寧縣分置儻
城興勢二縣尋於縣置儻城郡廢帝於此置洋州
又立洋縣灙城二郡隋初郡廢縣屬洋州後州廢
屬漢中郡唐復置洋州改爲興道縣天寶初州治
始徙於興道郡又置武安軍節度使孟蜀爲武定
軍節度避孟知祥諱改洋州曰源州以洋祥同音
也宋復爲洋州隸利州東路改武定軍爲武康軍

元仍爲洋州附郭興道縣領眞符西鄉馬盤三縣
明洪武時改州爲縣裁興道眞符併入洋縣
皇清因之
西鄉縣禹貢屬梁州境周隸於雍春秋戰國爲楚
地秦置漢中郡城固縣漢分城固半爲南鄉縣建
置於歸仁山今漁渡壩是也晉改南鄉爲西鄉屬
漢中郡魏改豐寧縣尋置洋州及洋川郡隋大業
初州郡并廢復名曰西鄉縣屬漢中郡唐復於此
置洋州天寶初洋州復置興道縣而西鄉遂爲州

邑宋端平中縣廢元復置西鄉縣明仍元治
清因之
鳳縣禹貢雍梁之交春秋爲氐羌所居戰國及秦爲隴西郡地漢高祖分置廣漢武帝爲武都郡領縣九其屬有故道河池二縣東漢晉皆因之魏明帝時其地沒於蜀初楊氏部落居仇池王楊難當傾國南寇宋明帝遣裴方明討之難當奔魏後魏拓地仇池於此置故道郡南齊以故道郡置南岐州西魏改爲歸眞郡又改南岐州曰鳳州隋廢州

置河池郡唐初復爲鳳州天寶初改河池郡乾元初復爲鳳州五代蜀置武興軍宋降爲團練州分川陝爲四路隸秦鳳路高宗南渡以鳳州隸西路仍爲鳳州領縣三治梁泉縣元以附郭梁泉縣併入明洪武三年仍爲鳳州隸鳳翔府四年改隸漢中七年降州爲縣
清因之
沔縣戰國時爲白馬氏之東境秦屬蜀郡漢分白馬氏置武都以是地置沮縣晉梁州治漢之沔陽晉末氐人楊茂搜自號氐王據武都後分王武興其地在畧陽南宋立東益州梁隸武興西魏改東益附興州隋改爲西縣屬梁州唐復隸興州宋因之高宗南渡爲利西路帥司治元至元十四年隸廣元路二十年廢褒州止設驛水縣遷沔州而治焉明洪武三年平定陝西仍屬沔州七年改沔州長舉爲畧陽改西縣爲沔縣成化二十二年置寧羌州遂屬之後復隸府治置沔縣千户所隸漢中府

皇清縣仍舊名裁千户
寧羌本沔州故地周春秋戰國爲白馬氏之境名羊鹿坪白馬氏置武都爲武都地武帝平西羗屬隴西郡之西邑更始隗囂據焉後隴蜀平分屬漢之沔陽魏武取漢中復隸武都西晉末爲氐人楊茂搜所據南宋取之屬東益州即沔縣後魏置嶓冢縣梁立東益爲武興復屬漢中西魏屬興州隋改嶓冢爲西縣屬漢川郡後分屬利州唐初析綿谷置三泉縣宋平蜀先下三泉置大安軍屬大安

高宗南渡爲利西路帥司所治之境開禧中屬沔
州元廢三泉改大安軍爲縣分西置鐔水縣而移
沔州治之明洪武間改州爲縣二十九年羌民田
九成作亂遣將討之明年遣指揮姜觀於此建寧
羌衛屬陝西都司成化二十二年巡撫鄭時奏罷
州治於衛治南領縣二曰沔縣曰畧陽明崇禎間
以縣去州遠州不領縣

皇清因之

畧陽縣春秋爲氐羌所居秦爲蜀郡漢分白馬氐

爲武都之地西晉末氐人楊茂搜分王武興郡今
東𨚗即古武興之故址也南北朝後魏爲畧陽郡
西魏改郡爲順政縣繼置仇池縣後曰盤道隋復
爲順政郡太業初省盤道屬順政郡唐爲興州置
畧陽縣爲附郭宋初爲武興軍領三縣曰畧陽仍
爲附郭曰長舉曰西縣至和間改爲興州開禧三
年以吳曦之變改爲沔州元仍宋舊隸四川廣元
路二十年遷沔州於鐔水明洪武三年平定陝西
廢沔州長舉總爲畧陽縣七年改西縣爲沔縣州

隸漢中府寧羌州崇禎間直隸漢中府

皇清因之

郡縣釋名

漢中之名始於秦古南鄭地也在秦之西南楚之西
北郡臨漢水之陽南面漢山以當漢江之中故名
漢中

南鄭縣名最古謂鄭桓公都鄭其後被難鄭民之
奔徙在河南者爲新鄭奔居於此者名爲南鄭

褒城古褒國也自禹封其子爲褒侯始以褒爲名

城固縣方輿勝覽謂秦置漢中郡爲城固縣者始
城而冀其鞏固之意也

洋縣洋以川名舊治在西鄉祥河之上祥河之川
爲洋川其後改祥爲洋

西鄉縣古爲南鄉在郡之東南三國漢在蜀謂之
東川其縣因與夔之東鄉對故改名西鄉漢張飛
封西鄉侯是其証也

鳳縣以縣之南岐山鳳皇翔集縣之西南有鳳嶺
遂名曰鳳

沔縣以沔水名州治初在略陽今之縣治其後遷
也
寧羌州明洪武平羌氐之亂成化中始建州而以
寧為名欲羌之永寧耳
略陽縣用武之地曰略象山之南曰陽因平氐羌
之亂南北及後魏始以此為名

形勝

漢中府

東接南鄭南接廣漢西接隴右北接秦州秦蜀之重

鎮也
廣輿記曰前控三秦後據兩蜀左通襄沔一大都會

漢南八景
天臺暮雪　黃沙秋月　龍江晚渡　中梁堆嵐
東湖塔影　將臺夕照　漢嶠樵歌　三灘漁唱

南鄭縣附郭

褒城縣

東環褒水西峙牛山中梁雞鳴其南連雲棧繞其北縣側
溉於黨岩發危棧於絕壁款封漢中路據秦隴此一
邑之大概也其餘層巒疊嶂江流盤旋石逕斗折雲
林翁鬱不可具數矣

城固縣

前瞰巴山後枕秦嶺漢江胥水合流雙乳五峯並峙

崇城八景
斗山石鼓　蕙泉泛龍　漢源晚渡　盧閣曉鐘
古城牧笛　南樂耕雲　天臺積雪　荷浦綠煙

洋縣

前瞰巴山北倚秦嶺褒斜西翼荊襄東障

靈城十八景
石筵高峯北十八里　黃金古渡東八十五里
九雲宮闕　七女靈池
鄧墓晴觀　晴洞仙蹤
嘗蓆不竹　紫木香枝南二十五里唐荔枝之所
龍亭牧田　駱谷雄關
洋川壽齊景　秦嶺春雲

西鄉縣

南接巴川北連秦嶺漢江遶其東巴川峙其西為關

南險要之地

西鄉十二景

木馬虹橋　雲亭翠壁

古城秋月　煙寺晨鐘

午子朝霞　洋源漁火

巴山霽雪　聖水靈湖

南隴春耕　晴川曉渡

紅崖返照　龍洞飛泉

鳳縣

大散扼其東武休障其西褒斜阻其南秦嶺限其北重巒疊嶂隱然為蜀門重地

沔縣

北通秦隴西控巴蜀山水稱為高峻冠帶時其往來唐歐陽詹以為秦之坤蜀之艮連高夾深九州之險信夫張浚奏議漢沔形勢之地前控六路之師後據西蜀之粟左通荆襄之財右出秦隴之馬隋書地理志云西北通秦隴西控川蜀界居二國之間道路𡿖空極天下之至險且后依景山龍岡前聳定軍卓筆若栝白馬金牛左拱雲霧百丈漢江諸水經帶包絡于其間武侯屯軍於此誠有見也

沔縣十景

龍岡桃渡　白馬隨江

古洞談兵　軍山列陣

書臺晚翠　卓筆晴嵐

丙穴嘉魚　雲鸞跨鶴

礶峯曉日　金水寒蟬

寧羌州

劍閣朝天峙其西五丁嶓冢據其北南控蜀川之富東連漢沔之雄

武都八景

青溪環帶　源發篩竹嶺從南山北畔轉而北而東復與南埈一似玉帶環而繞者然也

漪水懸崖　州北三十里崖高數丈有泉四時懸注其飛瀑也如雷響應山谷

古觀晨煙　州東十里玉皇觀每晨霧氣如煙久之方散山木鬱葱軍民環住歲旱虔禱即應

丙穴嘉魚　州南百里秋冬水涸則藏春夏之交水漲則出其味美詩南有嘉魚傳云出沔南丙穴是也知州裘龍記曰洞當大兩山之腰絕地而高處者有二夾洞有二相隔者五十步在左者曰黃魚巨鱗堅甲聳背圓啄在右者曰黑魚細鱗柔皮尖腮濶眼形不類焉其上半歲也春分而出冗

經前沒下半歲也秋分而至冬至而絕上日出洞下曰回洞按時而見亭不錯焉也回洞之時黃不亂黑黑不亂黃成貫而進各以羣區族不紊焉土人言黃者本天黑者本地有得乎義振古如茲乎諭土人捕取之法與夫水源之所自土人言是出綿亘巴蜀延袤數千里達州有之其味鹽與此不一此則屆時而伺其中水長與洞口溢魚即隨以出出則沿洞下瀉鑿長渠而豎木柵或於洞口設筐筥罾罟入於中者取之躍於外而入渠者捕之雖年有多寡大小殊數出則無或遺焉又大安亦有洞曰大魚洞土門鋪之七里壩亦皆有魚特不如茲洞之爲類廣而取之可據也

天臺夜雨　州東四十里頂平如臺煙霧朦朧朝晴夜雨

龍洞仙桃　州西一百二十里中崖有洞有天生石橋其狀如龍門內有石像水流入於江旁有仙桃鮮妍茸僉裘龍記曰自州南向而出過羅村由羅村達二郎沿巖而躡紆盤陡峭俯視股栗蓋

危阜也明季緇衣數百輩建剎結菴晨鐘暮鼓彝當春花絢霽秋雨暝濛經聲魚響幽然饒致因與鰲頭崖相近土寇田九成藍鄢作亂剽竊逼殘僧徒逸散矣山之巔有寺弘敞壯麗遊人棲息其中抵夜半必聞風雨震蕩啟戶而視則明月當空星辰燦朗復卧聽之又若故焉所謂天臺夜雨者此也山之後數武有石室無可取獨其中有桃十餘株花則乘春而開實必盡臟而熟履霜堅冰之候盤匝而獻色之鮮芳與常無異味則寒脆而甘食之云可矣頗却熱淘奇種也土人有指草本似安石榴而叢生者爲是亦昧矣但其生也或連年或間歲甚則數十歲寔不易得又或一枝或數枝或數十枝數不能一大約以結寔多爲年稔人康否則反之故以之占豐歉卜疾病驗如影響者也

嶓冢連雲　在金牛驛漾水所出禹貢嶓冢導漾者是山高百仞萬木參天登其巔者諸山皆在足下矣有禹王祠裘龍記云嶓冢山漢水之源其由之衍派未經考也一在天水是爲西漢一在武都是爲東道皆會入於江蓋分從環流而出其大而匯爲南下者也天水之委未審若何而其屬作寧羌者由高百丈長約二十里首若金牛尾繫嶓水對峙有分水嶺焉其流二一發之嶓水而出者徑一渠由東逕經□入於此其金牛而迤東爲澗計五從大安東入於沔南達興安東黃金峽而下合大江總曰漢派其源也其源皆懸山之蜿不長瀉時欲奮湧則其聲類洪鐘一潰即已餘則涓涓滴溜如秋泄然甚在上爲瀑爲一落於港勢或澎湃奔騰洶神矣自姚黃之亂金牛之正面山盡崩頹不可登躡性響木而上猶通一綫然歲月綿久荊棘叢生又蟒蝎窟宅莫敢攀躋有過而勿問者爲尚書曰嶓冢導漾在隴西西氏道縣方典未詳水勢泛溢至導之後東流爲漢又東流爲滄浪過三澨至大別而南爲彭蠡是漾當在嶓之上故禹貢註云東流至武都今二漾源於嶓何也又考方輿所誌云寧羌始出爲漾東南流爲沔秦縣始出爲潛東流至寧羌與沔合爲漢

是秦之水附羌而殊稱此淺其流則此主之其以武都爲宗明矣後之君子幸詳考焉

五丁涵照　州北三十里中界高嶺夕陽透入兩崖如飾金壁裘龍記曰武安之隘有三自東而隸平溪者曰鐵鎖關黃壩者曰牢固五丁則直當大道之區上□關堡諸羌之所恃以爲固也蓋自煞金迤邐而北入寬川以進峪兩旁崇山束立徑開一綫行人如蟻穿穴下則奔灘巨石車馬難行視其棧之剪茶坪雞頭關猶狹墟也夏秋之雨并山洪流灌注縣水無淺則瀰漫浸淫是既苦於石復患於水非直川之藩籬抑亦秦之鎖鑰有天下者存無用爲有用可矣

略陽縣

山峯環矗江濤洶湧道路險惡控扼蜀門又稽境內如八渡山仙人關與金坪渡關等所俱爲要害之地

剏人斥堠屢獲膚公史稱興洋利閬為三秦蜀隴咽
喉洵不誣也

武興八景

獅象拱關 治之東有獅山北有象山蟠踞巉嵓透迤起伏或長風積雨望之勃勃如欲生動焉

文鳳聚庠 文筆峙邑右鳳山峙邑左玉刱霞騫拱翼 文廟

靈巖夕照 城南七里空虛幽敞樹密雲深日薄西山光從洞口射入如奩舒氷鏡水漾天光

白崖樵唱 縣西三十里直立百尋兩崖夾對江水從中豪流舳艫往來賜鳧出沒時有樵夫賡唱空谷傳聲

漢水懸晶 北一百二十里山腰一洞上有三乳懸滴飛珠下注天然三盆不溢不涸相傳飲之可以已疾又有石硯礬槃可興洞之左壁有瀑布十餘丈

明水拋珠 西四十里浩水從懸壁分灑約百餘尺晶瑩疎落形似拋珠

寒蓬積雪 西南百里盤折數千仞雲光倒垂萬象俱俯其下則陰巖積雪隆暑不消

靈峻雨聲 山在西南隅三里高插五雲橫當三水或有霧濛山頂則颯颯有聲雨即至矣故謠名之日雨號山

幅幀

漢中府

東至洋縣子午谷三百一十里交興安州石泉縣界
西至寧羌州七盤關三百里交保寧府廣元縣界
南至南鄭縣青石關楊卷林一百二十里交保寧府通江縣界
北至鳳縣黃牛鋪五百一十里交鳳翔府寶雞縣界
漢中府至省一千零二十里北至
京師三千五百里

南鄭縣

東至新鋪三十里交城固縣界
西至龍江鋪二十里交褒城縣界
南至楊卷林一百二十里交保寧府通江縣界

北至二十里鋪二十里交褒城縣界
西南至大巴關一百二十里交保寧府南江縣界
正東路離城三里至七里店又三里至吳家鋪又三里至興明寺又五里至十八里鋪有鎮店又一十二里至新鋪有鎮店離城三十里交城固縣地方可行車騎東至城固縣四十里往興安州大道
東南路離城三里至焦家河壩十里至麻椰渡有船又二十里至七里壩交城固縣地方安家渡共離城三十里俱係小路通龔家堡上元觀城固縣南山一

帶
東北角路離城十里至乾溝又十里至老鸛窩又二
十里至城固縣新集交界共四十里通城固縣小路
止可人行
東北路離城十五里至玉井觀又二十里至彌勒陀
可行車騎其徑路東通城固縣新集約二十五里北
通天臺寺約三十里東通黒水峪西通連雲棧俱係
高山險嶺止可人行
正西路離城十里至十里店又五里至鐵佛殿又五

里至龍江鋪共二十里交褒城縣地方入沔縣界進
四川大道可行車騎
西北路離城二十里至草壩交褒城縣界可通連雲
棧及沔縣俱係徑路
西南路離城五里至上水渡有船又五里至鐵佛殿
路分兩岐正西三十里至高臺寺交褒城縣界通寧
羌州及廣元縣南江俱深山小路正南過漣水河渡
無船三十里至何家板橋四十里至岩堰口四十里
至小壩入林六十里至大竹鋪有塘兵交南江縣界
俱係深山大林止可人行
正南路離城三里至下水渡有船河東四十里至安
家渡交城固縣界往興安州水路河西三十里至梁
山交褒城縣界通沔縣水路河南二里至油坊店通
水南村漢山一帶油坊店五里至之子堰又十里至
祖師殿又十里至高店嶺又二十里至馬仙壩又二
十里至青石關又十里至老龍池又四十里至羊圈
林交通江縣界俱係深山險路止可人行
正北路離城至八里鋪七里至景家堂又五里至二

十里鋪交褒城縣界又二十里進棧

褒城縣

廣四十里袤四百二十里東九十里至城固縣西九
十里至沔縣南四十里至南鄭縣北六百里至鳳縣
餘路屬徼無載

城固縣

廣五十五里袤三百里
東十里至漢王城交洋縣界係大道可通車騎東南
離城三里至孫家渡口七里至響灘溝口係平路由

此入山四十里至五搭門交西鄉縣界徐徑路止可
人行
東北離城十里至脊水河又十里至常家溝由此入
山四十里至關王廟河交洋縣界止可人行
西大道至磨石橋又前五里至沙河二十里至鄉林
鋪三十里至新鋪交南鄭縣界可通車騎
西南離城過陰平渡口三十里至五郎口平路由此
入山一百一十里至賈峪關險路共一百四十里交
南鄭縣西鄉縣界止可人行

西北離城十五里至文川河三十里至爾勒院之路
交南鄭縣界止可人行又城西北文川河從太白山
發源三十里至楊家關南流至沙河營離城一十里
過漢共六十里水路
正南八里自漢水白岩渡至堰溝口平路由此入山
六十一里至楊關兒溝險路交西鄉縣界止可人行
又南漢水東至漢王城西河口西至安家渡共五十
里水路
正北城無門由脊水河長柳渡口至慶山昇仙口三
十五里平路由此入山一百二十里至北溪里險路東
交洋縣北交鳳縣西交褒城縣界止可人行又城北
脊水河從西北太白山發源至慶山楊家灘水路一
百一十里

洋縣

廣二百里袤八百七十里東一百六十里至石泉縣
西五十里至城固縣南一百一十里至西鄉縣北三
百一十里至盩厔縣
正東離城五里至天寧橋五里至貫溪鋪又一十里

至萬龍橋是處路有二正東一十里至槐樹關又四
十里至鐵石關又六十里至馬家溝交石泉縣界馬
家溝向東正南路至播越臺通興安州驛道其路崎
嶇東北小路從二郎鋪入三河口至蕭河往黑水峪
交盩厔縣界共三百里路亦險窄萬龍鋪東南三十
里至黃金鋪從漢水北過江南黃金渡三十里至覂
沭臺又三十里至渭門又一十里至白沙渡從江南
仍過白沙渡至子午谷五十里交西鄉縣界往興安
州其路通馬又東南十里至望江鋪又十里至仙溶

鋪又十里至雙河鋪又十里至紅苑鋪又二十里至
界牌交西鄉縣界可以行馬
東北五里至牛首山六十里至右水河三十里至金
水河九十里至焦溪河是處有二路正北六十里至
栢林壩交盩厔縣界共二百五十里入西洛峪東路
四十里至蒲河七十里至柴家關共三百里入黑水
峪通盩厔縣兩路俱險窄難行
正西由三官樓二里至甘露庵又三里至五里院又
五里至馬䍧鋪又十里至基瓜鋪又十里至龐家店

又五里至將水鋪又五里至漢王城交城固縣界可
行車騎
西北離城十里至周家坎又十里至九里岡又十里
至馬蹄坪又六十里至鐵冶河又三十里至關王河
交城固縣界路窄止可人行
正南十里至祈子山五十里至晏溝口交西鄉縣界
路窄止可人行
西南二里至新房渡八里至江南壩六十里至梅子
埡交西鄉縣界止可人行

正北三十里至馬鞍山四十里至八里關五十里至
華陽山一百九十里至雞闕山路窄止可人行

西鄉縣

廣五百里袤一千里東一百二十里至洋縣西一百
一十里至城固縣南五百五十里至夔州府太平縣
北一百二十里至洋縣桃溪河一云東至白廟子五
百五十里交太平縣界西至孫家坪一百一十里交
城固縣界南至溪河一百八十里交石泉縣界北至
桃溪河四十里交洋縣界

正東三里至東渡橋又七里至洋河渡口平路六十
里至白沔鋪三十里至茶溪鎮山路又三十里至石
泉縣會溪界路險窄
東南離城一百里至父子關五十里至高川又五十
里至紫陽縣界
正西二十里至古溪鋪又五里至老家山又十五里
至桑園鋪又十里至洋縣紅苑鋪界係山路
西南二十里至空渠四十里至鳳口四十里至普賢
寺交城固縣孫家坪界俱山路

廢二十里至堰口路平五十里至碓臼壩一百一十
里至楊家山三十五里至撈旗河路窄三十五里至
固縣壩一百一十里至漁渡壩四十里至鹽場關一
百八十里至九元子交通江縣界其路止可人行
東南七十里至碓臼壩一百八十里至固縣壩一百
三十里至白廟子交太平縣界其路止可人行
正北二里至彌陀寺四十里至洋縣桃溪河界山路
洋河水從星子山發源流三百里由縣東入木馬河
木馬河從大巴山發源流縣南二百八十里北入漢

鳳縣

廣二百里袤二百八十里東一百九十里至寶雞縣
西一百八十里至兩當縣南三百六十里至褒城縣
北三百五十里至秦州一云東一百一十里至寶雞
縣界黃牛舖西六十里至兩當縣界单河南二百二
十五里至褒城縣界武關北七十里至兩當縣界曹
家庄
東白石舖石關子白家店武星臺草涼驛紅花舖長
橋北星黃牛舖共一百一十五里交寶雞縣界

西交固方石舖草店子馬嶺關草河舖共五十里交
兩當縣界
南鳳嶺心紅舖三岔廢丘關南星陳倉口松林驛柴
關廟臺子留壩青羊舖武關共二百二十五里交褒
城縣界
北郝家山唐藏曹家庄共七十里交兩當縣界

沔縣

廣一百四十里袤一百八十里東一百二十二里至
南鄭縣西一百八十里至寧羌州南五百里至保寧

府巴州北二百二十里至鳳縣
正東三里至武侯祠又一里至馬超墓又五里至何
家營新添舖又五里至大安營又五里至舊州舖又
二十里至黃沙鎮又二十里至紐頂舖交褒城縣界
東南十里至武侯坪又十里至元山鎮四十里至天
池子山交褒城縣界
東北三十里至賈旗寨山河東西兩堰又十里至娘
娘廟又十里至嶺東壩天分東西兩堰又十里至黃
沙窪交褒城縣界

正西十五里至土關鋪又十五里至下沮水五里至
銅錢壩又五里至蔡壩一里至青陽驛十五里至老
丁鋪又十五里至柿樹鋪交寧羌州界
西南二十里至茨角壩二十里至香子壩三十里至
黃土嶺交寧羌州界
西北五里至火星店方家壩二十五里至分水鋪三
十里至上沮水交畧陽縣界
正南十里至武侯墓二十里至上官庄二十里至埠
川三十里至大鐵廠交寧羌褒城界

正北一里至蓮花池二十里至雷公山八十里至石
頂關交鳳縣界

寧羌州

廣三百三十里袤五百二十里東一百十里至黃土
嶺沔縣界西一百九十里至金山寺龍安府平武縣
界南七十里至梨樹埡廣元縣界北一百三十里至
鐵佛寺畧陽縣界
正東二十里由七里埡過二郎壩係小道西至栗樹
埡交四川界止可人行四十里至甕山溝進西流河
通高臺寺至府二百四十里又五十里至鐵鎖關二
十里至平溪河過唐家壩老龍池界碑通漢中府平
溪河四十里至黃土嶺出黃壩河通黃沙俱係小道
東南十里過河站家壩進風香溝過謊山至栗樹埡
一百二十里止可人行
西南由在城鋪至土門鋪一十五里又一十五里至
飛仙鋪十里至牢固關十里至黃壩驛卽箭丁鋪十
五里至七盤關交廣元縣界黃壩驛偏路過尨窪圈
孫家店入大道交廣元縣界

正南三里進爛泥溝毛坪栢楊棧大光坡通廣元縣
小道止可人行毛坪偏路五十里至栗樹埡交四川
界
正北十里至栢林驛五里至浣石鋪從此進溝轉東
偏道過大栢溝過鐵鎖關共八十里止可人行浣石
鋪十五里至滴水鋪平道從此進謝家溝小道過南
沙河通戴家壩至陽平關共一百五十里從滴水鋪
一十五里至五丁關五丁鋪險窄又一十五里至寬
川鋪從此小道進寨子岩過白岩河至青陽驛共一

百里入大道從寬川鋪一十五里至皂角鋪險窄二
十里至戴家壩老君鋪戴家壩小道進冬寒溝流溪
溝通略陽縣共三百里止可人行從老君鋪二十里
至野狐鋪三十里至陽平關十里至龍門渡三十里
至青岡坪六十里至塔寺二十里至金山寺交龍安
府平武縣界從皂角鋪一十里至大安鎮五里至柿
樹鋪一十五里至金堆鋪自州至青陽驛共一百二
十里交沔縣界

略陽縣

輿地志　卷之一　偏慎　三十三

廣七百二十里袤五百二十里東一百二十里沮水
河交沔縣界西一百一十里至大南峪交階州文縣
界南四十二里至白雀寺交寧羌州界北一百三十
里至大石碑交徽州界東二十里至登雲鋪又二十
里至接官亭又二十里至茅壩鋪又二十里至蒖茶
鋪又二十里至夾口驛又二十里至沮水鋪過河有
船十里至七里溝可行車騎
東南二十里從接官亭至道嶺鋪小道步行二十里
至鐵佛寺交寧羌州界通大安可行馬

東北二十里至廟見埡七十里至五郎坪四十里至
白碧壩通沮水俱小道
正西西門過嘉陵江渡十五里至橫現河石牛寺十
五里至罝口十五里至窄峽子十五里至鄧子園十
里至分水嶺十里至七里碥十五里至窯坪里十五
里至大南峪交階州文縣界通秦州可行車騎從橫
現河三十里至鶯臺寺四十里至相公山五十里至
金竹壩交階州界止可單騎而行
西北從罝口二十里至報恩寺三十里至禪覺寺三

輿地志　卷之一　偏慎　三十四

十里至青泥河通白水江險路五十里至階樓壩俱
險窄交成縣界從報恩寺河順西流江六十里至西
淮壩俱險窄交成縣界
西南從青白石三十里至落索河又三十里至七埡
子險窄通寧羌陽平路又通四川龍安府小路
正南七十里至靈岩寺三十五里至白雀寺交寧羌
州界通陽平關從白雀寺沿江西岸五里至青白石
六十里至平溝俱山路險窄交階州界
正北十里至五馬巖又四十里至黑樓房交漓石路

從此二十里至八渡山二十里至大黃渠俱山高險窄二十里至白水江有船二十里至大石碑交徽州界從五馬嵜十里至白石溝三十里至費家埡六十里至仙臺寺下逼白碧壩沮水下逼老栢樹鳳縣界從白石溝五十里至金池院三十里至中川二十里至三川三十里至九股樹交徽州界俱山僻小道

關隘

南鄭縣

青石關

褒城縣

雞頭關 昔有巡檢司與同馬山相對褒令張庚立關南鎖鑰坊揭天下奇觀四字官一員吏一人

清初旋設旋廢

城固縣

南木槽　北木槽 今俱廢

洋縣

興勢關 縣北四十三里蜀置今無　華陽關 縣北一百五十里唐置爲縣要地

宜娘子關 縣東八十五里宋置　榆林關 縣東北二百四十里宋置

藥木關　八里關 縣北八十里

[illegible]門關 縣東七十里　鐵石關 縣東八十里唐置

[illegible]嶺關 縣東北二百里唐置　重陽關 縣南五十里宋置

[illegible]水關 縣南三十里宋置　白椒關 縣東北三百里宋置

[illegible]碓關 縣北二百里宋置　翁嶺關 縣北三百里宋置

平陸關 縣北三百二十里宋置此以上皆古之隘口書之以備觀覽

三河關 縣東北二百里向有巡檢司明弘治間裁革北柴家關南四方山馬家溝等處最宜防守之地

西鄉縣

大巴山巡檢司 西南二百里　鹽場關巡檢司 東南六百里

子午鎮巡檢司 東北一百八十里今裁　小洋 南一百五十里向有官兵防守

圍樂關 在高川明正德間寇副來公駐兵於此剿判襄賊

鳳縣

廢丘關 昔項羽封秦將章邯爲雍王都廢丘漢令樊噲引水灌廢丘邯即自殺

畫眉關　馬嶺關

大散關 秦蜀咽隘　武休 關郎武關驛

仙人　畫口

和尚原 宋吳玠大敗金兀朮於此　黃牛堡 宋吳玠將楊從義所築

吳曦堡 宋吳曦所築　土關鋪 自青岡坪過武休甚峻元汪世顯取

青崖谷 關山寨蜀經此
沔縣
白馬　　石項
百年
寧羌州
牢固關　　鐵鎖關
畧陽縣
亘口廵檢司 西三十里　　九股樹廵檢司 北八十里

山川
漢中府南鄭縣
漢山　南三十里四峯八面欽崟奇偉東北距漢水南接巴山頂有池春夏積雪其右爲鳩谷東有棲真觀孤雲神女祠迤而東不數里有茅溝山夌高峻創明崇禎癸酉觧元庯增光𢈔其上作茅溝山記
大巴山　城南一百九十里接巴州界山多積雪盛暑不消

玉泉山　西南三十里舊名薤谷岡
鶴騰山　西南四十里相傳曾有仙人於此乘鶴騰去
玉京山　西南四十里一峯突揷旱山之陽
旱山　北六十五里山下有雲即雨
籠蓋山　西南五十里與巴山相接老渚河源出此
寶門山　西南七十里多生芝草
米倉山　西南一百四十里高聳摩雲登山絶頂則褒沔洋鳳俱在一覽中

龍岡山　西一十里相傳梁天監中龍鬭於此
中梁山　西一十五里巃嵷高陵形如積谷中梁者以其鎮梁州之中也
七峯山　北五十里其峯峭拔宋蘇軾曾遊
王子山　在七峯山之側上有聖水龍堂光啟延聖院故址峯巒峻拔如畫屏然
天臺山　西北七十里頂平如臺爲縣治之主山山產金精石可爲硯
梁州山　東南一百八十里與孤雲兩角相接頂濶

三十里其平如掌或云古梁州治也已上山

赤崖　在治西北蜀漢趙雲退師燒毀赤崖以北閣道百餘里後諸葛孔明卒于五丈原魏延退師復焚之即此已上崖

駱谷　東一百二十里自洋眞符起至此屈曲八十里八十四盤按寰宇記駱谷道漢魏舊道也南通蜀漢曹爽伐蜀入駱谷三百餘里不得前牛馬騾驢以轉運死畧盡姜維出駱谷軍於長城即此谷道也此道廢塞武德七年復開東北自鄠縣界西南經盩厔縣又西南入駱谷出駱谷入洋川與勢縣界

武鄉谷　城北門內舊志謂諸葛亮封武鄉侯者此

也

鳩谷見前已上谷

石臼嶺　東南八十里已上嶺

褒城縣

同門山　東北十五里與雞翁山相對以三峯門峙故名崖半有洞錯列相傳有異虎伏洞爲害一畢人持劍入洞斃之今劍在石窟內可搖不可拔也迤而南與釣魚臺一點油石對者曰鐵屏崖爲一稜嶒三峯攢峙奇勝可賞

大成山　東北二十里同門山後峯巒起伏長三十餘里

漢山　東南七十里即南鄭之漢山也自西徂東迤三十五里褒民從此入縣有三道最東曰相公嶺原名猴子嶺以總制吳公嘗行其上故易曰相公也中曰土地埡最西曰石梯口石路崎嶇自南而北如下井自北而南若登天嵗半有巨石鐫字其畧云一應鹽榷不得從山過蓋紹興五年也迤西孤峯突起形似覆盆曰大孤山迤東對相公嶺屹

立兩河口之中者曰小孤山

天池山　南四十五里上有穴名氣眼亦名風洞春夏出風秋冬騰氣縣北五十里亦有此頂有池不涸

大壺山　南五十里形似壺

覆斗山　南六十里亦以形得名左有金星山

立石山　南八十里頂有大石如人指壁立無心搖之則動

青崖山　南九十里山多杉檜頂有石如鐘

虎頭山　南九十里狀如伏虎山半有洞
金華山　南九十里上有三教廟從外望之峯嶂包
羅如蓮花然自内視之石逕透迤平曠似又無路
可出山半有洞相傳龍所蟄處山下出泉直流溉
田
雙乳山　南九十五里廉水經其中兩山並峙宛如
人乳
玉映山　南一百九十里向人不識此山自明嘉靖
三十年間始得之山前有神女祠時旱甚神附于

人云山有靈液可取致雨人隨神所指入深林抵
山麓有石竇竇口有苔草蒙茸鄉人立梯剔蘚有
石刻字云玉映山麒麟洞人乃賫火具入洞行數
里如下井者見崖溜下垂凝若玉柱沙膩滑不容
佇立又歷數門始及泉淵泓莫測其沙際有牛足
跡故謂之麒麟也汲水而出果大雨後異之再取
水又雨至今遇旱必禱矣
孤雲山　南一百二十里上有石刻云漢相國何追
韓信至此

兩角山　與孤雲連接以極高處兩峯得名語云孤
雲兩角去天一握玉堂閒話云興元之南有太行
路通巴州其路險峻三日而達于山頂絕高處謂
之孤雲去天一握上有淮陰侯廟
雙山　南八十里兩山橫列故云雙也
華山　西南一百一十里根盤百里許雲布即雨
馬鞍山　西南九十里以形名也麓下有泉溉田東
流與廉水合
寶頂山　西南一百一十里中峯高聳雲起滅可卜

陰晴一統志云多產芝草
仙臺山　西南一百三十里昔云神女所居舊亦有
韓信廟
牛頭山　西二十五里峽有巨石類牛首吐泉可以
溉田欲雨則雲覆又名戴笠山也
箕山　西三十里上有秦王獵池及內穴道人谷鄭
子真嘗隱此諸葛武侯遣趙雲鄧芝據箕谷殺魏
將薛顒即此
石人山　西五十里上有石峯形如人

雲霧山　西七十里頂有崖高百丈横數十步崖上有水痕爲黒白龍形者四夭矯懸掛故雲興即雨上亦有仙遺跡

照壁山　西北五十里南逼雲霧諸山

雲嵾山　西北五十里牛頭山之後古名水西村社壇嶺俗名觀山陟頂二十里上平坦登之則山如螺江如綫矣最高爲雲臺觀觀東一里爲飛仙崖石峯壁立三百五十五丈相傳有女飛昇于此崖下有白龍洞高五丈闊倍之深數步許下有石池二水自上滴入池中從無盈涸旱禱則應觀西有巨石形如龜又三里爲青龍洞深丈餘有石池三水亦自上滴入從洞口流出又後有聖水洞石井亦丈餘深水從底峽中來觀南有峯石有字云牡丹坪觀北山半池中有石如釜瀦水未嘗涸也

伏虎山　西北一里形如伏虎俗呼爲饅頭山

連城山　西北一里下跨黒龍江頂有十二峯連接如城峯各有池池邊似教場近頂山凹處內外將臺几七樵人牧豎時于此得矢鏃云練兵之所也

第三峯有飲馬渠長百步許

七盤山　北十里鷄頭關下自北而上回旋七轉頂有風洞由此入連雲棧

鷄翁山　北十五里即連城後山也突起一峯狀似鷄飛唐溫造赴興元節度至此遇雨不能進禱于山乃霽上其事文宗封山神以侯

青橋山　北五十里山殊險峻緝木以度樹蘿蒙密歲寒不凋

松尖山　北六十里

石尖山　北七十里青橋山後

馬道山　北九十里山之東溝巨石上宛有馬蹄

鳳凰山　北九十里馬道驛北山形翼起如鳳斯飛上有廟

石笋山　北一百二十里山峯如笋

四州山　北入斜谷一百三十里與武關驛相對登之見褒沔洋鳳山半有寺

横當山　北一百三十里已上山

藏劍巖　東南二十五里相傳漢高祖藏劍于此

鶴騰巖　高五十五里三岩削相接狀類畫屏寶積院
內殘碑載昔人于此駕鶴去岩半有三石洞深邃
莫測溪水源發中梁注分兩岐東西灌溉餘水虛
流是岩為瀑布焉巳上巖
大石嶺　南五十里石色皆赤
赤谷嶺　西南十里巳上嶺
月崖　西南一百二十里崖形似月
老君崖　北二十六里
燕子崖　北九十五里巳上崖

龍峯　北二十五里山下有石嶒稜如龍首直走江
岸似吸浪者明直指使者名之曰龍峯吸浪巳上峯
馬鞍石　東二里袞水濱巨石似之
堺石一　東三里烏龍江中上一石横刻使府打
量到下鎋古界從此石至南大宋乾道元年十一
月初五日眉山史可觀記府武祝據於此下一石
鎸制置大使司提備造張儀准相命檄自嘉定三
年至七年督責軍人董工治堺嘉定七年二月記
壽雲石　在滚雪灘右二石倚江其文如壽字

將軍石　北十五里新定舖門外高數丈根潤數十
步狀似兜鍪而立者故有將軍之號也
五龍石　新定舖袞水中巨石五交錯如臥龍
鯉魚石　北三十里袞水中鯉至此不能過故石北
上流諸魚而獨無鯉也
交鎖石　壆子舖南四里龍江西滸間巨石鼎峙有
類交鎖江東石崖下有掌痕
蝦蟇石　北四十八里烏龍江濱高六尺許如雕琢
者金華山亦有之

斬蟒石　虎石北十里龍江岸巨石蜿蜒如蟒昔有傳
有蟒為害異人斬之斷其脊化為石其首有鑑刷
痕莫可考也
虎石　北五十里青崙河北岸有石突起叢薄間昂
發伏宛若虎眠明直指使者名之曰虎石眠雲
巳上石
玉女洞　南四十里中梁山南麓下傳有玉女白日
化昇洞門高廣凉颷颯然外繞溪流從峽下懸為
瀑布其灘深且濶左有一穴如甕土人嘗見巨蛇

自山而下入于穴中故莫敢近也人又以灘之開淤驗歲之豐歉又數步水湧出名玉女泉合溪之流以溉田畝山半亦有石竇曰龍王洞云

乾龍洞　西南五十里婆羅關正南洞高數丈深數十步內有小溪自北石壁下流繞行洞底溪左右石牀相向內有靈泉可致雨禱祀者執火而入路多委折約行三十里達華山洞其中飛鼠如鳩

華山洞　西南九十里高大深邃內有湫禱雨輒應

魚洞　七盤山下有穴如斗水涓涓流于江自清明

至穀雨魚從穴出若春無雷雨則愆其期矣逾是時一魚不可得也邑令張庚題曰魚洞流春

迴水洞　北一百二十里焦崖鋪南石崖下褒水一脉潛入崖穴東出城固壻水河褒水清濁此水亦如之是知之耳

仙人洞　西二十五里洞臨漢水中多佛像滸茲者可滌塵襟

真身洞　南八十里在金華崖蝦蟇石之南從石門委宛而入內空而坦真身飾以金傍崖立龕而坐

中有佛殿三楹林木蘢蔥澗流潺湲最爲幽勝相傳不知何王時洋縣令張某者解組寂定于此旁有石刻蝕剝無稽矣　已上洞

桃園坡　北二十里

黃土坡　北一里　已上坡

褒谷　東北十里出連雲棧直抵鳳縣斜谷七百里郡國志云北口曰斜南口曰褒長四百七十里同爲一谷兩谷高峻中間谷道褒水所流昔張良辭高祖請燒絕所過棧道魏武出斜谷遮要以臨漢

中諸葛亮由斜谷取郿皆此道也

斜谷　寰宇記斜谷路在梁州西北入斜谷至鳳縣界一百五十里有橋閣二千九百八十九間險棧閣二千八百九十二間方輿勝覽云有一溪可行舟孫資云昔武帝征南鄭取張魯陽平之役危而後濟又自徙援夏侯淵軍數言南鄭爲天獄斜谷爲五百石穴極言其深險也何大復曰予從入蜀漢道觀之其西南曰褒谷從褒入南曰駱谷從洋入東南曰斜谷從郿入其所從[illegible]舊志謂[illegible]

一谷非是其棧道所出有四從成和階文出者爲谷中陰平道鄧艾伐蜀由之從兩當出者爲故道漢高帝攻陳倉由之從褒鳳出者爲今連雲棧漢高之南鄭由之從城固洋縣出者爲斜駱道武侯屯渭上由之此四道三谷者關南之險阨攻取所從來固矣按西都賦注褒斜谷在長安西南南曰褒北曰斜長四百七十里其水南流又元和郡國志褒斜道一名石牛道張良令燒絕棧道卽此道也水經注所謂千梁無柱也又水經注諸葛亮與兄瑾書曰頃大水暴出赤崖以南橋閣悉壞時趙子龍與鄧伯苗一戍赤崖屯田一戍赤崖口但得緣崖與伯苗相聞而已後諸葛亮死于五丈原魏延先退而焚之自後案修舊路者無復水中立柱逕涉者浮梁振動無不搖心眩目也又按鑑蜀漢建興十二年諸葛亮作木牛流馬運米集斜谷口治邸閣文獻通考云邸閣者倉廩之異名歟魏晉以來多稱之晉史景紀言蜀將姜維寇狄道帝曰姜維攻羌收其質任聚谷作邸閣訖而復轉行至此云云是邸閣者倉廩之名耳又按褒志連雲棧閣今所謂棧道也自北門外始宋大安軍圖經云棧道連空極天下之險興利州至三泉縣橋閣共三萬九千三百八十間護險偏闌共四萬七千一百三十四間斜谷疏至鳳州界五十里有棧閣二千九百八十九間板閣二千八百九十二間棧閣之險從來遠矣明弘治中秋雨浸淫頹壞幾盡架木憑險勢難久支且石谷稜層蹉跌易墮其鷄頭關棧八十五間前一里至石洞卽鷄頭關橋棧三間一里至石嘴七盤棧閣七十二間七里至獨架橋棧閣一百四十二間上阻石崖下臨龍江最爲險峻積雨江漲易于傾欹行者爲之心悸矣明嘉靖二十三年縣令張典命去編棚甃

甃坳始可爲回三里至倚雲卽響水灘棧閣五十一間前有石梯灣盤龍塢二棧共八十五間七里至老君崖棧閣三十五間四里至堡子舖棧閣二十間四里至飛石崖棧閣一百四十五間一里至閣王碥棧閣一百二十間南數武憑虛爲棚北數武巨石歷落江波吞吐槎木支離雨降泉流莫庋置足行人至此尤蹙膽消魂也三里至架雲棧閣九十二間八里至逍遥卽青橋十七里至馬道舖橋棧十間十里至順平棧閣三十四間十里至惡竹碥棧閣三十六間今易以石矣三里至三岔舖卽馬道驛南一里橋閣二間邑人李瓚獨力鑿石爲之亦爲永計也五里至燕子崖棧閣六十一間巨石橫亘江水瀠洄崖溜泩濺木難久遠明嘉靖二十八年主簿伍魁捐金甃砌爲二十洞待以無恐二里至鳴玉卽箕箕棧閣六十八間二里至虎頭關棧閣三十八間一里至上天橋棧閣五十八間三里至武曲橋橋棧三間一里至火燒碥棧閣一百二十一間一里至珥紵棧閣四十五間二里至石梯棧閣一百二十五間先以木爲梯明嘉靖七年易以石矣七里至青雲卽騰魚溝橋二間數十步至騰魚潭棧閣三十六間蓋褒之所葺治者止于此夫褒斜二谷天之所以設奇險也不憚牽連綴記以俟後之君子考證焉

鄭谷　鄭子真隱處一在褒谷一在箕山均謂之鄭谷也按雍錄谷口在雲陽縣西四十里　巳上谷

金水坪　南八十里鐵峪嶒南

黃草坪　西北六十里一望茅草遇秋先黃故以名也

麻坪　北二十五里左繞江流右倚林麓亦山市也

九石坪　北二百里在深山茂林中俗傳其地平曠
可以播種今荒塞罕有到者
牡丹坪　土人傳云昔多牡丹歐陽文忠公亦言褒
斜道中多牡丹人取以爲薪今則無是也（按經南山中多
或有牡丹然開花單瓣不足供玩賞也）　已上坪
城固縣
天池山　南三十里頂有池四時不涸
老君山　南十里上有白鶴觀
通關山　北三十里蕭相國修此道以通關中
輿地志　卷之一　山川　三二
五峯山　北四十里群峯環列如屏
風高山　北四十里上有風洞怒吼不息壓以大石
旋吹而起
九真山　北五十里道家謂太白山六百里與三嶋
山接上關九真玉井者此也
馬盤山　北一百里形如臥馬
珍珠山　北五十里重巒疊拱果累乎如貫珠縣塚
之所由來也
雙乳山　東南六十里兩山並峙如乳然

寶山　東北一十里地連牛蹄山上有蕙香院
牛蹄山　東北三十里有張子房祠址
白雲山　東北三十里多產栗子房于此辟穀連牛
蹄接龍泉亦幽境也
龍王山　西南五里上有龍王廟
少[illegible]山　西南四十里與土主廟相接西枕沙河通
西[illegible]祈壽于此不足信也
[illegible]山　[illegible]
[illegible]遊山　[illegible]西二山名則一也或以
輿地志　卷之一　山川　三三
形似臥牛亦曰伏牛
獅子山　西北四十里
天臺山　西北九十里其西南則屬南鄭也
斗山　西北二十里與三嶋山對峙東向一峯竦起
形如斗杓昔水北來東出有五門堰上有寶真君
昇仙觀後有三石洞道經云山有五穴通昆崙武
光（或作武當）青城長安龍山穴有肉芝即千歲蝦蟆也
待而食之壽莫與京矣
慶山　去斗山五里上有烽堠古某寺南三里即赤

土坡孔明屯軍拒魏處
桃林山　北四十里上有大士像儼然崖壁間林影
不能蔽也
聽山　西九十里聽水出焉相傳唐公昉仙去將惟
聞空中歌樂之聲故名聽也
三嵎山　西北四十里三峯聳立高可萬仞已上山
亭子嶺　西北四十里已上嶺
魚洞　北五十里每逢穀雨魚自洞出
桃溪洞　西北四十里洞水一日數潮其聲殷殷如

雷
白龍洞　西北一百二十里其山高峻洞水潔白
洞已上
洋縣
酆都山　西北二十五里邑之鎮山也上立崇道觀
奉酆都大帝帝上理北極下統酆都爲炎帝十三
子實主是山漢南士庶歲歲禱祀于此也有二池
深各六七尺下池人傳昔有濯足者遂涸上池冬
夏不竭然稍穢觸則濁濁則多日始清亦靈異矣

興勢山　北四十三里縣城所桃山形如盎外甚險
盤旋陟數里內有大谷武侯出駱谷于此戍兵魏
曹爽伐漢蜀劉敏費褘亦于此退其軍也
宋軍山　北一百三十里宋代上有叢林今存殿宇
山徑深僻常爲綠林憩息之所矣
太白山　舊眞符縣北四十五里唐天寶三載開崖
下清水谷路得玉冊焉山之面向鳳翔郡此則山
之背也
寒泉山　北一百二十里漢中記云仙人李八百居

之唐公昉師事八百昉渴八百以杖拮崖間泉即
湧出清凉特甚
韓仙山　東一百四十里山巔有洞傳湘子曾居之
子房山　西四十里留侯辟谷處上有留侯廟生藥
苗最多
石錐山　上有石如錐在縣北六十里
雞子山　南七里一名鳳翼雲興卽雨土人以此爲
候也
牛首山　北五里又曰龍首也

石柱山　西北一百里上有石柱又石盤積水不竭歲旱禱之立應

蒿平山　東六十里有廟曰靈淵又有湫禱之得雨

女冠山　北一百七十里石壁上有女仙之狀乃得名也

六龍山　北三十八里與小龍山接焉

焦崖山　北五十里元拖雷率衆趨華陽截焦崖謂此也

城山　東一百六十里上有三城氏人楊難當所築也

釋子山　北十五里唐釋法照所居

萬樓山　南二十里

瑠璃山　西北三百二十里

擎紫山　東一百九十里

福神山　東北九十里

白巖山　西北六十里有白巖院

莒江山　東一百六十里漢江經其下

駱駝山　北八十里山形相似也

馬鞍山　有二一在東南一在東北去縣俱五十里

南岐山　東北三百里

陰陣山　北十八里

中原山　西北二十里上有廟

文昌山　東南六十里

三盤山　南三十里已上山

秦嶺　北三百九十里通秦川

漢君嶺　北七十里駱谷道也漢高曾經此故名

三嶺　東北二百餘里蜀費禕拒魏曹爽于此

諸葛嶺　西北三十里武侯曾于此戍兵已上嶺

赤阪　東三十里曰龍亭魏司馬懿由西城侵蜀詔葛亮屯次赤阪待之已上阪

子午谷　東一百六十里漢魏舊道也梁將軍王神念以緣山避水橋梁毀壞別開一道更名子午今龍亭東北其路也去縣三十里至秦川八百六十里舊興元志云子午道在金州安康縣安康即石泉縣與洋接壤故系之于洋也按長安志漢書子午道從杜陵直絕南山徑漢中今京城直南山有谷通梁漢道者名子午谷原注記曰王莽以皇后有子通子午道從

褒陵直抵斜南又後主建興六年丞相亮將伐魏與群下謀之魏延曰夏侯楙怯而無謀今假延精兵五千直從褒中出循秦嶺而東當子午而北不過十日可到長安楙聞延奄至必棄城逃走而公從斜谷來亦足以達如此則一舉而咸陽以西可定矣亮以此爲詭計不用又方輿記勝妃子園在涪州之西去城十五里當時以馬遞載七日七夜至京人馬斃于路者甚衆又曰唐所貢乃涪州荔枝由子午道而進往

黃金谷　東八十五里舊志云黃金水出自黃金縣西百卧山黃金谷南流經縣西去谷中水陸並險漢張魯所據築黃金城又海錄碎事云氐人楊難當今魏興太守薛健據黃金戍魏曹爽伐蜀蜀將

王平拒之于興勢張旗至黃金谷宋王義慶遣兆軍裴方明助司馬蕭承之拔黃金戍皆指此也

篔簹谷　北八里由土門入循灙水而陟其上內平外昂一覽山無遺勝又掘地三尺即得水產佳筍宋文與可知洋州結亭其中携內人偕遊燒筍晚食時蘇子瞻寄詩曰料得清貧饞太守渭濱千畝在胸中發函大笑噴飯滿案今亭廢竹亦蕩然矣

灙谷　北三十里南曰灙北曰駱中有路八十里凡八十四盤唐德宗僖宗幸梁俱由此也 已上谷

念佛巖　北十五里唐僧法照于此念佛岩下有碧潭潭面如鏡每逢五月巳午二時水泛泡光豔彩動目 已上巖

念佛洞　念佛岩下

蒙崖洞　縣之東北

八里洞　北七十里一名龍洞洞在亂山中前開八里平疇又易此名也歲旱于此禱雨傍有昭澤廟

神仙洞　在酆都山東岩有神仙手跡

荼蘼洞　即三十景之一也

魚洞　東北三百餘里水出石穴仲春有魚群擁而出

金星洞　在舊眞符縣太白山 已上洞

西鄉縣

鐵城山　東三十里

牛嶺山　東三十里即金牛山也

老家山　西二十五里

鳳山　西四十里

樓山　西五十里山之形如樓也

觀子山　西六十里上有雙河觀
神山　西七十里
石人山　西一百里上有石如人
雲亭山　南八里山峯如亭常有雲起
鳳凰山　南十五里
飛龍山　南五十里上有紫霧冬不積雪
皂軍山　南五十里宋吳玠于此屯兵元皇楓公赤
及都亦屯兵于此有擂鼓臺
馬耳山　南五十里

楊家山　南二百里上有宋楊侍郎墓
父子山　南二百五十里漢將徐氏父子以固守得
名
星子山　南三百里洋水發源處也
金竹山　南三百五十里
雲盤山　北二里在彌陀寺後
文昌山　北十五里
望江山　北三十里
午子山　東南二十里三峯削立三水環流宋紹興
中立翊聖保德真君廟明建上中下三觀上供雷
祖元帝像晴日巖頭神光五色真奇境也
飛鳳山　午子山之左石壁如鳳飛者然上鐫飛鳳
山三大字筆力遒勁側有虎頭崖鐫字亦如之
冠朱山　午子山右峯巒峭拔山色葱蘢亦一佳境
天仙山　東南六十里上有紫衣真人故址
鷹嘴山　東南八十里
歸仁山　東南四百里
大巴山　西南綿亘數百里夏有積雪通四川巴州

界崇隆險峻為邑鎮山
鷹山　西南四十里龍溪發源之處
箭笴山　西南五十里有仙遺石芥萊兩石甕味甘
食無心見之則可食有心求之則不得
天池山　西南六十里池有二梟常為遊息
楊榔山　西南八十里
硃砂山　西南八十里上有飛泉多野葱野韭民得
採食
小巴山　西南二百五十里饒笋實招設客

迸仙山　西南二百五十里有洞如房或曰仙居也
蒿坪山　東北三里有元皇楓公祠今廢矣
被紫山　東北六十里已上山
堠子嶺　東二十里
拴馬嶺　南一百里漢張桓侯入蜀曾茲拴馬
金鷄嶺　午子山之右山有一石羊二石羔走去羊
蹊河諺云金鷄叫石狗咬惟有石羊來不到今山
下惟石狗在焉
饒風嶺　東北一百八十里吳玠大戰金人處也昔

曾置鄧今名十二先峯嶺東南相連百餘里寂無
人跡明兵備道郭元柱結僧寮設茶湯以濟行人
云已上嶺
八海坪　南二百三十里
仙人坪　午子山右卽北麓也相傳吾卷曾隱此矣
已上坪
紅崖　東十里茂林修竹高閣臨流頗稱勝概
穿石崖　南七十里一壁千仞飛掛水簾宋進士胥
忠避兵之處

建文崖　西南三百里古曰紅崖廣四十里碧光漾
波晴霞瀉瀑瞬建文皇帝潛踪地也已上崖
白沔峽　東七十里
聖水峽　午子山右泉日三潮亦爲異也已上峽
太白洞　東八十里洞口有石人執牛角被髮而立
相傳昔有巫取水而化也上有一祠禱雨輙應
風洞　午子山之巓洞有四五深不可測投以落葉
輙吹起風之出也有聲冬則有氣滃滃然也
魚洞　午子山之左洞在河中河水有時清濁洞木

輿之相反常有得瓢笠于中者蓋蜀人之瓢笠也
龍洞　邑西南山水佳處卽有之石壁嵌空上設棟
梁下施牀几遇旱禱雨投之以石風雨立至不啻
數十處也
朝陽洞　西一百里已上洞
梅子埡　西一百里已上埡
雨穴　飛鳳山左雲起如車蓋卽雨中有千歲蟾蜍
人或見之已上穴
鳳縣

鳳凰山　縣東三里相傳有鳳會棲其上也

太白山　東六十里上有靈湫

玉泉山　東八十里山巢不生禽鳥頂有大石囊如
殿宇設玉皇古像前有天然石盆旱禱即雨

武都山　南六十里或傳上產雄黃

麻崆山　南一百里山形峻險奸宄之藪

紫柏山　南一百三十里山多紫柏盛暑凝冰有盤
勝覽石上有七十二洞仙靈之所集也

長松山　東北一百里三峯矗立俱產蒼朮

豆積山　北一里

南岐山　南十里

御愛山　東北三十里唐僖宗幸漢中經此山愛其
不忍去故得名也

黃牛寨山　東北一百一十里宋吳玠步將楊從義
與金撒離喝大戰于此

嶓冢山　南三百里漢水一源此其一也

君子山　西南十五里今名營盤

賈家寨山　北七十里山極險峻上多石壯昔人于
此避兵

東西二堡子山　在城南宋吳玠屯兵處已上山

鳳嶺　南二十五里昔有集鳳莫考其詳

柴關嶺　南一百五十里

牛蹄嶺　東一百里石上牛蹄宛然可覩已上嶺

消災巖　北一里唐沖妙先生張果老之所棲也上
有閣臨大散河故老傳聞張果為梁泉里人今居
鸑音岳鷟音浞夏居豆積者是也宋淳熙中李十五正刻
遯跡山三大字下石似以豆積為聲之譌乎五

代王仁裕題詩秦嶺天堂秦嶺豆積地相近
相似也已上巖

竹雲洞　在南岐山已上洞

父子谷　北二里唐僖宗至白石鎮有叟進醴上賜
其居對居父子谷賜之金帛問以姓名不答紀上

酒奠凹　西南四十里漢高經此以酒奠故名已上凹

沔縣

臥龍山　北一里有蓮花池旁有臥龍亭孔明讀書
臺今廢僅存祠宇三楹亦付之煨燼矣

宊崋山 東南十里兩峯對峙秀拔可觀岡勢盤環
洄流下繞其中可容萬軍魏將夏侯淵守此爲蜀
將黃忠所斬建安二十四年先主取漢中七月上
沔陽陳兵設備因奏請爲王受璽綬山下有武侯
墓
烽燧山 西一里名走馬嶺者即是也
湛子山 東北三十里山神廟號稱靈應下流源泉
灌溉民田
玉簪山 西南一里陡巔并邑畢見可供登覽也
輿地志 卷之一 山川 十三
龍門山 南六十里其石壁透空淩雲若洞天中敞遊
泉下瀠宴賞珠簾冬凝冰柱邑之異境也鉅公名
夾題咏最多于茲矣按寰宇記云龍門山在梁州
二泉故縣北七十里又元和郡
因土志龍門山利州綿谷縣東北八十一里山有穴
孔屬宇記亦名崇山梁州山上北路有石穴長寬丈
十丈其狀如門
答號為龍門
卓筆山 南二十五里峯巒削起如筆架下有聖公
亢旱不涸宋元時禱雨多應勅封靈濟龍王遺
蹟在也
鷄公山 東八十里

北山 北十五里魏武屯糧處也
石牛山 西一百七十里
鐵山 北五里宋姚仲設寨其下以拒金人
金堆山 西七十里
天盪山 東六十里魏武時屯草之地與米倉山連
鳳皇山 西北一百八十里以形似也
旗竿山 南十里
米倉山 東六十里有淮陰侯廟
嶓冢山 西一百一十里
輿地志 卷之一 山川 十四
普明山 南九十里
魚山 沔水之南形如游魚
馬鞍山 西北一百五十里
武興山 東北十里古興州城在此
雷公山 北二十里上有元岳觀時聞雷聲殷殷出
其間也
大巢山
小巢山 西北八十里兩山相連景致作兩也
龜山 北五里

雲霧山　東北七十里一名雲濛山也相傳徐佐卿化鶴飛昇于此昔有飛仙閣百餘間久廢矣四時雲霧濛濛不開是山盤亘五百餘里中有故縣故關猶存遺址其路出陳倉今荒阻不成逵矣

灃壽山　西八十五里宋紹興三年金散離喝入興元劉子羽以山峻拔上寬平有水乃築壁壘以扼之金人引去已上山

金牛峽　西九十里已上峽

石頂原　南三十里宋置關扼要已上原

乾龍洞

仙人洞

仙女洞

嘉魚洞　西南八十里今屬寧羌已上洞

寧羌州

月山　東一里形如月也

天臺山　東四十里頂平如臺勢凌雲漢濛濛烟霧夜雨朝晴

冠山　城南門外如紗帽然

龍洞山　西南四十里寒泉冷氣襲人時有紅魚出躍相傳龍蟄于此也

龍頭山　東南二十五里舊名馬面明弘治戊午學使者王以山頭岩嶅有似龍首易以今名

天池山　東北七十里重巒複嶂迥出群山上有池四時不涸寒氣入莫敢逼近近則雷雹立至焉

蓮屏山　北十里群峯聳秀如蓮花其形環拱又似屏幃也

嶓冢山　北九十里漢水所出

漢王山　與嶓冢相連有漢王廟址

烽燧山　西南五里已上山

金牛峽　東北四十里又名五丁峽也下名通秦郷秦惠王謀伐蜀患山險隘乃作五石牛每旦置金尾後言能糞金以遺蜀王王負力而貪令五丁力士開道引之隨爲秦所滅已上峽

起鳳岡　治之西山形起伏渾如鳳羽騫翥也已上岡

仙女崖　西北一百里崖有穴可容一人俗傳昔有女飛昇于此也已上崖

嵧山洞　東南十五里中容百餘人水滴石乳狀成

龜馬洞口常有白雲封之

白崖洞　東北九十里中有石龍王像旱則禱之有

雨

龍洞　東北百里洞有二在此者自高而下凡丈餘

洞門三十重重重有石柱二爲之障內天生石床

俗呼曰龍床床下有水不竭遇旱取水至境雨即

至一在西一百五十里洞出崖間有天然石梁如

龍門狀中有石像旁有桃花開異色貫夷耳杳

已上洞

略陽縣

獅山　東一里形如獅子蹲踞上有祠廟亦可觀覽

鳳山　東一里傳聞曾有鳳集其巔

武興山　東三里山連武興城故得名也

冉家山　東北三里冉閔之故址也　按晉穆帝永和五年後趙主遵以武興公閔爲都督中外諸軍事後石鑒弑其主遵而自立以閔爲大將軍永和六年正月石閔殺石鑒而自立閔姓冉爲石氏所養至是復其姓殺石虎二十八孫盡滅石氏即皇帝位國號魏八年爲燕所滅也

橫嶺山　東二十里

玉女山　東南三十里山峯秀麗掩映雲霞山半有

白石宛如人冠冕坐崖間也

白熊山　東八十里昔有白熊出此亦傳聞也

玉文山　南二里

小景山　玉文山之右

文筆山　西南三里一名大景山南北朝時改曰靈

峻孤峯卓立山阿有武都王廟旁有石符石泉旱

則禱于廟印符汲泉雨隨至矣

大丙山　南二十里下有石洞曰丙穴清明前後嘉

魚湧出即今夾門溝俗所謂龍潭者也

小丙山　與大丙山並峙

寒蓬山　西南一百里周一百六十里高三十餘里

人間炎暑山中積雪爲隆冬上有泉甚甘冽有意

求之則迷不知處矣

三公山　西五里上有王夫人楊氏墓以三子貴故

崇其名

堡子山　西二十里宋吳曦屯兵故地即走馬嶺也

相公山　西六十里唐權載之別墅在此昔有是名
今仍之矣
象山　城之北山勢俯瞰城中明邑令牛問仁創石
城于其上可以守望焉
天池山　北四十里山巔有池方可一畝水深盈丈
冬夏澄泓池中產芰以供邊賓
八渡山　北七十里蔽鳳之要路四面險阻林箐鬱
盛山溪交萃路列三岐要害之區敢告圉牧
玉屏山　北八十里與石門相對有宋歐陽詹棧道
輿地志　卷之一　山川　圭
銘刻于石
寶虹山　西三十里置口沿江迤西約五里許者是
青泥嶺　北一百五十里古棧道也懸崖絕壁行人
所難後改道于白水江宋仁宗至和二年利州路
轉運使主客郎中李虞卿倡之嘉祐二年轉運使
工部郎中田諒成之作閣道三千三百九間郵亭
營屋綱院三百八十二間減舊三十三里廢青泥
一驛除郵兵驛馬一百五十六人騎歲省驛廩舖
粮五十石畜草一萬圍放執事役夫三十餘八經

始寔難繼成不易非有深心定識者孰能爲之誌
白水路記可勝歎息
飛仙嶺　東南四十里唐徐佐卿飛昇處已上嶺
石馬洞　東三十里洞內石形如馬
魚洞　東四十里洞口徑二尺清水淪漣每逢穀雨
之時多魚擁出非時魚出歲輒不登
羅漢洞　南七里靈岩寺之左深十餘丈潤數尋中
立一柱上下相連後有邃穴深不可測昔有採石
乳者入洞約行半里忽見天光雲影異卉奇葩旋
輿地志　卷之一　山川　圭
爲白鹿驚觸而出後挈伴偕遊已巨石塞其門矣
或爲好事之言或似桃源之境不可考而知也
太白洞　西一百二十里西淮壩內有龍湫禱之則
雨
朝陽洞　北一百二十里白水江邊懸崖間一名藥
水洞洞中佛宇莊嚴不知何時搆此內有鍾乳有
天然石蓮花盆承石上水不溢不涸飲之已疾左
壁瀑布十餘尋奇觀也又雷洞深不可測中殷殷
有聲風洞外狹內廣風出或和或肅雨洞則揪空

玲瓏頂覆千葉玉蓮四時傾瀉競指爲勝槩矣
烏龍洞　北一百五十里中川之地洞門止容一人
進則寬廣深邃逗露天光洞後水勢橫流莫知首
尾或曰龍潭也已上洞

南鄭縣

漢水　在治之南三里源出沔州嶓冢山東流至大
別山入于江禹貢曰嶓冢導漾東流爲漢是也隴
西氐道亦有嶓冢山其水曰養水會白水經葭萌
入蜀出荆至于漢陽謂西漢水也按水經注常璩華陽國志曰漢

水有二源東源出武都氐道縣漾山爲漾水禹貢
導漾東流爲漢是也西源出隴西嶓冢山會白水
經葭萌入漢始源曰沔隴西郡氐道養水出此注
巴漢志漢水二源東源此縣之養山已上漢水
老渚河　出籠盎山泓流一派溉田千餘畝至城東
南一十五里入漢已上河
蓮花池　城南一十里
白鹿池　東北三十里曾有白鹿見于此也已上池
金龍井　在城內或言昔有黃龍出現
玉井　東北一十五里有玉井觀觀南有水水色白
飲之可以已疾昔傳宋時迅雷暴雨汙泥中忽湧
出老子石像遂于此立老君祠座下風洞深不可
測遊人投草于中風卽吹于外已上井
佛洗潭　西北四十里在獅子山西南水自懸崖下
注其潭有三地險而水深已上潭

褒城縣

黑龍江　東門外發源太白山自東北入褒水一名
褒水一名紫金水東南入漢
沙河　西北六十七里源發雲霧山北入褒水
武關河　武關東南源自南來流合龍江

青橋河　青橋驛北源自西南來與褒水合
石溝河　北一百五十里源出五曲山至武關驛東
合褒水
馬道河　北九十里源發驛西山峽中東流合褒水
古名寒溪昔韓信亡漢至此水漲不能渡蕭何於
追及之諺曰不是寒溪一夜漲那得劉朝四百年
樊噲于此建橋今名曰樊河也
西河　馬道西溝五里從五井溝流出入于寒溪一
北盆河　馬道西溝十里迤南流入寒溪

石板河　西南九十里石板布堰蓋古蹟也
華陽河　西一十五里源發牛頭山南流與漢水合
已上河
褒水　東一里即黑龍江源
沔水　南二十四里入于漢
漨水　西北一百三十里已上水
黑溝泉　西十里連城山下
神惠泉　東南十里許宋元豐中營褒德將軍墓冢
穪之水此泉忽然湧出

涼水泉　南四十五里中梁山下流至玉女洞與玉
女泉合
碧玉泉　南五十里池廣一畝深不可測投物其中
色皆成碧故名碧玉也又嘗中產靈芝名爲芝泉
居民甃分九渠灌田數十頃泉北山曰玉泉嶺亦
名薤谷岡岡南有廟曰靈澤
一椀泉　西南五十里葦池灞山崖下居民藉以溉
田源形如椀故曰椀也
湧珠泉　西南五十里火石嶺下源出平地三泉鼎
列沫跳如珠居民利焉
沒底泉　西南五十里水甚清澄其深亦莫測
鶴騰泉　西南六十里發源中梁泉由二穴而出南
注溪中有天成石梁平分二渠東西灌溉名天生
堰餘水還峽下流鶴騰岩爲瀑布焉
金泉　西南三十五里雍齒墹崖頭山下方圓丈餘
冬夏不竭資以灌溉
雙泉　西南七十里出中梁西南山峽中兩泉並湧
下溉民田古諺曰白馬飲雙泉黑楊來種田五株

銀杏樹亘古不知年
馬鞍泉　西南九十里源出馬鞍山東流與廉水合
玉泉　南七十五里水色如玉
廉泉　西南一百二十五里源發巴州大巴山寨谷
環廉水縣東北至中梁山南流與漢水合已上泉
蓮城龍潭　東二里蓮城山左近爲龍江瀦水深廣
遊者或得龍蛻于潭隈時際清明有巨鱉大魚出
沒莫敢近之
馬道龍潭　北一百一十里石笋山麓叢薄間碧流

涌起廣一畝許旁有寺廟各一遊者登峻坂入茂
林坐潭畔相戒毋聲欬一有之則澈底清泉須臾
溷濁見者爲之駭心矣
鳳魚潭　北一百一十里龍江北涘潭水深靜冬月
魚聚其中故有此名也已上潭
瀧水溝　東一里許中有泉來自小東溝激石落崖
其聲淅瀝
五道溝　南四十里路自立鳳寺西北度梁山入縣
經數夾渠凡五故以爲名

沙溪溝　南六十里中有溪而無巨石
冷水溝　南七十里泉出山谷夏伏清冷
章溪溝　南八十里舊名龍河鄉鎮谷村
龍崖溝　南五十里水以溉田
仙人溝　北八十里江邊巨石上足跡宛然相傳昔
有羽客從溝中出跨石超江左右足痕宛在江之
左右山徑透迤林木陰翳幽奇之境也
馬道東溝　北九十里棧道地狹此處獨平衍泉流
分注山田饒沃又北五里爲小東溝

馬道西溝　北九十五里沿寒溪而達于龍潭矣已上溝
運城池　北六里運城山上廣一畝水不涸也
鹿鳴池　東南十里傳有群鹿日飲池畔昔鄉民耕
地得石桃上刻云褒城縣石塘鄉則此池從來也
遠矣已上池
鶴溪　南五十里山峽流泉注如匹練已上溪
王母塘　南七十五里瀦水汪洋可資汲溉已上塘
兩河口　南二十里龍江與漢水合流處也

石灰窑口　南四十里
石灰寺口　南六十里古曰伏龍源
桐油口　西南七十五里兩山夾轉以石俱如油沃
故名已上口
褒姒井　舊傳褒姒居此汲水沐浴則肌膚瑩膩今
失其處矣已上井
城固縣
漢水　南一里
胥水河　東北三里源從太白山來經縣北東入漢

以唐公昉盡室昇天其壻不與投水死故名
壻水河　西北一十五里源出太白山南流經縣入
漢
石槽河　北三百里
文川河　西北四十里兩水彎環有似文字昔梁州
刺史范栢年至京明帝問廣州有貪泉卿州亦有
之乎對曰臣州惟有文川武鄉廉泉遜水帝問卿
居何處對曰臣居在廉遜之間帝善其對所謂文
川即此也

南沙河　南三十里源出巴山北流入漢已上河
玉谷　西北三十里漢水自魏興泝流一百八十里
至玉谷溪口
清溪　北七十里上中下三溪俱南流而合歸于智
水
之溪　北五十里瀠流曲折如之字也已上溪
呼雷潭　北四十里水聲若雷
響潭　南十里谷水衝激有聲已上潭
蓮花池　一在東五里池寬十畝芙蕖最盛一在
二十里
九龍池　西南一十五里相傳有老翁于水畔見九
蟒盤繞呼衆往視不見神其處故以龍名
鴨兒池　西南三十里鶖鳧多集于此已上池
九十畝塘　西南二十里廣約二十畝也一名九里
母塘已上塘

洋縣

漢水　南二里
潛水　東六十里禹貢潛沱既導是也

駱水　舊興勢縣一里源出駱駝山
聖水　西二十里飲之可以已疾
龍涓水　東二十九里源出龍涓谷
壻水　西四十里源發鄠縣太白山南流入漢唐公
昉仙去壻未得從投于水壻名智故又曰智水也
苧溪水　西北七里野苧是生東流入漢
灙水　城西門外源出石鏗山又名駱谷水
溢水　西十里源出秦嶺已上水
酉水河　東六十里水經云源出秦嶺酉谷

金水河　東北九十里源出秦嶺經黃金谷
蒲河　東北一百四十里源出秦嶺
焦溪河　東二百餘里流合于蒲河 已上河
洋川　東五里相傳漢戚姬生此
清凉川　北四十里唐德宗幸梁中書齊映從駕至
此見旌旗蔽野上心駭乃梁帥嚴震具軍容迎謁
上喜令震登騎作朕主人映叱震與至尊導馬頂
之召映責以書生不諳事映曰山南士庶但知有
震不知有陛下今使獨地知天子尊耳上嘆賞久

輿地志　卷之一　山川　仝

之 按廣輿記清凉川屬西鄉今洋志有之以地連兩邑耳 已上川
天寧溪
大龍溪
小龍溪　東北三十餘里有大石赤書其上曰展溪
傳漢張魯女因臥石上有霧蒙其身遂孕生二龍
二溪合流俱入于漢
平溪　北二十里南流則名貫溪 已上諸水俱南流入漢 已上溪
大沙河　東南三十里源出老家山
小沙河　西南二十里源出南山

東峪河　東南四十里源出南山流合大沙河入漢
桃溪河　東南六十里源出南山 已上諸水俱北流入漢
五龍潭　西一里岸上有五龍祠
鷄翁潭　西一十五里中有石洞洞邊有石鷄一對
浮水蹟遊至蜀始出昔人所傳莫可據也
飲馬潭　東二里每子午二時潮聲如雷
僊浴潭　東南三十里傳有僊浴其中石上僊跡存
焉 已上潭
龍泉　東北十五里泉清不竭上有龍王廟

輿地志　卷之一　山川　仝

湧泉　西北三十里普澤院佛殿前自地湧出噴沫
如珠
醴泉　南一十里醴泉院水味甚甘在龍翼山下龍
血禪師住地也
錫杖泉　北一十五里即法照卓錫處在念佛岩下
神女泉　東六十里泉穴有三
雷破泉　西南三十里石上出泉三穴
馬檻泉　南十五里有龍王廟
馬跑泉　西北十五里一名般家泉 已上泉

七女池 東南二里昔有七女父死于此負土爲墳
遂成池焉
明月池 縣西北隅
放生池 縣東門外
百頃池 西南一十里一名九頃池灌小沙河以溉
田明隆慶六年邑令閻邦寧以池西岸二十畝
畜水餘俱佃種租入社倉萬曆二年署縣事訓導
劉鉞以侵漁者多請爲學田立碑垂遠
大塘池 西二十里

蓮花池 東南二里
酆都山池 在山頂池有二深各六七尺下池會盥
灌足遂涸上池雖不涸但有穢之者則溷數日而
後清也 已上池
鴛鴦灘 東二十里水中石勢似之
石門灘 東五十里兩石對峙如門焉 已上灘
上濤下濤 東十五里按水經注漢水東逕小城固
東南歷上濤而逕于龍下地名伏石驚湍流急激怒
故有上下二濤之名自白馬灘至此則平川夾岸水
豐壤沃利方二蜀矣自此溯洄從漢爲山行之始
也

西鄉縣

洋川 東二十里源發星子山流入漢相傳戚姬生
此漢高帝賜名曰聖水峽
清涼川 北十里
高川 東南一百五十里
大石川 東南二百里
三里河 西三里

白鐵河 南六十里
楊家河 南八十里
大竹河 南一百里
撈旗河 南二百一十五里唐明皇幸蜀軍士失旗
于此因有是名也
洋溪河 東南一百五十里崖有雙羊之形
楮澗 東南二百里
壺菖河 西南四十里
平地河 西南六十里流入木馬

[illegible]陀河　西南七十里

菩提河　南二百五十里

寺溪河　東北五里

神溪河　東北四十里傳昔有仙人過此驢跡尚存

子午河　東北一百五十里源發子午谷西流入漢

桑園河　西北三十里一名東峪河

木馬河　源發巴山經縣南百步東流入漢

七十二渡河　源發金竹山經七十二渡流入洋水

已上河

東龍溪　南二十里

西龍溪　南三十里

天子溪　西南七十里明建文帝隱此已上溪

天池　西南一百里

九龍池　在左西峽

鴛鴦池　在大巴山西夏不涸冰常有二鴛鴦遊池

上

飲馬池　東西二十五里昔有漁人入水俄而不見

已上池

龍洞泉　南三十里瀑布懸崖亦一勝境

溫水泉　西南六十里夏冷冬溫已上泉

鳳縣

六散河　東五里源發大散嶺流經縣西與小峪河

合一名故道水

野羊河　南七十里源出紫栢山流至廖丘關合東

溝水其山多野羊

紅崖河　西七十里源發秦州與大散河合

紫金河　北一里源發太白山流武休關入漢中爲

山河堰即褒水之源也已上河

黃花川　東北一十里大散水流入唐有黃花縣後

并爲梁泉縣已上川

鳴玉泉　西十里一名滴流泉聲如鳴珮

香泉　北十五里水出石罅味甘冽可釀酒

靈泉　三岔驛南七十里石縫流涓旁立神祠已上泉

蜜蜂溝　西南一百里地多蜜蜂居民利之已上溝

黿鼉池　三岔驛西七里池居山頂水極澄澈四時

不竭已上池

西縣

沔水

漾水 南一里一清漾一濁漾清出鱸魚濁出鮒魚

瀁與鱸同鯽音與小鱒也鮒 音附鯽也鯽于一八月取之

漢水 縣之南括地志云漢源在梁州金牛縣一十八里嶓冢山

沮水 西三十里源出鳳縣南流合漢一云即沔水也

漾水 縣西舊大安軍南禹貢導漾是也已上水

黃沙河 東四十里源出雲霧山南流入漢

白馬河 西城外三十步源自龍門溝南流入漢

白岩河 西八十里源出千蜀西流入漢

瀘水河 北發武都氐中南流入沔

羅村河 西一百九十里自牢固關入漢

姜家河 南二十里自巴山東流入漢

黃嶼河 自西至姜家河入漢

大安河 縣之西北源出略陽通沮水南流入漢經火燒關合勝

孔廟河 東二十五里源出百丈坡南流入漢已上河

渭溪溝 北入白岩河

韓溪溝 東二十里

藍溪溝 西南來北流入漢

藺王溝 即堅水也北流入漢

樓門溝 即白馬河也在臥龍烽燧兩山之間凡四溝合南流入漢

桑園溝 西南十五里北流入漢已上溝

三泉 舊三泉縣西八十里大安軍東門外瀕江春

石上爲泉者三昂卯酉時涓涓不絶已上泉

蓮池

東池已上池

寧羌州

玉帶河 源發篩竹嶺水從南山北畔轉城西而北而東復出南接若圍帶然

廻水河 西二十里其水漩洄環繞城郭

西流河 縣南六十里流入西川

黑溪河 縣北九十里水聲轟訇浩浩成河

滎流河　縣東九十里
瀕倉河　在北九十里大安軍東門之外
燕子河　在北一百二十里
黃壩河　東二百里水流入漢
上青河　北一百里
下青河　北一百里
黑水河　北七十里
安樂河　西一百三十里合嘉陵江流于蜀已上河
青木川　西三百里已上川
輿地志　卷之一
遵花池　西門外南山如屏障小山聯綴如畫下繞
清溪聲又如管絃也
黑龍池　東四十里煙霧時騰彩霞常現相傳有黑
龍潛此池也
大池　東四十里五峰環外一水中涵已上池
三泉　按三泉已見于沔縣而此又復出者或疆理相鄰可互見也
活水泉　南薰門外
寒水泉　陽和門外
聖水崖　南三十里崖際一石狀類龍首滴水井冽
已上泉
丙穴　南一百里產嘉魚秋冬魚藏春夏始出已上穴
神馬淵已上淵
略陽縣
嘉陵江　縣北一百二十里即白水江也源分大散
關分水嶺之南經東河驛鳳縣至徽州由大魚關
通舟檝又至兩河口合淮河遶城西南會夾渠八
渡二水入蜀已上江
夾渠河　東二里源發飛仙嶺至邑南八渡入嘉陵
輿地志　卷之十
江
沮水河　東一百二十里即鐸水河俗稱之曰黑河
也源發紫栢山至沔合漢昔以此水名縣隸沔州
粲素河　南一百里俗人名之落索河也
橫現河　西十五里
石門河　西八十里源發白馬關至江口入淮河
淮河　西一百二十里昔傳會出犀牛一名犀牛江
或譌說也源發禮縣自西淮而下舟楫可通流至
兩河口合于嘉陵也

青泥河　西北一百五十里源發成縣至石門入于嘉陵

八渡河　北十里源發三川衆水合流經一百八渡遶城東南會夾渠水入于嘉陵也巳上河

丙穴　大丙山下水經注云穴口向丙也寰宇記穴方圓二丈有水潛流每三月上旬出魚長七八寸或二三寸連綿從穴中出謂之嘉魚也按魯詩世學引陸氏曰嘉魚鯉質鱒鱗鯽肌詩經集傳云出于沔南之丙穴又按蜀都賦嘉魚出于丙穴劉淵林注丙穴在漢中沔陽縣有魚穴二所常以三月取之丙地名也水經注褒水又東南得丙水口水上承丙穴穴出嘉魚常以三月出十月入地穴口廣五六尺去平地七八尺泉懸注魚穴下透入水穴口向丙故曰丙穴下注褒水周地輿記興州有丙山山有穴即丙穴其口向丙因以爲名寰宇記大丙山小丙山在興州順政縣東南七十里其山峻崖南北相對闊七步其崖峻峭高百丈山衣石髮被于崖際北有穴方圓二丈餘其穴有水潛流土人相傳爲丙穴沮水經穴門而過或謂之大丙水每春三月上旬復有魚長七八寸或二三寸連綿從穴出躍相傳名爲嘉魚

漢南郡志卷之二

關左　知陝西漢中府事滕天綬　重輯

輿地志

丘墓

南鄭縣

漢

汝南太守李法墓

司空李郃墓

京兆尹李燮墓

宋

高士楊冲遠墓

李師顏墓 城西二十里蕭軾撰誌銘

明

左都督楊洪墓 城西二里翰林周叙誌銘

工部侍郎張羽墓 城北十里勅建

御史張允升墓 城東二里

少卿毋學書墓 城西南

御史朱綬墓 城北十五里

副史王堯民墓 城北五里

副總兵潘國俊墓 城北五里

鮮元庸增光墓 城東南二里

行人司王雲聲墓 城北三里

清

副使李聖翼墓 城東三里

褒城縣

戰國

鬼谷子墓 西北五十里黃草坪雲霧山背有其跡

宋

丁公墓 縣南三十里雍齒鋪孤山頂上有石碣

褒德將軍墓 縣南褒鄉街相傳張嶷塚也上多叢木人不敢伐

隱士韓子堅墓 南六十里漢中郡冠誌其墓大都言其富甲一邑能以家財匡濟貧婺修

置橋梁君名子堅字公遠父子皆以貲納得官父

授承信郎堅授將仕郎嘉定五年秋八月十有二

日無疾坐逝享年七十有八以是歲冬十月葬於

龍河鄉伏龍源西向之先塋

城固縣

漢

丞相蕭何墓 西北二里杜家灣

舞陽侯樊噲墓西北十里黄家村

傳望侯張騫墓西八里

太尉李固墓按固被梁冀害弟子董班抱屍泣經旬不去帝義之許䘮歛還葬漢中在縣西三十里有石表云漢忠臣太尉李公神道

明

副都御史張鳳翮墓南十五里杜家山

副史羅國華墓東北二十里白雲山左

御史党傑墓西北二十里常家溝

主事党中壽墓西二十里常家溝

副使謝宸墓東六里[illegible]家垻

按察使廉第墓西北二十里常家溝

參議李必達墓東五里上蘇村

御史田起鳳墓北五里栗子園

知州党玫墓北栗子園

清

都御史趙京仕墓北二里鄖村

督學道李可喬墓西北常家溝

洋縣

漢

龍亭侯蔡倫墓東三十里龍亭鋪有祠碑祭田

唐

張嘉墓東北二百里焦溪河見通志或云郎張中庸也

王真公王墓西四十里王真觀後

宋

開國侯楊從義墓西四十里楊塡堰鄉散大夫袁渤有碑

安撫使彭輅墓北十五里驛子山

七女塚四在興道縣三在[illegible]

王承宣墓西二十里石羊里有碑

趙少保墓東南一十五里黃安廣

太學生雍宥墓東北一十五里雍家溝

明

侍郎李彪墓西二十里

解元蕭靖墓東五里蕭家店

解元任綱墓東三十里祖封[illegible]

吏部司務李[illegible]墓東北五里牛首山有尚書王國光誌

知府薛選墓西北九里[illegible]

知州樊盤墓北三里紙房街
知州任朝臣墓南十里雞子山
少卿張企程墓西北五里南陽村
知府李喬岱墓西二十里白廟村
副使李時孳墓東六十里真符鎮
尚書李遇知墓東二十五里柘樹坪
知府吉孔嘉墓東南三里南原
知縣黃甲墓東十里貫溪舖翟家村後
副使李景廉墓西三十里嶺草溝

主事李景貞墓西三十里嶺草溝
副使李回本墓東六十里真符鎮

清

贈靖逆侯張興墓東三十里杜村壩

西鄉縣

漢

戚夫人墓東南二十五里
太子墓西南七十里男兒壩每陰雨墓中常聞簫鼓聲不知何代太子也

宋

楊侍郎墓在楊家山

元

皇楓公赤及都墓在縣北

明

景侍郎墓在西峽

鳳縣

沔縣

漢

丞相諸葛忠武侯墓縣十里定軍山下

征西將軍馬超墓縣東二里漢建安五年武侯親請墳致祭令其弟岱掛孝今名馬墩

寧羌州

畧陽縣

唐

侍郎黃文墓東二十里

宋

寶將軍墓西十五里石牛寺左中壩有將軍祭旗臺今廢
侍郎周道墓西三十里寶虹山回口沿江以西五里許
觀察使杜公世代墓東二十里橫嶺山公先世有晉預如晦衍自南陽徙居杜陵以

後堅後自拔陵徙居晋陽生子馳忠勇報國仕至觀察使贈堅武顯郎馳生四子長安宗未仕次安祖承仕郎安國忠翊郎安仁戴德郎安國生子果進仕至御前選率步軍總管都督使世代墳墓具於柏盤村横嶺山之下旨兵燹叛亂碑碣隳壞無有存矣

王夫人楊氏墓文筆山後

明

戶部主事封庫官墓在石門

勅旌節婦卜氏墓西三十里張家灣

古蹟

南鄭縣

古梁州在府東南一百八十里四面皆大山其中三十里最平曠相傳即古梁州治也

月臺蒼玉郡堂月臺之左巋然一石體圓而高其形如鼓作蒼玉色不知何代物也

古柱郡大門兩旁柱傳云俱是漢時材木

天漢臺在城東北昔酇侯對高祖曰漢中日天漢其名甚美因以名臺今廢宋

東湖府治東南隅塔影照於湖中爲郡八景之一

古漢臺郡堂東北隅一名七星臺高二丈餘圍百餘步拾級而升昔有古栢古井今古井猶存中有樹三檻簷牙高啄新締茅亭名曰一草取杜工部句也四面雲山江流如幾公餘眺望亦爲大觀

拜將臺在南城下相傳漢高祖拜韓信爲大將築此以受命今址尚存餘一在街之東一在教場之西

美農堂在府城東華陽國志云曾相田叔代蕭何爲漢中守常重農以饋師糧後漢書云桓宜爲漢中守春月嘗登此臺以勸農業焉故名之曰美農也

武鄉谷在城東北三十里漢封諸葛亮於此十道志又云在城之南

曹操城在府北十七里曹操自長安臨漢中日築城遂留夏侯淵等守之

柱石堂在府城天漢樓東南基尚存

盤雲塢在天漢臺下文同詩所謂幾曲上層城盤盤次文石也

四照亭在府治宋建

江漢堂在府治宋建

褒芳亭在府治宋興元帥晁公武建

漢節亭在府憲司內宋虞允文建

領要亭在府治城南隅宋虞允文建

閱禮堂在宋宣撫司內與郡治相直宋虞允文建

玉笛臺在府城東宋時築

凝雲榭在府園

凌霄閣在中梁山寺下瞰漢川

廉水廢縣在府南五十里宋紹興四年置紹定中廢

褒城縣

古褒國在縣東三里駱駝坪禹封其子爲褒君是有褒國周幽王時褒人有女入於王是爲褒姒

今城內有褒姒井按通鑑及朱子離騷經註褒姒周幽王之嬖妾也昔夏后氏之衰也有二龍止於夏庭而言曰余褒之二君也夏后布幣糈而告之龍亡而漦在櫝而藏之傳三代莫敢發至厲王之末發而觀之漦流於庭化爲元黿入王後宮後宮處女遇之而孕無夫而生女懼而棄之先時有童謠曰檿弧箕服寔亡周國後有夫婦相牽引行賣是器於市者以爲妖執而戮之夜得亡去聞所棄女啼聲哀而收之遂奔褒褒人後有罪乃入此女以贖罪是爲褒姒幽王惑而愛之爲廢后及太子宜臼而立以爲后遂爲申侯犬戎所殺也

褒州故址 在縣南十里打鐘壩村置縣自秦始漢曰褒中魏置褒中郡隋曰褒城宋徙於山河堰即今縣治其故址則此

古將臺 在縣北六里連城山之頂有十二城遞屬下臨黑龍江內有古塔高丈餘水廣二畝相傳漢王時所鑿其山四面峭壁名將臺樵牧於此常得矢鏃古昔錄兵處也

輿地志　卷之二　古蹟　九

三交城 水經注云褒水東南逕三交城城在三水之會一水北出長安一水西北出仇池一水東北出太白山故曰三交也

黑水縣 在馬道西百里有故址殘碑

逺惠堰 在縣東南二里橫截龍江昔傳山河堰爲漢曹参所築故立廟祀参至宋政和間乃賜惠逺之名也

小石門 水經注褒水又東南歷小石門門穿山通道六丈有餘有石刻云漢明帝永平中司隸校尉犍爲楊厥所開逮靈帝建和二年大中大夫同郡王升嘉其開鑿之功琢石頌德焉按水經注褒水出衙嶺山東南逕大石門又東南歷小石門云蜀都賦阻以石門斯之謂也在漢中之西褒中之北

大羅帳小羅帳 在縣南八十里奇峰清瀨即遇隆冬而林木蒼翠不改

箕谷 西南二十五里箕山之下鄭子真隱居處也向有石刻王鳳三聘啓并答書三通土人賤其游覽之紛紛遂覆碑而泐之矣

褒城驛址 在縣南二十五里小栢鄉云秦所置有池館林木之勝弘麗甲天下孫樵有文元稹有詩明屬漢中衛今歸於南鄭

金華龍骨塔 宋修職郎游國佐銘云金陵老僧嚴公所居後洞獲龍牙角各雙并大骨若干顆領鄜鰐十數枚其夕夢縞衣巨人告曰此山神龍所依樵牧觸穢龍且去矣今德人蒞吾境山復清潔龍當復來此其蛻也瘞之吉祥嚴公異之乃即洞旁磐石上累甓爲浮圖盡取牙角等骨而藏焉是歲紹興甲子三月

輿地志　卷之二　古蹟　十

廉水廢縣 南九十里廉水之圻宋紹熙四年宇文介奏於南路置縣以便小民輸納從之至紹定中廢今對道宛然城隍廟猶存

金牛廢縣 西一百八十里本漢葭萌縣唐開元中分置後省入褒城按張說曰綿綿葭萌道蒼蒼褒斜谷可證已以昔附褒故載

雲霧廢縣 西北七十里其興廢不可考地有衢崖不可度

玉盆 北八里褒水東岸天成不假錘鑿光潔如玉南鄭令晏袤於內外俱大刻玉盆二字在昔遊覽者多周遭咸有題名山水暴漲爲水石擊剝俱不可句矣

石鏡 北十二里山河堰石門之上光瑩如鏡可以鑑人鬚眉

石牛道 由龍江右岸直抵七盤山下昔秦欲取蜀患道不通乃紿蜀曰褒斜道中有石牛能糞金蜀乃命五丁力士鑿道取之此即五丁所開者石牛不知所在矣東漢永平四年司隸校尉揚孟文鑿而廣之六年漢中太守鄐君部掾治級始作橋閣焉

石門 在雞頭關下五丁鑿漢高帝過之避子午之艱險者此門通則避七盤之險而褒殊無險也門內左刻王遠銘右刻楊君頌又刻修道五官掾職銜姓氏西南岸刻魏浮亭侯修棧道字南三十步為手扒崖崖南五十步為一點油石此二處甚險非身輕如鳥者不能度也又縣南八十里亦有石門之名而曰峽兩石屹立如門東峽有大圓石形似鼓中通溪水焉

鐵樁堰 北三里許在褒水中即山河第一堰也樁尚存俱栒木為之今廢不可治江東有石刻云此堰南鄭與褒城分修褒一百五十五丈七尺七分并渠岸四百五十丈飛槽二座南鄭七十七丈

一尺三分及東洩渠岸六十丈飛槽座并木料工食最詳江中有量界石

石鼓 北四十八里烏龍江濱與蠛蟇石對形圓一丈擊之有聲

思無邪堂

公生明堂 在縣治內宋慶元間邑令陳彪立於廳事之左各三楹為令燕居之所久廢

道寢 在公生明堂後前結茅亭旁闢二室所以安賓旅也久廢

舫齋 在重堂後令陳彪建久廢

新樓 在縣前高六十尺廣倍之慶元六年十二月十五日創至嘉泰元年三月十日告竣縣尉尚弼監修今廢矣

滚雪亭 在石門半及江中灘流如駛石上刻隸書滚雪二字不知建自何時

城固縣

扁鵲城 西南四十里相傳扁鵲曾居此郡國志云城下有泉天旱以羊投之即雨

北城 縣東八里漢時城固縣也其南有城相對曰南城漢中郎將劉豐之所築也

壻鄉 東北六里一名智鄉唐公昉昇仙之日知其壻未還不獲同階雲路約以此川為君言無繫霜蛟虎之患故名壻鄉

張良辟穀處 東北三十里白雲山唐武德三年置白雲縣東有神崖山南有驛馳巷西連牛蹄嶺北接龍泉山多產藥材

通關勢 高百餘丈上有城方五里瀦塹三重漢高北定三秦蕭相國獨守漢中欲修北道以通關中故名通關勢

樊噲臺 北十三里上容百餘人云噲所築

長柳村 在長柳渡漢太尉李固墓碑尚存其文剝蝕不可讀

黃沙屯 在黃沙水側諸葛武侯之所開也

韓信臺 城東五里云是淮陰侯所築

赤土坡城 在縣三十五里慶山之頂尚有烽堠故跡西南三里即赤土坡城周十五里土色俱赤武侯屯軍於此

樂城故縣 西十八里蜀漢建興七年武侯所築今為平地

蟾宮吸月亭 在斗山後昔有白氣亘天丈八多見之明孝廉方策偕友讀書斗山寺一日偶步山麓忽見重門洞開視其額有蟾宮吸月亭字遂入有一女子以茗飲之方謂如此清異之處當

與友共遊置茗於几急出呼友至已迷此仙境耶不容借類溷耶抑妖魅幻化耶不可得而測也

石虎 西八里地有二石形如卧虎列於張騫墓前水深數尺不沒

石鼓 斗山後河水衝之其聲如鼓

石堰 北六十里堰水之上石堤横截河流如馬齒然也

嬀墟 西北二十里云舜之居也按嬀在河中府河東縣出歷山入河堯典之註甚明不得謂矣劉禹錫驛路記嬀墟有雙井一苦一甜

古胡城 西四十里漢張騫使匈奴與胡妻俱還漢中築城居之久廢

洋縣

卓錫泉 北十五里許唐法照祖師卓錫於此其水隨杖噴湧夏月飲之其涼却暑

襲美堂 邑內宋太常博士韓億守洋州子績繼領郡事後父㕘大政子居門席一時士大夫榮之爲之作襲美堂

青壁寨 北八十里青壁山洋州記云東連襄漢南蔽巴蜀要地有三置關有八皆衝要之處也

擁翠亭故址 在舊治州倅廳後宋建北望秦山叢巒疊嶂雲烟顯晦最爲可觀

灙城郡 北三十里灙谷後魏立郡於此

白公城 西二十里秦白起守漢中築以控制蠻獠

青山古驛 東北八十里一名望雲驛

漢王城

安固城

眞符縣故址 東六十里唐[illegible]興道縣置華陽縣[illegible]王策更名眞符其治舊在黍坪店北至盩厔縣四百四十里宋末廢元復置後併入洋州學碑尚存在[illegible]宮後

興勢縣故址 北二十五里漢先主遣武侯出駱谷戍興勢山後魏於山上置縣因以爲名山形如盂爲盤道上數里方[illegible]四門唐貞元初改爲興道天寶初始徙爲今縣治

黃金縣故址 東四十五里黃金谷本漢之黃金戍也張魯築城西魏始置縣宋乾德年中并入眞符

興道縣故址 東門內晉置興道郡唐改興道縣宋元皆爲洋州附[illegible]明并入洋州

華陽縣故址 北一百四十里唐開元八載置天寶三載省入載因得玉策更爲眞符隸京兆府十一載仍屬洋州其地有太白山金星洞

鐵城戍 舊黃金縣西北[illegible]在山上故名宋元嘉十一年氐人楊難當寇漢中據鐵城戍宋梁州刺史蕭思話遣陰平太守蕭坦之攻鐵城戍拔之見綱目

八寶臺 東一百二十里

文筆塔 在縣東城上

開明寺塔 在本寺之北

五雲樓 唐時敕封土主神宋時建樓高可齊雲登眺盡一邑之勝明末毀焚

紙坊 漢蔡倫造紙處

郡圃 舊州治北圃中有湖有橋

洋州三十景 南園在舊郡城南北園在舊郡城北竹塢披浦[illegible]湖寒蘆港[illegible]

在舊郡圃野人廬此君菴[illegible]天漢臺[illegible]灙泉亭吏隱亭霜筠亭無言亭露香亭涵虛亭[illegible]荼蘼洞篔簹谷[illegible]

韓幹馬碑戴嵩牛二碑在寅賓舘部

蘇文公洋州詩碑在寅賓舘部

蘇東坡詩碑在察院

蔡交詩碑在寅賓舘部

鮮於侁詩碑在寅賓舘部

西鄉縣

仙人坪在子午山右即北菴也相傳黃老隱此

定遠城南二百五十里漢順帝永光七年封班超於南鄭之西鄉為定遠侯亦名平西城

南鄉故縣[illegible]歸仁山蜀先主分城固地[illegible]今之漚渡霸有是

灶君戍[illegible]

陽都坂[illegible]

洋源故縣[illegible]

[illegible]

漢王城在七盤午子山上故址尚存

張夫人故里即古洋州

梳粧臺午子山下相傳漢高帝為戚夫人築

擂鼓臺在[illegible]君山宋吳玠駐兵處

建文崖西南三百里明建文帝隱此

梅雪禪師塔在左西峽明建文皇帝入蜀師相隨圓寂於此

鳳縣

故道廢縣在縣境漢高帝襲雍引兵從故道敗章邯於陳倉即此是

廢鳳州南岐志云有周之時鸑鷟鳴於岐[illegible]南按縣東二里鳳凰山相傳即鳳棲處南岐[illegible]

[illegible]

思計臺南五里武侯嘗駐營於此故名也

陳倉故道南一百里自柴坪鋪山口入至沔縣百丈坡此延亘二百餘里[illegible]陳倉者此也

白石鎮東北十里即今白石鋪是

梁泉廢縣東一里今改為山川壇寰宇記云梁泉在縣西二十里西流與嘉陵江合後魏置縣[illegible]

迴車戍[illegible]一百六十里梁太清[illegible]年西魏將楊寬率衆七萬由陳倉取迴車戍入斜谷[illegible]此

孔雀臺 東南九十里一名石臺土人傳云山中昔產孔雀故名

黃花故縣 東北十里寰宇記云初在鳳州北六十里本漢故道縣唐武德初分置宋寶曆中省入梁泉

草涼樓 東北六十里唐明皇駐蹕於此

吸月亭 在縣舊郡圃宋建亭前植杏取蘇文忠公與客飲杏花下詩勸君且吸杯中月之句為名

飛蓋亭 在縣治取宋邵堯夫詩楊柳由金絲風動入飛蓋之句

嘯歌堂 在縣治宋建取黃魯直嘯歌山川重之句為名

黃牛堡 在縣西北當大散關之衝兵阶將楊從義所築

沔縣

沔陽古城 在舊西縣東南一十六里漢蕭何所築後漢建安二十四年先主北定漢中立壇即漢王位於此按藝文類聚引梁州志曰沔陽城先沔陽縣所治也在漢水南蕭何所築也劉備為漢王權治此城盟於城下今門外有盟壇猶存焉也

西樂城 在舊西縣西南蜀志先主二年丞相亮拔隴西千餘家還漢中築西樂城以處之城在山上周三十里後梁州刺史楊亮居之

石馬城 東二十里武侯屯兵之所

沮縣故址 東二十五里漢分白馬氏置武都以是地置沮縣

武侯壘 水經注云沔水東逕武侯壘南桃沔水水南有亮壘背山向水中有小城蓋武侯屯兵處

陳倉道 東北二十五里由百丈坡入武侯出散關昔操自陳倉入散關皆此

八陣圖 廣輿記云在沔定軍山下每陰雨則聞擊鼓聲又成都府八陣圖下記云孔明八陣圖凡三在夔州者六十有四方陣法也在新都彌牟鎮者一百二十有八當頭陣法也在棊盤市者二百五十有六下營法也按明楊慎八陣圖記武侯八陣圖在蜀者二一在夔州之永安宮一在新都之彌牟鎮在夔者盖侯從先主伐吳防守江路行營布伍之遺制新都為成都近郊則其恒所講武之場也又曰慎常放舟過夔門吊永安之宮尋陣圖之跡維時春初水勢正殺自山上俯視下百餘丈皆聚細石為之凡八行二十四藂土人言夏水盛時沒在深淵水落依然如故在新都者其地象城門四起中列土壘約高三尺耕者或剗平之經旬餘復突出又寰宇記八陣圖在奉節縣西南七里又水經注江水東逕諸葛亮圖壘石磧平曠望兼川陸有亮所作八陣圖東跨故壘皆累細石為之自壘西去聚石八行行中間相去二丈因曰八陣既成自今行師更不覆敗又荊州圖記云永安宮南一里渚下平磧上有孔明八陣圖聚細石為之各高五尺廣十圍歷然棊布縱橫相當中間相去九尺正中開南北巷悉廣五尺凡六十四聚或為人散亂及為夏水所沒冬水退復依然如故又嘉話錄王武子曾於夔州之西市俯臨江岸沙石下看諸葛亮八陣圖箕張翼舒鵝形鸛勢象治分布宛然尚存峽水大時巴蜀雪消之際大樹十圍枯槎百丈破磑巨石隨波塞川而下水與岸齊雷崩由裂聚石為堆者斷可知也及乎水落川平萬物皆失故態惟陣圖小石之堆標序行列依然如是者垂六七百年間淘灑推激迨今不動劉禹錫曰是諸葛公誠明一心為先主効死見此法出六韜是太公上智之才所搆自有此法惟孔明行之所以神明保持一定而不可改也今按沔刺史漢中舊志云八陣圖東南十里定軍山下圖列八陣聚細石為之各六十四聚又有二十四聚作兩層每層各十二聚據此則必身臨目覩足踐而手數之者與上所記蜀中諸說俱不誣也乃今詢之土著都[illegible]

確証且未有寔歷親驗其地者姑
存之以俟好古之君子稽考可也

孔明讀書亭 在臥龍山上有蓮花池蓮不数開開必並頭爲沔士秋捷之兆云

興劉寨 漢建安二十四年劉備立爲漢中王設壇陳兵於此今廢

大安軍 西一百八十里今廢

漢城 在東關丞相亮築

長舉廢縣 在縣西一百里後魏置元并入沔州寰宇記嘉陵江去長舉縣南十里

褒西縣 西四十里後魏嶓冢縣隋改西縣元并入略陽

順政廢縣 西一百一十里隋置

金牛廢縣 大安軍東六十里今縣西一百一十里本漢葭萌縣唐開元中置金牛縣後省入褒城縣焉

輿地志 卷之二 古蹟 十九

三泉故縣 大安軍東一里宋置門外臨江蒼石上泓然爲泉者三如車輪盤盂品列聳峙

沔州故基 東二十五里宋高宗南渡爲利西路帥司之治開禧中以吳曦之變改爲沔州也

漢江驛故址 西二十五里

武興郡 東北十五里元和志云蜀先主以地當衝要置武興郡以守之城甚堅固周迴五百步許惟關西北一門外有倉壘二面周匝

槃頭城 在長舉縣南三里

石項故關 去城八十里宋時置今廢

寧羌州

五丁驛故址 東北四十里即金牛峽秦惠王欲伐蜀先以石牛能糞金以紿蜀王誘其使五丁開道遂從而滅之

張魯城 一名瀘口城沛國張道陵學道於蜀鶴鳴山傳業於衡衡傳於魯魯立行寬惠百姓親附供道之米限五斗世號五斗米初平中劉焉以魯爲督義司馬往漢中斷絕谷道因即嶮築城周回五里東臨濬谷杳然百尋西北二面連峰接崖莫究其極從南爲盤道登陟二里有餘按通鑑注漢順帝時張道陵生子衡衡子魯曹操破魯魯子盛自漢中從入信州又按漢靈帝初平二十年七月魏公曹操自擊張魯魯奔入南山十一月張魯出降以爲鎮南將軍封其屬閻圃爲列侯又按續文獻通考宋真宗景德八年賜信州道士張正隨號真靜先生初漢張魯子自漢中從居信州龍虎山以鬼道惑衆正隨其後也

輿地志 卷之二 古蹟 二十

白馬城 古白馬氐之境爲爭鹿坪晉末爲楊茂搜所據劉宋取之因有其地立華陽郡城曰白馬城隋大業初廢爲鎮至明成化二十二年始置州於是矣

古城 一在羅村一在北山觀後相傳宜娘子之所築也

石鍾鼓 北五十里五丁峽兩崖峙立石鼓懸於東畔明隆慶年有官取石鼓鑿而爲二置儀門內其石鍾猶在西崖上

魯班石 東南九十里俗傳昔魯班坐此其跡猶存

女仙粧 由大安西行七里許歷金張魚城之故址與分水嶺相對嶓冢之下有所謂女仙粧者其地類洞不甚深其高似崖不甚峻臨官道之側其像天成非假人力外之羣石環繞者若立若侍恍然佳人曉起臨粧衆姬擁衛也屢經兵燹仙貌幸而無恙

往來

安康廢縣 北一百八十五里

冉閔故城 縣北三里冉家山今冉姓猶有身長大者

青泥古驛 西北五十里青泥嶺懸崖千仞上多雲雨行人屢逢泥塗

軼事

南鄭縣

蝕中 史載漢王入蝕中至南鄭以地求之非駱谷或子午谷乎

漢女堆 水經注漢水又東逕漢廟堆傳呼乖寔又訛爲漢武堆

古城三門 城南仙臺山上有古城三門不可登山下時聞鐘磬之音也

黃牛川 在黃牛山下十道記云此山有冉熟之稱識者重之

石乳 箭竇洞在府城東南小黃村巖壁間飛橋入洞中鍾乳萬狀石乳參差亂滴

相杏亭 在府城梵天寺宋時建有古相一株中藏杏樹枝幹分聳花開葉密因以爲名

褒城縣

玉盆 縣北八里褒水東岸天成石盆光潔如玉內外有隸書石盆二字同圖有記曰鄭溪鑿之勝刻玉盆之陽餘剝蝕不可句於此相對有釣魚臺高廣七尺許乃鄭子真垂釣處也

藏劍巖 東南二十里相傳漢高祖爲王時藏劍於此

萬石城 水經注漢水又東逕萬石城下城在高原原高十餘丈四面平臨形若覆瓮其城昔爲流襍所居又名流襍城

略陽縣

隗囂臺 在縣治前漢隗囂所築後來歙屯兵於此一名來歙備兵臺宋吳玠吳璘亦據此以禦敵昔有舉峯亭在上唐守房武有記今亭廢

烏龍石 橫蟠城底首露於郭之東尾現於郭之西八渡河繞其前白水江流其右邑之來莫

武興城 東二里宋吳曦屯兵故地即今文家坪也

郙閣 西三十里一名析里又名白崖崖高數丈昔興元長李惠鑿石架木爲飛閣以濟行人漢中郎將蔡邕作銘隸書鐫壁以記厥功今閣廢而文傳焉後守田克仁復摹刻於靈岩之絕壁按銘文太守漢陽河陽李君諱惠字伯都以建寧三年二月辛巳到官

仇池穴 西八十里按辛氏三秦記仇池山上有百頃池郭仲產秦州記仇池山本名仇維山上有池似覆壺有瀑布望之如舒布後漢志河池一名仇池方百頃左右悉白馬氐水經注絕壁峭峙孤嶮雲高望之形若覆唾壺其高二十餘里羊腸蟠道三十六廻開山圖謂之仇夔所謂積石嵯峩嶔岑隱阿者也上有平田百頃煑土成鹽因以百頃爲號山上豐水泉所謂清泉湧沸潤氣上流者也王東坡志林趙德麟曰仇池小有洞天之附庸也王仲至謂余曰嘗奉使過仇池有九十九泉萬山環之可以避世如桃源

西城 西一百二十里今之西淮壩是也

白水路 西北一百二十里宋轉運使李虞卿同郎中田諒等以蜀青泥嶺險請開白水路自鳳州河池至武興以便公私之行有雷簡夫記

鍾公路 西北一百二十里道緣溪行過水輒阻明侍御鍾公從北岸鑿石開路自是行人利

石鼓 北四十五里龍江之側有石鼓形圓一丈擊之有聲旁有石蝦蟇高六尺許儼如雕琢

石鏡 在蕭何堰石門之上可鑒鬚眉洵異物也

城固縣

古瓠城 縣西肆十里漢張騫使西域與瓠妻堂邑父俱還漢中居此

石穴前門 水經注柱陽有仙人宮石穴是宮之前門故號其川為門川水為門水

茯苓仙 在斗山傳云昔有張氏素好善婦於山下汲水遇一嬰兒數乞乳一日歸遲夫怪而問之具以告夫命婦以綵綫紉針再乞乳則繫之婦如言以針刺兒背隨其綫至大松樹下掘之得茯苓大如斗取歸烹食俄而雲霧四合舉家成仙焉

項氏伯 水經注漢水東逕七女冢冢夾水羅布如七星高十餘丈周圍數畝元嘉六年大水破墳出甎不可勝計得甎刻項氏伯無子七女造墳

鳳鐘十二枚 晉義熙十五年城上有密雲細雨五色昭章忽水涯聲若雷鳴及岸崩遂出銅鐘十二枚刺史索邈奉送至洛陽歸之宋府

女郎砧 張魯女浣衣山下有白霧蒙身因而有孕恥之欲自殺將死謂婢曰我死剖腹視之婢如言得龍子一雙送之漢水後有龍數至墓前成蹊其下有女郎廟及搗衣石

洋縣

佛塔 龍血禪師在鳳翼山醴泉寺講經為衆所宗嘗感龍化老人來聽講示寂後放指唯一屢存焉塔在寺南有毫光籠罩世傳為佛塔

展溪 在大小龍溪石上有赤書展溪二字方輿勝覽云張魯女困臥石上有霧蒙身孕生二龍是此

御題一字 望雲棧在舊洋州郡圖樓極高峻巴山秦嶺南北在望唐德宗幸梁登是棧御題一字及還京日鑿取以歸

古柏 醴泉在城南開化院門外甘冽如醴畫史云文同在洋州醴泉院畫古柏八株根節礧砢葷勢飛動故和凝詩有古柏八株堆翠色靈泉一派逗寒聲也

西鄉縣

鯉魚墳 縣西十里邑人脩木馬河堰有二道士求食與之粟飯日少頃有二龍至勿殺也殺則堰立決夫道人忽不見頃之二鯉戲波上工捕之剖腹飯出堰遂決堰工收魚葬山上成冢

平陽城 在洋州相傳戚夫人所生處夫人思慕本鄉追求洋川之舊高帝為驛致於長安蠲復其鄉更名曰縣表夫人誕生之祥

男兒壩 西北七十里又謂之太子墳每陰雨墳中嘗聞簫鼓之音

鳳縣

鬼迷店 在縣境宋陸游詩往者秦蜀間慷慨事征戍猿啼鬼迷店馬嘶飛石鋪即此是

沔縣

東池 東三十里沔水所溢也唐賈島與范餘慶避暑東池即此

寧羌州

石笋 西北一百里有石聳立如笋焉其高三尺

神馬淵 在嶓冢山下相傳龍馬產於此昔人常掘得馬頭骨長三尺

略陽縣

筆破山脊 縣東三里冉家山晉穆帝使人圖閬故里山川觀之以筆破其山脊令人照圖鑿山而閬遂爲燕所滅即今鑿跡猶存也

王女山人石 東南三十里半山有白石如人冠冕坐於崖間矣

風俗

南鄭縣 附郭

漢中府屬邑風俗不甚懸殊按舊志云於卦值坤故多班絲於辰值未故尚滋味德在少昊故好辛香星應井鬼故君子精敏小人鬼黠勇悍東漢志云西方之氣強梁故曰梁州華陽志云其民質直好

義士風朴厚有先民之遺隋志漢中之人朴質無文不甚趨利性嗜口腹多事畋漁雖柴門蓬室食必兼味

褒城縣

楊絳記家至戶到人知樂業賓充碑厥田沃衍其俗富庶府志又云民務耕織士尚敦朴大有蜀風而舊志則云山多田少地瘠易涸人性朴野民勤耕讀然風俗與時推移易趨於末亦未可定也論其聲音山南近蜀則如蜀山北近秦則如秦城之中則如郡務本尚約恥逐末競利故無積儲畏法度不敢健訟謹供億故賦役無有後者婚姻問名後有宴會以召戚里而不論財疾病務禱神延巫或用醫藥喪祭用浮屠亦泥堪輿家其用文公禮者則士族也農時集工治田歡歌竟日腰鼓相聞宮室無幽邃服食無珍異崇尚節期而不知中秋七夕亦無有倡之者也

城固縣

士敦禮讓守詩書農一歲兩穫所重惟秋且土厚水

深一夫田不過五畝農無閒工亦無餘粟工極拙一無長技器極質不尚華奢商惟麻錢絲粟魚鹽銅鉄以資民用無異產亦無遠販婦女鮮出閨門貧家紡績緝紉時饁田畝士大夫家歲一歸寧不尚衣飾其或年適者聞作佛會消遣餘日婚擇配偶不論財帛聘以茶麻鷄酒娶以花紅酒席喪遵家禮亦有作佛事者安葬必求堪輿擇地於三日前行家祭禮士大夫三獻農家一奠酒案盤必欲豐備至歲序正月立春前一日有司迎句芒神與迎

牛於東郊里市各扮故事表曰慶豐年是日民之男婦携兒女看春俟土牛過各以豆麻撒之謂之散疹消疹立春日有司祀芒神鞭土牛畢民爭取土塊歸置牲圈取蕃養蕃息意也是日喜晴厭雨歌曰但得立春晴一日農夫不用力耕田此言殊驗焉元旦家家焚香拜神祀祖族黨親朋皆稱賀五日掃門庭以其敝帚置箕擲紙錢棄之郊以送五窮元夕張燈剪綵歌管酒筵光達通宵戴紙面獅象舞樂以效古鄉儺二十三日士女於漢水搭

彩船上自椰林下自桃園登臨游戲曰游湖兩岸人如蟻二月二日文昌帝君之誕無長幼皆有祭曰松花會驚蟄日祀新墳是日士女競鞦韆為戲也三月二十八日東岳神誕里民作慶賞之會清明祭祖於墓芟除荊棘掛紙錢四月初八日山僧設齋壇鳴鐘鼓作浴佛道場二十八日城隍神誕里民亦作會致慶小滿前後農各治南畝栽秧有詩曰手執秧苗插野田低頭便見水中天六根清淨方成稻退步原來是向前五月五日食角黍飲

菖蒲雄黃酒以祛毒兒女以五色綫縮赤靈符佩之六月六日曝書帙衣服并沐首濯髮七月七日奎星誕士皆會祭是夕幼女皆設瓜菓豆芽穿針乞巧望日農家會飲曰掛鋤八月中秋陳月餅插桂花歌管酒筵賞翫以永茲夕九月九日食米糕登高飲茱萸菊酒兒童競放風鳶十月朔各祀祖但焚紙錢於門外是月禾稼登場各報賽以答神庥十一月冬至慶賀官司如元日十二月二十四日祀竈除夕各掃門庭祀祖先家神少長咸集謂

之團年因放爆竹易桃符以祛歲迎祥云

洋縣

勤儉力作惟事農畝招商集工亦稱樂土鄉安布素士習誦讀子媳弟婦非遇禮節不敢輕見舅伯自今兵燹獲寧雖室多懸磬而動守禮法冠期二十婚視貧富為厚薄喪祭遵禮或有事浮屠然奠酹哀悲戚而不易計一歲而言之元旦焚香祀天地祖宗辭堂慶賀卑幼各拜尊長各邀親族會飲屠蘓正月十四始燈十五正燈十六罷燈歡樂行游

望日謂之關元宵十六謂之游百病春社修社會
婚嫁乘時皆舉清明上墓長幼畢集端午蒲艾雄
黃以觧五毒角黍餽親謂之追節七夕女陳瓜菓
拜星乞巧中元餅祀土穀諸神中秋士待月華餅
果賞玩秋社之事一如春社重陽採菊拾萸登高
泛酒冬朔餃餌獻祖先冬至祭先於祠無祠者備
物家祭十二月初八作臘八粥以餘者餧菓木祈
其茂也時多婚娶二十四日祀竈設餳自此至年
姻婭賀節餽糕秫土物亦謂追節也除日易桃符

貼門神作歲飯薦先夜圍火圍飲以守歲迎新焉

西鄉縣

俗多醇朴民重耕織文學漸新禮義復古男子十五
而冠女十六後嫁寇亂以來或夫死粮存有招夫
上門承粮認差者喪必用棺爲棺有力者生前預
備居喪子必齋戒百日好誦經設醮墳以磚成或
用灰築多植樹木於前祭則元日設祖先神主於
堂上元夜祭於門外并神主焚之清明祭於墳男
女少長咸至七月十五祭於門外十月朔亦如之

節歲元日闔族會賀雖貧家亦蔬酒相邀上元三
日閭巷張燈設菓侯官司遊玩衎觴爲樂二月二
日蒿坪寺藥王大會官民俱往焚香婦女亦踏青
選勝三月三日朝武子名山男婦拈香畢各採捃
葉蘭花簪首以爲袚除不祥清明日男婦上墳各
進新韭笋茗奠酒焚帛四月八日城隍神誕居民
報賽是日以大麥磙爲索各相餽送以示新也五
月端陽家懸蒲艾角黍雄黃枇杷之物彼此相遺
宦室登舟游樂婦女以繭作艾虎佩焉六月六日

曝衣即貧家亦曬布案金洋堰河神會民多往者
七夕隣女相集皆以豆芽置水椀月下顧影互覩
巧拙望日各祭青苗土神祀祖先於門外貧家皆
食北瓜以度節中秋士民皆以瓜桃梨棗月餅餽
送夜則設酒賞月男或泛舟登紅崖娟女亦有延
宴雖貧無不食西瓜以慶嘉令焉九日親友以菊
花米糕餽送登高飲茱萸之酒或上雲臺之山或
在武子之峯酌酒賦詩流覽舟楓黃菊婦人則戶
採茱萸曰可治心疼也十月朔祭青苗神用蕎麥

麵爲角黍祀先祖於門外傭工者於是日放還謂
之十月一放傭的冬至向巴山看雪占來年豐歉
通山臘梅開放大雪滿山士人携酒有游賞者十
二月八日食臘八粥親知互送除夜子弟拜父兄
行辭歲禮張樂置酒歡飲達旦各守歲云

鳳縣

務農力穡質直好義與岐隴相接戎有豳風之遺俗
平地爲州沿雄風秦蜀而文獻凋零記籍莫考士
風民俗闕焉無徵通之者僅爲南北之孔道而已

洋縣

按隋志云連檮氏羌性質直務農習獵民多勁悍明
神宗丙午之歲郡伯崔公修洋之誌　國朝順治
十載原令郭君有續輯之功其於風俗則云編戶
五里歸并衛所地峻負山人崇儉朴家多健訟之
流土脈驕悍之氣召險雜居其習然也睥而食者
多織而衣者少歲時伏臘因陋就簡冠髻尚白禁
止弗變崇敬鬼神享賽爲樂鄉里鬬角相爭不懼
懸梁投水昔也子多出贅今不多者亦贅家貧出
贅今不貧者亦贅至身勿姓更名不爲怪焉抑且家
釀自酌雞豚自豚惟服食儉朴猶有先民之遺風
矣

寧羌州

風氣兼南北語音雜秦蜀冠不加三婚必親迎疾病
信巫治喪則烈營齋爲禮遇清明則祭墓焉郡人蔡
思順風俗論略曰先正謂修郡邑之志當崇風俗
蓋以風俗之美惡關教化之隆替所關也羌屬漢
中風俗與他屬雖不甚相遠斷其美者士人不奔

競干謁閭里無豪傑亡命小民農桑之外或事商
賈不習方技不尚遊巧不競繁華不剃度爲僧道
婚姻論門第不論財禮必親迎奠雁似有古風視
漢南一路差爲勝之然美惡難齊瑕玉不掩三加
醮字之典即士類鮮行細民又無論已家貧出贅
因秦俗之自有而今承戶養老婿者并祖宗之姓
易勿之凡此則非也喪禮雖小尚浮屠然未有遵
而行無異議者唯士大夫家差有可觀且至拘泥
陰陽年月不即安葬無貴賤皆同而武弁家尤甚

暴露至十年以上者葬之日則有易而不敗又胡
可謂也哉惟清明眞諸墓其服飾無定式裳衣之
上下巾冕之高低余目擊者十餘年凡三變而甚
不衷者以市井而用冠裳以輿皂而曳朝履婦女
以鍜笄相尚丈夫以竹帛爲冠無裳而綃素在首
大可異已十年前總無賭博頃少年游冶以賭博
敗身家者不一村落之民不知尚學童子有書刀
筆甚至有終身不識丁者疾病信師巫而鄉村更
甚婦女不織紝而市肆徒費日無公論惟以同

輿地志　卷之二　風俗　三十三

異爲是非弟子教業師衆爭肥瘠於吳越服喪絰
之子儼然登燕笑之堂同筆墨之朋一旦興告訐
之衆熟機械者因藉愚民之財餘粟肉者坐觀鬪
肉之關三尤若是今時不知恥余聞俗爲元氣元氣
固則發蠢不生不然淪胥貪慾甚安所底止也

郃陽縣

俗本淳龎行崇儉樸風氣兼南北語言雜蜀秦民務
農耕鮮爲商賈士敦文學不尚聲華婚喪有禮男
女別嫌好義急公遺風猶在

災祥考

西漢高帝元年冬十月五星聚於東井
高后三年夏漢江溢漂四千餘家
八年夏漢江溢漂六千餘家
文帝後元二年四月乙巳水木火三星合於東井
景帝三年五月甲午金木俱在東井戊戌金去木
留守之二十日
四年四月丙申金木合於東井七月癸未火入東
井九月乙未火入輿鬼

輿地志　卷之二　災祥　三十四

中元年填星去居東井五月甲午金木俱在東井
後元元年五月壬午火星合於輿鬼之東北不至
柳出輿鬼北五寸
武帝建元六年熒惑守輿鬼
元朔五年丁丑晦日食在東井二十三度
元封元年五月有星孛於東井
昭帝始元二年冬太白出東方入咸池東下入東
井
宣帝本始四年七月甲辰熒惑入輿鬼

元帝初元三年土超觜參入井
成帝建始元年十一月乙卯月食填星星不見時
在輿鬼
河平元年四月己亥晦日食不盡如鈎在東井六
度
二年十月下旬填星在東井
元延元年秋七月辛未有星孛於東井
平帝元始元年五月丁巳朔日食在東井
東漢世祖建武七年九月庚子土入鬼中

三十年閏月甲午水星在東井二十度
明帝永平十三年閏月丁亥火犯輿鬼
章帝建初五年五月戊寅木水在東井
和帝永元五年四月癸巳太白熒惑辰俱在東井
十五年六月城固南城門災甲子晦日食在東井
二十三度
安帝永初元年八月戊申客星在東井弧星西南
七年四月丙申日食在東井一度
順帝永建三年正月丙子水入鬼中

永和五年五月己丑晦日食在東井三十三度
輿鬼
桓帝三年四月丁卯晦日食在東井二十三度五
月丙申熒惑入東井八月己亥填星犯輿鬼中南
星
延熹三年五月戊申山崩
獻帝興平九年冬十一月有星孛於東井
二十四年八月大霖雨漢水溢
晉穆帝永和十年十一月月掩填星在輿鬼

升平元年春太白入東井
哀帝興寧三年七月歲星犯輿鬼
簡文帝咸安二年六月乙酉太白犯輿鬼
孝武帝寧康十一年三月戊申太白見東井六月
甲申太白見輿鬼
安帝隆安元年四月丁丑太白晝見東井五月武
都郡前水中白龍升天
義熙九年二月庚午熒惑填星皆犯東井熒惑入
輿鬼三月壬辰歲星熒惑填星太白聚於東井

月填星犯輿鬼
十年日出東井有白虹十餘丈
十三年七月城固縣大濯有聲若雷崩出銅鐘十
二枚
南北朝齊後主大統四年六月彗星見於東井
後周武帝天和二年五月己丑歲與熒惑合井相
去五尺
隋煬帝大業三年二月己丑彗星見於東井掃帝座
百餘日乃止

唐高祖武德元年七月丙午填星太白辰星聚於東
井
太宗貞觀十七年六月己卯朔日食在東井十六
度
十八年五月太白辰星合於東井
顯慶五年六月庚午朔日食在東井二十七度
龍朔元年五月甲子晦日食在東井二十七度
總章二年六月戊申朔日食在東井二十九度
咸亨元年六月壬寅朔日食在東井十八度

武后垂拱四年六月丁亥朔日食在東井二十七
度
中宗神龍三年五月戊戌太白入輿鬼六月丁卯
日食在東井二十八度
明皇開元元年洋州南醴泉出七月己丑太白犯
輿鬼東南星
天寶三載洋州太白山得王冊獻於朝因改華陽
日真符六月乙丑朔日食不盡如鈎在東井十九
度

德宗建中二年七月熒惑太白闘於東井
四年六月熒惑太白復闘於東井
蜀王建武成元年七月騶虞見武定
憲宗元和十年六月辛未歲星熒惑太白辰合於
東井
穆宗長慶四年三月庚午太白犯東井遂入井中
晝見經天七日而出因犯輿鬼丙戌填星犯井鉞
癸未熒惑犯東井丁亥入井中八月庚辰熒惑犯
填星於東井十二月戊子月掩東井

敬宗寶曆四年五月丙午歲星太白合於東井冬
歲星熒惑俱逆行失色合於東井
文宗開成二年六月庚申太白入東井
武宗會昌元年閏八月丁酉熒惑入輿鬼中
懿宗咸通元年六月壬寅朔日食在東井十八度
昭宗天復二年五月至八月太白晝見經天在東
井度
後五代梁少帝龍德二年十月彗星見輿鬼
晉高祖天福四年五月太白犯輿鬼中

宋太祖開寶三年六月乙未太白歲星合於東井
八年洋州火焚州廨民居千七百區
太宗端拱二年六月戊子彗出東井
真宗咸平二年八月甲子熒惑犯輿鬼
五年四月太白犯輿鬼七月戊戌白氣如匹貫東
井九月戊戌有星十數入輿鬼至中台凡一大星
偕小星數十隨之其間兩星如升器大一至狼星
一至南斗沒
八年七月洋州漢水溢

景德四年十一月己巳中天有赤氣如掃長七尺
在輿鬼角
仁宗天聖元年五月癸巳金水相犯於井
景祐元年九月己丑有星出東井如太白赤黃色
尾迹向東速行至柳
慶曆元年六月月犯東井十一月木退犯輿鬼
英宗治平元年二月乙未夜蒼黑雲起西北方長
五丈貫東井閏五月木入東井七月金犯輿鬼
五年春月出東井

神宗元豐元年武康軍禾一莖十一穗
哲宗元祐元年十二月辛卯月掩輿鬼西北星
徽宗大觀元年四月戊午太白入井
欽宗靖康元年五月壬申太白入鬼犯積尸褒城
產紫檀香
高宗紹興四年五月辛亥熒惑犯輿鬼十二月庚
寅望月食於井
孝宗隆興十年洋鳳之食
十六年冬鳳荐饑

光宗紹熙二年八月庚寅火星入鬼宿犯積尸氣
無麥
四年夏大水山河堰盡決
寧宗慶元二年夏旱守臣禱雨有錫文小蛇行水
上雨大至
嘉定十一年十一月木星留守東井十二月壬子
月食於東井
理宗紹定四年春大饑
元世祖至元元年七月彗星出輿鬼四十餘日

十一年興元鳳州進麥一莖七穗穀一莖三穗
成宗元貞元年十一月太陰犯井又犯鬼
大德元年三月熒惑犯井五月太白犯鬼積尸氣
五年八月庚辰彗出東井二十四度十一月癸未
太陰犯東井
六年七月熒惑鎮星辰星聚於井
武宗至大元年正月太陰犯井
仁宗皇慶元年三月熒惑犯東井
二年三月彗出東井

延祐元年二月熒惑犯東井
二年正月彗星犯輿鬼六月太白犯井
文宗天曆元年二月熒惑犯井
順帝至正元年正月太陰犯井宿
二十二年六月太白犯井九月丙寅熒惑犯鬼宿
西北星
二十三年六月太白晝見犯井
明洪武五年六月大雨暴溢巨木蔽江而下抵南岸
憲副君曁守倫葦至如山積創修文廟

十七年春中梁山產靈芝二本
永樂十四年五月漢水漲溢淹沒公私廬舍無存
宣德元年旱
景泰元年大旱
四年大有年
正統七年饑
成化元年大饑
六年八月漢水漲溢高數十丈城郭居民俱淹沒
十二年麥生二穗

二十三年大饑
弘治元年略陽夏大旱至冬人相食
十年寧羌州儒學忽得石板一書天為方平不勞
椎鑿衆皆異之
十五年夏大雨傷禾民多疫
十七年夏旱秋雨雹傷稼
正德二年五月略陽大雨高崗山崩壓死百九十
餘人後大旱民皆流移
七年五月西南起一紅星大如斗有光燄飛往東
北時天鼓鳴
十四年夏漢水溢
嘉靖元年夏秋旱
二年大水
五年虫食禾
六年龍江冰合
七年大饑人相食
九年雨如黍子化為虫食禾稼六月乙巳彗星見
東井

輿地志　卷之二　災祥　四三

十年城固州人於滑江夜見金睛水獸走如火滾
十一年夏大水又大風拔木三日民大疫是年六
月雨冰雹
十二年地震如雷是年褒人於廉水之隈飲牛見
一物如牛鷹嘴肉翅自深潭盤旋而出其聲如雷
以趨東牛入水民大喊衆集用石擊之遂潛入牛
乃出
十五年夏洋縣紙房街石洞青黃二龍相鬭水漂
沒民秋南方大星落有聲
十六年春地震夏旱秋雨雹傷稼
十七年春夏饑
十八年有年十二月褒城地震七月漢江漲漂壞民
居
二十一年夏大水漂流民舍
二十三年春大饑夏大疫
二十四年地震有聲如雷
二十七年春饑
二十九年烏龍江漲漂打鍾村

輿地志　卷之二　災祥　四四

三十年六月霖雨彌月八月十二日鬼鳥夜鳴
三十二年甘露降於褒城啓聖祠栢上露滴樹下
如凝脂食之甘
三十三年褒城龍潭壩龍行先是民屋中有泉護
之甚勤一夕夢曰吾明日當行須牢收鷄犬民如
其言至午有尺蛇蜿蜒水面踰時漸長雲滃雷作
則頭角鬣爪具全奮怒而去平地水深三尺山崩
石裂而此家獨存
三十四年秋熟十月褒中有妖夜爲孽抓人面有

痕数日乃已
四十一年正月城固豐樂橋觀音閣災
四十四年城固粟一莖二穗棉一苞六蓋九蓋
四十五年城固斗山松二本相距数尺高丈餘其
末合爲一
萬曆二年饑
四年九月初七日大雪盈尺殺禾稼
五年道殣相望
十三年饑

十八年西鄉大水環城南關壞民居百家前令李
鳴築壘河以剎其勢害始息
二十二年饑
二十三年秋霪雨禾不實
三十三年十一月二十三日寧羌前衛張希魁妻
王氏是日亥時一乳生三男形容壯偉人皆奇之
四十一年西鄉水渰東關
四十三年大饑
四十六年大饑

四十八年彗星白芒長丈餘見東北角
天啓四年地震城垣民居傾圮
崇禎四年秋大水平地深三尺禾苗盡壞垣屋塌
損
五年大饑
六年大水
七年秋蝗大饑冬地震府城隍廟火
八年九月十六日地大震西鄉旱畧陽澇水渰城
郭民舍盡汨

九年地大震三日垣屋盡傾傷人甚衆旱蝗井竭
大饑
十年略陽地震二十日夏旱秋禾全無大饑
十一年夏蝗飛蔽天禾苗木葉俱盡大饑
十二年夏旱秋蝗禾草俱盡大饑有雄雞四翼四
足
十三年大旱粟價騰涌十倍其直絶糴罷市木皮
石麵俱食盡
十四年旱

十五年西鄉縣有鳳大如鬪有大鳥高八尺黑身
赤喙集蒲家壩数日飛去
十六年水東居民見赤龍上天
皇清順治元年西鄉文廟火
二年饑
四年八月暴雨兩日夜漢水泛漲田苗盡傷大饑
洋縣有二虎入文昌祠衆共斃之
六年雨雹二麥無收大饑
十年地震冬松宗關降五色雪是年略陽大水地
震塌毀城郭二百餘丈
十一年五月初八日夜地震搖拽如蕩舟屋瓦飛
落墻垣傾塌次日復動累月不息
十二年降黑霜殺麥饑
十三年沔縣北山山水陡發漂没田廬知縣李煊
踏驗
康熙元年六月大雨六十日
二年大水雷雨大風拔木
五年三月大風揚沙蔽目褒城黑龍江岸有壞船

長二丈許飛覆民屋四月冰雹大傷禾稼六七月
牛瘟盡死
八年彗星芒入斗口八月十五冰雹殺禾
十年無禾
十四年八月十五夜洋縣范壩雨雹盡壞刈稻
十八年霪雨四十日如傾盆者一日夜大水漂沒
民居
二十年冬十一月初四酉時西方白氣亘天如疋
練至十二月十五乃滅

二十五年閏四月初大風拔木雨雹如鷄卵
二十七年雷雹風雨如注水漲甚猛樹木連根蔽
江而下溝渠橋梁盡擁倒

轉餉

漢

蕭何從漢王至漢中王引兵東嚮恐艱於餉以何爲
丞相留撫緝供給軍食因而不匱

田叔歷城人爲漢中太守饋餉有功帝嘉之

第五琦見上於彭原請以江淮租庸市輕貨泝江漢

而上至洋州令漢中王瑀陸運至扶風以助軍

唐

嚴礪元和間遷興州節度使運餉成州自長舉以西
疏嘉陵江二百餘里通漕以饋興運乃便

宋

劉子羽崇安人高宗時知興元時吳玠屯河池王彦
屯金州會歲歉羽輸粟於二鎮戍士賴以不饑

皇清定鼎之二年乙酉姚黄張獻忠等據蜀不下 肅
藩進兵征剿需粮甚迫總督孟喬芳題設游擊梁
加琦駐防略陽設一千揔艘運川餉時督粮道黃
應徵召買河西一帶動以萬計琦會知縣王業泰
申請修倉厫一百間以備之募工造船数百艘以
運之蠶叢險隘饋餉数載而蜀始平

李月桂遼東人任關西道康熙二年劉二虎等寇屯
聚茅廬山大兵進剿督撫委桂駐漢中全秦粮餉
由茲轉饋二載始平

崔澄遼東人任布政司參政分守潼商道康熙十三
年滇逆寇蜀進兵征討澄駐略陽督造粮艘合檄

略三百餘隻絡繹轉運軍食始足時知縣吳樹聲
江南進士甫任略月餘一切工役器用皆取給於
一令樹聲席不暇暖日不再食早夜焦勞粮運得
通而樹聲以勤事死

趙良璧奉天開原人任西安府清軍同知十九年正
月奮威將軍王進寶勇略將軍趙良棟乘勝追擊
滇逆恢復滇蜀督撫委璧駐略監造粮艘轉運兵
餉與撫治西寧僉事趙振整飭井山副使胡悉寧
相助爲理軍需賴以不匱

僭亂

漢

隗囂故紀人起兵天水稱西州上將軍略陽陽平悉屬焉因築臺於略城淮陽王更始元年與周宗帥兵以應漢光武遣大中大夫來歙使囂囂乃奉奏詣闕帝報以殊禮後遣馬援入見又遣兵助馮異擊破公孫述後有斬公孫遣詔之使出兵擊述蜀兵不復北出及遣子入質其將王元曰西州士馬克富足霸之基臣請以一丸泥爲大王東封函谷

此萬世一時也囂然之因負其險阨專制方面後取滅亡不能與竇融等比肩事漢爲之嘆息

建安中黃巾餘黨張魯世號五斗米以妖術惑人遠迤多歸之遂嘯聚數萬竊據漢中稱王聲震長安

建安二十年魏公操自將擊之其衆奔潰漢境始平　按邵伯溫聞見録曹操破張魯定漢中魯祖陵順帝時客蜀學道鵠鳴山中造作符書百姓受其教者輒出五斗米陵子衡衡子魯以次相授受自號師君其衆曰鬼卒曰祭酒大抵與黃巾相類朝廷不能討就拜張魯漢寧太守

惠帝時鮮卑叛盤踞武都侵掠梁州刺史張軌率衆破之永興初鮮卑若羅拔能分道入寇軌與司馬宋配擬險設伏邀寇於山谿中併力擊之斬其渠魁餘黨引去

穆帝時蜀盜李流犯梁州焚掠諸邑刺史許雄與倖中劉沉討平之

宋

文帝時氐人楊難當作亂焚掠漢中蕭思話帥衆大破之難當引衆還仇池元嘉十八年復傾國入寇

刺史劉道真與裴方明共擊敗之難當西遁仇池遂平

後魏

魏氐人楊靈珍率衆萬餘襲武興梁州刺史李崇先伏勁兵於歸路別遣驍將以正兵擊之靈珍引退伏兵發前後夾擊大破之

唐

聖曆中吐蕃寇興元鋒鋭無敢當者軍士望風輒潰一郡惶懼都督唐璿詣麾下曰彼衆雖勇未嘗習

戰吾以奇兵擊之其破必矣乃挺身爲士卒先親
冒矢石奇正間出六戰皆捷吐蕃狼狽而去
太和中興元軍噪殺節度使李絳焚掠諸邑挾擄丁
壯聲震朝廷乃以侍御史温造節度興元造兼程
赴郡招諭脅從命都將衛志忠率牙兵圍亂軍八
百人盡殺之無得脱者

梁

開平中李茂貞舉兵犯興州山南節度使唐道襲率
衆固守青泥嶺扼塞險要茂貞不得進遂引衆還

宋

紹興中叛將史斌陷興州旁邑響應宣撫使盧法原
與經制使王燮興元統制韋知幾同謀討斌大破
之遂復興州

建炎中吳玠爲利州路宣撫使扼兵守仙人關金將
粘没喝克鳳州破河池長驅直下玠倚山作壘堅
壁不動俟其不意而擊之三戰三捷斬獲甚衆没
喝懼班師還長安

吳曦玠之從孫也襲父挺爲利州安撫使開禧三年
以階和成鳳四州獻於金密受金印據興州稱蜀
王詔四川轉運使安丙爲丞相權行都省事丙稱
疾不出會監四川總領所楊巨源劉崇之興州中
軍李好義皆密謀誅曦先以其約報丙丙大喜遣
出視事好義帥其徒入僞宮詐稱議事執曦斬之
傳首臨安詔誅曦妻子家屬徙嶺南

理宗時高稼守沔州元太子濶端帥衆十萬侵蜀所
向望風瓦解稼與趙彦吶謀曰沔蜀之咽喉也失
沔則無蜀矣乃令彦吶據蜀口稼留守沔方倚以

築壘工未竟而元兵突至遂戰死

紹定四年八月元太子拖雷分騎兵三萬破鳳州
趋華陽屠洋州而去

端平間曹友聞知沔州元太子濶端大舉入蜀友聞
退保蜀口戰於陽平關會大雨宋兵悉衣綿甲經
雨濕不利步鬭元兵以鐵騎衝之師潰遂戰死

明

洪武間沔縣僧人田九成道士李普智以妖術作亂
伏誅

正德四年流賊藍四藍五鄢本恕聚衆數萬侵漢中犯洋縣尋入西鄉官軍擊走之六年寇畧陽焚掠殆遍殺知縣孫璽鄉紳劉進監生何文煥屠戮百姓不可勝計巡撫都御史原傑檄諸路官軍會剿逾年始平

嘉靖間西鄉土寇王剛聚衆作亂官軍討平之

隆慶二年川寇何鵠兒擁衆萬餘盤踞西鄉乾溝毋猪寨縱横侵掠五年巡撫都御史藍璋發官軍討平之

萬曆四十五年捆賊高上遷寇漢中横掠諸縣尋入西鄉據南山久之乃去

萬曆四十八年流賊俞士乾俞士坤馬和尚聚數百人初踞寶山後渡漢江據洋之南山大肆刼掠道府遣官軍殲除之

崇禎十一年九月流寇滿天星一斗穀侵漢中衆號數萬屯漁營七里等壩分道焚掠深山窮谷中無不受害且日以千騎至城下揚言索戰頃之復去時守兵數百僅備登陴而已不敢追擊賊益驕横會總督洪承疇總兵曹變蛟等聞變率千餘人乘夜啣枚入城次日賊復以千騎直抵萬仙橋疇仍令城守兵佯與賊戰密令曹變蛟引精銳從僻道衝擊大破之斬俘數百餘孽倉皇渡江盡溺水中賊大懼拔寨夜遁

十五年流賊過天星九條龍等衝犯漢屬所至屠戮民不堪命

十六年李自成陷長安遣僞帥田見秀陷漢中令其將韓文賀珍據其城順治二年韓文自遁去

清

順治元年蒲河土寇夜入洋縣焚官衙民舍及四城門樓而去火燄經月不息

逆寇賀珍李自成之餘孽也初與韓文踞漢中順治二年珍舉兵寇長安敗歸復攻漢中兵憲胡全才飭衆固守逾月變聞長安總督孟喬芳遣兵來援戰於桃源壩大破之斬首萬級珍奔茅蘆山漢境始安

順治八年洋民常亶糾鄧縣土賊從慕遠坪木瓜

大洋縣盤踞宋軍山夜襲周家坎沿東至貫溪
大肆刼掠洋東山鄉長李梅率鄉勇討平之
康熙三年洋東山人邵青天自稱活佛妄言禍福聚
衆居家山典史張正宿往諭之不聽副將何傳率
官軍執而斬之
康熙十三年十二月滇逆吳三桂遣偽將軍王屏藩
譚弘等踞漢中所屬州邑悉陷譚弘肆虐刼掠脅
擄人口漢中幾無孑遺
康熙十四年五月十三日偽將軍吳之茂據略陽攻

刼各堡砦及潜匿深林密澗者被掠四十日始罷
五載奎崇鄉邑一空十八年十月奮威將軍王進
寶勇略將軍趙良棟分道殺入偽逆大潰郡邑悉
平
滇逆吳三桂遣偽將軍張起龍分據褒城恃偽戚之
勢催科糧草上凌偽官下毒士民追限轉輸連歲
盆徵俱歷歷靡騁至賊衆肆虐小則狗彘雞豚芸
粟樹木掠取殆盡大則強占婦女逼買窮兒民不
堪命我師臨境賊潰又大肆刼搶而去

偽將軍黑邦俊分守益門鎮駐鳳縣賊衆往來鳳漢
間沿棧居民或棲山砦或藏澗谷凡衣食貲蓄剝
掠幾盡後潰去道始平

歷代漢中得失大畧

周赧王己酉三年秦大敗楚師遂取漢中
漢丙申二年二月項羽立沛公爲漢王王巴蜀漢中
乃就國張良送至褒中說王燒絶所過棧道以備
諸侯盜兵且示項羽無東意
八月韓信引兵從故道出襲雍雍王章邯戰敗走

塞王司馬欣翟王董翳皆降
漢光武戊子建武四年公孫述遣兵屯陳倉隗囂遣
兵助馮異擊破之遣使上狀帝報以手書曰將軍
南拒公孫之兵北禦羌胡之亂是以馮異西征得
以數千百人躑躅三輔微將軍之助則咸陽已爲
他人擒矣如今子陽到漢中三輔願因將軍兵馬
旗鼓相當倘肯如言郎智士計功割地之秋也其
後述遣使招囂囂斬其使出兵擊之故蜀兵不復
北出

建武八年春遣中郎將來歙伐隗囂取畧陽斬[illegible]
金梁囂恐以精鋭圍畧陽帝自將征囂囂衆十[illegible]
萬皆降囂將妻子奔西城畧陽圍解
漢獻帝初平十六年益州別駕張松勸劉璋結劉備
以討張魯 魯即五斗米賊以鬼神惑衆處漢中 時鍾繇欲向漢中 擊張魯曹操遣繇討張魯 璋懼遣法正迎備
二十年曹操自擊張魯魯奔南山 即南鄭縣主山 操入南鄭
司馬懿言於操曰劉備以詐力取劉璋今克漢中
益州震動進兵臨之勢必瓦解操不從乃還以夏

侯淵張郃徐晃等守漢中
十一月張魯出降以爲鎭南將軍封其屬閻圃
列侯 按續文獻通考宋眞宗景德八年賜信州道士張正隨號眞靜先生初漢張魯子孫自漢中徙居信州龍虎山以鬼道惑衆正隨其後也又按鑑東漢順帝時張道陵生子衡衡子魯曹操破魯魯子盛自漢中徙入信州
二十二年法正說劉備曰曹操一舉而降張魯定漢
中不以此勢以圖巴蜀而留淵郃屯守身遽北還
今策淵郃才畧不勝國之將帥舉衆往討必可克
之備善其策乃率諸將進兵漢中夏侯淵張郃徐
晃等與之相拒備遣其將陳式絕馬鳴閣道 在昭化四川保寧府北
晃擊破之急發益州兵諸葛亮以問從事
楊洪洪曰漢中益州咽喉若無漢中則無蜀矣此
家門之禍也發兵何疑
二十四年三月曹操自臨漢中劉備曰曹公雖來無
能爲也我必有漢川矣乃斂衆拒險終不交鋒運
米北山下黃忠引兵欲取之過期不還趙雲將數
十騎出營視之值操揚兵大出雲卒與相遇遂前
突其陳且鬬且卻魏兵追至營下雲入營更大開

門偃旗息鼓魏兵疑雲有伏引去雲擂鼓震天惟
以勁弩於後射魏兵魏兵驚駭自相蹂踐墮漢水
而死者甚衆操引軍還長安劉備遂有漢中七月
劉備自立爲漢中王還治成都
後漢建興五年三月丞相諸葛亮率諸軍出屯漢中
以圖中原
六年諸葛亮以參軍馬謖督諸軍與魏張郃戰於街
亭敗績亮進無所據乃拔西縣千餘家還漢中收
謖殺之又上疏請自貶三等詔以右將軍行丞

相事
八年七月魏遣司馬懿等寇漢中諸葛亮出次城固
九月魏師還
十一年諸葛亮作木牛流馬運米集斜谷口治邸閣 按文獻通考邸閣者倉廪之異名晉史景紀言蜀將姜維寇狄道帝曰姜維攻羌收其質任聚穀作邸閣訖而復轉行至此云云是邸閣者倉廪之名耳
十二年二月丞相亮率大衆十萬由斜谷伐魏 亮八月卒於軍
後漢延熙七年三月魏曹爽寇漢中魏兵距興勢不
輿地志 卷之二 歷代得失大畧 杢
得進 興勢山名 夏侯元與爽[illegible]漢中元得司馬懿書
言於爽遂引軍還 [illegible]
十一年五月費禕出屯漢[illegible]
癸未炎興元年春詔立故丞相亮廟於沔陽 習隆等請近墓立廟陽祭斷私祠以崇正禮從之
晉康帝癸卯建元元年庾翼表遣梁州刺史桓宣伐
趙
晉穆帝永和六年正月趙石閔 本姓冉暑陽人 殺石鑒而自立殺虎三十八孫盡戮石氏閔姓冉爲石氏所養至是復其姓即皇帝位國號大魏改元永興後爲燕所滅
晉孝武寧康元年秦兵入寇梁益遂取成都
唐高祖武德元年時梁蕭銑稱皇帝於是東自九江西抵三峽南盡交趾北距漢川銑皆有之
肅宗至德元年加第五琦山南等道度支使琦請以江淮租庸市輕貨泝江漢而上至洋州令漢中王瑀陸運至扶風以助軍上從之
德宗甲子興元元年李懷光反遣其將趙昇鸞入奉
輿地志 卷之二 歷代得失大畧 杢
天渾瑊聞之遽請上央幸梁州上從之六月上發梁州
文宗太和四年二月興元軍亂殺節度使李絳 新軍怒絳賜之薄故亂宦監軍楊叔元激之也後溫造爲節度使盡殺新軍而及縱叔元
僖宗廣明元年黃巢入長安上走興元鳳翔節度使鄭畋謁於道次請留鳳翔上曰朕不欲密邇巨寇且幸興元徵兵以圖收復卿可糾合隣道勉建大勳畋曰道路梗澁奏報難通請各便宜行事從之車駕至興元詔諸道出兵收復京師 上幸興元道中無供頓

陰令李康以騾負糗糧數百馱獻之從行軍士始得食問康何能如是對曰臣不及此乃張濬教臣上召濬拜兵部侍郎
光啓元年二月車駕至京師
二年李克用罪狀田令孜請誅之令孜刼上如寶雞
三月車駕至興元
昭宗乾寧元年楊復恭等專橫上出爲鳳翔監軍復
恭不肯行求致仕從之未幾走興元與楊守亮文
李茂貞討誅之
後唐莊宗同光三年大軍西行入散關倍道而進王

承捷以鳳興文扶印節迎降其餘城鎮皆望風款
附遂通成都蜀主衍出降
宋太祖建隆元年以弟光美爲興元尹
宋太宗以太祖開寶九年即位封兄子德芳爲山南
西道今漢中府節度使同平章事興元尹太平興國六
年興元尹德芳卒贈中書令岐王
南宋高宗建炎三年十月張浚治兵於興元以圖中
原辟劉子羽參議軍事
四年張浚退守興州命吳玠守和尚原時浚將士散

亡人情大沮或請徙治夔州劉子羽叱之曰四川
全盛敵欲入寇久矣直以川右有鐵山棧道之險
鐵山在漢中府沔縣北棧道在褒城縣東北褒斜道中未敢遽窺耳今不堅
守縱使深入而吾併處夔峽遂與關中聲不相聞
進退失計悔將何及今幸敵方肆掠未逼近郡宜
司但當留駐興州外繫關中之望內安全蜀之心
急遣官屬出關呼召諸將收集散亡據險固壘觀
釁而動庶可以補前愆耳浚前有富平之敗也浚然其言遣
吳玠阨險於鳳翔大散關東之和尚原以斷敵之

來路孫偓賈世芳等聚涇原鳳翔兵於階成鳳三
州以固蜀口金人知有備遂引去
紹興元年金兀朮寇和尚原吳玠及其弟璘大敗之
兀朮遁玠自富平之敗收散卒保和尚原或謂宜
退屯漢中扼蜀口玠曰吾保此敵決不敢進所以
保蜀也金將沒立烏魯折合約日會和尚原烏魯
折合先期至陣北山索戰玠命諸將堅陣待之更
戰迭休金人大敗兀朮又會兵十餘萬進薄和尚
原玠與璘奇兵絕其糧道設伏於神坌以待之敵

至伏發玠縱兵夜擊敵大敗兀朮中流矢僅以身免亟髡其鬚髯而遁

紹興二年以劉子羽知興元府

三年劉子羽兵潰於饒風關（在漢中府西鄉縣東）吳玠走西鄉（今漢中府沔縣）子羽走三泉（縣名唐初析利州綿谷置三泉縣）金撤離喝遂入興元府而去時子羽聞王彥敗亟命田晟守饒風關遣人召吳玠自河池（今漢中府鳳縣鞏昌府徽州皆其故地）日夜馳三百里引兵援之至饒風以黃柑遺敵曰大軍遠來聊用止渴敵大驚以杖擊地曰來何速

耶遂悉力仰攻玠軍弓弩亂發大石摧壓如是者六晝夜死者山積敵乃更募死士由間道繞出玠後乘高以闞饒風諸軍不支遂潰玠退保興元之西縣子羽亦焚興元退保大安軍之三泉縣撤離喝遂入興元四川大震子羽從兵不滿三百與士卒取草芽木甲食之遺玠書訣別玠得書未有行意其愛將楊政大呼曰節使不可負劉待制不然政輩亦舍節使去矣玠乃間道會子羽留玠共守玠曰關外蜀之門戶不可輕棄從往守仙人關子羽築壘於潭毒山方成而金兵已至距營十數里子羽據胡床坐於壘石諸將泣告曰此非待制坐處子羽曰子羽今日死於此敵尋亦以饋餉不繼引衆去子羽與玠出師掩其後擊敗之金人盡棄輜重而走子羽遂還興元金人始謀本謂玠在西邊故涉險東來不虞玠馳至雖入三州而得不償失（史畧張浚本欲由關陝取中原乃盡喪關陝而歸賴得吳玠吳璘保蜀而已）

紹興四年吳玠復鳳秦隴州

九年以吳玠爲四川宣撫使六月玠卒

十年詔吳璘同節制陝西軍事六月璘敗金人於扶風

三十二年以虞允文爲川陝宣諭使遂與吳璘經畧中原吳璘復大散關分兵守和尚原詔吳璘班師從史浩議棄陝西三路也

孝宗隆興元年吳璘奉詔退師還河池於是秦鳳熙河永興三路新復十三州三軍皆復爲金取

三年太傅四川宣撫使新安王吳璘卒

六月以吳挺（璘之子）爲興州都統制利州安撫使（吳璘）

興兄玠邦金兵保川蜀而子挺亦克繼家聲不謂挺子曦覆其宗良可惜也

寧宗嘉泰元年以吳曦為興州都統制兼知興州時曦為殿前副都指揮使賄賂韓侂胄許之由是兵權歸曦異志遂成矣

寧宗開禧二年吳曦謀叛獻階成和鳳四州於金以求封蜀王金立吳曦為蜀國王即遣郭澄奉表獻蜀地圖及吳氏譜牒於金

三年吳曦自稱蜀王四川轉運使安丙誅吳曦先是監興州合江令楊巨源謀討曦丙乃以書致巨源

興州中軍李好義亦結軍士李貴等謀誅曦二月好義率其徒入偽宮砍曦首傳首臨安三月安丙使興州將李好義等復西和階成鳳州及大散關

六月安丙殺宣撫使參議楊巨源初吳曦誅獎諭詔至興州巨源以詔命一字不及疑有以蔽其功者俄報王喜授節度使巨源乃懟功於朝或謂安丙曰巨源謀亂丙令喜鞫其黨皆抵罪時巨源方與金人戰於鳳州之長橋而敗丙密使興元都統制彭輅收巨源械送閬州獄至大安龍尾灘□使將校樊世顯殺之忠義士聞者莫不流涕

嘉定二年八月以安丙為四川制置大使兼知興元府

十二年金人復寇西和成鳳州入黃牛堡吳政拒戰死之

理宗端平二年蒙古太子闊端入沔州知州事高稼死之初稼在沔招集流散民皆歸之至是元人擣西池本距沔九十里吏民議退保大安稼言于制置使趙彥吶曰今日之事有進無退若能進據險地以身捍蜀敵有後顧必不深入若倉皇召兵退守內地敵長驅而前蜀事去矣彥吶曰吾志也遂行留稼守沔沔無城依山為阻稼升高鼓髞

盛旗鼓為疑兵彥吶至蜀口報帳前總管和彥威以軍還沔召小校楊俊何璘以兵會又選精兵千人命王宣帥以助之已而蒙古兵大至何璘遁沔州遂陷衆擁稼出戶稼叱之不能止敵圍殺之利州統制曹友聞彬十世孫也及蒙古戰于陽平關會大風雨淖濘深沒足友聞嘆曰此殆天乎有死而已于是殺所乘馬以示必死血戰愈厲與弟萬俱死軍盡沒蒙古遂長驅入蜀

八年冬余玠出兵至興元而還初玠貧落魄走揚州謁趙葵葵留置幕府俾率舟師所向有功擢淮東制置副使入對授四川宣諭使加制置使知重慶府至寶祐元年以丞相謝安叔倡言玠失戎伍心召還玠聞命不自安一夕暴卒

十二年正月黃堅復興元府

明太祖洪武四年明昇尚據巴蜀上命湯和廖永忠

傳友德等伐之克階文綿漢等四州昇役請求忠

軍階

三十一年皇太孫召漢中府學教授方孝孺爲翰林

傳士孝陛侍講直文淵閣從太祖先命也按孝孺寧海人靖難兵入抗拒不從被戮誅三族死者八百四十七人時溧水人刑部尚書魏澤謫寧海典史悉力保護以故方氏得有遺育焉

洪武間僧田九成道士李普智以妖術於沔縣作亂

正德二年流賊擾洋縣西鄉六年流賊燒毀畧陽縣

治七年盜至城固

隆慶間何勉倡亂

崇禎乙亥至丁丑流賊三次焚刼寧羌

明末流寇犯漢紀畧

明崇禎二年正月撫治鄖陽都御史梁應澤以漢南

道告急請兵

陝西巡撫胡廷宴報畧陽等處流賊恣掠

二月陝西商洛道劉應遇率毛兵入漢中合川兵

敗賊畧陽守備黃元極擊賊馬蹶被殺循手及賊

不置賊走漢陰應遇遣兵追斬餘走榴其匿漢陰

山中者並自殺漢盜平

四月劉應遇以千人偪賊於五丁峽寧羌知州陳

元璜失防賊逋

六年十月山西河北諸賊二十四營分入河南湖廣

漢興

七年正月陝賊陷洵陽逼興安西鄉土寇乘之漢中

震動興安連陷紫陽平利白河道臣王在臺固守

興安三邊總督洪承疇赴援城得全賊又破鳳縣

入四川

七年四月川賊復入陝陷鳳縣先是洪承疇因甘肅

有警即漢中北行至棧道青橋驛聞賊數萬營寧

羌乃返至沔援之賊由陽平關過河犇鞏昌承疇

追至成縣乃檄副將賀人龍等兵赴藍田夾擊及

兩當鳳縣連陷賊分道一向過方一向漢中知府

斷棧道守雞頭關賊不得前間道犯城固洋縣官

兵禦却之賊走漢陰石泉又別部賊二萬由鳳縣

趋寶雞汧陽求撫承疇姑慰諭之時撫治鄖陽盧

象昇總督陳奇瑜以數省兵力萃於楚楚賊盡西

奔漢中而川巴通江西鄉者復二三千凡名賊
歸漢中興安而接於商洛
賊復出再陷鳳縣漢南招撫之
九月陝賊分三部一由鳳縣攻漢中一出略陽由
陽平關入梓潼忠州犯蜀一由寧羌州犯廣元
十月陝西巡撫傅永淳上言漢南降盜陷破城邑
皆由奇瑜專主招降謂盜已革志不許道途訊詰
故郡縣不敢問開門揖盜勦撫兩妨皆奇瑜之流
毒也

八年河南逸賊復入漢中陷寧羌轉入臨鞏
三月漢中賊陷寧羌
四月洪承疇次汝州以各寇之復入秦也率諸將
自汝入秦以商洛爲賊藪漢中其寄境也令文詔
出閿鄉直擣商洛自馳興安搗其奔軼
十二月漢中羣賊合於漢南稚黎茶將羅於華連
擊敗之窮追於子午谷奪其所掠子女二千口賊
奔饒風關
九年三月賊闖王蝎子塊自興安入漢中

漢南郡志卷之二終

輿地志論

太古渾茫山高水下隨其賦形各列等桑獨漢南內爲平壤外則險巇周以崇巖峻嶺倚天揷戟斷崖裂岵蛇退猿愁彼蒼似欲秘此遐方與外人不通跬步者及禹平水土奠漢疏漾立褒一國封其苗裔而後楚得而有之秦從而角之漢分而受之嗣此則或得或失彼兼此有不可勝書逆明以鳳州屬漢沔陽置州

皇清因之疆界弘壯洵秦尾蜀首一雄圖也然居腹裏

者南鄭褒城城固洋縣耳他如鳳沔寧羌西鄉畧陽猶然木石與俱巢穴是處焉滇逆猖惡虐我蒸民幸我

皇上一怒而威不日上下攸安冦寇克正版圖如舊山魋蕩平祇今山靈河伯哂狂獠之自渝陷沒耳然而兵燹之後屢遭災荒鴻飛始還衽席未遑沿邉郡邑容有鼠竊狼貪潛踪嚙物者惟是講揚

上論清查保甲勸農課桑愛民育士庶幾哉室家足而禮義興廉恥敦而風俗厚敷近家　制寓爲今南國

廵行不啻召伯甘棠澤流茇舍而且視崎嶇一綫惻然起濟利之心自捐水俸整理羊腸一人倡而群賽和行見紆曲鳥道立成坦坦周行從此冠蓋行仁義之塗商賈去晨昏之懼則一方區宇誠爲西土大都會矣豈非超前善後建萬世無疆之福也哉漢中守滕天綬識

漢南郡志卷之三

闕左　知陜西漢中府事滕天綬　重輯

建置志

城池

漢中府舊址在城東二里秦厲公所築漢高祖都此宋嘉定十三年徙築今城明洪武三年知府費震修周九里八十步高三丈濶二丈五尺門四東曰朝陽西曰振武南曰望江北曰拱辰正德五年知府周東始甎之建層樓于其上萬曆二十三年秋

霪雨城圮明知府葉修重葺三十年知府崔應科禁人耕于城畔以固城根環以池濶十丈深一丈八尺天啓元年因建瑞藩展北二丈十步

皇清順治十三年知府馮達道修四門俱傾壞康熙二十七年知府滕天綬創修東城樓二十八年繼修南北兩城樓二十九年復修西城樓捐俸助新委經歷張廷佐董之不勞民力三年告成其東西南北諸樓俱爲修復所以壯金湯也東題曰育國先夫南題曰文明蔚起北題曰拱峙神京西題曰漢水上游東南角新建帝君祠併建魁樓始懸鐘鼓

南鄭縣附郭

褒城縣

漢唐建縣于打鍾寺宋徙山河堰紹興中兵焚嘉泰元年令張寅重葺無城郭明洪武十二年令張表築土城門四東曰龍江西曰蜀道南曰大通北曰連雲正德間蜀有藍鄢之亂即撫藍瑋令築以石周七十六丈高二丈池深七尺濶如之屢遭兵火頽廢殆盡

皇清康熙二十六年令雷闓重修

城固縣

城始僅尋許門三北則缺明正德七年盜猝至入奔散即撫藍瑋檄通判周盛更築甃以磚衣以鐵門四東曰永安西曰安遠南曰通濟北曰新寧今塞嘉靖六年令劉佳又開東西二門東曰富春西曰阜秋周七里一十步高三丈濶二丈池濶二丈深一丈五尺

洋縣

宋熙寧間洋州守文同築土城一丈周七里三分

無北門明弘治七年令王勉創樓東曰朝陽西曰
迎恩南曰通津北曰擁翠小西門曰襟江竪慶間
令閻邦寧鑿池一丈五尺濶三丈崇禎間令亢孟
會因盜起修築七年邑尚書李遇知簡討李景廉
疏請包磚各捐俸五百金包北門小西門百丈而
止
皇清康熙二十七年令謝景安濬濠深一丈濶如舊

西鄉縣

宋建于嵩坪山之陽未有城池元末皇櫃公赤及
都屯戍西鄉改遷今址始磚土相半明景泰三年
令丘俊重修成化八年令李春又修弘治十三年
令郭璣增以角樓鑿池丈許正德間則撫藍璋囚
冦令通判周盛于東關外附舊城新築城廣濶如
舊濬濠廣三丈深一丈二尺嘉靖初令李睽加修
而垣始磚矣門四東曰元暉西曰利濟南曰亨濟
北曰真武萬曆二十五年令闞廷訪于東門之圯
者增亭其上崇禎二年令程謙復濬濠十年令杜
鍾岳濬濠深廣倍舊十三年令朱謀㙔加雉堞之

磚四尺引北山渠水入濠
皇清順治七年令張台曜補圯城修敵樓浚北池城周
三里三分四十步高二丈

鳳縣

古鳳州舊治其始置未詳元至正二十八年平章
蔡均重修明嘉靖十九年令司恩甃以磚石建樓
其上門三東曰拱辰西曰秋成北曰望江萬曆二
十年令江大鯤更加繕葺

沔縣

城舊以土漢建炎七年諸葛武侯築也三國志亮
築漢樂二城漢城即沔以地當孔道置武都以守
之城倚山據平地其治向在縣之東二十里明洪
武四年知州王昱遷于西山谷口高二丈五尺周
三里三分池深一丈濶八尺沔水環流後置沔縣
千户所千户李光文甃以磚城北半屬民南半屬
軍門三東曰鎮江西曰拱漢南曰定軍其東西有
重門南門則单門樓俱有明末爲流賊所破
皇清康熙元年秋雨城崩百餘丈東西樓及三面女墻

俱毀三年令郭元佐重修

寧羌州

寧羌在戰國時爲白馬氏之東境名羊鹿坪漢分白馬氏置武都地武帝平西羌屬隴州西郡之西邑更始時隗囂據焉後隴蜀平分屬漢中之沔縣後更移分屬詳見前沿革明洪武三十年羌民田九成據馬面山作亂命將平之明年遣指揮姜觀于此建寧羌衛屬陝西都司成化二十三年巡撫鄭公奏建州治于衛治南先是平凉營望見雲霧

環擁狀如城郭至是築城四面漢水遶流地據險巨門四東陽和西永惠南南薰北通濟自南至西屬州自西轉南屬衛嘉靖丙午知州蕭遇祥指揮岳喬各依分界增城樓萬曆癸未雨傾知州盧大謨繕補城高二丈五尺周七百七十餘丈天棚六百八十四間鋪十一座池深一丈五尺濶如之

略陽縣

元和志云即古興州城明正德辛未流賊起都御史延撫鄖陽藍璋委扶風令孫璽始築土城高一丈七尺周五里門五各建樓東曰永清西曰定遠南曰鎮江北曰拱極西南曰通濟後以水患崩圮令李朝言申請修理委指揮李乾元督軍民砌石于外築土于內至令王之臣任功始竣崇禎辛未江漲兼地震塌壞垣二百餘丈令牛問仁修之

皇

清順治十一年地震撼南門樓西南城垣塌四十一丈令諸保宥同衆將梁加琦補修康熙元年大水至十二年俱以水衝頹二十四年令施有光捐俸整修移令游擊譚綸襄其事

公署

府署明洪武三年知府費震修理題其堂曰江漢前爲月臺堂右爲大有庫東有經歷司西有照磨所前列吏戶禮兵刑工糧科錢帛郵驛善後十房南爲儀門東西角門門之西賓館久廢門東土地祠前爲府門堂之後川堂二堂知府署署左有古漢臺臺有樹右有古井堂之左東夾道爲清軍督捕理刑三廳

皇

清康熙十年裁理刑其署分于軍捕夾道有門北至

漢臺室之右西夾道爲撫民廳久裁前爲經歷廨
後爲照磨廨萬曆二十五年知府李有實建二堂
櫊各三間崇禎六年知府馮上賓重修易江漢
堂爲漢濯康熙十年知府鍾璘于漢臺西建喜雨
堂三間又于月臺及大門外增置石欄十四年滇
逆盤踞二堂大樓俱焚燬僅存東房科清軍督捕
各署同被燬踐康熙二十一年知府董遂昌井建二
堂漢臺下創造書房同知劉餘爵創建清軍署後
房三間二十六年知府滕天綬涖任目擊變後廨

舍傾頹規模廢弛遂捐俸新建賓館三楹於舊
址創起西廊吏書房一十五間重修東廊吏書房
一十五間庭植桂六株易漢濯堂仍爲江漢後創
寢室七間其漢臺舊榭三間逆亂頹敗捐俸整新
周築高垣前列峻級栽植花木以追崇古蹟左創
茅亭額曰一草江山遍覽雲物氛祲亦目覩昭然矣
清軍廳今例裁遭變無不摧敗同知梁文煊康熙貳拾
六年涖任後外建牌房一座內修書屋結亭曰心
遠又修上下房屋二十餘間其餘損壞概行修葺
高築墉垣始復體制
督捕廳通判章娗建牌坊一座重葺三堂額以宴思
改造花亭名曰快哉亦俱捐俸爲不可已之事也
經歷司經歷張廷佐重修正廳三間額曰勤敬又修
住宅六間艸亭三間
照磨所照磨張文英重修正廳三間大門一座書室
三間住房六間
司獄司在府治西
稅課司久廢

申明亭旌善亭久廢
總督部院衙門在府治西向爲分巡道署
皇清康熙二十三年奉
旨發司庫銀委西安府通判姚珍等重修初以漢中爲
地川陜適中
命總督重臣駐節以便兼轄後寇平停其久住每年止
一次巡歷
分巡漢興道署在府治西大街
分守道署在東察院右嘗爲督學考場今無

行署察院一在府治西一在西門內久廢康熙二十八年知府滕天綬倡率九屬捐俸創于舊瑞府東

南鄭縣署在城西向在城西南隅明洪武八年遷于今地嘉靖十八年令張佑重修堂東爲錢帛庫後爲令宅明末寇毀

清初邑令賃居民舍康熙七年令高世豪就舊基創立十一年滇逆發圯止存正堂三間東書屋三間亦復摧敗十九年令韓維新始爲經營建二堂三間三堂三間大樓五間東內書房三間樓左右廂房

六間西宅一院共房數十間俱捐力修造焉

申明旌善二亭在縣治前

漢中衛署在府治小十字西街之北明洪武年建正堂經歷司知事司前兩廊儀門大門左右鎮撫司四千户所五今廢

協鎮府署在府治東北丁字街

中軍府署府治西北賃居民舍

武學在衛西明嘉靖十年副使劉一正置改爲守備營今廢

社學一在府學東一在南鄭縣西一在城隍廟南其東西南三關各一皆知府陳璣置俱廢

衛社學一在縣西軍營巷一在南門小巷一在北門今無

陰陽學在府治前

醫學在城隍廟南

僧綱司在府治西萬壽寺

道紀司在府治北眞武宮

鹽茶廳在府治前吳逆變亂遭燬僅存者又爲人侵

占康熙二十七年間同知梁文煊清出仍存故址

公廨在府治西有房一百一十八間南鄭縣舊學也知府張正蒙遷學于

文廟之西其址議爲公廨計月而稅爲修學及科貢之費後乃半充稅課半充樣支今爲民舍不得而稽矣

廣積倉在府治西南兵燹被廢

皇清康熙二十六年知府滕天綬通詳各　憲倡先捐俸督同知梁文煊南鄭知縣韓維新城固知縣胡

一倅泛縣知縣董紹祚重建東西廨房共六十二間
預備倉在城隍廟東今無
軍器庫在府署後今無
射圃在學右廡有觀德亭今廢址存
教場一在西關之南府教場也一在北新城
養濟院在北門內
惠民所在縣治西康熙二十六年知府滕天綬仰遵
聖諭念民有鰥寡孤獨壅受饑寒不願入養濟院者另
設惠民一所以存無告㷀年順月與一斛鄭令瑞徙

新輸給衣糧雖別于養濟院而實以此推廣
皇仁也
漏澤園一在東門外一在北門外七里許
褒城縣漢唐俱在打鐘村宋徙治于山河村北紹興
兵燹嘉泰元年令張演陳彪繼葺有翊功郎張應
昂碑在城中其治東抵通慧王廟南抵街西北民
居明洪武二年令段勉重建中爲牧愛堂後爲二
事堂爲令署其前東主簿廨西典史廨堂之東曰
庫嘉靖間屢次被毀今嚴肅始爲樓有訓導黃江
記堂之西曰幕又迤北而西則吏書公廨東有銜
侯所西有獄前曰儀門門外左有預備倉二前曰
大門
申明旌善二亭在治前今無
陰陽學故址在治南六十步
醫學故址在治東七十步教諭胡秀開廣學基亦悉
劉公以此地易民地爲泮池令張庚合陰陽醫二
學于申明亭之下今廢
倉會司在開山寺舊在延慶寺殿後有倉廒

社學在北門內左今廢
行署察院在治西二十步即儒學舊址也
關南道二一在察院東一在察院前東向今廢
倉在教諭宅東
遞運所今廢
射圃
教場
養濟院令張庚改陰陽學爲之
漏澤園

城固縣治在城之北舊在西十八里宋咸寧二年縣
尉柴炳移建今所元末廢壞明洪武三年十二月
丞劉翮重建周圍祟垣爲月城約一里一分中爲
牧愛堂堂後有二堂後堂左錢帛庫鑾駕庫右贊
政廳前兩旁司房又前爲御箴亭儀門兩角門大
門爲皷樓儀門西爲獄令署在堂之後
皇清康熙十年令毛際可重修二十二年令徐永祚擴
而修之二十四年令胡一俊更擴展縣丞廨自明
崇禎二年裁後其廨在右並入令宅典史廨在堂

西南隅
申明旌善二亭今俱無
行署察院一在城隍廟西街
關南道一在察院後一在城隍廟後今廢
府署在察院後久廢
稅課司在南二里自洪武十八年八月設久廢
陰陽學醫學今無
僧會司向在蕙香院今在治南一里嚴因寺
道會司向在奉真觀後在治西南一里集靈觀今在

城隍廟
預備倉在治西北隅向有際留倉在治南豐樂倉在
學西五十步俱廢
社學在察院後明嘉靖八年令經希洛置今無
勸農亭在演武坊左明嘉靖二十六年令范時修建
今廢
演武亭東郊二里教場中
射圃在
文廟東明嘉靖四十五年令楊守正築建層臺爲射

圃立觀德亭今爲文昌祠
教場在東關北里許
養濟院在縣東南
漏澤園一在東關外一在北關外
洋縣署古州治也唐天寶初建宋熙寧閒文同涖此
與蘇軾蘇轍鮮于侁賦咏屬和州之著望甚高嘉
定巳卯邊備不戒公私廬舍悉遭焚燬元無廢不
一明洪武三年改州爲縣有司重建化理之所明
末復毀于兵

皇清順治十五年令李天叙修正堂五間康熙四年令
柯棟修捲棚三間二十四年令劉嗣季修東西吏
書房各六間㮶東西司房各六間堂西贊政廳今
無儀仗庫架閣庫承發房今俱無前爲天語亭儀
門角門大門土地祠在二門內賓館在大門外
治東古譙樓爲邑之大觀宋文同建明萬曆十九
年令李文芳重修
皇清康熙二十四年令劉嗣季復修縣署順治十二年
令曹可大將後廳五間修理其西書屋中廳則前

康熙五年令柯棟今令謝景安修之也謝令又㮶
川亭一座東西廂房各一康熙二十八年修二堂
左右書房各三間堂之東建馬神廟後堂左移建
樓三間右改書室一處名之勁香書舍縣丞廨在
治之東
皇清順治十六年丞馬天相修正廳捲棚東西廂房又
大門內牌坊一座康熙六年丞任振鷟修書屋三
間後房三間二十八年丞張仕憲修前堂抱廈書
房各三間主簿廨在治西明崇禎二年裁今爲尉

宅典史張正宿于康熙十年重修二十七年典史
鄭日隆補葺
旌善申明二亭在縣大門外
行署察院在縣治東逆寇焚燬康熙二十五年令劉
嗣季委丞張仕憲修
布政分司東門內明弘治五年令李政修今存基址
按察分司治之西南五十步明弘治七年令王勉修
今存寢屋
青山公署在縣東南四十里紅花舖明邑令李文芳

修
社學關廂四所鄉村四所
陰陽學在縣治南
醫學在縣治西
僧會司在開明寺
道會司在玉雲宮
預備倉在縣治東明萬曆二十九年令左立功建
富有倉在治大門內西南隅
社倉共三十五處今無

教場在小西門外里許
養濟院在縣治東
漏澤園一在西關外一在井露庵西
西鄉縣治在城西門内元廢明洪武四年復設正德
十四年重修
皇清順治初火焚正堂令塗騰茂重建五年令張台耀
煥堅之前列班房右庫房儀門爲逆毁俱邑令史
左重葺鐘樓在大門令宅邑令史左買民地創逮
五間捲棚六間又改宅西凉亭爲德風齋後創息

菴大堂暖閣則康熙十九年令陶大成増設也贊
政廳在堂西今廢縣丞主簿廨俱堂東官裁地入
令宅邑令史左修爲山月亭典史廨在堂西康熙
二十五年尉康兆民修
申明旌善二亭在治前今無
行署察院在西門内南街後改督捕署今廢
布政分司在東門内街北後爲東察院今廢
按察分司在察院西舊改督捕廳復改察院順治八
年令張台耀重修今廢

火館在布政分司西廣慶寺後今廢
督捕館在西門内今廢
漁渡壩公署在東南三百六十里接保寧府通江縣
界明隆慶間寇何勉亂官兵勦平移府通判駐此
後以供應不便改駐縣中以原編民兵防守府廳
毎歳春秋或至此簡閲焉崇禎間置漁渡守備設
兵二百名駐公署中今廢矣
皇清設漁渡遊擊守備在城賃舍居之
桑園舖公館城西北四十里接通洋縣路

白沔舖公館東六十里接通西安府石泉縣路今廢
虎溪舖公館西二十里今廢
茶溪舖公館東九十里接通西安府石泉縣路今廢
子午鎮公館東北一百八十里西接洋縣東接石泉
縣路明萬曆中改行茶溪灘新路而館改爲巡検
司今裁
公廨西倉之南今廢
社學一在城東一在南關一在水東壩
陰陽學

醫學俱在縣前今廢
僧會道會二司
巽樓明同知杜邦棟知縣何憲于萬曆三十八年建
天啟三年知縣程心傳修
皇清順治五年知縣張台耀重修康熙間邑令史左再
建
預備倉一在儀門內一在儀門外康熙二十二年令
史左修
常平倉康熙二十一年令史左建
建置志　卷之三　公署　十九
社倉東五里今廢
教場西關外路北里許
養濟院在社學前
漏澤園西一里許
鳳縣署古鳳州基也宋元廢建不一明洪武四年令
王鐵于原基創立嘉靖十八年令司思加拓之後
屢被兇氛毀廢
皇清順治初年令彭振翮稍為修葺十一年令張石麟
重修永積庫在堂東各司房儀門大門規模畧具

令署在堂後典史廨在治西
申明旌善二亭俱無
行署察院在縣治東
布政分司在縣治西
府館在縣治西北俱明洪武中置
留壩巡檢司縣南百里明弘治年遷于廢丘關正德
中徙柴關
清風閣巡檢司縣南一百一十里明嘉靖年設
社學向在治之北後設于東門內今無
建置志　卷之三　公署　廿
陰陽學在縣治西
醫學在縣治東
僧會司在洪利寺
道會司
預備倉在縣東
財圃無
養濟院
漏澤園
沔縣署古沔州治也舊在縣東二十里明洪武四年

知州王昱移署今處七年改縣永樂元年令姜仲
能重修正堂庫在堂東嘉靖二十三年令張英修
其幕亭石亭東西吏舍儀門土地祠在儀門東獄
在儀門外縣宅令李煊于
皇清順治十年創新主簿裁久尉廨無
秋興亭在舊州西今廢
申明旌善二亭在治前今無
行署察院在縣西北明正統五年建今無
西察院明洪武時建正統五年令趙麟重建今廢
建置志 卷之三 公署 主
守禦千户所廢
白馬關巡檢司明正德中置後移九股樹今廢
遞運所向設以百户帶管今廢
龍岡書院明嘉靖二十一年以臥龍岡武侯讀書亭
為之後廢
社學在縣西南今無
陰陽學
醫學俱在縣西北今無
僧會司在治東

道會司在治西明洪武二十五年僧田九成道李普
智妖術作亂討平後革除
預備倉在縣治西令趙一儒創建收屯粮今康熙二
十六年府廳捐俸重建
射圃在學西五十步今無
教埸在縣西
養濟院在縣治南明正德七年令李澤置
漏澤園
寧羌州署在城之東南隅明弘治二年知州張簡擬
建置志 卷之三 公署 三三
置正德八年知州謝豸十四年朱崇讓重修嘉靖
三年萬曆二十三年知州方世讓盧大謨相繼增
修正堂五間右為錢帛庫前列東西吏典房十間
前為儀門兩角門土地祠寅賓館譙樓即大門
皇清順治初知州李楷重修宅在堂後康熙十三年滇
逆焚毀二十七年知州鮑復相賃民舍為宅州同
州判吏目廨在西北隅今俱廢
申明旌善二亭在縣前俱無
行署察院一在治南一在治東

分司在察院北
府館在治東
慙馬亭在五丁峽明弘治州牧張簡置今俱無
社學州二鄉村六今俱無
陰陽學在西北太元觀右
醫學在太元觀左
遞運所明洪武三年建嘉靖二十年指揮金第重修
今廢
僧會司道會司俱無

州倉在州西北向設大使一員吏斗級各一名今裁
預備倉在州治大門內十五間大門外十間今廢
義倉明萬曆十七年巡道郭元柱置于黃壩栢林驛
今廢
養濟院在州治西北
漏澤園御史龔公置二處俱在西門外
寧羌衛在州治北先設于徽州遺址今尚存明洪武
中移于州指揮姜觀創建指揮王煊重修有堂經
歷廳理刑廳廂房并各房東西幕廳庫監倉軍伴
房鎮撫廳五所廳旗纛廟火神廟軍器局營房今
裁衛所分隸各縣衛所悉廢
畧陽署向在北山下元廢明洪武四年縣丞葉禮仍
于舊址擬建正德六年流賊焚毀令馬翔重修大
門鼓樓儀門天語坊大堂二堂過亭後宅正廳後
樓左右廂房西書房大堂前東西吏書房東西公
廨贊政廳在大堂之東御篤庫在大堂之西堂右
爲常盈庫大門東爲土地祠寅賓館在土地祠前
監牢在大門內西堂東爲督糧廳今裁堂西爲巡

捕廳滇逆之變付之一燼庚申勇畧將軍趙良棟
保舉中州李扈署縣事重修中堂後宅二十三年
署印本府經歷沈文蔚拆南察院改建大堂二門
二十五年令施有光建獄神堂獄屋
申明旌善二亭無
察院在縣北後改爲儒學
布政司在縣南門內後改撫捕通判公署今爲守備
宅
按察司在高臺後改南察院

書院在縣前
巡檢司一在西三十里置口一在北八十里九股樹
今廢
陰陽學在縣西
醫學在西街俱廢
演武廳在北關廢
教場一在南關一在北關
養濟院在北關今廢
漏澤園一在伏家壩去城北三里一在南六里陸廣

學宮
府儒學在府治西南宋慶曆中建于城外東南
一里許元至元五年提舉王德興始移今地元末
燬于兵火明洪武五年知府費震重修成化九年
副使梁覲知府趙玉增擴之中為文廟前大成殿
後尊經閣東西廡櫺星門戟門泮池明倫堂在文
廟之左外列志道據德依仁游藝四齋後為會饌
堂又後為教授宅前為訓導宅三俱在儒學門內
禮門外學倉三間內號房三十一間二十間在
門東十一間在尊經閣東外號地二百一十五丈
三尺南三百九十三丈二尺
文廟明萬曆二十六年知府李有寔重修三十年知
府崔應科復修廟前立石獅二修東西二坊曰尊
崇聖道樂育英才
清順治五年知府張元礽以廟柟樹易價重修立東
西義路禮門二石坊建明倫堂康熙十四年滇逆
圮毀二十五年知府滕天綬首先倡捐己俸尊

崇之盛典憫漢祠之衰淪立委經歷張廷佐訓導鞏
爾礪董理修葺重新大成殿搆起兩廡及啟聖祠
名宦祠鄉賢祠戟門東西角門櫺星門更衣亭三
公祠又修魁星閣文昌祠廟前月臺環以石欄建
以翬桷聯懸
書萬世師表四字江阜八士復親宗廟百官美又寺
杏儒學官地東至鞠壽寺後官巷南北一百四十
門夾西至軍營巷道南北二百二十五丈南至城
東西八十四丈六尺北至官街東西七十六丈四

至地基共四百一十六丈該地一頃七十一畝三
分六毫零每年地租銀一十六兩零以備香燭灑
掃補葺之費委府縣兩學按歲輪管歲終報查
啓聖祠明嘉靖十七年巡茶御史劉良卿委縣令張
祐釐正祀典置祠祀啟聖公叔梁紇配以顏曾諸
賢祠在文廟東北二十步文廟北建敬一亭內列
詔頒敬一箴及註釋五箴
御書閣有四書大全五經大全性理大全五倫書孝
順事寔各一部為善陰騭書三部勸善書一部後

閣毀書散號地為民私占弘治十六年知府周東

重修

方正學祠明萬曆四年知府項思敬建

修府學舊例

明倫堂寧羌固西四縣任　東齋房沔縣任
西齋房畧陽縣任　二門南鄭縣任
大門褒城縣任　照壁同上
圍墻鳳縣任

南鄭縣儒學昔在府城之西自明成化九年副使梁
翺移于今地中為明倫堂後為講堂會饌堂東為
文齋西約禮齋前為禮門儒學門正德十四年副
使呂和重修堂之後有教諭宅西有訓導宅學舍
三間內號房三十一間講堂左右二十間尊經閣
西十一間外號官地西三百二十二丈四尺今講
堂閣與房俱廢止存地基學田共三頃五十畝有
奇

褒城縣儒學宋慶曆間荷于江岸其在治西三十步
者崇寧中張克復建歷乾道至慶元陳彪重葺今

察院即其故址也明洪武年令段勉移置西南隅
堂在文廟後有饌堂內號堂右為教諭宅廟左為
射圃圃後為訓導宅弘治十一年令張表重修嘉
靖十一年令嚴霜以明倫堂在文廟後狹隘以射
圃為堂後霜致政去堂與齋俱未備十四年教諭
胡喬請當道乃立堂五間傳文約禮二齋外號三
十間堂前尊經閣門外泮池修未畢而喬卒工亦
寢三十三年令張庚措材遴民李曉歐才華張世
勳督工先飭東西廡名宦祠鄉賢祠戟門規模漸

煥而今復沒後府照磨馬天驌令萬世謨相繼修
之
皇清初止存文廟康熙十八年六月二十四日又被寇
燹二十四年令雷闓重修

城固縣儒學宋崇寧二年改昔在巽方者建于東之
南廣九十步袤一百二十步中爲大成殿前列兩
廡前戟門外名宦鄉賢二祠中爲泮池又外東禮
門西義路其南向係民居明嘉靖初以生員夏正
請開道通大東街從之立黌宮正路坊廟之西爲

舊學巷口有學舍十一間碑載本府儀門嘉靖四
十五年令楊守正力爲整飭萬曆癸酉乙酉令喬
起鳳劉克義相繼修理迨後遭寇圮毁
皇清康熙戊辰令胡一俊經營完美無不更新

啟聖祠在文廟北明嘉靖中奉制新建四十三年令
楊永茂以其逼側改移三十步工未竟次年令楊
守正成之增祭器房六間于祠前之左右

尊經閣向在文廟後久廢明萬曆中邑紳趙名弼重
修文廟
皇清順治六年推官衣璟如署事重修康熙二十四年
學之門殿縣令胡一俊修葺文廟棧板悉易以磚
朽敗得堅固矣

洋縣儒學唐時在城之東宋治平中知洋州軍州事
蔡交遷于城之西南元末廢明洪武四年丞潘言
創于治東嘉靖十年御史方宜命邑令李惟幾遷
建今地三十五年令王言重修明倫堂
皇清順治十四年訓導常四運補修敬一亭今無傳文
約禮二齋儀門角門東西號房各十間俱無康熙

四年令柯棟重修聖廟啟聖祠二十二年令劉嗣
季修戟門櫺星門義路禮門坊二十八年令謝景
安修聖殿東西兩廡櫺星門戟門其教諭宅在明
倫堂東二十六年教諭馮紹商修之

西鄉縣儒學昔在東關延祐中宋彥忠建元末廢明
洪武十四年訓導姜禮建之舊址二十六年令張
洪修正統十四年令丘俊遷入城治之東其基南
北八十丈東西四十五丈成化元年令郭瑄重修
聖廟

皇清康熙二十二年令史左修補殿廡改立大門二門
其教諭訓導宅傅文齋約禮齋號房東西各五間
敬一亭俱廢
鳳縣儒學宋故址也在縣治東元末廢明洪武四年
令王戩創立聖廟正統九年忝政孫毓副使莊觀
重修天順六年令馬傑弘治十三年令甯浩嘉靖
十四年副使劉彭年各嗣修之考鳳縣訓導黄御
袞志云儒學東西皆逼民居明倫堂已遭拆毀學
中基地爲兵丁占據學僅存其名而已令是邑者

盍思所以興之
沔縣儒學在縣治西明崇禎九年賊夜入城文廟爲
燼存櫺星門三間十一年令王際明創立聖殿
皇清順治十年教諭屈煒創啟聖祠東西廡戟門考舊
志文廟于明洪武四年知州王昱創造東西五十
步南北一百五十步永樂元年重修成化十一年
令侯信再理葺十九年令張俊移明倫堂于廟後
萬曆三十四年令萬言策又修其教諭訓導宅東
西各一所學倉二間

寧羌州儒學在州治西北明正統四年指揮胡貴楊
悰奏設衛學成化辛丑指揮王瑄修理丙午改衛
學爲州學東抵太元觀南抵王所圃北抵州倉知
州方世讓李應元王一鳴俱增修萬曆二十四年
知州盧大謨建神厨一所號房二十四間學正宅
在堂西訓導宅在東起鳳樓在文廟前桂香樓在
學北御史龔懋賢建今俱無矣
畧陽縣儒學初建于鳳山之麓明洪武四年令常輔
所建也正統十三年江漲湮沒教諭譚志學修理

成化四年又經水患教諭李鑑知事金城移建今
所時掘地得碑即昔李舜臣從學故址也宣德間
改于北關正德時又改于城北萬曆三十七年令
申如塤復改于鳳山之下天啟元年令周延申因
水漲又改于城北有明倫堂敬一亭傳文約禮齋
明末教諭王廷弼又改察院爲儒學
清順治初燹毀參將梁加琦修葺康熙十二年逆變
蕩燬二十四年令施有光捐修
祀典

漢中府

先師廟舊稱大成殿

先師稱大成至聖文宣王四配十哲兩廡諸賢皆稱公侯各有塑像明洪武三年禮部更定祭器禮物謂塑像始于異教非所以追崇至聖十四年首建太學勑天下學宮易塑像設木主十七年勑每月朔望郡縣長以下詣學行香嘉靖九年釐正祀典始去爵號稱至聖先師孔子四配稱復聖顏子宗聖曾子述聖子思子亞聖孟子

十哲

東祀先賢

閔子損　冉子雍　端木子賜　仲子由

卜子商

西祀先賢

冉子耕　宰子予　冉子求　言子偃

顓孫子師

東廡祀先賢

澹臺子滅明字子羽　原子憲字子思　南宮子适　商子瞿

漆雕子開　樊子須字子遲　公西子赤字子華　梁子鱣

冉子孺字子魚　伯子虔字子楷　冉子季字子產　漆雕子哆

漆雕子徒父　商子澤字子秀　任子不齊字子選　公子良孺

奚子容蒧　顏子祖　句子井疆字子疆　秦子商字不慈

公祖子句茲字子之　縣子成　燕子伋字子思　顏子之僕字子叔

樂子欬　邽子巽　公西子輿如　公西子蒧

陳子亢字子亢　琴子字子開一字張　步子叔乘字子車

西廡祀先賢

宓子不齊字子賤　公冶子長　公皙子哀　高子柴字子羔

司馬子耕　有子若字子有　巫馬子施　顏子辛字子柳

曹子卹　公孫子龍　秦子祖字子南　顏子高

壤子駟赤字子從　石子　公子夏首　后子處

公子肩定　鄡子單　罕父子黑字子黑　榮子旂

左人子郢　鄭子國　原子亢　廉子潔字子曹

叔仲子會　狄子黑字哲之　孔子忠　施子之常字子常

秦子非　申子棖　顏子噲字子聲

已上皆稱先賢某子按家語史記姓氏各有不同

東廡祀先儒

左子丘明　穀梁子赤　高堂子生字伯漢　毛子萇
杜子子春　王子通字仲淹　歐陽子修字永叔　周子敦頤字茂叔
程子頤字正叔　張子載字子厚　楊子時字中立　羅子從彥字仲素
朱子熹字元晦一字仲晦　陸子九淵字子靜　蔡子沉字仲默　許子衡字仲平
陳子獻章字公甫　王子守仁字伯安

西廡祀先儒

公羊子高　伏子勝字子賤　孔子安國字子國　董子仲舒
后子蒼字近君　韓子愈字退之　胡子瑗字翼之　程子顥字伯淳
邵子雍字堯夫　司馬子光字君實　胡子安國字康侯　李子侗字愿中

呂子祖謙字伯恭　張子栻字敬夫　真子德秀字景元　薛子瑄字德溫
胡子居仁字叔心

已上皆稱先儒某子　俱春秋仲月上丁日祭

祝文

維師德配天地道貫古今刪述六經垂憲萬世今茲
仲春秋謹以牲帛醴齊粢盛庶品式陳明薦以復聖顏
子宗聖曾子述聖子思子亞聖孟子配尚饗

先師祭品

香　燭　帛一篚　酒三爵
太羹一登　和羹二鉶　黍稷二簋　稻粱二簋
籩形鹽棗　薧魚榛　鹿脯栗　芡菱
豆韭菹醓醢　菁菹鹿醢　筍菹兔醢　芹菹魚醢
羊　豕

四配祭品

香　燭　帛四篚　酒三爵
太羹一登　和羹二鉶　黍一簋　稷一簋
籩六形鹽棗　薧魚栗　鹿脯菱
豆六菁菹鹿醢　筍菹兔醢　芹菹魚醢

羊　豕

東西哲五五位共一壇祭品

香　燭　帛每壇一篚　酒五爵
和羹一鉶　黍　稷　籩四
形鹽棗　鹿脯栗　豆四　菁菹芹菹
兔醢鹿醢　豕體五

東西廡四四位共一壇

香　燭　帛　酒四
黍一簋　稷一簋　籩二　形鹽鹿脯

豆二 菁菹 鹿醢 豕體四

樂器

麾幡一以絳繒爲之長七尺濶一尺一寸上板繪雲
下板繪山以相連首尾前面繪升龍後面繪
降龍各塗以金及五彩色雲朱竿長八尺五寸末
施銅龍首塗金銜其麾下垂樂中麾生執之升龍
向外降龍向内舉之則升龍
見樂作偃之則降龍見樂止

應鼓一北其時冬其風廣莫其律黄鍾其聲一其音
華之爲器去故意也爲羣音首其卦坎其方
謹冬至之氣也每奏樂一句
以槌擊者三則節奏從容矣

鼗鼓一其制如鼓司此者掛于項
上兩手搖之以應鼓節樂

笛其節直而有制其心虛而能通而利制之音所由
出也其卦震其方東其時春其聲尚議其律姑洗

其風明庶其音
濫春分之氣也

簫六截竹爲之吹者宜緩
取其音斯悠揚不廹

搏拊二鼓中實糠
擊以節樂

柷一所以合樂止樂之器柷之狀方如漆桶中
有槌柄連底撞之擊以起樂敔之狀如伏

敔一虎背刻二十七鉏鋙木戛
之而成聲所以止樂也

編磬一十六枚八音而倍之也其卦乾其時秋冬之
交其方西北之維其風不周其聲尚角其音辨
立冬之氣也以堅木爲槌竹爲柄司磬者凡擊則
先擊鍾以宜一字之音既闋則擊磬以收之所謂
金聲而玉
振之也

編鍾一十六枚八音而倍之也金生于土而别于土
其卦兌其方西其時秋其風閶闔其聲尚羽其
音鏗立秋之氣也堅木槌竹柄司鐘者擊之則有
六律六吕以應十二月之候又有清聲以配之

笙六其母用匏匏性輕浮中虚而通植管匏中象植
物之生故名曰笙大者十九簧小者十三簧又
曰巢笙者衆管
在匏象巢也

排簫二又曰鳳簫大者二十四管無底小
者十六管有底狀如鳳翅其音鳳聲

琴六 瑟二以絲爲物而成聲其卦離其方南其時夏
其聲尚宫其律蕤賓其風景其音哀夏至
之氣
也

篪二以竹爲之横而左吹此樂聲大宜
輕用氣吹之其聲乃和以合衆樂

塤二以土爲質以水火相合而成器故具水火土之
三形中虚上鋭火之形也平底水之形也圓體
土之
形也

佾舞

自唐樂用宫縣舞用六佾明初用六佾成化十三年
以禮部尚書周洪謨請增爲八佾嘉靖九年議仍用
六佾

引節東西各一以紅絨爲之纓上加塗金銅雲雷于
上數九長七尺以紅絨繫之下綴以結竿長八
尺五寸朱髹末施塗金龍首銜其
節二人執立于東西兩階以導舞

翟三十六以木爲之柄長一尺四寸朱髹柄端刻龍
首長五寸塗以金彩每翟用雉尾三根揷于口中
舞生右手
執之以舞

籥三十六以竹爲之長一尺四寸
三竅朱髹舞生左手執之以舞

雅樂舞生按舊志舞佾有定制東西兩階如東階舞生面西則西階舞生面東東階舞生面東則西階舞生面西又如東階舞生左手左足舞蹈則西階舞生右手右足舞蹈其向背低昂周旋俯仰亦皆成偶

歌章

迎神　樂奏咸和之曲無舞

大哉宣聖道德尊崇維持王化斯民是宗典祀有常
精純並隆神其來格於昭聖容

初獻　樂奏寧和之曲有舞

自生民來誰底其盛惟王神明度越前聖粢帛具成

禮容斯稱黍稷非馨維神之聽

大哉聖王實天生德作樂以崇時祀無斁清酤惟馨
嘉牲孔碩薦羞神明庶幾昭格

亞獻　樂奏安和之曲有舞

百王宗師生民物軌瞻之洋洋神其寧止酌彼金罍
惟清且旨登獻惟三於嘻成禮

終獻樂與亞獻同　樂奏景和之曲有舞

撤饌　樂奏咸和之曲無舞

犧象在前豆籩在列以享以薦既芬既潔禮成樂備
入和神悅祭則受福率遵無越

送神調同前

有嚴學宮四方來崇恪恭祀事威儀雝雝歆茲惟馨
神馭還復明禋斯畢咸膺百福

望瘞與送神同

先師生于魯襄公二十二年庚戌十月二十七日即今八月二十七日庚子甲申時歿于魯哀公十六年四月己丑年七十三歲葬魯城北泗上

先師四十一表

反首	洼面	月角
日準	手握天文	足履度字或作王字
坐如龍蹲	立如鳳峙	望之如仆
就之如升	耳垂	珠庭
龜脊	龍形	虎掌
胼脅	參膺	河目
海口	山臍	林背
翼臂	斗唇	窪頭
隆鼻	阜脥	堤眉

地足　雷聲　澤腹
輔喉　駢齒　眉十二采
目二十四理　頂似唐堯　顙似虞舜
項類皐陶　肩類子産　自腰以下不及禹
者三寸　胸有文曰制作定世符
啟聖公祠在
先師廟東北明嘉靖九年詔天下竝祀啟聖公叔梁
紇[illegible]王爵今稱公以先賢顏無繇曾點孔鯉孟孫
氏[illegible]享先儒宋程珦朱松蔡元定周輔成從祀春

秋仲月上丁先
先師舉行
祝文
維公誕生至聖爲萬世王者之師功德顯著今茲仲
春秋謹以牲帛醴齋粢盛庶品式陳明薦以先賢顏氏
先賢曾氏先賢孔氏先賢孟氏配尚饗
啟聖公祭品
香　燭　帛一篚　酒三爵
和羹二鉶　黍稷二簠　稻粱二簋　籩實八

豆實八　羊一　豕一
四配祭品
香　燭　帛各一篚　酒各三爵
和羹二鉶　簠簋每位各一　籩實四　豆實四
豕首二　豕肉四
文廟自鼎革暨寇變法物器數俱已散佚康熙二十
六年知府滕天綬到任謁廟力新殿宇其法物器
數按譜備置永爲定式
文昌祠在府治西南春秋上丁日祭

魁星閣在文昌祠前春秋上丁日祭
名宦祠在文廟左祀漢丞相蕭何曹參漢中太守田
叔晉梁州刺史張軌後魏梁州刺史寇儁齊梁州
刺史范栢年梁梁州刺史蕭循唐興州刺史嚴礪
宋興元開府虞允文漢中府知府潘文貫震馬上
賓
鄉賢祠在文廟右祀漢南太守李法司空李郃太尉
李固河南尹李燮宋高士楊冲遠元平章李孟明
工部侍郎張羽山東道監察御史朱綬巡視三關

監察御史張允升尚寶寺少卿甘學書

其祭品香燭帛一爵三簠簋各一籩豆各四羊豕

各一

正學方先生祠在府學東明萬曆間知府項思教建

祀明方孝孺春秋祭以上丁

三公祠在文廟東側祀明鄖撫藍璋吳道宏原傑春

秋祭以上丁

社稷壇向在府城西北明洪武五年建嘉靖十七年

知府陳璣修

清康熙二十七年知府滕天綬恭祀之下見纍纍荒

冢環繞于壇是皆歲月遞遷莫有敘其事而修飾

者遂覓獨吉日移建城西南演武場東立坊築垣肅然

若有憑依之矣春秋仲月祭以上戊

風雲雷雨山川壇在府城南郊春秋仲月祭以上戊

按續文獻通考明洪武二年上以太歲風雲雷雨及嶽瀆山川城隍諸神合祭于城南諸神享祀之所未有壇壝等祀非隆敬神祇之道命禮官考古制以聞至是禮官奏城隍之祀莫詳其始先儒謂既有社矣不應復有城隍故唐李陽冰縉雲城隍記謂祀典無之惟吳越有之然成都城隍祠太和中李德裕所建張說有祭城隍文杜牧有祭黃州城隍文則不獨吳越為然又蕪湖城隍建于吳赤烏二年高齊慕容儼梁武陵王祀城隍神皆書于史又不獨唐而已宋以來其祀徧天下或賜廟額或頒封爵至或遷就附會各指一人以為神之姓名如鎮江慶元寧國太平華亭蕪湖等郡邑皆以為紀信隆興贛袁江吉建昌臨江南康皆以為灌嬰是也張說祭荊州城隍文曰致和產物助天育人張九齡祭洪州城隍文曰是保甿庶是依歷代崇祀之意有在也今宜以太歲風雲雷雨嶽鎮海瀆及天下山川城隍祇合為一壇春秋祀之從之

厲壇在府城北郊明洪武間建每歲祭者三清明中元十月朔設城隍神位于壇上主之

城隍廟在府治西南明洪武五年知府費震建萬曆二十八年知府李有實重修三十一年知府崔應

科增修後殿春秋仲月上戊附享于風雲雷雨壇

土地祠在儀門外東

八蜡廟在郡南一路

南鄭縣 褒城縣（係附郭隨府與祭不另載）

先師廟在儒學西康熙十八年然荻令陳時閱重修

啟聖祠在文廟後即明倫堂舊址明嘉靖八年令嚴

曙修置今廢

文昌祠在縣治西南春秋上丁祭

仁祠在文廟戟門外之左祀宋張觀魏公今改名宦
祠廢
鄉賢祠在文廟戟門外之右祀漢隱士鄭樸今改鄉賢
祠廢
報功祠在北門內祀明總撫副使都御史原傑大理
寺少卿吳道宏今廢
社稷壇在城之西今張庚易置西北祭用戊日
風雲雷雨山川壇
厲壇

城隍廟在縣治東南四十五步元至正十年建
土地祠在縣治主簿宅東今為神廟廢今止有小
廟
獄神祠在縣治儀門內西獄中今張庚拓其基朔望
行香與土地祠同今廢
城固縣
先師廟在縣治東
啟聖祠在文廟後
文昌祠向在文廟東明嘉靖四十五年令趙守正遷
西南十五步崇禎乙酉冬令劉克義重建
皇清康熙十年邑紳李可喬捐修獻殿
魁星樓向在文廟東南明崇禎六年令梁約儀移建
東城上
名宦祠在文廟東祀宋邑令薛可先元邑令蒲庸明
邑令喬起鳳高登明楊守正司五教教諭曾汝器
鄉賢祠在文廟西祀漢校尉鄧先博望侯張騫明南
道御史党崇侯于汾河令党中曙
三公祠在大門內祀明原傑藍章邊信

社稷壇向在北郭明嘉靖四十二年令楊永茂改建
西郊
風雲雷雨山川壇向在南郊明嘉靖四十二年令楊
永茂改建東郭
厲壇在北郊
城隍廟在縣治西明洪武六年令趙明英建
土地祠在新侯祠右今改建縣二門內
洋縣
先師廟在縣治西北

啟聖祠在文廟後

文昌祠在文廟西明萬曆三年通判劉鉞修

魁樓在縣東城上康熙二十六年令謝景安重修

名宦祠在文廟左祀宋節度使韓億韓縝韓琦洋州
刺史文同李顯忠楊從義高稼明縣丞潘謹言令
劉贊馬驥張璉
皇清典史張文學

鄉賢祠在文廟右祀宋雍冲明吏部司務李嘉賓太
僕寺少卿張企程少保吏部尚書李遇知順德知

府吉孔嘉
皇清貴州提學僉事吉允迪太師靖逆侯靖逆將軍張
勇

蕭鄭侯祠在縣治東

二公祠在東關祀明大司馬原傑郎撫吳道宏

社稷壇在縣西北距城里許

風雲雷雨山川壇在縣西南里許

厲壇在縣北里許

城隍廟在縣治西

土地祠在縣二門內

八蜡廟在縣東郊明隆慶間令臧邦寧修後圮順治
十二年令曹可大重修

獄神祠在獄中

西鄉縣

先師廟向在東關宋延祐元年令宋彥忠建元末毀
明洪武十四年訓導姜禮千僖基仍建明洪武二
十六年令張洪修餙正統十四年令丘俊遷于縣
治之東

皇清康熙二十二年令史左修補

啟聖祠在文廟西北

文昌祠在戟門外東

東文昌閣在東城上令史左捐修

北文昌祠在北街

魁星祠在二門外西今廢

魁星樓在中街明邑令徐來聘建今康熙二十二年
邑令史左重建

名宦祠在欞星門東祀明令丘俊李春郭幾李暐太

向春主簿辛儒

鄉賢祠在櫺星門西祀明太僕寺少卿張志河南桐

柏縣令高濟才

二都祠向在東關今改建廣慶寺之右祀明原任典

遊宏二公

社稷壇在西關

風雲雷雨山川壇在南關

厲壇在北關

城隍廟在儒學東

土地祠在儀門西

鳳縣

先師廟在縣治東

啟聖祠

名宦祠殘碑內載祀隋蕭瑀五代王桓宋張輝唐庚

趙禹种世衡程珦楊政今廢

鄉賢祠俱廢

社稷壇在西郭

風雲雷雨山川壇在東郭

厲壇在北門外

城隍廟在城之西

土地祠在儀門外東

沔縣

先師廟在縣治西明成化十九年令張浚建

啟聖祠在文廟後

名宦祠在櫺星門東明萬曆二十五年令孫承光建

祀宋沔州刺史高稼文林郎李蘭

鄉賢祠在櫺星門西令孫承光建祀明大同府經歷

李時彥

社稷壇在城西郊

風雲雷雨山川壇在南郊

厲壇在北郊

城隍廟在縣西北明洪武七年建

土地祠在儀門外東

諸葛忠武侯廟在縣治東蜀後主炎興元年建唐貞

元十一年馮翊嚴公重修明正德八年藍公璋具

疏請每年春秋致祭

寧羌州

先師廟在州西北

啟聖祠在儒學左

文昌祠在儒學右

名宦祠在戟門左祀蜀漢武侯諸葛亮唐洋州團練使嚴震宋興州刺史嚴穎宋興州提刑邵伯温子雍之洋州節制曹友聞明僉憲州知州謝參

鄉賢祠在戟門右祀明夔州府同知謝思道大同縣丞劉琰選使王良臣

社稷壇在西關外

風雲雷雨山川壇在南關外

厲壇在北關外

城隍廟在州治北

八蜡廟在南門外

土地祠在州大門內

禹王廟在金牛驛嶓冢山之下明嘉靖十六年知州王儒建二十四年知州蕭遇滸重建御史閻中寬鵬舉立碑

略陽縣

先師廟在縣治西

啟聖祠在文廟後

文昌宮在高臺

魁星閣在縣北象山前

名宦祠在櫺星門東祀明知縣難扶風縣知縣贈光祿寺少卿孫璽愍撫節賜都御史原傑吳道宏

鄉賢祠在櫺星門右祀南北朝益陽侯垣護之冀州刺史垣詢之齊都督垣崇祖唐禮部尚書同平章事權德輿宋侍郎周道

社稷壇在西郊際

風雲雷雨山川壇在南關際

厲壇在西郊際

城隍廟在南街際

土地祠在縣儀門外

武都王廟在靈崖山即晉臣姓楊名盛有功地方南北朝宋封王爵稱為土主附祀社稷壇

漢南郡志卷之三終

漢南郡志卷之四

闗左　知陜西漢中府事滕天綬重輯

建置志

坊表

南鄭縣

天官坊 在東門內李一鰲建今存　三世中丞坊 西門內御史洪如鐘建今存

忠宣名臣坊 在眞武宮西御史張羽建

孝義傳芳坊 在東察院東知縣朱永建

以上二坊今廢　德配天地坊 在文廟東今存

道貫古今坊 在文廟西今存　闗南首善坊 在府治前今存

通商惠民坊 在新街口

化行俗美　遂生復性二小坊 在府前街東西

雍梁古域　周漢遺風二大坊 在府治東西距

小坊各十餘步今俱廢

褒城縣 無考

城固縣

牧愛坊 縣治前　尊崇聖道坊 學巷東

樂育英材坊 學巷西明萬曆年劉克義建今廢

賓宮正路坊 新街口明嘉靖間令楊守正建今廢

旌節坊 三鋪　學院坊 三鋪

演武坊 東郭　分界坊 東三里明嘉靖四十五年令任堪建

有分界碑

洋縣

天漢名邑坊 縣前　古武康郡坊 縣前今無

天縱坊　大成坊

繡衣坊 御史李時孳建　諫議坊 給事中張企程建今無

東萊師節石坊 知府李天高代肖建　三世尚書坊 尚書李遇知建今無

少保天官坊 吏部尚書李遇知建今無　卯午聚魁坊 縣東門內記卯午科名今無

雙烈坊 邑令張以謙請爲生員杜春芳妻王氏杜春芳妻康氏建今無

貞節坊 凡十俱毀于兵

西鄉縣

騰蛟坊　起鳳坊 皆縣治右

承流坊　宣化坊

貞節坊 西街　節義坊 南街

少卿坊 南街　恩顯坊 東街

呂公德政坊 城西四十里桑園鋪爲令呂兆琳 皇清邑內召民思其德而建

鳳縣無考

沔縣無考

寧羌州

錦標坊為明景泰庚午科謝愷立　梯雲坊為明弘治壬子科趙鏜立

步武坊為趙鏜謝思道立同科　三俊坊為明嘉靖辛科趙濂王任王夢李立

貞節坊為明生員鈕尚忠妻節婦張氏立

貞烈坊為明生員王以諫妻烈婦靳氏立

略陽縣無考

津梁

南鄭縣

通濟橋東門外　通漢橋東關南井巷後民張文盛李光彩等捐貲重建　梳洗橋在縣

洪溝橋縣東三十里新舖明萬曆三十一年修今無　明珠橋縣西一里許向傳一斗户量米得一珠吞之化龍而去排蕩此渠後橋其上

瓢橋　長亭橋

沙河橋　小江橋

金華橋東南十里金華寺前

上水渡西南五里通川要道　下水渡

老古渡

褒城縣

大通橋南門外　西河橋南一里

周家橋　栢鄉橋東南二十里

青水橋內棧　天生橋縣七盤山下大石橫亘江中舉足可渡

樊河橋東北九十里馬道驛北漢舞陽侯樊噲所建

兩漢橋　觀音橋

永豐橋即麻坪橋　鎮西橋即西溝橋

新開橋東武關　飛霄橋武曲舖前五里

黑龍江渡　買村渡

小江渡　兩河渡

山河渡

城固縣

豐樂橋學之西上有觀音閣明嘉靖四十二年火燬

折桂橋向在櫺星門前五十步上有折桂亭已圮明嘉靖時令楊守正改北五步又圮

瓢橋西南一里　薛公橋西北二十五里宋紹興令薛可先開渠灌田民懷其惠故名

二橋東南二里

三橋西南二里　段橋大東關義民段友海建

張橋大西關義民張成建　磨石橋西十里
望仙橋前斗山　葉家橋西八里邑紳葉孕秀建
袁楊橋西北十五里　沙河橋西南十五里
十里橋西十里　十石橋西南二里
柳渡南四里　白崖渡西南四里
陰平渡西南十五里　大安渡西三十里
孫家渡東南四里　丁家村渡北八里
蘇鄗渡東五里　留村渡北五里前五渡俱漢水後三渡俱胥水

洋縣

雙鳳橋西關以王氏雙節故名　解元橋西二里橋成蕭靖癸解故名
謝村橋西五十里　天寧橋東四里
貫溪橋東十里　基公橋西二十五里
乾溝橋西六里　火燒橋
五間橋西二十五里　翟家橋東北十五里
新坊渡南二里　黃金渡東六十里
白沙渡東一百三十里　將水渡西四十里
官渡東南五里　謝村渡西三十里

西鄉縣

平政橋縣新城東門外濠上明萬曆年令李香建亭
東渡橋東三里　南渡橋南一里
二里橋西二里
洋河渡東十里　子午渡東北百八十里
平地渡西南五十里　茶溪灘渡東九十里卽漢水
風口渡西六十里

鳳縣

鳳橋　斜峪　石獅子　高家橋
十里頭　草凉　廢丘　王子崖

三岔舖　判官　小橋子　榆林
松林　桑坪子　石峽子　柴關舖
石窰舖　留壩舖　馹馬

沔縣

仙留橋皇清順治十年令李焻重修　黃沙橋
舊州橋
沮水渡

寧羌州

起鳳橋北門外上有房　永惠橋西門外

永濟橋東城內 | 五丁橋在金牛峽
通惠橋 | 天生橋地名水田坪有山高數十仞水西流
入川生成如橋 | 大安橋北九十里大安鎮東門外明牧盧大
諶捐修
龍門渡

畧陽縣

木瓜橋東五十里 | 通惠橋東門外
五間橋東九十里 | 羣秀橋在置口
天生橋西六十里

西門外官渡 | 沮水渡
白水渡
梁 | 橫現
八渡 | 夾渠
沮水 | 石門

鄉村

南鄭縣

東園壩 | 大茅壩
七里壩 | 南江池已上縣

伙家壩 | 馬營壩
大營 | 柳嶺舖
五渠寺已上漢衛 | 十八里舖
獅子營 | 馬池渠已上寧衛俱東門
池塘壩 | 九女壩
萬壽壩 | 小栢鄉
栗子壩已上縣 | 上下梁山
龍灣 | 趙官壩
高下壩已上寧衛俱西門 | 秋南村

高望山 | 上水渡
廉水河 | 螺螄壩
八十畝龍溪壩 | 雙坪子
紅花河 | 小黃嶺
漢江渡已上縣 | 慈家壩
中所壩 | 磨扇坡
蕭停壩 | 鐵峪里
大沙壩已上漢衛俱南門 | 石壁口
寶峰寺 | 老君殿已上縣

金家壩　蕭家壩
唐寺院　新池壩
彌勒院　二十里鋪已上寧衛俱北門外
褒城驛
花村　打鍾村古名萊子垻城南十里
珍寶壩二十五里　小沙五十里
石窩六十里　賈村三十五里
圓壩七十五里　鐵峪六十里
高臺七十里高臺水南石窩圓垻乾垻鐵峪七里消停皆古之龍河鄉云

建置志　卷之四　鄉村　九

七里壩九十里以在褒城縣七里故也　消停六十五里
雍齒三十五里　水南八十里
後所一百里　葦池四十里
乾壩八十里城南　覃笠六十里
龍灘一百里　鐵佛店一百二十里城北
紐項鋪　長林鎮城西
城固驛
留村　耶鄲村
上蘇村　下蘇村

蔡家壩　黃渡村已上東門外
杏花村　車家村
真川壩即鴻溝　丘灣
甯家灣　廖家灣
陰平鎮　閻王寨
皮匠營　江西營
沙河營　大營
小營　桃花店
石虎頭已上西門外　鴈灣

建置志　卷之四　鄉村　十

胡家灣　坡樹營
湖廣營　孫家坪
五堵門　官庄
五郎口　盤壩
塩井壩　二郎壩
席家壩已上南門外　鶴鳴村即方家營
丁家村　原公鎮
袁楊鎮　斗山灣
文川口　昇仙口

胡家沈　栗子園已上北門外

洋縣

萬龍鋪　杜村鎮
槐樹關　石水河
金水河　焦溪河
蒲河　環珠鎮
渭門鎮　鐵白鋪已上東門外
五里虎　戚氏村
溢水村　范壩村

謝村鎮　智果寺
五間灣　馬暢
留村　麗家店
磨水鋪　漢王城已上西門外
江南壩　望江鋪
黃安壩　藥木鋪
梅子埡　仙浴鋪
紅毛鋪　梔溪河已上南門外
紙坊街　高堰壩

大龍河　周家坎
觀音堂　石鞍山已上北門外

西鄉縣

歟箕河　水東
楮河　高川
青溪　茶鎮已上東關外
二里橋　桑園鋪
空渠　平地
大巴關已上西門外　蒲家壩

法寶　固縣壩
魚渡壩　鹽場關已上南關外
磨兒溝　洸家坪
桑園鋪已上北門外　清知縣呂兆琳安集流移居此今名呂公村

鳳縣

白家店　武星臺
草涼驛　紅花鋪
長橋已上東門外　石鋪
草店子　单河鋪已上西門外

鳯嶺　新鳳鋪
三全　縻丘關
南新　陳倉
杺林　柴關
碑亭溝　留壩
青龍寺　武關
晉口關已上南門外　臧家嶺
唐藏已上北門外

沔縣

武侯祠　何家營
倉臺堡　舊州鋪
買溪寨　彌陀寺
娘娘廟　嶺東
黃沙鎮已上東門外　土關鋪
下沮水　菜壩
青陽驛　白岩河已上西門外
武侯坪　元山鎮
中壩　官庄

阜川　黃壩河
黃沙驛已上南門外　白丈關
樓門溝　文家墓
方家壩　分水鋪
上沮水已上北門外

寧羌州

羅村東十里　桃園村二十里東
平溪村一百三十里東　白菓村二十里東南
七里村七里西　成家村九十里西北

羊圈村九十里西南　大家村一百里西南
木瓜村五十里南　流溪村一百里北
滴水店三十里　寬川店六十里
大安鎮去州九十里明正德中知州謝豸同寧羌衛修築周圍二百四十七間覆以天棚立東西二門樹以樓櫓今毀

略陽縣

兩河口　閣老嶺
接官亭　茅壩
煎茶嶺　峽口

沮水　廟壩
五郎坪　白碧壩
道嶺已上東門外　橫現河
相公山　平溝
斤竹壩　且口
亘山子　大草壩
明水　藥木院
西淮壩已上西門外　夾門子
青白石　樂素河

雷灘已上南門外　小八渡
大八渡　白石溝
中川　三川
費家埡　娘娘壩
金池院　黑河
老栢樹　小內河
馬蹄灣　青泥河
白水江已上北門外

市集

南鄭縣
一在府治西一在縣東一在韓公集
褒城縣
縣城無在鄉村者阮家集筒車壩石家集高臺集長林鎮宗營鎮協稅集
城固縣
一在儒學前一在周公堡離城二十里
洋縣
明隆慶間四關青陽等街七處轉市萬曆間令李用

中定于儒學前
皇清康熙二十七年令謝景安改爲四街輪轉遇閏在小西門以從民便
西鄉縣
十字街東街西街南關西關五處輪轉
鳳縣
在縣內
沔縣
一在東園一在元山鎮一在黃沙鎮

寧羌州

一在太元觀前一在北十字街

畧陽縣

縣治前治北半月輪轉

鋪舍

南鄭縣

總鋪在縣前　白鶴抵東褒城縣界

龍江抵西褒城縣界　長亭抵西褒城縣界

雙橋抵北褒城縣界

建置志　卷之四　鋪舍　十七

褒城縣

總鋪在縣前　小江

栢鄉　新定已上抵南南鄭縣界

堡子　青橋

馬道　三垒

武曲　焦崖

清水　青陽已上抵北鳳縣界

城固縣

總鋪　青石

鶴鳴　長流抵西南鄭縣界在縣額設遞馬一十一匹

洋縣

總鋪在縣前　馬扈

基公　湑水已上抵西城固縣界

仙浴　雙河

紅尨已上抵南西鄉縣界在縣額設遞馬一十一匹

西鄉縣

總鋪在縣前　虎溪

桑園已上北抵洋縣界　三郎

建置志　卷之四　鋪舍　十八

白沔峽　茶溪灘已上抵東石泉縣界縣內額設遞馬一十五匹

鳳縣

總鋪在縣前　白石

土關　小堡子

草凉　紅花

石獅子　黃牛

方石　丹河

姜子已上抵北寶雞縣界　鳳嶺

新鳳　三垒

野羊　新店
榆林　蒿坪
柴關　亂石
留壩已上抵南褒城縣界
沔縣
舊州舖即舊州治明洪武四年移沔始改舖抵東　黃沙
細項　嘉興
土關　老丁已上抵東
新添　在城已上抵西

沮水　分水已上抵西北
寧羌州
總舖在州前　浣石
滴水　五丁
寬川　皂角
柿樹　金堆已上抵北畧陽縣界
土門　箭亭
飛仙　野狐
大安　鐵佛已上抵西保寧府廣元縣界

黃土
畧陽縣
總舖在縣前　登雲
接官　茅壩
煎茶　峽口
沮水已上抵東沔縣界　麻柳
鐵佛　蕭公已上抵南寧羌州界
嘉陵　峽口已上抵西成縣界
白水　青泥已上抵北徽州界

驛傳
南鄭縣
漢陽驛向設署在治前今廢額馬五十四匹縣馬五匹
褒城縣
開山驛在東南額馬五十四匹　青橋驛在北五十里設額馬五十四匹
馬道驛在北九十里曾廢復設額馬五十四匹　褒城驛久廢
城固縣
洋縣
西鄉縣

褒縣
梁山驛 在縣東南四十步額馬五十四匹縣馬五匹 草涼驛 在縣東北七十里至額馬五
十四匹 三岔驛 在縣南五十里至額馬五十四匹
武關驛 在縣南二百四十里至額馬五十四匹 安山驛 在縣西南一百九十里至額馬五十
四匹 松林驛 在縣西南一百二十里至額馬五十四匹
沔縣
順政驛 縣西四十步額馬三十六匹縣馬五匹 青陽驛 今廢
金牛驛 西一百里今為大安驛額馬三十六匹 黃沙驛 縣東四十里額馬三十六匹明弘
治十年知府周東移剏于黃沙鋪
建置志 卷之四 驛傳 寺 三
寧羌州
黃壩驛 州西五十里至額馬三十六匹 柏林驛 額馬三十六匹州馬五匹向裁今復
陽平 西北八十里至伏為關今設營兵
略陽縣
青泥嶺驛 縣北一百八十里弘治置今廢止在縣額設遞馬一十八匹
寺宇
南鄭縣
萬壽寺 府治西南明洪武十六年於此置僧綱司
龍潭寺 南六十里宋嘉定元年建傳云一諸[illegible]此
故名
法華寺 北一里蜀廣正二十四年建今柱石猶存
乾明寺 西十三里中梁山上宋紹熙八年新羅國
僧來自海東居此
鐵香爐寺 北三十五里漢王嘗日焚香處也
大曆寺 北四十里宋大中年建
湧泉寺 北七十里
天臺寺 北七十里
石堰寺 北四十里王子山下宋嘉定元年建
建置志 卷之四 寺宇 主
正宗寺 府治西漢興道場鳳翔所剏也
鐵佛寺 北六十里明正統年建
金花寺 東南七里剏始不知何代元至正間重修[illegible]
聖水寺 府城東南泉在佛座下
石岔寺 東南十里
靜明院 東一里明洪武年建
香雄庵 府西古星臺下百歲僧通天建
準提庵 舊在新街東今遷于西
龍頭觀音閣 府治東[illegible]池前

寶峰觀　西北四十里元至正年建
玉井觀　東北十里
文昌宮　府治西南元延祐年建
褒城縣
開山寺　縣東一里置僧會司
延慶寺　東一十里俗呼打鐘寺漢曰臨江宋貞觀中始賜是額明洪武初僧妙智授僧會乃重葺之有廳事四間常住隨印地一十二畝
珍寶寺　南二十里有常住地一十二畝

寶峰寺　東北二十里明成化二十三年重建又南二十里有打鐘草寺北五十里有牧丹坪寺皆其下院也
孤山寺　東南二十五里明洪武八年建漢水龍江前後映帶致足觀也
興龍寺　南二十里
立鳳寺　南四十里
龍興寺　南四十五里舊名梔子院紹興二十四年建明景泰四年重修北有盤石似龍故得名也

齊山寺　南五十里宋端拱嘉定明景泰歷代重修石刻載古有招提曰齊山寺自漢建立唐宋重修經今千載兵火受劫惟有古基殘壁間猶存端拱年敕賜沙門題悟字跡
寒山寺　南六十里漢僧海公道場有石碣刻曰天申寺宋嘉定元年重修明正德末僧明陽再葺之
石泉寺　西南七十里明天順八年建寺後有泉從石中流出故曰石泉也
福嚴禪寺　西南九十里即金華寺也寺前有僧人

眞身洞并龍骨塔銘
精嚴寺　在青銼山開山爲海東和尚其二代爲如觀禪師
龍泉寺　西南九十里明天順年建土人呼曰圓墩寺又二十里曰金蟾菴
木坪寺　西南八十里明成化四年重修寺前五峰高聳右起一坪蒼松翠栢森然高挺
沙溪寺　西南八十里宋嘉定三年建舊名西遊院明洪武初重修

雙溪寺 西南八十里宋乾道元年建以私溪關水
與崖溪口水合故曰雙溪也
觀音寺 西南七十里明正德二年建
圓通寺 西南一百三十里元至正十一年建
崇慶寺 西二十五里土人呼爲牛頭寺唐貞觀年
間法融禪師立一統志云牛頭寺唐僧法融證道場
後一里有千佛洞名千佛庵北二十里爲牛首前
庵又十里爲中庵又二十里爲後庵其地皆唐置
時所有其由來也遠矣

建置志 卷之四 寺宇 三十五

柏林寺 西二十五里初名羅漢院嘉祐八年改資
國院有宋嘉定三年重興資國院碑額尚存
風雲寺 北五十里土人呼爲青橋寺
樊河寺 北九十三里
四洲寺 北一百三十里四洲山中
寶積院 南六十里俗呼石窩寺唐大中時建後賜
是額
嘉祐院 南八十里在五俗呼土石寺宋宣和六年
建

眞空院 西南一百一十五里寶頂山上宋嘉祐八
年賜額
同樂院 西南二十里
寶珠院 西南一百一十五里
龍洞庵 南四十里庵後有洞龍所蟄也
鶴騰庵 南六十里鶴騰岩之半
靈隱庵 南六十里有宋邑人吳應之撰九聖像贊
碑
大勝庵 北一百一十里

建置志 卷之四 寺宇 三十六

虛谷庵 南二十里虛谷道人所建也
雲臺觀 西北五十里雲臺山之巔漢時建慶元五
年重修其石柱鐫小西天福地壇靖康中唐成仙韓
湘子石刻觀山擊虎四字至明憲宗時道士李遠
惠請奏勅修
上清觀 東南十五里明洪武二年建
城內附郭
嚴因寺 治南一里即僧會司
興國寺 東三里

七星寺　西一十里
東高寺　西三十里
西高寺　西二十里
大安寺　西二十五里唐昭宗大順元年重建
香水寺　西南十里
梁泉寺　西南三十里
蒿山寺　西南三十五里
梓潼寺　西一十五里
青龍寺　北二十里

泉水寺　南一十五里
鷄鳴寺　南六十里
法隆寺　南十里
盧閣寺　在法隆寺之上
普恩寺　西五里卽藏經殿也
蕙香院　在寶山或云子房辟穀處也
新馬院　北二十里
楊侯院　西北四十五里
廣利院　西二十里

林陽院　北三十里古刹久廢
皇清康熙年邑令胡一俊重建
高塡院　西北三十里
經邑院　西十八里
黃村院　西北三十五里
上道院　西十五里
禪定院　北三十五里
崇法院　北四十里
明惠院　南八里

明珠院　南五十里
妙嚴院　北四十里
龍嘴菴　西十五里邑令胡一俊新建
石堰菴　東北六十里
鐵佛菴　西三十里
萬壽菴　西南三十里
集靈觀　治之西
玉皇觀　東北一十五里
大慶觀　北二十五里

上回觀 回玩平聲圓也圭角泯鑠也 西南三十里
白鶴觀 在老君山唐僖宗幸漢南見白鶴翔舞其
上因建是觀也
奉真觀 在斗山唐寶真人得道處
府仙觀 西北三十里王莽居攝二年名靈壽宮周
唐公昉昇仙故易今名
洞天觀
冲虛觀 俱在西北四十里今俱廢矣

洋縣

開明寺 縣南二百步古法輪院也唐開元中建宋
慶元元年重修明洪武二十四年爲叢林即今僧
會司也有浮屠高十三層
池南寺 西二十五里
東山寺 東一十五里宋皇祐年建
天寧寺 東四里乾符中建
大慈寺 西五十里祥符間建
積慶寺 北一十二里又名法水院
真符寺 東六十里

長溪寺 東北五十里
八盤寺 西南四十里
良馬寺 西四十里
鎮江寺 東南二十里
港子寺 西四十里
浮石寺 西南二十五里
大慶寺 西北一百里
崇法院 北十五里即念佛岩也內有圓通閣唐宋
間賜額重建

醴泉院 南十五里有龍血禪師墓塔一名開化院
也
智果院 西三十五里唐宋元歷代重修
萬壽院 西四十里即延良寺也宋義忠禪師禪定
處宋嘉定年建元至元十四年重修
普澤院 西北三十里內有湧泉建于宋之嘉定年
也
妙因院 西北二十里建于宋之[illegible]德宣和中又修
之

妙法院　南一十五里
五里院　西五里
白巖院　西北九十里
大覺院　東南十里在黃安壩
蘿曲院　東北六十里
寧汶菴　東五里周家店天寧河之東岸
鎮江菴　南十里雞子山
大川菴　西南三十里在小江壩
宋軍菴　北一百里

孫家菴　東北十三里地名龍泉村
朱家菴　西五十里
崇道觀　在酆都山宋元豐間勅建元至正年重修
玉真觀　西四十里唐睿宗第九女昌隆公主度爲
女冠改號玉真
玉皇觀　東南二十五里元延祐年建
韓仙觀　東韓仙山明弘治年建
北極宮　邑北門內明正德年建嘉靖間令楊冲重
修

三官樓　西門外灙水河東岸
西鄉縣
廣慶寺　城東一里宋紹興二年建即僧會司也
彌陀寺　北二里宋紹興年建
蒿坪寺　東北三里昔有浮屠今廢旁元皇欄公墓
在焉
洋水寺　東十里
關龍寺　在金洋堰口
普賢寺　西二百里

蓮花寺　東南一十五里
法寶寺　南二十里
沿河寺　西七十里寺有雙塔
唐興寺　東一百里
屍陀寺　西九十里
天池寺　南四百里
楊家寺　南二百里
麻池寺　南二百里
龍池寺

開元寺　縣之東康熙二十二年縣尉康光民修
鐵佛寺　西八十里
松樹菴　西九十里
回龍菴　西四十里
白衣菴　西一里今廢
青樹菴　北二里
北菴　午子山右
青山觀　西南一百二十里
三皇觀　西一里明洪武十七年建即道會司也今

建置志　卷之四寺字　三三

廢
午子觀　內奉元帝雷神有上中下三觀
雙河觀　西南六十里
白雲觀　東一百里
鳳縣
法利寺　南二十里唐大曆十三年銀青光祿大夫
　陸海建明洪武十四年重修即僧會司也
聖德寺　東南六里唐貞元中建戴叔倫記梁肅書
　向爾文翁供絕

止水寺　東一百里昔傳在山之巔一日山裂寺移
　于麓今尚存也
三清宮　東郊外之南
真武宮　南郊外一里
魁星宮　城北門內
祖師殿　城東門外之北
沔縣
聖水寺　西北五里明洪武年建即僧會司也寺居
　山巔泉上旋引注水也

建置志　卷之四寺字　三四

[illegible]爾寺　東北七十里明洪武年建景泰初尚書張
　公君[illegible]
寧羌州
毘盧寺　州西北百步明洪武年建即僧會司也
朝陽寺　西一百五十里
柏林寺　北七里
龍門寺　西北一百二十里
鐵佛寺　西北一百三十五里
蓮花寺　東一百里

觀音寺　西一百七十里

滴水寺　北三十里

大安寺　北九十里

龍興寺　東八十里

石佛寺

興華寺

聖壽寺

普陀菴　西十里

大興菴　北三十里

南極觀　南一十里

棲雲觀　北一十里

西山觀　州治西門渡河百步面城臨水登可遊觀

元真觀

妙相觀　北八十里

北極觀　州西蓮花池之西岸

九臺觀　東三十里

玉皇觀

元天觀　州東門外

略陽縣

正覺寺　東一里宋淳熙三年建明洪武三十一年

重修即僧會司久廢

皇清順治年于故址復興新焉

靈崖寺　南七里建于唐之開元舊宇尚有存者前

樓三株不受雨露之滋而摩空直上其來也不記

歲矣巘際一松蟉若龍蛇後開一竇可容身焉右

有石鼓擊之逢逢洞之左崖公泉涓涓踰橋斜度

又歷洞天名曰羅漢其間石柱石筍紇非斧鑿前

賢碑記頗多宋哲宗御書司馬光[illegible]忠粹德之碑

亦在此

回龍寺　南四十里

釋迦寺

藥王洞寺　東三里

石牛寺

西溪寺　東五十里

鴛鴦寺　西三十里

報恩寺　西六十里

勝水寺 西六十里相公山
彌陀寺 西七十里
覺寺 西八十里
香水寺 西一百里
琵琶寺 有二 一在縣西一百里斤竹垻 一在西北一百三十里青泥河
繖傭寺 西北一百五十里
藥師寺 在北門外
元帝寺 在北門外

弘化寺 北三十里
仙臺寺 北八十里
雲臺寺 北九十里
治平寺 北一百里
觀音寺 北一百二十里
化成院 北一百二十里
白石菴 北九十五里
三清觀 有二 一在獅山 一在西淮垻
白衣閣 城內中街公條

聖母殿
歷山殿
三官殿 俱在獅山

祠廟

南鄭縣

酇侯祠 府堂東祀漢相蕭何明洪武十五年太守李恭議建
旗纛廟 漢中衛東明洪武十四年建萬曆二十一年守備温繡改建于西教場之東

東岳廟 府治北一里
元帝廟 府治北一里
馬神廟 漢陽驛
淮陰侯廟 南八十里
漢壽亭侯廟 郡內廟凡有五
五郎廟 一在府治東三里 一在府治西一里神姓張詳見洋縣

褒城縣

報功祠 北城內祀明郎陽怨撫原公傑大理少卿

吳公道宏公條

鄒侯廟　南八十里流珠堰側不知建自何時俗傳堰
為侯所築也故立廟祀焉

山河廟　東山河堰之左以祀平陽侯曹參宋慶曆
中有邑令竇充碑政和五年令黃儀又模勒黃
上石明嘉靖二十九年直使劉公崙副使齊公宗
道邑令張惠共議修葺并設蕭相國像按舊志有
侯嚴壯偉成列以供祈報今廢矣雖春秋不絕祀
云

澤潤廟　南三十里中梁山始以山有石馬夜嘶賜
號靈壽將軍立廟祀之至宋封神為休應侯加廟
額為澤潤今廟無存其地何屬寧羌衛今歸南鄭矣

靈澤廟　南五十里玉泉之北宋嘉定三年封神為
平濟侯廟額曰靈澤其加封之勝今尚存焉牒譙際部云
狀本府州官士庶王仲讓等伏見本縣山道村有
泉名碧玉方就泉在平地深廣五七丈流彌色如水
自下吐出如珠駢纍絡繹旋繫上至水面高淨
從蓄清瀵澈底雖草芥嘆魚之涯有荇菜鮮自流
出夏涼不溢冬寒不竭遇旱禱之如響灌溉田數千
畝泉北有龍神祠春夏水旱禱者俱集慶元元年于
夏六月大旱前利州東路安撫使兼知興元府張
公至祠下日禱于神遂日大雨浹次年夏四月復旱
又介祈禱有鑄文小乾饑首谿未面兩亦隨
來大熱加修祠宇自後遇禱必應近于嘉定二年
八鐵兩季悉將一蔡人心夏膝千是謂祀而禱者
千餘人怨督興元府諸塚所官于渠堰採訪靈跡
祈禱于嘉定二年十一月十一日碧玉泉陸曝報
而雷雨大至嘉定四年十一月二日奉勅宜賜靈澤廟
為額

城固縣

三公祠　大西門內祀明原藍遷三公

蕭公祠　在牧愛堂側祀漢蕭相國何

留侯祠　東郊一里祀漢張留侯良

元蒲尹祠　北斗山之麓至正間鄉民建祀邑尹蒲

肅

黃帝廟　西南二十里

東嶽廟　西郊外明嘉靖七年建

火星廟　小西門外

漢王廟　東十里高帝初封王于此故祀之也

五子堰廟　北百丈堰創始于元至正元年明洪武
十四年重修天順間復修

漢壽亭侯廟　東郊外明嘉靖四十四年建邑令楊
守正修

楊將軍廟　北一十五里祀宋總管楊從義有袁㴋記按記將軍名從義字子和鳳翔天興人靖康內午應原州之募從忠烈吳公玠屢功晉秩賜爵安康郡開國侯食邑一千七百户年踰七十丐歸田里吳公以公精力未衰止聽解兵職辟知龍州再以文州及吳公移鎮漢中仍辟公復洋州公鋭意求退上章力請歸休乾道二年九月授提台州崇道觀介梁洋間居焉享年七十有八甲申卒公之喪葬于城固縣安樂鄉水北村公軍旅之暇泳撫諸史兵家實效篤爲三十卷目之曰兵要事類漢守張行成太學博士李石爲之序其書行于世

通慧王廟　在大東關

洋縣

二公祠　東門外祀明大司馬原公傑郎無吳公道

建置志　卷之四　祠廟　四一

宏

蕭公祠　邑治前

龍亭侯祠　東三十里龍亭舖

龍神祠　南一里新坊渡無祠設壇致祭

五雲宮　縣治東南門宋嘉定十六年建元皇慶年重修祀土主神通慧王按神張姓名嘉字伯達天師七代孫少好儒術以節義自負十五遊長安與李泌爲友安祿山叛上書補參軍有功授雲居宰有善政卒年二十三泌遣人以文赴弔神與使者空中語甚悉又義忠禪師在蜀于空中見王謂上帝命血食洋州因圖像抵洋立祠後大著靈應宋封通慧王元加封忠顯明加封正直靈應之號焉

通慧行祠　西門外

辟穀祠　西子房山元至正年建

三丰祠　在鄷都山明永樂間張三丰憩此因建祠祀之至今地獨無蟻穴

康王祠　西三十里泰志載祀武康王李元亮

楊公祠　邑西池南寺前祀宋知州楊從義

漢壽亭侯廟　一在東門外一在邑內東街

東嶽廟　縣治南街宋淳熙年建

環珠廟　東八十里漢水邊祀水府神

建置志　卷之四　祠廟　四二

渭門廟　東九十里黃金峽口祀河神

昭澤廟　北七十里宋慶元中封善應昭澤侯

靈潤廟　東六十里蒿坪山宋慶元中賜額靈潤封敷澤侯有敕尚存

靈濟廟　北五里祀東漢京兆尹王章嘉泰初賜額靈濟封普潤侯見通志

西鄉縣

二都祠　昔在東關今改建廣慶寺之右

丘李二公祠　東二十里祀明邑令丘俊李春報共

修金洋堰之功也

褒斜廟　在邑之東

火神廟　昔在南門外濠上今改建南城內

馬神廟　火神廟之旁

東嶽廟　東門外

三官廟　西門外

水府廟　南門外

藥王廟　普坪寺之右

五眞廟　演武場之前

鄭侯廟　在縣儀東門今廢

關帝君廟　北城之內

張桓侯廟　西門外順治六年令張日耀重建康熙二十二年令史左重修

鳳縣

忠烈祠　在仙人關祀宋吳忠烈公玠

禹王廟　北九十里嶓冢山下明嘉靖十六年令王儒建

東岳廟　東郊

三官廟　西門外

帝君廟　東門之內

馬神廟　城隍廟之西

漢壽亭侯廟　察院西

三義廟　東門外

州主廟　北三里廢

忠護侯廟　北三里唐僖宗西幸至白石鎮有畢文進賜醴上問其居曰居父子今因賜金帛送至其家父子今在梁泉之東北有廟存焉土人歲時致

祭宣和初請于朝賜爵曰忠護侯旌其草野不忘君之意也

沔縣

龍王廟　西北肇阜山下宋慶元四年建

漢壽亭侯廟　城東門內

諸葛忠武侯廟　東三里蜀後主炎興元年詔立隆建唐貞元十一年修元至元明永樂間復修正德八年都御史藍公璋具請于上春秋致祭

成縣忠愍廟　在祥州前

三郎廟　東門外祀張雲栝守嘉

寧羌州

禹王廟　北九十里嶓冢山下明嘉靖十六年州牧
王儁建二十四年蕭遇祥重修

東嶽廟　州治之西

三官廟　東十里

馬神廟　北街基址尚存

關帝君廟　城四門俱建

晏公廟　北門外

五郎廟　北門外

二郎廟　南二十里

老官廟　西九十里在陽平關

龍王廟　東北百里道林子龍洞明弘治間祈禱輒
應爲之立廟掘地多得古器

略陽縣

忠烈祠　東一里祀宋吳玠吳璘二公

節義祠　在東門外祀明殉難扶風令贈光祿少卿
孫璽巡撫袁吳二公一名三公祠久廢

五瘟祠　在高臺

關帝君廟　一在西門內一在獅山

火神廟　縣治之北

馬王廟　關帝君廟之右

玉皇廟　在獅山

真武廟　在獅山

酆都廟　一在獅山一在廟垻

武都王廟　在靈峻山阿王姓楊名盛晉臣也有功
于地方南北朝宋累加王爵土人呼土主廟附祀

社稷壇

漢南郡志卷之四終

建置志論

先王疆理方國奠安民社必也上觀天象下審地宜
度山川之高下立帑固之金湯為不拔之業以聚盈
寧其盛必也漢中界在秦蜀之間四面巉巖一流穿
貫風氣淳朴則孳蔚秀漢晉宋明以來代有盛德偉
人昭功著績為人倫領袖豈非孕靈毓異與嶓江翠
嶼共彰不朽歟然而雲棧標奇金牛劃險鎖鑰雄嚴
厥圖非艱以故數千年來得失興亡皆我恭錯中間
郡縣之改易鎮闕之存亡創造之廢興村墟之遷徙

反覆考訂感慨繫之且見遺宮殘堞淒青幽穴翻道易
于包藏奸類潛匿萑苻如明季寇氛外不能捻其
驕鬭附秦蜀楚三地餘魂俱以此為淵林之藪民之
荼毒曷其極矣我
清節帥進華訓平復有進逆盤踞我城池反燼我屋舍
非使
皇威遠振大將鷹揚則中澤飛鴻安得扣棲廬宇今日
之徘徊觀望嚴然室家嬉于樂嬉熙熙豈易得哉顧
沿斯土者亦綢繆于未雨之先禦侮于樽俎之際庶
萬年頌磐石之固矣漢中守滕天綬識

漢南郡志卷之五

闕左　知陝西漢中府事滕天綬　重輯

食貨志

主清田賦戶口悉依康熙二年　題定簡明全書并新
全書內原額實徵數細開列

里甲

南鄭縣民里十有八東北里西北里三灘里永安里
太平里新興里德化里遵賢里遵化里順義里歸
仁里歸德里從文里從教里興仁里興讓里望京

里正宜里里有十甲每甲小里一人花戶多少不
等小里輪遞催管本甲

褒城縣民里七新安里在城里永豐里崇化里奉化
里率服里居仁里里有十甲每甲小里一人花戶
多少不等小里輪遞催管本甲

城固縣民里二十有三樂城里原公里陰平里大安
里安太里昇仙里蕪村里懷仁里重化里永和里
安定里豐樂里安遠里新化里忻安里遵道里樂
清里新寧里懷惠里通濟里遵賢里樂善里文川
里里有十甲每甲小里一人花戶多少不等小里
輪遞催管本甲

洋縣民里二十有四豐寧里瀼濱里長樂里安和里
蒲河里官洞里貫溪里孟村里上橋里留村里興
勢里興道里直符里永豐里安樂里新民里新興
里懷來里普惠里龍泉里虎溪里駱谷里渭門里
華陽里里有十甲每甲小里一人花戶多少不等
小里輪遞催管本甲

西鄉縣民里十有六雲亭里歸仁里遊仙里大安里

宜化里安定里歸善里從政里定遠里綏來里懷
息里豐富里康寧里信義里仁受里中和里里有
十甲每甲小里一人花戶多少不等小里輪遞催
管本甲

鳳縣民里九登俊里梁泉里方石里安和里加林里
永興里順治里八廟里樂從里今止餘三里里有
十甲每甲小里一人花戶多少不等小里輪遞催
管本甲

沔縣民里五嘉魚里廣平里咸和里敦教里永興里

里有十甲每甲小里一人花户多少不等小里輪
遞催管本甲
寧羌州民里四永寧里永清里永福里永康里里有
十甲每甲小里一人花户多少不等小里輪遞催
管本甲
略陽縣民里四禮仁里信義里悅服里明倫里里有
十甲每甲小里一人花户多少不等小里輪遞催
管本甲
府屬五州縣接收衛屯各有旗甲經催

田賦
漢中府原額民地折正壹等共地壹萬叁千壹百肆
拾陸頃壹拾貳畝貳分貳釐肆毫壹絲各地科粮
不等額徵本折粮共貳萬伍千陸百陸拾壹石伍
斗壹升肆合貳勺玖抄叁撮肆圭捌粟貳粒額徵
本折銀陸萬貳千叁拾壹兩柒錢肆分貳釐肆毫
陸絲伍忽捌微貳纖貳塵玖渺額徵本色粮壹拾
伍石内除荒並秦屬錮免共地叁千捌百玖拾頃
柒拾貳畝玖分陸釐免編外内除再疏籲請案內

奉
旨豁免荒亡地貳千叁百陸拾肆頃玖畝貳分陸釐捌
毫捌絲免編外　止實熟地陸千捌百玖拾肆頃
捌拾貳畝玖分伍釐叁絲該本折粮壹萬叁千玖
百伍拾石玖斗貳升肆勺柒撮玖圭壹粟捌粒陸
顆内本色粮玖石伍斗貳升陸合柒勺肆抄壹撮
玖圭貳粟叁粒除本色粮實徵本折粮銀叁萬伍
千伍百肆拾壹兩捌錢叁分柒釐叁毫伍絲捌忽
叁微玖纖玖塵柒渺伍漠又

康熙貳拾叁年開墾荒地肆百玖拾頃柒拾貳畝叁
分玖釐陸毫玖絲肆忽應自當年起科該本折糧
壹千壹百伍拾石玖斗叁升玖合壹勺肆抄柒撮
叁圭捌粟伍顆内徵本色糧壹石捌斗壹勺伍抄
貳撮肆圭壹粟柒粒該徵本折銀貳千捌百玖拾
肆兩叁錢壹分伍釐叁毫貳絲肆微柒纖壹塵玖
渺陸漠
實徵共存留本色糧壹拾石伍斗叁升肆合捌勺玖
抄肆撮叁圭肆粟

總計田賦除舊荒新荒外運間墾共銀叁萬捌千肆
百叁拾陸兩壹錢伍分貳釐陸毫柒絲捌忽捌微
柒纖壹塵柒渺壹漠
人丁
原額民丁叁門玖則不等共折下下人丁壹拾柒萬
壹千柒百柒拾肆丁各徵銀不等共徵銀叁萬陸
千陸百玖拾壹兩肆錢貳分捌釐陸毫壹絲柒忽
叁微玖纖柒塵玖渺內除
優免丁叁千捌百柒拾貳丁免編外

行差丁壹拾陸萬柒千玖百貳丁內有各年新增招
回并清丈查審出幼丁貳千貳拾壹丁又有審出
丁壹百壹拾壹丁
又內逃亡丁貳萬肆千陸百陸丁免編外
實在丁壹拾肆萬叁千貳百玖拾陸丁內除再疏籲
請案內奉
上旨豁免殺掠逃亡下下民丁肆萬柒千伍百玖拾貳丁
免編外
實在丁玖萬伍千柒百肆丁該徵銀壹萬柒千捌百
貳拾肆兩捌錢肆分貳釐柒忽玖微壹纖捌塵柒
渺又
康熙貳拾叁年招回下下人丁玖千玖百叁拾伍丁
應自當年起徵該銀貳千貳百肆拾叁兩肆錢貳
分玖釐陸毫壹絲肆忽肆微捌纖貳塵肆渺
今實在下下人丁拾萬伍千陸百叁拾玖丁總計實
徵銀貳萬陸拾捌兩貳錢柒分壹釐陸毫貳絲壹
忽肆微壹塵壹渺
均徭

原額均徭銀壹萬捌千伍百陸拾叁兩玖錢伍分叁
釐柒絲貳忽柒微柒纖壹塵肆渺內除
荒并奉屬豁免銀貳千玖百肆拾肆兩柒錢叁分貳
釐貳毫玖絲陸忽柒微貳纖陸塵壹渺外又除再
疏籲請案內奉
旨豁免原報均徭銀伍千伍百壹拾貳兩壹錢壹分貳
釐玖毫肆絲玖忽叁微玖纖陸塵伍渺外
止實徵均徭銀壹萬壹百柒兩壹錢柒釐捌毫貳絲
陸忽陸微肆纖捌塵捌渺又

[illegible]貳拾叁年開墾應自肆拾年起科該徵銀壹千貳
[illegible]千兩叁錢柒分玖釐叁毫玖絲伍忽伍微伍纖伍塵
[illegible]
[illegible]乳見聽天枚等項銀壹百玖拾柒兩肆分肆
[illegible]
[illegible]肆年并縣清出溢額荒地伍拾玖畝伍分該
[illegible]每畝斗玖升叁合徵銀貳兩貳錢貳分壹釐叁
毫柒絲陸忽柒微陸纖該均征銀叁錢捌分肆毫
捌絲壹忽

濟完銀貳千叁百捌拾叁兩陸錢叁分陸釐伍毫貳
絲壹微壹塵肆渺
匠價銀貳拾玖兩捌錢
康熙貳年城固縣查出溢額丁壹拾陸丁該銀貳兩
貳錢伍分貳釐玖毫肆絲叁忽陸微貳纖伍塵陸
渺
總計三府[illegible]次除荒外地丁并開墾及招回人丁實
徵銀柒萬貳千肆百叁拾肆兩貳錢肆分陸釐壹
陸毫肆絲肆忽肆微陸纖叁塵陸渺柒漠

額外
課程銀玖拾陸兩壹錢壹分
招開丰月陽金牛大安等驛地糧銀叁拾兩肆錢柒分
肆釐叁毫伍絲貳忽陸微叁纖柒塵貳渺
又開山等拾驛地畝玖釐銀壹百壹拾兩陸錢肆分
壹釐貳毫陸絲叁忽肆微陸纖肆塵玖渺
總計通府額內額外地丁并清丈開墾連閏丁共實
徵銀柒萬貳千陸百柒拾貳兩壹錢捌分柒釐肆
毫貳絲陸忽伍微陸纖伍塵柒渺柒漠內

起運銀叁萬玖千貳百柒拾陸兩壹分叁釐伍毫玖
絲捌忽肆纖貳塵貳渺玖漠陸沙
存留銀叁萬叁千叁百玖拾陸兩壹錢柒分叁釐捌
毫貳絲捌忽伍微貳纖叁塵肆渺柒漠肆沙
實徵存留本色糧壹拾石伍斗叁升肆合捌勺玖抄
肆撮叁圭肆粟
額外
本色糴米肆拾陸石肆斗叁升陸勺叁抄伍圭捌粟
內除荒并再脈額請豁內表

旨豁免外又增貳拾叁年開墾止實徵米共貳拾叁石
壹斗玖升壹合壹勺叁抄玖撮叁圭肆粟陸粒
開山等拾驛原額本色糧陸百陸拾柒石肆斗伍升
內除再既額請案內奉
旨豁免外及增貳拾叁年開墾共該本色糧伍百叁拾
石壹斗柒升柒合叁抄捌撮
原額折色糧貳百玖拾壹石柒斗壹升內除再既案
內奉
旨豁免外又貳拾叁年開墾共折色糧壹百玖拾叁石

食貨志　卷之五　府總額外　九

柒斗叁升肆合伍勺柒抄共折徵銀壹百陸拾兩
伍錢伍分捌釐玖絲肆微壹纖貳塵貳渺
原額折色草捌百陸拾束共折徵銀貳拾伍兩捌錢
壹分內除再既額請案內奉
旨豁免并貳拾叁年開墾止實徵折色草陸百陸拾伍
束壹拾貳斤共徵銀壹拾玖兩玖錢柒分叁釐壹
毫陸絲柒忽玖微
起觧存留遇閏加銀壹千伍百肆拾柒兩壹錢貳分
陸釐叁毫叁絲玖忽叁微柒纖叁塵捌渺

匠價遇閏加銀貳兩肆錢捌分叁釐叁毫叁絲叁忽
叁微叁纖叁塵叁渺
課程遇閏加銀捌兩玖釐壹毫伍絲陸忽貳微陸纖
原額藥材壹拾肆觔捌两熊胆肆個內漢防已壹拾
觔雷丸叁觔鹿茸捌两麝香壹觔熊胆肆個奉文
全折估價銀壹拾陸兩各州縣觧　司交納觧藥
脚價盤纏銀壹拾柒兩玖錢伍分除荒外實徵壹
拾陸兩壹錢玖釐貳毫捌絲叁忽肆微叁纖陸塵
伍渺

食貨志　卷之五　府總額外　十

府屬原額學田地共捌頃柒拾畝陸分伍釐伍毫除
畧陽山瘠難以畝論內除荒蕪并各州縣節年開
墾共熟田地柒頃陸拾貳畝玖分柒釐各屬徵銀
不等每年征租銀并陸續新墾起科共銀玖拾叁
兩陸錢柒分玖釐伍毫伍絲大麥陸石叁斗玖升
在於請廣學宮案內奉
部文散給廪生貧生
奉文地稅不宜定額儘收儘觧
漢中府屬衛屯

屯地

原額官軍屯地共伍千壹百伍拾肆頃陸拾壹畝壹釐貳毫叁絲各起科不等共徵本色糧貳萬陸千柒百柒拾玖石玖斗陸升玖合叁勺貳抄條馬銀叁千伍百肆拾兩陸錢玖分柒釐貳毫壹絲叁忽伍微柒纖玖塵玖渺內除荒并衝崩共地柒百捌拾陸頃柒拾柒畝貳分伍釐捌毫陸絲玖忽免編

外

連開墾共實熟地肆千叁百陸拾捌頃叁拾陸畝肆

分伍釐叁毫陸絲壹忽內除冄疏額請案內奉

旨豁免殺掠荒亡地玖百叁拾肆頃陸拾貳畝陸分柒釐捌毫叁絲免編外

止實熟地叁千肆百叁拾叁頃柒拾叁畝柒分柒釐伍毫叁絲壹忽該徵本色糧壹萬柒千陸拾肆石陸斗捌升柒合捌勺陸抄柒撮壹圭捌粟柒粒柒顆條馬銀貳千叁百陸拾肆兩肆錢伍分貳釐伍毫陸絲捌忽陸纖柒塵捌渺壹漠柒珠又

康熙貳拾叁年開墾地壹百柒拾貳頃陸拾玖畝貳分玖釐叁毫柒絲玖忽應自當年起科該本色糧玖百壹拾捌石伍升捌合肆勺伍撮叁圭陸粟肆粒柒顆條馬銀壹百貳拾陸兩陸錢伍分捌釐柒毫伍絲捌忽捌微玖纖捌塵壹漠捌渺又

康熙拾玖年開墾各地共捌拾貳畝自貳拾伍年起科該共本色糧伍石貳斗捌升貳合餘馬銀柒錢玖釐柒毫伍絲叁忽玖微

屯丁

原額屯丁叁門玖則不等俱折下下丁共叁千叁百

叁丁各編銀不等額徵銀柒百柒拾捌兩玖錢玖分康熙陸年編增肆丁內除南城褒沔寧伍州縣逃亡捌百叁拾捌丁免編外

實在并新收共貳千肆百陸拾玖丁內除冄疏額請案內奉

旨豁免殺掠絕亡下下丁壹千柒百貳拾柒丁

止實在丁貳千肆拾貳丁共徵銀陸百壹拾叁兩伍分又於

康熙貳拾叁年招回逃亡下下丁叁百伍拾叁丁應

自嘗年起徵該徵銀叁拾叁兩陸錢肆分
額外
贍鹽火食停免共銀肆拾捌兩捌錢貳分叁釐壹毫
内除再疏額請案内奉
旨豁免外止實徵贍鹽火食停免共銀肆拾叁兩柒錢
玖分叁釐伍毫伍絲柒忽壹微叁纖叁塵叁渺肆
漠又
康熙貳拾叁年新墾火食銀玖錢伍釐叁毫壹絲柒
忽柒微壹纖伍塵玖渺玖漠

康熙捌年黄壩驛招墾地柒拾叁畝伍分自拾壹年
起科折糧銀貳兩捌錢肆釐伍毫捌絲捌微肆塵
叁渺
遇閏加銀叁拾貳兩叁分伍釐伍毫柒絲叁忽伍微
通計兩衛實徵額内額外折色等項共銀叁千壹百
捌拾伍兩貳錢玖分肆釐伍毫叁絲柒忽叁微壹
纖玖塵肆渺伍漠捌沙柒珠内
起運銀貳千玖百柒兩柒錢肆分陸釐壹毫壹絲伍
忽叁纖貳塵叁渺伍漠捌沙柒珠

存留解苑馬寺叁分幇壹銀貳百柒拾柒兩伍錢肆
分捌釐肆毫貳絲貳忽貳微捌纖柒塵壹渺
總計貳衛實徵本色屯糧壹萬柒千玖百捌拾捌石
貳升捌合貳勺柒抄貳撮伍圭伍粟貳粒肆顆
漢寧貳衛舊各設官屯鎮所今廢以屯地軍丁各就
所近州縣附之今分併寧南城褒沔伍州縣接收
庶幾考覈較然徵輸兩便也既去衛而歸縣汰軍
而為民故府屬兩衛合考後遂分載各州縣下

長觧始末

錢糧有一定之徵輸解支有一定之額款何以有
長解兵餉之名蓋漢中自兵逆反踞伍載人民殺
擄過半田地荒蕪殆盡至康熙拾捌年恢復之後
各上憲目擊荒殘于玖年内會疏 題豁因 部查
咨覆至貳拾叁年内始獲 命下允免其從前拾
玖貳拾貳拾壹貳拾貳肆年錢糧俱奉文全征全
解故各州縣遂將各年兵餉照額全完解司以全
考成以致各年存留俱有未完之項此乃長解之
所由來也自奉 蠲除之後未完在民無從征收

支解司以及應支驛站官役俸食無從追解支
給又經于貳拾伍年拾月內到任事幾柒年矣在
上之催解羽檄日亟在下之官民詳詞盈案催不
忍催解無可解又再四詳查漢西鳳興三府一州
共長解司庫銀柒萬壹千柒百叁拾陸兩有奇內
本府各屬實有長解司銀叁萬柒千餘兩緣是會
同鳳興貳處各具詳陳請并面陳各憲幸蒙制憲
哈 撫憲 布 藩憲穆念切民膜轉請咨達允將
長解兵餉抵兑各屬未完應解應支各款自是民

免重征追比之苦官免叅罰之累雖恩出
朝廷而三屬官民實沐無量之福矣　漢中守滕天綬
識

附墾案

民屯志

原額屯地俱折正壹等共地叁百貳拾伍頃伍拾壹
畝一分柒釐叁絲每畝科折色糧柒升伍合陸勺
陸撮貳圭壹粟共糧貳千肆百陸拾壹石陸升陸
合叁勺玖抄陸撮肆圭捌粟貳粒每石折徵銀貳
兩伍錢玖分壹釐叁毫肆絲叁忽共額徵銀陸千
叁百柒拾柒兩肆錢陸分捌釐叁絲捌忽玖微柒
纖捌塵伍渺內除再既額請案內奉
旨豁免殺掠荒亡地玖拾玖頃捌拾叁畝肆分叁釐伍
毫捌絲免編外
止實在熟地貳百貳拾伍頃陸拾柒畝柒分叁釐肆
毫伍絲折色糧壹千柒百陸石貳斗伍升陸合陸
勺伍抄貳撮捌圭陸粟伍粒柒顆折徵銀肆千肆
百貳拾壹兩肆錢玖分柒釐玖絲叁忽伍微貳纖

陸塵陸渺又
康熙貳拾叁年開墾地壹拾柒頃玖拾柒畝壹釐柒
毫陸絲該糧壹百叁拾伍石捌斗陸升伍合陸勺
玖抄叁粟玖粒叁顆應自當年起科該徵銀叁百
伍拾貳兩柒分肆釐陸毫肆忽捌微貳纖叁塵伍
渺

人丁

原額民丁叁門玖則不等俱折下下丁共壹萬肆千
壹百肆拾伍丁每丁徵銀叁錢壹分陸釐陸毫陸

絲捌忽共銀肆千肆百柒拾玖兩貳錢陸分柒釐
捌毫叁絲貳忽內除優免丁捌百柒拾肆丁外
實行差丁壹萬叁千貳百柒拾壹丁內除冉既額請
案內奉
旨豁免殺掠絶亡叁千捌百伍拾捌丁
止實在丁玖千肆百壹拾叁丁該徵銀貳千玖百捌
拾兩柒錢玖分肆釐捌毫伍絲陸忽
康熙貳拾叁年招回丁柒百柒拾壹丁應自當年起
徵該銀貳百肆拾肆兩壹錢伍分壹釐貳絲捌忽

均徭
原額均徭銀壹千貳百柒拾叁兩貳錢玖分貳釐陸
毫柒絲內除冉既額請案內奉
旨豁免荒亡外
止實徵均徭銀捌百捌拾貳兩柒錢柒分叁釐肆毫
伍絲陸忽叁微捌纖玖塵貳渺又
康熙貳拾叁年開墾應自當年起科該徵銀柒拾兩
貳錢玖分叁釐肆毫貳絲伍忽肆微叁纖伍塵肆
渺

徭免銀肆百伍拾壹兩玖錢捌釐陸毫柒絲伍微
匠價銀貳兩柒錢
以上地丁共銀玖千肆百陸兩壹錢玖分叁釐壹毫
叁絲肆忽陸微柒纖肆塵柒渺
額外
課程銀壹拾叁兩叁錢捌分捌釐
總計通縣額內額外實徵共銀玖千肆百壹拾玖兩
伍錢捌分壹釐壹毫叁絲肆忽陸微柒纖肆塵柒
渺內

起運銀肆千肆百捌拾柒兩柒錢陸分玖釐貳毫壹
絲伍忽陸微捌纖捌塵肆渺柒漠捌沙
存留銀肆千玖百叁拾壹兩捌錢壹分壹釐玖毫壹
絲捌忽玖微捌纖陸塵貳渺貳漠貳沙
起解存留遇閏實徵并新墾共加銀貳百肆拾貳兩
伍錢壹分伍釐伍毫肆絲壹忽叁微叁纖玖塵玖
渺
課程遇閏加銀壹兩壹錢壹分伍釐陸毫陸絲
匠價遇閏加銀貳錢貳分貳釐

藥味廣掌叁貳兩奉文全折估價銀貳兩
解藥賦價盤纏銀壹兩貳錢伍分
原額學田地貳頃貳拾捌畝玖分捌釐伍毫除荒外
又節年續報開墾至貳拾肆年起科實在熟地連
節年續報開墾起科共壹頃壹畝叁分每畝徵租
銀壹錢叁分肆釐零每年徵銀共壹拾叁兩伍錢
玖分捌釐伍絲在於請廣學宮案內奉
部文散給廩生貧士
地稅奉文不宜定額盡收盡解

接收衛屯
屯地
原額官軍屯地貳千叁百壹拾伍頃壹拾壹畝壹分
肆釐各起科不等共徵本色糧壹萬貳千肆百玖
石壹斗壹升玖合叁抄條馬銀壹千伍百叁拾陸
兩貳錢肆分陸釐壹絲陸微肆纖玖塵玖渺內除
荒并衛崩共地貳百伍拾玖頃壹拾柒畝叁分叁絲
玖忽免編外又內開墾屯地貳拾玖畝連
實熟地共貳千伍拾陸頃貳拾貳畝捌分叁釐玖毫

陸絲壹忽內除丹鳳籍請案內奉
旨豁免殺掠逃亡地伍百捌頃壹拾貳畝伍分捌釐叁
毫叁絲免編外
止實熟地壹千伍百肆拾捌頃壹拾畝貳分伍釐陸
毫叁絲壹忽該本色糧捌千玖拾伍石貳斗柒升
壹合陸勺壹抄捌撮柒圭貳粟肆粒柒顆條馬銀
壹千柒兩壹錢貳分叁釐捌毫肆絲捌忽陸微陸
纖壹塵玖渺玖漠柒埃
康熙拾玖年開墾地捌拾貳畝自貳拾伍年起科共

徵本色糧伍石貳斗捌升貳合條馬銀柒錢玖釐
柒毫伍絲肆忽玖微又
康熙貳拾叁年新墾地玖拾壹頃肆拾陸畝貳分陸
釐肆毫玖絲玖忽應自當年起科共該本色糧伍
百貳拾石壹斗貳合柒勺捌撮肆圭叁粒肆顆共
該條馬銀陸拾陸兩柒錢捌分壹釐陸毫肆絲叁
忽陸微貳纖陸塵肆漠
屯丁
原額屯丁叁門玖則不等共玖百捌拾叁丁各編銀

不等共該銀貳百陸拾兩柒分內除
逃亡丁貳百叁拾伍丁外
止實在丁柒百肆拾捌丁內除冄䟽額請案內奉
豁免殺掠絕亡下下丁壹千貳百伍拾陸丁
止實在丁肆百貳拾陸丁共徵銀壹百肆拾貳兩柒
錢玖分
康熙貳拾叁年招回逃亡丁陸拾肆丁半俱折下下
丁貳百伍拾壹丁應自當年起徵共銀貳拾叁兩
肆錢肆分

額外
贍鹽火食銀共貳拾捌兩柒錢陸分內除冄䟽額請
案內豁免外
止實徵火食銀貳拾叁兩柒錢叁分肆毫伍絲柒忽
壹微叁纖叁塵叁渺肆漠又
康熙貳拾叁年新墾火食銀玖錢伍釐叁毫壹絲柒
忽柒微壹纖伍塵玖渺玖漠
總計接收貳衛實徵額內額外折色等項共銀壹千
柒百陸拾伍兩肆錢捌分壹釐貳絲貳忽叁纖柒
塵叁渺陸漠柒珠內
起運兵餉銀壹千玖拾肆兩柒錢陸分肆釐陸毫玖
絲玖忽柒微伍纖貳渺陸漠柒珠
存留觧苑馬寺叁分幇壹銀壹百柒拾兩柒錢壹分
陸釐叁毫貳絲貳忽貳微捌纖柒塵壹渺
總計實徵本色屯糧捌千陸百貳拾石陸斗伍升陸
合叁勺貳抄柒撮壹圭貳粟捌粒壹顆
衛屯遇閏加銀壹拾陸兩叁錢叁分貳釐肆絲

褒城縣

民地
原額民地折正壹等共地肆百伍拾玖頃捌拾壹畝
貳分伍釐每畝科折色糧叁升壹合伍勺陸抄柒
圭肆粟壹粒共折色糧壹千肆百伍拾壹石貳斗
貳合叁勺肆抄柒撮每畝科本色糧叁勺貳抄陸
撮貳圭壹粟玖粒共本色糧壹拾伍石折色糧每
石徵銀貳兩陸錢貳釐伍毫陸絲肆忽柒微共額
徵銀叁千柒百柒拾陸兩捌錢肆分貳釐壹毫陸
忽壹微貳纖內除

荒地壹拾貳頃貳畝捌分免編外
實熟地并自首地肆百肆拾柒頃柒拾捌畝肆分伍釐該本折糧壹千肆百貳拾叁石玖斗貳升玖合捌勺伍抄玖撮柒圭貳粟內本色糧壹拾肆石伍斗陸升柒合伍勺肆撮捌圭折色糧壹千肆百玖石叁斗陸升貳合叁勺伍抄伍撮柒圭壹粟貳粒該折徵銀叁千陸百陸拾柒兩玖錢伍分玖釐肆絲玖忽玖微柒纖叁塵捌渺內除再䟽額請案內

奉

旨豁免荒地壹百伍拾肆頃伍拾貳畝捌釐免編外

止實在熟地貳百玖拾叁頃貳拾陸畝叁分柒釐該本折糧玖百叁拾壹石貳斗壹升貳撮捌圭肆粟肆粒內該本色糧玖石伍斗貳升陸合柒勺肆抄壹撮玖圭貳粟叁粒折色糧玖百貳拾壹石陸斗捌升叁合貳勺陸抄玖圭貳粟壹粒該折徵銀貳千叁百玖拾捌兩柒錢叁分肆釐伍毫伍絲貳忽玖微肆纖貳塵捌渺又

康熙貳拾叁年開墾荒地共叁拾頃玖拾畝肆分壹釐陸毫應自當年起科共本折糧玖拾捌石伍斗肆升叁合玖勺柒抄壹撮叁圭柒粟伍粒內該本色糧壹石捌合壹勺伍抄貳撮肆圭壹粟柒粒該徵本折銀貳百伍拾叁兩捌錢肆分叁釐貳毫柒絲玖忽肆微伍塵柒渺

實徵共存留本色糧壹拾石伍斗叁升肆合捌勺玖抄肆撮叁圭肆粟

人丁

原額民丁叁門玖則不等共折下下丁陸千捌百陸

拾肆丁每丁徵銀肆錢伍分肆釐壹毫叁絲貳忽共銀叁千壹百壹拾柒兩壹錢陸分貳釐伍毫貳絲捌忽內除

優免貳百伍拾肆丁免編外

行差丁陸千陸百壹拾丁內各年新增招回并自首出丁捌拾肆丁

逃亡丁柒百貳拾伍丁

實在丁伍千捌百捌拾伍丁內除再䟽額請案內奉

旨豁免殺掠逃亡下下八丁貳千叁百柒拾丁免編外

止實在丁叁千伍百壹拾伍丁該徵銀壹千伍百玖
拾陸兩貳錢柒分伍釐肆毫叁絲又
康熙貳拾叁年招回下下民丁伍百貳拾壹丁應自
當年起徵銀貳百叁拾陸兩陸錢貳釐柒毫柒絲
貳忽
均徭
原額均徭銀壹千柒百叁拾肆兩捌錢伍分貳釐叁
毫捌絲柒忽內除
荒銀叁拾玖兩肆錢貳分玖釐玖毫肆絲肆忽玖纖
食貨志 卷之五 襄城縣均徭 三五
伍塵
實徵銀壹千陸百玖拾伍兩肆錢貳分貳釐肆毫肆
絲貳忽玖微伍塵內除丹疏題請案內奉
旨豁免徭銀伍百捌拾叁兩壹毫柒絲壹忽伍微伍塵
叁渺
止實徵徭銀壹千壹百壹拾貳兩肆錢貳分貳釐貳
毫柒絲壹忽叁微玖纖玖塵柒渺又
康熙貳拾叁年開墾自當年起科該徭銀壹百壹拾
陸兩陸錢叁絲肆忽貳微玖纖玖塵陸渺

柒山祭祀皂轎夫等役銀肆拾柒兩壹錢叁釐
停免銀貳百柒拾陸兩捌錢陸分伍釐陸毫捌絲
總計通縣地丁共銀陸千叁拾捌兩肆錢肆分柒釐
貳絲肆纖柒塵捌渺
額外
課程銀肆兩貳錢壹分捌釐
縣屬開山青橋二驛玖釐銀叁拾玖兩玖錢貳分伍
釐伍毫
以上額內額外并清丈及開墾共實徵銀陸千捌拾
食貨志 卷之五 襄城縣均徭 三六
貳兩伍錢玖分伍毫貳絲肆纖柒塵捌渺又
起運銀叁千柒兩貳錢壹分肆釐肆毫肆忽柒微捌
纖捌塵肆渺玖漠壹沙
存留銀叁千柒拾伍兩叁錢柒分陸釐壹毫壹絲伍
忽貳微伍纖玖塵叁渺玖沙
實徵存留本色糧壹拾石伍斗叁升肆合捌勺玖抄
肆撮叁圭肆粟又所轄
開山驛原額本色糧壹百玖拾叁石伍斗肆升內除
丹疏題請案內豁免外又

康熙貳拾叁年新墾共實徵糧壹百捌拾陸石柒斗
陸升伍合柒勺捌抄
原額折色糧陸拾石貳斗柒升折徵銀肆拾捌兩貳
錢內除再蹶額請案內豁免外又貳拾叁年新墾
共實徵折銀肆拾陸兩伍錢貳分
原額折色草貳百肆拾叁束柒斤折徵銀柒兩叁錢
壹分內除再蹶額請案內豁免外又貳拾叁年新
墾共實徵草價銀柒兩肆分貳釐肆毫又
青橋驛原額本色糧壹拾陸石叁斗

原額折色草貳拾束伍斤折徵銀陸錢壹分
起解存留閏月實徵加銀壹百柒拾玖兩玖錢捌分
叁釐貳毫玖絲陸忽壹微壹纖壹塵玖渺
課程遇閏加銀叁錢伍分壹釐伍毫
本色麝香貳兩奉 文全折佔價銀貳兩 本色漢
防巳壹拾觔奉 文并折留貳項共佔價銀壹兩
壹錢玖分捌釐玖毫柒絲伍忽
觧藥腳價盤纏共銀壹兩陸錢
原額學田地叁拾柒畝伍分每畝徵租銀貳錢壹分

壹釐柒毫零每年共徵租銀柒兩玖錢叁分玖釐
伍毫在於請廣學宮案內奉
部文散給廩生貧士 貧士無
地稅奉 文不宜定額儘收儘解
屯地
原額屯地壹千叁百頃肆拾捌畝壹分玖釐貳毫各
起科不等共徵本色糧陸千伍百柒石陸斗捌升
伍合陸勺肆抄貳撮條銀玖百壹拾壹兩貳錢貳
分陸釐陸毫肆忽內除

荒崩地貳百貳拾貳頃壹拾捌畝陸分叁釐叁毫免
編外
實徵并自首地壹千柒拾捌頃貳拾玖畝伍分伍釐
玖毫內除再蹶額請案內奉
旨豁免新荒地壹百玖拾肆頃肆拾伍畝捌分陸釐免
編外
止實在熟地捌百捌拾叁頃捌拾叁畝陸分玖釐玖
毫實徵本色糧肆千壹百壹拾石叁斗貳升壹合
柒勺柒抄貳撮實徵條銀陸百貳拾叁兩陸錢肆

分玖釐伍毫玖絲貳忽捌纖陸渺壹漠又
康熙貳拾叁年開墾地共叁拾捌頃捌拾玖畝壹分
柒釐貳毫該徵本色糧壹百玖拾貳石叁斗伍升
陸勺陸抄陸撮該徵銀貳拾玖兩壹錢捌分柒釐
陸毫貳絲肆忽叁微叁纖叁塵柒漠捌沙

屯丁

原額屯丁叁門玖則不等共壹千伍拾丁各編銀不
等共該銀貳百陸拾壹兩肆錢內除
逃亡丁貳百捌拾玖丁

實在丁柒百陸拾壹丁內又除再疏額請案內奉
旨豁免殺掠逃亡下下丁共肆百肆拾陸丁免編外
止實在丁陸百捌拾壹丁各編銀不等共徵銀貳百
壹拾陸兩捌錢又
康熙貳拾叁年招回下下丁玖拾捌丁共徵銀玖兩
捌錢
以上實徵逃丁共銀捌百柒拾玖兩肆錢叁分柒釐
貳毫壹絲陸忽肆微壹纖叁塵陸渺捌漠捌沙內
起運兵餉銀捌百叁拾叁兩陸錢肆釐貳毫壹絲陸
忽肆微壹纖叁塵陸渺捌漠捌沙
存留觧苑馬寺叁分耗壹銀肆拾伍兩捌錢叁分叁
釐
實徵本色屯糧肆千叁百貳石陸斗柒升貳合肆勺
叁抄捌撮
衛屯遇閏加銀柒兩壹錢肆分玖釐柒毫

城固縣

民地

原額民地折正壹等田地共叁千肆百伍拾伍頃伍

拾貳畝柒分陸釐肆毫每畝科糧壹升肆合柒勺
柒抄叁撮捌圭壹粟捌粒共糧伍千壹百伍石壹
斗叁升肆合壹抄每石徵銀貳兩柒錢柒分叁釐
玖絲陸忽肆微共徵銀壹萬肆千壹百伍拾柒兩
壹錢叁分玖釐叁毫伍絲伍忽壹微捌纖壹塵貳
渺內除
荒地貳拾陸頃叁拾叁畝免編外
實熟地叁千肆百貳拾玖頃壹拾玖畝柒分陸釐肆
毫應徵折色糧伍千陸拾伍石伍斗肆升壹合玖

勺貳抄玖撮叁圭伍粟伍粒該折徵銀壹萬肆千
肆拾柒兩叁錢肆分陸釐捌毫捌絲壹忽肆微玖纖捌
塵壹渺內除一升既額請案內奉
旨部免殺擄荒亡地伍百陸拾伍頃伍拾壹畝壹分玖
釐貳毫免編外
止實在熟地貳千捌百陸拾叁頃陸拾捌畝伍分柒
釐貳毫應徵折色糧肆千貳百叁拾石陸斗肆合
玖勺壹抄壹撮陸粟肆粒該折徵銀壹萬壹千柒
百叁拾兩肆錢捌分柒釐柒毫陸絲玖忽柒微玖

纖貳塵陸渺
康熙貳拾叁年開墾地壹百貳拾肆頃肆拾壹畝貳
分陸釐貳毫貳絲肆忽該徵折色糧壹百捌拾叁
石捌斗肆合玖勺肆抄肆撮貳粟肆粒應自當年
起科該徵折色銀伍百玖兩柒錢捌釐捌毫貳絲
捌忽伍微柒纖伍塵壹渺陸漠

人丁

原額民丁叁門玖則不等共折下下丁叁萬玖千陸
百玖拾貳丁每丁徵銀壹錢肆分捌毫捌忽玖微
柒纖陸塵陸渺共銀伍千伍百捌拾捌兩玖錢捌
分玖釐捌毫玖絲玖忽肆微捌塵內除
優免丁捌百捌拾丁免編外
行差丁叁萬捌千捌百壹拾貳丁內除一升既額請案
內奉
旨部免殺擄絕亡丁陸千肆百肆丁
止實在丁叁萬貳千肆百捌丁應徵銀肆千伍百陸
拾叁兩叁錢叁分柒釐叁毫壹絲叁忽捌微伍纖
叁塵陸渺

康熙貳拾叁年招回丁壹千伍百叁拾柒丁應自當
年起徵銀貳百壹拾陸兩肆錢貳分叁釐叁毫玖
絲柒忽叁纖肆塵貳渺

均徭

原額均徭銀貳千壹百捌拾肆兩柒錢壹分捌釐伍
毫內除
荒亡銀壹拾伍兩伍錢玖分貳釐壹毫玖絲壹微肆
纖壹塵伍渺外
實徵銀貳千壹百陸拾玖兩壹錢貳分陸釐叁毫玖

忽捌微伍纖捌塵伍渺內除冄踈額請案內奉

旨豁免荒亡銀叁百伍拾柒兩伍錢叁分捌釐伍毫貳

絲柒忽捌微壹纖捌塵免編外

止實徵均徭銀壹千捌百壹拾壹兩伍錢捌分柒釐

柒毫捌絲貳忽肆纖伍渺

康熙貳拾叁年開墾應自當年起徵銀柒拾捌兩陸

錢伍分捌釐肆毫柒絲陸忽壹微壹纖玖塵玖渺

陸漠

柒山祭祀皂轎夫役等項銀捌拾陸兩玖錢壹分陸

食貨志　卷之五　城固縣均徭　三三

釐

停免銀伍百肆拾壹兩叁錢伍釐伍毫玖絲陸忽壹

微柒纖

匠價銀柒兩伍錢伍分

康熙貳年清查出溢額丁壹拾陸丁該銀貳兩貳錢

伍分貳釐玖毫肆絲叁忽陸微貳纖伍塵陸渺

總計通縣地丁實徵銀共壹萬玖千伍百肆拾捌兩

貳錢貳分捌釐壹毫柒忽貳微壹纖壹塵陸渺貳

漠

額外

課程銀壹拾叁兩玖分貳釐

以上額內額外實徵共銀壹萬玖千伍百陸拾壹兩

叁錢貳分壹毫柒忽貳微壹纖壹塵陸渺貳漠內

起運銀壹萬壹千捌百壹兩叁錢捌分玖釐捌毫玖

絲陸忽壹微玖纖貳塵陸渺貳漠陸沙

存留銀柒千柒百伍拾玖兩玖錢叁分貳毫壹絲壹

忽壹纖捌塵玖渺玖漠肆沙

起解存留遇閏實徵加銀貳百肆拾陸兩叁錢伍分

食貨志　卷之五　城固縣均徭　三四

柒釐壹毫叁絲叁微叁纖叁塵

匠價遇閏加銀陸錢貳分玖釐壹毫陸絲陸忽陸微

陸纖陸塵陸渺

課程遇閏加銀壹兩玖分壹釐

藥材麝香貳兩奉　文全折估價銀貳兩

解藥脚價盤纏銀壹兩貳錢伍分

原額學田地伍拾畝柒釐每畝徵租銀貳錢叁分伍

釐壹毫零每年共徵銀壹拾壹兩柒錢柒分柒釐

在于請廣學宮案內奉

部文散給廪生貧士

地稅奉文不宜定額儘收儘觧

接收衛屯

屯地

原額屯地貳百捌頃玖拾柒畝伍分陸釐各起科不等共徵本色糧玖百玖拾柒石肆斗貳升捌合條銀壹百伍拾伍兩柒錢捌分柒毫貳絲內除

荒崩地貳拾壹頃捌分免編外

實徵熟地壹百捌拾柒頃玖拾陸畝柒分陸釐內除

再疏額請案內奉

旨豁免殺掠荒亡地貳拾肆頃叁拾叁畝陸分陸釐捌毫免編外

止實在熟地壹百陸拾叁頃陸拾叁畝玖釐貳毫共科本色糧柒百壹拾叁石捌斗柒升壹合玖勺柒抄陸撮共徵銀壹百壹拾壹兩柒錢叁分玖毫壹絲伍忽貳微肆纖肆塵又

康熙貳拾叁年開墾地伍頃叁拾伍畝肆分肆毫共徵本色糧壹拾玖石陸斗玖升叁合捌抄伍撮共條銀叁兩捌分壹釐玖毫陸絲柒忽捌微

屯丁

原額屯丁叁門玖則不等共壹百伍拾玖丁各編銀不等共該銀肆拾伍兩伍錢內除逃亡丁肆拾捌丁

止實在丁壹百壹拾壹丁共徵銀肆拾伍兩伍錢

總計接收實徵地丁共銀壹百陸拾兩叁錢壹分貳釐捌毫捌絲叁忽肆纖肆塵內

起運兵餉銀壹百肆拾伍兩陸錢肆分陸釐肆毫捌

絲叁忽肆纖肆塵

存留觧苑馬寺叁分幇壹銀壹拾肆兩陸錢陸分陸釐肆毫

實徵本色糧柒百叁拾叁石伍斗陸升伍合陸抄壹撮

衛屯遇閏加銀壹兩壹分陸釐陸毫

漢南郡志卷之五終

漢南郡志卷之六

關左　知陝西漢中府事滕天綬　重輯

食貨志

洋縣

民地

原額折正壹等地共肆千壹百柒拾肆頃壹拾壹畝壹分捌釐肆毫毎畝科糧壹升柒合叁勺玖抄伍撮叁圭貳粟壹粒共糧柒千貳百陸拾壹石壹合叁勺叁抄毎石徵銀貳兩肆錢捌分柒釐叁毫貳

絲共額徵銀壹萬捌千陸拾兩肆錢叁分柒釐肆毫貳絲陸忽陸微肆纖內除秦属劄免與屯撥墾荒地伍百柒拾壹頃玖拾壹畝肆分陸釐內又開墾地壹頃壹拾伍畝連

實熟地共叁千陸百叁頃叁拾肆畝柒分貳釐肆毫該糧陸千貳百陸拾捌石壹斗叁升柒合玖勺玖抄壹撮玖圭壹粟伍粒該徵銀壹萬伍千伍百玖拾兩捌錢陸分捌釐伍毫捌絲捌忽伍微伍纖肆塵肆渺內除具疏題請案內奉

旨豁免折正壹等荒地壹千壹拾陸頃伍拾壹畝捌分伍釐免編外

止實熟地貳千伍百捌拾陸頃捌拾貳畝捌分柒釐肆毫該科糧肆千肆百玖拾玖石捌斗柒升壹合肆勺叁抄玖圭貳粟壹粒壹顆該折徵銀壹萬壹千壹百玖拾貳兩陸錢貳分叁釐捌毫陸忽陸纖叁塵伍漠又

康熙貳拾叁年開墾地貳百叁頃叁拾畝叁分柒釐應自當年起科該徵糧叁百伍拾叁石陸斗伍升

叁合叁勺壹抄貳撮壹圭玖粟捌粒柒顆該折徵銀捌百柒拾玖兩陸錢肆分捌釐玖毫伍絲陸忽肆微玖纖捌塵叁渺

人丁

原額民丁叁門玖則不等俱折下下丁共肆萬陸千貳百陸拾肆丁毎丁徵銀壹錢肆分叁釐叁絲叁忽貳微共徵銀陸千陸百壹拾柒兩貳錢捌分捌釐內除

優免丁玖百叁拾玖丁免編外

行差丁肆萬伍千叁百貳拾伍丁共額徵銀陸千肆
百捌拾貳兩玖錢捌分內又各年
招回并查審出人丁共貳百陸拾伍丁又
審編出人丁伍拾陸丁內
逃亡丁肆千伍百捌拾玖丁
實在丁肆萬柒百叁拾陸丁該徵銀伍千捌百貳拾
陸兩陸錢壹釐叁毫捌絲貳忽內除荒亂額請豁
內奉
豁免殺掠死亡下下丁柒千伍百貳拾丁

止實在丁叁萬叁千貳百壹拾陸丁該徵銀肆千柒
百伍拾兩玖錢玖分壹釐柒毫壹絲捌忽又
康熙貳拾叁年招回下下人丁壹千陸百伍拾肆丁
該徵銀貳百叁拾陸兩伍錢柒分陸釐玖毫壹絲
貳忽捌微又
康熙貳拾伍年編審出下下丁伍丁該銀柒錢壹分
伍釐壹毫陸絲陸忽
以上共總叁萬肆千玖拾貳丁
實徵共銀肆千玖百捌拾柒兩伍錢陸分捌釐陸毫

肆絲捌微
均徭
原額均徭銀叁千玖拾叁兩柒錢壹分伍釐伍絲伍
忽貳微肆纖柒塵玖渺內除
荒銀肆百貳拾叁兩叁分貳釐壹毫壹絲陸微伍塵
陸渺
實徵銀貳千陸百柒拾兩陸錢捌分貳釐玖毫肆絲
肆忽陸微肆纖貳塵叁渺內除荒亂額請豁內奉
豁免均徭銀柒百伍拾叁兩肆錢壹分貳毫伍絲柒

忽叁微捌纖玖渺
止實徵均徭銀壹千玖百壹拾柒兩貳錢柒分貳釐
陸毫捌絲柒忽貳微陸纖壹塵肆渺又
康熙貳拾叁年開墾應自當年起徵該銀壹百伍拾
兩陸錢捌分貳釐伍絲壹忽肆微柒纖陸塵貳渺
柴山祭祀銀肆兩
停免銀伍百柒拾陸兩捌錢陸分叁毫陸忽叁微貳
纖
順治拾肆年丈出淤地伍拾玖畝伍分該糧捌斗玖

升叁合該徵銀貳兩貳錢貳分壹釐壹毫柒絲陸
忽柒微陸纖
均徭銀叁錢捌分肆毫捌絲壹忽
匠價銀壹拾陸兩陸錢伍分
總計通縣地丁均徭共銀壹萬玖千柒百貳拾捌兩
陸錢貳分叁釐貳毫陸絲貳忽壹微柒纖捌塵玖
渺伍漠
額外
課程銀貳拾叁兩柒錢肆分叁釐

以上額內額外實徵共銀壹萬玖千柒百伍拾貳兩
叁錢陸分陸釐貳毫陸絲貳忽壹微柒纖捌塵玖
渺伍漠內
起運銀壹萬壹百玖兩肆錢肆分伍釐叁毫柒絲陸
忽伍微伍纖壹塵玖渺玖漠肆沙
存留銀玖千陸百肆拾貳兩玖錢貳分捌毫捌絲伍
忽陸微貳纖陸塵玖渺伍漠陸沙
屯田無
起解存留遇閏實徵加銀肆百玖兩壹錢陸分伍釐

捌毫貳絲叁忽伍微叁纖玖塵壹渺
匠價遇閏加銀壹兩叁錢捌分柒釐伍毫
課程遇閏加銀壹兩玖錢柒分捌釐伍毫捌絲
藥材廳香貳兩奉　文全折估價銀貳兩雷丸叁觔
奉　文并折留貳項全折佑價銀叁錢
觧藥脚價盤纏銀壹兩貳錢伍分內除荒外實徵銀
壹兩貳錢壹分玖釐貳毫陸微肆纖
原額學田地壹頃陸拾貳畝壹分內地壹頃肆拾畝
捌分每畝徵租銀壹錢捌釐貳毫零每年共徵租

銀壹拾伍兩貳錢叁分捌釐又地貳拾壹畝叁分
每畝徵大麥叁斗共大麥陸石叁斗玖升在於請
廣學宮案內奉
部文散給廩生貧士
地稅奉　文不宜定額儘收儘觧
西鄉縣
民地
原額折正壹等地共柒百壹拾肆頃陸拾陸畝肆分
肆釐貳毫每畝科糧貳升陸合柒勺伍抄柒撮貳

粟貳粒共額徵糧壹千玖百壹拾貳石貳斗伍升
貳合柒勺每石折徵銀貳兩叁錢伍分玖釐柒毫
柒絲叁忽共額徵銀肆千伍百壹拾貳兩肆錢柒
分陸釐肆毫捌絲壹忽柒微內除
荒地壹拾肆頃壹拾貳畝玖釐免編外
實熟地柒百頃伍拾肆畝叁分伍釐貳毫該糧壹千
捌百柒拾肆石陸升叁勺伍抄伍撮陸圭肆粟柒
粒該徵銀肆千肆百貳拾貳兩叁錢肆分伍釐捌
毫伍忽陸纖捌塵內除冄𤶊額請豁內奉

部免荒亡地叁百壹拾叁頃陸拾肆畝壹分叁毫免
編外
上實熟地叁百捌拾陸頃玖拾畝貳分肆釐玖毫該
糧壹千叁拾肆石捌斗伍升叁勺陸抄壹撮陸圭
陸粟陸粒該折徵銀貳千肆百肆拾貳兩柒毫
絲玖忽玖微肆纖壹塵伍渺又
康熙貳拾叁年開墾荒地柒拾伍頃貳拾柒畝叁
捌釐應自當年起科該糧貳百壹石肆斗壹升柒
勺柒抄貳撮貳圭陸粟貳粒該折徵銀肆百

伍兩貳錢捌分貳釐伍毫貳絲貳忽肆微陸塵伍
御
八丁
原額人丁叁門玖則不等共折下下丁壹萬陸千肆
百捌拾陸丁每丁徵銀壹錢壹分壹釐壹絲捌忽
柒微共徵銀壹千捌百叁拾兩貳錢伍分肆釐捌
毫捌絲壹忽陸微內除
優免丁叁百陸拾捌丁外
行差丁壹萬陸千壹百壹拾捌丁共額徵銀壹千柒
百捌拾玖兩肆錢內各年

新增招回并審出丁肆百貳拾貳丁又
逃亡丁壹拾叁丁
實在丁壹萬陸千壹百伍丁內除冄𤶊額請豁內奉
旨豁免殺掠死亡下下民丁柒千叁拾叁丁免編外
止實在丁玖千柒拾貳丁該徵銀壹千柒兩壹錢陸
分肆釐肆毫貳絲陸忽肆微又
康熙貳拾叁年招回下下丁壹千捌百貳拾捌丁應
自當年起徵該銀貳百貳兩玖錢肆分貳釐壹毫

捌絲叁忽陸微

均徭

原額均徭銀陸千陸百肆拾叁兩柒錢肆分壹釐柒

毫貳絲玖忽壹微玖纖內除

荒銀壹百捌拾兩貳錢陸分柒釐陸毫叁絲捌忽玖

微陸纖貳塵

實徵銀陸千肆百陸拾叁兩肆錢柒分叁釐捌毫玖

絲貳微貳纖捌塵內除再既額請案內奉

旨豁免均徭銀貳千玖百壹拾伍兩陸錢柒分壹釐肆

食貨志　卷之六　西鄉縣均徭　九

毫柒絲捌忽壹微叁纖捌塵壹渺

止實徵均徭銀叁千伍百肆拾柒兩捌錢貳釐肆毫

壹絲貳忽捌纖玖塵玖渺又

康熙貳拾叁年開墾應自當年起徵該銀陸百玖拾

玖兩柒錢陸分柒毫壹絲伍忽玖微柒纖壹塵貳

渺

停免銀貳百伍拾玖兩柒錢陸分貳釐叁毫陸絲肆

忽壹纖叁塵肆渺

匠價銀貳兩玖錢

通計通縣地丁均徭停免及新墾共銀捌千陸百叁

拾柒兩陸錢壹分伍釐叁毫肆絲肆忽肆微貳纖

貳塵伍渺

額外

課程銀伍兩叁錢玖分柒釐

以上額內額外實徵通共銀捌千陸百肆拾叁兩壹

分貳釐叁毫肆絲肆忽肆微貳纖貳塵伍渺內

起運銀陸千捌拾兩肆錢伍分貳釐壹毫柒忽叁微

玖纖叁塵玖漠肆渺

食貨志　卷之六　西鄉縣均徭　十

存留銀貳千伍百陸拾貳兩伍錢陸分貳毫叁絲柒

忽貳纖玖塵肆渺陸沙

屯田無

起解存留閏月實徵加銀壹百玖拾肆兩捌錢叁分

伍釐叁毫捌絲捌忽叁微捌纖肆渺

匠價遇閏加銀貳錢肆分壹釐陸毫陸絲陸忽陸微

陸纖陸塵柒渺

課程遇閏加銀肆錢肆分玖釐柒毫伍絲

本色麝香貳兩奉　文全折估價銀貳兩

陝藥興簡盤纏銀柒兩陸錢內除荒外實徵銀柒兩
壹錢壹分貳釐叁絲柒忽玖微柒纖捌塵
原額學田并續報新墾共地貳頃伍拾伍畝貳分
地壹頃伍拾捌畝伍分每畝徵租銀伍分陸釐叁
毫零共徵租銀捌兩玖錢叁分叁釐伍毫又地玖
拾陸畝柒分每畝徵租銀玖分陸釐伍毫貳絲叁
共徵租銀玖兩叁錢叁分肆釐每年共徵租銀壹拾
捌兩貳錢陸分柒釐伍毫在於請開廣學宮祭內奉
部文數給廩生貧士　貧士焦

地稅奉　文不宜定額催收催解

鳳縣

民地

原額民地折正壹等地共叁千伍百伍拾肆頃陸拾
畝壹分肆釐伍毫每畝科糧壹升肆合壹勺伍抄伍撮
玖圭陸粟玖粒共糧伍千叁拾壹石捌斗捌升貳
合陸勺每石折徵銀壹兩捌錢叁分肆釐叁毫叁
絲肆忽共徵銀玖千貳百叁拾兩壹錢伍分陸釐
壹毫內除
荒地叁千壹百陸拾陸頃貳拾玖畝玖分陸釐貳毫
免編外
實熟地叁百玖拾頃陸拾捌畝壹分叁釐捌毫內除
丹疏額請祭內奉
諭免荒地貳拾捌頃捌拾玖畝叁分陸釐伍毫免編
外
實在地叁百陸拾壹頃柒拾捌畝柒分柒釐叁毫零
科糧陸百伍拾陸石肆斗肆升捌合玖勺玖抄壹
撮陸粟叁粒肆顆零折徵銀壹千貳百肆兩壹錢

伍分陸釐陸毫壹絲貳忽叁微柒渺又
康熙貳拾叁年開墾折正壹等荒地共陸頃陸拾肆
畝伍分伍釐叁毫玖絲應自當年起科折色糧玖
石肆斗柒合肆勺肆撮肆圭柒粒貳顆該折徵銀
壹拾柒兩貳錢伍分陸釐叁毫壹絲壹忽柒微伍
纖伍塵玖渺

人丁

原額民丁叁門玖則不等共折下下丁玖千肆百貳
拾丁每丁徵銀叁錢肆分捌釐伍毫伍絲壹忽柒

徵肆纖捌塵陸渺共該徵銀叁千貳百捌拾叁兩
叁錢伍分柒釐肆毫柒絲貳忽柒纖貳塵貳渺內
除
優免下下丁壹百貳拾柒丁免編外
行差丁玖千貳百玖拾叁丁內各年新增招回并審
出丁柒拾貳丁又
編審出丁伍拾伍丁內
逃亡丁捌千捌百貳拾壹丁免編外
實在丁肆百柒拾貳丁內除丹蹶額請案內豁免殺

掠死亡下下丁肆拾貳丁免編外
止實在丁肆百叁拾丁該徵銀壹百肆拾玖兩陸錢
肆分柒釐肆毫柒絲肆忽陸微伍纖叁塵肆渺又
康熙貳拾叁年招回下下丁壹拾丁應自當年起科
該銀叁兩肆錢捌分伍釐伍毫壹絲柒忽肆微捌
纖陸塵
均徵
原額均徵銀貳千叁百兩壹錢壹分玖釐捌毫貳絲
內除

荒銀壹千玖百捌拾壹兩壹錢肆分柒釐肆毫壹絲
陸忽陸微貳纖肆塵捌渺
實徵銀叁百壹拾捌兩玖錢柒分貳釐肆毫叁忽叁
微柒纖伍塵貳渺內除丹蹶額請案內豁免徵銀
壹拾捌兩陸錢玖分陸釐伍毫柒絲壹忽叁微叁
纖陸塵肆渺
止實徵銀叁百兩貳錢柒分伍釐捌毫叁絲貳忽
叁纖捌塵捌渺又
康熙貳拾叁年開墾應當年起科該徵銀肆兩貳錢

玖分柒釐陸毫陸絲肆纖玖渺
停免銀壹百貳拾伍兩貳錢捌分玖毫叁忽玖纖捌
塵
以上地丁實徵共銀壹千捌百肆兩肆錢叁毫貳絲
壹忽叁微柒纖叁塵柒渺
額外
課程銀貳拾壹兩貳錢柒分肆釐
縣屬柴山等伍驛玖釐銀貳拾柒兩陸錢捌分肆釐
壹毫柒絲伍忽壹微玖纖捌塵

總計通縣額內額外地丁實徵共銀壹千捌百伍拾叁兩叁錢伍分捌釐肆毫玖絲陸忽伍微柒纖壹塵柒渺內

起運銀壹千貳拾兩伍錢伍分貳釐壹毫伍絲肆忽伍微叁纖玖塵叁渺

存留銀捌百叁拾貳兩捌錢陸釐叁毫肆絲貳忽叁纖貳塵肆渺

額外所轄梁山等伍驛

原額本色糧壹百玖拾捌石叁斗肆升內除丹疏額

食貨志　卷之六　鳳縣均徭　十五

請案內豁免外

止該糧壹百玖石伍斗陸升又

康熙貳拾叁年開墾應當年起科該糧貳拾石肆斗壹升玖合叁勺

貳項共實徵糧壹百貳拾玖石玖斗柒升玖合叁勺

原額折色糧玖拾貳石伍斗伍升折價銀伍拾柒兩叁錢柒分內除丹疏額請案內豁免外止該銀貳拾伍兩柒釐又

康熙貳拾叁年開墾應當年起科該銀柒兩肆錢柒分叁釐伍毫陸絲

貳項共實徵銀叁拾貳兩肆錢伍分伍毫陸絲

折色草壹百肆拾肆束肆斤折價銀肆兩叁錢貳分內除丹疏額請案內豁免外止該銀壹兩玖錢叁釐又

康熙貳拾叁年開墾當年起徵該銀柒錢伍分玖毫

貳項共實徵銀貳兩陸錢伍分叁釐玖毫

起觧存留遇閏加銀貳拾叁兩柒分壹釐貳毫叁絲柒忽玖微陸纖叁塵陸渺

食貨志　卷之六　鳳縣均徭　十六

課程遇閏加銀壹兩柒錢柒分貳釐捌毫叁絲叁忽

本色鹿茸捌兩奉文并折留貳項全折估價共銀壹兩玖錢貳毫叁絲柒忽伍微

本色熊胆四個奉文并折留貳項全折估價共銀貳兩捌錢伍分叁釐壹忽捌微

觧藥脚價盤纏銀壹兩貳錢伍分內除荒實徵銀貳錢捌分柒釐陸絲肆忽

原額學田地叁拾貳畝伍分每畝徵租銀貳分捌釐每年共徵租銀玖錢壹分又報新墾地貳拾畝每

畝徵租銀貳分捌釐共徵銀伍錢陸分貳項共銀
壹兩肆錢柒分在于請廣學宮案內奉
部文散給廩生貧士
地稅奉文不宜定額盡收盡解
屯田無
渭縣
民地
原額民地折正壹等地共貳百壹拾玖頃壹拾貳畝
肆分貳釐捌絲每畝折色科糧伍升柒合壹勺叁
抄叁撮貳圭肆粟伍粒共糧壹千貳百伍拾壹石
玖斗貳升壹合柒勺捌抄捌撮每石折徵銀貳兩
伍錢壹分壹釐貳毫壹絲柒忽共額徵銀叁千壹
百肆拾叁兩玖錢壹分玖毫陸絲柒忽玖微叁塵
貳渺內除
荒并奉屬蠲免共地伍拾伍頃陸拾叁畝捌分陸釐
陸毫免編外
實熟地壹百陸拾叁頃肆拾捌畝伍分伍釐肆毫捌
絲又內除巳月賑蠲書明案內奉

旨豁免新荒地柒拾叁頃玖拾柒畝肆分肆釐免編外
止實在熟地捌拾玖頃伍拾壹畝壹分壹釐肆毫肆
絲該糧肆百捌拾玖石陸升叁合貳勺壹抄柒撮
陸圭玖粟叁粒折徵銀壹千壹百柒拾貳兩伍分
壹釐玖毫捌絲壹忽壹纖肆塵肆渺又
康熙貳拾叁年開墾壹拾叁頃叁拾壹畝叁釐玖毫
貳絲應自當年起科該糧柒拾陸石肆升陸合伍
勺捌抄捌撮柒圭壹粟捌粒肆顆該折徵銀壹百
玖拾兩玖錢陸分玖釐肆毫捌絲陸忽叁微捌纖
壹塵柒渺
人丁
原額民丁叁門玖則不等俱折下下丁柒千壹百捌
拾陸丁每丁徵銀肆錢貳分捌釐壹毫捌絲肆忽
玖微共徵銀叁千柒拾陸兩玖錢叁分陸釐玖毫
肆絲陸忽壹微內除
優免丁壹百捌拾玖丁免編外
行差丁陸千玖百玖拾柒丁內各年新增招回并自
首丁共叁拾伍丁又

逃亡丁玖百玖拾丁
實在丁陸千柒丁内又除豁額請案内奉
旨豁免殺掠逃亡下下丁貳千伍百貳拾捌丁
止實在丁叁千肆百柒拾玖丁該徵銀壹千肆百捌
拾玖兩陸錢伍分伍釐壹毫貳絲柒忽又
康熙貳拾叁年招回丁下下丁共伍百伍丁應自當
年起徵該銀貳百壹拾陸兩貳錢叁分叁釐叁毫
柒絲肆忽伍微

均徭

原額均徭銀玖百陸拾叁兩叁錢叁分伍釐伍毫伍
絲叁忽叁微叁纖叁塵伍渺内除
荒并秦屬蠲免外
實徵銀陸百玖拾柒兩玖錢伍分玖釐貳毫玖絲捌
忽陸微壹纖肆塵貳渺内除丹豁額請案内奉
旨豁免原報徭銀外
止實徵銀叁百柒拾貳兩柒錢肆分肆釐壹毫柒絲
肆忽捌微叁纖貳塵貳渺又
康熙貳拾叁年開墾應自當年起科均徭銀伍拾捌
兩伍錢壹分陸釐柒毫肆絲陸微捌纖壹塵陸渺
民祭皂轎等銀伍拾玖兩貳分伍釐
停免銀玖拾玖兩陸錢玖分伍釐
以上地丁實徵并新墾共銀叁千陸百伍拾捌兩捌
錢玖分捌毫捌絲肆忽肆微玖塵玖渺

額外

課程銀伍兩玖錢玖分
招民開墾青陽金牛二驛地糧銀壹拾柒兩玖釐貳
毫貳絲肆忽

所轄青陽黃沙二驛玖釐銀叁拾柒兩伍分玖釐捌
毫壹絲叁忽柒微柒纖柒塵
總計通縣額内額外實徵共銀叁千柒百壹拾捌兩
玖錢肆分玖釐玖毫貳絲貳忽壹微捌纖陸塵玖
渺内
起運銀壹千叁百玖拾陸兩貳錢壹分肆釐叁毫肆
絲貳忽柒微貳纖叁塵肆渺陸漠
存留銀貳千叁百貳拾貳兩柒錢叁分伍釐伍毫柒
絲玖忽肆微陸纖叁塵肆渺肆漠

原額青陽黃沙二驛
原額本色糧陸百伍拾石貳斗柒升內除丹陽驛
壹毛，以後免外又
康熙貳拾叁年新墾應自肆十二年起徵
實徵并新墾共糧壹百玖拾柒石壹斗叁升壹合玖勺
勺伍抄捌撮
原額折色糧米拾石壹斗柒升折徵銀陸拾兩壹錢
柒分內除丹陽驛[illegible]免外又
康熙貳拾叁年新墾應自肆十二年起徵
食貨志 卷之六 三
實徵并新墾糧肆拾伍石叁斗肆升柒合捌勺玖抄
貳撮折徵銀肆拾伍兩叁錢肆分柒釐捌毫玖絲
貳忽
原額折色草叁百柒拾[illegible]束折價銀壹拾壹兩
壹錢伍分內除丹陽驛[illegible]免外又
康熙貳拾叁年新墾應自肆十二年起徵
實徵并新墾[illegible]折價銀捌兩肆錢陸分柒釐柒絲肆微
肆塵
起解存留遇閏加銀一百壹拾肆兩壹錢陸分捌釐

叁絲陸忽陸微叁纖捌塵貳渺
遇閏加銀肆錢玖分玖釐壹毫陸絲陸忽陸微
陸纖
本色[illegible]貳兩叁錢文折布價銀貳兩
并新墾共[illegible]銀壹兩貳錢伍分內除荒實徵銀壹
兩陸分玖釐肆毫柒絲肆忽肆微壹纖捌塵伍渺
附儒學田地玖拾貳畝貳分每畝徵租銀壹錢肆分
玖釐玖毫叁每年共徵租銀壹拾叁兩捌錢叁分
伍釐伍毫在于儒學宮奉內
食貨志 卷之六 縣均徭 三
部文散給廩生貧士
地租奉文不宜定額儘收儘解
祭收學宮一事
屯地
原額屯地壹千壹百陸拾叁頃壹拾叁畝玖分肆釐
伍毫各起科不等共徵本色糧陸千貳百捌拾玖
石壹斗柒升陸合伍勺玖抄捌撮折銀捌百捌拾捌兩
壹錢柒分陸釐伍毫肆絲柒忽陸微伍纖陸塵
除

荒崩地貳百叁拾肆頃陸拾陸畝柒分捌釐柒毫九
編外內開墾地貳拾叁畝柒分
實徵熟地并自首開墾地玖百貳拾捌頃柒拾畝捌
分伍釐捌毫又內除冊豁額請案內奉
豁免新荒地壹百陸拾柒頃肆拾伍畝陸分柒釐柒
毫免編外
止實在熟地柒百陸拾壹頃貳拾伍畝壹分捌釐壹
毫實徵本色糧叁千玖百玖拾石伍斗叁合肆勺
陸撮實徵條馬銀陸百玖兩柒錢捌分捌釐叁毫

捌絲陸忽陸微柒纖伍塵又
康熙貳拾叁年開墾地共叁拾頃壹拾肆畝貳分貳
釐壹毫捌絲共該徵本色糧壹百陸拾伍石壹斗
玖升伍合陸勺捌抄壹撮陸圭該徵銀貳拾伍兩
貳錢肆分伍釐壹毫玖絲貳忽壹微叁纖捌塵玖
渺

屯丁

原額屯丁共玖百玖拾壹丁各編銀不等共該銀貳
百兩貳分又

康熙陸年編增肆丁
逃亡丁貳百肆拾陸丁
實在并新增丁柒百肆拾玖丁內除冊豁額請案內
豁免貳丁外
止實在丁柒百肆拾柒丁共實徵銀貳百兩貳錢陸
分

額外
停免銀貳拾兩陸分叁釐壹毫
實徵地丁及額外并開墾共銀捌百伍拾伍兩叁錢

伍分陸釐陸毫柒絲捌忽捌微壹纖叁塵玖渺內
起運兵餉銀捌百玖兩貳分叁釐玖毫柒絲捌忽捌
微壹纖叁塵玖渺
存留辦苑馬寺叁分葑壹銀肆拾陸兩叁錢叁分貳
釐柒毫
實徵本色屯糧肆千壹百伍拾伍石陸斗玖升玖合
捌抄柒撮陸圭
衛屯遇閏加銀柒兩叁錢陸分叁釐壹毫

寧羌州

田賦

原額折正壹等地玖拾玖頃捌拾玖畝陸分伍釐叁

毫每畝科糧肆升壹勺叁抄貳撮捌圭叁粟捌粒

共糧肆百石玖斗壹升貳合伍勺柒抄肆撮每石

徵銀貳兩肆錢肆分壹釐捌毫柒絲叁忽共徵銀

玖百柒拾捌兩玖錢捌分陸釐肆絲柒忽內除

荒并秦屬蠲免地貳拾柒頃玖拾叁畝伍分肆釐叁

毫免編外

實熟地柒拾壹頃玖拾陸畝壹分壹釐又內除冊疏

籲請案內奉

旨豁免荒地肆拾陸頃陸拾肆畝伍分貳釐免編外

止實在熟地貳拾伍頃叁拾壹畝伍分玖釐該糧玖

拾石陸斗壹升伍勺捌抄壹撮陸圭陸粟叁粒該

折徵銀貳百貳拾壹兩貳錢陸分柒釐叁毫叁絲

玖忽玖微貳纖貳塵肆渺又

康熙貳拾叁年開墾荒民地柒頃玖拾貳畝玖分陸

釐捌毫應自當年起科該糧叁拾壹石捌斗貳升

肆合伍抄陸撮貳圭捌粟叁粒該折徵銀柒拾柒

兩柒錢壹分叁毫叁絲柒微捌纖柒塵玖渺

人丁

原額人丁下下丁貳萬貳百肆拾捌丁每丁徵銀貳

錢貳分伍釐玖毫玖絲柒忽叁微柒纖共徵銀肆

千伍百柒拾伍兩玖錢玖分伍釐貳毫陸絲柒忽

玖微捌纖內除

優免丁伍拾肆丁免編外

行差丁貳萬壹百玖拾肆丁內各年

新增招回丁壹千柒拾柒丁內

逃亡并秦屬蠲免丁捌千肆百伍拾丁免編外

實在丁壹萬壹千柒百肆拾肆丁內除冊疏籲請案

內奉

旨豁免殺掠死亡下下民丁共壹萬壹百伍拾肆丁免

編外

止實在丁壹千伍百玖拾丁該徵銀叁百伍拾玖兩

叁錢壹分肆釐捌毫伍絲玖微捌纖又

康熙貳拾叁年招回下下民丁壹千柒百貳拾柒丁

應自當年起徵該銀叁百玖拾兩貳錢玖分柒釐

肆毫伍絲柒忽玖微玖纖

均徵

原額均徵銀伍拾叁兩叁錢捌分玖釐壹毫貳絲内

除

荒井拳屬蠲免外實徵銀叁拾陸兩玖錢陸分柒釐

肆毫捌絲肆忽陸微肆纖玖塵柒渺内除冄既顧

請案内奉

豁免徵銀外實徵銀壹拾貳兩叁分捌釐壹毫玖絲

壹忽壹微捌纖伍塵貳渺又

康熙貳拾叁年開墾當年起科均徵銀肆兩貳錢叁

分柒釐玖毫柒絲柒忽柒微伍纖壹塵壹渺

停免銀陸兩柒錢捌分

以上地丁實徵共銀壹千柒拾壹兩陸錢肆分陸釐

壹毫貳絲壹忽陸微壹纖陸塵陸渺

額外

課程銀貳兩貳錢柒分

青陽大安二驛招墾地糧銀壹拾叁兩肆錢陸分伍

釐壹毫貳絲捌忽陸微叁纖柒塵貳渺

縣屬栢林驛玖釐銀伍兩玖錢柒分壹釐柒毫柒絲

肆忽肆微捌纖玖塵玖渺

以上額内額外地丁折色實徵等項共銀壹千玖拾

叁兩叁錢伍分叁釐貳絲肆忽柒微肆纖叁塵柒

渺内

起運銀叁百陸拾陸兩玖錢陸分玖釐捌毫玖絲捌

忽陸微壹塵伍渺壹漠伍沙

存留銀柒百貳拾陸兩叁錢捌分叁釐壹毫貳絲陸

忽壹微肆纖貳塵壹渺捌漠伍沙

縣屬額外驛糧

栢林驛折色糧柒拾捌石柒斗貳升折徵銀柒拾叁

兩叁分内除冄既顧請案内豁免糧外止該糧叁

拾石玖斗肆升肆合陸勺折徵銀貳拾捌兩柒錢

柒釐捌毫柒絲柒忽陸微又

康熙貳拾叁年開墾糧捌石壹斗貳升壹合捌勺壹

抄捌撮折徵銀柒兩伍錢叁分肆釐柒毫陸絲壹

忽肆纖捌渺

實徵并新墾糧共叁拾玖石陸升陸合肆勺壹抄捌

撮折銀叁拾陸兩貳錢肆分貳釐陸毫叁絲捌忽
　陸微肆纖捌沙
折色草捌拾束玖斤折徵銀貳兩肆錢貳分内除耳
　既額請案内豁免外
止該銀玖錢伍分叉貳拾叁年抬墾草價銀貳錢肆
　分玖釐玖毫
實徵并新墾銀壹兩壹錢玖分玖釐玖毫
起觧存留遇閏加徵銀伍拾捌兩叁錢肆分叁釐貳
　毫壹忽肆微柒纖

課程遇閏加銀壹錢捌分玖釐壹毫陸絲陸忽陸微
本色麝香貳兩奉文全折佑價銀貳兩
辨藥脚價盤纏銀壹兩貳錢伍分内除荒實徵銀壹
　兩壹錢叁分陸釐柒毫叁絲
原額學田地壹拾貳畝每畝徵租銀壹錢每年共徵
　銀壹兩貳錢在於請廣學宮案内奉
部文散給廪生貧士　貧士無
地税奉文不宜定額儘收儘觧
接收衛屯

屯地
原額屯地壹百陸拾陸頃玖拾畝壹分柒釐伍毫陸
　絲各起科不等共徵本色糧伍百柒拾陸石伍斗
　陸升伍抄捌撮條馬銀肆拾玖兩貳錢陸分柒釐
　叁毫叁絲壹忽貳微柒纖伍塵内除
荒崩地肆拾玖頃柒拾叁畝柒分叁釐捌毫叁絲免
　編外
實熟地壹百壹拾柒頃壹拾陸畝肆分叁釐柒毫内
　除耳既額請案内奉

旨豁免殺掠逃亡地肆拾頃貳拾肆畝捌分玖釐免編
　外
止實熟地柒拾陸頃玖拾壹畝伍分肆釐柒毫共徵
　本色糧壹百伍拾肆石柒斗壹升玖合玖抄肆撮
　肆圭陸粟叁粒徵條馬銀壹拾貳兩壹錢伍分玖
　釐捌毫貳絲伍忽肆微陸塵貳渺壹漠又
康熙貳拾叁年開墾共地陸頃捌拾肆畝貳分叁釐
　壹毫當年起科共徵本色糧貳拾石柒斗壹升陸
　合貳勺陸抄肆撮叁圭陸粟壹粒叁顆條馬銀貳

兩叁錢陸分貳釐叁毫叁絲壹忽

屯丁

原額屯丁叁門玖則不等共折下下丁壹百貳拾丁

每丁編銀壹錢共該銀壹拾貳兩內

逃亡下下肆拾丁

康熙元年編審新收貳拾丁實逃亡貳拾丁

實在并新收壹百丁內除再䟽豁請案內豁免殺掠

死亡下下丁貳拾叁丁免編外

止實在丁柒拾柒丁各編銀不等共徵銀柒兩柒錢

又

康熙貳拾叁年招回下下肆丁該當年徵銀肆錢

額外

黄壩驛康熙捌年開墾荒屯地柒拾叁畝伍分應自

拾壹年起科該徵糧折銀貳兩捌分肆釐伍毫捌

絲陸微肆塵叁渺

通計實徵額內額外折色等項銀共貳拾肆兩柒錢

陸釐柒毫叁絲柒忽壹纖伍渺壹漠

實徵并開墾本色屯糧壹百柒拾伍石肆斗叁升伍

合叁勺伍抄捌撮捌圭貳粟肆粒叁顆

衛屯遇閏加銀壹錢柒分肆釐壹毫叁絲叁忽伍微

略陽縣

民地

原額民地折正壹等地共壹百肆拾貳頃捌拾柒畝

貳分每畝科糧伍升伍合貳抄肆撮壹圭壹粟共

額徵折色糧柒百捌拾陸石壹斗肆升伍勺肆抄

捌撮每石折徵銀貳兩貳錢捌分貳釐肆毫伍絲

捌微共額徵銀壹千柒百玖拾肆兩叁錢貳分伍

釐玖毫肆絲貳忽叁微內除

荒地壹拾陸頃肆拾陸畝貳分肆釐肆毫

實熟地壹百貳拾陸頃肆拾畝玖分伍釐陸毫內除

再䟽豁請案內奉

豁免荒地陸拾肆頃伍拾伍畝貳分捌釐叁毫免編

外

止實熟地陸拾壹頃捌拾伍畝陸分柒釐叁毫該糧

叁百叁拾貳石伍斗肆升肆合貳勺伍抄捌撮壹

圭叁粟捌粒肆顆該折徵銀柒百伍拾玖兩壹分

柒釐肆毫捌絲貳忽捌微玖纖伍塵柒渺又
康熙貳拾叁年開墾荒地壹拾頃玖拾柒畝叁分玖
釐應當年起科該糧陸拾石叁斗捌升貳合玖勺
捌撮柒粟貳粒玖顆該折徵銀壹百叁拾柒兩捌
錢貳分壹釐壹絲陸忽捌微叁纖柒塵叁渺

人丁

原額民丁叁門玖則不等共折下下丁壹萬壹千肆
百陸拾玖丁每丁徵銀叁錢伍分玖釐肆毫壹絲
捌忽玖微叁纖柒塵壹渺共銀肆千壹百貳拾貳

兩壹錢柒分伍釐柒毫玖絲貳微叁纖柒塵柒渺
內除
優免丁壹百捌拾柒丁免編外
行差丁壹萬壹千貳百捌拾貳丁內各年
新增招回并清丈查審出幼丁陸拾陸丁內又
逃亡丁壹千壹拾捌丁免編外
實在丁壹萬貳百陸拾肆丁內除冉疏題請案內奉
旨豁免殺掠死亡下下下民丁柒千陸百捌拾叁丁免編
外

實在丁貳千伍百捌拾壹丁該徵銀玖百貳拾柒
兩陸錢陸分捌毫壹絲壹忽叁纖壹塵柒渺
康熙貳拾叁年招回下下人丁壹千叁百捌拾貳丁
應當年起徵該銀肆百玖拾陸兩柒錢壹分陸釐
玖毫柒絲壹忽柒纖貳塵貳渺

均徭

原額均徭銀叁百壹拾陸兩柒錢捌分捌釐肆毫叁
絲捌忽內除
荒銀貳拾叁兩肆錢陸分伍釐壹毫陸忽貳微貳纖

柒塵陸渺
實徵銀貳百玖拾叁兩叁錢貳分叁釐叁毫叁絲壹
忽柒微柒纖貳塵肆渺內除冉疏題案內豁免徭
銀外
止實徵均徭銀壹百伍拾兩壹錢玖分壹釐壹絲玖
忽肆微壹纖壹塵玖渺又
康熙貳拾叁年開墾應當年起徵該銀貳拾肆兩叁
錢叁分貳釐叁毫壹絲叁忽貳微柒纖玖塵壹渺
停免銀肆拾伍兩壹錢柒分捌釐

以上地丁均徭停免及新墾共銀貳千伍百肆拾兩
玖錢壹分柒釐陸毫壹絲肆忽伍微貳纖柒塵玖
渺
額外
課程銀陸兩柒錢叁分捌釐
以上地丁均徭停免并新墾額內額外共銀貳千伍
百肆拾柒兩陸錢伍分伍釐陸毫壹絲肆忽伍微
貳纖柒塵玖渺內
起運銀壹千陸兩陸釐貳毫壹忽伍微陸纖叁塵叁

渺叁漠捌沙
存留銀壹千伍百肆拾壹兩陸錢肆分玖釐肆毫壹
絲貳忽玖微陸纖肆塵伍渺陸漠貳沙
額外
本色穀米肆拾陸石肆斗叁升陸勺叁抄伍圭捌粟
內除
荒米外實徵米肆拾石陸斗叁合貳勺伍抄捌圭陸
粟伍粒內除一丹賑饑請案內豁免外
正實徵米壹拾玖石陸斗貳升肆合捌勺叁抄伍撮

陸粒又
康熙貳拾叁年開墾該徵米叁石伍斗陸升陸合叁
勺肆撮叁圭肆粟
貳項共米貳拾叁石壹斗玖升壹合壹勺叁抄玖撮
叁圭肆粟陸粒
起解存留遇閏加銀柒拾捌兩陸錢捌分陸釐柒毫
叁忽伍微玖纖捌塵玖渺
課程遇閏加銀伍錢陸分壹釐伍毫
本色麝香貳兩奉文全折佑價銀貳兩

解藥脚價盤纏壹兩貳錢伍分內除荒實徵銀壹兩
壹錢玖分壹釐柒絲陸忽肆微
原額學田地俱係岩坡山滑未論畝數每年共徵銀
壹拾兩叁錢伍分內有木瓜橋斬斷埡花岩子三
處逃荒在于請廣學宮案內奉
部文散給廩生貧士
地稅奉文不宜定額儘收儘解
屯田無
漢南郡志卷之六

漢南郡志卷之七

關左　知陝西漢中府事滕天綬　重輯

食貨志

存留經費

南鄭縣存留站夫經費祿支俸薪差役等項實徵銀
柒千叁百貳拾肆兩伍錢伍分玖毫捌絲壹忽壹
微玖纖玖塵玖渺內除裁加壹百伍拾兩伍錢柒分捌釐叁毫捌絲伍忽又除驛
傳裁站貳千貳百肆拾貳兩壹錢陸分陸毫柒絲柒忽貳微壹纖叁塵陸渺柒漠捌沙收在起運項
下解司充餉外
尚銀肆千玖百叁拾壹兩捌錢壹分壹釐玖毫壹
絲捌忽玖微捌纖陸塵貳渺貳漠貳沙內除驛站銀貳千玖
百肆拾柒兩叁錢伍分捌毫壹絲玖忽壹微陸塵柒塵壹渺捌漠內解司伍拾伍兩捌錢捌分叁
釐壹毫叁絲壹忽貳微伍纖解府供驛貳千捌百玖拾壹兩肆錢陸分柒釐陸毫捌絲柒忽玖微
壹纖柒塵壹渺捌漠
止銀壹千玖百捌拾肆兩肆錢陸分壹釐玖絲玖
忽捌微壹纖玖塵肆漠貳沙
遇閏加銀壹百肆拾兩柒錢捌分肆釐陸毫柒絲
叁忽捌纖捌塵陸渺肆漠貳沙同知府學教官知縣典史驛丞巡檢

縣學教官俸薪府縣廩生糧食在內
同知一員俸薪銀陸拾兩捌錢玖分貳釐壹毫捌絲柒忽遇閏加銀伍兩柒分肆釐叁毫肆絲
叁忽捌微貳纖柒塵陸渺捌漠解司充餉知縣一員俸薪銀叁拾肆兩貳錢伍分壹釐捌毫伍
絲陸忽叁微叁纖伍塵遇閏加銀貳兩捌錢伍分肆釐玖絲貳忽玖微柒纖陸塵伍渺柒漠解司
充餉府學教授一員訓導一員二官一俸典史一員驛丞一員巡檢一員縣
學教諭一員訓導一員二官一俸每員俸薪銀貳拾叁兩玖錢玖分壹釐伍毫貳絲貳忽遇
閏加銀壹兩玖錢玖分玖釐叁毫壹絲捌忽捌微叁纖玖塵壹渺伍漠解司充餉廩生六
十名府學四十縣學二十每名銀貳兩肆錢叁分伍釐陸毫捌絲柒忽肆微捌纖柒塵捌
渺叁漠貳沙遇閏每名加銀貳錢貳釐玖毫柒絲叁忽玖微伍纖柒塵叁渺貳漠門子五
名同知二知縣二典史一皂隸三十六名同知十二知縣十六典史四驛丞巡
檢各二步快八名同知民壯五十名知縣轎傘扇夫十四
名同知七知縣七燈夫六名同知二知縣四禁卒八名本縣庫子四
名本縣斗級四名本縣馬夫一名典史以上十項每名肆兩伍錢陸分
陸釐玖毫叁絲柒忽壹微陸纖陸塵捌渺捌漠伍沙玖珠遇閏每名加銀叁錢捌分伍毫柒絲陸忽
壹微陸纖柒塵陸渺伍漠馬快八名本縣每名工食銀肆兩伍錢陸分陸釐玖毫壹絲肆
忽壹塵叁渺壹漠壹沙草料銀捌兩貳錢貳分肆毫肆絲伍忽貳微伍纖遇閏每名加工食銀叁錢
捌分伍毫柒絲陸忽壹微陸纖柒塵陸渺伍漠草料銀陸錢捌分伍釐叁絲柒忽壹微壹塵柒渺柒
漠齋夫五名府學二縣學三學官支領每名玖兩壹錢叁分叁釐捌毫貳絲捌忽

叁微伍纖陸塵遇閏每名加銀柒錢陸分壹沙塵壹毫伍絲貳忽叁微叁纖伍塵叁渺膳夫四
名府學二縣學每名伍兩柒分肆釐叁毫肆絲二廩生支領陸忽叁微肆纖柒塵伍沙遇閏
每名加銀肆錢貳分貳釐捌毫伍絲捌忽壹微柒纖玖塵捌渺捌漠伍沙門斗十六名府學
三縣學三每名伍兩肆錢捌分貳毫玖絲陸忽微陸纖陸塵陸渺陸漠陸沙柒珠遇閏每名加銀
肆錢伍分陸釐陸毫玖絲壹忽肆微壹塵壹渺捌漠外吏書二十五名同知六知
縣十二倉庫各一府學典史縣學驛丞巡檢各一共額工食銀壹百伍拾貳兩肆錢遇閏加銀壹拾
貳兩柒錢二項于康熙元年全裁歸入起運充餉解　司紙劄府縣學歲
貢舉人盤纏新舉人花紅共銀陸拾伍兩肆錢柒分伍釐壹絲伍忽捌微
玖纖壹渺叁漠貳沙表箋春秋祭祀鄉飲曆日共銀玖拾兩壹錢玖分陸

食貨志　卷之七　存留經費　三

釐伍毫伍絲貳忽鐘鼓夫十名每名工食壹兩捌錢貳分陸釐柒毫陸絲伍忽陸微
遇閏每名加銀壹錢伍分貳釐貳毫叁絲肆微陸纖柒塵舖司兵二十五名每名
工食叁兩陸錢伍分叁釐伍毫叁絲壹忽叁微伍塵遇閏每名加銀叁錢肆釐肆毫陸絲玖微叁纖
肆塵各渡水手七名每名壹兩陸錢貳分貳釐叁毫伍忽玖微叁纖玖塵貳渺壹漠
叁沙遇閏每名加銀壹錢貳分陸釐叁捌毫肆絲伍微玖纖玖塵捌渺貳漠伍沙伍珠解府供
驛壹百兩貳錢陸分伍釐伍毫陸絲捌忽叁纖伍塵伍渺肆漠貳沙損夫并縣馬
工料共叁百貳拾肆兩伍錢柒分壹釐貳毫玖絲玖忽肆微叁塵肆渺遇閏加銀叁拾兩伍錢
壹分壹釐玖毫貳忽陸微肆纖貳塵玖渺貳沙
解　司損募縣馬閏月銀壹兩陸錢貳分陸釐玖毫捌絲貳忽叁纖捌塵捌

漠新墾銀貳拾貳兩貳錢肆分伍釐壹毫肆絲玖忽捌微捌纖伍塵伍渺柒漠肆珠孤
貧口糧花布銀柒拾柒兩玖錢伍分壹釐捌毫玖絲肆忽壹微壹纖伍塵壹渺
襃城縣實徵存留站支經費襍支俸薪差役等項銀
肆千伍百捌拾陸兩肆錢貳分壹釐玖毫貳絲叁
忽叁微玖纖壹塵陸渺內除裁扣柒拾壹兩柒錢肆分陸釐壹毫玖絲壹忽
捌微又除驛傳裁站壹千肆百叁拾玖兩貳錢玖分玖釐陸毫壹絲陸忽叁微叁纖貳塵貳渺玖漠
壹沙歸入起運項下解司充餉
尚銀叁千柒拾伍兩叁錢柒分陸釐壹毫壹絲伍
忽貳微伍纖玖塵叁渺玖沙內除驛站銀壹千伍百玖拾伍兩伍錢玖

食貨志　卷之七　存留經費　四

分貳釐貳毫伍絲貳忽肆微捌纖玖塵玖渺內解司新墾銀陸錢捌分伍釐肆毫柒絲肆忽玖微叁
纖解　府供驛銀壹千伍百玖拾肆兩玖錢陸釐柒毫柒絲柒忽伍微伍纖玖塵玖渺
止銀壹千肆百柒拾玖兩柒錢捌分叁釐捌毫陸
絲貳忽柒微陸纖玖塵肆渺玖沙
遇閏加銀壹百壹拾貳兩叁錢伍分肆釐叁毫叁
絲叁忽叁微捌纖貳塵捌渺知縣典史訓導驛丞俸薪在內知縣
一員俸薪銀貳拾玖兩貳錢柒分叁毫伍絲肆忽遇閏加銀貳兩肆錢叁分玖釐壹毫捌絲肆忽解
司充餉典史訓導驛丞三員每員俸薪銀貳拾兩伍錢貳釐貳毫伍絲柒忽遇閏
每員加銀壹兩柒錢捌釐伍毫陸絲玖忽解　司充餉廩生二十名縣學無名糧銀

叁兩柒錢柒分貳釐伍毫貳絲柒忽捌微叁纖塵叁渺捌漠遇閏每名加銀壹錢肆分柒釐柒毫
陸忽貳微壹纖玖塵壹渺玖漠門子三名縣二典史一皂隸二十二名
縣十六典史四驛丞二轎傘扇夫七名燈夫四名禁卒八名庫子四名
斗級四名民壯五十名以上六項俱本縣馬夫一名典史九項俱每名銀
叁兩玖錢貳釐柒毫壹絲肆忽遇閏每名加銀叁錢貳分伍釐貳毫貳絲伍忽馬快八名
本縣每名工食叁兩玖錢貳釐柒毫壹絲肆忽草料銀每名柒兩貳分肆釐捌毫捌絲肆忽捌微柒
纖伍塵遇閏每名工食加銀叁錢貳分伍釐貳毫貳絲伍忽草料每名加銀伍錢捌分伍釐肆毫叁
忽伍微齋夫三名每名銀柒兩捌錢伍釐肆毫貳絲柒忽柒微遇閏每名加銀陸錢伍
分肆毫肆絲玖忽教官支領膳夫二名每名銀肆兩叁錢叁分陸釐叁毫肆絲柒忽貳

食貨志　卷之七　存留經費　五

微肆纖柒塵陸渺遇閏每名加銀叁錢伍分陸釐貳毫伍絲叁忽叁微叁纖叁塵廩生支領門
斗十二名每名肆兩陸錢捌分叁釐貳毫伍絲陸忽叁微遇閏加銀每名叁錢玖分貳毫陸絲
玖忽外吏書一十六名縣十二倉一庫一典史驛丞各一共工食銀捌拾
捌兩陸錢伍分肆釐肆毫遇閏加銀柒兩叁錢捌分捌釐壹毫學書一名工食陸兩陸錢肆分玖釐
壹毫遇閏加銀伍錢伍分肆釐壹毫以上二項于康熙元年全裁入起運充餉解司紙
劄銀貳兩貳錢伍分伍毫陸絲玖忽縣馬草料扛募夫共銀伍百貳拾兩柒
錢陸釐玖毫壹絲玖忽貳微壹纖肆塵肆渺叁漠貳沙遇閏加銀肆拾壹兩柒錢貳分陸釐肆毫叁
絲伍忽春秋祭祀鄉飲酒禮舉人盤纏花紅歲貢盤
纏共銀柒拾貳兩捌錢伍分捌毫陸絲玖忽壹微各舖司兵五十四名每

工食叁兩壹錢貳分貳釐貳毫陸絲玖忽貳微遇閏每名加銀貳錢陸分壹毫捌絲黑龍江
渡水手八名每名工食壹兩伍錢陸分壹釐捌絲捌忽伍微遇閏每名加銀壹錢叁分
玖絲大江渡水夫一名工食銀壹兩伍錢陸分壹釐捌絲捌忽肆微叁纖遇閏加
銀壹錢叁分玖絲皷夫五名每名銀壹兩伍錢陸分壹釐捌絲捌忽壹微遇閏每名加
銀壹錢叁分捌絲捌忽壹微捌纖新墾銀玖錢叁分叁釐玖絲陸忽伍微肆塵捌渺柒漠
柒沙孤貧口糧布花銀叁拾伍兩伍錢壹釐壹毫叁絲肆忽叁微壹纖柒塵叁渺
外新添青橋驛丞一員俸薪銀貳拾兩伍錢貳釐貳毫伍絲柒忽新添
鳳縣驛丞俸薪銀貳兩捌分叁釐玖忽
城固縣存留站支經費襍支俸薪差役孤貧等項實

食貨志　卷之七　存留經費　六

徵銀壹萬貳千叁百貳拾肆兩玖錢玖分伍釐壹
毫叁絲陸忽柒微玖纖玖塵柒渺伍漠內除裁扣銀玖拾
玖兩伍錢捌分玖釐柒毫柒絲陸忽又除驛傳裁站銀肆千肆百陸拾伍兩肆錢柒分伍釐壹毫肆
絲玖忽柒微捌纖柒渺伍漠陸沙收在起運項下解司充餉外
尚銀柒千柒百伍拾玖兩玖錢叁分貳釐壹絲壹
忽壹纖捌塵玖渺玖漠肆沙內驛站銀伍千柒百伍兩柒錢叁釐伍毫
貳絲叁微柒纖壹塵玖渺叁漠陸沙解府供驛新墾銀貳兩陸分叁釐柒毫玖絲玖忽伍微
玖纖玖塵柒渺解司充餉
止銀貳千伍拾貳兩壹錢陸分貳釐捌毫玖絲壹

忽肆纖柒塵叁渺伍漠捌沙遇閏加銀壹百伍拾壹兩伍錢柒分肆釐玖毫柒絲肆忽叁微壹纖叁塵玖渺知縣典史教諭訓導俸薪廩生糧食在內知縣一員俸薪銀叁拾玖兩壹錢貳釐壹毫貳絲肆忽遇閏加銀叁兩貳錢伍分捌釐肆毫玖絲辦司支餉典史一員教諭訓導二員共食一俸每員俸薪銀貳拾柒兩叁錢捌分捌釐捌毫陸絲貳忽遇閏加銀貳兩貳錢捌分貳釐肆毫肆忽辦司支銀廩生二十名縣學每名糧銀貳兩柒錢捌分伍毫玖絲柒忽捌微叁纖伍塵遇閏每名加銀貳錢叁分壹釐柒毫柒忽貳微陸纖伍塵門子三名縣二典史一皂隸二十名縣十六典史四轎傘扇夫七名本縣燈夫四名本縣禁卒八名本縣庫子四名本縣民壯

五十名本縣斗級四名本縣馬夫一名典史以上九項俱每名銀伍兩貳錢壹分叁釐陸毫壹絲叁忽遇閏每名加銀肆錢叁分肆釐肆毫柒絲馬快八名本縣每名工食銀伍兩貳錢壹分叁釐陸毫壹絲叁忽草料銀玖兩叁錢捌分肆釐伍毫壹絲叁忽伍微遇閏每名加工食肆錢叁分肆釐肆毫柒絲加草料銀柒錢捌分貳釐叁絲伍忽齋夫三名每名工食銀壹拾兩肆錢貳分柒釐貳毫叁絲壹忽陸微陸纖陸塵陸渺陸漠陸沙柒珠遇閏每名加銀捌錢陸分捌釐玖毫叁絲陸忽陸微陸纖陸塵陸渺陸漠陸沙柒珠教官支領賸夫二名每名工食銀伍兩柒錢玖分貳釐玖毫伍忽肆微肆纖叁塵伍渺伍漠遇閏每名加銀肆錢捌分貳釐柒毫壹絲柒忽捌微貳纖伍塵伍渺叁漠廩生支領門斗十二名縣學每名工食銀陸兩伍分陸釐叁毫肆絲壹忽遇閏每名加銀伍錢貳分壹釐叁毫陸絲伍忽

外吏書一十六名縣十二倉庫典史儒學各一學書銀柒兩貳錢縣庫倉存典史每名各陸兩二項康熙元年照數全裁收入起運項下遇閏學書加銀陸錢縣庫倉典史每名各加伍錢二項康熙元年照數全裁收入起運項下解司紙劄銀壹兩肆錢玖分陸釐玖毫壹絲肆忽解府表箋銀壹兩伍錢貳分陸毫叁絲柒忽解府皷夫五名每名貳兩叁錢壹分柒釐壹毫伍絲柒忽肆微遇閏每名加銀壹錢玖分叁釐玖絲肆忽各舖司兵一十三名每名工食肆兩壹錢柒分捌毫玖絲肆忽柒微陸纖玖塵貳渺叁漠壹沙遇閏每名叁錢肆分柒釐伍毫柒絲肆忽陸微壹纖伍塵叁渺壹漠陸沙皷夫三名本縣每名工食銀貳兩捌分伍釐肆毫肆絲遇閏每名加銀壹錢柒分叁釐柒毫捌絲陸忽陸微陸纖陸塵陸渺陸漠陸沙柒珠安家隘平白崖三渡水

手三名每名工食銀叁兩肆錢柒分伍釐柒毫肆絲伍忽遇閏每名加銀貳錢捌分玖釐陸毫肆絲陸忽陸微陸纖陸塵陸渺陸漠陸沙柒珠春秋祭祀鄉飲歲貢舉人花紅盤纏進士坊價曆日銀共壹百肆拾貳兩陸錢柒分玖釐伍毫玖絲叁忽解府驛站縣募夫自支遞馬工料損夫銀共玖百肆拾捌兩玖錢叁分陸釐貳毫叁絲貳忽肆微柒纖柒塵叁渺捌沙遇閏加銀柒拾肆兩壹分伍釐壹毫柒絲伍忽叁微陸纖貳塵捌渺新墾銀陸錢肆分陸釐貳毫柒絲貳忽叁微辦司支餉孤貧口糧布花銀共貳拾陸兩壹錢伍分玖釐陸毫柒絲柒忽陸微捌纖叁塵貳渺貳漠

洋縣存留站支經費俸薪襍支差役孤貧等項共實

徵銀壹萬肆千捌百陸拾貳兩肆分柒釐壹毫柒忽柒纖肆塵捌渺壹漠。又康熙二十五年審丁自二十六年起徵銀叁錢陸分陸釐柒毫陸絲陸忽壹微玖纖陸塵玖渺，以上共銀壹萬肆千捌百陸拾貳兩肆錢壹分叁釐捌毫柒絲叁忽貳微柒纖壹塵柒渺壹漠。內除裁扣銀壹百玖拾玖兩壹錢陸分壹釐柒毫玖絲貳忽柒微伍纖肆塵陸渺，又除驛傳裁扣銀伍千貳拾兩叁錢叁分壹釐壹毫玖絲肆忽捌微玖纖壹渺伍漠肆沙，收入起運項下。

尚銀玖千陸百肆拾貳兩玖錢貳分捌毫捌絲伍

忽陸微貳纖陸塵玖渺伍漠陸沙。內解司新墾銀壹兩伍錢壹分伍釐柒毫捌絲貳忽陸微壹纖陸塵玖渺玖漠，解府供驛銀陸千叁百玖拾玖兩壹錢叁分柒釐捌毫捌絲捌忽捌微叁纖肆塵捌渺陸漠。

止銀叁千貳百肆拾貳兩貳錢陸分柒釐貳毫壹絲肆忽壹微柒纖伍塵壹渺陸沙。遇閏加銀壹百捌拾伍兩叁錢捌分肆釐柒毫貳絲叁忽貳纖捌塵壹渺。本道知府通判經歷照磨廣積倉大使知縣縣丞典史教諭訓導俸薪廩生糧食在內。

本道知府二員，每員俸薪銀柒拾伍兩玖錢肆分壹釐貳毫叁絲捌忽，遇閏每員加俸陸兩叁錢貳分柒釐陸毫肆絲伍忽，解司充餉。

通判一員，俸薪銀肆拾叁兩叁錢玖分叁釐伍毫壹絲壹忽，遇閏加銀叁兩陸錢壹分伍釐柒毫玖絲捌忽，解司充餉。

經歷縣丞二員，每員俸薪銀貳拾捌兩玖錢肆毫肆絲，遇閏加銀每員貳兩肆錢壹分伍釐柒毫陸絲肆忽，解司充餉。

知縣一員，俸薪銀叁拾貳兩伍錢壹分肆釐柒毫叁絲，遇閏加銀貳兩柒錢壹分壹釐捌毫陸絲肆忽，解司充餉。

照磨廣積倉大使，每員俸銀貳拾貳兩柒錢玖分伍釐柒毫柒絲柒忽，司充餉。

典史教諭訓導，二官一俸，每員俸銀貳拾貳兩柒錢玖分伍釐柒毫柒絲柒忽。遇閏每員小俸銀壹兩捌錢玖分玖釐伍毫壹絲陸忽，解司充餉。

廩生二十名，每名銀貳兩叁錢壹分叁釐捌毫柒絲叁忽，遇閏每名加銀壹錢玖分叁釐陸毫捌絲伍微。

門子十四名，道四，知府通判知縣各二，經歷照磨大使縣丞典史各一。

皂隸七十四名，本道通判各十二，知府知縣各十六，經歷照磨縣丞典史各四，廣積倉二。

步快三十六名，道十二，知府十六，通判八。

民壯五十名，本縣。

轎傘扇夫二十八名，道府通判知縣各七。

鋪兵二名，本道。

聽事吏二名，本道。

燈夫十名，知府四，通判二，知縣四。

庫子八名，知府四，知縣四。

斗級十名，府六，縣四。

禁卒二十名，府十二，縣八。

馬夫四名，經歷照磨縣丞典史各一。

以上十二項，俱每名肆兩叁錢叁分玖釐肆毫玖絲玖忽伍微，遇閏每名加銀叁錢陸分壹釐伍毫玖絲。

馬快十八名，知府十，知縣八。每名工食銀肆兩叁錢叁分玖釐肆毫玖絲玖忽伍微，草料銀柒兩捌錢壹分陸毫柒絲伍忽貳微，遇閏每名加銀叁錢陸分壹釐伍毫玖絲，每名草料加銀陸錢伍分捌毫柒絲伍忽伍微伍纖。

齋夫二名，每名銀捌兩陸錢柒分捌釐陸毫捌絲壹忽，每名遇閏加銀柒錢貳分叁釐壹毫玖絲，教官支銷。

膳夫二名，每名銀肆

丙捌錢叁分肆釐肆毫玖忽遇閏每名加銀肆錢壹釐柒毫陸絲伍忽廩生支領門斗十三

名縣學每名銀伍兩貳錢陸釐捌毫肆絲陸微康熙二十四年六月十一日在起運之內奉復廩

生食分之銀遇閏每名加銀肆錢叁分叁釐玖毫壹絲叁忽外吏書六十八名

本道十六知府二十四通判六知縣十二府倉庫二縣倉庫二經歷照磨廣積縣丞典史教諭訓導各一學書一名銀柒兩貳錢道府廳縣典史各陸兩二項康熙元年照數全裁收入起運項內遇

閏加銀道府廳縣典史每名各伍錢學書陸錢二項康熙元年照數全裁收入起運項內解

司半留表箋紙劄印刷曆日進士坊價歲貢舉人

盤纏花紅綵旗協茶溪灘銀共壹百陸兩捌錢貳分貳釐玖毫貳絲肆

忽貳微玖纖柒塵春秋祭祀鄉飲銀陸拾捌兩柒錢叁分玖釐玖毫陸絲肆忽

舖兵二十名每名工食叁兩肆錢柒分壹釐玖毫玖絲捌忽貳微遇閏每名加銀貳錢貳毫

捌分玖釐貳毫柒絲叁忽伍微各渡水手九名每名壹兩伍錢貳絲分壹釐肆毫玖絲

解府供驛銀柒百柒拾陸兩壹錢壹分玖釐肆毫柒絲壹忽伍微捌纖陸塵柒渺

伍漠遞馬遞夫工料并槓夫工食銀共叁百伍拾伍兩肆錢叁分貳

釐伍毫叁絲叁忽柒微肆纖叁塵伍漠陸沙遇閏加銀貳拾柒兩肆錢貳分柒釐叁絲柒忽貳纖捌

塵壹孤貧口糧布花銀叁拾玖兩貳錢陸分捌釐柒毫伍絲貳忽肆纖柒塵

渺肆渺

西鄉縣存留站支經費俸薪櫟支差役孤貧等項實

徵銀共叁千柒百捌兩叁錢玖分貳釐叁絲叁忽

叁微伍纖叁塵捌渺內除裁扣銀捌拾叁兩柒錢壹分叁釐肆毫伍絲玖忽又

除裁站銀壹千陸拾貳兩壹錢壹分捌釐叁毫叁絲柒忽叁微貳纖肆塵叁渺玖漠肆沙歸入起運

項下解司支餉

尚銀貳千伍百陸拾貳兩伍錢陸分貳毫叁絲柒

忽貳纖玖塵肆渺陸沙內除驛站陸百伍拾柒兩貳錢玖分玖釐捌毫捌絲

叁忽伍微伍纖壹塵壹渺

止銀壹千玖百伍兩貳錢陸分叁毫伍絲叁忽肆

微柒纖捌塵叁渺陸沙遇閏加銀壹百貳拾陸

兩壹錢壹分壹釐玖毫壹絲貳忽叁微玖塵柒渺

貳漠知縣典史教諭訓導巡檢俸薪廩生糧食在內知縣一員俸薪銀貳拾玖兩壹

錢貳分遇閏加銀壹兩玖錢玖分壹釐肆毫柒絲伍忽加閏銀解司支餉典史巡檢

大巴一塩場一教諭訓導二員共食一俸每員俸薪銀貳拾兩叁錢玖分柒釐叁毫貳絲

貳忽遇閏每員加銀捌錢玖分陸釐陸毫壹絲貳忽加閏月銀解司支餉廩生二十

名每名糧銀貳兩玖分叁釐伍毫陸絲壹微貳纖伍塵叁渺叁漠伍沙遇閏每名加銀壹錢伍分

陸釐叁毫叁忽伍纖貳塵玖渺肆漠門子三名縣二典史一皂隸二十四

名縣十六典史四巡檢各二民壯五十名本縣燈夫四名本縣禁卒

八名本縣轎傘扇夫七名本縣庫子四名本縣斗級四名

本縣馬夫一名典史以上九項俱每名工食銀叁兩捌錢捌分貳釐柒毫玖忽遇閏

名加銀叁錢貳分叁釐伍毫陸絲馬快八名每名工食銀叁兩捌錢捌分貳釐柒毫叁
絲玖忽每名草料銀陸兩玖錢捌分捌釐玖毫肆絲壹忽伍微遇閏每名加工食銀叁錢貳分叁釐
伍毫陸絲草料每名加銀伍錢捌分貳釐肆毫壹絲貳忽伍微齋夫三名每名工食銀柒
兩柒錢陸分伍釐肆毫捌忽遇閏每名加銀陸錢肆分柒釐壹毫貳絲教官支領膳夫二
名每名肆兩叁錢壹分肆釐貳毫貳絲貳忽柒微玖纖肆渺伍漠遇閏每名加銀叁錢伍分玖釐
伍毫伍忽廩生支領門斗十二名每名工食銀肆兩陸錢伍分玖釐貳毫捌絲柒忽遇閏每
名加銀叁錢捌分捌釐貳毫柒絲外吏書一十八名縣十四典史巡檢各一
每名工食銀陸兩遇閏每名加銀伍錢學書一名工食銀柒兩貳錢加閏銀陸錢以上
二項照數于康熙元年全裁歸起運項下充餉解司紙劄銀壹兩壹錢壹分陸釐

食貨志　卷之七　存留經費　十三

貳毫柒絲肆忽馬草料損募夫解府驛站銀共玖百肆拾陸兩壹
錢柒分肆釐伍毫柒絲壹忽伍微貳纖捌塵肆渺陸漠遇閏加銀陸拾貳兩叁錢陸分貳釐陸毫貳
絲捌忽貳微伍纖玖塵貳渺漠表箋祭祀鄉飲曆日歲貢舉人盤
纏共銀壹百兩捌錢伍分玖毫伍絲漁渡埔閘操祭旗共銀壹兩貳錢
貳分玖釐伍毫壹絲叁忽茶溪灘各渡水手一十二名每名工食壹兩
伍錢伍分叁釐柒絲柒忽貳微伍纖遇閏每名加銀壹錢貳分伍釐捌毫玖絲玖忽壹微陸纖陸塵
陸渺陸漠陸渺白沔硤渡夫六名每名工食玖錢伍釐玖毫陸絲壹忽陸微陸纖
陸塵陸渺遇閏每名加銀柒分叁釐肆毫肆絲槳夫六名每名工食壹兩伍錢伍分叁釐
柒絲柒忽壹微陸纖陸塵陸渺陸漠遇閏每名加銀壹錢貳分伍釐捌毫玖絲捌忽叁微叁纖叁塵

叁渺皷夫五名每名工食壹兩伍錢伍分叁釐柒絲柒忽貳微遇閏每名加銀壹錢貳分
伍釐捌毫玖絲捌忽舖司兵二十八名每名工食叁兩壹錢陸釐壹毫伍絲肆忽
肆微貳纖捌塵伍渺遇閏每名加銀貳錢伍分壹釐柒毫玖絲玖忽貳微捌纖陸塵解司新
墾銀壹拾陸兩肆錢叁分貳毫陸絲柒忽捌微陸纖貳塵貳渺肆漠陸沙孤貧口糧
布花銀貳拾貳兩捌錢肆分叁釐伍毫肆絲
鳳縣存留站支經費俸薪襍支差役孤貧等項實徵
銀壹千貳百伍拾兩伍錢柒分陸釐壹絲捌忽壹
微壹纖玖塵陸渺內除裁扣銀玖兩貳錢陸分柒釐陸毫伍絲叁忽伍微又除驛
傳裁站銀肆百捌兩伍錢貳釐貳絲貳忽伍微捌纖柒塵貳渺歸入起運項下解司充餉

食貨志　卷之七　存留經費　十四

尚銀捌百叁拾貳兩捌錢陸釐叁毫肆絲貳忽叁
纖貳塵肆渺內除驛站銀陸百叁兩玖錢柒分叁釐陸毫柒絲貳忽貳微伍纖伍塵
壹渺肆漠內解司銀肆拾叁兩陸錢柒分壹釐柒毫貳絲叁微柒纖伍塵叁渺解府供驛銀伍
百陸拾兩叁錢壹釐玖毫伍絲壹忽捌微柒纖玖塵捌渺肆漠
止銀貳百貳拾捌兩捌錢叁分貳釐陸毫陸絲玖
忽柒微柒纖柒塵貳渺陸漠遇閏加銀壹拾伍
兩肆錢玖分柒釐伍毫肆絲肆忽叁微捌纖陸塵
玖渺叁漠知縣典史訓導驛丞巡檢俸薪廩生糧食在內知縣一員俸薪銀肆
兩捌分壹釐伍毫陸絲肆忽遇閏加銀貳錢陸分玖釐肆絲伍忽伍微玖纖玖塵陸渺叁漠解司

舖典史一員訓導一員驛丞巡檢每員俸薪銀貳兩捌錢伍分捌釐玖毫玖忽遇閏每員加銀壹錢捌分捌釐肆毫伍絲叁微捌纖陸塵叁渺陸漠辦司充餉廩生二十名縣學每名銀貳錢捌分壹釐伍毫叁絲陸忽肆微伍纖柒塵貳渺貳漠伍渺遇閏每名加銀肆分伍釐貳絲柒忽捌微肆塵貳塵柒渺柒漠伍渺門子三名縣二典史一皂隸二十六名縣十六典史四驛丞巡檢各二轎傘扇夫七名本縣燈夫四名本縣禁卒八名本縣庫子四名本縣斗級四名本縣民壯五十名本縣馬夫一名典史以上九項俱每名銀伍錢肆分肆釐貳毫捌忽陸微遇閏每名加銀肆分伍釐叁毫伍絲馬快八名本縣每名工食銀伍錢肆分肆釐貳毫玖忽草料銀每名玖錢柒分玖釐伍毫柒絲伍忽遇閏每名工食加銀肆分伍釐叁毫伍絲草料每名加銀捌分壹釐陸毫叁絲壹忽貳微伍纖齋夫三名每名壹兩捌分捌釐肆毫壹絲柒忽叁微壹纖遇閏每名加銀玖分柒毫教官支領膳夫二名每名銀陸錢肆釐陸毫柒絲陸忽壹微肆纖叁塵肆渺伍漠遇閏加銀伍分叁毫捌絲伍忽廩生支領門斗十二名縣學每名銀陸錢伍分叁釐伍絲伍微遇閏加銀每名加銀伍分肆釐肆毫貳絲康熙二十四年六月十一日在起運內奉復廩生叁分之壹銀外吏書一十九名縣十二倉庫二典史一訓導驛丞巡檢各一每名各陸兩遇閏加銀每各各伍錢學書一名銀柒兩貳錢遇閏加銀陸錢以上二項康熙元年照數全裁收入起運項下辦司紙劄銀壹錢陸分肆釐伍毫柒絲壹渺鍾鼓夫水手六名每名工食貳錢壹分柒釐陸毫柒絲壹忽遇閏每名加銀壹分捌釐壹毫叁絲捌忽舖司兵一百三十一

名每名工食銀肆錢叁分伍釐貳毫捌絲叁忽柒微玖纖肆塵叁渺貳漠遇閏每名加銀叁分陸釐貳毫柒絲捌忽陸微貳纖伍塵玖渺伍漠春秋祭祀鄉飲[illegible]人花紅共銀玖兩叁錢肆分壹釐柒毫伍絲叁忽縣馬募夫辦[illegible]驛站銀共肆拾壹兩叁錢捌分柒釐貳毫柒絲叁忽伍微壹纖叁塵伍渺柒漠遇閏加銀貳兩壹錢柒分肆釐叁毫貳絲辦司新墾銀壹拾陸兩壹錢壹分伍毫叁絲捌忽伍微貳纖伍塵貳渺孤貧口糧布花銀叁兩貳錢玖分貳釐肆毫伍絲陸忽柒微伍纖伍渺外新設草凉三岔留壩武關四驛驛丞四員每員實支銀貳兩捌錢伍分捌釐玖毫玖忽在裁扣起運銀內支領

沔縣存留站支經費襍支俸薪差役孤貧等項實徵

銀共叁千肆百玖拾陸兩玖分玖釐肆毫陸絲柒忽肆微壹纖陸塵肆渺內除裁扣銀伍拾兩捌錢柒分捌毫貳絲貳忽伍微又除驛傳裁站銀壹千壹百貳拾貳兩伍錢肆分叁釐陸絲肆忽肆微伍纖貳塵玖渺陸漠歸入起運項下辦司充餉尚銀貳千叁百貳拾貳兩柒錢叁分伍釐伍毫捌絲肆微陸纖叁塵肆渺肆漠內除驛站銀壹千貳百玖拾壹兩柒錢貳分柒釐貳忽捌微柒纖壹塵陸渺辦府供驛止銀壹千叁拾兩玖錢陸分捌釐伍毫柒絲柒伍微玖纖壹塵捌渺肆漠遇閏加銀柒拾壹

儒學驛丞各一學書一名銀柒兩貳錢遇閏加銀陸錢縣庫倉典史驛丞書每名各陸兩遇閏加銀每名各伍錢二項康熙元年照數全裁收入起運項下觧　司紙劄銀玖錢壹分柒毫柒絲肆忽伍微渡夫四名每名工食銀柒錢玖分壹釐玖毫柒絲捌忽遇閏每名加銀陸分伍釐玖毫玖絲更鼓夫五名每名工食銀壹兩貳錢陸分柒釐壹毫陸絲肆忽捌微遇閏每名加銀壹錢伍分伍毫玖絲舖司兵二十四名每名工食銀貳兩伍錢叁分肆釐叁毫貳絲壹忽叁微伍纖貳塵伍渺遇閏每名加銀貳錢壹分壹釐壹毫玖絲春秋祭祀鄉飲歲貢舉人花紅盤纏曆日共銀陸拾陸兩伍錢貳分陸釐壹毫伍絲縣馬募夫觧　府站銀共叁百伍拾貳兩陸釐陸毫伍絲玖忽叁微柒纖貳塵捌渺肆漠遇閏加銀壹拾玖兩捌錢陸分肆釐伍忽貳纖陸塵柒渺肆

食貨志　卷之七　存留經費　六

漠孤貧口糧布花銀共叁兩捌錢叁分伍釐陸毫伍絲貳忽玖微肆纖玖塵貳渺

寧羌州存留站支經費俸薪樵支差役孤貧等項實徵銀壹千貳拾叁兩肆錢貳分玖釐陸毫玖絲玖忽捌微貳纖貳塵伍渺內除裁加銀壹拾伍兩陸錢柒分陸釐壹毫伍絲伍微又除驛傳裁站銀貳百捌拾壹兩叁錢柒分肆毫貳絲叁忽壹微捌纖叁渺壹漠伍沙收入起運項下解司充餉尚銀柒百貳拾陸兩叁錢捌分叁釐壹毫貳絲陸忽壹微肆纖貳塵壹渺捌漠伍沙內驛站銀貳百壹拾貳兩肆

貳錢叁分叁釐貳絲肆忽叁微叁纖壹塵肆渺肆漠知縣典史教諭訓導驛丞俸薪廩生糧食在內知縣一員俸薪銀貳拾叁兩捌錢貳釐陸毫陸絲伍忽遇閏加銀壹兩玖錢捌分柒毫貳絲伍忽捌微觧司充餉典史一員驛丞一員教諭訓導共二俸每員俸薪銀壹拾陸兩陸錢柒分貳釐貳絲肆忽遇閏加銀典史驛丞每員壹兩叁錢捌分柒釐捌毫壹絲叁微教諭訓導共加銀陸錢玖分叁釐玖毫伍忽壹微伍纖觧司充餉廩生二十名每名糧銀捌錢捌分肆釐叁毫捌絲捌忽柒微壹纖柒塵玖渺肆漠伍沙遇閏每名加銀柒分叁釐柒毫玖忽壹微壹纖伍塵貳渺叁漠伍沙門子三名縣二典史一皂隸二十四名縣十六典史四驛丞各二轎傘扇夫七名　燈夫四名　禁卒八名　庫子四

食貨志　卷之七　存留經費　七

名　民壯五十名　斗級四名以上六項俱縣役　馬夫一名典史以上九項俱每名叁兩壹錢柒分叁釐陸毫玖忽遇閏每名加銀貳錢陸分肆釐肆毫陸絲馬快八名本縣每名工食銀叁兩壹錢柒分叁釐陸毫玖忽草料銀伍兩柒錢壹分貳釐肆毫玖絲伍忽叁微柒纖伍塵遇閏每名加銀貳錢陸分肆釐肆毫陸絲草料每名肆錢柒分陸釐肆絲柒忽伍微齋夫三名每名工食銀陸兩叁錢肆分柒釐貳毫壹忽陸微陸纖陸塵陸渺陸漠陸沙遇閏每名加銀伍錢貳分捌釐玖毫叁絲教官支領膳夫二名每名工食銀叁兩伍錢貳分陸釐貳毫柒絲肆忽捌微肆塵玖渺伍漠遇閏每名加銀貳錢玖分叁釐捌毫肆絲廩生支領門斗十二名縣學每名工食銀叁兩捌錢捌釐叁毫叁絲伍微遇閏每名加銀叁錢壹分柒釐叁毫陸絲外吏書一十八名縣十二倉庫二典史

錢捌分壹釐叁毫捌絲肆忽玖微陸塵捌渺捌沙解府供驛
止銀伍百壹拾叁兩玖錢壹釐柒毫肆絲壹忽貳
微叁纖陸塵玖漠柒沙　遇閏加銀叁拾壹兩玖
錢捌分貳釐陸毫柒絲伍忽肆纖柒塵柒渺貳漠
知州同州判吏目驛丞學正訓導俸薪廩生糧食在內　知州一員俸薪銀壹拾肆兩叁
錢陸分陸釐玖毫捌絲伍忽遇閏加銀壹兩壹錢玖分玖釐叁毫壹絲貳忽叁微解司支銷　州
同俸薪銀壹拾兩柒錢柒分伍釐貳毫叁絲伍忽遇閏加銀捌錢玖分柒釐壹毫壹絲陸忽解司
支銷　州判一員俸薪銀捌兩捌分壹釐肆毫陸絲玖忽遇閏加銀陸錢柒分貳釐叁毫陸
絲陸忽捌微解司支銷　吏目一員　驛丞學正訓導共二　俸每員俸薪銀伍
兩陸錢陸分伍毫玖絲伍忽遇閏每員加銀壹錢柒分壹釐陸毫陸絲陸忽壹微解司支銷　廩
生三十名每名糧銀肆錢肆釐壹毫捌絲捌忽叁微陸纖塵貳渺遇閏每名加銀叁分叁
釐捌毫叁絲捌忽壹微肆纖伍塵貳渺　門子五名州二同判吏目各一　皂隸三
十四名州十六同判各六吏目四驛丞二　民壯五十名州　燈夫四
名州　禁卒八名州　轎傘扇夫七名州　庫子四名州
斗級四名州　馬夫五名州同州判各二吏目一名　以上九項俱每名工
食銀壹兩柒分柒釐伍毫貳絲伍忽遇閏每名加銀捌分玖釐柒毫玖絲　馬快八名州
每名工食銀壹兩柒分柒釐伍毫貳絲伍忽草料銀壹兩玖錢叁分玖釐伍毫肆絲柒忽捌微肆纖
伍塵遇閏每名加銀工食捌分玖釐柒毫玖絲草料每名加銀壹錢陸分壹釐陸毫叁絲壹忽貳微

伍纖　齋夫三名每名銀貳兩壹錢伍分伍釐肆絲玖忽叁微叁纖叁塵壹渺遇閏每名加
銀壹錢柒分玖釐伍毫捌絲陸忽陸微陸纖陸塵貳渺教官支領　膳夫三名每名銀壹
兩壹錢玖分柒釐貳毫壹絲陸忽肆微柒纖柒塵玖渺遇閏每名加銀玖分玖釐柒毫陸絲伍忽　廩
生支領　門斗三名每名銀壹兩貳錢玖分叁釐貳絲玖忽遇閏每名加銀壹錢柒釐柒
毫伍絲　外吏書一十九名州十四同判吏目驛丞各一名　每名工食銀陸
兩遇閏每名加銀伍錢學書一名銀柒兩貳錢遇閏加銀陸錢二項于康熙元年照數全裁收入起
運解司支銷　解　司紙劄銀叁分伍毫叁絲伍微　州馬草料損募
銀共貳百壹拾肆兩壹錢伍釐捌毫玖絲壹忽柒微陸纖陸塵貳渺捌沙貳珠遇閏加銀玖兩捌
錢陸分肆釐柒毫陸絲柒忽貳微玖纖柒塵壹渺貳漠　解　司新墾銀叁兩陸釐

肆毫柒絲壹忽伍微貳纖肆塵陸渺捌漠捌沙捌珠　表箋祭祀鄉飲曆日歲
貢舉人盤纏共銀壹拾玖兩陸錢柒分捌釐壹毫陸絲壹忽　水手并造舡
銀伍錢貳分捌毫叁絲遇閏加銀叁分伍釐玖毫壹絲　舖司兵四十一名每名
銀捌錢陸分壹釐玖絲貳微遇閏每名加銀柒分壹釐捌毫叁絲肆忽玖微　孤貧口糧
布花銀共壹拾壹兩陸錢叁分壹釐伍毫壹絲柒忽捌微肆纖柒塵貳渺

畧陽縣存留站支經費俸薪襍支差役孤貧等項共
實徵銀貳千貳百伍拾貳兩壹錢壹分陸釐陸毫
柒絲柒忽壹微叁纖陸塵柒渺柒漠內除裁扣銀叁拾陸兩肆錢壹釐伍
毫貳絲陸忽壹微叁渺又除驛傳裁站銀陸百柒拾肆兩陸分伍釐柒毫叁絲捌忽陸纖伍塵柒渺

兩玖絲貳壹貳釐伍分肆陸
肆分伍毫壹陸貳叁
釐伍毫貳陸陸伍微
各肆釐伍毫貳
齋夫二名
膳夫一名
伍微塵
分微忽
門斗二名
分忽塵陸
毫壹絲伍
伍陸毫叁
叁分陸毫
分伍釐陸

三名
壹貳分陸
叁微叁
伍錢壹
膳夫二名
伍錢陸毫
外一名
戶加
支
微
忽陸毫
伍塵叁
錢
各
工
食
遇
閏
加
銀
貳
兩
分
卹
十
一
名
典
史
訓
導
庫
倉
一
一
名
戶
加
銀
陸
伍
塵
司
獄
司
錢
伍
陸
壹
工
食
遇
閏
加
銀
各
戶
伍
錢
兩
各
叁
毫

裁扣學史陸分
收東毎奉微伍
入熙各一名忽
起元年六名
運頭下
鋪兵二十一名
徵解
存留
經費

學史
每年各
戶加銀
伍錢
以上
庫
倉

鋪兵三十一名
每名
工食
銀壹
兩肆
分柒
毫陸

祭祀
鄉飲
曆日
歲貢
舉人
鐵盔甲
花紅
銀
貳
兩
伍
錢

遞馬
新
銀
驛
遞
馬
損
驛
察
大
壹
分
伍
錢
叁
分

孤貧
口糧
布花

鹽課

廣東中府屬原額鹽引共二萬五千張

一名
典史
馬快八名本縣
庫子四名本縣
轎傘扇夫七名本縣
民壯五十名本縣
門子二名
典史
門子一名
燈夫四名本縣
斗級四名本縣
禁卒八名本縣
馬夫

知縣一員
俸薪
銀貳
兩
壹
錢

典史一員
訓導一員
廩生一十名
門子一名
一十六名

止銀柒百叁拾叁兩壹分叁
尚銀壹千伍百肆拾壹兩陸

陸運徵解
縣
司
起
扣
入
支
外

原額鹽課共銀貳千兩
康熙十九年伍分加增銀壹千貳百伍拾兩于二十
五年奉　文豁免又
柒分加增銀壹千柒百伍拾兩又
閏月加增銀肆百壹拾陸兩陸錢陸分陸釐于二
十年奉　文豁免
以上除二項豁免外實在原額并柒分加增共銀叁
千柒百伍拾兩
南鄭縣原額鹽引二千五百七十八張

原額鹽課銀貳百陸兩貳錢肆分
康熙十九年伍分加增鹽課銀壹百貳拾捌兩玖錢
在于二十五年奉　文豁免又
柒分加增銀壹百捌拾兩肆錢陸分又
閏月加增銀肆拾貳兩玖錢陸分叁釐在于二十
年奉　文豁免
以上除二項豁免外實在原額并柒分加增共銀叁
百捌拾陸兩柒錢
褒城縣原額鹽引一千五百三十張

原額鹽課銀壹百貳拾貳兩肆錢
康熙十九年伍分加增銀柒拾陸兩伍錢在于二十
五年奉　文豁免又
柒分加增銀壹百柒兩壹錢又
閏月加增銀貳拾伍兩伍錢在于二十年奉　文
豁免
以上除二項豁免外實在原額并柒分加增共銀貳
百貳拾玖兩伍錢
城固縣原額鹽引四千三百一十六張

原額鹽課銀叁百肆拾伍兩貳錢捌分
康熙十九年伍分加增銀貳百壹拾伍兩捌錢在于
二十五年奉　文豁免又
柒分加增銀叁百貳兩壹錢貳分又
閏月加增銀柒拾壹兩玖錢叁分叁釐在于二十
年奉　文豁免
以上除二項豁免外實在原額并柒分加增共銀陸
百肆拾柒兩肆錢
洋縣原額鹽引九千二百六十九張

原額鹽課銀柒百肆拾壹兩伍錢貳分
康熙十九年伍分加增銀肆百陸拾叁兩肆錢伍分
在于二十五年奉　文豁免又
柒分加增銀陸百肆拾捌兩捌錢叁分又
閏月加增銀壹百伍拾兩肆錢捌分叁釐在于二
十年奉　文豁免
以上除二項豁免外實在原額并柒分加增共銀壹
千叁百玖拾兩叁錢伍分
西鄉縣原額鹽引三千八張

原額鹽課銀貳百肆拾兩陸錢肆分
康熙十九年伍分加增銀壹百伍拾兩肆錢在于二
十五年奉　文豁免又
柒分加增銀貳百壹拾兩伍錢陸分又
閏月加增銀伍拾兩壹錢叁分叁釐在于二十年
奉　文豁免
以上除二項豁免外實在原額并柒分加增共銀肆
百伍拾壹兩貳錢
鳳縣原額鹽引七百三十八張

原額鹽課銀伍拾玖兩肆分
康熙十九年伍分加增銀叁拾陸兩玖錢在于二十
五年奉　文豁免又
柒分加增銀伍拾壹兩陸錢陸分又
閏月加增銀壹拾貳兩叁錢在于二十年奉　文
豁免
以上除二項豁免外實在原額并柒分加增共銀壹
百壹拾兩柒錢
沔縣原額鹽引一千一百一十六張

原額鹽課銀捌拾玖兩貳錢捌分
康熙十九年伍分加增銀伍拾伍兩捌錢在于二十
五年奉　文豁免又
柒分加增銀柒拾捌兩壹錢貳分又
閏月加增銀壹拾捌兩陸錢在于二十年奉　文
豁免
以上除二項豁免外實在原額并柒分加增共銀壹
百陸拾柒兩肆錢
寧羌州原額鹽引九百四十四張

原額鹽課銀柒拾伍兩伍錢貳分
康熙十九年伍分加增銀肆拾柒兩貳錢在于二十
五年奉 文豁免又
柒分加增銀陸拾陸兩捌分又
閏月加增銀壹拾伍兩柒錢叁分叁釐在于二十
年奉 文豁免
以上除二項豁免外實在原額并柒分加增共銀壹
百肆拾壹兩陸錢

略陽縣原額鹽引一千五百一張
原額鹽課銀壹百貳拾兩捌分
康熙十九年伍分加增銀柒拾伍兩伍分在于二十
五年奉 文豁免又
柒分加增銀壹百伍拾柒兩又
閏月加增銀貳拾伍兩壹分陸釐在于二十年奉
文豁免
以上除二項豁免外實在原額并柒分加增共銀貳
百貳拾伍兩壹錢伍分

漢中鹽課向來各屬有食鹽店戶納銀充用完[illegible]有派之戶口私徵完納者每年店戶乏用不足則有傾其家產鬻其男女受賠累之慘無過於此故各屬戶口積有額外之徵官吏積有私派之累且漢地從前食鹽俱係固原客販價之貴賤任意騰長民多貴買淡食政之不善莫有甚焉綏蒞茲土察知其弊因設法招商行鹽辦課不憚煩難再四申詳痛陳利害幸家鹽院俯軫民艱隨據實達 部允行自是辦課有一定之商官民免私派之苦鹽之價值升斗惟一民無貴買亦無淡食比年鹽稅如期奏銷

國課不悞今之鹽政雖不敢云盡善然從前諸弊稍得袪革矣漢中守滕天綬識

水利

南鄭縣

廉水河堰　石梯堰
楊村堰　石門堰已上皆在縣西南引廉水河之水
老溪堰在縣南引冷水河水　紅花堰在縣南引紅花河水
黃土堰在縣南引觀溝水　石子拜堰在縣南此皆漢江以南所屬
小石堰　梁渠堰

獨徊堰

馬嶺馬湖等六堰　　荒溪堰

大斜小斜等一十六堰

褒城縣

山河堰　在縣南長三百六十步橫截龍江中流而東遠資以溉田漢相國蕭何規築曹參落成之古刻云巨石爲主瑣石爲輔橫以大木植以長樁列爲井字蜀諸葛亮踵漢宋吳玠吳璘相繼修築至今利賴其下鱗次諸堰皆淵源于此

金華堰　東南六里乃山河堰水析流之總渠也

第三堰　南五里乃龍江下流分東西兩渠南褒共之者

高堰　　舞珠堰

食貨志　卷之七　水利　　手

大斜堰　　小斜堰

龍潭堰　　馬湖堰

野羅堰　　馬嶺堰

鹿頭堰　　鐵爐堰

四股堰　　流珠堰　在縣南八十里星浪實迅勢若流珠亦漢蕭何所築明嘉靖二十八年堤岸傾圮用力實艱邑監生歐本禮相方度宜濬源導流編竹爲籠實之以石順置中流限以樁木用胝數月方克畢工至今賴之

城固縣

楊塡堰　縣北一十五里出湑水河宋開國侯楊從義于河內塡成此堰故名城固田在上水用水三分洋縣田在中下水用水七分此舊志所載之定例不可移易者也其修堰分工派挑渠道亦照用水三七例攤派各挑各渠無容爭辯

清康熙二十六年天旱不循三七之例水無下流洋田之在下名爲盡水者如白楊灣如智果寺如謝村橋等處盡失栽插顆粒無收控訴無已知府滕暨同知梁單騎親踏隨據洋令謝景安城固令胡一俊會勘至三覆訊定案中詳憲金立碑照舊例用水分工修堰濬渠至栽插用水務行上流不得要截永爲定例

五門堰　西北二十五里出湑水河元至正間縣令蒲庸以修築不堅改創石渠一道與堨水相望而下抵斗山北麓土抱石胃半中築堤遏水碧潭去此土流橫溝五門恐水或溢約棄入湑水用保

食貨志　卷之七　水利　　丰

是堤因自白五門堰也灌田四萬八百四十餘畝動磨七十每歲首凡一報修竹木四萬九百有奇夫六百七十五人明弘治間推官郝晟重開

清康熙十一年縣令毛際可查久淤古渠使占在民者仍照舊寬闊挑濬水大通行二十五年堤崩縣令胡一俊申請上憲親詣修築較前益堅

百丈堰　縣西北三十里橫截湑水百丈故名　　高堰　縣西北三十里出湑水河

盤蛇堰　縣西南四十里出南沙河　　橫渠堰　縣西三十五里出北沙河

鄒公堰　縣西北四十里出北沙河　　承沙堰　縣南十里出小沙河

倒柳堰　縣西南二十五里　　西小堰　縣西北四十里

上官堰　縣西二十里　　棗兒堰　縣西北三十里

周公堰　沙平堰

東流堰　坪沙堰

西流堰　鷺兒堰縣東北十里寶山之麓相傳寶山寺柱木龍化鴨啣水故名

流沙堰縣西南四十里

洋縣

盗水堰縣西二十里出盗水東流渠傍山崖歲遭山水衝崩明崇禎元年令亢孟檜掇脩飛槽後嘗崩清康熙五年令柯棟計垂永久乃刳木首費

三郎堰在縣西十里咸氏村俱出盗水　二郎堰在縣西十五里范壩村

斜堰北五里居洸水下流歲苦衝崩明萬曆十

七年縣令李用中以石條橫砌數丈仍東開土渠灌溉賓之

土門堰縣北十里水阻牛首之橫山于此開鑿為門以通渠道故名洛渠而北有小溪名賈峪河每遇大雨其水甚猛橫衝渠道水淺不得溉田衝止則後脩一歲之間時衝時脩民甚苦之

灙濱堰縣北十五里堰水所及甚遠其下為南陽村村東有二澗橫斷渠道每設板槽引水過澗値水暴發槽輒淪落田涸苗槁民甚苦明萬曆十五年縣令李用中創建二石槽接水通行永嵗完固始克濟

芧溪堰在縣西五里院寺側　高原堰在縣東北水出小龍溪

天寧堰縣東北七里今名華家堰　貫溪舖堰縣東十里

鷺翁堰縣西南十五里出小河以上三堰係新附

池二

王池縣西十五里馬邑舖　大塘池縣西二十里每歲儲水灌田

沔縣

馬家堰在縣南三十里　石門堰

白崖堰在縣西三十里　石燕子堰

天分堰在縣東四十里有東西二堰　山河堰去縣三十五里有東西二堰

金公堰在縣南二十五里　二岔東堰

三岔西堰在縣東南三十里　石刺塔堰

羅村堰在縣西南一百九十里　泉二　金泉在縣東南四十五里源泉湧出灌田千餘頃　沒底泉東南四十里泉出不竭俗傳無底灌

田百餘畝

西鄉縣

金洋堰在縣東午子山後有大渠一支分小渠二十有五其名不具載出水東三壩灌田四百六十頃　五渠堰去縣五十里

官庄堰去縣五里　空渠堰去縣五里

東龍溪堰去縣三十里　西龍溪堰去縣三十里

鸞軍壩堰去縣三十里　洋溪河堰去縣一百里

高川河堰去縣一百里　高頭壩堰

長嶺岡堰　黄池塘堰

羅家坪堰　梭羅關堰
褚河堰去縣三十里　邢家河堰去縣三十里
左西峽堰去縣三十里　男兒壩堰去縣五十里
私渡河堰去縣一百里　小洋溪河堰去縣三十里
固縣壩堰去縣三百里　黎壩河堰去縣三十里
青溪河堰去縣五十里　葫蘆壩河堰去縣三十里
聖水峽堰去縣一百里　二郎舖河堰去縣一百里
磨兒溝河堰去縣三十里　龍王溝河堰去縣三十里
神溪河堰去縣三十里　桑園舖堰去縣三十里

法寶塘堰去縣十五里

寧羌州

七里堰明嘉靖七年李應元修灌田十餘頃近溪冬有小堰其養家河沮水河舊州河羅州河回河俱有堰

略陽縣無堰

物產

穀之屬

黍　稷俗為飯有二種為酒　粟　蓋草黃色白味美粒長

安角粘色紅味佳　青稈粘　土黃稀　銀珠粘

黃瓜早　大紅谷　小紅谷已上皆飯稻
黃殼糯　白殼糯　麻殼糯已上皆酒稻
大麥小麥　青顆麥　蕎麥　番麥
黃豆　豌豆　菉豆　赤白小豆
芝蔴　火麻　稔

蔬之屬

葱　蒜　芥　芹
笋　薑　茄　菠菜
白菜　油菜　莙蓬　莧

蕨　木耳　苦蕒　石芥菜
蘿蔔　芫荽　萵苣　芋
蕹　葱茹　地睘　山藥
蔓菁　扁豆　刀豆　豇豆
絲瓜　黃瓜　西瓜　甜瓜
苦瓜　匏　瓠　姜

果之屬

棗　桃　杏　三美杏垂花
[illegible]　御黃李　紫李　麥李

柿 棗 栗 榛
核桃 枇杷 櫻桃 金瓶梨
棠梨 麻梨 白果 梅
無花菓 葡萄 楸子 石榴
枒棗 軟棗 櫇婆 林檎

木之屬

松 栢 杉 椿
椰 榆 楓 楸
楠 楮 梓 杞

桐 槐 花栗 毛栗
冬青 白楊 青楊 銀杏
羅茄 椶羅 苦桃 梨
梧桐 丁木 苦檀 茶木
椈 烏桕 桑

花之屬

蘭 蕙 魚子蘭 蓮
葵 瑞香 木芙蓉 薔薇
紫薇俗曰紫荆 玫瑰 刺梅 十姊妹

石刺梅 木槿 春海棠 銀絲海棠
垂絲海棠 鐵梗海棠 秋海棠 硃砂桂
金叙桂 黃桂 白桂 絳桃
緋桃 碧桃 海桃 千葉浹桃
硃砂梅 綫梅 照水梅 玉梅
星梅 臘梅 黃石榴 紅石榴
白石榴 粉石榴 月季 鷄冠俗有各種
鳳仙 玉簪 凌霄 綉毬
山丹 梔子 海梔 辛夷

厚朴 矮蕉 美人蕉 牡丹
芍藥 米囊 菊

草之屬

芝 萱 苹 藻
蓼 蒿 茅 艾
鳳尾 馬鞭 書帶

竹之屬

班竹 筆竹 紫竹 木竹
觀音竹 綉毬竹 松花竹 鳳尾竹

藥之屬

百合　金銀花　漢防巳　金嬰子

木通　青箱　益母草　土降香

萆麻子　黄精　白芨　地骨皮

仙靈脾　何首烏　澤瀉　紫菀

車前子　香附子　稀簽草　茯苓

杜仲　天南星　石菖蒲　穿山甲

三稜　連翹　五倍子　淫羊藿

牛旁子　細辛　牛膝　牡丹皮

赤芍藥　白芍藥　雷丸　地榆

楓香　大黄　天冬　麥冬

遠志　半夏　桔梗　茱萸

瞿麥

羽之屬

鸂鶒　鸜鴿　錦鷄　畵鷄

燕　鷺鷥　鵪鶉　鳧鷖

畵眉　雉　鶺鴒　鸕鷀

鴈鴝　鸚鵡　鶯　鴛鴦

杜鵑　布穀　百舌　鳩

白頭翁　鸛　鴉　鴿

鵲　山鵲　鷹　鷂

雀　鵝　鴨　鷄

毛之屬

虎　豹　熊　鹿

麂　麞　兎　狐

猴　狸　山羊　豪

蝟　猪　牛　豪猪

馬　羊　驢　騾

山猪　狗　竹鼬

鱗之屬

嘉魚　鯉　鯽　鱘音尋魚名又止

賓切鮎　鯡　鰷　鰻

魴　鯔　鰱　鰍

介之屬

龜　鱉　蝦　蚌

蛤　螺螄

布之屬

葛 出褒城縣高臺寺　平機布　高機布

絲之屬

縑　絹　繭紬

貨之屬

蠟　漆　蓑　麻

棉花　紙

綏恭讀

上諭十六條第四條重農桑以足衣食綏承乏茲郡歷

覽郊原桑陰罕見詢之父老云自逆寇盤踞砍伐殆盡間有存者榦老葉稀飼蠶多不足用養蠶者故益寡夫下焉者不自治其所生上焉者又未教之以治生毋惑乎民之多蹙也爰是出示作歌遠邇勸諭遂核民之栽桑若干者稽數按名以報隨有曹鑑徐鳳翔許君聘等各能栽桑二百株有苛郎各給銀牌一面以示獎賞繼此或四郊無不桑之地比間無不蠶之家是所日望矣附載勸植桑樹并果木示略

漢中府爲勸民栽桑事漢南遭寇又遇年荒幸蒙

皇恩蠲免田稅然元氣久衰公私並困粟賤金貴終不聊生本府欽奉

上諭十六條第四條曰重農桑夫農事固不可緩而栽桑亦萬不容緩者也如能栽桑飼蠶或賣絲或織絹一年正賦可以取足有餘其外隙地牆邊田旁溝畔如桃李柟柿核桃各種若能栽種俱可易錢資助爾等務宜加意栽桑餘力植果若民有栽桑百株者州縣以勤民註冊優待栽二百株者花紅鼓樂迎送三百株者州縣給以牌額五百株者州縣據實申報本

府親給牌匾鼓樂花紅獎賞自茲凡有栽桑者州縣每歲造冊報府查桑之多寡即爲有司之殿最申請獎飭決不泛視其栽植果木亦如之事關民生至計上下須要實心奉行毋忽并附歌辭

爲再行詳勸以阜民生事本府恭讀

聖諭十六條內第四條曰重農桑以足衣食已經每月講與百姓聽見諒都知道但念農是男子的本分種桑則男女都要勤謹種成了桑採葉喂蠶煮繭繅絲上機織作一色都是婦女的事恐民間終未能認眞

與種地一般爲此另行曉諭刻爲便民通示一單發
與各屬鄉村要使一家男婦通知須要仔細逐句詳
看本府前勸你們栽桑原爲一年種作縱有收成除
納糧外衣食也在其內人情也在其內婚男嫁女也
在其內又無地方物產外邊沒有進來裡面難於出
去所以糧食頗賤不足供用若是肯去栽桑不論墻
邊以及空地或移或壓即自家田地四週界限上都
栽起來一者得利二者一帶綠陰也可乘涼等待桑
葉既多便好養蠶若是自巳曉得養蠶不消說了就
食貨志七　卷之七　物產　里
是不會這桑葉也有來收的若是自巳能織亦不消
說了就是不會抽出絲來也有來買的若照城固洋
縣養蠶處所都爲頭倡率葉也有錢絲也有錢現見
得三五年內將桑上所出的利納了錢糧餘的留做
一年費用有等良民思量
聖諭上教人種桑無非要百姓重他的本務做一家長
久之計大家依着官府的勸諭這眞正是個良民有
等惰民不但不信反說種了桑要起稅最爲可惡你
看當今
聖上仁同堯舜愛民如子各省正賦錢糧尚且每年蠲
免豈有額外要稅的道理這樣切不可聽也至于種
植之利也不止桑樹一件即如核桃柿餅棗梨欄果
如今一担也值幾錢銀子倘遇凶荒之年亦可度飢
你們若肯向傍水所在多栽些果木四季賣得些錢
豈不更覺寬用有餘這都是本府心中滿望你們的
意思如今共把栽桑的容易長成容易得利的緣由
做段歌詞相勸你們大家看着歌曰早種桑早種桑
養蠶做繭最爲良不論墻邊與隙地移得桑來甚易
食貨志　卷之七　物產　㞢
長三五年來枝條盛初生小樹亦成行春蠶一出食
嫩葉蠶大葉多採滿筐須將簾箔鋪淨屋按時添葉
要向陽蠶眠不食做成繭擇取吉日下沸湯繅得新
絲上機軸爲紬爲絹家內藏有時集上將來賣存的
又好做衣裳不然將絲與葉賣收葉收絲有客商以
此賦錢完國課民間漸積得餘糧但教婦女勤婦職
織絲織布無相妨本府諄諄勸爾等無非願爾家道
昌有等嬾惰不上緊聲言難種空傍惶更有訛傳後
起稅須知養蠶不上糧況今

聖主念民困正賦且免及四方豈有吾民肯蚕織稍鬆
納稅真昏在勸民鼓舞莫認錯大家齊力為首倡他
年桑樹遍田野男耕女織誠安康人人足衣兼足食
始知本府非荒唐再有一言井相勸多栽菓木遍村
庄菓熟上門人販賣開錢到手不空忙靠他幫補家
中用有他也可度年荒若能空處都栽菓樹放就過
好時光要知其享田園樂記取歌詞細酌量

茶課

西鄉縣原額茶課銀陸百貳拾玖兩貳錢叁分柒釐

食貨志　卷之七　物產　四三

捌毫內除丸免無主荒絕銀叁百叁拾陸兩壹錢
柒釐捌毫外
實在徵銀貳百柒拾玖兩貳錢叁分柒釐捌毫節令
照數解　布政司

雜稅

漢中府屬南褒等九州縣
商畜稅銀共陸百肆兩叁錢柒分陸釐伍毫
牙帖稅銀共壹百壹拾肆兩柒錢捌分
當鋪稅銀伍兩
烟稅康熙二十二年十二月內奉　文豁免
酒稅康熙二十六年七月初一日奉　文豁免
以上商畜牙當共銀柒百貳拾肆兩壹錢伍分陸釐
伍毫
經歷司廣積倉抽收商貨稅銀柒拾叁兩伍錢捌分
玖釐

南鄭縣
牲畜稅銀柒拾捌兩貳錢貳分壹釐伍毫
牙帖稅銀肆拾兩捌錢

食貨志　卷之七　雜稅　四四

當鋪稅銀伍兩
烟稅康熙二十二年十二月內奉　文豁免
酒稅康熙二十六年七月初一日奉　文豁免

褒城縣
牲畜稅銀陸拾伍兩捌錢捌分
牙帖稅銀壹拾柒兩玖錢
烟稅康熙二十二年十二月內奉　文豁免
酒稅康熙二十六年七月初一日奉　文豁免

城固縣

牲畜税銀壹百兩叁釐
牙帖税銀貳拾壹兩陸錢
烟税康熙二十二年十二月內奉　文豁免
酒税康熙二十六年七月初一日奉　文豁免

洋縣
牲畜税銀肆拾貳兩陸錢陸分玖釐
牙帖税銀壹拾陸兩陸錢
烟税康熙二十二年十二月內奉　文豁免
酒税康熙二十六年七月初一日奉　文豁免

西鄉縣
牲畜税銀叁拾叁兩叁錢伍分捌釐
牙帖税銀柒兩肆錢
烟税康熙二十二年十二月內奉　文豁免
酒税康熙二十六年七月初一日奉　文豁免

鳳縣
牲畜税銀陸兩肆錢陸分
酒税康熙二十六年七月初一日奉　文豁免

沔縣
牲畜税銀伍拾兩
牙帖税銀肆兩
烟税康熙二十二年十二月內奉　文豁免
酒税康熙二十六年七月初一日奉　文豁免

寧羌州
牲畜税銀伍拾肆兩壹錢玖分陸釐
牙帖税銀肆拾兩捌錢
酒税康熙二十六年七月初一日奉　文豁免

略陽縣

牲畜税銀壹百兩
牙帖税銀肆兩
酒税康熙二十六年七月初一日奉　文豁免

漢南郡志卷之七終

漢南郡志卷之八

闕左　知陝西漢中府事滕天綬　重輯

秩官志

歷代職官政績

漢

田叔井陘人高帝時爲漢中太守廉直喜任俠佐蕭何轉餉關中後事趙王張敖至長安高帝詔與語漢臣無出其右者赦得罪詔有隨王者刑三族叔赭衣自鉗隨王至闕下事白復拜漢中守

鄭勤安帝時爲漢中太守永初四年先零羌入犯勤戰死

鄭廑安帝時羌反拜廑爲漢中守廑至矯詔赦其餘而誅首亂者天子善之

桓宣譙國人安帝時爲梁州刺史時四方多事宣務本節用每農月親載耒耜登臺勸民四民無惰業者歲屢豐稔

單颺山陽湖陸人明天文算數清苦特立舉孝廉遷太史令侍中出爲漢中太守以病免後拜尚書卒於官

三國

呂乂字季陽少孤好讀書鼓琴諸葛亮連年出軍調發諸郡多不相救乂募兵五千人詣亮慰諭檢制無逃竄者徙爲漢中太守兼領督農供給軍糧亮卒之後士伍亡命奸巧非一乂防禁開諭勸導漏脫自出者萬餘口乂歷職內外治身儉約謙靖少言爲政簡而不煩號爲清能

晉

甘卓爲梁州刺史王敦反敦欲挾卓與己同卓拒而不從

桓希爲梁州刺史桓元篡晉希與毛璩等各堅壁固守拒元

許雄爲刺史時李流亂蜀雄與侍中劉沉奉命共討之

司馬勳字偉長莅梁州時秦中亂雍州諸豪帥馳告勳勳率衆赴之使治中劉煥攻京兆太守劉季離斬之三輔豪右多殺其令長擁三十餘壁有衆五

萬以應勲
張軌烏氏人惠帝時治益有功徵九郡胄子五百人立學校春秋行鄉射禮永興中鮮卑若羅拔爲寇遣司馬宋配斬之永嘉中東羌校尉韓稚殺刺史用楊印謀率衆討平之帝嘉其忠封西平郡公會晉昌張鉞以讖言圖代軌武威太守張琠遣坦馳詣京師表曰刺史之莅臣州若慈母之于赤子百姓之愛臣軌如旱苗之得膏雨伏聞信惑流言當有遷代民情嗷嗷如失父母帝覽之優詔勞軌

張光愍帝建元元年時氐主楊茂搜亂嘗遣參軍李邕楊武擊賊爲賊所敗光憤激成疾僚屬勸光退據魏興光按劍曰吾受國重任不能討賊今得死所何以退爲絕聲而卒

周訪汝南人元帝大興二年任務農訓兵著於撫綏士衆樂爲致死知王敦有不臣心私常切齒故敦憚訪終訪之世未敢爲逆卒於官

吉挹時秦符堅兵拔城挹引刀自殺左右奪其刀遂不言不食而死堅稱爲忠臣

南北朝

蕭思話蘭陵人爲梁秦二州刺史時氐帥楊難當寇漢中據梁州焚掠爲害思話討破之難當引衆西還遂收漢中故地遷鎮南鄭文帝賜以弓琴手勅謂琴乃舊物弓良材美器宜得人而歸之思話外成聲望早能見信仕歷十二州使節監督者九官至吏部尚書

劉道眞梁秦二州刺史與裴方明討氐帥楊難當奔仇池

范柏年秦州將使京師見明帝因言及貪泉問卿州有此水否對曰梁州惟有廉泉讓水又問卿宅何在對曰居在廉讓之間帝嘉其對拜梁州刺史

梁

蕭循蘭陵人移風易俗人號慈父時蝗害稼循外事祈禱內自刻責忽飛鳥千群下食蝗殆盡歲大熟

劉秀之字道寶宋東莞莒人時遭饑饉秀之躬自儉約見民間以絹爲貨令行錢百姓稱便後遷益州刺史留俸祿二百八十萬付州庫

蕭懿梁州刺史魏軍圍漢中懿固守力拒圍乃解
傅監眼清河人況毅剛烈時寇侵城監眼遣子敬紹
統衆往破之
後魏
李崇時氐人楊靈珍率衆萬餘襲武興崇多設疑兵
出其不意氐驚遁孝文大悅曰使朕無西顧之憂
者李崇也
邢巒河間人爲刺史兼秦州接豪右以禮撫黎庶以
惠關地定境東西七百里南北千里獲郡十四戍

邊遍于涪城民多懷德焉
陰子春字幼文梁武威姑臧人爲梁秦二州刺史以
廉明稱討峽中叛蠻平之爲左將軍攻邵陵王於
郢州平之又與左將軍徐文盛東討侯景與景遇
子春力戰恒克諸軍頻敗景
寇儁上谷人梁州刺史梁俗多盜賊儁令郡縣爲立
庠序勸耕桑敦禮讓數年中風俗頓易梁將曹琰
之屢擾疆埸邊人患之儁遣長史杜林道攻克仕
城並擒琰之儁居官清苦不治產業秩滿

步而還
蕭承之字嗣伯蘭陵人少有大志才力過人爲漢中
太守梁州之平以功加龍驤將軍後梁人思之立
廟祭祀
杜幼文梁土富饒他官多以賄敗幼文獨以廉聞
李暉成紀人爲梁洋等十州總管軍事兼洋州刺史
其時值渠遂二州地方生獠積年侵暴暉至州撫
綏并來歸附朝廷璽書勞之
唐

令狐楚字穀士耀州人穆宗時任楚以寬撫民以威
肅吏政治稱最
孟郊字東野武康人少隱嵩山性介少諧合韓愈一
見爲忘形交鄭餘慶奏爲興元鎮參謀富於吟詠
宋
安守志字信臣晉陽人周爲㵎州刺史宋爲永州團
史蜀平太祖以南鄭爲四達之地故特命守興元
府以撫綏之
守逃祥符間有堰溉田萬頃世傳蕭何所爲逃官

木石修之堰成歲大豐歐陽修記其事
楊繪綿竹人斂強洞達尤以文章著仁宗時知興元府吏請按穿窬盜庫縑者繪視蹤跡不類人所出入乃呼沐猴者于庭一訊具服人稱其明在郡獄無繫囚凡經所按者皆以為不冤
盧士宏字子高新鄭人知漢中均民徭賦使力役不疲人德之
劉子羽崇安人宣和末遷樞密院與張浚密謀誅大將軍范瓊浚奇其材張浚富平之敗有建言徙治

夔州者子羽力勸住興州係關中之望安全蜀之心收集散亡自請北出至秦州諸亡將悉喜以衆來會命吳玠守大散關分兵悉守諸險塞子羽築壘潭毒山死守敵知有備遂引去後子羽獨留河池時金州河池二鎮皆饑與元帥臣閉糴二鎮病之褒沔洶洶吳玠王彥願得子羽守漢中張浚承制拜子羽知興元府子羽至通商輸粟二鎮遂安
李蘩心存惠愛尤注意窮民時漢中久饑劍外和糴在府郡者獨多蘩訪求民瘼老嫗泣言民所以饑者和糴患之也立奏免之修治諸堰溉褒鄭田凡便於民者無不舉行興學化民嘗曰為治專事刑罰不以教化是棄民也秩滿歸士民遮道
許尹紹興中知興元召對言今日莫若重蜀重蜀以興元為本高宗納其說
劉甲東光人進士嘉定初知興元府兼節制軍馬修武備築城時究心民事嘗曰太守有一時之關百姓受一時之害吳曦叛甲上書告變詞甚剴切上覽之稱其忠

晁公武乾道三年知興元府束吏愛民百廢俱舉庭無滯訟稱為良吏
張浚字德遠廣漢人建炎三年十月為川陝京西河南北路宣撫處置使治兵漢中上疏曰漢中實形勢之地號令中外必基於此願蚤為西行前控六路之師後據兩蜀之粟左通荊襄之材右出秦隴之馬天下大計可定矣且委任諸將皆稱其材
吳璘字康卿玠之弟為興州刺史都統制判興元府剛勇有大節高宗時和議方堅璘治軍經武常若

敵至代兄玠守蜀二十年敵不敢南向威名亞於
玠乾道元年詔闕召見德壽宫高宗見璘歎曰朕
與卿老君臣也可數入見璘頓首謝及還鎮兩宫
宴餞甚寵又解所佩刀賜之曰異時思朕視此可
矣璘至漢中問民疾苦修復褒城古堰溉田千餘
頃民甚德之至孝宗乾道三年五月太傅四川宣
撫使新安王卒後贈太師追封信王六月以璘子
挺爲興州都統制利州安撫使

明

漢中知府

費　震鄱陽人以賢良任漢中知府時大軍平蜀歲
歉盜起震發倉儲十餘萬賑恤俾秋熟還倉易陳
爲新民來歸者數千家秋大熟民悉還前粟上聞
而嘉之重修城池多所經畫後以事被讀朝廷以
震爲良吏釋之升户部侍郎晋尚書祀名宦

郭　欽山東金鄉人國子生由户部員外郎陞任政
尚寬平民咸仰之 俱洪武間任

曹子嶶湖廣公安縣人廉潔精詳訟簡盜息以艱歸
民多繫思

王　鐵

沈　隆四川涪州人監生 俱天順間任

趙　玉遷安人修學繕城留心政務

陝　茂湖廣公安人正直有爲人稱良守 俱成化間任

袁　宏直隸桐城人進士

歐　鉦四川眉州人進士崇聖祀造祭器

劉　淳順天府人進士

周　東直隸河間人多善政能有作爲 俱弘治間任

謝景星直隸邯鄲人進士

潘鐸字伯振河南新鄉人進士

楊一鈞四川隣水人以户部郎中知郡事時蜀寇大
作兵由漢中軍餉日以萬計徵歛無時民皆惶惶
一鈞至以鎮静自處饋給無乏歛不困民役不疲
民興華節愛民賴以安三年擢浙江副使去之日
民遮道不忍别

賈　銓直隸覇州人去有遺議

張正家山東濱州人進士 俱正德間任

李暘直隸真定人進士政善而仁過之當時稱治
行第一
張　欽直隸通州人進士
徐　鈺湖廣人進士
藍　瑞河南鄧州人進士
孫　鑾江南武進人進士
陳　璣河南郾城人進士以振新學校爲第一事勤
考校修殿廡造祭器善政尤多
趙　鯤山東壽張人嘉靖己丑進士以大理寺寺正

任大盜胡海珠依山險爲寇父子相繼四十餘年
鯤下車即選練民兵躬率捕緝境內悉平
董漢儒河南考城人進士以户部郎中任
朱　用河南衛人進士
劉慶元直隸安州人進士
李　懿直隸吳橋人進士
張　纓河南安陽人進士
李　郁四川安居人進士
鄒守業河南禹州人進士

惠以作四川富順人進士俱嘉靖間任
何尚賢山西猗氏人進士
翟　濤河南安陽人舉人隆慶年任
項思教浙江臨海人進士盡復漢屬水利捐俸置學
田教育諸生民至今稱頌不衰
羅　飭山西蒲州人舉人
許　僩河南靈寶人進士
由禮門河南杞縣人進士老成持重吏民畏服公餘
多有題詠

郭顯忠河南太康人
劉應同湖廣潛江人進士
葉　修江西南昌人博學清操愛民好士修城不溪
課士有程去之日攀轅卧轍者滿道
李有實山東黄縣人進士萬曆丁酉任政平訟簡造
士作人賢聲大著
崔應科河南登封人進士修堰濬渠築城葺廨育
必興鼓舞文士多有成立
李景登遼東人進士由郎中陞任蒞漢三年永必

矢才明性敏案無留牘獄無沉冤撫民如子修理
廨毀不惜俸貲
王　壐河南魯山人進士
侯正鵠山東鄆城人進士
潘　文山西太原人才幹明敏案無塵積斷獄片言
居要每月朔日與諸生講程朱學業次日課藝文
士多受陶鑄時礦寇俞士乾聚衆數千肆爲掠塍
文設策招安令充牙兵未一載殺人如故文以計
擒之一日殲滅漢土始寧後陞太僕少卿祀名宦

秩官志　卷之八　歷代職官政績　十三

萬曆間任
張　璇湖廣鍾祥人進士
金本高雲南前衛人進士
盧自立直隸清苑人俱天啟年任
李日儼山西安邑人進士爲人骨鯁不苟取與丁艱
歸貧甚自乘瘠馬僮僕步隨且爲債主逼索竟以
憤恚卒
王在臺字肇區山西文水人進士以户部郎出守漢
中政先教化一遵文翁之治時瑞藩監尉多奪民
田在臺力爲禁除又勦滅張板子常義等賊陞興
安守道臨去攀卧者以萬計
馬上賓河南獲嘉人進士不避權貴不事塗飾明敏
練達禔福士民時巨寇屢至每每犯城上賓招兵
立營保城無虞祀名宦
張夏茂河南永城人舉人
姚一麟山西太原人致仕仍復任
林文蔚山東掖縣人舉人性嚴介才明敏當大兵西
集應芻糈咄嗟立辦民不稱苦更除巨蠹郡害悉

秩官志　卷之八　歷代職官政績　十四

絕
姜　銓直隸文安人舉人俱崇禎間任
皇清
漢中府知府
楊可經直隸鄚縣人恩貢才大而敏事至立判時有
賀逆之變守城有功升商洛道
董應徵直隸真定人拔貢爲清軍時聞賀逆將返漢
中預備粮料寇至死守能保漢城升本省糧道後
督粮至漢復署道事

張元初直隸趙州人舉人
毛一麟廣寧人貢士長材穎露事不留行內驛傳凋
疲疏請增額地方有賴升臨洮副使
馮達道江南武進人進士時兵集如山周應裕如纂
修舊誌以文事佐吏治博雅碩儒
陳禹謨順天宛平人恩貢
蔣應泰直隸人以內閣供事任
郭永祚河南新鄉人貢生
鍾　秀湖廣黃岡人進士

秩官志　卷之八　歷代職官政績　十一

劉　璟直隸河間人拔貢
李仲穎江西廣信人恩貢
李國亮遼東舉人籌餉卹民才幹精敏提陞糧道
董遂昇直隸河間人貢監時踰勘荒極力請蠲免八
咸其德
滕天綬奉天府遼陽州人廕生由廣東潮州府同知
陞任

明

漢中府同知

趙　熹通誌作趙善山西五臺人洪武初以國子生
任滋政勤慎吏民畏服遷給事中
鄒　昱永樂間任勤慎有為政聲洋溢奏績居最廷
論嘉之
晏廷宣四川巴縣人舉人有政聲
宋　欽直隸涿州人
郁敬修四川成都人
張雲漢湖廣襄陽人政以善聞 俱成化年任
劉　璽直隸清苑人治有賢聲

秩官志　卷之八　歷代職官政績　十二

趙　玉四川永川人
李　時直隸永平人 俱弘治間任
闞　清直隸河間人持身不苟行政衛民
何子奇四川榮縣人
李時節湖廣巴陵人 俱正德年任
王　禎山東兗州人
薛大川山西長子人
陳　相河南洛陽人
任道弘山西沁水人舉人

李　玶河南安陽人舉人
李　奐四川綿竹人進士以知縣任
張良知山西安邑人舉人以知州任修山河堰大著
勤劬漢民樂利至今稱之
李崇信湖廣潛江人舉人
王　儼山西汾州人舉人
徐　瀾雲南臨安人舉人
楊啟芳直隸寶應人舉人
李尹耕山東益都人舉人

陳　軫四川南充人舉人俱嘉靖年任
張孟男河南祥符人進士
傅希孟山西蒲州人舉人苦節氷清八年如一遷順
天治中俱隆慶年任
熊明誠河南南陽人舉人
姚思義直隸棗強人舉人
李　梧四川納谿人進士
劉竟成河南確山人進士造士作人教化最遠
李　彥直隸望江人舉人

田野臣河南裕州人舉人
胡　化湖廣荊門州人舉人議剏興安致漢失左臂
人或憾之
張書紳直隸栢鄉人舉人
秦懋約浙江臨海人舉人
張光宇山西太平人舉人
范　賡山東霑化人舉人
彭萬里湖廣景陵人舉人
黃名鄉江西新城人舉人

馬　珣山東臨朐人選貢持法不阿秉心似水民畏
其威且歌其惠
周應泰四川富順人舉人
陳　鉉四川温江人舉人
王崇慶山西沁源人歲貢
蘇州俊山西曲沃人舉人夏葛冬裼恬然不厭唐風
瞿瞿念民膏而惜之也俱天啟年任
唐可太河南裕州人恩貢
張從政四川人舉人

馬　蔚四川人舉人剛介不苛民頌有聲遷驛丞
守
黃應祥貴州人舉人俱崇禎年任
清
漢中府同知
董應徵北直高陽人貢生以浮山縣知縣任陞本府
知府歷官山西布政
薛良朋前屯衛人貢生以富平縣知縣任陞嘉湖道
劉　晃河南祥符人官監生以江寧通判任陞浙江
秩官志　卷之八　歷代職官政績　十九
溫州府知府
方　畿江南人貢生以河間府推官任
劉澤霖直隸人貢生以沁水縣縣丞任陞鳳翔府知
府
胡光祚順天人以內院辦事任
汪化鰲江南人貢生以河間通判任
馬阜疆山西人進士以廣東清遠知縣任不受僞職
以原官用
燋文煌河南人恩貢以鳳翔府通判任陞山東登[illegible]

府知府
劉餘爵順天府人監生以南城指揮陞
梁文煊正白旗奉天府人監生以福建福州府羅源
知縣陞任
興屯同知
郭　鄖河南確山人拔貢順治十年改十三年奉裁
離任
明
漢中府通判舊駐西鄉漁渡壩後仍歸漢中其撫民通判久裁不另載
秩官志　卷之八　歷代職官政績　二十
原　迪山西潞州人成化間任
彭　鏡四川人
何　奎直隸吳橋人舉人
楊啟節四川人弘治間任
劉　灝山東人
孟　統河南人精敏有爲政聲特著
羅　賢四川人
周　盛河南偃師人
張　須四川富順人俱正德間任

逺　倈四川洪縣人
高光烈山西縢州人舉人治以賢稱
劉伯玉四川榮經人
袁　栥直隸六合人
韓　瑨山西絳州人
朱　剛直隸三河人
蔣弘仁四川巴縣人舉人
熊　暘四川南充人舉人
楊廷相山東青城人

袁一貫湖廣醴陵人舉人
辛　珵廣西陽朔人舉人
王嘉賓四川合州人進士
謝廷蒞四川富順人進士
劉元斐河南郾城人以光署正任
李　祿河南光山人舉人
王　璣山西靈石人舉人
馬元勳四川內江人官生
任敬賢四川閬中人舉人

羅仲元湖廣通城人選貢
楊　科福建將樂人選貢
焦紹恩河南靈寶人監生
陳大爲湖廣巴陵人舉人
劉　璣山西徐溝人選貢
王　儒四川盧州人歲貢俱嘉靖年任
朱羽冕雲南嵩明人舉人
張鴻翰山西陽曲人舉人
胡順之江西萬年人歲貢

羅俊英四川威州人歲貢
袁　禮四川墊江人歲貢俱隆慶間任
劉　鈇山東歷城人舉人
王尚質直隸南和人舉人
于養素山東濰縣人恩貢
王久中直隸固安人
李一本山西浮山人選貢
李一言河南新蔡人恩貢
李道淳直隸濬縣人舉人

毛志忠河南中牟人舉人
吳　蘭山東朝城人選貢
張可久直隸開州人恩貢
劉　顏湖廣寧鄉人選貢
程　述河南柘城人選貢
張　海河南溫縣人選貢
王維城江南常熟人監生
王　誥江南潁州人舉人
秦　嶽直隸人選貢

趙文蘭行唐人監生
譚士觀江西高安人舉人
薛　郭山西安邑人舉人
賈崇真河南宜陽人選貢署篆清嚴仁厚錄遺珠聯
翩提售人服其藻鑑升兩淮鹽運
羅　章四川長寧人選貢
謝明寵四川保寧人舉人冰蘖清操衆推羔素
唐堯號廣東義寧人恩貢
何裕家河南信陽人恩生 俱萬曆間任

王崇慶陛本府同知 泰昌間任
杜　瀋河南維陽人恩貢
史大謨直隸清苑人恩貢以不謹去 俱天啟間任
劉成禮湖廣麻城人選貢
俞昌言浙江仁和人舉人
王毓秀山東館陶人
黃爾性遼東人恩貢 俱崇禎間任

皇清

漢中府通判

李芳敢直隸邯鄲人恩貢賀逆圍城出奇取勝漢人
德之
周士光江南江寧人選貢
孫席慶山東臨朐人拔貢
郭永祚河南新鄉人拔貢
師　孟河南靈寶人
梁肯負湖廣人
李震成北直人進士以河南提學參政謫任
李紹鵬福建人

孫世澤遼東人陞四川重慶知府
吳文烈江南徽州人
張思任遼東人
韋綖浙江會稽人監生
明
漢中府推官
郝晟山東人弘治間任
蘇希軾直隸霸州人
武鉞

李道河南安陽人貢士爲趙藩王授業以理學
名
趙清山西人
劉鼐河南人
王田直隸順天人
龐紳北直順天人俱正德間任
袁汝鑾四川雅州人舉人
郭邈河南郟縣人進士
李良山東長清人進士

王可河南南陽人官生
陳鍊湖廣鄖西人監生
何親四川岳池人舉人
曹直湖廣桂陽人舉人
陳觀山東東平人進士
李傳湖廣茶陵人
蔣躬雲南楚雄人舉人
羅奎湖廣巴陵人舉人
葛珠山東壽光人舉人

李元顯直隸完縣人舉人俱嘉靖間任
杜從易四川合江人舉人
馮楷直隸安肅人舉人俱隆慶間任
周爾暘湖廣南漳人進士
韓鵬四川德陽人舉人
黃應兆廣東南海人舉人
鄧啟愚湖廣溆浦人進士
宋一韓河南陳州人進士
楊嘉言河南胙城人舉人

務允達湖廣隨州人舉人
李　倬山西聞喜人進士
呂　諤山東萊陽人舉人
鄒獻詩直隸清豐人選貢
范之齊山東樂陵人舉人法嚴令明慮民遭枉夜行
察訪不避霜暑一時豺狼殆盡
孫若湯福建晉江人舉人俱萬曆間任
王東岱河南尉氏人舉人讞訊平明遇事敢為時魏
監勢燄熊不阿附及魏敗始陞東昌同知即掛冠

歸舉朝重其節
董一鯨山東濱州人舉人俱天啟間任
吳學夔江南高淳人恩選
胡維元江西新昌人舉人
何繼桂河南信陽人舉人
李光遠北直邯鄲人舉人
韓　雲山西絳州人舉人
劉光采北直內丘人舉人
王鳳翼山西寧鄉人進士盜賊內訌鳳翼設策防守
皆修城垣事先未雨至聽斷明決情多哀矜尋升
刑部主事俱崇禎間任

皇清

漢中府推官

原體豪山西陽城人副貢賀珍圍城匝月分守東城
火攻水戰卓有成勞
王猷著河南新蔡人貢士
丕璟如山東棲霞人進士時兵民錯居無賴子弟日
緣為奸百姓患之璟如器宇疎朗儀度俊偉兵將

一見皆敬憚之私相戒曰各自愛無犯衣君令莅
任數月周知民情利獘條教各屬令行禁止奸吏
震懾尤長於折獄雖狡猾譎辯詞涉兩端數載不
決者片言折之咸俛首服辟順治辛卯分試秦闈
所得九人皆名下士以艱歸卒於家璟如為文雄
渾博洽才華充足有志未竟士論惜之
張敘元山西沁水人進士
曾王孫浙江秀水人進士以文章名家吏治精敏禁
華行役通商恤民漢人懷德惜詿誤然[illegible]

參事雪改都昌知縣行取户部主事
胡循綸山東新城人進士判任未幾奉裁改補
明
漢中府經歷司經歷
曹應韶山東人陞西和知縣餘無考
皇清
漢中府經歷司經歷
吳之蕙江南揚州府人
洪 化浙江上虞縣人恩貢陞四川寧越同知

邢仁政北直静海人監生陞泰州州判
郭存仁北直宛平縣人以內閣辦事任
沈文蔚浙江慈谿人
張廷佐北直大興人
明
漢中府照磨所照磨
許文衡北直人陞浙江長興縣縣丞餘無考
皇清
漢中府照磨所照磨
鮑鵬翔浙江紹興府人
辜國祥浙江東陽縣人
張文英北直宛平縣人
皇清
漢中府廣積倉大使
郝某行真定人
丁 傑紹興人
范大正浙江人
明

漢中府學教授
方孝孺字希古浙江寧海人受學於宋景濂以聖賢
道義自期明洪武十五年用吳沉薦至京陳說多
稱旨知其志存敎化上曰當老其才留爲子孫光
輔太平乃除漢中教授詔許水陸給舟車漢中山
郡荒僻士人鮮知學孝孺昕夕爲諸生講解文義
至暮無倦容由是山南皆知向學蜀王慕其賢延
爲賓師嘗以遜志名齋蜀王改爲正學後召爲翰
林院博士尋進侍講天下識與不識咸仰之以

顏孟程朱復出也建文時柄用典禮定制銳意太
平值靖難師入仗節不屈至滅十族前朝忠節首
推孝孺漢中建祠文廟之左祀以春秋上丁洪武間任

李　鏻直隸人 / 范　冠貴州人舉人升國子監博士成化間
任
石　旻直隸人弘治間任 / 吳　憲四川人
李　銳太和人舉人陞知縣正德間任 / 李　純四川人
張　瑀河南祥符人 / 雷有賜四川宜賓人舉人陞國子監助教
俞崇慰貴州人舉人 / 朱　僅直隸永年人
官　易

呂　鴻 / 張　秩
吳紹周 / 劉一停湖廣人舉人俱嘉靖間任
馬　坤山西蒲州人 / 李一陽
林　成河南人俱隆慶間任 / 許　漸山西人
郭如瑄四川富順人進士 / 鄧文廣
張宗元四川人 / 寇光宋中部人
周　詔鳳翔人舉人 / 劉朝彥直隸人
趙世舉河南唐縣人 / 蘇夔麟河南南陽人博學工詩文善書法精
懷脫酒所著有葉蟲集遊梁稿 / 李國士直隸永年人

詩

漢中府學教授

任　問西安府盩厔縣人 / 裴玉顯鎮番衛人
慶雲起涇陽人舉人 / 張　芳平涼府人陞州同
尉　映甯羌人陞縣丞 / 衛士适韓城人舉人中丁未進士
王　榆綏德人 / 羅朱錦三原人舉人
張　拱興安州人 / 趙　班蘭州人

明

漢中府學訓導

楊　洪四川人成化間任 / 宋孟清山東人
董　王四川人 / 張　綸河南人正德間任
易　完四川人 / 徐　紳四川人
高　材河南人 / 董　祥四川人
何　濂湖廣人 / 梅　乾四川人陞教諭
趙　琦湖廣人陞教諭 / 形　思四川保寧人
黃元吾安岳人 / 車　銳富順人
劉　愁四川眉州人 / 周　爵
武　閣 / 李希齡

費守恒 四川人　　李一元
王世榮　　李宗儒
蔡希齊 四川人俱嘉靖間任　　楊度 四川人
范春　　劉經綸
劉愚　　周圖 商州人
黃之藩 四川人俱隆慶間任　　龔廷瑀 四川嘉定人
文運開 三水人　　趙廷宣 四川巴州人
仝翱 鄜縣人　　羅尭臣 四川劍州人
曹希文 四川保寧人　　黃文炳 南部人

秩官志　卷之八　歴代職官政績　三十三

鄧子賓 蒼溪人　　張文傅 兩當人
賈永吉 環縣人　　梁永 鳳翔人
王槐 慶陽人　　陳三策 咸寧人
喜早攀 西和人俱萬曆間任　　劉亨 臨潼人
何通儒 四川巴州人　　張賁儒 山西大同人俱天啟間任
胡朝貢 鳳翔人　　權度 咸陽人
楊春宣 鎮番衛人　　王稽古 山西翼城人崇禎間任

皇清

漢中府學訓導

第伍瑛 三水人歴學正　　薛倫魁 安定人
王四友 韓城人　　蔚映 肅施人
成鑑 蘭州人　　賀文彪
輦爾礪 慶陽府真寧人

明

漢中衛經歷

王思舜 四川潼川州人

清

漢中衛經歷

秩官志　卷之八　歴代職官政績　三十四

劉三顧 湖廣荊州府人 自此裁

南鄭縣知縣

明

陳師錫 修廟學建尊經閣多所樹立 洪武初任
朱友成 四川重慶人舉人後入南鄭籍 正統間任
佘鳳儀 温江人
王瑾 直隸真定人
張宸 湖廣德安人 弘治間任
王志 山西太原人

吳　愚四川敘州人
牛　良山西潞安人
李廷桂保安人俱正德間任
強　斌河南南陽人
張　佑四川涪州人
王秉彝四川閬中人俱嘉靖間任
任萬珠湖廣桃源人舉人
李　梓四川綿州人舉人藉因山寇嘯聚當道者暫
移金寧城洋褒沔之差于南鄭寇久平而差不返

民甚苦之梓至即酌重役均徭賦民始解懸而舉
重賦矣有安民碑俱隆慶間任
周啟東山東人舉人
張　明四川成都人舉人
皮　昇四川巴縣人舉人
何廷表四川內江人舉人明能燭僞才足濟貧
馬步雲河南祥符人舉人
霍鎮芳河南光州人進士寬以恤民禮以下士稱爲
良吏

李　梗山西翼城人舉人
馬　英字鍾華北直寧晉人進士政尚寬平雅量容
人擢御史歷官刑部尚書
李良棟四川合州人舉人清慎敏幹案牘肅然待士
有禮愛民如子人爭祝之擢南臺以舍諫聞
龔世瀚湖廣公安人舉人俱萬曆間任
蘇州俊山西曲沃人舉人愛育黎民錢粮不加火耗
時常義張板子朓伍寇漢中州俊單騎入省請兵
督撫同兵備劉應遇討平後陞本府同知清謹有

守以正直不阿致仕歸有去思碑天啟間任
周士奇湖廣鄖縣人選貢
井惟燦福建海澄人進士清正得士民心擢御史
劉　逵直隸濬縣人進士
鄒世琦江南武進人舉人
畢大中山西繁峙人拔貢俱崇禎間任

皇清

知縣

陳仕侑山東平度人歲貢

賈之中陽城人選貢
劉芳契河南洛陽人選貢
郭壬彌遼陽人貢士
唐有譽
苗有秫
韓毓質山東濟南人舉人俱順治間任
高世豪山東淄川人進士
王　喬正黃旗人舉人濵逆王屏藩兵陷漢中喬不
　受偽職恢復後還籍
秩官志　卷之八　歷代職官政績　三七
韓維新鑲紅旗奉天遼陽縣人
明
　主簿
王邦器河南尉氏人後卽奉裁
明
　典史無考
皇清
　典史
王業亨

嚴化民浙江上虞人
陸士俞江南人
明
　教諭無考
皇清
　教諭
衛熙臣韓城人舉人中丁未進士　薛　俟三原人舉人俱順治間任
慶雲起涇陽人　雷日觀郃陽人舉人
方　璧寶雞人　曹　晟臨潼人舉人
秩官志　卷之八　歷代職官政績　三八
明
　訓導無考
皇清
　訓導
張我智郿縣人　郝新景白水人
趙世永膚施人
明
　青石關巡檢無考
皇清

青石關巡檢
王維垣 浙江人
邰成彬 浙江鄞縣人
清
漢陽關驛丞
周 如 直隸人
謝 裔 河南人
鄒之慶 浙江山陰人

襄城縣

宋
豆 克 慶曆中以給事郎守祕書丞知縣騎都尉致
意民事務廣文廟基址建曹參堰碑稱知先務
方 嘉佑中以宣德郎守太子中舍知縣事騎都
尉賜緋魚袋
張克履 魏縣人崇寧二年爲令
張元邦 崇寧四年以節度推官知縣事
鮮于翔 崇寧間知縣事
元 浩 崇寧間以右班殿直監商稅務

謝士元 以著作郎任
張浚 號紫巖年甫弱冠有爲皆以遠器稱之自山南
府士曹參軍調發爲川陝宣撫使累官少傅右僕
射進封魏國公祀名宦
黃 ╳ 紹興四年爲令
黃 ╳ 紹興間以從事郎爲令
王克明 紹興間爲令
朱 翰 乾道五年爲令
張 演 淳熙十一年爲令

張 寅 慶元元年令
宋積之 成都人慶元二年爲令修飭堰務使民足食
陳 彪 閬州新繁令合令邑人有德政詔諭寶慶元年任
何武仲 嘉定元年爲令
白巨濟 遂川人嘉定十一年以保義郎爲令
施爲可 錦官人寶和間爲褒水縣令舊有褒水令在縣人改此
明
知縣
段 勉 官署學校壇壝祠廟皆勉建立

王　魯山東鄆城人褒當傷殘之後曲爲撫字漸行
賦役民不見擾稱賢令洪武間任
彭　壽河南靈寶人永樂間任
盧　葶景泰間任
丁　瓛心切愛民才能舉廢天順間任
李　瓚
胡　泰河南固始人
胡　單
侯　明河南洛陽人進士以御史左遷制行端莊執

法不徇愛民之心溢於政外以易授諸生遷靜寧
知州成化間任
羅　瑞四川馬湖人舉人
張　表河南鹿邑人甲午解元果敢嚴正人以其直
方稱曰板張
岳　玉息縣人弘治間任
展　學山西蒲州人性淳篤而心剛正士民有丧祭
不能舉者給助之
王　琮山東萊州人

石宗泰直隷清苑人進士
張　錦山西絳州人
陳言諫四川內江人舉人果斷明允政無留滯公餘
爲諸生講解書義丞鋤土豪境內獲寧俱隆慶間任
張廷圭山西蒲州人政尚嚴肅人有細過亦不少貸
然性清約不鈎致一錢以憂去任行李蕭然
吉　人四川西充人舉人
嚴　霜臨縣人性溫和儉約以儲蓄爲急雨暘祈禱
立應施澤活人屏絕饋遺廉潔自著

胡復之南溪人性耿介馭吏治民不擾不苛
傅　道山西襄陵人
丁　介龍驤衛人舉人自武昌通判改任
陳一策四川富順人舉人志大而畧于細行性倨傲
不能下人被論飄然而歸
端　僖河南新鄭人
汪　琬澧州人舉人自銅梁改任
張　庚山東曹縣人舉人外朴內忠清正不阿銳意
修復加意民隱邑人德之

萬世謨四川忠州人自福建理問遷任
李　壽四川人
謝　佇南充人俱嘉靖間任
傅拱章四川南川人
祁廷俊四川人俱隆慶間任
陳三綱四川遂寧人
何復初湖廣荊門人
范　儒山西威遠衛人
李東廓蒲州人

劉繼曾四川富順人
鄧碩輔茂州人
韓汝薦岢嵐州人
李延齡河南淅縣人
張文炳直隸冀州人
戴邦禎直隸祈州人
楊　魁四川安岳人
張　庚直隸南宮人
張鵬翼直隸獻縣人

孫如炬山東益都人
焦思讀直隸新河人舉人
辛敏道江西萬載人舉人
程士奇湖廣通山人舉人勤于政事留心民瘼凡貪乏之家輸納艱難公取諸物準直轉爲貨售以完正賦民多稱便褒民永戴之
孫　琛山東人監生
安　民山西人貢士
陳上理湖廣人貢士俱萬曆間任

周士奇湖廣鄖縣人恩貢善政得民心後陞西安同知俱天啟間任
周國禎遼東蓋州人貢士
李鏡典山西岢嵐州人恩貢文武兼優士民戴慕
易道粹湖廣人歲貢
茹秉忠遼東人貢士
焦應鶴四川保寧人治褒兼署南鄭城洋大有惠政俱崇禎間任
清

知縣

原鳳起河南鞏縣人貢士清苦自厲甫半載卒于官

葵縣北士民祀之

董良史河南洛陽人貢士剛介自持待士惟謹咸服

其才以能吏稱

祖榷梅遼東寧遠人貢士

劉漢卿江南武進人進士謙恭下士政不誅求順治間任

胡世濟直隸大興籍浙江餘姚人以教習任人樂其

寬咸歌父毋鮮豢後卒于衰

毛天麟江南婁縣人進士確守故轍實便于民

陸　泰山西籍遼東人廕生從逆

沈　芳浙江人興平縣丞康熙十九二十兩年任

劉廷傑河南人舉人二十二年任

雷　闓湖廣蒲圻人貢監捐俸開新學官修理城垣

及衙署二十二年任

顧　畏江南丹徒人副榜二十六年任

宋

宋立德慶曆二年以將仕郎守縣尉兼主簿事

党　嘉佑間以縣尉兼主簿事

閻師教崇寧間爲主簿

李安民宣和間以廸功郎爲主簿

明

主簿嘉靖三年旋革旋復

楊　洪山西人

程　節四川人

姜

尹

郭宗仁

聶朝貴劍州人

吳　翰江津人

符　英山西人

王世用長子人

譚岐鳳忠州人

張　翀南部人

張在中瀘州人

杜　撰清源人

孫　福封丘人
楊得㬎浮山人
高　鑑亳州人
劉起明安邑人
李世英江安人
伍　魁南溪人精法律歲饑盜起嚴捕息之所守清
正人人自戒毋犯法
郭　普蒲縣人
李　潘輝縣人

許　侃至此又缺

宋

解思忠崇寧三年爲尉
李彌彰宣和二年以將仕郎權縣尉
陳覺民三年以榮州文學爲縣尉
魏　機閬州人淳熙十二年爲尉
張　海舞陽人淳熙間爲尉
張　紹熙四年爲縣尉
尚　弼慶元元年爲尉

明

典史

董　斌
鄧　海
袁　永朝涪州人
張　惠蒲城人
郭　英内黄人
鄒　連夏縣人
孫　學伏羌人

魏　倫大足人
牛　雄襄垣人
粟　頊江安人
魏萬定眉州人
徐　教富順人
楊育英廣安人才有爲而守亦正
李正春巴州人
薛進忠閬鄉人
李　陽巴州人

靜 道 吉水人
趙 畏
皇清
典史
王掄秀
沈得朝 俱順治間任
曹 鍾
徐天佑
吳 燧

宋
李惟中 慶元元年爲摠直學事　楊桂孫 慶曆二年爲學正
李 煥 慶曆三年爲學錄
明
教諭
藍 住　周 晃 金堂人
趙 縉 山東人　余 敏 穀城人自沁陽遷睦王府教授
游璣自 扶風遷任俱洪武年任　樊
胡 喬 四川內江人舉人　楊 立 中江人

蘇一元 漢州人　閔思自 茶陵遷任
孫 鸞 山海人　譚應乾 茶陵人俱嘉靖間任
吉 修 萬曆間任
明
訓導
李均佐 洪武間任　焦 福 永樂間任
楊 鵬 成化間任　王 䃺 穀城人
胡復全 直隸人弘治間任　蕭道充 岳池人
馬 勳 南溪人　陳子裕 溫江人正德間任

丁 啟 華陽人　黃 江 資縣人
井宗周 臨水人　江 純 襄陽人
刑 鐙 保寧人俱嘉靖間任　龔學書 萬曆間任
皇清
教諭
焦治平　任明成
龍 焜 階州人　王萬祚 鎮番衛人
方天棟　郭毓秀 翟州人舉人
皇清

訓導

陳瑛　馬

鄢之賓　郗之奚淳化人

牙

示　淊崇寧中以右班殿直監商稅務

明

開山驛驛丞無考

皇清

開山驛驛丞無考

明

青橋驛驛丞無考

皇清

青橋驛驛丞

宋

粲山東章丘人

明

馬道驛驛丞無考

皇清

馬道驛驛丞

洪大志江南懷寧人

漢南郡志卷之八終

漢南郡志卷之九

闕左　知陝西漢中府事滕天綬　重輯

秩官志

城固縣

歷代職官政績

宋

魯宗道亳州譙人祥符中爲縣令性介直誠信與人百姓愛之如父母不忍欺焉民頗於法宗道曰民失其道上之過也痛自克責民化於善後拜正言

參知政事人目爲魚頭參相蓋因其姓言其骨鯁也

張浚廣漢人爲邑令陞川陝宣撫封魏國公

閻蒼舒太原人化民以德不任刑罰躬行禮義以身先之民皆悅服風俗丕變

薛可先字景孝河東人由縣尉陞知縣事有文學諳世務率吏民以拒寇興水利以溉田民懷其德故名其所築橋曰薛公橋渠曰薛公渠

元

劉庸字時中鄭延人至元中爲邑令修五門堰改創石渠一道以通水利民蒙其惠爲立生祠於斗山之麓

明

知縣

曹璧山西魏山人監生持身以廉撫字得宜

葉壽高郵人時秋粮久逋民多鬻子貼償不完立爲奏除報額勸富代輸撫綏備至遠邇頌戴永樂間任

胡海江西饒州人以賢良方正任廉以律己施爲

有方民多感慕成化間任

杜華山西陽曲人陞戶部主事

趙思仁直隸昌平人舉人和易清平愛民守己弘治間任

李完四川合江人監生奉公守法吏畏民服

易宏貴州人舉人以本縣教諭陞本縣令政教兼舉士民感慕俱正德間任

李材河南鄭縣人舉人治才敏捷法令嚴密見重於當道地方賴以寧謐以內艱去

劉振山西平陽人舉人政善民懷教養兼集

經希伋廣西人催科不擾興學愛民有令名
劉　佳河南禹州人官生
尹　寶監生
郭崇儒四川人舉人
張汝諧監生
李益德河南登封人官生
范時修四川成都人舉人清廉愛民力勤堰務造祭
器于學宮建農亭于郊野此其最著者也
白　桂貴州人舉人

陳宗嵩四川人舉人
楊廷儀湖廣黔陽人舉人
任　堪直隸亳州人監生
趙　鎔四川成都人舉人
楊永茂四川昭化人監生
楊守正直隸良鄉人監生寸忠自盡六事咸修新學
校勸農桑興復射圃任內歲時豐稔俱嘉靖間任
熊　讜湖廣麻城人舉人均稅粮致民殷富奉檄征
寇民獲寧息

丁汝翼華陽人舉人
傅　第大寧人監生隆慶間任
喬起鳳山西安邑人舉人重修文廟勤築堰渠官至
太僕寺卿
熊　謹河南光山人監生
劉克義山西澤州人舉人
景　章四川富順人進士召募里甲節用愛人
劉振盆南部人舉人包磚城省力役愛恤里甲民至

傅　珩四川銅梁人舉人
呂從古武強人舉人
高登明山西翼城人舉人刱修渠堰造士恤窮民冢
福惠
文應鸎山西介休人舉人
謝君賜四川新都人舉人
郭世榮四川成都人舉人
董懋官直隸大名人舉人
馬中騏直隸東光人進士以才品調繁長安將行而

死兩地思惘
程三樂四川重慶人舉人與郡伯潘文合招礦徒俞
士乾等賊旋就擒斬謀畫有才地方安戢俱萬曆間任
楊邦英雲南臨安人舉人
劉定宇山西定襄人舉人
周學閔山西曲沃人舉人時接瑞王詞停供應人民
安堵天啟間任
胡永禎北直淶水人歲貢
鍾良翰辰州人選貢
秩官志　卷之九　歷代職官政績　五
釆州杰山西襄陵人進士調長安
李如霖河南沈丘人舉人
梁化鯉山西人功貢
司五教直隸內黄人貢士時李孳田見秀至邑索印
五教堅志求死不與急索之五教抗罵不屈賊寸
磔於衙後奏聞廕祀名宦俱崇禎間任

皇清

知縣

仲明良山西廣昌人歲貢

楊四易山西壺關人
李祚光山西翼城人進士
湯任俊直隸永年人
謝萬鍾河南項城人貢生俱順治間任
萬興倫江西南昌人舉人
毛際可浙江遂安人進士
孫振元遼東人舉人從逆
徐永祚北直宛平人
胡一俊北直灤州人貢監
秩官志　卷之九　歷代職官政績　六

明

縣丞

羅　江磁州人
竹載陽四川瀘山人監生
劉文秀湖廣鄖西人吏員
王廷祿四川內江人監生
蔣　鸞湖廣黔陽人監生
白□□四川梓潼人監生
趙　愈四川人監生

潘　宋浙江會稽人

盧　巖　人崇禎二年自此裁

明

主簿

彭萬里湖廣巴陵人

王　鵞山西人監生

王　道直隸順天人監生

龔景陽湖廣羅山人監生

楊　實四川人承使升清浪衛知事

李文錦山西絳州人吏員

程　錦四川威遠人

鮑　自此裁

明

典史

李　驥四川新繁人國子生公平有爲值考滿民不忍去詣部保留

李大經山西大同人

范　俊四川德陽人

陳忠德四川人

鄭希泗河南靈寶人

吳思孝四川綿州人

牟伯淳四川巴縣人

彭顯貴

皇清

典史

繆大成

黃　英

徐來標

范佳賓

戚宗樞

陳　玫

樓世忠

明

教諭

陳　岳四川墊江人監生　王梁四川南充人

鄧世祿山西河津人選貢年青行潔學博教勤升延安同知

周　易山東萊州人　楊　瑞四川蓬州人
石煥玉江西寧州人　黃　惠四川威州人
劉　升四川合江人舉人陞石泉知縣　程　鑄四川榮縣人
單經德興安人　郝藎鴻山右臨縣人

皇清

教諭

汪鷹揚成縣人　謝賢詔平利縣人
高妼梅延安人　何鵬翥涇陽人舉人

明

訓導

牛　紳河南尉氏人時明倫堂逼城東規模狹隘乃率生徒請於當道捐俸改建更立程勸學科第聯翩　龍　騰四川南溪人
賀良瑞四川巴縣人　趙　臣四川人
傅　吉四川成都人　郭　鎮河南河內人
徐一元江西臨川人　陳　傑四川達州人
趙文燦四川大寧人

皇清

訓導

賈明謙蒲城縣人　衛啟疆韓城人
段　觀富平人　李佳品郿縣人
高　寶會寧人　李映棠河西鎮番衛人
孟思智平昌人

洋縣

唐

趙　節貞觀十七年爲洋州刺史
趙元銑德宗時李晟薦爲洋州刺史
羊士諤山東泰山人貞元初進士元和初以御史謫

刺洋州
許康佐元和間任遷京兆尹
曹　鄴廣西陽朔人大中間以郎中爲洋州刺史

後唐

和　凝山東鄆州須昌人天成中進士以工部員外郎爲洋州掌書記後官太傅封魯國公

後周

李　暉陝西成紀人爲梁洋二州總管見前

宋

張中庸四川綿州人真宗時知洋州人稱水晶燈洋
焦溪河有墓
韓　億嘉祐間知洋州治洋有惠政
文　同字與可四川梓州人以文學知名皇祐元年
進士爲度支員外徙知洋州治庠校遣子弟就學
躬闕訓導人始知向學有盜傑居閭閻同捕詰之
又苦秦隴奸惡從褒斜間道摽竊同治之不敢犯
城固民頑逋租人苦鄉徭代輸破產同革其弊始
絛城垣有惠政多題詠祀名宦

李顯忠字君錫延安清澗人紹定間蒞洋時有大敵
盡力守禦屢戰獲捷招撫流移收捕竊盜洋郡大
治顯忠修葺公私廬署于焚燬之餘譙樓五雲宮
皆其建置有碑記可考歷官太師封隴西郡開國
侯謚忠襄祀名宦
楊從義建炎五年治洋有聲尋擢知鳳州後以梁洋
接境實爲重地復徙知洋州兼安撫使從義王塡
堉水河爲堰修葺溉田五千餘頃復稅五千餘石
又增營田十四屯公私以濟宣撫使張浚聞于朝
賜詔褒獎從義讀留侯傳慕願棄人間欲從赤松
子遊之言上疏力請歸休遂家于洋之崇道觀下
封開國侯城洋兩縣衆民立祠世祀祀名宦
高　稼邛州蒲江人進士端平中知洋州有元兵來
攻極力守禦大破之移知沔州城陷死節謚忠襄
祀名宦
盧士宏字子高新鄭人天聖中知洋州考校圭田令
蠲貲以輸自部使者而下皆十損七八文彥博包
拯以廉能薦擢夔州路轉運使

王　冲皇佑間任
李　嵩崇寧間任
宋　萃山東濟南人紹興間任
虞易簡嘉定間任
趙善𢖍宋宗室淳熙九年任增有學田
王知新淳熙間任
張　稅四川綿竹人孝宗時以進士任
宋
邵　傳河南洛陽人堯夫孫通判洋州

慶文君四川毋稜人高宗時判洋州遷敦文閣待制
王　傑紹興間判洋州
王　德紹興間爲武康軍承宣使
李大來嘉定間爲武康軍節度判官
元
田　季京兆人䲁介不妄交應事諳合謹度吏民畏
服撫慰士卒尤加恩厚知金洋兼諸軍
武　佑大德中任兵火之餘發廩賑饑全土居民勸
學市田以養士

秩官志　卷之九　歷代職官政績　十三

劉珪元天曆間同知洋州
張　善至正間同知洋州
周之德延佑三年知洋州
胥公弼至元間知洋州
劉元禮
胡伯恭
王無妄俱至正間知洋州
張好修
明

知縣
劉　寶江西廬陵人廉謹恤民祀名宦洪武年任
二　藺江南武進人永樂間以胄監任
　　文賢
劉　顒慶四川瀘州人
常　德四川大竹人俱正統間任
劉　謙河南淇縣人舉人景泰間任
張　彪直隸涿州人歲貢
魏　隆俱天順間任

秩官志　卷之九　歷代職官政績　十四

趙　從河南澠池人舉人
韓　文直隸鹽山人歲貢
李　忱
陳　謙直隸沭陽人歲貢俱成化間任
李　政河南鞏縣人進士御史左遷洋縣廉謹有爲
修理學宮躬課諸生科差正賦調停維均百姓信
服
王　勉北直宛平人進士以行人謫任有政聲
崔　璽北直燕山左衛人進士剛明[illegible]

姓保留至今思慕
成　儒四川新城人重修學廟而民不苦勞以疾歸
范　晟山西襄陵人舉人 俱弘治間任
宋　鋭山西臨縣人例貢藍翎警擾羽檄旁午外給
軍餉內撫民心邑賴以安
杜　聰直隸景州人歲貢
李　獻山東壽昌人舉人 俱正德間任
李文林山西河曲人舉人

范　璧四川嘉定人舉人
李維幾河南祥符人舉人廉靜寡慾約束嚴明催科
不擾更善積粮以備賑
鄧執中廣西全州人
馬天倫河南禹州人恩生
馮　綬四川遂寧人進士
鍾　楚四川內江人舉人
李　瀚四川奉節人歲貢
鄭允中四川羅江人歲貢

王　言四川宜賓人舉人
陽　丱四川宜賓人舉人
盧可兆四川重慶人公平仁恕律己愛民循良最績
陞雲南師宗州知州 以上俱嘉靖間任
閻邦寧河南原武人解元進士歷官臬憲 隆慶間任
劉　漢四川成都人進士
向　芭四川漢州人
馬崇謙山西安邑人進士
李丙中河南杞縣人進士清丈田地行均條鞭法請

行西鄉路修飛槽築斜堰洋人永利行取御史陞
山東僉憲百姓立祠祀之議舉名宦
李文芳四川綿州人進士陞評事
張以謙河南洛陽人進士崇儒愛民均水利築堰埭
冬月備油炭給士子號房誦讀清粮裁役精練明
敏賑恤撫愛宿弊盡釐百姓立祠祀之
姚誠立山西安邑人進士刊諭洋家訓著作民要訣
士民興起瑞麥嘉禾疊見歷官廣西臬憲
周　制湖廣麻城人舉人調浙江開化知縣

左立功山西洪洞人舉人
鄭磐石直隸棗強人舉人
張文德山西安邑人舉人 俱萬曆間任
曹宗載雲南臨安人舉人自醴泉令以清廉調繁祥
縣蒞任五年端潔不擾省刑薄稅講鄉約止刁訟
修學宮勸課士風俗一變陞評事歷祭平副使
尤孟檜山西臨汾人舉人和平樂易尤留造士時瑞
王之國供應繁難力能猝辦極力申請省費頗多
又開溢水堰渠以避山溝暴漲祥民立祠祀之後

官河南府知府盡節 俱天啟間任
李　月北直三河人恩貢
王盧白山東汶上人進士
郭一龍山東曹縣人舉人城守勞苦卒于官
何士邁廣西興業人舉人
張精蘊山西安邑人舉人
洪一緯江南歙縣人舉人
馬汗朱萬全衛人舉人
劉　劉四川巴縣人貢生自鳳縣調任 俱崇禎間任

皇清

知縣

吳可進山西大同人貢士
曹養裕山東長清人貢生以病歸
金練之江南江寧人貢生被參歸
陳所之福建安同人貢士
曹可大江南上元人例貢
李天叙河南安陽人恩貢建修故聖祠以憂歸
梁　愿湖廣黃梅人舉人

柯　棟江南建德人以教習任重修文廟正殿革除
小里
傅廷錫山東高密人進士從逆
龐守謙河南武陟人進士
劉嗣季江南泰興人進士
謝景安江西安福人舉人

明

縣丞

潘謹言撫字勤勞開新縣治善政傳聞祀名宦 洪武間任

商金庭
晉崇本
陳篤忠 萬曆間任
徐師貞
黃啟虞 天啟間任
蘇應試 江南宿遷人
楊王休 山西聞喜人
胡　選 湖廣瀏陽人恩生
劉繼芳 河南洛陽人

王湛極 俱崇禎間任

皇清

縣丞

錢忠陛 浙江仁和人陞蘇州府經歷
吳汪度 江南蘇州人歲貢
馮天相 浙江錢塘人陞四川閬中知縣
任振鷺 山西聞喜人恩貢陞臨漳縣知縣
于士英 山西汾陽人
張仕憲 北直籍江南人

明

主簿

向孔化
馮堯天 山東臨清人監生陞經歷 天啟間任
劉屏中 山東濰縣人 崇禎間任 崇禎二年裁

明

典史

徐一體 萬曆間任
王自穩 河南靈寶人

王世德 天啟間任
張文學 巨寇頻至保城無虞潔守訓子祀名宦
宋作楫
章勳郁
辛銘盤 俱崇禎間任

皇清

典史

王　昺 浙江人
李庭椿 宛平人

張元猷四川保寧人

齊廷棟北直元城人俱順治間任

張正宿江南懷寧人

劉登魁浙江定海人

鄭日隆江南涇縣人俱康熙間任

宋

教諭

陳　材慶元間任

明

教諭

方　震四川人以御史左遷洋縣教諭平易善誘教規嚴整諸生不敢犯

楊　禧正德間任　張鳳翼耀州人

蘇希聽陞白河知縣　蘇鶴齡

張四術俱萬曆間任　向列星四川銅梁人舉人陞唐縣知縣户部主事歷興安僉事天啟間任

楊宗程寶雞人

郭　澄遼東人兩署縣印　馮　任

龐元佐俱崇禎間任

明

訓導

朱肇泰　王拱翰

李思孝　李漸羽武功人

任大器　廉　儒狄道人文章高雅品操嚴潔教士有法未幾掛冠歸有去思碑俱萬曆間任

錢　儀俱天啟間任　楊希春河州人

尚　省俱崇禎間任　蔣汝艾興安人

皇清

教諭

李冲星富平人　蓋繼孔三原人舉人陞遵化知縣順治間任

趙完璧興安人　李喬巍涇陽人

蕭始泰　權濟經

馮紹商寶雞人俱康熙間任

清

訓導

劉綿龢醴泉人　王　拱盩厔人俱順治間任

李孕華渭南人　董三策臨潼人

梁維宸延安人　霍顯瑞蒲城人

楊芳喆 永壽人康熙間任

西鄉縣

漢

余 謙本縣人以人材舉任開設西鄉遂爲本縣尹

唐

虞 獻武后時歷文昌左丞爲來俊臣所陷出爲西鄉令盡心民事不以左遷介意

元

冉安世

宋彥中 延祐初任

明

知縣

汪 聰

張鴻漸

姜 禮 俱洪武間任

陳禹誠 縣志作陳禹 江西高安人進士誠心撫民政平訟

簡 永樂間任

丘 俊河南汝寧人舉人才猷倜儻政務精勤縣治舊在蒿坪山之陽頻罹水患俊改建于今治修金洋古堰水利永賴堰人立廟肖像入名宦祠 正統間任

郭 瑄撫寧人

李 春直隸滿城人留心國本經營有方金洋堰遭水衝圮稻田失溉春設法重修岸堤堅固民沐其惠肖像祀之入名宦 成化間任

郭 璣山西高平人赤心奉公政令無苛民頌父母祀名宦 弘治間任

吳 潮河南人

詹 合四川綿竹人清風高節不善事上遂掛冠去

陳 榮

李 暎河南內鄉人剛正嚴明禁暴詰奸防獄盜不得因外援脫漏城郭增磚完固民獲保障有記祀名宦 俱正德間任

劉崇儒河南通許人舉人陞平陽府知府

梁 冠四川温江人舉人

何天錫山西安邑人舉人

符 奎湖廣京山人監生

董 鈛山東鉅野人監生
張經緯雲南人舉人
張大經山東滕縣人舉人
周一鳳四川綿竹人陞大理府知府
丁汝翼四川人
李 香
楊 澣
李如栗雲南人陞成都府通判以上嘉靖間任
會貴臣四川巴縣人

熊 讜湖廣麻城人舉人由城固縣調任陞户部主事俱隆慶間任
聶宗祐湖廣會同人恩貢
孫 灝河南洛陽人進士調繁維川縣陞大理寺評事
劉朝繪四川大邑人會修金洋堰以石爲隄民洸其惠
黃文耀四川資縣人恩貢
劉春齡四川人舉人

李向春山西高平人貢士慈和廉介視民如子致仕歸蕭然不能供道路之費一騎出城士民擁留有隨至鷄頭關請欲留靴脫靴襪指出外傳爲清衷佳話
孫棨馥進士後官學憲
李 鳴湖廣潛江人舉人
王邦憲四川巴縣人舉人陞陝州知州
張鯉化河南安陽人舉人
關廷訪河南泌陽人進士令西鄉九年和平敦厚造

士勤談經義藹然動聽後超擢去稱誦不衰會修縣志
董九叙河南禹州人舉人
王 璽湖廣石門人舉人
陳 順山西大同人舉人
徐來聘山西臨汾人
孟宗孔山西晉陽人貢士
何 憲四川宜賓人拔貢
劉芳名北直宛平人舉人

程心傳四川仁壽人舉人申請茶法除民大害商亦
稱便至今誦之
宋士魁天津人歲貢（俱萬曆間任）
徐汝正江南寧國人舉人天性慈仁每讞重囚輒爲
流涕甫一載值瑞藩赴漢汝正憫西邑民窮供帳
從簡舟迎瑞藩至茶溪灘虐從者鞭朴辱之百姓
奔舟擁護舟覆汝正溺死兩岸哭聲震天瑞藩憐
之卹歸西邑供帳命立祠祀越十日得尸于江冠
帶如常家人貧不能歸士民具賻乃返肖像城隍
廟今有拜而泣者（天啟間任）

程謙山西嵐州人舉人勤敏廉肅吏胥畏法署
城固洋縣流賊初起鄰邑悉遭蹂躪千里之內無
堅城謙獨設法守禦三邑俱獲安堵無虞一時父
老咸有父母之頌
許台傳山西祁縣人舉人
杜鍾岳四川南充人選貢陞雲南臨安府同知
朱謀𤩽江西南昌人宗貢（俱崇禎間任）
皇清

知縣
塗騰茂直隸延慶州人恩貢陞湖廣襄陽府同知
張台耀山西蒲州人進士
戴其員江南安慶人貢士陞徽州知州
馮重華福建邵武府人拔貢陞山東德州知州
閻可茂滿州人廕生行取禮部主事陞刑部郎中
吕兆琳河南新鄉人進士吳逆始起兆琳以欽取起
行皎然不汙人服卓識授廣西道御史
陶大成江南江都人

史左河南河內人舉人修縣志
孟法孔正黃旗人
楊之奇湖廣江夏人進士以親老告養未去而卒于
官
閔亥生浙江烏程人舉人
明
主簿
笪一陽四川人
衛𦳝變河南人

楊　敏山西人
王　寵四川人
張　讃四川人
厖　軒四川人
辛　儒直隸固安人勤敏有爲邑之茶徒聚衆刼掠
儒率兵擒勦陣亡士民哀之祀名宦
張守拙河南人
楊繼耀四川人
尹子甲四川人

賀自芳山西人
王月盛四川人
常　寅山東人
谷九華江西人
裴　珦山西人
李　恒山西人
牟　光四川昭化人選貢陞延安府雒川縣丞
閻文魁直隸安平人
張廷椿直隸萬全人選貢

佘惟幹四川人
張一言合州人
王汝清山東人
王邦禮蘇州府人
何九龍浙江人
楊明選忠州人
王立和直隸人
李禹佑山西夏縣人
王民望山東人

何鳳翔浙江人
李伏秀山西人
張　敦山西人王此義
明
典史
柴　嵩
陳正剛
丁　節
陳　秀山西澤州人才力甚饒卓有設施九載清謹

有守民不忍捨比歸攀轅泣留
劉永譚四川人
周　誥湖廣人
王　綸山西人
李鳳棲河南人
黃朝用四川人
陳世高湖廣人
周宗元湖廣人
戴忠言直隸人

何存廣
唐　宗四川人
王舜夫山西人
吳自新四川人
郭南豐山西人
李　梁湖廣麻城人
金三讓直隸容城人
林　烈福建人
徐憲臯貴州人

戴邦盛直隸人
呂元薦四川宜賓人
查以澄江南安慶人
劉　託湖廣麻城人善書畫能詩文耽情山水儒雅風流一時遠近名碩皆敬慕之以庠生授任故品格超異
莊世奐浙江人
何元俊浙江人
許應雷浙江人

陶逢春直隸人
蘇承憲江南婺源人
靳邦璽河南閿鄉人
張德政山西平陽人

皇清

典史

袁佳祚浙江諸暨人
陳懷泉
馬化能山西人

劉餘澤順天人
康兆民山西臨汾人
明
教諭
鄭襄四川長壽人　周爵四川人
陳琦山西人　姚繼先四川人舉人歷官平凉府知府
王崇禮四川璧山人　蔣奎
成來河南人貢士　劉恪四川巴縣人舉人
劉法四川人　高舉四川人

黃宗傳四川人　李來鳳四川人中庚辰進士
夏敉四川人舉人　謝廷璽四川人
甘宗皐陝西人　周宗儒陝西人
吳瓚四川人　梁學四川人
冉廷恩四川羅江人　劉仁鄜州人
徐汝爲盩厔人傳學能詩士林推重　李世芳四川人
任可教四川人　曹德統蒲城人
麗一鳴彰明人　趙汝攀醴縣人
王昭嗣涇陽人舉人歷戶部司務　黃世芳四川邛州人中式

申自天四川金堂人　孫汝極蒲城人
蔣汝艾興安人　蔡弘誨宜君人貢士
皇清
教諭
張四明涇陽人舉人　吳珖盩厔人
張顯韓城人舉人　雷虹玉三原人舉人
趙奎光　陳鵬程灌縣衛人
明
訓導

姜禮四川人　尹三聘四川人
黃誥雲南人　李自修四川人
楊世偉四川人　張詩四川人
余忠四川人　韓學廉直隸人
張鳳儀四川人　高煥然膚施人
雍文熙隆德人　張論四川人
傅巖湖廣人　武穆鄜縣人
張紀鄖縣人　張自重洵陽人
王太和四川人　尚時彥陝西人

楊芳聲隴州人　黃仁聞湖廣人
尚九霄四川人　劉繼光興平人
王　明岷州人　郭維節涇陽人
宋明道淳化人　陳正道興安人
張　桂階州人

皇清

訓導
忽在卿蒲城人　劉維運莊浪人
馬任遠延安府人　潘丹桂泰州人

沙養鱗寶雞人　文明會三水人
李日茂白河人　崔　耀州人
馬紹芳寶雞人

明

大巴關巡檢司巡檢無考

皇清

大巴關巡檢司巡檢
王道培直隸燕山衛人

明

鹽場關巡檢司巡檢無考

皇清

鹽場關巡檢司巡檢
吳廷臣福建侯官人

漢南郡志卷之九終

漢南郡志卷之十

　　闗左　　知陝西漢中府事滕天綬重輯

秩官志

鳳縣

　　歷代職官政績

唐

呂日將乾元元年爲鳳州刺史嘗敗党項

五代

王　環真定人爲鳳州節度使周世宗遣將攻之爲

環所敗世宗攻之愈力秦成階州皆降環獨堅守

百餘日世宗以書招之不答至力屈就擒世宗謂

忠其所事嘉嘆之

宋

張　暉爲鳳州團練使疏陳險易太祖大喜及大軍

下暉督軍開大散關路躬撫士卒且役且戰民忘

其勞

庄德元滎澤人爲鳳州領鳳城軍馬事善醫術淳化

甲午順寇蜀乃簡任有戰功後入朝真宗命坐[illegible]

勞訪以邊事

程　珦河南人明道父知鳳州仁宗時任政尚慈恕

嘗宴客開元僧舍譁言佛光現珦安坐不動頃之

遂定熙寧法行珦獨抗議指其未便累遷大中大

夫

种世衡字仲平洛陽人通判鳳州爲政公嚴州將王

蒙正章憲后姻家也所爲不法嘗干世衡以私不

聽蒙正使人訟而陰助之坐流竇州徙汝州

唐　庚字子西丹稜人鳳州文學教授士張商英薦其

才除提舉京畿常平庚爲文精密通于世務有文

集二十卷

明

　　知縣

馬　惠河南安陽人監生廉靜博學陞兵科給事中

　　洪武間任

弋　恂江陰人監生公勤奉職吏民信服永樂間任

楊　忠山西聞喜人監生政治有聲士民仰戴正統間任

蔣　傑山東利津人監生持身廉謹興學撫民

畢　逵山東齊河人舉人守已愛民天順間任

桼　琇直隸定興人舉人

屈　浩四川通江人監生成化間任

郝　澗河南河內人監生

寗　浩遼東海州人監生剛果有爲修儒星門鑿泮池造祭器以子杲貴贈都御史

劉　商四川大竹人舉人

蘇　玹河南懷慶人舉人性澹泊一錢不嗜扶柩歸行李蕭然見者無不流涕

路　譓河南河內人監生政尚寬平黎民懷之

薛　應奎山西臨晋人監生剛毅精敏厥政修舉弘治間任

譙　秉奭四川南充人舉人催科不擾人民悅服

邢　尚絅四川富順人舉人

江　東山西澤州人監生俱正德間任

洪　爵四川劍州人監生蒞以恤民儉以守己

蘭　佩河南陽武人舉人

王　廷璋湖廣宜城人監生嘉靖十年辛卯六月甲寅朔十九日壬申奉遣上安至聖先師神位

郭　嘉禎四川岳池人監生

陳　鵬山西臨汾人監生

扃　堅湖廣人監生

司　思直隸內黃人舉人興革合宜才敏過人除強扶弱百姓咸服

袁　汝森河南魯山人恩生

甄　偉順天大興人舉人

譚　俊四川彰明人監生俱嘉靖間任

陳　翰四川富順人舉人

徐　克思湖廣麻城人舉人

向　閣四川通江人舉人俱隆慶間任

冀　野直隸唐山人舉人

郝　宁四川高縣人舉人

焦　宁舊志作焦野　山西長治人舉人

高　燮雲舊志作燮奎　四川松藩衛人歲貢

匡　振之四川合州人

郭　燧山西曲沃人舉人

任　萬化直隸宛平人進士

劉　懋四川閬中人舉人
郗　彬山西平定人舉人
江大鯤雲南楚雄人舉人
劉明節四川隣水人舉人
葉　巽遼東定遠人歲貢
彭　搏直隷蠡縣人舉人
王國禎直隷宛平人舉人
王之藩河南武安人舉人
劉之藩四川富順人舉人
王騁疇北直清苑人舉人
崔　相遼東三萬衛人歲貢
湯鳳喈四川合州人舉人
侯加乘山西解州人舉人
宋廷臣江西豐城人舉人俱萬曆間任
楊茂齡北直清苑人拔貢
胡之進北直藁城人歲貢丁艱歸俱天啟間任
虞谷岳遼東三萬衛人歲貢
胡上進丁艱歸服闋仍補鳳縣會巨賊破城殉節七

民倜之
王雲鵬北直滄州人舉人
龔明誠河南輝縣人監生
劉　紃四川巴縣人歲貢以休寧諭陞任後調繁洋縣俱崇禎間任

皇清

知縣

彭振翮湖廣襄陽人拔貢
原從泗山西人歲貢致仕
傅雲鵬北直慶都人進士以憂去
趙雲程直隷大興人拔貢
周　召江南人以憂去
張石麟山東堂邑人拔貢以病歸
張素仁滿州人
魏廷賢滿州人
馬見能北直人進士彼滇逆逼入四川不知下落
胡象乾奉天人
劉向遠北直真定人舉人

皇清

典史

趙廷祿江南人

盧士燮江西人

余彪北直人

伊興祖北直人

胡靜浙江人

盧　北直人

鄭國表紹興人

明

教諭

孔崇儒先聖五十八代孫後籍四川隣水縣監生持身正大師道尊嚴卒于官士林哭之如喪考妣

皇清

教諭鳳志未載無考

明

訓導無考

皇清

訓導

杜房澄城人　　陶璞慶陽府人陞知縣

趙行可武功人陞禹州判官　　任先覺潼關人

韓運昌扶風人　　常致中郿縣人

季道宗興安人　　黃御衮武功人

明

留壩巡檢司巡檢無考

人

留壩巡檢司巡檢

朱自顯浙江會稽人

徐以功

明

清風閣巡檢司巡檢無考

皇清

清風閣巡檢司巡檢

郭

明山西襄垣人

明

松林驛驛丞無考

皇清

松林驛驛丞

濮應璉浙江嚴州府人

明

武關驛驛丞無考

皇清

武關驛驛丞

王廷実浙江山陰人

明

三岔驛驛丞無考

皇清

三岔驛驛丞

王者都直隷大興人

明

草凉驛驛丞無考

皇清

草凉驛驛丞

陳朝賓直隷青縣人

明

梁山驛驛丞無考

皇清

梁山驛驛丞無考

沔縣

唐

賈載興沔州刺史人愛戴之堂西搆秋興亭

宋

高稼知沔州見畧陽

曹友聞知沔州見畧陽

安丙字子文廣安人開禧初邉事興程松爲四川安撫使吳曦副之而松開漢中導三泉丙陳十可憂于松言曦必誤國及曦反以丙爲丞相丙不得脫恐徒死無益陽與而陰圖之遂與楊巨源李好義共誅之加丙知興州安撫使傍將士以攻爲守威望日著又以沔州都統司權太重請分置副都統詔從之

元
度宗顯至正間爲沔州守興廢舉墜甚有政聲境内
肅然廉民歌思立碑記績
明
知州
王　昱洪武初有爲有守民咸德之
知縣洪武七年改爲縣
姜伊龍江安人監生永樂元年任蒞政廉能勸農興
學口碑至今不泯

侯　信泰安人監生爲政嚴明秉心仁恕
張　俊河南上蔡人監生勤于建樹訟息民寧成化間任
王　敔祁縣人監生
曹　孜直隷鹽山人舉人
路　宗河南安陽人舉人俱弘治間任
陳　良寧晉人監生
吳　方山西臨晉人監生
李　澤山東歷城人舉人廉介剛正不容私謁自奉
儉而享祀豐政聲懋著

張　禹浙江慈溪人監生俱正德間任
陳　徵新河人舉人
金　桃四川富順人舉人
馬　景山西稷山人
常　慶湖廣江夏人監生
袁廷璵襄陽人舉人
田　福四川内江人監生
張　賢廣葛人監生才守兼至賦役均平吏畏民懷
至今稱之

呂倫如四川人舉人
陳　玠山西高平人監生
張　表四川人監生
聶　泗大足人舉人
張　寅山東壽光人監生
戚　功直隷景州人監生
江　渙湖廣辰州人
趙世英四川中江人舉人心存撫字政尚寬仁調繁
平凉有去思碑

楊文明四川綦江人監生俱嘉靖間任
胡天爵臨晉人監生隆慶間任
郭東田寧邑人監生
李　蘭山西襄陵人監生
陳一化四川富順人舉人
韓秉彝華亭人舉人
賈良言四川渠縣人舉人
賈　愿直隸薊州人舉人
潘中庸四川達州人舉人

孫承光四川蓬川人監生
連　榜龍巖人舉人
王近臣四川合江人舉人
萬言策直隸涿州人舉人奉郡守崔應科命修
志
張所聞北直開州人舉人
郭　鯨山西介休人舉人
李　郁山西曲沃人舉人
楊　衡四川蓬川人舉人

豐應選雲南昆明人貢生俱萬曆間任
管嗣章汲縣人舉人
溫　游山西交城人貢生天啟間任
王三聘北直唐縣人貢生
毛鳳至貴州人舉人
李毓典山西岢嵐人貢士
許光進福建莆田人舉人
王際明北直撫寧人貢士俱崇禎間任

清

知縣
趙一儒北直河間人貢生
張循訓江南江寧人貢生
陳大倫北直河間人貢生時大兵盛集以逋二
自投漢江尸出懷有寃狀衆皆哀之
李　楷河南延津人進士
宋　藻山東萊州府人貢士
郭元佐山西汾州府人舉人
陳聘廷江西人貢士

沈廷緒湖廣人舉人
趙萃中盛京人
丁啟相河南歸德府永城縣人進士被滇逆逼入四
川不知下落
單賓王江南常熟人吏員
董瑞祚盛京人監生

明

主簿

張鴻儒四川富順人監生成化間任

徐志仁直隸安肅人吏員弘治間任餘無考崇禎年裁

明

典史

淳思厚四川合州人吏員正德間任
侯　智山東青城縣人吏員正德間任
王廷佩四川中州人吏員嘉靖間任餘無考

皇清

典史

陸　鴻

房仕俊
高行方
汪元壽
郎國璽
賈爾進

明

教諭無考

皇清

教諭

王　琳長安縣人　[illegible]興平縣人
屈　煒蒲城縣人　[illegible]
王　拱盩厔縣人　[illegible]
周之郁高陵縣人舉人　[illegible]

明

訓導

楊　才陝西鎮安縣人萬曆元年任　袁　吉石泉縣人

皇清

訓導

張所毓 華州人貢士　　閻璞 慶陽府人貢士
李崇厚 榆林衛人貢士　　張鳳計 延安府人貢士
張師賢 金縣人　　陳異王 咸寧縣人生員

明

大安驛驛丞 無考

皇清

大安驛驛丞

梁應選

張之宿

章逵

朱正卿

楊澤遠

李興

明

黃沙驛驛丞 無考

皇清

黃沙驛驛丞 土著百户管理 今奉 部選

牛拱居

文璟

明

順政驛驛丞 無考

皇清

順政驛驛丞

王惟賢

夏廷振

葉成

李枝桂 今奉吉歸縣

寧羌州

明

知州

趙禮 直隸順義人 成化間任

張簡 江西弋陽人舉人當草創之初悉心經理俗亦不變

梁成 四川巴縣人舉人法令嚴明吏民畏服 弘治間任

王溥 直隸人舉人

張驥 直隸肥鄉人舉人

陳　守直隸寧國人舉人賊攻孤壘竭力堅守保
全城池
謝　豸山西蒲州人舉人時藍鄢之亂甫平豸能持
廉節費愛養拊循作士勸農鋤強扶弱爲一時循
良之冠
朱宗讓直隸河間人舉人修理學宫平易近人民咸
慕之俱正德間任
方世讓湖廣巴陵人舉人提躬清介雅意好士州務
力能一新

王正宗直隸固安人進士以御史任
王　儒山西澤州人舉人清廉耿介勸學愛民稱循
良之最
張夢徵北直錦衣衛人例貢
蕭遇祥雲南臨安人舉人
李應奎湖廣襄陽人舉人
李應元四川雅州人舉人
王一鳴山東齊東人舉人攻宗大體濟以嚴明尤篤
禮賢士遷長史有去思碑

馬自強直隸江都人舉人
劉　珙湖廣黄岡人舉人
趙世卿直隸涇縣人舉人俱嘉靖間任
鍾湛靈山西澤州人舉人悉心吏弊更省里甲政寬
民懷陞同知
李　棟直隸人舉人深沉有度爲政無私著譽漢南隆慶間任
王　都四川南充人舉人
馬中州直隸景州人歲貢與監司牴牾遂解綬歸人

服其氣節
寧　易河南河内人舉人吏事精敏修桂香樓培振
學宫去後繫思
陳昌言河南真陽人舉人博學工詩文著有兎中小
草
張之綱直隸棗強人舉人
李敷華廣西靈川人舉人
吳用敬直隸真定人舉人
虞大謨直隸永年人舉人銳頹起廢不懈心勞

宋國沼湖廣江陵人舉人
李乇芳江西萬載人舉人
胡之寧湖廣人民會立祠祀之
畢如松山東人
熊嶽秀河南人舉人興學養士造就多方
閻　庚山西人俱萬曆間任
陳明廷江南青陽人舉人
陳元贊遼東人舉人天啟間任
何　哲山西人歲貢
秩官志　卷之一　歷代職官政績　三二
戴敬辰四川大足人舉人
羅　昺山西人清廉耿介寇亦服之陷城免于難
周應泰湖廣人歲貢巨寇陷城匿印詈賊遇害吏□
尚書李長庚奏請賜葵
王　瑋四川成都人舉人俱崇禎間任
皇清
知州
李本植北直霸州人
孟繼昌遼東人生員

趙　爵山東膠州人進士清儉和易禮士愛民陞刑
南副使
張時泰滿州人生員
李　楷江南長洲人舉人興學校重民務陞工部員
外
秦　龍杭州府人貢生清正耿介慈愛便民以詿誤
去官士民冤之
范之煥河南懷慶府人舉人吳逆之變携印回籍河
南臬司椽押之煥移送秦省監禁半年釋放回
秩官志　卷之十　歷代職官政績　三三
籍
楊希震山西汾陽人貢士
崔希聖遼東人恩廕
郭景隆遼東人
鮑復相遼東人
下
州同無考
清
州同 [illegible]

孫　篁湖廣景陵人恩貢
吳　駿福建人歲貢
陳　儒江南人

明

州判

何　梯四川合州人
馬　亮丹陽人
龔　輿河南新安人成化間任
余　儉山東人

張　璞
李　璉
張　榮正德間任
陳　璧山西應州人
何仲賢四川華陽人
施　瑗湖廣人
閔　琮四川威縣人
梁　鏘江西南昌人
何　宗貴州思州人

張　鎬順天遵化人
李　秀湖廣人
楊文德山西太原人
李　澄山東齊河人
羅文明四川綦江人俱嘉靖間任
田學顏清河人
馮廷玉山西臨晋人
江淮東郎縣人
王法宗河南人

顧　尹江西建昌人
黃國相河南信陽人
楊　堂浙江紹興人

皇清

州判

周士龍浙江人
劉　克江西人
張　經順天人

明

吏目

裴　廣 成化間任

楊文通

李　忠 弘治間任

李忠時 四川人

李思明 雲南人

羅　儀 湖廣武陵人

皇清

吏目

沈錫仁 浙江人

戴　綖 順天人

明

州學正 無考

皇清

學正

吳多瑜 高陵人　　張所毓 華州人

郭茂泰 涇陽人舉人中進士　　衛士适 韓城人舉人

常四運 長安人　　孫爾思 咸寧人舉人

張灝發 雒南人　　屈乃發 華陰人舉人

鞏我造 真寧人舉人　　高巖然 山陽人

明

訓導

張　問 四川人訓迪勤懇成就多士　　王　愷 四川重慶人

李　順 湖廣均州人　　田　智 河南尉氏人

張　琚 河南南陽人　　池　譽 四川仁壽人

袁　晶 四川江油人　　賀　仁 四川渠縣人

惠邦彥 四川重慶人　　周　崇 直隸興濟人

王　楫 河南鎮平人　　蒲　萃 四川[illegible]池人

石　瑜 山東金鄉人　　趙世用 山西人

楊友松 四川昭化人　　武知賦 洮州衛人

謝賜楫 郃縣人

皇清

訓導

余朗明 潼關人　　馮明性 咸陽縣人

明

黃霸驛驛丞 無考

皇清
黃霸驛驛丞
諸世維直隸安肅縣人
明
栢林驛驛丞無考
皇清
栢林驛驛丞無考
略陽縣
漢

李 惠河陽人建安中知興州造郙閣棧道以濟行人有蔡中郎郙閣銘今閣廢銘存
宋
王 震字叔仁河南人宋嘉佑間爲武興太守建琴峯亭
隋
薛大冑蒲州人仁壽間爲興州刺史渾厚精明口碑載道有遺愛於民
唐
房 武天寶間爲興州刺史文能著作武足戡亂著有琴峯亭記見文章部
嚴 礪元和初刺興州後爲節度使興州自長舉北至青泥嶺西抵成州崖谷峻隘十里百折秋潦冬雪泥淖爲害運餽者顛踣騰藉血流棧道糗糧匇棄委塡溝壑礪乃出軍府之幣以備器用即山僦工自長舉而西疏嘉陵江二百里通漕以餽萬夫惟忻至今頌之
宋

楊 粹中會昌間刺興州政平訟理有詩集行于世
楊 繪綿竹人天禧間爲興州刺史後知興元府
吳 璘乾道初刺興州後判興元府政績見前
李虞卿至和元年權興州事開白水路行人至今稱便
劉 拱總理興州糧儲
商應程知長舉縣同開白水路
薛 奎初爲興州刺史政崇大體不事苛察人咸慕之後歷官叅知政事

鄭伯溫洛陽人爲興州提刑時大寇入蜀溫遣兵扼
劍閣賊乃遁去州賴以安
高　稼寶豐中知沔州禮賢下士稽古好學寶祐中
守沔州元太子濶端自鳳州寇蜀至西池谷距沔
九十里吏民議退保大安稼曰今日之事有進無
退不然則無蜀矣乃議制置使趙彦吶進據蜀口
留稼守沔沔無城倚山作壘元兵至遂戰死
曹友聞曹彬十二世孫知沔州節制初與趙彦吶屯
青野原大敗元兵次年又與元人戰於陽平關敗

績與弟萬俱死之

元

李舜臣至正中知沔州建學立師振學心勞

明

畧陽縣洪武七年改沔州縣長舉縣總爲畧陽縣

知縣

常　輔四川閬中人監生廉恕儉約邑人思之洪武間任
李　鑑浙江上虞人舉人
王　環山東泰安人監生勤政愛民
曾　溥應州人舉人剛直有爲成化間任
李顯貴金堂人舉人寬明仁恕
陳　茂山西人舉人
馬　淳山西河津人舉人
蔣　洪遼東人舉人剛正勤敏弘治間任
嚴　順山東人監生
馬　翺忠州人監生由序班任涖政明敏
任秉中灌縣人監生
杜　介石州人舉人賦性剛直涖政嚴明

周　佑四川潼川人舉人有守有爲民咸德之正德間
李逢春湖廣鄖西人舉人純篤廉明
陳　珵江西吉水人監生
高　山彭水人監生
阮　清直隸涿州人監生
胡邦彦直隸易州人監生純心愛民
王　麟安居人舉人訟平政舉
尚廷書直隸涿州人舉人政不苛察
朱子裔湖廣監利人監生

白　桂貴陽人舉人公平民服
李日春江西安福人舉人賦性廉靜政通學優
李遇春山西襄垣人舉人修建多績百廢具舉
龐　楊彰明人監生
裴朝剛湖廣鄖西人監生俱嘉靖間任
李　茂什防人監生
平　衡湖廣人監生
苗　經山東人監生俱隆慶間任
傅爾正直隸滄州人監生誠慤本於天性澹泊自於

自然在任多遺愛去後有遐思
李朝言南州人監生修城有功
王之臣廣元人峻修城之功優幹事之才
劉一鵬河南祥符人監生
吳九易湖廣鄖縣人舉人
王　璽四川梓潼人監生
楊　畯山東東阿人舉人
冉宗孔貴州人監生考課最勤待士有禮
楊崇儒山西臨汾人舉人敢抗權稅之官公無擾焉

之態
李德性直隸永年人舉人
李　培山東樂陵人監生華排年之擾黜副差之害
發奸剔蠹盜息民安
申如塤河南延津人舉人四知水蘗八面才猷棠蔭
巳覆平赤子菁莪猶著於青衿畧人稱日鐵耳申
公
周鴻圖山東即墨人貢士政催科月惠及四里丁艱
去官至參政俱萬曆間任

周延申湖廣蘄水人貢士蒞任六載閭閻藏富
何士遇四川眉州人舉人
王秉公山東文登人貢士俱天啟間任
陳所職山東茌平人貢士重厚正直賞罰惟信
牛問仁山東定陶人貢士
白　鉉山西榆次人貢士
周　憬遼東人貢士
朱　貴河南祥符人宗學貢士慈祥渾厚不事煩苛
周　灝河南夏邑人舉人持己無私爲政有體崇禎間任

良祐至移關爲興州僉判知長舉縣事建棧閣橋
梁以濟行人與李虞卿王令圖同倡修白水路

明

縣丞

葉□　歷修建多積後裁

明

主簿

王　鎬龍陽人監生

高公庭河南人

秩官志　卷之十　歷代職官　政績　三十二

張　儒湖廣人

侯　經臨汾人

陳　信臨汾人

嚴志學襄陵人

喬　木臨縣人

楊光國陽城人

王磐石壽陽人

任　忠直隸人

王　鐵山東人

清

知縣

王業泰直隸遵化人貢士

龐　交江南太倉人進士

諸保宥江南崑山人進士政簡刑清愛人造士菁莪

召杜載在口碑以保舉優陞荆州知府

馬如龍山西澤州人進士剔弊鋤奸如懸秦鏡

竇心祖遼東人進士鐵面氷心安民息事俱順治間任

暘　樂江南無錫人舉人

秩官志　卷之十　歷代職官　政績　三十三

葛　芃山東日照人舉人

李蔚膺山西澤州人貢監

吳樹聲江南江寧人進士寓撫字於催科蘊精明於
渾厚以一身而應百萬芻粮以一邑而當四面衝
要罹誠報國勤事殞身畧人哀而慕之士民公心
請祀名宦

王錫禹遼東人旗廕

施有光江南山陽人貢士

宋

劉　昆浙江人
解　晃真定人
王永傳廣安人
蔣大義雲南人
馬俱龍四川人
冀明誠河南人
楊文元順天人共十八人崇禎間裁

明　典史

李　理上蔡人
余　經江西人
蒯之召巴縣人
李文李四川人
汪中立徽州人
余惟城江西人
李光遠沔池州人
蘭　谿絳州人
魯汝雅江南人

歐志顯湖廣人
于惟精江西人
惠敷遠河南人
李如松浙江人
沈良珩福建人
賈惟城北直人

皇清　典史

韓元道浙江蘄縣人

陳　章福建人
徐之章江南祈門人
牛際雲山西汾西人
王　膺山西壺關人
李　爾直隸宛平人二十五年任

明　教諭

譚志學北直人　李鑑之湖廣人
周　吉四川人　徐　瑞鳳翔人

王瓔河南人　　田鰲四川人
王珏灌州人　　李崇實泰州人
陳九疇河南人　　鄭自然江南人
丁汝巽華陽舉人　　李元傑河南人
曹子廉四川人　　李遇春清澗人
王鴻漸宜川人　　陳常江夏人
趙璧乾州人　　韓嘉慶四川人
敬德階州人　　廖文煥襄陽人
法汝浩扶風人　　喬時望安邑人

蘇采龍安人　　蘇淮安縣人
朱衣白河人　　朱賓遂東人
呂正倫四川人　　趙希元麟遊人
王良弼長安人

皇清

教諭

趙霖雒南人　　白自修鄜縣人談經不倦風儒能事可稱才
吏　　楊芳白水人俱順治間任
楊明彥膚施人康熙元年任自此止仍後改訓導

明

訓導

張秀廣安人　　房謙費縣人
杜釆鳳眉州人　　王崇智儀隴人
趙正秀犍為人　　錢雲巴縣人
曹鑾四川人　　趙承章清水人
向一夔四川人　　鄭㒷保寧人
吳璿新津人　　曹貞華州人
屈應聘葭州人　　任忠永壽人

李友楠岳池人　　魏懋學咸寧人
熊緯興安人崇禎間裁

皇清

康熙間改教諭缺為訓導

楊儒龍寧夏人　　王高登漳縣人
劉九嶷高陵人

漢南郡志卷之十終

漢南郡志卷之十一

關左　知陝西漢中府事滕天綬　重輯

秩官志

文武沿革

分巡漢興道一員明成化初流民入漢逼州邑山谷爲害獄訟繁興盜賊滋蔓都御史馬文升奏設風憲官一員專理漢中爲分巡道駐漢中府其分守道事理興安駐興安州

皇清初仍明舊制後于順治間存分守裁分巡後又于康熙六年存分巡裁分守于十九年又守巡並設二十二年又裁分守改關南道爲漢興道駐漢中兼轄興安每年巡歷一次

漢中府明設知府一員清軍同知一員督捕通判一員撫民通判一員理刑推官一員經歷一員照磨一員檢校稅課大有庫官各一員司獄一員儒學教授一員訓導三員陰陽學醫學僧綱道紀官各一員後裁檢校稅課大有庫官三員又後裁撫民通判一員隆慶二年因西鄉何勉之亂移督捕通判于漁渡壩

後于漁渡壩設守備一員督捕通判仍歸漢中

皇清順治五年添設餉司一員任漢中府旋奉裁十年添設興屯同知一員任洋縣十三年旋奉裁添設廣積倉大使一員裁儒學訓導一員康熙六年裁理刑推官一員以茶法屬清軍同知幷裁司獄一員十九年又裁訓導一員先康熙初以旗兵訟獄多端各理刑每歲輪流赴省理事後理刑奉裁知府歲有省會理事之司又後清軍同知赴省理事康熙二十五年奉

旨以西延捕盜同知改理事同知制始畫一

南鄭城固褒城西鄉沔縣鳳縣畧陽七縣明舊制各設知縣一員主簿一員典史一員洋縣全設崇禎二年主簿裁寧羌州設知州一員州判一員吏目一員

皇清初各縣主簿俱裁止各設知縣一員典史一員惟洋縣有縣丞一員寧羌州添設州同一員

西協副總兵官一員明嘉靖四十四年設守備一員崇禎二年改爲遊擊十三年改爲副總兵十三年因寇熾改遊擊爲副將改副將爲總兵

皇清順治二年設總兵一員駐漢中七年以總兵駐興安兼轄漢羌等處以漢羌總兵為西協設副總兵一員中軍守備一員千總二員把總四員分鳳縣寧陽為四路北鳳縣路踞雲棧之衝設參將一員中軍守備一員千把總六員西略陽路界接川江設遊擊一員中軍守備一員千把總六員陽平關接四川界設參將一員中軍守備一員千把總　員寧羌州接四川界設遊擊一員中軍守備一員千把總　員順治九年添設黑水路遊擊一員康熙二年奉裁康熙十九年以道遠初平復設漢羌總兵一員二十一年又裁總兵仍設副總兵一員鳳縣等路各裁千總一員把總一員

漢中衛舊設掌印指揮使指揮同知指揮僉事一十一員鎮撫一員專理刑獄經歷一員專司往來文移以文官一員任之正副千戶一十二員左中前後四所百戶二十九員又撫屯百戶一員

皇清順治初年裁革衛所等官止設守備一員千總四員經歷一員今俱裁革

寧羌衛舊設掌印指揮使指揮同知指揮僉事一十一員經歷一員前後中左右五所千百戶四十二員

皇清順治初裁革止設守備一員千總五員今俱裁革

沔縣守禦千戶所舊設千戶二員百戶九員

皇清順治初年裁革止設千總一員百總一員今俱裁革

歷代文職

後漢

孫　昭武定軍節度使

唐

柳晟　河中解人德宗時以朱泚反晟從帝至奉天自請入京師說賊黨陳以禍福順逆亂平授山南西道節度使

嚴震　梓州人為山南西道節度使李懷光反德宗幸梁欲西幸成都震力為謀止以圖恢復

于頔　德宗時為武定軍節度使

嚴礪　元和初為興州刺史後為山南西道節度使闢嘉陵江二百餘里以通漕有柳子厚記

元結　江州人天寶中進士肅宗時上時議三篇上悅攝山南西道節度使參謀募義士于唐鄧汝蔡降劇賊五千人史思明亂荊屯泌陽守險全十五城以討賊功遷監察御史

溫造　祁縣人穆宗時為侍御史夏綏節度使李祐進馬百五十匹造彈祐違詔進奉名震朝野

太和中興元軍亂殺節度使李絳事聞廷議以造才望爲山南西道節度使討亂兵盡密約都將衛志忠牙兵圍亂軍殺之無一脫者衆咸稱快

鄭澣 山南西道節度使教育生徒風化大行

五代

唐道襲 梁山南西道節度使時李茂貞寇蜀道襲拒於青泥嶺以死守之茂貞不敢正窺山南

王環 孟蜀鳳州節度使

宋

韓琦 相州安陽人年二十登進士第一皇祐間爲武康軍節度使剖劇除弊均賦簡訟既去民思慕之官至司徒侍中封魏國公入祀名宦

郭杲 紹熙間爲武康軍節度使

趙宗鐵 宋宗室爲興元節度使勸農治堰豐庚明刑

元

白貴 至元初爲金洋節度使

暢師文 南陽人至元間爲漢中道勸農使陳時政十六策置義倉教樹藝

田季 京兆人至元間爲金洋觀察御史鯁介不妄交應事介于程度

賽因普花 大德間爲興元路勸農使吏黜刻薄罰嚴侵擾德惠淪洽任滿歸民攀轅泣留勒去思碑

楊寅 高陵人爲漢中道廉訪司副使仲任理清黜貪鋤惡振揚風紀一時稱最

明

關南兵備分巡道 駐漢中無事衙

梁觀 山東人由進士成化十年以御史出任

羅明 浙江人由進士十一年任

劉瓚 山東人由進士任

楊純 四川人由進士任

余洵 浙江人由進士十七年任

馬懋 山東人由進士弘治十一年任

楊縉 山西人由進士

葉永秀 廣東人由進士

李昆 山東人進士正德初以按察司副使兼治關南時流賊肅聚焚掠漢中勢燄甚熾昆督兵討之至西鄉僉日不宜遽進昆日賊逼河不可當矣乘其半渡擊之親冒矢石至死房餘大破之斬級千餘

來添球 浙江人由進士正德四年任

過億 直隸人山進士

呂和 浙江人由進士

張仕隆 河南安陽人進士嘉靖初以御史爲關南副使時漢中爲民害者有五狼八犬一虎一彪之諡隆按得其實即寘于法問民疾苦任意鋤寡嚴禁科索一時貪墨望風解組山南讀徒爲盗召

其首論以禍福諸蠹解散又開紅花堰以溉田畝學校親為課藝科第始盛後卒于官士民思之

丁致祥 直隸武進人由進士嘉靖五年任

陳軾 湖廣應城人由進士以御史任

劉一正 山西蒲州人由進士以吏部員外任修學造士政務悉舉

馬龠 四川南充人由進士以少卿任

張千 四川南充人由進士先守臨洮清廉自持繼守關南憲度丕振不合于俗潸然而歸

張庭 四川夾江人由進士以僉事任

紀常 直隸文安人由進士以僉事任

李鳳 四川富順人由進士十九年以御史任

楊時泰 直隸真定人由進士二十三年以御史任

陳鋌 湖廣江陵人由進士二十七年任

錢宗道 遼東廣寧人由進士二十九年任

錢泮 江南常熟人由進士三十年任

孫銓 浙江歸安人由進士三十三年任

譚棨 四川涪州人由進士三十五年任

梁明翰 山西孝義人由進士三十七年任

李如桂 山西長治人由進士四十一年任

譙思 四川南充人由進士四十四年任

□綱 山東曹縣人由進士四十五年任

張大馭 直隸涿州人由進士隆慶元年任

王漸 山東滕縣人由進士二年以御史任

楊栢 河南商丘人由進士四年以御史任

李良臣 江南江寧人由進士六年以御史任

曹當勉 湖廣江夏人由進士年以開封府知府任

沈啓原 浙江秀水人由進士四年以山東參議任

張孫繩 廣西臨桂人由進士六年以給事中任

李來學 四川雅州人由進士七年任

王宇 山西安邑人由進士八年任

張孔修 直隸大名人由進士九年任

張登雲 山東兗州人由進士十年任

張思忠 直隸肥鄉人由進士十一年任

費尚伊 湖廣沔陽人由進士十四年以給事中任

郭元桂 四川隆昌人由進士以郎中任

萬自約 山西太原人由進士十八年以工科給事中任課士作人持重得寬體

周有光 山西榮河人由進士二十一年任

趙健 江南涇縣人由進士二十□年以江西陞本省按察[illegible]

士夫貞肅僚屬充盡厥職旋以憂去

張文華 四川內江人由進士以禮科給事中陞靖遠衛僉事二十三年調任未五月以憂去

張泰徵 山西蒲州人由進士二十四年以河南參議任

李起元 南和人由進士二十八年任陞河東參政

蔣國俊 山西人由進士

余自強 四川人由進士

喬進璠 北直人由進士

楊兆華 河南人由進士萬曆四十八年任

劉文琦 四川西充人由進士天啓三年任

兵維東 山西人由進士天啓五年任

金本高 雲南籍浙江黃岩人由進士以本府知府陞天啓七年任

張鶴騰 河南潁川人由進士崇禎元年任善詩所歷多有題詠

劉應遇 湖廣麻城人由舉人二年以商州副使任關南時常義張秉于犯漢計陷大安鎮樓櫓悉焚遇以撫餌賊賊許之遇曰賊受撫高枕卧不虞我兵至也命遊擊卞文英急乘之抵壘賊斬馘中驚潰遇殲其黨有二渠以示信卒坐罪誅兵變後民耗什九遇撫民訓士無倦容漢人士立祠祀之遇多著大義如辯揚建之誣而保其妻子載史冊中

白貽清 江南武進人由舉人三年以按察使任

梁門賢 河南人由進士四年以本省提學參政任德教化漢人士感之陞本省按察使

樊一蘅 四川宜賓人由進士七年以監軍道副使任

劉宇揚 四川綿竹人由舉人以戶部郎中任時漢中巨寇羣訌大兵齊集蕪餉饑饉為災揚撫飭輯賑晝夜乘城督守者一年復出奇制勝疆賴安兵荒後多方撫懷勞苦成病身歿卹贈太僕寺卿柩歸百姓哭泣走送者十口

張兆曾 雲南人由舉人十一年以臨洮參議署分巡曾于道上夜聞軍婦哭聲詢之曰貪弁科役酷貪無措懼遭封使狀耳下車按實褫其職時巨纛請公代庖官群相譽曰五日京兆耳曾口去霧如剔蠹破其貲而不懸其驅徙遂憂也于是治纛不少貸何餘公署蕭清

李應選 湖廣江夏人由進士十年任

呂大器 四川遂寧人由進士十一年以吏部文選員外任素稱剛介舉劾悍之出爲關南總副旌

官治事勤幹同倦關南鳳號盜藪鄉募鄉勇以佯金鑄錢爲射的中即賞之人皆蒞擒于騎射念陽平關爲秦蜀咽喉道工繕葺遠聞遊波武之暇尤重課文遴孝廉成均及青衿之傳者與子目諸月較三藝子諧後成進士時兵北寇劇爲患渠帥弗能鎮器獨治主兵者使之氣懾戒兵不擾漢民以靖器之力也陞寧夏延撫薦陞兵部尚書

陳纁 湖廣鍾祥人十六年任

皇清

胡全才 山西文水縣人由進士順治二年以兵部郎中任關南道時巨寇賀珍率衆據漢才至陞爲之偹而佯與之支設官募兵分列四營令如山岳珍知不可犯捲旆西入長安及戰敗復領餘卒數萬夜至漢城勢欲拔韃剿流而漢荒飢饉後所儲不止三百餘石兵民數數才借銀賞兵分炊養

士與郡屬歃血申誓以守城血戰爲主下一令[illegible]殺一賊者百金斬而五十金十金五金杯器俱作賞賚咸奮勇力戰𤕤賊破膽浹月大兵至戰于桃園渡獲首級萬餘殘賊奔散焉漢賴以全後陞寧夏僉都御史

銀器重 關東人由生員四年任

高士俊 滿洲人以戶部啓心郎九年任

劉景雲 直隸深州人由進士十三年以兵部郎中出歷關南道清白存心安重得體事無鉅細其難其慎務期得當故紀綱丕振僚屬肅清時革司歸併于道雲出納惟允于召買之役極意調劑惟恐厲民隨擢廣西參政

崔之瑛 直隸霸州人由進士十三年以內翰林任

秩官志 卷之十一 歷代文職 十一

曹士琦 遼東瀋陽人選貢十七年以副使任

丁思孔 遼東廣寧人由進士十八年以副使任

范發愚 河南河內人由進士康熙三年以僉事任

劉廣國 湖廣潛江人由進十六年以僉事任

郭之培 直隸任丘人進士由寧夏僉事任

胡昇猷 浙江人進士十三年任康熙乙卯滇逆陷漢不受偽職後陞四川按察司歷刑部尚書

劉鳳起 奉天人生員十九年以[illegible]任陞福建糧道

[illegible]泰弘 [illegible]旗人二[illegible]年任

[illegible]浩 [illegible]人二十五年任陞陝西糧驛道[illegible]綱紀聿新臨行士民遮道泣送

常名揚 [illegible]遼陽人廕生二十八年由平慶道布政司參議以副使陞任

歷代武職

柳隱 三國時爲黃金戍都督魏鍾會入漢川圍戍多下惟隱堅壁不動會攻不克

魏

延 漢昭烈遷治成都當得重將以鎮漢中衆論以爲必在張飛飛亦自以心許昭烈乃拔延大會群臣問曰今委卿以重任卿居之欲云何延對曰若曹操舉天下而來請爲王拒之若偏將十萬而來請爲王吞之衆咸壯其言建興五年諸葛亮駐漢中更以延督前部八年使延西入羌中與費瑶郭淮戰大破之遷征西大將軍封南鄭侯

五代

李暉 成紀人爲梁洋等十州揔管軍事

秩官志 卷之十一 歷代武職 十二

唐

唐璿 聖曆中爲梁州都督吐蕃入寇軍士望風奔潰民人惶懼迯避山谷璿登高望之謂麾下曰彼騎雖衆不習戰吾爲諸君取之乃披甲六騎皆克衆京觀而還民賴以安

鄭餘慶 爲興元鎮

元

王利用 寧國寧路縣人大德初爲安西興元兩路揔管歷職田租額站戶之役于他郡者悉除之民甚便焉

明

按明制漢中先設守備後設遊擊又後設副將又後設揔兵今仍設副將各依年次編之

漢中府守備

王雲 西安衛指揮嘉靖四十四年任

張文奎 西安衛指揮隆慶二年任

楊懋官 漢中衛千戶四年任

朱世臣 西安衛千戶五年任

戴寅 荊州右衛指揮使辛未進士萬曆元年任

夏年 南陽衛指揮四年任

韓國禎 山西蒲州所千戶六年任

王晟 漢中衛指揮使九年任

李承祖 綏德衛指揮使九年任

葉青 平涼衛指揮使十年任

吳從周 西安前衛正千戶癸未進士十一年任

司懋官 四川瞿塘衛正千戶由會舉十四年任陞四川都司

趙紳 留守前衛軍籍己丑進士十八年任燕直敏練軍士畏慕陞本省行都司

李苾 河州衛指揮二十年任有勇力善騎射

楊定國 富平人壬辰進士二十一年任博學能詩更精于射陞甘州行都司

任繼業 西安衛指揮使二十八年任時十一月茶走作亂焚掠山民業率兵剿之山賊險峻賊

至軍兵盡散業獨力極戰死于難

温編 西安衛指揮僉事二十九年任

劉永康 湖廣人由武舉三十年任

盧應龍 山西人武進士三十二年任

薛來印 陝西咸陽人武進士三十六年任

趙永爵 陝西固原衛人世襲指揮四十一年任

楊玉柱 西安後衛人武進士四十三年任

顧上問 四川人武進士四十五年任

种應嗣 鞏昌衛遊捕指揮四十七年任

盧文善 寧夏靈州衛人武舉天啓元年任

牟海龍 湖廣人武進士三年任

趙國璧 洮州衛人由世襲指揮五年任

顧弘泰 江南人武進士六年任

漢中府遊擊 崇禎年間因護瑞藩改設

解文英 寧夏人武進士崇禎元年任

唐通 陝西涇陽人五年任順治初封定西侯

李茂 山西人武進士八年任

韓進忠 陝西河州人由百戶九年任

漢中府副將 明崇禎十一年改設

趙光遠 靖遠衛世襲指揮十二年任

漢中府總兵 明崇禎十四年改設

趙光遠 固原人以本府副將陞任

中營中軍守備

陳萬碁

王 識 浙江人俱崇禎年任

左營守備

齊 陞 慶陽人十五年任

右營守備

王明德 河州人十五年任

前營守備

張德俊 十五年任

西鄉縣漁渡壩守備

李 茂 山西人崇禎年任陞漢中遊擊

范于殷 山東人武進士九年任多力善射喜談忠孝節烈事逐賊至紅花鋪殺數騎矢盡被執罵賊不屈死

秦鴻奇 西安人世襲

楊 廡 臨潼人十一年任負膽氣沉默少言與賊戰于漁渡壩陣亡

皇清

漢中府總兵

尤可望 遼東人順治二年任

陳 德 北直隸人四年以軍門中軍陞任

張天福 延安衛人六年以督標中軍陞任

周 球 江南人康熙十九年任以滇逆初平復設

漢中府副總兵 順治七年裁鎮設協為西協屬興安鎮康熙十九年因滇逆初平復為設鎮二十一年又裁鎮設協

楊文啓 遼東瀋陽人順治八年任

王啓勳 榆林衛人十四年任

盧有明 遼東寧遠人十八年任

何 傳 福州福清人康熙二年任陞陝西提督固原鎮事都督同知

貳 格 滿洲人十二年任

王化行 陝西長安人二十二年復設

馬子雲 陝西固原人二十三年任

鄭啓明 河南人二十五年任

閆國寶 陝西華陰人二十七年任

中軍守備

衛若青 山西人十九年任

皇清漢鳳路參將

李應文 順天大興人順治二年任

齊 陞 慶陽府人四年任

趙奕門 榆林衛人七年任

劉士英 正紅旗人八年任

黃加品 榆林衛人十二年任

李承恩 順天大興人十七年任

譚心海 福建人

蕭 興 福建人

劉有譓 順天人

孫 清 二十七年任

中軍守備

劉 善 北京人

馬自新

蕭 旺 福建人

杜文輝 榆林人

王 欽

溫定國

陽平關參將

許占魁 滿洲人順治七年任

楊守奇 岷州人十二年任

柴耀先 遼東寧遠人十六年任

黃國忠 鑲白旗人十七年任

畧陽路遊擊 畧陽舊無兵防明天啓間流寇變亂請設守備官一員兵八十駐扎置下繼移城中後以賊寇出沒無常又移自水江今仍移城中

梁加琦 安塞人捐修廟學尊禮斯文陞四川督標中軍舉陞八營團練總兵順治六年任

楊守奇 岷州人陞慶陽副將十五年任

李 高 直隸雄縣人武進士十八年二月任後陞京口參將

趙光才 延安人

張思達 延安人

鄭 熙 福建人

劉用亮 湖廣人康熙十九年任

譚 綸 直隸山海關人治兵有法待士以禮

中軍守備

楊尚功 廣東人

尹 欽 湖廣人武進士

路良輔 西安人嚴慈並施軍民咸感

葉自昌 臨洮人

劉復初 亳州人見任

寧羌路遊擊

常國忠 北直人順治二年任

王明德 河州人四年任授關荆棘通商便民陞龍安府副總兵

白繼泰 通州人十一年任

張應垣 薊州人十二年任

高景崧 遼東瀋陽人十七年任

藝興 順天古北口人康熙四年任

中軍守備

宋宗郊 盛京人已丑武進士順治八年任

朱之佐 江南人十一年任

西鄉漁渡路遊擊 營隸東協地屬西鄉故附于後

李芳華 遼東人康熙十九年任

俞奕龍 浙江人二十二年任

中軍守備

黑水路遊擊 順治年設康熙年裁

常永勝 河南洛陽人順治九年任

董茂觀 遼東寬奠人十二年任

白守榮 河南洛陽人十五年任

田逢年 鑾儀衛人康熙元年任

撫綏名賢

漢

蕭何 沛人項羽立沛公為漢王沛公怒何曰周書曰天予不取反受其咎且地曰天漢其稱甚美臣願大王王漢中養其民以致賢人收用巴蜀還定

三秦天下可圖也沛公曰善乃就國及引兵東嚮何以丞相留鎮撫諭供給軍食不絕漢王即皇帝位論功封酇侯

曹參 沛人從沛公入關中羽以沛公為漢王參從王漢中剷山河堰以溉田養民畜兵佐致王業代蕭何為丞相封平陽侯

後漢

諸葛亮 瑯琊人昭烈至成都以亮為丞相後帝時上表出師北駐漢中築城于城固駐兵于赤坂身率

大軍攻邢山出斜谷以木牛流馬運糧據五丈原
百姓安堵軍有紀律亮與司馬懿相守百餘日數
挑戰懿不敢出後病卒于軍壑沔縣定軍山封武
鄉侯謚忠武

唐

嚴 礪元和初爲興州節度使事蹟載畧陽

宋

吳 玠順德軍人川陜宣撫副使初爲秦隴等州制
置使時屢破敵兵嘗苦遠餉益治屯田修褒城廢

秩官志 卷之十一 撫綏名賢 壬

堰民知灌溉得以歸業者數十萬家

元

赤及都黃龍府人爲邑撫公屯戍西鄉除殘害賑飢
荒築城池因古堰加疏鑿焉西民立祠嵩坪山

明

原 傑山西陽城人進士成化中以都御史撫治荊
襄秦豫等地傑便宜行事嘗巨賊焚掠之後安置
流民不止億萬優詔獎之陞大司馬卒于南陽士
民聞訃號泣罷市日建祠春秋歲祀

藍 璋山東即墨人進士弘治中尋陞僉都御史忤
逆瑾左遷通判瑾敗起爲巡撫陝西時蜀寇掠
漢中璋選練兵將守據要害殲其首惡餘黨悉平
問民疾苦賑恤貧窮民賴保全立有專祠

吳道宏四川宜賓人進士正德中官鄖撫都御史繼
原傑藍璋後安撫流移萬逃更生三公漢中全祀

邊 億北直任丘人進士以僉憲佐贊藍璋約束邊
疆和輯人民修九邑城池永利漢中世戴其德

洪 鍾浙東人進士正德中官都御史蜀寇搶攘蔓

秩官志 卷之十一 撫綏名賢 壬

至漢中時刼掠爲害兼逆瑾又肆苛斂民甚苦之
鍾申明號令統軍征討卒捍大患百姓出于水火
以功加太子太保民立祠祀之

洪承疇福建同安人進士崇禎間秦寇蜂起疇以三
邊總制援漢中每乘賊之急攻暴殺時出賊不料
晝夜兼程迅至撲滅之保危城救難民稱爲天兵
者數十百次

鄭崇儉山西寧鄉人進士以寧夏巡撫提調漢中駐
節畧陽遏控賊衆不得狂肆漢民以寧

張 京湖廣漢陽人舉人明季漢興賊寇竊發京徃
來救援設餉供兵民於驚惧中荷其安定
皇清
孟喬芳滿洲人以大司馬臨戎安內攘外及巡漢南
撫恤百姓興利除害節制嚴明民衆安靖
賈漢復山西曲沃人以兵部尚書巡撫陝西至漢中
重修棧道 奏蠲荒糧重累頓釋
圖海滿洲人內閣大學士加一等公以撫遠大將
軍平定漢南

略 占滿洲人以總制都御史靖滇逆之亂漢民遂
生復性如病霍然
希 福滿洲人康熙二十六年以總督巡視漢南
圖 納滿洲人康熙二十七年以川陝總督巡歷漢
南察災恤苦革除迎送一切陋習
葛思泰滿洲人康熙二十八年以川陝總督兼都御史巡視漢南祛宿弊息刁訟綱紀貞肅因念雲棧險危首捐全俸並移會三省撫提倡率與司道府各捐己俸修成坦途商民感悅

總督四川陝西等處地方軍務兼理糧餉兵部右侍
郎兼都察院右副都御史世襲拖沙喇哈番軍功
加一級殷公諱泰滿洲人有文武才通滿漢文諸
子百家無不兼該倣諸葛武侯司馬溫
公之為人以軍功歷高位
皆滿秩也康熙癸未歲
皇上西巡知公慶得人由都統擢西寧總兵
上旋陞甘肅提督嗣川陝總制虛席
上念西南半壁非公不可特畀節鉞兩省以重股肱
之寄公行政不尚虛文事無巨細必躬必慎邊鄙
讋服吏治肅清禁絕耗斂核實軍伍人
不敢有絲毫犯所在為公建祠勒石
上常與相國蕭公論臣工之清忠者
上以公為天下第一竟以彥人目之
宸翰頻飛褒綸疊錫寵眷
殊倫賚予無算其得

君之深報
國之誠亘古所未有也辛卯秋以
王事入蜀回車漢上駐節凡兩閱月童叟羅拜送迎
關塞道路鼓樂張彩歡呼動地公性淡薄禁絕供
億不擾民間一草一粟父老子弟以雞酒相餉者
曰我儕小人望公如歲矣公藹然慰勞執爵而飲
愉愉如也迄返旆萬姓循扳轅不已公具詔諭然
以孝悌禮讓毋爭訟務本業不異家人父子用是
咸請公之姓氏爵秩備載郡志以
傳千古並立祠北郭昕夕焚祝
本朝督撫罕
有其偶

明

兵防

鎮守總兵府明崇禎十一年改設其署在府城東察院清順治七年裁鎮並無專署

協鎮付總兵府清初無專署賃居民舍於康熙二十六年副將鄭啓明偕李圖營員兵捐貲一百六十兩買明李方伯宅以爲公署

中軍守備廳明制舊署久廢自清初至今俱賃民舍居住

漢鳳路參將署明無設防今設署鳳縣城東

中軍守備廳今署亦設鳳縣城

略陽路遊擊署明設守備一員初駐白口渠移城中舉移白水後又移城中今改爲遊擊擘扎城中署無專設賃居民舍

中軍守備廳在縣南通濟門內舊撫捕通判公署

秩官志　卷之十一　兵防　丟

寧羌路遊擊署署無專設賃居民舍

中軍守備廳亦賃民舍居住

陽平路參將署明無設防今設署陽平關

中軍守備廳今亦設署關上

漢中衛在府城內明設今革

寧羌衛在州城內明設今革

沔縣守禦所在沔縣明設今革

軍職並汛地

明制漢中寧羌二衛指揮使掌印　指揮同知城操　指揮僉事司屯務　其屯地則在南城寧褒沔等五縣餘縣無屯至總兵副將遊擊守備等員皆屬以後添設經制之兵

今制

西協副總兵駐扎府城兼轄鳳略等四路其四路汛地各以界撥兵防守

城固縣漢中協鎮兵五十名防守

洋縣漢中協鎮撥把總一員兵五十名防守

褒城縣漢中協鎮撥兵五十名防守

秩官志　卷之十一　兵防　圭

沔縣漢中協鎮撥兵五十名防守

馬道漢鳳路撥兵五十名防守

留壩漢鳳路撥兵五十名防守

草涼驛漢鳳路撥把總一員兵五十名防守

東河橋漢鳳路撥兵五十名防守

二里關漢鳳路撥兵五十名防守

軍額

明制漢中衛旗操邊軍六十二名　牧軍三十一名　守軍六百五十四名　清順治初裁革衛官兵屯

軍盡改為民附入州縣
寧羌衛設軍二千六百四十名除逃亡外實在軍二千二十六名內抽拨寧羌州壯丁一百九十名又苑馬寺任牧軍二十九名今盡改為民附入州縣
沔縣守禦千戶所設軍二百二十五名內抽撥開城監牧馬軍九名寧夏鎮邊班軍四十名共城操軍一百七十六名今盡改為民附入州縣
道標中軍舊設步兵五十名今裁

今制

漢中協鎮舊設經制馬兵三百名　步兵七百名今除裁革外設經制馬戰兵二百四十名　步戰兵一百六十名　守兵四百名
漢鳳路舊設經制馬兵二百四十名　步兵五百六十名今除裁革外設經制馬戰兵一百八十五名　步戰兵七十名　守兵三百六十名
畧陽路舊設經制馬戰兵三百名　步兵七百名今除裁革外經制馬戰兵一百四十八名　步戰兵七十名　守兵二百七十名

陽平路舊設經制馬兵一百五十名　步兵三百五十名今除裁革外設經制馬戰兵一百五十名　步戰兵七十名　守兵二百四十名
寧羌路舊設經制馬兵一百五十名　步兵三百五十名今除裁革外設經制馬戰兵一百四十名　步戰兵五十名　守兵二百五十名

馬匹

漢中府協鎮副將一員騎坐馬一十二匹
中軍守備一員騎坐馬四匹
千總二員每員騎坐馬二匹共馬四匹
把總四員每員騎坐馬二匹共馬八匹
兵戰馬二百四十匹
漢鳳路參將一員騎坐馬八匹
中軍守備一員騎坐馬四匹
千總一員騎坐馬二匹
把總二員每員騎坐馬二匹共馬四匹
兵戰馬一百八十五匹
畧陽路遊擊一員騎坐馬六匹

中軍守備一員騎坐馬四匹
兵戰馬一百四十八匹
陽平路叅將一員騎坐馬八匹
中軍守備一員騎坐馬四匹
兵戰馬一百一十五匹
寧羌路遊擊一員騎坐馬六匹
中軍守備一員騎坐馬四匹
兵戰馬一百四十匹

俸餉 明制無考不載

今制

漢中協鎮副將歲額官兵馬匹俸餉米折馬乾銀共貳萬玖百伍拾兩捌分零

漢鳳路叅將歲額官兵馬匹俸餉米折馬乾銀壹萬伍千柒百肆拾伍兩壹錢零

略陽路遊擊歲額官兵馬匹俸餉米折馬乾銀共玖千陸百伍拾兩肆錢零

陽平路叅將歲額官兵馬匹俸餉米折馬乾銀共柒千柒百捌拾貳兩零

寧羌路遊擊歲額官兵馬匹俸餉米折馬乾銀共柒千柒百柒拾玖兩貳錢零

以上共用俸餉草料銀陸萬壹千玖百陸兩柒錢零

在

陜西布政司支領

漢南郡志卷之十一終

秩官志論

詩稱匪懈易曰蹇躬爲臣不易言哉其言之矣帝王疆理天下於其郡國領以連帥統以二千石卽州有牧邑有令雖幅幀百里亦古諸侯分封之地也賢者于此立綱陳紀起弊扶衰凡民罔不懷亦莫不畏夙興夜寐用報　天子建官之意及其政成比戶而尸祝之後世載其遺風餘烈從而歌咏不衰其或作福作威慢上虐下瑕疵不顧有玷官方美惡具在褒貶斯存覽之者能毋惕焉故志秩官者蒐羅今昔之政

聲備列累朝之庶績不敢或遺亦不敢或漏所以章斯民三代之直發君子思齊自省之意也至于關細鄉丁巖邦試師干于險要尤稱方隅之鎖鑰民社之干城甲胄臨身旌旗蔽野矢忠矢報色動鬼神豈非方叔召虎爲譈爲憲作大廈之棟梁巨流之鼇背哉雖下至千夫長百夫長均屬赳赳共懷凛凛庶隅紀律盎所氷兢其敢忽乎是以高下職銜軍儲巨細靡不備載後之刻是土者展卷而觀念斯繹斯所謂不鑑於水而鑑于人之意也漢中守滕天綬識

漢南郡志卷之十二

閘左　知陝西漢中府事滕天綬　重輯

人物志

勳爵

漢

張　騫城固人武帝時以出使西域封博望侯見人物部

晉

楊　盛畧陽人元嘉中封武都王謚忠順見人物部

南北朝

垣護之畧陽人仕宋封益陽侯謚壯

垣詢之護之弟封益陽侯

唐

權文誕畧陽人荆州大都督長史封平京公

宋

楊從義洋州人封開國侯食邑一千四百戶

明

楊　洪字道宗漢中衛百戶累立邊功陞都指揮鎮宣府歷封會昌伯景泰二年破寇進侯卒贈穎國公謚武襄

楊　能洪從子歷封武昌伯

楊　信洪侄封彰武伯

皇清

張　勇洋縣人順治初平定全陝歷陞甘肅總兵後援雲貴復鎮甘肅加提督以靖吳逆加太師封靖逆侯靖逆將軍謚襄壯賜祭塟祀鄉賢

張雲翼承父靖逆侯勇廕初任大理寺正卿陞都察院右副都御史改福建全省陸路提督

張宗仁承祖勇廕世襲一等侯

進士

明

洪武乙丑科丁顯榜

田原鳳縣人官副使

建文丁丑科

卜畧陽人官兵科給事中

永樂甲申科曾棨榜

賈吉昇城固人官都御史

乙未科陳循榜
劉　勉城固人官庶吉士
李　虪洋縣人官給事中以修京城陞工部侍郎後謫青州知府
辛丑科曽鶴齡榜
封庠實畧陽人官戶部主事
李　英洋縣人官左副都御史
庚戌科林震榜
虞　英南鄭人
癸丑榜

虞廷璽南鄭人英之孫官運使
弘治庚戌科錢福榜
張　表褒城人官知縣
巳未科倫文叙榜
張　羽南鄭人官工部侍郎
嘉靖癸未科姚涞榜
朱綬南鄭人官御史
邢恩南鄭人官主事
乙未韓應龍榜

濤應詔南鄭人官參政
辛丑沈坤榜
李楫寧衛人官郎中
庚戌科唐汝楫榜
傅汝礪寧衛人官彰德府知府
癸丑科陳謹榜
李佩南鄭人官郎中
丙辰科諸大綬榜
黄九成城固人滌之子官副使

壬戌榜
景承芳寧衛人官副使
戊辰榜
秦時吉南鄭人官御史
萬曆甲戌科孫繼皋榜
王致中寧衛人官主事
丙戌科唐文獻榜
張允升南鄭人官御史
王一魁洋縣人官知縣

劉廷謨寧衛人官副使
巳丑科焦竑榜
張企程洋縣人官少卿
乙未科朱之蕃榜
楊名盛洋縣人官知縣
辛丑科張以誠榜
李喬岱洋縣人官知府
甲辰科楊守勤榜
王克民漢衛人官副使

丁未科
王漢傑南鄭人永壽孫官員外
庚戌科韓敬榜
李一鰲南鄭人官布政
党中曘城固人官主事
廉第城固人官副使
李遇知洋縣人官太子太保吏部尚書
癸丑科周延儒榜
石聲諧城固人官布政

謝　宸城固人官副使
丙辰科錢士升榜
洪如鍾南鄭人官巡撫
巳未科莊際昌榜
李景賢南鄭人官主事
天啟壬戌科文震孟榜
金煉色南鄭人官員外
王懋學南鄭人官員外
趙京仕城固人官侍郎

張　堪褒城人官副使
乙丑科余煌榜
張鳳翮城固人官巡撫
崇禎戊辰科劉若宰榜
羅國華城固人官僉事
田起鳳城固人官御史
李景廉洋縣人官副使
辛未科陳于泰榜
傅家庥南鄭人官主事

薛無竒城固人官知縣
梁　衡城固人官知縣
翟四隅洋縣人官知縣
甲戌科劉理順榜
李景貞洋縣人官主事
張　亘褒城人官主事
丁丑科劉同升榜
何永清褒城人官知府
庚辰科魏藻德榜

王雲聲漢中人官行人
癸未科楊廷鑑榜
楊棲鶚西鄉人官給事中
皇清
順治丁亥科呂宮榜
王秉直南鄭人官主事
巳丑科劉子壯榜
吉允廸洋縣人官僉事
李可喬城固人官僉事

乙未科史大成榜
党以讓城固人官侍講
趙廷佑南鄭人官知縣
戊戌科孫承恩榜
常九經洋縣人官知縣
梁　冊畧陽人官中書舍人
巳亥科徐元文榜
葉沖漢城固人官知縣
許　瑄城固人官知縣

馬　驌城固人官知縣
王廷瑞南鄭人官知縣
黄玉鉉洋縣人官知縣
屈振奇洋縣人官中書
辛丑科馬世俊榜
温應奇南鄭人官知縣
李　翔城固人官知縣
屠　直城固人官知州
舉人

洪武甲子科
吳　偉南鄭人官左布政
丁卯科
楊　棐南鄭人官員外
庚午科
何　潤南鄭人官長史
劉　蔚南鄭人官通判
癸酉科
劉弘道鳳縣人官御史
陳　介南鄭人官知州
丙子科
周　茂鳳縣人
卜　龕見進士
周　舉鳳縣人
永樂壬子科
賈古昇城固人見進士
乙酉科
楊志學鳳縣人

李　茂城固人官教諭
戊子科
趙　恕鳳縣人
王用賓城固人
辛卯科
張　憲城固人官同知
李　韋城固人官州判
屈　顒西鄉人官御史
王廷訓鳳縣人官訓導
孫志善褒城人
何　益西鄉人官御史副使
甲午科
濮　俊西鄉人官御史
劉　弛見進士
李　彪見進士
丁酉科
王　敏沔縣人官同知
庚子科

張　昇沔縣人
封庫　寶見進士
李　英見進士
癸卯科
張　俊南鄭人官教授
余　清西鄉人官通判
冀　成沔縣人官知縣
周恭　禮略陽人
宣德丙午科

虞　進南鄭人官經歷
蘇　濟南鄭人官禮部員外
仝　彤洋縣人
己酉科
邢　端南鄭人官知縣
虞　英見進士
張　志西鄉人官太僕卿
劉　讓褒城人
何　澄洋縣人官御史

壬子科
杜　忠城固人
薛　輝洋縣人官都給事中
傅　榮官都給事中
湯　浴略陽人官通判
何　益鳳縣人
乙卯科
鄭　珏南鄭人官知縣
虞廷璽見進士

鄧　豫洋縣人官兵部主事
王性存洋縣人官學正
正統戊午科
梁　弘官太原教授
辛酉科
路　權洋縣人官知州
丁卯科
孫　甫洋縣人經魁
姜　斌鳳縣人官教諭

劉　翥洋縣人官御史
景　泰庚午科
謝　愷寧羌州人官知縣
劉永思褒城人
蕭　靖洋縣人解元
宋　禮經魁
癸酉科
邢　懋南鄭人官知縣
任　剛洋縣人解元官主簿

白　素經魁
李永安城固人官教諭
楊　明畧陽人
天順己卯科
田　富洋縣人官御史
甲子科
白　玉官知府
壬午科
李　寧城固人官知州

梁　本鳳縣人官知縣
梁　春洋縣人官教授
成化甲午科
孫　讓城固人官知縣
庚子科
黃　熈城固人官戶部照磨
癸卯科
張　表見進士
石　玫鳳縣人官知州

弘治己酉科童鉞榜
郭　錡漢中人官學正
壬子李孟陽榜
唐　翰南鄭人官教授
唐　鵬翰之兄官同知
謝思道寧羌人官同知
趙　鎧官知縣
張　瑞官通判
乙卯科張子畏榜

夏　輝漢中人官長史
劉　讓褒城人
戊午科吉時榜
王　儒鳳縣人官吏部司務
辛酉科王諤榜
張　羽見進士
甲子科胡謐榜
王大夏寧羌人官知縣
王　昱官知縣

正德丁卯科邵昇榜
張　璸南鄭人官同知
王　逵漢中人官知州
庚午科吉體仁榜
崔　漢漢中人官知州
朱　綬見進士
李時奇官知縣
丙子科劉彥榜
傅　鐸寧衛人官知縣

謝　澍思道子官知縣
己卯科呂顓榜
張重光南鄭人羽之子
嘉靖壬午科王浩榜
沙延圭寧衛人官知州
邢　恩見進士
乙酉科喬世寧榜
王良臣寧衛人官運使
李應辰漢中人官通判

燕　傑城固人官知州
戊子科滑撫榜
邢　綸南鄭人恩之弟官知府
辛卯科李寵榜
王永壽南鄭人官司務
傅汝礪見進士
傅應詔見進士
王　任寧羌人官通判
趙　濂官知州

王亮魁任之姪官知州
黄　蓀城固人官通判
陳　堂寧衛人官通判
甲午科張文鄉榜
傅以忠
王于京寧衛人官同知
丁酉科董大經榜
黄　槐南鄭人
白　豸官知縣見人物部

扈　倫漢中人官知縣
王于民于京之弟官通判
李　楫見進士
方　策城固人官知縣
庚子馬自強榜
傅執中以中之弟官知州
雒應吉官知縣
張大琦洋縣人官知縣
董　愷沔縣人官知縣

癸卯科王瑜榜
趙思賢南鄭人官知州
張其蘊
陳九州
李　佩見進士
張　春褒城人官知縣
丙午科閆司講榜
朱應璧綬之子官通判
張　棟褒城人

己酉科張旂榜
邢子嚴恩之姪官同知南鄭人
蕭汝爲城固人傑之子官知州
壬子科周鑑榜
劉　欽南鄭人
邢子深恩之子官知州長史南鄭人
張　敬官通判
張汝脩官知縣
紀　會官知縣洋縣人

莊朝臣　官知州
李茂春　官知縣
賈懋儒　官同知　寧羌人
乙卯科　李蘇榜
景承芳　見進士
李思蘆　洋縣人　官同知
任應鰲
黃九成　見進士
薛　選　洋縣人　官知府
戊午科
王　言　南鄭人　解元　官僉事
李嘉賓　官吏部司務
胡繼正　見進士
馬上金　見進士
秦時吉　見進士
游　易　南鄭人　官訓導
辛酉科　薛亨榜
靳惟賢　南鄭人　官同知

胡　璉　城固人　官知州
馬斯才　褒城人
甲子科　温純榜
張廷賢　南鄭人　官知縣
牟應時　官知縣
孫光宇　南鄭人
張　樞　褒城人　官推官
焦　馨　南鄭人　官知縣
樊　盈　官知州
隆慶元年丁卯科　王繼祖榜
雷鳴坤　南鄭人　官知縣
李時萃　洋縣人　官御史　副使
王大夔　官知縣
張應巢　洋縣人　官知縣
杜　陞　城固人
寇　傑　官御史
庚午科　文在中榜
毛一鳳　南鄭人　官知縣

張允升羽之孫見進士
鄧鵬翼官知縣
尹作賓寧衛人官通判
張日新沔縣人官兵部郎中
石　麟襃城人順天中式
萬曆癸酉科趙爾守榜
任　祿南鄭人官同知
葉斯化寧衛人官推官
王𢈷學城固人
人物志　卷之十二　縣人　圭
王致中良臣孫見進士
丙子科王圖榜
張體道南鄭人羽之孫
靳可惟賢之子
歐汝孚襃城人官知縣
王　昇漢中人歷官府同長史
己卯科劉宇榜
雷　益南鄭人官通判
李　敬珮之孫改名欽官通判

楊明盛炅見進士
胡來庭城固人璉之子
張　黙沔縣人日新之姪
辛卯科吳坡榜
王起敬洋縣人官知縣
朱　杞南鄭人綬之孫官知縣
甲午科李子芳榜
王堯民孱之子見進士
韓　梅城固人官知縣
人物志　卷之十二　縣人　圭
李必達官參政
丁酉科何龍圖榜
李喬岱嵩嶽之弟見進士
王文元漢衛人官同知
劉　琮洋縣人官通判
趙可行漢衛人
庚子科劉宇曜榜
徐　賢南鄭人官知縣
王彥葵寧衛人致中之子官知縣

梁光彥官知州長史

壬午科劉俊初榜

甘學書官知州後以忠直加贈尚寶寺少卿祀鄉賢南鄭人

李春嶽官知府

許應科官知縣

劉　訥寧衛人改名廷謨見進士

張宇延褒城人

張企程洋縣人見進士

馮時盛經魁

楊大芳官通判長史

乙酉科米助榜

鄧自新褒城人

王一魁見進士

張嘉謨城固人官知縣

戊子科趙宗禹榜

李春茂洋縣人嶽之兄

王漢傑南鄭人永壽之孫見進士

楊千庭改名繼祝官同知

白　玠官知縣

張企周企程之弟

王一麟一魁之弟

王國召西鄉人

癸卯科劉士龍榜

王昌宇城固人

王漢儒南鄭人漢傑之弟官知縣

禹大治洋縣人

張　肆端之孫見進士

李景曦洋縣人嘉之子官知縣

丙午科翁繼思榜

李一蘭見進士

雷起龍南鄭人盈之子官知縣

王正紀寧衛人致中之侄

許無奇見進士

卲登瀛城固人見進士

梁中嘯見進士

己酉科羅世濟榜

張允升羽之孫見進士
郜鵬翼官知縣
尹作賓寧衛人官通判
張日新沔縣人官兵部郎中
石　麟褒城人順天中式
萬曆癸酉科趙爾守榜
任　祿南鄭人官同知
葉期化寧衛人官推官
王弛學城固人

人物志　卷之十二　舉人　圭

王致中良臣孫見進士
丙子科王圖榜
張體道南鄭人羽之孫
靳可惟賢之子
歐汝孚褒城人官知縣
王　昇漢中人歷官府同長史
己卯科劉宇榜
雷　益南鄭人官通判
李　敬珮之孫改名欽官通判

楊明盛見進士
胡永庭城固人璉之子
張　黜沔縣人日新之姪
辛卯科吳逡榜
王起敬洋縣人官知縣
朱　杞南鄭人綬之孫官知縣
甲午科李子芳榜
王堯民居之子見進士
韓　栴城固人官知縣

人物志　卷之十二　舉人　圭

李必達官叅政
丁酉科何龍圖榜
李喬岱嵩嶽之弟見進士
王文元漢衛人官同知
劉　琮洋縣人官通判
趙可行漢衛人
庚子科劉宇曜榜
徐　賢南鄭人官知縣
王彥英寧衛人致中之子官知縣

梁光裕官知州長史
壬午科劉復初榜
甘學書官知州後以忠直加贈尚寶寺少卿祀鄉賢南鄭人
李喬嶽官知府
許應科官知縣
劉　詡寧衛人改名廷謨見進士
張宇廷褒城人
張企程洋縣人見進士
馮時盛經魁

楊大芳官通判長史
乙酉科李劢榜
強自新褒城人
王一魁見進士
張嘉謨城固人官知縣
戊子科趙宗禹榜
李喬嵩洋縣人嶽之兄
王漢傑南鄭人永壽之孫見進士
楊千庭改名繼祝官同知

自　珩官知縣
張企周企程之弟
王一麟一魁之弟
王國召西鄉人
癸卯科劉士龍榜
王昌宇城固人
王漢儒南鄭人漢傑之弟官知縣
禹大治洋縣人
張　堪瑞之孫見進士

李景融洋縣人嵩之子官知縣
丙午科韓繼思榜
李一蘅見進士
雷起龍南鄭人盈之子官知縣
王正紀寧衛人致中之侄
許無竒見進士
卬聲諧城固人見進士
寇中嘯見進士
己酉科羅世濟榜

李景賢蒼嶽之子見進士
廉　第見進士
謙　宸見進士
李遇知見進士
苗中芑洋縣人官知縣
符昌祚西鄉人官知縣
壬子科王崇士榜
洪如鍾見進士
毛　芬南鄭人一鳳之子官同知
人物志　卷之十二　舉人　卅四
王之朝褒城人官巡按
趙京仕見進士
黄登憲城固人九成之子
杜來鳳
楊學程西鄉人官同知
陳所養洋縣人官主事
乙卯科郝維新榜
王懋學見進士
朱永泰南鄭人官知縣

曹雲捷官知縣
梁　衙見進士
翟四嗎見進士
王師臣洋縣人官同知
趙之壁寧羌人
沈　瑜寧羌人官長史
戊午科李尚霖榜
薛虞鳴南鄭人官知縣
田起鳳見進士
人物志　卷之十二　舉人　卅六
樊汝禮洋縣人
天啟辛酉科馬御輦榜
金煉色見進士
王　鉉漢衛人文元之姪官知縣
葉　輪寧衛人期化之子官知縣
孫　蘭南鄭人
徐中奇褒城人
張鳳翔見進士
李景貞見進士

紀于竹洋縣人官知縣
黃路清洋縣人未仕
甲子科潘光祖榜
毛圖南南鄭人一鳳之孫
靳之屏南鄭人官知縣
何永清見進士
張我惠洋縣人官知縣
丁卯科王昌印榜
黃　冠南鄭人官推官

羅國華見進士
方振寰城固人官知縣
李景濂見進士
李固本洋縣人官副使
崇禎庚午科楊畏知榜
葉民懷南鄭人官學正
王堯憲漢衛人官知縣
傅象麻見進士
張　垣見進士

李彥甲褒城人
歐　植官教諭
吉孔嘉洋縣人城陷殉難
李元印西鄉人官知縣
王崇儒西鄉人官副使
癸酉科
席增光南鄭人解元上珍之孫
牟光苞應時之子官知縣
李國擎景融之子

張廷會
李聖翼官參政
趙必達
謝廷旌城固人
廉宗洙
李始禳洋縣人
王奇璉官知縣
丙子科宋玄眞榜
芮質成漢衛人官知縣

王彥芹寧衛人致中之子官知縣殉難
王　譜城固人
鄢　廣官戶部主事
袁象乾西鄉人官教諭
己卯科
邢應斗南鄭人解元
王雲聲見進士
趙廷佐見進士
許廣盈應科之子
人物志　卷之十二　舉人
朱永盛城固人官知縣
趙廷對洋縣人官知縣
王　朕國召之子
壬午科王三畏榜
許廣大南鄭人
朱士雅永泰之子
王允升
李鳳喈城固人
譚逵蘊

楊棲鶚程之子見進士
皇清
順治乙酉科劉鴻磐榜
朱士渟永泰之子官
陳于宸南鄭人官同知
王興新洋縣人官知縣
呂貫一
粱天楨衡之子
許應鯤褒城人官知縣
人物志　卷之十二　舉人
譚公興城固人官知縣
丙戌科劉縧榜
王秉直見進士
朱學朱南鄭人官知縣
和盂興城固人官御史
吉允廸見進士
戊子科王惟籌榜
龔廷擢南鄭人官推官
黃士英南鄭人

寧可喬城固人見進士
黃玉鉉洋縣人見進士
魯克念褒城人
辛卯科蕭恒榜
陳虞夔南鄭人官教授
王克昌致中之孫寧衛人
張震生褒城人官知縣
郭之載
杜日嚴城固人

岳 申沔縣人官知縣
劉羽絕畧陽人官知縣
梁 舟見進士
甲午科雷壯榜
關士傑南鄭人官學正
劉喁晉
党以讓見進士
趙爾相城固人
許天覺城固人

張扶乾城固人
屈振奇洋縣人見進士
王調元洋縣人官知縣
張 蘊洋縣人
丁酉科
王景暄漢中人解元
薛汝聰南鄭人
溫應奇見進士
王世昌

王延瑞見進士
馬 騧城固人見進士
許 琯見進士
業中漢見進士
常九經洋縣人見進士
庚子科梁聯馨榜
屠 直城固人官知州
王玉新洋縣人
楊應元官教授

李　翔城固人
癸卯科楊光訓榜
張潜輝南鄭人官教諭
譚體質城固人官學正
李琪芳官教授
己酉科周蒲璧榜
王鏞新洋縣人
陳景蕃沔縣人
壬子科王吉相榜

馮延宗褒城人
辛酉科范光宗榜
譚體質城固人
秦天賜城固人官教諭
甲子科張曾慶榜
張資深城固人
張我弓沔縣人

漢南郡志卷之十二終

漢南郡志卷之十三

關左　知陝西漢中府事滕天綬重輯

人物志

貢士

宋元無攷

明

府學

王一魁 見科名　任道敏 官通判

胡弘化　李景廉 見科名

馮貲成 見科名　年　英

王　鑑　趙齡昌

馮嘉運

南鄭縣

任大經　傅友爵

郴琪采　王彥芹 見科名

趙遐昌　孫　振

胡經化　李勳陛

張四極　楊德威

呼廣居　周孚先

褒城縣

張　庸 官經歷　尹志學 官知縣

秦　泰 官知縣陞同知　楊　謙 官經歷

趙　璉 官推官　王　章 官知州

余　聰 官縣丞　張　鑑

黃　成 官吏目　張　琰

謝思斌 官主簿　黃　忠 官吏目

汪　洋 官教諭　張　文 官檢校

瞿　俊 官主簿　焦　詔

李自新 官縣丞　張　輔 官主簿

羅　忠　張　喜 官知縣陞理問

曹　文　李茂華 官主簿

錢　貫　阮　傑

梁　棟　王　休 官州判

龔　瀛　龔　道

藍　晃　宋　興 官主簿

鄭　福　韓　章

毛麟 官經歷　胡鄉 官縣丞
趙哲 官訓導　謝鵬 官教諭
熊彌 官主簿　李大倫 官經歷
許聰 官知縣　胡章
龔塤 官教諭　柴經 官主簿
李鶩 官州同　張椿
耿壽　阮克寬 官主簿
樊重 官訓導　張世美
王相　李廠 官訓導

張雲鳳 官訓導　李珊 官訓導
汪仲達　張世奇
張梯 官知縣　許禮安 官訓導
歐本禮 官訓導　但可紀 官教諭
張文煥　張輝 官教授
殷三仁　張文燦
蔡斗東 官教諭　張文熠 官知縣
張于京 官知縣　王元佐 官教諭
王業 官學正　王之瑜

張國紀　馬邦麟 官縣丞
任景伊 官州判　李暘
李文華

城固縣

李均美　李鵠
曾鑑　余懋
余孟翱　孫琳 官知縣
杜懋 官兵部司務　王興 官推官
谷鏞 官知縣　王晟 官鴻臚序班

許謙 官知縣　石盤 官縣丞
劉坊 官審理正　茍用之 官知州
湯銘 官州判　龐清 官同知
趙驥 官主簿　楊大和 官訓導
向剛 官縣丞　杜讓 官知事
樊弘 官檢校　王温 官縣丞
王宣 官縣丞　黄柱 官知縣
王廷棟 官主簿　王伯生 官檢校
康能 官主簿　杜斌 官縣丞

胡昇
黃賜
李鳳鳴官主簿
王相官主簿
李萬官訓導
方端官訓導
劉智官布政理問
黃熙官經歷
魏經官典簿
楊廷官縣丞
招廷傑官都司斷事
王彝官同知
余文璽
田鶴官訓導
方儒官主簿
周書
王鎰
陳伯玉官訓導

仝壽
吳俊官鴻臚序班
楊儒官縣丞
張廷官縣丞
吳悅中官照磨
王時官通判
劉真官知事
夏正官知縣
李經官主簿
孫談官知事
陳政官都司斷事
王璉官主簿
余文璧
胡憑官教諭
陳仲仁官主簿
方伸官經歷
鄢欽官教諭
陳善

人物志　卷之十三　頁十　五

呂憲官訓導
李文官訓導
陳珊官教授
田表
楊朝漢官訓導
張顯
舒傑官教授
閆禮
葉茂時
王心學官訓導
康官官經歷
田世資官訓導
王汝楫官知縣
杜元吉官教授
呂廷賞
寇勳
劉濬官教諭
楊宗儒官訓導

楊朝用官訓導
李芃官經歷
汪奎
王珠官訓導
李元芳官通判
王爵官教授
王之幹官訓導
余九澤官教授
許應元官通判
杜元德官通判
陳王道
田世封官學正
王禮學官學正
李士元官知縣
劉自遠官訓導
羅豸官同知
李一新官訓導
許賀官訓導

人物志　卷之十三　頁十　六

陳琮官訓導　武揚官訓導
李發官教諭　李日穡
譚公應　趙京任官訓導
党玟　王畿
石聲調官訓導　陳璜
王昌運官教諭　傅應夔
張拱極　王印侯
范濟世　陳錫周
李日照　岳中衡

李三蘭　李鳳友
陳瑀

洋縣

葉同官同知　孟徵官知縣
楊溫官縣丞　曹順官吏目
唐英官典史　朱英官主簿
王文官知縣　馮茂官同知
王勉官主簿　秋成官知縣
李寧官縣丞　韓友官推官

段方官照磨　駱紹宗官照磨
白圭　張忠
李敬官縣丞　申岳官判官
王庸官教授　王賓官縣丞
馮謹　陳聰官判官
夏時　張亮
任忠　王軏
曹爵　苟從義
屈誠　杜支

白阜　閆廖官州同
高文　段智
李珣仕未　黃子謙官學正有傳
段英官主簿　王鑑
曹銘　葉文
劉賢　高舉
李誠　任祥官主簿
王章官經歷　白珩官縣丞
趙良佐官主簿　李廣官縣丞

馬良任官縣丞　楊仕魁官檢校
胡銘官主簿　韓重官主簿
張祥官知州　劉昶官知州
韓玫官主簿　李敏官刑部檢校
葉春官吏目　師惠官主簿
陳善官照磨　劉嵩
馬仕學　華文官主簿
朱賢　陳義官推官
劉盈　杜敏

劉琦　楊隆官主簿
姚臣官知縣　張文明官縣丞
陳閏官縣丞　楊文盛官主簿
王臣官吏目　張鳶官縣丞
樊謙官主簿　劉諒官經歷
王鳳官檢校　蔡衆
劉仕華官訓導　劉王官審理
楊文官同知　馮臣官吏目
黄甲官知縣　楊倫官照磨

韓鳳　韓儒
張應霄官縣丞　王傑官主簿
王爵　王鸞
張大器官同知　曹璜官檢校
張武官吏目　吳相官訓導
龍武官縣丞　傅選
王尚絅　曹秉中官教諭
馮銳官訓導　曹尚志官訓導
畢可久官照磨　王文舉官教諭

閆通官訓導　樊文官學正
楊棟官訓導　王宏官訓導
鄧時中　韓栗然
韓鵠　李應霖
張大譽　王效程
楊福謙　楊子厚
張猷官教諭　周楫官教諭
齊宗教官教諭　閔復盛官訓導
曹承教官訓導　王良弼官學正

王吉士 官訓導　王承光
段復性　淡學顏
王名世　張學芳
楊邦殷 官知縣　盧登
李時新 官訓導　盧中漢 官訓導
劉思敬 官訓導　張大魁 官知縣
王彪　周濟
楊一元 官主簿　韓薰 官知縣贈寺丞
瞿鳳鳴　曹奎

馮加運　王綸言
齊惟修　賈重華 官訓導陞學正
李香蔻 官學正　惠沛 官學正
周之德 官訓導　白朴
王奇瑾 見科名　淡從吉 官知縣
王國彥 官訓導殉難　吉惠迪
瞿化鵬　譚於朝
馮文運　李爾振
西鄉縣

高世隆 官訓導　衛子誠 官知縣
鄭誠 官知縣　文昭 官州判
趙紀 官知縣　楊和 官知縣
文煥 官主簿　衛庸 官檢校
王良 官經歷　張述 官吏目
刑巖 官知縣　侯服 官主簿
方正 官主簿　張裕 官檢校
賀珍 官吏目　李時泰 官經歷
蘇春 官主簿　周政

徐浩 官知縣　楊洪 官典儀
祝昂 官典簿　王聰 官照磨
邵鑑 官知事　邢繼宗 官縣丞
陳紀 官知事　譙英 官主簿
周瓚 官照磨　楊芳 官州同
張鴻 官縣丞　方俊 官吏目
戴冠 官檢校　周楫 官經歷
李讓 官經歷　程度 官經歷
王宇 官北城兵馬　王識 官檢校

趙京官檢校　劉質官主簿
蘇鑑官縣丞　冷朝震官知縣
趙統官縣丞　楊夔之官州判
李門官訓導　張文林官典膳
賀景貴官知縣　常勝官主簿
蘇禧官經歷　褚彥禮官縣丞
陳鵬官主簿　李資官同知
兆鸞官主簿　羅魁奉祀
高濟才官知縣　羅謙官訓導
人物志　卷之十三　頁十　十三
李匠官訓導　經世官主簿
楊畏知官知縣　楊嘉言官經歷
晏相官經歷　孫光先官知縣
郭鳳儀官同知　周逵官同知
賀承光官縣丞　袁一化官州判
焦條遠　宋文炳
郭繼先官縣丞　朱孔綬官學正
王訪　袁希曾
張其旐　張經綸

賀養道　李作棟
陸起鵬　况立業
胡上選官訓導　晏延明官訓導
馬毓麟　晏時庸
唐師夔　王極建官訓導
袁濟世官學正　麗士雅官訓導
屈顯文官學正　陸世昌
麗士良　王繼昌
謝賓　楊暉官主簿
人物志　卷之十三　頁十　十四
蕭鏻官知縣　朱騰雲官主簿
許珍官檢校　郭勇官教諭
李遇春官訓導　金鳳官主簿
陳謨官經歷　古林官經歷
楊騰霄官縣丞　王臣
李朝楊官縣丞　李應春官教諭
董惟忠　郭崇仁官訓導
李獻章官訓導　呂翔鳳
汪仲傑官訓導　孟國徵官訓導

王廷詔 官訓導　徐克儉
李　壯 官縣丞　王　汲 官知縣
孫思敬 官知縣　郭繼曾 官縣丞
李自印 官審理　李毓龍
謝廷詔 官知縣
鳳縣
梁　春 官鹽運使　楊　教 官同知
辛自銘 官推官　種　鏞 官知縣
任　英 官知縣　田　祥 官同知

許　賢 官通判　趙世昌 官序班
陳　連 官照磨　苗　坤
王　建 官典史　趙　讜
石　堅 官典史　蒲　政
念　証 官通判　石德俊 官大使
趙　信　侯　用 官典史
楊　明　楊　鑑
牛　彩　盧應士
牛光斗　王多才

沔縣
王正化 官通判　秦國士 官教諭
秦攀龍 官通判　秦雲龍
謝人龍 官通判　李　玳 官知縣
朱　時 官照磨　賈士望
王邦瑞　李天民 官知縣
黃龍飛 官知縣　馬伸伯
陳虞襄　唐之相 官訓導
寧羌州

王　端 官州判　朱　綬 官知縣
欽　英 官通判　趙　斌 官主簿
胡　安 官知事　劉　英 官吏目
張　泰 官主簿　蕭　成 官縣丞
張　宣 官主簿　孫　亶 官知府
田　茂 官主簿　葉　錦 官知縣
趙　轉 官主簿　王　準 官運同
欽　鐸 官州同　王　經 官經歷
劉　琰　尹　懋 官知州

張逵官經歷　沈輝官主簿
楊大倫官審理　賈璽官州判
謝恩官州判　江海官州判
柳茂　李尚賢官序班
雷通　虞賓官主簿
鄭輔　蔣琳官州判
張鶱官知縣　虞良
王作官推官　蔡仁官主簿
張武官知縣　許恢

趙俸　君仁官同知
趙士賢　賈漢儒
李逵官主簿　王盤官教授
張翔官知縣　趙宰官主簿
曹丕和　王秩然
張欽　張繼倫
趙朱　孫廷相官主簿
徐淮官兵馬　王輔官吏目
李仲元官州訓　吳振

胡希賢　謝洞
王大章官知縣　賈鶴官縣丞
王邦卿官縣丞　李世華官知縣
李應時　王大韶官知縣
白若水　賈璣官主簿
虞時俊　荀大道
李忠春　靳璉官縣丞
黃如金　孫繼儒官吏目
白若王官縣丞　李久時官訓導

周尚文　金鳫官州判
張存仁官經歷　蔡廷憲官同知
唐華　胡滇官教授
晋士修官教授　張謨官教授
林士亨　蔡廷諫官同知
李應期　王寵官縣丞
蔣汝奇　王時聘官知縣
鄧希禹　賈濬官知州
王宓官知州　王宏官知州

标蓁　石璞官縣丞
包承道官知縣　馬世驥官州判
馮世臣　蔡思順官知州
金汝錡　賈滐
王客　侯邦
林英　王以仁
洗恒　敖知恭
駱之彦　成提
金元白　趙心學

畧陽縣

何畢官通判　梁額官主簿
王斌官主簿　羅獻官知縣
陳本官縣丞　侯祐官縣丞
梁增　蹇濟
景芳官吏目　傅禮官吏目
劉安官檢校　李徵官奉祀
裴儀官吏目　羅顯官縣丞
侯庸官吏目　謝文魁官吏目

侯本官縣丞　周成官縣丞
侯璽官知縣　封鑑官縣丞
劉廷舉官吏目　高九思官典簿
成貫之　羅嵩官知縣
劉廣　劉進官縣丞
李崧官知州　蹇淳
趙友仁　何文煥
陳世隆　羅九疇官知縣
賀友學　張養正

張璵　王銘
王用　吳哲
李欽　劉世安官縣丞
羅九畡官教諭　蹇暘官主簿
何經官都事　張經官縣丞
庸鳶官照磨　張傑官縣丞
羅華官訓導　賈文琮官訓導
周文官訓導　楊宏官訓導
劉芳官知州　趙綬官知縣

羅　江官知縣　李九皋
楊文學　張顯祿官訓導
劉　儀官主簿　何　洋官縣丞
王仲傑官主簿　趙近臣官縣丞
何　紀　賈　言官主簿
仝東甲官知事　牛　鉞官通判
楊世孝官主簿　杜顯文
何得清官縣丞　吳　鏈
粟鳳儀　馬元吉

人物志　卷之十三　貢士　三十二

丁崇德　羅大宗官知縣
郭　洲　蘇　泰官知縣
楊　朴　張九經官教諭
郭　洙　趙　孟官縣丞
楊　芳　何　化官主簿
邢　綰　劉　佶官縣丞
黃　宸官通判　康守洛
楊之奇官訓導　晏　相官訓導
李培根官同知　羅一逵官知州

王世業　劉起元
劉啟敬官通判　羅士慧
陳　濂官縣丞　蔚可喬官學正
楊時科　劉　豸官學正
黃　訓官訓導　劉繼先官通判
程英士官訓導　李光先官教諭
晏行可官訓導　劉起豐官訓導
鄭蘭芳官通判　劉繽先
侯于周官知縣　張學顏

人物志　卷之十三　貢士　三十三

何天賜官知州　趙　玠官知縣
張星輝官知府　劉明彥繼先子選貢官知縣勅封文林郎
定後隱居深山　劉明鄉佶之孫
趙　賓　劉朝相繼先子選貢官參議加一級後以子
景皋誥封中憲大夫　鄭　珍
鄭　環　程紹孔官參議
蔚　逵　李方白官訓導
李作棟　吳道立官縣丞
陳三策授通判未仕

清

府學

田躍龍　吉允廸見科名

陸企贄　楊懋秀

李翊朱　李宗韶

張珮炎　敫軾

龔廷鳳　張允孔

胡呈鳳　王纘同

趙景清　張士俊

黄之采　常九經見科名

韓錫　韓元萼

胡紹張　周忠

盧掄俊　梁希孟

呂鴻勳　孫惠

呂宗周官訓導　鄭之相

張明徵　龔垂門

崔應典　徐世賢

蕭瑕　王大啟

李詩亨　楊爾楨

蘇希軾　王猷

張爾誠　王海膺

南鄭縣

宋善士　洪傳謀

王堯俊　黄家棟

蘇士龍　張向極

薛汝爲　靳輩

楊德威　錢龍躍

毛周甫　毛起宗

洪傳哲　蘇來先

張代　朱學孔

黄闇開官通判　秦宜

王人雅　柳拱徵

秦維昇　張必燧

劉如沔　王嗣蘭

王景淵　李國璽

褒城縣

張㙈　但起鳳（官知縣）
張垓（官訓導）　鄭應舉
徐可及　王淳熙（官知縣）
張原洙（官學正）　馬啟聖（官教諭）
何泰清（官縣丞陞兵馬）　張金榜（官教授）
許冀隆（官訓導）　王永祚
張士義　楊四麟
王之瑞　瞿懷仁
何振蛟　何振聲

張澍　張其肅
任重　鞠撫育
李景福　李維昌

城固縣

王令順（官同知）　党以謙
趙元會　張士英
劉景曜　楊希震（官訓導）
石維翰　李升盤
趙元惺　杜起鳳

楊在廷　蕭取篤
党以讓（見科名）　王珀
張文炳　徐輝
張抒悅　張拱垣（官訓導）
杜運經　謝廷謝
鞠爾喆　李成梁
李來龍　李爲度
李魁士　梁天樁
李珠　李謙亨

張惇　龔垂門
李登盤　范朝宋
李漸盤　宋文元
杜華

洋縣

薛敷采　薛象賢
張秉憲　張士俊
王之門　田躍龍
田見龍　何騰蛟

朱繼程　李毓秀
梁藻　梁希孟
紀爵　紀倫
盧倫俊　史開泰
鮮明縉　屈復禮
韓士傑　王景曾
張士璉　謝廷寵
薛蘊　齊敬修
孫弘宗　自潤如 授州判未仕舉鄉飲大賓

趙景清　劉大猷
齊佩　段爾康
陳紹纓

西鄉縣

符錫祚　李文相
龐文輝　楊爾禎
王裕芳　齊之翰
蘇萬邦　王際泰
郭八仰　張選北

晏邦華　楊棲鴻 官訓導
彭效古　謝璽明
袁逢年　王廷彪
王嗣芳 官訓導　郭拱極
符裔麟

鳳縣

念餘芳　念餘光 官訓導
羅九鼎 官州判　侯世封 官州判
盧效先　牛一豸 官訓導

盧明琦　宋景燕
孫昌祖 官訓導　孫榮祖
魏旭　董猷謨
張聯奎　朱維垣
靳辰光　楊煌
來覲光　牛峻
牛暐　胡尚開

沔縣

田種玉　王拳士

周文英　李世馨
賈燮漢　趙玠
褚師旦　童毓秀
袁續龍　周士吉
宋景宗　王連中
寧羌州
蘇我民　譚聖詰
杭之瑛　鄭璠
衡象極　何譙

金汝礪　葉致菁
左震　楊孟蘭
略陽縣
李先白 官兵馬指揮　淡綵 官教授
黃思大 官學正　程繼孔
梁熺　李恒芳
張時升　程世典
康兆民　劉景皐 明相之子歲貢官知縣誥封文林郎
侯冕新　黃正中 官訓導

王用才　李芳桂
陳宗嚞 官訓導舉大賓　康一麟
馮君宋　劉必鰲
劉朝虹 羽繩之子　麗騰鳳
張鳳翼　王謨
劉壎 景皐之孫　侯晉侯 冕新之孫
武進士
明
漢衛

潘雲騰 狀元官貴甫川參將　秦壽 探花
皇清
城固縣
鄭論 官京州衛守備
西鄉縣
劉振斗 官黃州府守備
沔縣
嚴梅
武科舉

明

漢衛

潘國俊 有傳　潘雲騰 國俊弟

王夢熊 一魁子官通州守備　潘國倬 見武官

洋縣

秦　善 見進士

皇清

漢衛

潘組綬 國俊子

城固縣

羅國璽 官江南龍江衛守備　李宗沈

劉紹漢　韓曜奇

羅人鐸　劉士譽 解元

楊　煶　宋之琦

鄭　論 見進士　方　台

洋縣

陳躍卅　安貞吉

田　傑 官河州把總　庫大有 官雲南守備

李勳臣

西鄉縣

劉振斗　李振國

沔縣

周維翰　嚴　梅

畧陽縣

劉景亮 官湖廣永明縣夔州營守備　高文運

武宦

明

潘國俊 漢中人

潘國倬 以武功授興安守備

王世吉 以百戶歷陞參將

皇清

秦　善 洋縣人官遊擊功陞副總兵因平楚叛馬大寶加將軍楚人立祠祀之

嚴自明 以武功累官江西全省提督

楊文啟 西鄉人原籍遼東瀋陽人任漢中副總兵後居西鄉歷王川北鎮總兵官都督僉事驃騎將軍

陳羅馭順治初隨征四川累官龍安府小河口參將
馬文秀順治初隨征四川累官大鶴麗遊擊加副揔
王進才以武功累官四川建昌揔兵畧陽人
郭敬明南鄭人官南滙營都司

薦辟

漢
鄧先城固人景帝時以言軍事辟爲城陽中尉
李固南鄭人以公卿舉拜議郎
余謙西鄉人以人材舉任本縣尹

李法南鄭人舉賢良方正累遷光祿大夫
元
李孟以右丞楊吉之薦累官中書平章事翰林學
士承旨封魏國公
明
何福全舉茂才四川參議
梁春以通經官兩淮運使

保舉

明
張兆能洋縣人
党琓城固人
高厚官襄府引禮褒城人
賀敬孜官福山縣縣丞
胡觀官光州知州
李均城固人官知縣

特授

清
楊遵濬洋縣人大芳子字稚常　順治初授監軍道

招撫四川隨陞四川按察司署巡撫事
陳安國見人物部沔縣人
毛袞南鄭人順治初隨征四川官巴州知州歷陞
楊州府知府
薛汝爲南鄭人順治初隨征四川官廣元縣知縣

封贈

明
張寧南鄭人以孫羽贈南京大理寺卿

張廣什邡知縣以子羽贈御史歷贈南京大理寺
卿
張佳貢士以子允升贈御史
龐和南鄭人以子上珍贈文林郎
朱崇政南鄭人以子綬贈御史
謝助吉寧衛人以子愷贈承事郎
王印南鄭人以子致中封知縣贈兵部主政
李應林南鄭人以孫一鰲贈布政
李貴以子一鰲封文林郎歷贈布政

王光祚漢衛人指揮以子昇燮贈晉階果毅將軍
傳友爵南鄭人恩貢以子應詔贈行人司司副
王昇漢衛人同知以子堯民贈中憲大夫東昌知
府
任大經南鄭人恩貢以子祿贈同知
洪仕傑南鄭人以孫如鐘贈副都御史
洪珠生員以子如鐘贈副都御史
王致中寧衛人主事以子彥葵贈承德郎
金世華南鄭人以子煉色贈文選司員外郎

傳信南鄭人以子棠庥贈文林郎知縣
張宏褒城人以子表贈文林郎知縣
楊珪褒城人以子謙贈武成經歷
張文熠褒城人知縣以子堪贈副使以子亘增階
中憲大夫
黃蓀城固人舉人以子九成贈戶部郎中
石珊城固人以孫聲諧贈參政
石子敏以子聲諧贈參政
康忠城固人以子傑贈推官

李文錫城固人以子寧贈文林郎知縣
田世封城固人教諭以子起鳳贈御史
党廷善城固人以子傑贈文林郎知縣
党傑知府以子中疇贈階中憲大夫
党中疇主事以子琬贈承德郎
謝晉賢城固人以子宸封評事贈知府
李元德城固人以子必達封文林郎知縣歷贈參政
張巨學城固人以子嘉謨贈文林郎知縣
張嘉猷城固人以子鳳翮贈御史

韓國忠城固人以子十梅贈通判
梁維翰城固人以子衡封文林郎知縣
羅　印城固人以子國華封文林郎知縣
王承先洋縣人教諭以子一魁贈文林郎知縣
張　簡洋縣人縣貳以子企程封太僕寺少卿
李　相洋縣人以子時萃封推官贈御史
楊　績洋縣人以子大芳封通判
紀　會洋縣人知縣以子竹贈文林郎知縣
李應春洋縣人以子嘉賓贈吏部司務

李蒸會洋縣人以孫遇知贈工部侍郎戸部尚書
李友竹生員以子遇知封文林郎贈給事中大常少
　卿工部侍郎戸部尚書再晉吏部尚書
薛大用洋縣人以子選贈知府
李　琛洋縣人以子喬岱贈文林郎知縣再以子喬
　岳贈階奉直大夫
吉自祥洋縣人以子孔嘉贈同知
陳常道以子所養贈文林郎知縣
李喬岱洋縣人以子景廉贈中憲大夫再以子景貞
　贈階一級
李作楫洋縣人貢士以子固本封僉事
周鳳岐西鄉人以子逵贈奉議大夫
楊朝西西鄉人以子學程贈同知
符廷珂西鄉人以子昌祚贈文林郎知縣
劉繼先畧陽人通判以子明彦贈承德郎又以長子
　明相追贈朝議大夫布政司參議
程英士畧陽人訓導以子紹孔贈朝議大夫
潘　鳳漢中人以孫雲騰贈副總兵以孫國俊贈階

　驃騎將軍

皇清

潘汝高以子雲騰贈副總兵以子國俊贈驃騎將軍
張奎璧洋縣人以曾孫勇贈光祿大夫左都督歷贈
　靖逆侯靖逆將軍
張　興以孫勇贈光祿大夫左都督歷贈靖逆侯靖
　逆將軍
張　遇以子勇贈光祿大夫左都督歷贈靖逆侯靖
　逆將軍

張朱英　洋縣人以子宗鐘贈中憲大夫肇慶知府

黃仕進　南鄭人以子際明贈承德郎通判

李日蘭　南鄭人以子聖翼贈中憲大夫副使

王孔嘉　知府以子允廸贈階中憲大夫

黃路平　洋縣人廩膳生員以子王鉉贈文林郎知縣

王命卿　洋縣人以子思新封文林郎知縣

馮大伸　洋縣人生員以子振奇贈文林郎知縣

常化龍　洋縣人以子九經贈文林郎知縣

党問政　城固人生員以子以讓贈庶吉士

李養德　城固人以子可棨贈知縣歷贈郎中

朱繼義　城固人以子[illegible]贈文林郎知縣

李上卿　城固人以子翊贈文林郎知縣

楊應程　西鄉人以子[illegible]贈階朝議大夫

劉明相　畧陽人參議以子景皐贈階中憲大夫

郭智　南鄭人以子敬明贈都司

皇清

恩廕

張宗鐘　洋縣人承兄靖逆侯勇廕初任雲南廣通知縣補廣西崇善知縣歷陞廣東肇慶府知府卓有治聲

張雲翮　承父勇靖逆侯廕初任工部郎中陞補廣東通省驛鹽道

楊緒爵　承父文敢廕官戶部郎中西鄉人

趙元明　城固人承父京仕廕官均州知州

蔡世章　畧陽人承父紹孔廕官鄖陽知縣

漢南郡志卷之十三終

郡志卷之十四

關左　知陝西漢中府事滕天綬　重輯

人物志

附鄉懸

賢達

漢

李法和帝時舉賢良除博士遷光祿大夫嘗曰天下國家之事有可言之機而畏忌不言是曲學阿世非聖賢之教也乃上疏言宦官權重椒房寵盛忤

旨免後徵拜諫議大夫正言危論不改於舊終汝南太守

李郃字孟節和帝時竇憲納妻郡國皆有禮慶漢中郡當遣吏戶曹李郃諫曰竇將軍戚不修德禮專權驕恣危亡可翹足而待願明府一心王室勿與交通守固遣之郃請自行所在遲留至扶風而憲就國凡交通者皆坐免太守獨不與焉

謹按歐陽詢藝文類聚載李郃傳曰公好天文術和帝遣使者觀風俗有二使自益州宿曼候舍問二人曰君發京師寧知二使何時發二人驚問曰何以知之公指星曰有二使星來向益部也

李固字子堅郃之子也少好學常改易姓名杖策驅驢負笈從師不遠千里究覽墳典爲世大儒每到太學密入公府定省父母不令同業諸生知其爲郃子也順帝陽嘉四年大將軍梁商辟爲從事中郎六年商薨以梁冀爲大將軍荊州盜起以固爲荊史後爲冀所憾徙固爲泰山太守漢安元年徵齊至兗州表奏泰山李固政爲天下第一上徵固

爲將作大匠建康元年帝崩太子炳即位梁太后臨朝以固爲太尉錄尚書事質帝本初元年冀白太后廢免固桓帝建和元年梁冀使馬融草奏誣固與妖賊劉鮪交通遂收固下獄死於獄中見通鑑

謹按廣輿記固嘗行鄉下有曰吾鄉神也用汁染子衣當以蒙糕祀我累遷太尉質帝崩固欲與冀進爲事冀恐因議立蠡吾侯與朝群准固獨與杜喬勸立清河王蒜冀怒遂誣固下獄害之時年五十四京師謠曰直如弦死道邊曲如鉤封侯

冀露固屍於衛令有敢臨者加其罪汝南郭亮南
陽董班相繼上書乞收葬太后憐而許之
李燮字德公固之子固初下獄知禍不免乃命三子
歸燮時年十二姊文姬謀豫匿之遣隨父門生王
成亡命徐州酒家爲傭酒家知非常人妻以女梁
冀誅遇赦還鄉里召爲議郎後官河南尹
謹按綱目漢桓帝延熹三年正月詔求太尉李固
後
樊志張號多能隱身不仕嘗遊隴西時破羌將軍段

熲出征西羌請見志張其夕羣羌圍熲用志張
計破羌因以狀聞又言其人宜翼聖朝以備咨詢
有詔徵會病終

三國

陳術字申伯漢中人著釋問七篇益部耆舊傳歷三
郡太守

宋

楊仲遠興元人元符中張浚試吏興元與楊用中別
問曰公嘗往來梁洋其人士有可與從者乎用中
曰興元楊仲遠可以爲師洋州雍沖可與爲友公
至遂與二人交
楊從義字子和鳳翔人徙居梁洋間慷慨有氣節以
功名自許由進武校尉封安康郡開國侯詳見侯
神道碑記

元

李孟字道復上黨人父唐歷任秦蜀因徙漢中生而
敏悟七歲能文博學強記貫通經史家居授徒遠
近從之武宗至大三年正月以孟爲平章政事同

知樞密院事至大四年命中書平章李孟領國子
學是年仁宗即位閏七月賜孟爵秦國公圖其像
命詞臣贊之每入見必命坐稱曰道復而不名仁
宗皇慶二年六月孟乞罷政權避賢路帝曰朕在
位必卿在中書朕與卿相終始書秋毅二字賜之
賜鈔十萬貫又爲治第孟曰所望於陛下者非富
貴之謂也辭不受延祐七年仁宗崩英宗立以鐵
木迭兒讒搆盡奪孟前後封爵制命左遷爲集賢
侍講學士欲因其不就中官之孟欣然拜命曰是

無敢言者（見通鑑）

明

吳偉南鄭人少敦敏好學曉暢事機領洪武初鄉薦知茂州多善政聲教遠播羌人懷服累官四川左布政使尋賦歸來身無長物課農教子無他與焉

庾英南鄭人宣德庚戌進士傳學善詞翰泉石自娛不事顯達其孫廷璽登癸丑進士歷官運使致仕德行人不能泯

王信邑人正統中世官寬河千戶累功陞指揮使移

守荊襄石和尚劉千斤反信被圍饋絕夜半以死士出城持礟擊賊賊潰斬獲甚衆以功晉鎮國將軍都指揮同知鎮臨清召還又命佩平蠻將軍印鎮楚時永寶二長官世相讐靖武蠻久不靖信開誠面諭不煩兵而下後以老辭上慰留時遷都督同知晉階榮祿大夫賜玉帶出鎮三十年銓閫之下寂無人聲所部指揮劉斌張全智勇過人力薦于朝子繼善從善皆登進士

楊洪字宗道漢中衛百戶也善騎射累立邊功陞都指揮鎮宣府寇畏之呼為楊王封會昌伯景泰二年破寇進爵為侯卒贈頴國公謚武襄從子能武強伯信彰武伯

郭鏞弘治中舉人任河南訓導陞解州學正律身清謹致仕歸正德初逆瑾聞名而聘之託疾不就後瑾誅鏞獨不坐累

張羽字伯翔弘治中進士授行人正德初逆瑾用事執正不阿瑾敗以御史巡按山東臨辛以故人為託至部按其人則山東大害也立劾去之中官導

上出遊上疏力諫不聽出守廣平創建書院以課多士時旁郡訟獄咸來質成順德有因母通於倡子有後言母起井死以死論羽曰既負夫與倡私又可殺其子絕夫嗣乎釋之鉅鹿有婦訴官殺其夫者以賕諸法官賂朱寧誣奏羽下獄吏民爭斂貽寧為羽解羽却之後大理直寧乃還郡弄調守河間豪強歛跡別駕周禮以貧死羽為償其所貸擇地安其妻子歲時省其墓曰此固良吏也武宗南狩駐河間以官錢治具聲名特著陞山西布政

以不害造請左遷貴州晋南大理寺卿多所平反
轉南工部侍郎以考績還疾卒上爲震悼孫體道
字行菴萬曆丙子舉人以孝友著郡丞傅希孟延
請之能以正言規丞卒成良吏孫允陞丙戌進士
官四川司理擢御史于時倭小西飛乞封疏斥其
非又善居鄉里人莫不敬愛
朱紱少甘貧力學學者多宗之登嘉靖癸未進士以
行人出使却宗藩之贈爲御史多所陳諫時兵馬
司門內地湧血莫敢上聞紱特疏規諷中外嚴之

卒之日囊空幾不能治棺時人服其清節
刑恩性剛介苦志篤行諸生時見重於洪太保歷官
主事清操始終不易弟綸嘉靖戊子舉人初令孟
津廉靜果毅調猗氏移守郴州惠政益彰時人號
爲二難恩子子深嘉靖間以舉人爲州牧惜爲時
忌左遷長史未竟其用
傅應詔嘉靖乙未進士歷官參政持正獨立比歸行
李蕭然
白豸嘉靖丁酉舉人爲崇明令潔已卹民民爲立祠

李佩嘉靖癸丑進士歷官郎中儲餉卹刑能恪國活
民
王言字斗盧嘉靖戊午鮮元爲徽州府教授陞國子
監傳士考選御史直道觸時相轉安綿道僉事屹
然岳立人難干之以私
席上珍嘉靖壬戌進士官戶部郎中出守永平爲人
慱學能詩居官尤行仁愛
秦時吉戊辰進士貴州道御史直言敢諫名重一時
毛一鳳隆慶庚午舉人令蒲清廉慈惠居鄉與物無

忤咸知推重
舒鵬翼隆慶庚午舉人令鄖西以卓異擢御史見事
輙言無慚司直
任祿字中庵萬曆間舉人歷官龍安知府獨凛四知
苞苴屏絶
王屏萬曆丙子舉人官同知性剛直事有不合于義
者决不苟爲以忤當事遷長史
甘學書萬曆壬午舉人爲趙州牧礦璫肆雲書抗言
爭論遂誣訐被逮廷杖天啓間事雪贈尚寶司少

卿

王莚允民字大樸萬曆甲辰進士爲東昌邠府時群媚
魏璫立生祠莚允民拂衣歸崇禎朝起爲荊南副使
未幾請歸一生清介所至多有惠聲

王懋學天啟壬戌進士令諸城政在撫綏歷陞兵部
員外職司督捕京畿肅清

清

呂閣聞順治戊子拔貢授江西廣信府通判清廉自
矢催糧押運不受一文□□安民衆所推服後調

人物志　卷之十四

補河南理問地方士遐頌德有執法平允惠民如
傷剔弊發覆奸四民安康之譽即河南居官上臺推重
以入覲病故貧不能回有爲助資始得一櫬還
里斯人者亦可風矣

孝義

明

李一鰲喪母有孝名萬曆庚戌進士爲大名令事
父篤孝父沒扶柩歸舟過關津號泣曰兒在父勿
之也及家日夜慟哭將葬負土盡哀歷官布政

親位日上食君家亦然至老孺慕不衰

王敦直邑諸生事親孝母沒屏酒肉及菜脯苫塊盡
像母側如兒時依戀父沒哀毀幾絕後畫已像拜
父母前晨昏侍奉如生時自題其軸曰居憂圖

晉

張威梁州人初梁有王如餘之難刺史張光遣使求
救于楊茂搜茂搜遣子難當救之難當爲亂光死城
陷威曰吾不殺賊非丈夫也即起部兵鼓以忠義遂
襲難當又恐力不支以其地歸李雄民得保全

人物志　卷之十四　孝義　十

明

胡汝盛漢中衛指揮僉事千總昭陞四川守備會氐叛
調赴綦江至其寨誘破寨與參將房嘉寵等力戰死
之

王辰漢中衛指揮使隆慶時西鄉是子山寇何勉作
亂辰奉令征剿奮勇赴敵斬首十五級生擒趙轉
子等二人以功陞營守備生平嗜學有儒將之風

馬驎府吏也巨寇藍郢瞻聚盜擄其縣都御史調
遣兵未至莫敢擾驎奮然捧檄入賊穴宣諭利害

招降賊首牛長子等十八人地方以寧都御史王
記功咨用驛綵不仕
脩增光號旦庵上珍之孫崇禎癸酉解元也性秉忠
孝喜造就後學癸未聞變焚衣冠及平居所爲詩
入南山鳩谷中誓與世絕僞防禦使檄赴選光作
悲憤浩氣諸什絕食而死
王雲聲字長嬰崇禎庚辰進士甲申以行人奉差過
里聞北變欲死者再念父鑑年衰不忍棄父死遂
匿跡沔邑山中教授生徒飲泣四十餘年吳寇至

人物志　卷之十四　孝義　二

追其出不從死之日貧不能斂人咸重其忠節
葉楩邑諸生崇禎十六年李自成陷西安遣逆將下
漢中楩被執罵賊磔死
潘國俊漢中衛百户以武功歷陞榆林副總兵崇禎
癸未逆陷西安遣牌取各鎮兵俊會兵備道都任
集在藩總兵尤世威侯世祿等謂曰公等世受國
恩今逆賊狂逞正吾輩効死之時倘有意俊請執
戈爲諸公先世威曰吾老矣安能臣賊適賊使者
至斬之大修戰具賊擁衆數萬臨城城中分門山

戰殺賊萬餘拒守七日力不支城陷都任盡室自
縊俊被擒械至西安奮罵不屈十二月被殺于大
教場時雲天慘晴風雪交加事載明通紀
董官策邑諸生禀性忠孝事父與繼母待諸弟人無
間言明甲申聞李賊之變仰天痛哭絕而復甦遂
取衣冠書籍焚之文廟不出應試設館授徒耕貧
苟活一日于路拾有遺金端坐赤日中俟失金者
至還之其人分金策笑而不受隱德夫彰長民者
之過也已巳修輯郡志據縣學申詳載之孝義以

人物志　卷之十四　孝義　十二

示後人

賢媛

漢

杜泰姬趙宣妻也生七子姬教之曰中人之性可上
下也西門豹佩韋以自寬宓子賤佩弦以自急爾
曹念之哉後七子皆辟孝廉元珪稚珪尤以令德
著
李文姬李固女同郡趙伯英妻也父爲梁冀謀害弟
以弟燮寄托父門生王成潛入徐州界積十餘年

梁冀誅乃還鄉里姬戒嫂曰先公正直爲漢忠臣雖死之日猶生之年愼勿以一言加梁氏聞者悲感

按明王圻續文獻通考曰王成太尉李固門生也初固知不免遣子基玆燮歸鄉里燮年十二姊文姬爲趙伯英妻密與二兄謀豫匿燮託言還京難作基玆皆死文姬乃告王成曰君執義先公有古人之節今委君以六尺之孤李氏存沒其在君矣成乃將燮入徐州界變姓名爲酒家傭而成賣卜

于市陰相往來梁冀誅乃還鄉追行喪服及成卒以禮葬之則設上賓之位祠焉

穆姜李法姊程文矩後妻也前妻出四子姜出二子文矩爲衆安令卒四子以母非所生憎毁日積而姜撫育益加或謂姜盍別居乎荅曰吾方以義相導使自遷善也及長子興病姜自調藥㞐愈篤興疾瘳呼三弟曰毋仁慈出於天愛吾等過惡已深遂及弟俱詣獄請就刑梓郡守赦四子歸並爲良士姜年八十餘卒臨終勑諸子曰吾弟伯度智達士也所論薄葬其義至矣汝曹遵守勿與俗同

禮修趙嵩妻也姑遇不以禮委曲將順無愠色歸寧父母問之第自引咎姑感悟鄉人相謂曰作婦不當如伯高妻乎後遭米賊亂嵩死乃毁容懷刃賊不敢逼養遺女立義終身

節烈

明

賈氏十五適陳第強暴欲汚之投漢江而死

遣氏天順間李原妻也年二十二原亡子幼族逼之

再醮以死自誓撫孤成立年八十有四卒

田氏諸生張振妻也年二十夫亡子士元甫一歲堅志井貧躬績育子嘉靖間奏表其門

李氏民陳情妻也正德辛未蜀寇出青石關氏避寇入城至漢江不[illegible]遇寇忽至其夫與衆驚散氏[illegible]夫死于水遂抱子亦赴水死

王氏南鄭唐祿妻也祿故年二十七家貧鬻衣營葬遺孤儀五歲倫一月誓死守節儀爲諸生倫舉於鄉苦節四十年嘉靖間郡以[illegible]之

朱氏太學王邦偉妻御史朱綬次女也年二十三夫
故遺建甚幼撫孤四十餘年建又亡不食死
王氏諸生金簡妻嘉靖元年夫病氏刲股以進夫死
無子女年二十四孀居五十八年郡守表以貞節
孟氏任大經妻年二十八夫亡欲自盡時子甫四歲
祓二歲翁姑勸其育子以存一脈強起進食孝事親
訓子祓癸酉舉于鄉萬曆十一年表其閭
李氏太學尹來聘妻也年二十九夫死孝養翁姑鞠
葵如謝子作賓庚午舉人官至符部歷任通判封安

人年八十五兩院旌之
傅氏馬朝江妻江爲省祭氏年二十七江亡有遺腹
子氏事親孝能勤儉治家卒年八十七爲兩院旌
表
潘氏馬家妻也家亡年二十一遺一歲子國用甘貧
守節孫庭生爲邑諸生卒年六十有六
室女朱氏永寧之次女也端莊靜一寡言笑工女紅
年十六字宋氏子未成禮而宋亡飲泣不食婦岳
棠氏知其意勸靜與俱因慰之曰我無子汝死我

將何依然女終懼有再醮之命也至七日冉不食
覷遂縊死郡邑申上建坊曰貞烈
朱氏李式模妻也爲孝廉朱仕雅之女二十夫亡青
年守節育子游庠孝慈克盡今已六旬苦節四十
年矣知府滕給匾曰貞孝不磨

褒城縣

賢達

漢

鄭樸字子真成帝時耕於谷口修身自保名動京師

河平年間王鳳以禮聘不屈
謹按前漢王貢兩龔傳序谷口鄭子真蜀有嚴君
平皆修身自保三輔決錄云子真名樸君平名遵
嵇康幽憤詩仰慕嚴鄭樂道閑居再讀魏相範與
晉盧諶書略曰鑿坯而遁處袞德縱仁惠允剛在上許由
在下箕山之志于是促綴嚴平鄭真未足論比又
梁王僧孺與陳居士書略曰辛同嚴詳分儀章貴策
依然谷口亂于真之非遠靜廟嚴灘信于陵之非
遠又杜甫漢陂西南臺詩勞生愧嚴鄭由是罷遊覽

昔賢援引則高風逸韻洵足千古矣

唐

薛伯高 喜音樂通律呂元和詩聞元中爲道州刺史

宋

薛子堅 字仁遠性純慤謙恭不驕常以家貲惠鄉貧
困授將仕郎詳見郡進士郭冠撰墓誌

張知退 能屬文隱居教授不仕

明

張表 邑人寬厚和易爲鄉塾子弟足跡城市常衣蓑飲牛

樹下風雨誦讀不輟牛蹊隣田倍償所踐一日忽亡
犢至渡口舟人阻之無怒色後登第益砥廉隅官
豐潤知縣

張喜 邑人令永江時有負勢凌人者喜知其終不悛
也暴罪于庭人服其能斷後爲蜀理問乞歸如未
仕然年七十卒

張堪 邑人天啟壬戌進士先任良鄉強項不附魏璫
抑阻而歸後召用歷官兗東副使未幾卒弟垣崇
禎甲戌進士官禮部主事卒俱未竟其才

貞字應詔甘貧嗜學工詩書識鳥語好山水遊屐
修己乘以歲薦任巴州訓導陞河曲教諭乞休老
寧陝人念撫山西重之厚餽以歸仍貧不能支名

張耀 字虞臣萬曆諸生爲倉曹訓導陞鹽運司教授所在塾
課有方在倉曹時値年飢捐俸以濟貧士尋歸
家著述

何承清 明丁丑進士官青州守陞兵備未任而歸三
黜疏食人志其貴亦不自知其貴也四子俱孝
自號淡如年六十二卒詳見邑人劉謙贈之誌

皇清

許熙隆 樂易近人順治丁酉舉于鄉授潁州訓導示
仕年八十一無疾卒其居鄉也人稱之曰許佛焉
然亦有知之者相戒勿犯也子十三俱諸生

王承祚 爲人謙退治封傳治書畫嚴勵授徒訓導
未任卒無子飲葬悉門弟子云

孝義

明

張瑞 正德時人也遭祖父母父母之喪躬于三十里

叅貢士毓秦以近士不堅故也稍後父母死亦然並
生戇巨不欺人人亦無欺之者
馬世美十歲能文爲何大復所器事孀母與嫡張氏甚
昏不怠色養爲先兄弟析居任取所欲妻死人勸
之再娶哭曰安得如張氏之孝吾母者乎未幾卒
所謂不滿赤子之心者也
劉當柱洪武十八年錦衣衛取舍戰頭目至二十五
年以功授鷹揚衛世襲千戶
歐植父波平以忠孝節義爲訓故植亦以此自許

須崇禎庚午鄉薦爲長葛教諭攝縣事李賊寇河
南植簡練鄉勇誓死堅守賊以計破城被執不屈
罵賊賊怒縛于柱氣愈烈然觸柱濺血而死賊憫爲
以棺殮其棺曰忠烈歐公之柩賊退僕葬之城東
至今未正丘首焉

皇清

張東生張雲鵬子也爲邑諸生五歲喪母繼母張東
生事如生母罹寇亂負母入山又負米以養八年
卹其爲前母子也

節烈

明

余氏諸生馬安然妻年二十餘夫死遺孤裴甫八月
以死自誓教子爲諸生又死氏與孀婦撫諸孫而長
孫復死嘉靖丁丑邑令丁介表其門曰孤貞略賜
令白桂祠孤貞歿年六十一而逝
康氏關山驛甲軍崔志聰妻也年二十餘夫死遺一
子一女子幼不能支驛役以女贅婿于與婿俱死
撫孀朝爲諸生又死復撫外曾孫歷諸艱苦邑令

張庚欲請表之氏辭年九十二終
李氏儒士許襲隆妻也年二十夫亡子欲標甫一歲
長入邑庠不祿孫潛亦爲諸生撫育兩世皆氏力
也卒年八十有五
張氏庠士張雲鵬妻也年二十而寡前妻生子東生
方五歲視如己出教育之入泮年六十九卒
冉氏副榜馬上乘妻也年二十餘夫死子延宗始一
歲氏孝事翁姑恩育幼子延宗後爲庠士子舉人邑
令胡世濟表其門

王氏儒士路州傑妻也二十一夫亡欲以身殉有
親老子幼勸者從其言子二長超入泮次遵業儒
苦節二十四載良可風也氏有養女郭氏幼字鄰
兒宋宋客蜀不歸倩人諷郭他適女聞之投黑龍
江死豈非感發者深乎
沈氏邑民胡獻珍妻孝事公姑年二十五夫亡三子
俱幼時年飢或諷之再適沈齧指泣曰此身雖知
爲胡氏鬼矣撫長子宗虞入泮年八十卒

徐氏里民何謙妻也年二十二康熙十八年冬潰兇
入川道經谷口氏避兇與之遇掠于馬上罵不絕
口復脅之以刃曰頭可斷身不可辱也罵益厲賊
怒碎其身而死
武氏李碩彥妻年二十夫死時屢値兵荒糠粃自甘
保全兒女逆兇賀珍欲強有之氏以刀自刎人[illegible]
不得死尋剪髮毀容絕其念七十餘卒
謝氏何邦海妻也年二十二何亡子二家貧機杼自
給後長子成立褒門得起氏之力也卒年七十有

五
張氏諸生歐材妻也年二十四夫亡遺孤世遇甫三
歲氏事機杼勗子勤學遇十歲爲弟子員兩孫亦
入泮至丙申氏卒

城固縣

賢達

漢

鄧先邑人景帝時爲校尉擊吳楚還帝問七國聞誅
鼂錯兵罷否曰七國反謀已久以誅錯爲名意不

在錯錯患諸侯強大不可制請削之以尊京師萬
世之利也計畫始行卒受大戮內杜忠臣之口外
爲諸侯報仇竊爲陛下不取也帝喟然曰公言善
吾亦悔之
按通鑑謁者僕射鄧公（姓鄧名先）上書言軍事曰吳爲
反計數十歲矣發怒削地以誅錯爲名其意不在
錯也夫鼂錯患諸侯強大不可制故請削之以尊
京師萬世之利也云云帝喟然曰吾亦恨之與此
微異

張騫邑人漢武帝時持節使月氏還東南鄉十三年
始還封博望侯元狩元年遣博望侯張騫使西域
復事西南夷張騫自月氏歸言西域諸國風俗大
宛多善馬大夏邛竹杖大夏安息之屬皆大國多
奇物誠得而以義屬之則廣地萬里重九譯致殊
俗威德徧于四海天子欣然以騫言爲然乃復事
西南夷

張猛騫之子也元帝初元三年爲光祿大夫給事中
永光元年秋上酎祭宗廟出便門欲御樓船御史

大夫薛廣德當乘輿免冠頓首曰宜從橋詔曰大
夫冠廣德曰陛下不聽臣臣自刎以血汙車輪陛
下不得入廟矣上不說光祿大夫張猛進曰臣聞
主聖臣直乘船危就橋安聖主不乘危御史大夫
言可聽上曰曉人不當如是耶乃從橋永光四年
猛爲太中大夫爲石顯誣譖令自殺于公車

唐

崔觀邑人節度使鄭餘慶辟爲叅佐後文宗召爲起
居郎以疾辭老而無子以家贍族與妻遁跡南山

明

賈古昇邑人永樂癸未進士歷官都御史正直敢言
歸休後能興水利爲人所頌

劉勉邑人永樂時進士翰林院庶吉士博極羣書時
稱宗匠

康傑邑人嘉靖時舉人官沁州知州有善政子汝爲
已酉中式爲應州知州守正不阿掃除積弊應人
德之曾孫第萬曆庚戌進士令南漳歷郎署出郡
守而躋臬司年方強仕即賦歸來閉户著書心嚴

義利崇禎間撫按交章薦用惜以病終

方策邑人爲諸生以孝友聞嘉靖丁酉舉于鄉任靈
丘有政聲致仕歸耕鋤誦讀之外不屑問也

黃九成弱冠登進士授户部主事陞員外監稅崇文
門溢額盡洪後以郎中権蕪關以餘金充額者二
萬兩陞臨清副使即請歸壯年恬退人所難也

党傑字子興邑人隆慶丁卯舉于鄉令文安擢南京
御史條議江防事宜時稱周備後以建儲直言見
忤出守東昌遂掛冠歸神宗每言党御史奏疏激

切中多可採欲用之而傑死撫臣萬璧爲之建帝
念忠直坊耶遺德也子中嚋萬曆庚戌進士令交
河爲民興利除害考滿假歸歲饑爲食賑濟活者
不勝計俄染疫卒邑人立碑以紀其事惜其命焉
李必達萬曆甲午舉人精于奇門遁甲之學官遵義
副使天啟間奢賊陷重慶達時謫臬司幕下能畫
謀決勝隨遷監軍出奇討賊平陞副使達在蜀十
餘年殘孽不敢復逞後罷職蜀人感慕立祠爲之
尸祝焉

石可礪萬曆乙卯舉人爲寶豐令時寶豐有舉人牛
金星居鄉肆惡又以族妹爲妾被訐礪執法不移
金星去投李賊數年賊陷西安爲僞平章賊有媚
星者縛礪獻之備受慘毒不屈遂殺之于紅芝驛
張鳳翮天啟乙丑進士擢御史巡按雲南衡文江左
因論事遷浙臬尋陞江西巡撫少而力學爲人倜
儻不羈嘗曰功不先梓里何以及天下平故得志
後開城東之新堰築南樂之義堡議及丁隨粮行
袪民賠累公之力也惜遭李賊之變執之脅其仕
不從遂遇害

皇清

趙京仕邑人明天啟壬戌進士爲洪洞令擢工科給
事中後以事遷謫歷轉通政司左參議明亡材略
夙著爲
國朝錄用先工部侍郎轉户侍總督倉場加少保年七
十餘卒于家
党以讓順治乙未進士授庶常歷侍講戊戌禮闈校
士辛丑主考武場通籍八年卒於京邸遺槀止有

三金交知爲之備敘有果庵集行于世
王納策邑諸生文場已雋而斥者再遂隱居不復應
試著有蕉鹿園集
杜騰鳳專于理學以明體達用爲主從之者循循善
誘後進宗之

孝義

明

吳仕夏邑諸生性最孝父病嘗其糞母亡寢處不離
于父三年茹素未嘗一念忘親也

張景誠父有瘡患舉家以求醫親爲吮之不治躃踊哀痛幾于滅性如是者三年

劉思矧喪父孝事母母沒廬墓三年哀毀骨立嘉靖四十三年縣令楊永茂表其閭曰篤孝

岳中衡爲賊所執呵之跪不屈令斬之衡曰我得其死矣復誘之官衡曰我已成貢士猶不欲仕乃受爾李賊官耶遂死于亂刄

葉孕秀母蕭氏年八十餘齋心奉釋氏教秀與弟孕巖食則必侍病則必禱後以母老棄去汝州經歷

之職而歸明末巨寇焚掠秀與莪捐貲築堡招集流亡全活甚衆邑令具文申上表其地曰仁里

皇清

張拱極孝子也母病侍湯藥三年不解衣帶晨昏祝天願以身代母母病愈爲朝邑訓導一載以憂歸遂不復仕年九十一卒所著有芜荃集歸隱錄藏于家

梁天植明末父衡爲逆賊所執家人皆竄伏植追隨險難不忍離既而乘間脫去入山谷日負其父行數十里卒未罹害後爲順治乙酉舉人

趙元惺京仕仲子也李逆亂一門被執母楊氏年已六十賊索餉加以炮烙惺哀號擁抱乞以身代賊令牽出將殺之惺引頸就戮無懼色賊義之曰此孝子也與母俱釋

夏錫攸六舖街民也孝事母傭身以供菽水母病攸奉湯藥廢寢食日夕嘿禱願以身代母死醫來治藥攸暗割股入藥以進越兩日母病愈股肉亦如常毋終不知其割股也其發乎天性者與人有獨

至矣

望仙營李氏汝寧別駕元芳之裔也芳性寬和治家以孝弟爲先今傳三世男婦臧獲千餘指克遵義訓合爨同居孰謂今日無張公藝者乎

方振寰邑之孝廉也與弟諸生耀寰素友愛刻不忍離家人或議析居者振耀相抱而泣自是不復言耀妻張氏中丞鳳翮女凡飲饌衣服必先夫之兄嫂而後御此又爲人頌之所難也

節烈

明
劉氏貢生湯幼銘妻十九歲夫亡子文秀甫一歲慈以青年勸其他適氏曰願以未亡之身爲夫存此宗嗣孀居六十二年而終享年八十有一
方氏適生員杜臣年二十三而臣亡痛哭眦盡裂撫二子曰汝父死我不當生汝等在我又不當死忍痛存孤後子元吉爲學廩元功游泮氏七十九歲而終邑人令楊守正題其門曰一生孀節苦千載毋儀脊

趙氏諸生夏文炳妻也年二十七炳亡甘貧撫孤俱成立孫雲爲諸生守節二十七載而死
夏氏邑民王啓繼妻年二十五歲而夫亡有勸氏再嫁者氏曰從一而終義也教子成立孀居五十一載
王氏里人王仲才妻也二十六而夫死遺孤僅名方七月耳氏撫養之長而能以孝著守節五十七載冰霜自矢如一日也
周氏諸生張嘉猷[illegible]也年二十二歲故氏依夫之叔父母撫孤足不出戶者幾四十年教子鳳翩成進士官中丞崇禎間奉旨建坊題爲完節
岳氏年十六許諸生王某子寇入其家欲辱之不從賊怒二斷其身
張氏庠生李爲範妻年二十一夫死親黨憫其少勸再適氏不應入室盡焚自服毒出語人曰我從此辭矣言訖毒發而死邑令梁州傑旌其門曰矢志從一
岳氏貢生中衛女也年十八未字逆寇入犯攻城急衛語家人曰城破我不偷生若等宜自爲計女厲聲曰孝經列女傳庭訓久矣父不惜死兒敢偷生

遂以刀自刎後賊至衛並而罵之被殺
李氏邑諸生李芳苑之妹也適張洪壽年十八高傑寇亂避于谷口與兄遇寇將欲奪之氏罵不從遂遭碎身死

皇清
党氏邑諸生王鉞妻也年十九鉞故時有利其再嫁者誓死不從兄玩憐其志爲之築室計用請大歸于党而成其節焉
鄭氏適庠生彥以陛陛亡氏年二十子猷方三歲家貧

守節教子成立卒年七十
趙氏杜完妻年二十餘夫死子毓鳳方三歲舅氏欲迎歸而再嫁之氏嚼指拒之曰我不死者爲杜氏孤耳遂與絕往來後鳳列諸生子婦又相繼而亡孫棠未彌月復育之成立爲諸生氏年九十卒
胡氏庠生杜運緯之妻也年十七夫死無子撫伯兵彌月子長書爲嗣道書游泮忽語家人曰我事已了當從夫于地下矣無疾而逝時年三十有七
党氏許無忝妻夫亡欲死者再念子琯方七歲党存

身以撫育內睦親族外禦强侮卒保子琯成順治己亥科進士年八十一終
李氏萊陽令梁衡妻也年十七隨夫任萊陽值寇至能左右衛守禦萊得保全後歸里夫亡兵荒迭起拮据撫育其子復震爲弟子員享年七十
張氏鄭敬泰妻夫亡欲以身殉家人防甚密至虞卒遂自刎
張氏黃鐘妻夫沒哀痛不已自刎死
党氏王爾麟妻年十九而寡吳逆僞將欲娶不從將刼之氏沐浴紉裳再拜夫柩前從容自縊
闞氏廣文張士英妾也鄜州歸遇寇家人俱被擄氏義不受辱投崖死
戴氏李沭潤之妾也隨夫入蜀夫死哀痛欲絕扶櫬歸泣拜畢以腰經自縊死
饒氏適劉振祚年二十二吳逆兵至人驚避氏與夫相失疑夫死抱嬰兒投水死
廉氏生員党璨妻年二十夫死孤兒以逾甫五月氏痛夫自經者再僕婦勸之曰主死是呱呱者將誰

托氏感動不死勤儉自持教子成立守節五十載今已七十餘歲矣
張氏中丞鳳翩女適諸生譚明議年二十二而亡上有衰年之姑下遺孿生二歲子體質體寔氏以一身克盡孝慈二子相繼爲孝廉年登耄耋潘輿迎養可謂榮節矣
陳氏里民李應麟妻年二十夫死仰事俯育一身肩之後翁姑沒世子亦繼亡又撫其孫文輝爲弟子員今年已九十餘矣

呂氏諸生韓之荆妻荆遊學不歸氏歷經兵燹事姑孝律身嚴教其子詩莪成名治家勤儉日趨充裕今年七十有餘女中之傑也

王氏里人周基昌妻年二十生子志道一歲耳夫死于難歸依兄嫂以栢舟自矢卒教其子列于庠

洋縣

賢達

宋

雍冲邑人紹聖中爲太學生章惇輩變更元祐政事

追削元祐黨人冲曰士尚可以仕乎乃上書數其罪乞斬其變更者有旨移興元府張浚試吏興元與之交好後隱居不仕

閔文叔邑人崇寧中進士歷官尚書爲人卓犖不羣子子謙子順孫旺俱登第累世科名奕葉濟美

明

李彪邑人永樂乙未進士官給事中以修城功陞工部侍郎賜詩稱社稷臣後不合于權貴謫知青州府遂歸

李英邑人永樂辛丑進士秉公持正爲名御史

傅榮邑人宣德壬子舉人官兵科給事中侃侃直言爲時所憚

蕭靖景泰庚午解元以文行著名

任綱景泰癸酉解元官曲陽主簿有政才惜位卑不能展足

薛選天順己卯舉人官龍安知府捐俸置田以贍貧士孝親睦族以篤人倫

白王天順甲子舉人官紹興知府性鯁介爲政廉平

卒于官

樊盛天順甲子舉人官澧州知州人稱良吏歸里爲學置田郡守項思教爲文以紀其德

李嘉賓嘉靖戊午舉人天性孝友爲良鄉學博陞兵部員外未任卒崇禎間當事者以其議條鞭驛務有益地方祀爲鄉賢

李茂春嘉靖壬子舉人爲清源令減賦輕徭遺人德之

紀會嘉靖壬子舉人爲冀城令時當殘破會百計撫

綏有造邊邑解組歸來賦詩自娛脫然塵外

李時華隆慶丁卯舉人爲鄖縣廣文陞長沙司理入臺中直指遼東勞績茂著忤時貴出守夔州陞山東副使督學關東稱人文淵藪

梁光裕萬曆己卯舉人爲夔州司理卓有風裁以直遷德藩長史導王以禮王亦有賢譽焉

楊明盛萬曆乙未進士令滋陽中官榷稅輸重盜途爲民擾害明盛悉貯之庫許其貪虐爲中官中傷罷斥

李喬嶽萬曆壬午舉人歷懷慶知府居官清慎致政歸不問户外事著有遲遲集藏于家年八十餘卒

張企程萬曆己丑進士令章丘時有商楊化者宿于于大蛟家夜刼殺之匿其尸化魂乃附蛟族之汲水婦以訟冤程按其狀搜其家得貲與尸蛟服罪人稱神君擢諫垣受命治河奠安陵寢晉太僕少卿一年予假歸里口不言公府事以疾卒咸爲之悲悼

李喬岱萬曆辛丑進士令休寧陞工部主政尋陞户部員外榷稅滸墅關正供之外無科取陞守萊州未任卒

李遇知萬曆庚戌進士東明爲黄河故道爲令時築堤障河河不爲害人呼曰李公堤以卓異入諫垣會論魏璫又薦鄒元標忠賢遂嫉盧承欽誣知引用匪人奪其官歸里忠賢又密偵其行欲置之死忠賢敗上以吏科左給事召册封蜀藩郤王餽晉太常少卿務南大理卿陞工侍以修陵功陞倉場尚書屢經枚卜見沮于烏程相十疏乞休不允加宫保轉南吏部尚書又改北陞見上日卿朕所知

也甲申之變携務印縊于紅廟從者強解之不得死爲賊所執勒之仕叱曰國亡身殉義也不食七日死夫人王氏城未破先自縊遇知一生介直居官日念念不忘鄉里洋人德之宗伯胡世等議謚忠節秦撫賈漢復　題祀鄉賢

陳所養萬曆庚子舉人官户部主事致仕歸流賊壓境捐家財倡衆守城七次被圍城未陷公之力也

韓薰夏縣令有惠政礦璫挾忿誣以罪削其官抑鬱

而死後事白贈尚寶司丞

李香遠崇禎時為秦州學正居數月歎曰時事如此

可以去矣拂衣歸林泉自適年八十餘卒

黃路清明天啟辛酉舉人蒲州學正子謙其五世祖

也曾祖甲以明經授汾西知縣性剛介有政聲兄

路平邑諸生以子貴封文林郎路清善訓廸子弟

能鑑藻人倫猶子玉鉉從童子時即决其遠大後

果成進士有文名官廣濟令丙午分衡楚闈治

載于廣濟

紀于竹天啟辛酉舉人靈壽令後補安縣氷蘗自持

歸來橐橐蕭然同于韋布莫不推重

李景貞崇禎甲戌進士官禮部主政明于大義卓立

不群李城之變棄家遁入寶臺拋恨而沒

張兆熊崇禎間知溫縣事後調孟縣入臺中出為副

使著善政所至溢有頌聲都御史錢邦芑有傳

清

吉允廸順治己丑進士初令信豐歷滇南督糧黔中

學政名望最章後卒于官

張勇少有大志順治初從總制孟喬芳首立武功安

定邊徼歷總戎陞提督鎮守三十餘年屹若長城

吳三桂叛力控不得西向寇平加太師封靖逆侯

靖逆將軍

召見

賜車服世襲一等侯歸沒于甘肅謚襄壯

賜祭塟

孝義

明

武全邑人親沒廬墓三年哀痛如一日負土築墳致

虎狼馴擾之異天順間邑令魏隆奏旌其孝年九

十有五而卒

賈玉珍父淵早逝珍方十歲事節母黃氏以孝聞邑

令王勉旌表

徐以忠邑諸生毋王早歿以忠事繼毋如生毋兄乾

亨為肅州椽坐罪其父洋亦死于肅以忠徒步四

千餘里匍匐河西向繡衣前乞全兄命以塋親巡

撫陳燐之給牛車扶櫬還里隆慶間旌表

□生五日而喪父事母張氏至孝家貧傭身以供
菽水母病醫藥及母死哀慕幾于滅性隆慶
間旌表
崔榮宗為蒙陰尉寇破城罵賊而死家人為之建祠
立碑以紀其烈
吉孔嘉幼能代父鳴冤父得釋崇禎庚午舉于鄉令
寧羌歷臨洮郡守賊至孤城阻援城破妻張氏長
子惠翔次子婿王氏俱死難焉次子允翔上疏陳
情詔贈太僕少卿二子並恤妻與子及媳皆有褒卹

周應瑞為布政司吏務業念公修理濡溝梁道路出己
金新天寧河橋以利涉邑人勒石以彰其義

節烈

明

陳氏吳四妻也夫死于賊氏哀痛足不出戶者二十
年弘治中旌表
王氏吳天爵妻年二十夫亡無子堅志孝養舅姑歿
築土成墳廬墓三年嘉靖旌表節孝
王氏楊仕妻年十八夫死孝事姑育遺腹子嘉靖間
提學楊守謙以節孝表之
何氏曹宗武妻于歸不一月而武死年十九甘貧守
節歷四十餘年嘉靖中直指表其門
任氏諸生賈廷臣妻年二十六而寡無子孀居五十
四年隆慶中旌表
張氏諸生周以平妻年二十平歿親以詩書授子守節
三十餘年卒
龐氏樊維藩妻也十七而寡孝事舅姑冰霜勵節萬
曆間旌表建坊

石氏貢生李喬木妻夫亡苦志守節天啟間旌表
段氏楊增妻二十七而夫死守節撫孤崇禎間旌表
關氏楊士茂妻年二十六夫死絕食據誓死舅姑強之食
之極盡孝慈崇禎間旌表
魏氏李汝登妻夫亡守節兩院題旌
傅氏邑諸生薛萌妻十九歲而夫死遺子五月育孤守
節至九十一而終
白氏諸生李作楫妻年十八夫亡育遺腹子待以成
立當事者旌曰婦節母儀年八十一歲卒

王氏生員杜春暉妻年十九夫死不食自縊死杜春
芳妻康氏年二十六夫死飲藥自殺杜氏兩生並
得貞婦萬曆二十七年表其門曰一門雙節宜也
周氏生員張兆璇妻夫死殮葬畢自刎事在天啟間
王氏進士吉允迪妻也迪為諸生時隨父孔嘉任順
德賊破順城氏自刎奉旨建坊旌烈
薛氏諸生王延禧妻遇賊逼之不從被殺
李氏生員段際昌妻賊破合江岩夫被殺氏哭罵不
已並殺之

段氏崔翀霄妻夫死氏即日自縊
周氏生員陳守潔妻流賊氾洋夫婦被掠氏即夜縊
賊營邑人申請旌烈
皇清
王氏諸生李迴知妻年二十夫亡矢志守節順治間
奉
旨建坊曰節凜冰霜
楊氏諸生王映椽妻夫亡甘貧堅守矢志靡他一
楊氏閻龍驤妻夫故事姑四十餘年足不出

賈氏黃鍾極妻也年二十二夫死立志守節或欲奪
其志瀼及誓死撫孤路平為諸生貞孫王盛順治
己亥成進士年八十二終
紀氏諸生任梁妻年二十夫故守節五十年如一日
張氏周嗣昌妻年二十餘夫死時值兵燹備盡孝慈
邑人公舉旌節
劉氏薛增耀妻年二十五夫亡父母欲改嫁氏引刀
自刎得救免侍姑守節三子成立卒年八十有七
楊氏諸生劉士傑妻傑死氏年二十餘撫孤以終其

身
楊氏任康正妻年二十而寡奉親教子苦守堅貞終身
如一
趙氏李國郁妻二十二夫死苦志五十八年年八十
卒
薛氏諸生任康宗妾年二十五夫死孝事二人撫育
遺子七十五歲而沒
袁氏諸生劉立典妻夫故年二十餘貧守不移松筠
比操

杜氏諸生李國宣妻二十而寡事翁甚孝氏死貧
不得葬邑令憐而埋其骨
常氏范立功妻夫亡遺八歲孤姑老家貧氏能不二
尤所難能
王氏楊仁薛之妻年十八夫亡食貧立節育子成人
孀居六十餘載
張氏常銘玆妻年二十二玆死剪髮誓志上事翁姑
下育子女紳士公請旌表
王氏李國士妻士亡僞將譚弘欲娶之斷髮毀容乃

止
李氏張兆熊妻避賊入山被掠脅之不從投崖而死
周氏生員李躍龍妻賊至夫婦被執欲汚之罵賊被
害

西鄉縣

賢達

漢

余　謙

宋

孫仲賢
王士簡
雷　忠
雷　正
以上諸賢其行事失考載在邑乘今存之

明

何益　永樂辛卯舉人官御史以抗直左遷副使
張志倜儻負才由鄉舉歷京秩不樂顯貴致仕歸田
隱居教授

周達以恩選授太原司理聽斷惟平歷陞運副恤商
裕課卓有賢聲
高濟才幼以古道自處由恩選令桐栢有私開礦者
餽千金不納當道聞而奬之致仕歸幾不能饘粥
嘗以爲善去惡勸誡人悅從焉
楊學程樂善好施由萬曆壬子舉人歷官成都同知
府事以廉潔特著崇禎十年飢發廩賑濟存活者
衆

皇清

椘文敏性忠勇能立奇功至川北總戎
贈都督

孝義

明

焦爵邑諸生母歿水漿不入者三日既葬結廬墓旁
食旨不甘者三年負土成丘植木爲林學使者顔
旌其孝行

彭應麟邑諸生家貧能孝養父病與妻龔日侍湯藥
衣不解帶父歿事後母周如生母祀周前出子女
如己弟妹爲之嫁娶學使者屢給粟帛

張進父病篤割股和藥以進遂愈母疾苦禱斗祈佐
後遇岐黃之術時値官兵剿寇軍人多疫濟活甚
衆

彭效古事繼母以孝聞申請旌表

符維新隆慶時何勉亂捐粮助餉當道給以冠帶

張庠邑大飢斗粟千錢庠出粟賑民全活甚衆

朱本詔捐金修郡縣學宮有碑文以紀之

許遷好施與年七十而爲善不倦

人物志　卷之十四　孝義　四五

癸華生而好義修橋梁賑貧乏屢經院道旌異

喬鑾好義輕財視人如己捐貲修學名著士林

王謙事親孝父疾晚進湯藥父歿撫幼弟不私財産
閭里推重數受表揚

謝聰嘉靖時人素有行誼八十有八舉鄉飲賓邑令
王邦憲贈之詩鬚髮蒼顔一布衣先生到此古來
稀而今更覺精神爽須信期頤自有期年九十三
卒

節烈

明

郝氏郭光妻年二十三光死遺孤方二歲長入太
學守節四十七年七十歲卒今陳以寧廣文陳鏘俱
有詩詠歎之

張氏里民關明府妻年二十九夫亡撫遺腹子守節
自持建坊旌表

陳氏民符欽妻年二十夫死孝其姑撫孀色撫育孤
兒允衍夫之嗣奉旨立貞節坊

符氏焦詳孫繼室年二十二夫死誓不他適從一而終

人物志　卷之十四　孝義　四六

張氏太學朱騰霄妻二十七夫故守貞不二
吉氏諸生張思孔妻年二十二孔死苦守遺孤當道
旌揚給之粟帛
吉氏諸生朱家妻節婦張氏之媳也年二十五家亡
欲殉姑沮之一門雙節萬曆二年直指仁旌獎有
加
王氏諸生許天祥後妻也年十八夫亡奉姑孝撫子
慈苦守六十載御史莊題准建坊旌節後十年始
葬甫下穴而綁絕棺破顏色如生

王氏諸生劉維貞妻年二十五夫亡痛哭而死邑令
聶爲文以祭
王氏諸生符廷瑀妻也夫歿氏以身殉直指劉廷宣
奉旨立坊曰貞烈
清
符氏楊棲鸞妻年二十夫死撫育幼女立節不移
唐氏麗文章妻十八歲而夫亡撫孤爲弟子員役子
剄股療毋令表其門曰毋節子孝
楊氏段成文妻二十二而夫卒屢經離亂教子天彩
游庠洵可稱也
金氏庠生米萬鍾妻年二十而失所天善事舅姑家
貧操如堅石
李氏王紹堯妻年二十五夫死育三子俱爲諸生六
十八歲而卒
唐氏周仁妻年二十二仁死矢志靡他
嚴氏庠士焦宰之毋也夫死守節女中傑出
馬氏穆魁妻年二十二而寡耳貧矢節撫子成八年
八十八而卒

鳳縣
賢達
唐
吳郁
按方輿勝覽吳郁兩當人爲侍御史以言事被謫
居家不仕與杜子美交游唐韋續墨藪吳郁字體
綿審不讓當時又按寰宇記鳳州兩當縣因界內
兩當水爲名水經注兩當水出陳倉縣之大散關
今兩當縣屬鞏昌府吳郁不應載之鳳縣但兩當

昔爲鳳之附邑舊志仍附于鳳故存之
附錄杜甫兩當縣吳子侍御江上宅詩寒城朔烟
澹山谷落葉赤陰風千里來吹汝江上宅鵾雞號
枉渚日色傍阡陌借問持斧翁幾年長沙客哀哀
失木狖矯矯避弓翮亦知故鄉樂未敢思宿昔昔
在鳳翔都共通金閨籍天子猶蒙塵東郊暗長戟
兵家忌間諜此輩常接跡臺中領舉劾君必慎剖
析不忍殺無辜所以分白黑上官權許與失意見
遷斥仲尼甘旅人向子識損益朝廷非不知閉口

休歎息余時忝諍臣丹陛寔咫尺相看受狼狽至
死難塞責行邁心多違出門無與適於公負明義
惆悵頭更白
強循官雍州司戶參軍華原無泉循教人浚渠水以
灌田人利之號強公渠
宋
張珏初從軍釣魚山以戰功官中軍都統制寶祐末
元兵圍合州珏與王堅協力堅守不下德祐初爲
四川制置使糧盡不支東走涪被執至安西自縊

明
何福全洪武中以人材初任縣丞遷威州守威惠及
人蠻人信服擢蜀中左參議
劉弘道洪武癸酉舉人官御史獨持丰采中外憚服
姜斌正統丁卯舉人官北城兵馬司強猾歛跡
粱春永樂間以經術用官至兩淮鹽運使剔奸釐弊
才稱其職
石玫成化癸卯舉人家貧爲諸生時拾遺金五百還
其主官宿州判史卓有治行

辛思齊萬曆丙午舉人官天津參政清慎著名歸里
崇禎時賊起練鄉勇拒賊賊夜襲執之罵賊而死
牛彩萬曆中以明經爲成都教授士奉爲師表及歸
爲奢賊所執不屈被殺
牛光斗彩之子也由明經知開封府事李賊決河灌
城光斗以船救難民全活者衆崇禎甲申之變歸
里教授生徒卒門人私謚曰貞靜
牛一豸光斗之子也以明經爲固原學正王輔臣以
僞職脅授不從棄官歸後爲黠逆刼其家遂[illegible]

而終
王多才崇禎間以明經爲慶陽廣文卓然師範可式
士林歸里隱于畫屏山八十一卒

孝義

明
辛弘性最孝成化中父歿廬于墓有鵲巢鹿豉之異
惠大剛能以挺制虎虎不能動前後斃以數十計後
遭誣枉非罪慘死人多惜之
黎屏極邑武生崇禎七年流賊破城挺身巷戰自辰

至午以刀折被殺

節烈

五代
貞女失其姓爲梁將所掠義不受辱將亦不敢犯及
卒葬于縣北名貞女墓後漢王仁裕撰文立碑

明
劉氏梁雲高妻高爲廣平司訓沒于官氏年二十二
子校生甫七月矢志堅守教子入邑庠鄉閭咸服
其節

劉壆妻某氏失其姓夫病久調治備極篤摯夫歿氏
縊死
馬氏民馬義之女也崇禎時賊張獻忠破城以女有
殊色執之欲挾去女閉目不從鞭之佯死終不應
賊粉其身死
來氏貢士盧效先妻也崇禎間賊過天星獲之氏觸
樹自絕

沔縣

賢達

明
李時竒少負大志甘貧力學正德庚午舉于鄉令金
鄉剛直清介歸猶一儒生也
欽徽以明經令南皮治尚寬平爲別駕益勵清節居
官廿載貧約自如
王大顯性質直以明經任巴州訓導積俸置田以供
甘旨不使諸兄獨力養親
李時彥幼即以能文見器于有位事親孝事長讓田
明經任大同經歷洎如也

張世煥幼能文受知于鉅公長而孝友以明經爲
錫二尹督運不憚勞終身愊愊無華不撓于俗
張日新隆慶庚午舉人官兵部郎中贊畫機宜多
勝算

皇清

陳安國邑諸生

國初以才能擢用授僉事監軍于蜀寇攻保寧以計退
不暇上請赴秦省乞援兵至圍解降賊萬計事平
當道忌其功誣詆下獄後得雪起爲井陘參議時

大飢能廣賑以活民命尋爲江右督糧參政還里
謙抑自處和厚待人康熙間遊楚卒歸葬于橋東

節烈

明

金氏錢一貫妻年十八夫亡子在襁褓機軸自給苦
心教子年七十餘卒直指婁表以節勵冰霜
李氏趙子節妻年二十三夫故無子其心矢節直指
婁旌以從一有終年六十八卒
胡氏蔡一仕妻崇禎時寇亂同次女欲渡而避女曰
即渡賊從馬上來死亦不免不若葬于江魚之腹
也女先投水母即隨之時稱雙烈
趙氏沔吏梁賓妻也崇禎時寇至氏以夫病不忍離
夫促之藏于麥地賊搜得之脅之入營氏罵曰我
清白婦肯從賊耶賊怒斷其兩手罵不絕復斷兩
足而死夫聞之觸墻而斃諸生宋彥吊之以詩有
荒丘月自照完節史堪銘之句

寧羌州

賢達

明

謝愷景泰庚午舉人有文行士林推重爲邑宰非俗
吏也
劉琰性仁孝弘治間以明經官大同歎曰與其離吾
親而受祿孰若菽水承懽以侍吾親耶遂乞歸養
康狀元海爲文贈之
謝思道性廉介弘治壬子舉人同知夔州府事立心
鯁直人呼謝青天
王良臣寧衛人嘉靖乙酉舉人督餉九門才能大著

試江出守遷運使所至有聲

李琛寧衛人工詩文隱居樂道年八十餘終

傅汝礪寧衛人嘉靖庚戌進士知彰德府府當衝要游刃有餘又以清廉特著

景承芳寧衛人嘉靖壬戌進士官山西副使有惠政歸鑿渠築堰民賴其利

尹作賓寧衛人隆慶庚午舉人爲翰林院待詔著作甚富

裴翱化寧衛人萬曆癸酉舉人汾州司理敏于聽訟

寃獄一清

王致中良臣之孫萬曆甲戌進士官兵部主政初爲大原司理以清直致忌謫河南知事陞靈寶知縣拯困起衰救荒卹驛靈民懷感

劉廷謨寧衛人萬曆丙戌進士由兵部郎中出守大名歷山西叅政所至有赫赫名居鄉條陳利弊有裨梓里

孝義

明

王彥葵致中子也萬曆庚子舉人父亡年十五哀毁如禮事母蘇宜人能以色養于弟則以産讓于女弟則厚其貲以嫁之皆人所難也親老不上公車者三十年後爲夏縣尹蜀照民隱歷錦衣衛經歷卒

張錦寧衛人爲寧夏百夫長蜀寇起錦引兵至秋坡與賊戰擒斬頗多以兵寡不支而死

王正紀致中之侄也萬曆丙午舉人專治春秋爲後進師表

王履泰寧衛指揮同知崇禎八年夜半賊陷城泰隻身殺賊賊圍之樓焚下復與賊戰死同時有曹雲梯爲寧衛鎮撫城陷雲梯分守東角樓殺賊數人被執駡賊而死奏聞俱受贈卹

徐大行寧衛指揮崇禎十年流賊破城行守東角樓被執行持刀怒駡賊斷其指刀乃墮遂剖其心奏聞優卹

王彥芹致中遺腹子崇禎丙子舉人初令陵巴陵當殘破招撫子遺調新城一年而新城又陷從殺贈

食事

節烈

明

蔡氏太學生駱文彥妻彥遊太學氏傾奩以給之夫死
年二十六一子方數月家貧塵釜無炊吴幼也子
入泮旋夭折復撫一孫年八十餘卒
張氏幼聰慧能文年十五適諸生劉尚志夫故誓死
不二孝于翁姑死則營葬嘉靖間奏准旌門
許氏庠生張讓謙妻夫卒遺孕三月始生繼祿育成秉

霜自矢院道旌之
張氏庠生蔡廷聘妻年二十四夫死有娩姑性厲氏
委曲承順卒得其懽子幼能教育之當道建坊旌
表
蔡氏適諸生張四聰夫故氏年二十二家貧事翁姑
育子女八十二歲而終
孫氏趙浴妻年十九而浴死事親撫子守一而終
王氏指揮楊國禎妻年十七而適楊慶前妻幼女如
已出越二年生子百日而楊歿誓志立節育子長
而藜父職孀居六十餘年
靳氏庠生曹良輔妻崇禎八年賊破城氏自度不免
對人自縊曹被執見賊將言州守曹汝曰請仍知羅
公蔡無半文必欲殺之願以身代賊義之俱免言
有司表其門曰節義發芳
蔡氏生員沈文中妻寇至夫婦被執寇欲殺沈氏請
以代寇不從氏慭罵俱被殺
張氏谷自盈妻城陷賊隔登適往他所氏囑子曰汝
雖幼汝父倩自傳家汝母敢爲賊汙耶遂自縊

雍之氏大同其夫獨處死於貞臣洪旌其門曰節烈

正氣

畧陽縣

賢達

漢

錫光邑人哀平時爲交趾守不附王莽光武即位遣
使歸順拜大將軍
郭荷邑人六世祖整安順時累徵辭不就荷明究
古今有史才不應州郡命以文章自娛張祚遣

使徵爲博士祭酒迫而致之及至即上疏乞歸詔
以安車蒲輪送還邑賜年八十四卒謚曰元德先
生

晉

楊盛邑人以世胄仕晉及劉裕受禪盛曰吾老矣嘗
終爲晉臣卒于宋元嘉年間追封武都王後傳爵
神復封謚峻昭應溥濟忠順王立廟祀焉

南北朝

桓遷界邑人仕宋官至員外郎精曰時甚中外仰其

丰采
桓閎桓遵之子爲中郎歷三州刺史封樂鄉縣男初
齊高帝爲子晃求閎女閎曰齊大非偶也及即位
封爵如故
桓護之遵從任也文帝時累遷鍾離太守又領濟北文
帝朋孝武入討護之率衆馳赴以爲冀州刺史孝武
宣反護之大破其黨遷徐州封益陽侯孝微石衛
將軍謚壯侯
桓謝之驍勇有力孝武即位以爲驍騎將軍梁山之
役力戰中流矢卒
桓曇深閎之子博學多聞爲臨城尉拜羽林參軍劉
楷爲交州守王僉曰羽林監桓曇深雅有學行當
令同行及隨楷未至交州而卒
桓崇祖詡之子仕宋歷瑯琊蘭陵太守戍壽陽齊帝踐阼
徙豫州魏攻壽春祖于城西堰淝水北築小城魏
攻之祖決堰下水溺死以千計魏師退進爲都督
桓榮祖崇之子士齊高帝時與佐命勳封將樂縣子嘗部
識才幹有父風

李遷哲邑人世爲山南豪族嘗領本鄉部曲甚得人
心周文略地山南遷哲命與賀若敦同往經略已
蜀相繼納款授侍中直州刺史
吕婆樓邑人苻生時爲侍中尚書能薦王猛於苻
堅後官至太尉
權翼邑人仕苻堅爲給事黄門侍郎諫堅未可伐晉
又言不可信慕容垂堅不聽後悉如其所慮

隋

李襲志邑人蕭銑攻永寧時陳設不下與楊素胡盛

士民縞素三月流離之際不忘大義周守一年九
屈被陋
何妥邑人有才名周武帝重之授太學博士高祖受
禪除國士博士上令妥定鐘律上表詳言禮樂之
事又論時政損益指斥朋黨尋爲國子祭酒卒謚
日肅撰周易講疏行于世

唐

權倕邑人與蘇源明相友善傳洽羣書文章絕致官
羽林參軍

權臯倕之子
按唐書臯于天寶中祿山使之獻俘京師臯察祿
山有異志詐死逃遁由是名聞天下又按新唐書
臯列卓行傳

權德輿臯之子
按舊唐書德輿字載之天水略陽人生四歲能屬
詩七歲居父喪以孝聞十五爲文數百篇編爲童
蒙集名聲日大韓洄黜陟河南辟爲從事試秘書
省秘書郎貞元初復爲江西觀察使李兼判官平
遷監御史府罷杜佑裴胄皆奏請三表闕日至京
德宗雅聞其名徵爲太常博士轉左補闕遷起居
舍人兼知制誥轉駕部員外司勳郎中職知誥遷
中書舍人貞元十七年冬以本官知禮部貢舉來
年真拜侍郎凡三歲掌貢士號爲得人轉戶部侍
郎元和初歷兵部吏部侍郎坐郎吏誤用官闕改
太子賓客後爲兵部侍郎遷太常卿拜禮部尚書
平章事與李藩同作相及李吉甫自淮南詔徵未
一年上又繼用李絳吉甫絳議政頗有異同德輿

不敢有所輕重坐是罷爲本官尋以檢校吏部尚
書爲東都留守復拜太常卿改刑部尚書十一年
復以檢校吏部尚書出鎮興元十三年八月有疾
詔許歸闕道卒年六十贈左僕射謚曰文有文集
五十卷行于世

權璩德輿子多才藝善屬文舉進士拜京兆參軍歷
官鄭州刺史爲政簡要皐有聲稱

黄文邑人少英敏嗜古學元和初舉進士官至侍郎
正言侃侃中外畏其清直

宋
周道邑人不阿時好官至侍郎清愼足爲楷模
王大才邑人乾道中進士官至招撫使能摘奸發伏
元
林東邑人至正中舉進士不樂仕進或勸之仕輒曰
遲之所以養吾器也或又促之曰大器晚成君何
促爲窮約自甘遂終其身
明
卜蓁邑人潛心理學事親孝建文帝丁丑進士官

至給事敢言爲人嚴厲
封庫寔邑人永樂辛丑進士官戶部主事廉明著績
湯浴邑人宣德壬子舉人與定別駕剛正不阿廉潔
自愛致仕歸足跡不入城市
孝義
唐
李孝儒邑人原名儒性至孝每讀書遇及于孝輒忘
沸撿卷高宗知名見召卽辭歸養親人因稱之
大孝儒

皇清
劉明彥邑人性至孝天啟元年以恩選授平谷縣令
兩次丁艱補滎陽撫寧李賊陷明間關歸里隱山
中時
國朝肅藩徵逸才胡兵憲以彥薦辭啟因却有白雲
留住住處不比終南紅日許眠淸夢已遊汝上之
句胡薦益力復以詩謝曰十畝伴雲鋤閑閑桑者
居此心浮海去重上疊山書遂憐之不奪其志年
六十有四卒前邑令諸保宥銘其墓

明
卜氏夫名姓失傳蓁之姑也洪武初芳年守節奉旨
建坊表墓墓在縣西三十里地名張家灣坊則廢
矣
楊氏諸生劉恢妻讀書明大義勸恢力學本圖鵲起
不意分飛二十三歲栢舟自矢奉文旌表歲祀
鄉
皇清

劉氏王世業之繼妻也年十九夫亡撫遺腹子子又殤志益堅奉文旌揚年九十餘卒

芮氏楚別駕劉起敬之室青年矢節遺子羽繩爲孝廉今蓋平有聲母氏之教也

羅氏梁貢妻年二十一夫死有遺腹子姑病祝天願以身代翁姑相繼逝歛葬如禮俄而子又夭泣曰梁氏一脈絶矣我何生爲不食而死知府滕天綬旌其門曰松貞雪映

王氏里人徐士選妻崇禎甲戌遇寇欲汙之不從脅

以刄不能奪賊剖其腹

王氏里人王康寧妻崇禎丁丑流賊獲氏逼而欲汙不從連殺二幼子以脅氏氏罵不絶口賊怒磔殺氏知府滕天綬旌其門曰精金映日

潘氏里人李應登妻順治間避寇熊樹砦砦將破氏以衣蒙面投崖而殞知府滕天綬旌其門曰蒼烱含玉

王氏里人王丹所妻順治時借居嵓砦賊攻砦氏束衣投崖知府滕天綬旌其門曰抱璞藏貞

李氏里人高映璧妻孀居有豪右欲強娶剪髮毀面誓死以拒今六十七矣知府滕天綬旌其門曰節捍風霜

張氏里人梁天培妻年二十三夫死甘貧守節癸丑之變僞將欲逼之引刀毀容賊駭而走今踰五旬二孤亦已成立莫不高其氷守知府滕天綬表其門曰毀容立節

仙釋

丙穴道人不知何時人其棲谷在箕山今猶存

桓子新論曰元帝被病廣求方士漢中逸人王仲都者詔問所能爲對曰但能忍寒暑耳因爲待詔至夏暑日使暴坐又環以十鑪火不言熱而身汗不出

禪印褒城人世居南鄭俗姓史名永既祝髮不爲塵染深通佛法人敬慕焉

漢李八百居洋之寒泉山歷夏商周人皆見之因紀其年八百遂以爲號漢末唐公昉師事之拔宅飛昇神仙傳曰李八百名眞自稱八百歲白鹿先生

謂陳摶曰神仙李八百動靜不可測有詩曰一日
身游八百里三番花落九秋春
唐公昉城固人王莽居攝二年爲郡吏遇眞人進以
瓮瓜又從而禮貌之其人潛約背谷口賜以神藥
曰飲此當移意萬里知鳥獸語昉去家百餘里轉
影即至鄉人驚白府君府君學之無所進命吏收
昉妻子昉告其師師與之歸以藥飲其妻子塗屋
柱須臾大風雲霧拔宅仙去
按抱朴子內篇曰南陽文氏其先祖漢中人值亂逃

華山中饑困欲死有二人教之食朮云遂不饑數
十年乃來還鄉里顏色更少氣力轉勝故朮一名
山精
唐張法照洋縣人少爲沙門代宗時遊南山師長老
承遠得法而歸居北山巖下日夜靜坐念佛聲聞
長安帝遣使以禮迎之問以佛法荅偈曰諸佛在
心頭迷人向外求內懷無價寶不識一生休帝大
悅後跏趺而化
寶眞人字子朗少出家學道于斗山後昇仙去今山

巔猶有奉眞觀
張果老在鳳州夏居豆積山冬居鸑鷟元宗以璽書
迎入禁內以爲光祿大夫稱通元先生
寧羌西土門道中有飛仙閣相傳誌公和尚在此飛
昇
唐徐佐卿不知何處人自稱青城道士在畧陽飛仙
嶺修煉化鶴飛昇
法融禪師貞觀初修道于牛頭山北石室中具大神
通有百鳥獻花虎狼馴伏之異遠近推服

宋抱一道士鳳州人嘗遇一老人篋中取物餌之狀
如蘆菔又與之小瓢中有菜如菽豆戒曰遇有疾
者施之自是絕粒眞宗召見賜名抱一
張三丰或曰遼東人名君實字全一又字元元別號
保和容忍生有異質頂作一髻手持方尺一笠一
衲寒暑御之不飾邊幅人目爲張邋遢處山林遊
城市嬉嬉自如與人論三教書若決江河而莫之
禦也明初往來秦蜀間洪武遣使求之不至永樂
嗣位又命給事中胡濙遍訪之至鄠鄧山谷間卜

咫尺不遇常寓盜水廟白氏又遊南鄭懸于城東
徐氏後又不知何之至天順中始封通微顯化真
人
梅雪禪師一名雪庵和尚不知其姓氏常從建文隱
于西鄉之左西峽後乘小舟泛湘江讀離騷讀一
篇沉一篇于江中讀畢痛哭投江而死發其笥止
存大學衍義一部
宋太師和尚諱子顏魏郡人落髮南安梵行六十年
興修八十四緣歸化于淳化十年仲冬三十日葬

在柏林寺
周紫來真人不傳姓氏結廬西鄉天仙山喜服紫衣
後仙去
唐韓湘相傳居韓仙山有韓仙洞
何尚翁界陽人修真于仙人關道成飛昇關以此名
在縣北一百四十里
高菴姓李氏遊天臺山之國清寺講授多徒人傳燈
錄
段成式曰興元西壁有讚若上座僧常於酒食肉間

韓皆效蓋一日多作大餅招群徒入屍陀林以餅
裹腐尸肉而食數咬不已衆僧掩面走上座曰汝
等能食此肉方可食肉自此緇徒因成精進也此
事郝僕射仲郢在興元日親驗之也
僧惠通董姓俗名進朝元和中入軍時宿直城東樓
上一夕月夜見四人着黄從東來立城下說已姓
名狀若追捕因相語曰董進朝常持金剛經以一
分功德祝庇冥司我輩久蒙其惠如何殺之須枉
命相代若此人一去我輩無所賴矣其一人云進

朝對門有人同姓同年壽命相埒可以代矣因忽
不見進朝驚異之及明聞對門復魂聲問其故死
者父時三十非時暴卒進朝感泣詣之因贍葬供
養其父母後出家在興元唐安寺見唐段成式金
剛經鳩異
太清真人褒城遊旅之子也昔滎陽鄭又元遊庠有
年僑居滎陽郡中學于吳道士又其後東入長安
次褒城遊旅遇一童十餘歲貌甚秀又元與之論
極辯慧自謂不能及已而謂又元曰我與君故人

有年矣君省之乎又元曰忘矣童曰我嘗生閭丘
氏之門居長安中與子偕學于師氏子以我寒賤
且曰非吾類也後又爲仇氏子尉于唐與子同
僚受我金錢賂遺甚多然子未嘗以禮遇我罵我
市井之民何子驕傲之甚耶又元思之一一皆然
因驚拜謝曰誠吾之罪也然子非聖人安得知三
生事乎童曰我太清真人上帝以汝有道氣故我
生于人間與汝爲友將授真仙之訣爲汝以輕慢
驕傲終不能得道吁可悲乎言訖無所見又元旣

悟其事甚慙恚竟以憂卒
如觀禪師披剃于精嚴寺海東和尚之大弟子也嘗
禪定釋子皆宗之欲示寂令童子煮茗旣熟欢中
路而師已寂童子亦執茗立化焉

僑寓

漢

張良字子房襄陵人先事韓及秦滅韓遂輔漢屢秦
定天下封留侯曰願棄人間事從赤松子遊廼辟
穀于白雲山今名子房山

蔡倫字仲敬桂陽人和帝時拜中常侍元初二年封
龍亭侯于洋州興道縣今龍亭鄉人造紙特盛
蔡邕洛陽人入蜀寓褒陽作郙閣銘識書于白崖蓺見
文

唐

李白隴西人常往還蜀隴間寓褒陽經青泥嶺作蜀
道難以狀峻險
杜甫襄人由鳳州入蜀寓褒陽遊靈巖有題咏
柳宗元觧人寓褒陽作江運記

陸贄字敬輿嘉興人德宗時拜諫議大夫隨幸洋州
駱谷道險贄相失在後上驚憂涕泣勑左右募得
贄者賞千金頃之乃至上喜甚太子以下皆賀
齊映高陽人德宗時爲中書舍人隨幸洋州見清涼
川註
賈島字浪仙范陽人寓褒城四十日至沔與鄭餘慶
避暑東池有詩見興元集

宋

邵雍字堯夫范陽人徙居河南客鳳州二月而去

文彥博字寬夫汾州人微時客鳳州兩當館富民氏教授諸生

蘇軾字子瞻眉州人熙寧間寓興州與鮮于侁同遊靈巖有題咏又寓褒城遊牛頭寺與明上人爲方外交又與弟轍遊寓洋州與文同詩篇倡和

鮮于侁字子駿閬中人與蘇子瞻同寓興州至靈巖登臨鑒賞又與子瞻兄弟同寓洋州有題園池詩

漢南郡志卷之十四終

人物志論

漢中去岐陽不遠自昔文王之化首被南國而召公宣揚德意巡歷江皐一時食德茹恩莫先于此菁莪棫樸之風其浹洽于人也厥有由來矣遐古迄今公卿大夫立德立功事業勳華卓然共覩而閥閱科第奕葉昭彰秀彥名倫箕裘接紹方之別郡無有讓焉試爲披覽史冊徵諸故老李太尉之秉正立朝張博望之威行外域如見也鄭子真之清高歷落權相國之爾雅文章皎皎雲霞之氣鏗鏗金石之聲如在也

猗歟盛歟而又禀氣正則士行端方賦性良則女志貞潔父子谷不忘君父之老翁呼之或出杜泰姬李文姬之含仁秉義身沒名香所以洸達無訛喬木猶咏秦隴之間此爲獨上矣十載以前逆氛煽俗漢之南北焚掠雖遭而人心不染皆使

聖皇在御厚澤淪肌松完竹固區區潞風霾霧不足以動其蒼凉也今遇

朝廷積德累仁既賜之以蠲租又隆之以尚齒山陬僻壤莫不感泣懷思

紊也仰遵

聖訓任事之後以造就爲先月有課季有程告誡諄諄
進淳抑戾青青之子禮讓欲師鄒魯吚唔直比東南
將來擷桂登蟾攀龍附鳳吉人多士益稱濟濟也若
夫載仕籍者俱照耀寰區膺舉選者又情深忠孝節
凿德咸備退仕五栁三槐之間俱俗表人師里推祭
酒士民雅重余又曷庸溢譽乎漢中府守滕天綬識

人物志論　卷之十四　三十三

漢南郡志卷之十五

關左　知陝西漢中府事滕天綬重輯

藝文志

詩

梁

玩漢水　簡文帝

離色崑崙水泓澄龍首渠豈若茲川麗清流疾且徐
離離細磧淨藹藹樹陰疎石衣隨溜卷水芝扶浪舒
連翩瀉去檝鏡澈倒遥廬耶持點綴上於是察川魚

唐

七盤嶺　沈佺期

獨遊千里外高卧七盤西山月臨窗近天河入戶低
芳春平野綠清夜子規啼浮客空留聽褒城聞曙雞

龍門山　前人

龍門非禹鑿詭怪乃天功西南出巴峽不與衆山同
長竇亘五里宛轉復嵌空伏濡呴潛石瀑水生輪風
流水無晝夜噴薄龍門中潭河勢不測藻葩垂彩紅
我行當季月煙景共春融江關勤亦甚巘崿意難窮
將息幾事鍊藥此山東

三泉　蘓頲

二月松作花春行日漸賒行障山鳥路藤蔓野人家
迸石飛泉下尋雲絕磴斜明珠常泛白徹底靜無加

送楊長史　王維

褒斜不容幰之子去何之鳥道一千里猿聲十二時
官橋祭酒客山木女郎祠別後同明月君應聽子規

與鮮于庶子自褒城同行作　岑參

剖竹向西蜀岷峨瀰天涯空深北闕戀豈憚南路賒

前日登七盤曠然見三巴漢水出嶓冢梁山控褒斜
棧道籠迅湍行人慣層崖巖傾劣通馬石窄難容車
深林怯魑魅洞穴防龍蛇水種新桃枝山田正燒畬
夜猿嘯山雨曙鳥鳴江花過午方始飯經時旋及瓜
數公各遊宦千里皆辭家一笑忘羈旅還如在京華

駱谷行　前人

聞君行路難惆悵臨長衢豈不憚艱險王程剩相拘
憶昨蓬萊宮新授刺史符明主仍賜衣價直千金餘
何幸承命日得與夫子俱攜手出華省連鑣赴長途

五馬當路嘶按節棧蜀都千崖信縈折一徑何紆紆
胥水滑微輪寄竹礙隼旟深林迷昏旦棧道變空虛
飛雪縮馬尾烈風勞我膚峯攢望天小亭午見日初
夜宿月近人朝行雲薄車泉流石鋒折火入松心枯
亞尹同心者風流賢大夫榮祿上及親之官隨夜輿
高價振臺閣清詞出應徐成都春酒香且用俸錢沽
浮名何足道海上好乘桴

赴嘉州過城固縣尋永安超禪師房　前人

澗寺枇杷冬著花老僧相見具袈裟漢王城北雪初
霽鶴信臺西日欲斜門外不須催五馬林中且聽演
三車豈料巴川多勝事為君書此報京華

飛仙閣　杜甫

土門山行窄微徑緣秋毫棧雲欄干峻梯石結構牢
萬壑欹疏林積陰帶奔濤寒日外澹泊長風中怒號
歇鞍在地底始覺所歷高往來雜坐臥人馬同疲勞
浮生有定分饑飽豈可逃歎息謂妻子我何隨汝曹

按方輿勝覽飛仙嶺在興州東三十里相傳徐佐卿化鶴登仙之地故名上有閣道百餘間即入蜀路

龍門閣　前人

清江下龍門絕壁無尺土長風駕高浪浩浩自太古
危途中縈盤仰望垂線縷滑石欹誰鑿浮梁裊相拄
目眩隕雜花頭風吹過雨百年不敢料一墜那得取
飽聞經瞿塘足見度大庾終身歷艱險恐懼從此數

按元和郡國志龍門山在利州綿谷縣東北八十二里

聽嘉陵江水　前人

鑿崖泄奔湍稱古神禹跡夜喧山門店獨宿不安席
水性自云靜石中本無聲如何兩相激雷轉空山驚

送渾尚書鎮興元　劉禹錫

旌旗入境犬無聲戮盡鯨鯢漢水清從此世人釋耳
目知名將出書生

寄元稹　白居易

花時同醉破春愁醉折花枝當酒籌忽憶故人天際
去計程今日到梁州

按本事詩云元相公稹為御史鞫獄梓潼時白尚書在京與名輩遊慈恩小酌花下為詩寄元云云時元果在褒城亦寄夢遊詩曰夢君兄弟曲江頭也向慈恩院裡遊驛吏喚人排馬去忽驚身在古梁州千里神交若合符契自有感夢記備記其事

褒城驛　元稹
嚴秦修此驛水漲驛前池已種萬竿竹又栽千樹梨
四年三月半新笋晚花時悵望東山去等閒題作詩

望雲驛　前人
駱駝山下岑兩堆望秦嶺下堆頭石五百六里直衍
縣四十八盤青山驛

送鄭尚書赴興元　姚合
儒有登壇貴何人得此功紅旗絩客雪白馬踏長風
斧鉞來天上詩書理漢中方知百勝略應不讓彎弓

行至金牛驛寄興元渤海尚書　李商隱
樓上春雲水底天五雲章色破巴箋諸生箇箇王恭
柳從事人人庾杲蓮六曲屏風江雨急九枝燈檠夜
珠圓深慙走馬金牛路驟和陳王白玉篇

興州江館　前人
向蜀還秦計未成寒蛩一夜透窗鳴愁眠不穩孤燈
盡坐聽嘉陵江水聲

籌筆驛　郝天挺云在綿州綿谷縣北五十九里蜀諸葛武侯出師嘗駐軍籌畫于此　前人
魚鳥猶疑畏簡書風雲常爲護儲胥徒令上將揮神
筆終見降王走傳車管樂有才真不忝關張無路欲
何如他年錦里經祠廟梁父吟成恨有餘

白馬驛　薛逢
晚麥芒乾風似秋旅人方作蜀門遊家林漸隔梁山
遠客路長依漢水流滿壁存亡俱是夢百年榮辱盡
堪愁胸中憤氣文難遣強指豐碑哭武侯

咏嘉陵江　前人
借問嘉陵江水湄百川東去爾西之但教清淺源流

在一路朝宗會有期

題籌筆驛　前人
天地三分魏蜀吳武侯崛起贊訏謨身依豪傑傾心
術目對雲山演陣圖赤伏運衰功莫就皇綱力振命
先殂出師表上留遺恨猶自千年激壯夫

褒斜道中　薛能
十驛褒斜到處慵眼前常似接靈蹤江邊旋入旁來
水山除猶藏向後峯鳥逕惡時應立虎畬田閑日自
燒松行吟却笑公車役夜發星馳半不逢

到蜀後記途中經歷　雍　陸

劍峯重疊雪雲漫憶昨來時處處難大散嶺頭春尚淺斜谷裹夏猶寒蜀門去國三千里巴路登山八十盤自到成都燒酒熟不思身更入長安

西歸出斜谷　前人

行過險棧出褒斜出盡平川似到家無限客愁今日散馬頭初見米囊花

旅次洋州寓居郝氏林亭　方干

舉目縱然非我有思量似在故山時鶴盤遠勢投孤嶼蟬曳殘聲過別枝京月照窗欹枕倦澄泉遶石泛觴遲青雲未得平行去夢到江南身旅羈

興元沈氏莊　唐　彥謙

按舊唐書云字茂業咸通末進士才高負氣無所屈降十餘年不第乾符末河南盜起兩都覆沒以其家避地漢南中和中王重榮鎮河中辟爲從事光啟末王重榮爲部下所害朝議責參佐貶爲漢中掾曹楊守亮鎮興元聞其名署爲判官累官至副使閬壁三郡刺史卒于漢中

清淺縈行一水開竹籬藤樹小躋攀路蕎荒草行人過月上高林宿鳥還江統武侯籌筆地雨昏張載勢銘山異鄉一笑因酣醉忘却愁來鬢髮斑

送韋郎知洋州　鄭谷

爲儒欣出守上路亦戎裝舊製詩多諷分憂俗必康閑懷江稲熟寄信路橙香郡閣清吟夜寒星識望郎

醴泉院　和凝

萬山嵐靄簇洋州數處禪齋儘有名古栢八株堆翠色靈泉一派逗寒聲暫遊頗愛閑滋味久住翻嫌俗桂情珍重支公每相勉我于儒行也修行

興勢觀　前人

山名興勢鎮衆洋儼有眞風福此方便栢屋盤龍毀紫雲泉潑潔波花香暫遊頗愛閑人少久住翻嫌白日忙只向五千文字內願成金骨住仙鄉

漢州　韋　莊

北儈初到漢州城郭邑樓臺觸目驚松桂影中旌旆色芰荷風裏管絃聲人心不似經離亂時運還應却太平十日醉眠金鴈驛臨期無限眼波橫

聞再幸梁洋　前人

纔喜中原息戰鼙又聞天子幸巴西延燒魏闕非關無大狩陳倉不爲雞興慶玉龍寒自躍昭陵石馬夜

望斷遥思萬里行宮夢大白山前月欲低

送人赴褒中　羅隱

萬轉江山通蜀國兩行珠翠見褒人海棠花謝東風老應念東風共苦辛

靈巖述舊　歐陽詹

不到靈巖又二年重來風景尚依然層巒迥出晴霄外倦鳥歸飛夕照邊坐愛雲林泉石好行尋幽谷野橋連同遊不覺天將晚暫借僧房一榻眠

送無着禪師歸新羅國　法照

萬里歸鄉路隨緣不筭程登山百衲敝過海一杯輕夜宿依雲色晨齋就水聲何時持貝葉却到漢家城

送越僧還鄉　前人

越人身體古清慮息塵勞一國詩名重多生律行高登山接蔦藟辟世着方袍早晚雲門去還應見爾曹

五代

放猿　王仁裕

按王氏見聞云仁裕從事漢中有獻猿兒者憐其黠慧育之名曰野賓經年壯大跳躑頗爲患繫紲于頸題詩送之

放爾丁寧復故林舊來行處好追尋月明巫峽堪憐靜路隔巴山莫厭深棲宿免勞青嶂夢躋攀應惬白雲心三秋果熟松梢健任把高枝徹曉吟

遇所放猿再作　前人

按王氏見聞云仁裕罷職入蜀行次嶓冢廟前見一巨猿捨羣而前于道傍古木間垂身下顧紅綃宛在以野賓呼之聲聲相應立馬移時不覺惻然及縱轡之際哀叫數聲而去遂繼之一篇

嶓冢祠前漢水濱飲猿連臂下嶙峋漸來仔細窺行客認得依稀是野賓月宿縱勞羈絏夢松餐那復稻粱身數聲腸斷和雲叫識是前時舊主人

元

觀佛宿山偶得五十六字　王虞卿

念佛中岩古道場朱明六日發毫光兜羅世界來無極淨土金容見有方訪古貳車留寶刹同遊老守護金章寄言馬首曾瞻否會過龍華不可量

譙樓　祁瀫

雲淡風輕雨濕塵登臨喜見麗譙新雅宜賦景題詩客端擬觀光報國臣漢水遠潮滄海闊巴山遥展畫圖真還招老子同清賞未許思歸賦久神

太白山在洋縣東北七十里　朱　鐸

終南列萬山孤巔入雲裏雪花點翠屏秋風吹不起

武侯廟　前　人

遺廟經千古愁雲日往還忠魂招不得落葉滿秋山

前題　張　爽

長蛇成八陣渭水鼓雷波地據三分少公才十倍多

慨吟梁甫韵常嘆大風歌日月光同裂青編永不磨

宋

龍門洞　趙　抃

蜀道群山盡可名更逢佳處愈神清初疑谷口連雲掩入見天心蒲洞明恠石磷磷蹲虎豹飛泉落落碎瑶瓊鬼哉別有神仙路又得攀躋向上行

廉泉　前　人

歲旱江漢萬井汙廉泉深淨自清泚伯夷死後泉猶在能使貪人一飲無

寄晃都宮　前　人

百畝新塘傍郭斜居人行樂路人誇自然官長如靈運能使江山似永嘉

郡樓書所見　邵　雍

鳥去林自空雲移山不礙晚角時斷續層崖遞明晰殘陽掛疎紅遠水生微瀾塞目煙岑寄都成若天外

寄晃都宮　司馬光

名郎遊勝地公跡寄風謳吉爲題詩者今因好事修

四山相映照五馬晏淹留相見波光靜依然一片秋

遊靈巖　張　俞

王文山後靈巖寺四百年來選佛場蒲地白雲闌不住石泉流出落花香

仇池石　蘇　軾

海石來珠宮秀色如蛾綠坡陀尺寸間宛轉陵巒足連娟二華頂空洞三茅腹初疑仇池化又恐瀛州壓殷勤嶠南使餽餉揚州牧得之喜無寐與汝交不贖盛以高麗盆藉以文登玉幽光先五夜冷氣壓三伏老人生如寄茆舍久未卜一夫幸可致千里常相逐風流貴公子竄謫武當谷見山應已厭何事奪所欲欲留嗟趙弱寧許負秦曲傳觀甚勿許間道歸更速

贈牛頭寺上人　前　人

上轉金剛一炷香雪月霜鬢在茶烟去傳能耳西來
印蕭寺牛頭舊住房風靜水聲喧竹塢夜深雲氣濕
龍床迷徒盡欲歸閒居何事年來賦上堂

題洋州三十景　前人

不嫌冰雪遶池看誰似詩人巧耐寒記取羲之洗硯
處碧琉璃下黑蛟蟠 冰池
雨昏石硯寒雲色風動牙籤亂葉聲庭下已生書帶
草使君疑是鄭康成 書軒
煙紅露綠曉風香燕舞鶯啼春日長誰道使君貧且

老繡屏錦帳咽笙簧 披錦亭
貪看翠蓋擁紅妝不覺湖邊一夜霜卷却天機雲錦
段從教匹練寫秋光 橫湖
朱欄畫柱照湖明白葛烏紗曳履行橋下龜魚晚無
數識君拄杖過橋聲 湖橋
陰晴朝暮幾回新已向虛空付此身出本無心歸亦
好白雲還似望雲人 望雲樓
月與高人本有期掛簷低戶映蛾眉只從昨夜十分
滿漸覺冰輪出海遲 待月臺

此間真趣豈容談二樂并君已是三仁智更須訶妄
見坐令魯叟作瞿曇 二樂榭
聞道池亭勝兩川應須爛醉答雲煙勸君多揀長腰
米消破亭中萬斛泉 靈泉亭
縱橫憂患滿人間頗怪先生日日閑昨夜清風眠北
牖朝來爽氣在西山 吏隱亭
解籜新篁不自持嬋娟已有歲寒姿要看凜凜霜前
意須待秋深葉落時 霜筠亭
殷勤稽首維摩詰敢問如何是法門彈指未終千偈

了向人還道本無言 無言亭
亭下佳人錦繡衣滿身瓔珞綴明璣晚香消歇無尋
處花已飄零露已晞 露香亭
水軒花榭兩爭妍秋月春風各自偏惟有此亭無一
物坐觀萬景得天全 涵虛亭
身輕步穩去忘歸四柱亭前野彴微忽悟過溪還一
笑水禽驚落翠毛衣 過溪亭
曲池流水細鱗鱗高會傳觴似洛濱紅粉翠娥應不
要畫船來往不須人 禊亭

日移床迹下風清香不盡思何窮老爲化作龜
歲莫向田田萬葉中 菡萏亭
少年辛苦事犁鋤剛厭青山遶故居老覺華堂無意
味却須時到野人廬 野人廬
寄與庵前抱節君與君到處何相親寫眞雖是文夫
子我亦眞堂作記人 此君庵
金橙縱復里人知不得鱸魚配自低須是松江煙雨
裏小船燒蘆擣香虀 金橙徑
長憶故山寒食夜野荼蘼發暗香來分無素手簪羅

藝文志 卷之十五 詩 十五

髻且折霜蕤浸玉醅 荼蘼洞
不種夭桃與楊柳使君應欲候農桑春畦雨過羅紈
膩夏壠風來餅餌香 南園
漢水巴山樂有餘一庵從此首歸途北園草木憑君
問許我他年作主無 北園
晚節先生道轉孤歲寒惟有竹相娛麄才杜牧眞堪
笑喚作軍中十萬夫 竹塢
雨折霜乾不耐秋白花黃葉使人愁月明小艇湖邊
宿便是江南鸚鵡洲 荻浦

秋歸南浦蟪蛄鳴霜落橫湖沙水清臥雨幽花無限
思抱叢寒蝶不勝情 蓼嶼
溶溶晴港漾春暉蘆笋生時柳絮飛還有江南風物
否桃花流水鮆魚肥 寒蘆港
漾水東流舊見經銀河左界上通靈此臺試向天文
覓閣道中間第幾星 天漢臺
來去湖波尚有情却臨初日動簷楹溪光自古無人
畫憑仗新詩與寫成 溪光亭
寒川修竹賤如蓬斤斧何曾赦籜龍料得清貧饞太

藝文志 卷之十五 詩 十六

守渭濱千畝在胸中 篔簹谷

洋州三十景　蘇轍

冰滌水亦厚泥蕩鋪寒玉好在水中魚何愁池上鷺
冰池 綠竹覆新渠塵心日日疎使君遺跡在苦要撿文
書軒 春晚百花齊綿綿乃如織細雨洗還明清風卷
無迹 披錦亭 湖裏種荷花荷邊種楊柳何處度橋人問
是人間否 橫湖 湖南堂宇深湖北林亭遠不作過湖橋
兩處那得見 湖橋 雲生如湧泉雲散如翻水百變亦無
窮悠悠定誰使 望雲樓 夜色何蒼蒼月明林木上不上

坡放修竹肅肅復冥冥莫除 竹筍從使入園生竹塢
離披霜露下蕭索微風觸推 有餘清縱橫未須束
荻蒲 風高蓮欲衰露重蓼初發 使此池中秋芳未會
歌蓼嶼 蘆深可藏人下有扁舟 正似洞庭風日暮孤
帆落寒蘆港 臺高大漢近足練 林端秋深霜露重誰
見落西山天漢臺 漢亭新雨餘秋 色月光漾鳥渡夕陽
中魚行白石上溪光亭 誰言使君貪已用谷量竹盈谷
萬萬竿何曾一竿曲篔簹谷

洋州三十景　鮮于侁

藝文志　卷之十五　詩　十六

東西橫塘裡積疊崑崙玉潛鱗知幾何還待春風廳
冰池 朱門謝俗客幽齋敘友人澄瀾鑑止水高節看叢
筠書軒 春歸閬風家功入天匠手能將五色雲點綴當
戶牖披錦亭 三冬修竹色六月芙蕖風軒窗復起處盡
入菱花中橫湖 千峯起華陽一水遶天漢初月正沉鉤
隱然飛雨岸湖橋 雲山日在眼飛觀復看雲願似崇朝
雨飄颻靜世氛望雲樓 臺高上霄漢人遠絕囂紛秋中
午夜靜萬里無纖雲待月臺 琴齋積翠外綺結窮幽閒
軒檻最佳處四顧惟江山二樂榭 泉聲如琮琤泉水深

倚城臺無柰東西嶂待月臺 動靜惟所過仁智亦偶然
誰令二物外猶有天地全二樂榭 泉來草木滋泉去池
塘蒲委曲對庭除清冷備晨熙灙泉亭 隱居亦非難欲
少求意遂有意未成歸聊就茅簷試吏隱亭 林高日氣
薄竹色淨如洗寂歷斷人聲時有鳴禽起霜筠亭 處世
欲無言事至或未可惟有此亭空燕坐聊復我無言亭
重露覆千花繁香凝畦圃不忍日將歸散逐微風去
露香亭 虛亭面疎篁窈窕眾景聚更與坐中人行尋往
來處涵虛亭 溪淺復過橋過者猶恨瀨懶看沙上鷗常

藝文志　卷之十五　詩　十七

爲獨遊伴過溪亭 觴流無定處客醉醒還酌毋令仲御
歌空使人驚愕禊亭 開花濁水中抱性一何潔朱檻月
明時清香為誰發菡萏亭 野人三四家桑麻足生意試
與扣柴荊言詞有餘味野人廬 風梢遶簷合霜幹當窗
靜遙知素壁上醉墨森相映此君庵 葉如石楠堅實比
霜柑大穿徑得新果令人憶鱸膾金橙徑 猗猗翠蔓長
藹藹繁香足綺席墮殘英芳樽清餘馥荼蘼洞 官是勸
農官種桑亦其所安得陌上人隨某攀條語南園 使君
美且仁遍地種桑李不獨茂春花行看食秋子北園

浩測可愛主人必亭中御題寫高靈泉亭必休亡物我追
勝一軒靜隱凡塵朝暉可眺八景影吏隱亭亭出竹更
容林幽人不知能數二亦景變作九秋時霜筠亭物永
亭見有應亭去言自忘心條然一得樹上聊可倣羲皇無言亭
葉上花溢露軒前紅日長進風從爲誰時遊廊間否
露香亭危欄試睡聽空畢知何把梢憂世心寫風一
偃寫高涵虛亭溪橋人立下枝疑門忘心憂誰識釣垂翁有
時想異鈎過溪亭流水灣還來羽觴酬酢宛應有蘭亭
管絃邪人起歌詠禊亭夏綠分照水秋香仍滿地昊宮誰

藝文志　卷之十五　詩　九

敷藏一一盡依娟菡萏亭清湲惟使君草草學田舍雅
此歸眞心隨所自遊適趣野人綰庵已忘情指竹更訪
探遐遙月上林習靜誰能造此君庵益介藤下衷移植
使君園何人爲修竹以花作味上北園天香分外清
王色無奈白誰同雅池荼蘼洞共窄潤荼蘼瑤上學
附園圃深知幾許嘯詠閑閒南園人不知處處朝陽
斸湖水春色入名園已入千萬戶日日望朱幡北園納
晚入晚登華色遠遠指清夜天風吹不斷鸞鳳語
宗凛虛堂樂盡日月舖舒談誰起落入涼和

截盆枝紅欲滴照水色更好剔去幾回新何用借
老蓼嶼蒹葭何紛披湖水還吾田誰言江渚間亦有一莖
賢宿寒蘆港甚室外遠佳山盡中望眼日難鄰綠守居往
勞詩紹述天漢臺湖源深可鑑溪水清能照坐見落花
來不知春色老溪光亭光暉暉盡盈田山山下多綠玉安得
結亭芳林間許來足篔簹谷

遊靈巖　　前人

千巖環郡宇一水走城隈每憐山水佳況復開巖穴
川流數里近放棹攀巖巔嶽鳳翔蹤神化環陰數畝臨

藝文志　卷之十五　詩　十

何人營佛洞廉宇矜天巧前軒眺溪山飛甍切巨鰲
雁塔巨水下碧王登宣向節須流泓石梯王乳井且潭
其東乃小巖洞戶微深微探巖見石柱在重立精鐵
昔人遇眞仙相攜觀金關川平聽雞犬如聞人世別
居曲沿清渭夾桃花正開緣塵緣念鄉縣歸思若少洗
嵩所攀躋息心問巖扉已嚴飲歸時遠壁峰陵谷事勝在圖牒
獨右屏奮江流靑眺鑒明月下不秋之平氣象隨要切
草木自變泉山花常依活青暉沃賞適異境差勝絕
蓬寒上歸難依然望林越

鄮齋閒書二十四首　　文同

湖上雙禽泛泛，橋邊細柳垂垂。日午亭中無事，使君
來此吟詩。右湖上　不報門前客至，已收案上文書。獨坐
水邊林下，宛如故里閒居。右獨坐　湖橋北頰花塢，水閣
西頭竹村。霏霏薄霧紅暖，漠漠輕烟翠昏。右湖橋　點點
新萍貼水，濛濛柳絮縈風。盡日推琴默坐，有人池上
亭中。右推琴　十許文魚戲水，一雙花鴨眠沙。靜觀只恐
驚去，無詩凭欄日斜。右靜觀　亭館翛翛度日，園林寂寂
經風。且遮新篘留客，莫掃殘花惱翁。右亭館　四首泰僧

藝文志　卷之十五　詩　三十

絕論一篇楚客，離騷讀罷拊彈。流水先生此興尤高
右流水　報國無忘竭節，居官勿用論功。莫問　遂樂
不須啁啁書空。右報國　聞道幸非曲士，讀書耳作陳人。
爲文自惟違俗，好畫誰知入神。右聞道　相如何必稱病，
靖節奚須去官。就下其誰不許，如愚是處皆安。右相如
彭澤先生未去，武林太守常貧。上官幸且容已，下鬼
休來笑人。右彭澤　列傳日逢佳士，郡書時得微言。自對
古人凭几，不須俗客登門。右凭几　衰後常服藥餌，憂來
頗憶林泉。身坐謝莊小閣，心遊沈約東田。右衰後　避雨

竹間點點，遊風柳下翩翩。背依寒參如畫，獨立塘
可憐。右鷺鷥　頸若瓔鉤淺曲，殼如碧管深翹。湖上水禽
無數，其誰似爾清標。右其二　綠實填房未滿，黃茸送殼
方開。爲問因誰勸酒，一時齊側傳盃。右蓮子　岸幘客來
橋上，濺裙人在湖中。桂檝蘭橈甚處，蓮花荷葉無窮。
右採蓮　見諸長喙須避，得少纖鱗便飛。爲報休來近岸，
有人愛汝毛衣。右翡翠　含露方矜香鼻，搖風旋見離披。
湖上先生咲汝，朝開暮落何爲。右朱槿　攫去食苗莫問，
爲來攫肉休知。物須只信相感，事忌于心有爲。右鵂書

藝文志　一　卷之十五　詩　三

看書亭中默坐，咏詩岸上微行。自謂偷閑太守，人呼
竊祿先生。右閑書　遂去堪羞子溥，歸來可重淵明。試問
七松處士，何如五柳先生。右閑書　我昔初來見爾，時禿
稍攣葉病離披。遷根護筍今成立，好在清風十萬竿。
右贈竹　我實仙披百世孫，十年生長賴君恩。近聞官蒲
欲歸去，爲道臨行莫洗園。右竹答

過西鄉　　前人

西鄉巳嶺下，鳥道入孱顏。使騎到荒驛，野禽啼亂山。
問民青靄裏，訪友白雲間。幾日南來路，新詩滿軸還。

遊石門　前人

夌晨走馬過花村先玩玉盆到石門細想張良燒斷
處巖前佇立欲銷魂

過漢中　陸游

雲棧屛山日月遊馬蹄初喜踏梁州地連秦蜀川原
壯水下荊楊日夜流

武侯墓　張演

勳業伊周亞經綸楚漢前有才眞命世無地與中天
大統春秋意膽章說命篇吾家子房後千載仰英賢

遊靈巖　王龍亭

古寺山埛遠躋攀一徑斜洞深留碧靄溪急蕩晴沙
殿接嵓松影堂鄰野客家謁僧詢世事無語指燈花

遊靈巖　文紳儀

一入靈巖寺凭欄望眼遙山深雲障日江闊夜生潮
古洞遺仙跡流泉傍石橋醉來摚首咏得句興偏饒

遊靈巖　張昌祖

深壑敞禪扉獨冠天下奇烟雲藏不盡花木秀無時
誰謂神仙去我疑蛟蜃移沉吟玩佳景有句不成詩

遊靈巖　富言

聞說靈巖境最幽乘閒艤棹共追遊飛泉晝滴半空
雨古樹陰連萬壑秋縹緲香烟籠梵榻嵯峨山勢枕
江流登臨眺望關河遠惹起思鄉戀國愁

遊靈巖　李茂先

雪巖偶得片時留傾倒清罇興未休香積尋常分夢
水禪林自昔枕江流羊腸盤轉層崖蔭山腹空懸古
洞幽談笑相逢情更厚何當携手約重遊

游靈巖　劉異

蘂水標題不記年奇花深洞舊[illegible][illegible]山廻巨蔭常起
日境絕纖埃別是天碧照東西[illegible]浩淼綠迷高下竹
嬋娟凭欄周覽翛然靜金像香殘一炷烟

石門巖壁　唐卿

峭壁矗雲三峽裏急湍翻雪五湖邊何年造物施神
力移到褒中小有天

御愛山　王素

當日蒙塵歷險難得逢蒼翠喜開顏吾皇高拱巖邊
上只愛生靈不愛山

流荻擬　前　入
坡破催銜騷未止状北郊行樂擁康傍飛花水盤髮
草麥瓏風上日四小秋策据遠思蕭相續有耕應邊景
小蒞曆將和氣民漢却起明年勝緣毯
督工次韻　前　人
書衛隼精明破魔縱給帥逢巢食過江村壓煙飛絮漢中
道日臺青芋渭上屯人力萬工支水孤天心兩邑旗
川原柳營一飽坊頭看夜雨新添相岸痕
題青陽驛　石才孺

錦綳只擬倩刀跪縛襪邦知膽已成自古覊車猶一
藏碧王靈不坊聰明
望京樓　王　冲
池上有臺臺上樓樓開憑檻瞻北一循修仰窺日月三千
界平見江山七十州春壓雄丹乘露當貫秋歛萬幽嘗信
風遙最思東北群雲際百拜庭莫踄十二旒
洋州　韓　億
永州隣左右迷川氣候融融別是天地僻冱冬猶寒
寫堂胥深初夏月尚嘽鄉風與蜀歡相以澤

陵隄聚茶轉山圃境內漢江奔浪違城邊展聞井
綴花地畫田菰菻坪早稻田遠寺徑危攢迸筍後園花
今畝飛泉秋溪蒲閘所芭蕉霜雨色臨軒荷荔別所浦
坐茶蒲蘆雷雲剩西溪路塘夕陽道觀鳴鐘鼓夜
月人家奏管絃楊柳影斗沾酒巾芙荷香裏釣魚舡
珍禽聽入名難葉拜新界未嘗餘味更全野渡潮平小淺
灘郡樓雲散露開鼓吹迎神社很甘精盃盤差
客莚蓋竹清泉杓絹圖賦渚宗排艷小爭妍春嵯峨峻
應藏處碧洞陰深恐隱僊姑文筆從前推畢盡土流華

聯璧丰香殘風繼瀾宇千言藴淡沒和相詩碑綠蘚沿三縣
倯淳宜靜理兩衙事簡可閒眠紛華度歲仙鄉外幽
趣悠朝在眼前小為近賢明詔下及瓜情願滿三年
福岩禪寺　巳　潤
忽來山水縣寅見山水窟肩輿從翠屏塵事雲欲髮鬢
唯嚇汗應涂皮紗雁或沒小橋山之門日斜風漠漠
僕夫今山甜志小此憩飢渴前岩界銀漢上有三教閣
任凭欄盃清虛題詩李班刻岩隱僊出迎村叟代酬答
廿日喜聰明點龍玆史高泉落路轉奮長列以淺句什緣

勝地景不同異鳥聲自樂惟聞芳草香不見雞犬落
四圍十三峯一山水合褙疊重其後修竹易岩佛
稽首欲問諦安得塵垢脫燒香有老禪柿木供諸衲
洪鐘響周遭寶藏新突兀小軒借我凉入室暑氣豁
閣中無留事雷鳴撼一榻明朝復脂車此身何落落
青山有舊題半墜復可作山神事斯語尚可招隱約
我遊後 獨行似寂寞萬里會寄聲一憂想如昨

洋州　　蔡　交

武定新雄關皇朝建爲武定軍節度後改爲武康軍　豐寧舊興墟後魏爲豐寧郡西魏改爲洋州　地兼秦蜀美川會漢洋紆羣壘環封嶺清

流躍野渠安知下斜谷上音邪下音洛　別得上華胥乾酒香
村落不入水者謂之乾酒　生金富里閭地產金未冶者謂之生金　晴軒逕蠕
蝀夜管送蟾蜍啼鳥絃幽塢芳花繡碧墟路飛遊女
蓋士女出遊人持一青繒小蓋飾以草綠蟲有用珠璣編綴者　巷曳隱人裾陸會
春芽石春時遊于瀘瀰求石之穿者以絲項之取其宜蚕郡官以樂帳于下同民歡謂之蹋石
江遊揭聚魚冬月用蒲藻養魚至臘日郡官泛舟于漢之鵝翁潭奏鼓樂揭而取之遊人縱觀謂之揭
繳將藤解坼葛藤纏繳草木君人出而解之取解疾答纏繳之意因而解蒲之樂也
耗用穀驅除正月十五日州人將五穀擲于寺觀因而祝神以祛禳虛耗謂之有謂

雙竹溪翁杖一幹兩枝特爲佐異　柔芎壖戶蔬以芎木耳爲蔬茹　不巖
鎮祖仙蹈恨神仙唐公昉畫室昇天其蹈會出得借昇今其地有鎮謂之蹈水鎮
逐佛人居北山有僧三善誦經其傳甚怪然其地絕爲奇勝謂之念佛巖　照市城郡
錦雞庠關里書探茶鷲雉鷴鶴鸐雞山鸐棲于林谷　護橋趁彼徂
徑個熟時多有被猿所耗居人日夜驅之　俗洽庭無訟年豐廩有儲大谷
州遊懶藐與世賢疎統總村何有甘醉分已餘止宜
心自作更欲位誰如未執歸田未循乘集事車好於
閑靜處積漸學樵漁

按蔡交時爲朝事郎守尚書虞部郎中知洋州軍州事此排律一篇辭旨閎爲莊雅而詩法獨詳可

徵當日風景大都如在目前矣

遊賈氏南園　　韓　縝

江堤楊柳碧毿毿閒訪名園郡郭南壠麥生齊知土
足海棠開遍覺春酣門前幽徑通芳蕙竹裏虛亭對
遠嵐風物有情應笑我不携歌酒只清談

遊東山寺　　前　人

久有東林約因乘暇日遊眼明初出谷神旺欲凌秋
野曠孤隼江清颺遠鷗近山青嶂合多稼綠雲浮
鳩犬村相接溝塍水亂流度橋喧從騎環樹獨鳴騶

閣倚經堯壤尋僧到沃州深沉開寶閣磅礴杞華艷
像設嚴珠殿經聲隱絳幢仰看香刹直徐步畫廊修
遐物皆周覽逢軒即小留前庭初顯豁後徑傳深幽
野嶺青筠麗霜楓赤葉稠隅墻聞好鳥循沼玩遊鯈
翠幹櫻初剝江芒稻半收凌虛登陛道匝境對岑櫳
墻谷藏危棧平沙際別洲川原同聚沫身世劇浮漚
回首飄鄉思臨樽浣客愁清閑貪美奕央勝在冥搜
影轉穰苴表風生曲逆籌歸鞍不敢緩斜日照文楸

庚子八月八日再遊東山寺　前人

藝文志　卷之十五　詩　廿九

蜀師當月戊黃金此地由來險阻深漾水東流自紆
直奈山北望正欽岑京風肅物初秋意青澤寂期但
畫陰同是天涯未歸客荒煙斜日正登臨

崇法院　前人

久聞雲際山中有古招提新蘇喜遠覽銳意窮攀躋
出郭值微雨凉風曉萋萋陂陀越大嶺沙路清無泥
野浜稻田秀耒耜沿溝畦登岑復入谷漸過西山西
舉首望華屋雙岸欝相攜虛橋駕炯鏑峻閣排虹霓
下馬蹈危級褰裳涉修梯超然窅閣外仰視宇蒼低
縱眺亦何有森森喬木齊暗嘗從吏語嘲哳響雀啼
既飯復搜討林間得幽蹊巖阿訪靈跡大士常高棲
古殿傾苔蘚丹青暗塵埿俯身踐危磴側足緣深溪
老樹陰潭黑風修亂蟬嘶懸泉洗陰壁瑩色如玻瓈
佳觀誠可戀遲留儼傾擠捫蘿出天險始免魂神睽
緩步麥畦壟旋隨杖藜回瞻花雨地已被煙雲迷
頓轡下平陸晴川留馬蹄新篁映碧宇野寺臨長堤
乘倦駐歸策荒園步柔荑婆娑兩高樹磊落垂紅離
汲井漱甘液拂塵覘舊題出門尚斜日隱隱聞城鼙

藝文志　卷之十五　詩　卅

勝槩亦陳迹茫然失端倪為詩記髣髴吾友無訶詆

夢遊崇勝院　鄭　郎

曉色意微茫疏間杖藜徐步扣禪關兩溪水足東西
堰一抹雲收南北山仕路驅馳驚歲晚禪林燕坐覺
身閑故園早辦歸來計莫待星霜兩鬢斑

射虎行　丁運使

猛虎躭躭威百步一矢斃之侯甚武當時得雋驚倒
人此事今無聞往古孫郎登車方控弦千鈞竹弩伏
道邊終日獲彪何足數中石沒羽還徒然豈如跳[illegible]

林谷躍馬彎弓洞胸腹須知勇鋭敵萬人下視爐
虎同羣鹿聲名籍籍喧上郡邊頭何憂危不輸廟憑
顧陸丹青手畫作泮州射虎圖

時紹興甲子樞管楊從義行餞峯有虎哭出人皆避之義獨躍馬而前一矢殪之故運使丁公有此作

漢南郡志卷之十五終

漢中府志卷之十六

關左 知陝西漢中府事滕天綬 重輯

藝文志

明

漢江源 薛瑄

巨峽自天開峨峨嵱嵷來迴還幽谷底清淺漢江源只古過元氣根深徹后坤朝宗東去意應不廢晨昏

金牛峽 前人

巨峽二千里天開幾萬年泉飛林杪雨雲合管中天

一水橋潺湲層崖石亂懸深梁州舊禹蹟繆矣五丁傳

金牛峽 前人

自昔稱天險如何鑿可開五丁隨石下萬甲捲塵來利害歲相伏興亡數所催于今成往事過客且徘徊

武侯廟 前人

武侯遺廟漢江南喬木參天鎖翠嵐義感居人猶致祭名聞過客亦停驂謨謀圖陣會爲八遺恨山河尚是三千載英雄今已矣古碑重讀意難堪

武侯墓 前人

丞相孤墳何處尋褒斜四出漢江陰青蕪漠漠煙横野翠梢森森風满林尚憶出師當日表空歌梁甫舊時吟中原未復星先隕長使英雄慨古今

過鳳縣 前人

莫道西行蜀道難老來深喜縱遐觀山從太白連岷嶺水號嘉陵出散關石積層崖知地厚路登絶巘覺天寬驅兵過此思諸葛大節常留宇宙間

獨架橋 方孝孺

名爲不祥喆斯理昔未覺及兹困奔走始嘆立論確

險哉七盤山羊腸夌巘崿三年八往返顛頓鬢早皤此行當盛夏溽暑逞餘虐晝伏避蚊虻宵征越林薄危橋湍褰水俯瞰波流惡鑿石勞衆工緣崖搆飛閣下扶千柱壯上倚浮雲弱怒雷地底鳴懸瀑崖際落山中郵傳少過客資棲泊勞者務苟安寧思非所托更聞急雨至洪濤相噴薄鬼神助嚇冥天地混磅礴病身倦輾轉酣寢絶疑愕晨興背景澄林壑還可樂有生大化中萬變相綜錯所遇聽自然何處匪安宅歷聘魯中叟詠歸沂上客勞逸命分殊順受方可懌

初入棧道　許讚
深漢起穴中形連百二雄萬山爭地立一路與雲通
樹杪過人影崖頭嘯虎風我行三月暮悵望翠陰東
青橋驛　前人
山程行七日回首念皇州逐浪湧江龍吼崖巔石獸觀
春燕泊白酒客子過青橋鄉思應無盡遙瞻望碧霄
五雲宮　石無用
今夜誰家是宿處五雲宮裏最清幽羽衣松底吟三
弄荷葉池中月一鉤若襯落花疎點翠風吹林竹亂

登床更闢對塵心如洗一卷南華讀到頭
鄭都山　前人
鄭都山上翠重重千樹桃花萬樹松綠水幾灣流曲
澗白雲一片抱孤峰林影動猿當見花木聲聞樵
未定半日行來方到此慇懃仙子爲鳴鐘
其二　前人
高明宮殿鎖煙霞隱世區仙凡一徑斜石磴有靈生紫
氣瑤臺無路見丹砂黄猿夜嘯孤峯月白鹿春眠一
洞花况遇主人能愛客幾回留我飯胡麻

新開嶺　何景明
嶺山過大谷崖嶔鬱迴互攀躡立飛鳥上回看落日低
異花千種色雜鳥百般啼晚訪松林宿應占度碧溪
拜將壇　前人
漢王西封日淮陰拜將時寵賞榮勁絕佐命開代幾遷移
王氣風雲盡雄圖日月垂江山空故國誰復見旌旗
武侯廟　前人
風日高原暮松杉古廟陰三分扶漢業萬里出師心
星落營空在雲横陣已沉千秋一瞻眺翠柏爲誰吟

武侯廟　張翊
丞相遺蹤不可尋漢南河水氣蕭森雲霞樹表旌旗
色風雨江聲鼓吹音八陣圖三分非本計出師一表見
初心獨憐星隕荒祠廟千古中原淚滿襟
柴關　趙貞吉
遙山西走長安道入棧青林聽啼鳥弱冠從軍忽已
老壯年盤錯歸去好人間何事不蹉跎了直待臨旗遊
不早君不見七十二洞紫府深芝瑛人人爭欲沉
武侯廟　楊燁

丞相栄蔭此地偏幾人揮淚定軍前千秋信史猶生
氣數尺寒碑自冥煙棧閣驚殘流馬路干戈愁絶卧
龍年山頭遺簇猶堪拾冷落六書若个邊

武侯祠　郭典藩

江聲淵氣兩氛氳丞相祠堂傍水濆一自秋風迎五
丈遂令漢業定三分飛花覥砌猶涵露古樹當軒半
吐雲報主曾云惟有死至今血淚動千軍

入棧奉寄劉白厓臺長　程軏

漢陽氣暖如春晚谷口風高似暮秋水合南江分燕

尾山盤七曲下鷄頭百年事業憁虚度二月鶯花寄
勝遊霜節孤城應早發吳峯高處待賡酬

連雲棧　孫昭

危樓斷閣真梯平磴道迎雲寒易生落木倒懸雙壁
靜飛輪斜度一空横高林數息征鴻翼崖壁時飄瀑
布聲未信鬪南地形險翻疑仙洞石梁行

鶴騰菴　張世美

洞古雲生石堦斜竹破苔清虚明月夜時見鶴飛來

過馬道感興　甘爲霖

留春夜館暫停車山壓簷頭水泌渠满鼻異香何處
得百花風引上襟裾

黄沙驛　前人

關塞西來日未斜綠楊紅杏映黄沙野蔬鮮伴鷄拳
菌活水香烹雀舌茶雲外山川殊近蜀眼前泉石宛
如家翻思十載經塵土何幸今逢境獨佳

寓馬道　前人

雨晴未定發晨朝午入關亭野日驕水界道中分碧
樹雲飛山頂接青霄千林霽色催迎蓋萬壑泉聲送

遠橋擁楊懷鄉慵就枕誰當標緲一吹簫

子午谷　王雲鳳

馬前銅笛數聲頻栩底行來漢水濱且喜晚炊來乎
午會經春雨憶庚申採茶路曲穿林女放瀨聲高勢
棠人邦嘆盛姬幾誤荔枝飛騎獨沾塵

前題　楊一清

躡蹬穿蘿路轉遥夜聲燈火政蕭蕭官程又出子午
谷鄉夢遠懷丁卯橋秦嶺天低星斗近漢江風緩瘴
嵐消馳驅敢作賢勞嘆愧乏涓埃答聖朝

曉行　前人

蹄迢迢西復東曉行多在月明中樹頭鳥影覩還谷口泉聲聽不窮萬里關山猶作客一官鉛槧竟何功詩成寂寞無人和欲扣前嵒伐木翁

出連雲棧　楊愼

入關秦地盡出棧蜀山長樹迥雲隨馬溪迴石作梁鶯花春未老湖海路初償不盡平生意先看是廟廊

龍洞菴　龔塤

古塔凌雲上竿高斜陽半壓水嘈嘈老禪掩却殘經

坐靜聽鐘聲拂海濤

登連城絶頂　張垣

十二連城天險蕭蕭一徑煙迷指引碧潭澄澈觀傳靈籟清淒況是法輪梵宇更懸寶筏雲梯因覺同塵懊惱閒來合漢幽棲

煙霞洞　鄭子眞隱處　趙崡

流水柴門曲曲斜青山有洞鎖煙霞野人不識當年事咲道鄰無姓鄭家

拜將壇　張正蒙

將壇高此尚存英雄千載屬王孫炎劉永帝心先許強楚方張氣已吞拒徵數言思不倍王齊一策祈爲門閑來不盡登臨意漢水秦山草樹昏

拜將臺　侯居坤

炎水城南萬木叢高皇曾此拜元戎興劉赤幟多多色拒徵丹心耿耿忠項羽烏江功已最身捨雲夢計何窮登壇舊跡今猶在千古人懷國士風

拜將臺　張鍊

漢南太守風雅人坐上清漢水柔羌民日暇徵歌載琴

瑟共眺城南花鳥春城南春色關堰上煙霞曙寂寞對江干漢將登壇處江石齒齒水瀰瀰江鴻西遊水東亥虞人設狙羅絶鵠纖猶似當年拜將時雨霽中梁山虹見褒斜口夕照下廣陂傷心對尊酒王孫去後空芷芳蘼壘猶存狐狸走浣女幾頭坐玉螭耕夫臺下拾刁斗拜將臺未央宮成處敗處俱飛蓬蕭掾己矣今安在赤帝炎圖豈再隆炎精銷歇餘塵埃臨風未歌心已哀相逢有酒不盡醉別後王山空自頹悲君莫問興亡事祗看城南拜將臺

酆都山　　前人

峨眉山從西極來龍蟠虎伏何崔嵬東下斗山落平
掌山腰樓觀黃金開山君舊是酆都神千年常住棲
霞臺臺下芝田臺上樹日色朦朧含赤霧仙臺羽衣
亦婀娜寶蓋朱幡競馳騖䨓煙結蓋似神臨法鼓鳴
雷豈神怒古栢四時風雨聲長松萬丈鸛鶴鳴留侯
住處夕陽歛壺叟吟邊青草生鹿林豹窟尋仙跡洞
鳥巖花礙客情客情仙跡兩悠悠目極澄江無盡頭
石徑迂迴亦平地道士還山雲雨收回看來處桃花

藝文志　卷之十六　詩　九

暗惟聽流泉萬壑幽

前題　　杜弘

閣上青雲迤邐殿前流水潺湲紫竹紅蓮春在此間
不是人間

武關驛　　江時用

匹馬驅馳上七盤捫參歷井鬱盤顏藤蘿倒掛三千
尺瀑布飛流數百灣殘雪已消天漢路浮雲不散古
梁山如今更覺巖廊險幾度逢人嘆武關

前題　　呂顓

千峰日照武關西宛宛虹橋瞰碧溪野鳥閑花各自
在向人惟有杜鵑啼

牛頭寺　　張良知

金刹幽深倚碧峰煙霞盤鬱萬年松幡幢懸綺諸天
近花霧飛香寶閣重洞鎖丹臺封薜蘿泉遶雲液卧
潛龍老僧勝說前朝跡遥聽叢林送暮鐘

靈巖寺　　伍福

駐節來尋鄜閣銘捫蘿歷蹬扣禪扃萬年古洞神蹤
異一脉寒泉藥水靈椎石亂垂龍爪黑奇峯秀矗佛

藝文志　卷之十六　詩　十

頭青滿天凉鎮塵心滌蕩漾歸舟月照汀

沔縣抵寧羌　　前人

驛騎驍驅馳長途跋修阻行窮漢水源望入蜀門樹
連延白馬低控扼金牛成開山說五丁駐蹕憶先王
巨峽留奇蹤荒榛遺舊壘椎石如蠹刀怒瀑疑震鼓
盤洞隱蛟龍巖穴棲豹虎棧架巘崄崖泥清峭嶠路
經行老稚愁馱載騾驢苦咫尺限秦封尋常兼蜀詁
地瘠少桑麻人瘦係風土鋤山力倍勞讀書質尤魯
刀腰易離竹籠背恒負木㓨制盆盂桑剝享弓弩

梁援作垣墻茅苫蔽門戶家無白晢郎閨鮮朱顏婦
繁華昧生平質朴如太古昇平際此時安養得其所
居山性自醇觀風我親覩雖云地勢偏允矣王化溥
行行至寧羌煙嶺斜陽暮

武侯廟　　任惟賢

盟寒白馬重難尋三國爭雄劍戟森帝室有人申大
義成都無主嗣徽音孫吳逆討懷前烈漢沔清流照
寸心冢木暮風啼杜宇夕陽疎雨濕青襟

武侯廟　　李世昌

王業偏安事可傷總持機軸費籌量忠懷自許收殘
破將略誰堪較短長衰祚難回空布壘大星雖隕尚
流光曹瞞父子成塵久那得行人一瓣香

問桑　　范鹿溪

村村看茅屋問爾幾株桑新綠今賣否多少眼前瘡

分水　　前人

作堰在春野省耕來麥秋一渠新綠活均作萬家流

勸農　　前人

謂爾簑笠士還將泥鼓聲相迎莫相避我爲勸農行

觀餉　　前人

農婦持饋餉竹筐有瓦盆白頭扶藜者胼上引兒孫

擒流賊有感　　來天球

督軍秋曉度西山險寇先聲民自安陣列雕弓驚烏
落營連金甲照人寒倉聞胄次兵藏萬誰識軍前騎
用單坐聽捷音飛報也凱歌應早奏鳴鑾

金洋堰　　何悌

爲愛洪流足灌田十旬兩度此登旋日催嵐色開圖
畫風傾泉聲奏管絃文載貞珉追往事祠臨高渚報
先賢三農何幸當年世烝粒常歌大有年

洋水漁人　　楊淪

輕遥一葉任遨遊占盡江湖萬頃秋隱興不殊雲外
鶴閒情常共水邊鷗乘風笑坐孤篷穩帶月甘眠古
渡頭幸際昇平河海晏好從擊楫覓封侯

由桑園舖舟發漫興　　李向春

放舟隨水下江流鼓棹偏宜順水舟危坐漫思舟永
盼敢貪佚樂置民憂

退食寫懷　　前人

竹馬迎來一歲過公餘漫自嘆蹉跎偹紳過暑循良
賦童叟空傳孔邇歌無字有勞宣主德科催無計雜
民疴晨昏常把爐香供爲問蒼穹意若何

龍崗桃渡　　張頎

山連八渡桃青峯前代曾聞有卧龍春盡儘隨青草
合雨餘長見白雲封一尊自許談遺事三顧誰來訪
舊踪何日乘閒得登眺酒杯詩句只相從

書臺晚翠　　前人

茫茫宇宙一嵯峨山擁書堂入半空觸目草生春雨

後舉頭人在夕陽中一行鷺起凌雲白數點花飛落
地紅風土不凡人物盛沔城何處見英雄

游佛岩次韻　　李嘉賓

河上有岩岩上樓樓岩人去幾經秋心含諸佛元來
面偈對延英說到頭千古知音流水去百年世事野
雲悠獨留清景供逸興漫道蓬萊是勝游

秋日牡丹　　張企周

小圃何緣傳魏紫深秋爛熳忽披霞縱饒今作秋容
好留得春光亦可誇

中秋與友對月　　袁禮

山館扳君共月遊晤君昨歲亦中秋尋常素魄今朝
滿徹底清光到處浮心上無塵偏得句盃中有物更
何愁醉來携手清宵立不管姮娥笑白頭

哀李烈婦歌　　王昱

漢江水深浪如崖一婦江頭仰天哭哭聲遶江江水
平玉顏一擲鴻毛輕想當汪汪雙眼底只見良人不
見水抱兒語兒勿啼妾身不是河伯妻倉皇魚腹
期同瘞不道良人固無恙妾身雖死心則生願身莫

化爲精衛願夫善射如后羿化作金僕姑射殺崔苻
徒

紀教場　　袁宏

教場古跡何坦夷其地三頃尚有奇承平日久事稍
隳漸被疆梁侵蝕之弘治三年竹山縣竊發王剛栗
九慝鼠偷狗盗逼金州起倩鄉夫爲血戰州縣方繕
立教場兵威聳振民力強泰山壓卵在頃刻焚巢搗
穴如探囊府治教場試清理撫軍馳檄嚴追取旗纛
砲石尚依然築垣練卒從斯始漢江带其左梁山峙

一前垂楊夾危飛時壁四時訓練民石聲步伏士齊
何肅然五百儒將中宿甲兵文韜武略尤精明戍盜聞
風歛蹤跡黎元安堵樂昇平教場長親具其事尚恐
一旦侵湮地就中來歷恐湮淪短吟聊為詩求記

馬道驛　張佳胤

馬道驛丞八十五身守西秦家東魯五聲雖幽鬢
霜出入送迎狀催後路接青橋與武關捲篠道崎嶇悪
與伍不畢小官有勝食不薄乘田有尺公爾心豈是
學聖賢貫嗣角用硯頭良自若余也東朝誦除臣因生大

工夏君親抗章十數不得請今始乘驛歸湘水悲乞其
見爾如眼淚方信余為勇退人

奇石篇　李遇知

將伋中梁山秀潔氣悠惹上有石丈人匠意見天工
巨靈薄陰門護千古長鎮蒙百川時灌河短樹波漾漾
兆被一叢冉冉且下漢江東移石入我園一壺碧玲瓏
瓜沼天河水窗明上女峰淡浴碧君雲合韻暖時月遇
或根如紫芝或花如菁銅或如雕谷箭或如林鹿蓮
戊捧如五老青天削芙蓉或狂如楚狂傍上仙翁
我有一斗室堪盡兩株松入林後時宇玲瓏欲卻風
自嘯激石人性乃嗜踈慵卓哉王子喬知我躡幽蹤
補天之所餘哭兀下虛空袍笏追米顛登車媿次公
臨閣唯一醉長嘯倚崆峒

牡丹行　李遇知

世人愛牡丹濂溪笑其俗所以獨愛蓮彭澤淵明菊
我有半畝園天香種如簇嘗其蓓蕾時床頭酒亦熟
木難堅火齊陸離堆金谷水邊見洛神傾蓋陳思目
旄如白毫光淪法坐天竺忽現紫金身莊嚴不可觸

醉月且坐花不道醒提獨謂言此花濃我本淡無欲
物原無代謝心自生剝復豈必淡為榮豈必濃為辱
但使湛不緇不須薄濃肉無人不自得豈受塵縈牍
此善義通于禪解脫是清福

上乞休疏　李遇知

陳情匪奏聖人前一點微誠欲動天職悉難期思惟祉
波瀾多常畏聽明難材司鼓不原無用病比維摩不
注禪丘壠松楸時繫念可能歸拜舊封阡
雪僊松圖岢李松石尚書公并系此歌

王思任

天下豈少人種松種松未必生松風縱饒百尺與千尺不如夷韭韮家葱眉山公子作護首偃蓋圖松如鞠㚐拔公一贊遂千古蒼髯禿頂傳黃耇此時畫竹文洋州坡公同誦同風流將此圖贊刻之石松風韵語何飀飀種松道人猶龍裔掘土得石置亭際五十年來頷偃松茯苓琥珀俱需次道人有子將三公常對手澤如真容胡質之清鶴自語許孜之孝鹿無踪我非畢宏我非偃歲寒交君交不淺囑作新圖并短

什梳風幕翠留此卷

前題 董其昌

當年高隱傲千峯搜得峨嵋偃蓋松出黛蒼龍呈椎狀遊空雲鶴見遺蹤居然玉局銘三極不向金泥羨五風顛我亦銜風木槭并刀一爲剪吳淞

謁武侯墓 傅振商

漢火傳薪盡天開第一流豈云媲管樂元自駕伊周魚水君臣契鹽梅意氣孚蛟龍欣有托台鼎望全收力挽乾坤復心勞社稷謀收川敘帝籙討賊固金甌名德匙火井神工走木牛風雲歸八陣韜略擅千秋偉業期終展星光忽已休衣冠藏曲岫祠廟肖高丘伏臘思遺澤山河拱壯猷宗臣遺像古仰止思悠悠

西鄉山行 孫永思

春山風日靜懷抱向晴開亂石分流水懸崖簇野梅林篩天一線壁拱繡千堆鳥道雙溪上樵漁歸去來

同友遊靈巖 周夢暘

巖隔幽洞自何年獨筒江頭清可憐一水遠聯秦蜀路兩峯高峙井參邊穴中不見通仙路壁上空存覽

勝篇酒與有餘聊更酌與君同醉芰荷天

寒泉山 張鶴騰

寒泉山上寒泉人八百遊行八百春白鹿洞前誰是主青雲堆裡自爲身歷朝煉坝何遷化一日飛昇始證真早悟蒲團仙路近不隨苦海浪生塵

龍亭侯墓 徐乾健

策馬龍亭日欲曛江頭遥見蔡侯墳漢封遺跡空憐在青史香標世共聞漫拂魚箋銘舊德不煩竹簡謝大君頻過多少千秋意感慨依依竹斷雲

寓馬道　　徐文華

川對行臺開畫屏亭亭高出半天青游人下馬不知
倦坐待疎星來户庭

黃金峽　　王任

九十餘里黃金峽二十四處白雪灘雷向江中驅亂
石水從天上倒狂瀾鐵崖礙日千山險玉井生風六
月寒信宿龍潭幸蚤出片帆回首抵長安

五雲樓　　馬綬

百尺高樓倚檻看此身疑在五雲端北瞻魏闕星辰

迤西望巴山道路難化到文王江漢上興來學士笑
談間江湖廊廟原非二愧我民窮是素餐

斗山　　郝晟

抛書乘興到蓬萊拂盡塵襟醉眼開入畫好山當户
列如歌啼鳥近人來雄樓傑閣凌雲漢瑞草奇葩映
酒杯掃石焚香延坐久歸來明月滿蒼苔

遊石門　　蘇一元

百轉蒼崖列千峯翠幛開石門無鎖鑰俗客幾曾來

鷄頭關　　郡志變

仄徑連雲蜀道難人從天上度鷄關俯疑漢水浮如
練遥迓秦山小若拳萬仞盤旋高復下半灣轉折去
猶還虬蟠謾說羊腸險旌旆生愁客鬢斑

鷄頭關　　吳崇文

不度鷄頭險誰知鳥道難幾迴緣絶壁百丈俯危湍
亂石排雲出孤峯帶雪寒晚來煙樹滿何處是長安

鷄頭關　　孔天印

險絶鷄頭嶺群山瞰覺低七盤懸石磴百轉上天梯
高鳥凌空度元猿向客啼愁看漢江上芳草碧凄凄

金牛峽　　向鐘

劍閣西南第一關千年雄鎮萬重山地連雲窟晴猶
濕路遶陰崖暑亦寒幽鳥向人鳴古樹落花凝露點
征鞍郵亭駐節追思處丹桂烋高取次攀

孤貞歌　　白桂

余節婦馬家毋年方二十良人故一朝同死諒不難
旬月孤兒使誰撫門衰祚弱心皇皇孤兒日長性醇
良教書和淚手新寫正字從頭心不忘子在靡遊夫
在地千鈞一髮懸宗祀萬口誰能移所天三從白詩

衣今志暮景侵尋鬢已皤孤兒食祿將登科馬家舊任連城下高名直與同差哉子生未識嚴君面毋教至今猶不倦百年肯負泉下人寸念長於手中線卓犖蔡節何足數孟母共姜堪並賢孤兒今日廩祿養少酬節母素心堅

棧道感懷　胡汝霖

長劍嗟何倚焦桐悵獨携十年錦橋柱萬里浣花溪浪跡違鴉鵲霜天入竇雞岔門紆碧澗秦嶺圻丹梯爪遂堅冰合危橋柱石躋雲林深不測魍魎自應迷

行李誰東道空囊挾病奚庸踈慮努力薄劣走塗泥失路須存馬抨弓忍射麋流離兮老稚凍餓輟耕犁死結鶉衣短生餘垢面黧有心摧舊血無淚續新啼日氣千山暗風聲萬壑悽側身思漢輔何計拯周黎目極江河潤心懸雨露低朧司俱惙惙容好暇提提野戍增烽燧郵亭熱馬蹄借人給薪水徒步劇攀躋縮綬愁流水彈冠汗浹題那堪筋力盡且畏簡書稽流水能相送停雲似欲棲高歌生感激佇立重酸悽安得賜春布堪投谷口棲比鄰安服食出入混東西

古觀晨煙　陳孜

煙光浮動惹珠宮回首扶桑日未紅堦逐曉風來縹緲輕隨寒霧曳溟濛數聲鐘磬霏微外百尺樓臺飄渺中最是可人奇絕處玉皇疑使碧紗籠

晉陽道中　劉崙

桂棹衝開濤浪馬蹄踏碎煙雲綠水青山常見金壇玉洞空聞

白水遠來天際青峯半插雲中一曲山歌樵子半蓑煙雨漁翁

淡淡濃濃遠樹重重叠叠高山塞外征人未返天邊倦鳥飛還

石蹬高低道路茅庵遠近人家山靜時聞啼鳥江空喜見梅花

龍洞仙桃　謝愷

名山隱隱傍仙家流不曾聞范叔麻深洞有龍能作雨碧桃無主自開花

過銃峯關　楊美益

晴煙拂曉衣嶺上度驂騑傍石雲常卧依人鳥自鳴

歛光餘雪映草色近春扉去去知何處懸予未息機

蓮花池　王一鳴

月雨牽衣渡鳳橋開筵揖客步雲霄風搖栁浪連川碧水漾蓮溪湧地潮綺席肴陳青玉案鈞天樂奏紫鸞簫浮生到處情堪適胸次悠然景物饒

嘉陵風景　劉蕡

翠壁嵐光雨後鮮差莪如畫碧連天漁翁坐釣江邊月販客舟浮水上懸官味一㢘羨石芥民生三飯種山田雨暘時若天邊惠願聽人歌大有年

遊靈巖　自桂

一佛卧空天三樓佛殿前陵江浮北斗葉水引長年曲徑花容咲叢林鳥語喧蓬萊何處是身世倚雲天

遊靈巖　錢洋

絶巘開仙府森寒夏日浮雲扶將墮石罅引欲奔流呑吐煙霞潤賡歌花鳥稠爲淹驄馬客落日未迴舟

遊靈巖　李卿

八徑捫蘿上盤廻鳥道過諸天青嶂合旭日紫雲多大柱撑雲漢風泉映薜荔探奇邀地主前路雜笙歌

白水江泛舟　郝守業

浮雲飄我至白水意悠悠縈纜一高歌山榴亦點頭

駐節八磐　楊奕益

壁合峯攢鳥路迥源泉暗引出龍從石根潑沫因風散嶺下分流到海同玉女明霞波自徹飛仙靈液色交瀜山川默與吾情會何憚登攀險未窮

遊靈巖　井茹

虬盤江路劇諸天鴿繞崖扉瓣四禪大士未應披露坐浮生安得掃雲眠松花亂落陰晴雨石乳分流上

下泉遊屐漫勞孫綽賦塵纓先託許詢緣

天台夜雨　陳昌言

川中多夜雨日落花光暮相逢雙女郎忘却歸來路

節義祠吊孫璽　前人

廟因赤子圖形立碑爲忠臣授命開感動客臨泰水哭顛危人抱蜀山哀

前題步韵　李遇春

平生氣節當年立萬代綱常自此開長江怒浪爲君恨枯木寒鴉摠是哀

悲憤　席增光

聞道漁陽紛戰鼓忽驚幽并播哀音草茅敢謂孤臣遠游泗懸知萬里心龍去隅胡雲黯黯鶴飛華表影沉沉遥瞻北斗天門杳明月蘆花恨轉深

愁雲慘霧鎖柔乾玉鳳樓中曙色殘望斷瑶池八駿杳泪深湘竹九嶷寒拔堅執銳銅駝易雪窖冰天馬角難何若乘雲遺劍履光華日月照長安

正氣歌　前人

茫茫今古厥惟尊親漫焉出處何以爲人嗟予屯蹇

藝文志　卷之十六　詩　二十五

[illegible]也不辰國亡家破無主誰憐國身二姓兮此心安忍揚名顯親兮無君何因嗟乎存山林之志以答我后鳥髮膚之愛以報吾親而今而后庶幾可俯仰矣八地吾愛吾貧

御聘　前人

生來骨相異公侯一任疎狂便自休野鶴隨雲心殆遠沙鷗逐水意何求不聞綺里如蕭相幾見皐夔爰許由寄謝弋人空設想鴻飛天外已難留

王母媚節歌　劉明彦

劉氏女王門毋太學夫亡家露肘未年二十節能守立志苦勵行堅松筠霜操自天然曾不艷彼榮華兮受教前遺腹中殤誓死靡遷耻與艷麗之爲伍兮獨亭亭而不撊何不來朝廷之旌奬兮窮谷深山老歲年聲猶不二之臣獨哽咽情默默兮誰見憐

皇清

漢中府　鄭日奎

興元自昔號雄都四際雲山入望殊殘閣北來連隴蜀漢川東去控荆吳寒煙不散五丁峽兵氣遥懸八

藝文志　卷之十六　詩　二十六

陣圖往事只今同逝水春風歲歲綠平蕪

鷄頭關　前人

秦蜀此天嶮重門一徑通七盤依厚地百折入高空塹倚龍江固山連鳳嶺雄憑高懷古跡感慨憶何窮

拜將臺　前人

漢皇拜將處突兀但荒臺王氣芙蓉冷秋城鼓角哀泰山自浩渺炎冑久塵霾細想風雲際憑高首重回

拜武侯墓三首　前人

丞相今何處遺墳漢水濱鶴歸知幾代龍去已千春

氣並河山古魂倚日月新瓣香瞻拜處風義激勞人
三代後人物惟君第一流雄才畢管樂大節比伊周
辛苦出師表崎嶇入蜀謀孤城竟不展千古恨難收
五丈原前路傷心落大星龍蛇一朝判雷電此長肩
漢水還流碧泰山不斷青忽驚風雨合蕭颯見英靈

八陣圖　前人

漢沔陣圖在英雄將畧存鳥蛇分塊石鬼物護重門
江急軍聲怒雲深殺氣屯賞奇真不易今古一桓溫

觀音碥看瀑　前人

飛泉雲樹落勢欲裂山根竟日雷霆轉四時冰雪翻
崖喧啼小鳥樹古翳朝暾客夢勞勞久悲茲返倦魂

黑龍潭　前人

一水何沉黑爭傳神物潛聲銷千澗籟影落數峯尖
鮪鱓遥相避煙波鎮日恬何時作霖雨施澤到蒼黔

鳳嶺　前人

出郭即乘險勞人幸此躋峯回千徑失雲壓萬山低
怪鳥銜人過寒猿着意啼到來慙老衲閒坐閱輪蹄
此嶺空名鳳何時鳳再還猶將千仞意橫絕阻躋攀
往事處非處前行山復山不知嶺頭水幾折到人間

康熙二十三年冬

上東巡狩祀闕里封泰山臣荃視學關中遥拜手作詩
以紀盛典

許孫荃

闕里詩

於維闕里闕里有堂
聖皇戾止禮崇孔光萬乘雷動千官景從觀盥歌笙虡
肅雍雍見羹見墻祀聖東土近邁唐宗遠軼漢祖

泰山詩

乃經泰山泰山既崇顧瞻氣象巖巖魯邦肆求懿德
布昭武功四瀆告虔名山升中於皇柴望有虞則同
七十二代砥厥登封

巡狩詩

於赫巡狩巡狩孔時爰秉農隙載駁鸞旂紆軫二東
財賦三吳惟
帝念之民力空虛依我萬姓賜復厥租普天樂只日望
屬車

勵志詩示諸生　前人
於赫我
皇聖神文武天章日麗照臨下土桀驁馴黔我與汝
不學面墻負右文
士
亦惟群工乘時奮名道揚大猷先民是程盍觀皇謨
歟於穆清汝胡不學痛哉休明
惟汝西京文章之府班馬揚枚近則馬少公趙呂涇公野
亦有終南詩追杜甫於斯二者誰其步武
藝文志　卷之十六　詩　三十
曰余薄植乃爲人師小承庭訓聞禮與詩惟不務力
我心傷悲慚當仁不讓敢其望而
示諸學博　前人
吏隱何須嘆陸沉入門桃李自陰陰人知白首甘儒
素日坐青氊對士林東序漸今話無恙談西京誰誦有
遲迄音且起衰敢謝非才尋舊緒賴有同堅德造心
秦地人文風氣日上沐浴
聖澤入道化成假來學臣何知祭莘詩以作頌併示諸
生
前人
芊際崇文代躬承服教時
聖圖天廣大
賡歌日昭垂雅化周遊鄙英才足羽儀持衡臣忝竊觀
學士網維劉向書官校揚雄字不奇人師依絳帳紗
笑擁皋比講閣吾何有冰心世共知絃歌當夜月桃
李映朝曦同漢風逾古青衿習漸移菁莪與棫樸長
詠作人詩
空山行鳳縣道中作　前人
藝文志　卷之十六　詩　三十
驅車九折坂回顧猿猱險棧能嶺巃嵸隨我後虎豹當我前
百里幾居民茫茫難炊煙有時見草亭或剩三四椽
山妻面復黑稚子衣不完問其所耕地半在木石間
饑僮驅策勤牛力苦已殫自從遭兵亂雞犬亦罹患
此方爲孔道誅求月恤稍殺歎息問鶉衣汝何守空山
丙寅夏日運生寇殘中作八首　金世法
昆岳辰近可接步機翻難分飛鳥沉吉靄行人帶白雲
連山依斷谷林樹虎呼群佩是多幽趣泉聲繞上關
逕轉千峯空鳥飛百道巢野花香細細老樹對溪潺

茅屋雲邊店危橋椰外灘那因貪勝賞行路不知艱
雨過苔逾滑風多暑氣清天邊驅馬出樹杪見人行
倚澗峯疑落懸崖路欲傾棧中隨處險何必問山名
崛崎難自主行止豈由身怪石頻驚馬饑烏不避人
山光遥接蜀江勢欲吞秦拙性耽奇僻何曾憚苦辛
山色重重古閒雲漠漠長壁苔飛老蝶渥樹谷斜陽
驛暗孤亭寂人稀小縣荒行來纔幾日空翠滿輕裝
好峯看不盡流水更潺湲百里轉萬壑千盤過一關
鶯啼春裏人在畫圖間豈是嗟行役荒荒歲歲艱

最怕過偏橋還愁上碧霄亂峯斜刺眼叢莽直齊腰
野色陰常在春風凍不消漢陽何處是隔路問山樵
鳥道難為涉深山易作秋千峯常帶雨六月尚披裘
客樹藏鸚鵡晴巖叫鷓鴣馬疲行不動坐遍白雲頭

棧道行　梁文煊

曾聞褒谷與斜谷八百里間山重複上有層巖下深
江過此行人足皆縮歲在丁卯夏我作漢南遊騎晉
歷秦四千里揭來棧閣[illegible]摧鑿初渡渭河自秦領嶺
頭叢木籠朝影獨山之[illegible]轉西南猶有[illegible]
漫逐征塵日將午荊棘蒙茸芥四互抓衣刮面不見
天莫敢揮鞭只首俯漸問林外澗潺湲前路蒼蒼直
偪山路開巖半鑿鬼斧山削人面橫天關峻峭怪石
相恭起玉丁東手無他技從空駕木渡行人狹道盤
迴常數里踏鐙挽轡筋力損鞭策頻加馬不前誰知
鳳嶺亘天表別作巉岏一綫穿為問巉岏復何似亂
石層層莫可履馬蹄不向路中行總在鋒尖石罅裏
須臾登達見雲煙雲煙直繞胸襟前萬壑千巖分咫
尺長松與竹任神仙俯看天際下飛鳥已在層雲萬

仞邊從此盤旋且南向澗水齊歸江水漲兩日山程
渾覺平觀音塢上渾難上塢石偪削江水臨突入衝
濤無限深上廣容一騎下瞰直千尋更値陰陰雷雨
王山靈河伯總蕭森棧道之險稱第一心驚步蹇行
不疾不敢停驂試一[illegible]茫茫如有失迤邐山行
到七盤七盤嶺上草木寒昔人曾題子規句只今水
剩復山殘計程跋涉七朝夕雞鳴關口棧空隔不知
絕壁無極高但覺江波漸紆窄自此[illegible]方下關頭
到褒城出萬山且開庖封犒聊以釋征鞍回頭一望

白雲端莫訪人歌行路難

瀠水歌　　前　人

漢南多秔稻精者柔且旨雖云樹藝功并利則資水
我來三載秋桑田遍歷農家考源泉共言鄭侯關溝
滄灌溉於今千百年世世耕者食其利曰恐橫流沖
激至因之綢繆未雨先甫際冬春工飭於里井同時
荷畚鍤築防決壅依成法千支萬派浸原田直引褒
斜水出峽忽逢旱莫貴如璨東阡西陌兩相侵爲愛
農工不恤廢停車勸訟待平心始知滋培不容易一
藝文志　卷之十六詩　三
莖一粒等黃金南褒沔城洋西泉流汩汩土成畦但
願年年祝豚蹄滿篝灌藉樂雞栖余亦時來看一犁

謁武侯祠二首　　前　人

士生三代後誰爲帝者師綱惟隆中卧盡瘁不敢辭
炎漢當末造王室如棼絲侯也定三分天意爲轉移
承安受遺命綱常賴以維鞠躬四十載全身無猜疑
矢志吞曹魏瀕死不知疲出師兩奉詔忠貞莫與期
惜哉功未成中道遭乖離沔陽薦芳馨千秋仰型儀
廟貌粹丹雘古柏插滿籬中有石琴遺石枕在斯
首既定軍山蒼蒼者爲誰遺恨猶不泯肅然使人悲
落日孤城丞相祠千秋一拜幾回思靈旗夜捲聽風
雨碧瓦朝暉薦鳴禽漢室冠裳空逝水元臣俎豆儼
豐碑蕭蕭古木無邊路猶是當年駐馬時

題心遠亭二首　　前　人

兩載塵勞吏經冬暫得閒有亭堪寓意無刻不看山
佳士能酬唱鳴禽亦往還門清無謁刺坐白話松關
愛此茅亭潔墻陰新長苔江聲深夜到月影四邊來
緣紆鴛鴦奏黃流琥珀杯春風須早度花發舊時栽
藝文志　卷之十六詩　三

將臺懷古　　章　娗

高燦乘興一登臺雲淨天空四望開遠浦煙光迷嶺
岫平蕪野色上蒿萊重瞳慢敵雖知勇隆準輕儒寔
愛材推轂築壇千載事英雄過此盡徘徊

城洋道中　　前　人

未知此地萃人煙攬轡郊原逝百泉冉冉晴光來芋
水葱葱佳氣襲文川何期邑里干戈後還見桑麻廬
舍前沃壤凋殘猶可聚深山磽确正堪憐
家騎城闉越土坡南岐山色引相過值敲石火炊

香稽没溪泉石蘿雲嬾恒從松底卧風間常向竹
間摩龍湫雙鯉能潛跡我欲相探覓水渦

題漢臺　前人

漢家樸厚自茲開能使嗣君惜露臺本爲氛祲期遍
覽非求積聚欲豐財春深樹色侵衣袂秋爽雲光照
酒杯孝武栢梁何處是寧如此地當崔嵬

嘉陵秋漲　諸保宥

何處聞風雨江流觸石聲終當到東海鯨背看潮生

蔡中郎郙閣銘碑　施有光邑令

藝文志　卷之十六　詩　三五

君不見雲書鳥篆恣奇文岣嶁石鼓源流分後漢伯
英變今法亞聖草賢擬踵聞桓靈之世劉君嗣行書
創起推獨異此時更有絕倫人入妙超神非一致曠
世逸才屬中郎直言蜺墮至今香餘情潑墨龍蛇走
郙閣銘碑尤非常試問碑銘何自始郙閣建由良牧
李飛擔懸拱利徒行見者神揚羑作紀高閣銘碑稱
二絕滄桑兵燹及磨滅至物還應歸王樓閣久傾圯
碑盡缺眞蹟八無一字今所傳者斷摹副本耳昔曾登代陟巔危欲補
秦皇無字碑又曾南探金庭遊馬蕩芝函玉冊杳難
厥由來有字不肯落人間醉碑斷碣存古蹟多須知抱
上驚人筆多在寰中未見山

節婦行　前人

吁嗟貞乎悲哉后羿不難射飛日女媧不難補天術
人生惟此節難完況是蘭閨粉黛質畧邑王家婦賊
至夫驚走冰雪作心肝剖看借賊手嗚呼此婦俠烈
天下奇絕纓歸海跳過之芳名猶自洸閭井馳路轄
軒空爾爲吏傳梁家羅氏妹採桑織綺閨中趨令權
錦帶爲君繫纔道羅敷自有夫翁欲云亡輕棄妾淚

藝文志　卷之十六　詩　三六

濕珊瑚紅透皿上念雙親下念孤手綰長綃因暫毀
豈知妾命不相假垂白縱損兒又罷含情絕食別人
間今日與君從地下嗟茲有王復有羅向來貞節每
其多芙蓉委路彩雲散今人長恨興悲歌迤又四婦
相繼起前爲衙王後張李投崖陳氏女重生斷臂干
凝妻不死嗚呼生守死殉俱勿哀玉女乘鸞下九垓
引汝珮環列仙籍碧琅之館紫瓊臺自此採風獻天
子鳳躑褒言日邊來

弔節義漾光祿　前人

鮮封殘碣表英雄百戰孤城未許同氣擁金戈揮落
日魂依鐵甲逐秋風青燐尚映寒煙白碧血常凝霜
樹紅此日崇墉嘉賴是椒漿誰復祀遺忠

鄮都勝槩　劉嗣季

突突鄮山峙瀲西一天勝槩望中迷遥通秦嶺千峯
秀俯接洋川萬壑低蒼徑鶴還青嶂合丹宫仙在碧
雲棲登臨枉匆時延爽興盡歸來月滿溪

蓮池懷古　失名

池塘聞說武侯開數畝芳華手自栽綠擁薰風揮羽

扇紅翻曉日射書臺長江潤洒花千朶下里香分水
一隈吏俗也存周子典倫閒攬勝幾徘徊

武侯墓　段維家

軍山風雨憶先朝丞相衣冠儼未凋試閲陣圖藏世
代誰吟梁甫和山樵月明華表蒼龍去地接中原紫
氣驕欲認伊周真事業淡寧亭下拜芳標

武侯墓　田種玉

將星忽爾隕山陲留得佳城傍水湄漢水堤邊雲濮
與軍山月下草離離乾坤事業三分鬥今古文章二

表詞滿目凄愴何所見後人惟頌少陵詩

言懷芳袁中郎韻　劉道開

卸僧衲未着偏衫斗室無塵當石巖紅藥翻堦蜂去
採青梅落地鳥來銜有心玉磬空劳擊無口金人不
用緘可是秦州杜工部也將性命託長鑱

木馬虹橋　董遂昇

山空曉霧收玉蝀飲長流樵蹤青原草漁穿碧若舟
臨淵當惴惴穩步得悠悠追想杠梁政徘徊古渡頭

巴山霽雪　劉餘霈

曙光初起在高巒無復前時雨雪霾萬壑難憑銀海
看千山已鮮玉樓寒敲詩驢上過橋去沽酒村中不
路難賢令洛陽茲再見不愁僵卧有袁安

古城秋月　前人

一輪高挂古城頭不染纖塵足破愁湛露浸衣天欲
曉凉風入榻客經愁千山圍繞遲鴻至萬樹參差素
影浮把酒酣歌隨處好膽肥何必向吳舟

午子朝霞　董之瑛

星稀月落大山頭有客登高更上樓參樹譜疎天欲

幾峯蒼翠靄初收彩霞容布濃如錦霧氣空飄灑君衩回首浮雲千古事開樽且覆掌中甌

雲亭積翠　韓維新

雲亭誰構屹南天客子遥看幾欲僊壁峭常留猿作伴樹高無礙鶴爲眠積來翠色供書榻望去嵐光入畫箋乘興每思攀躡去祇餘幽夢到山巔

弔饒氏抱女死節　和盐聘

哀哀饒氏婦烈氣滿江頭重義死何畏全身生豈求松摧青不改玉碎白常留芳骨隨波去清名萬古流

忠孝節義石刻跋　謝景安　洋令

事君以忠盡已爲忠此必此理賢聖皆同能爲良臣不有其躬補是經者有漢馬融惟孝能忠作忠成孝行在孝經聖人垂教哀哀父母勞心劬貌前言往行宜則宜傚好廉自克謚法爲節忠臣烈婦剖心泣血兩間正氣千秋人傑堂堂丈夫今古一轍見義必爲聞義必徙利則必思食儒者鄙無爲不爲止此而已卓哉義士見亦罕矣

戊辰初度早過醴泉寺　前人

風塵眺山水探幽陟碧岑寶航龍欲語祇土樹爲林絕倡懸弧就雲天旅客吟汲泉當貫酒一鶴七絃琴

遊念佛庵逐息土門堰之樹下同周子兩山望賀當谷　前人

招提自昔著名區選勝閒來坐石函山色水光渾有異僧高佛古自非凡歸途倚樹看叢竹展興同人步碧巔遥慨文蘇風尚在亦思燒笋解清饞

遊念佛巖樓　黃玉鉞

秦嶺遥連念佛樓巖樓天半幾春秋當年聞唄曾趺坐今日纔經欲點頭風送曉霞山色近月迎清磵水聲悠此來欲覓傳燈録踏破蒼苔昔日迹遊

嶓冢連雲　黃夔

漢水源頭出此山禹王西濬力躋攀嵯峨萬仞煙雲外迢遞三秦指顧間西望劍門烽火息東聞棧道虎狩閑雲梯借與清修士穩步鵬程覲聖顏

恭和許文宗示諸學博　鞏爾礪

不才今與世浮沉少小追思惜寸陰素志未全

氣著顏強半老儒林髩寒苜蓿虛微祿地近宮墻拉[illegible]
好音遲起西京成舊美願言俯副作人心

午子山　楊爾禎

香露空濛萬界青巖燈如火復如星寒潭不入人間
氣絕壁常留太古形石爲避兵多鑿竅山無避客未
垂簪捫蘿欲覓神仙跡羽士先收老茯苓
千家歷歷翠微中慘澹孤城返照紅雲氣攜來山出
雨石門噓作世間風避人鹿子形踪遠送曉鐘聲境
界空玉管銀璈殘月下道人仙吹自玲瓏

古城秋月　載其貝　邑令

一片寒光下蕭蕭見古城何年煙路改但有月華清
秋老蒹葭色堦空砧杵聲登登誰卜築哀鴈不勝情

晴川曉渡　前人

桃都雞唱後曙色在溪頭水下千峯溜人爭一葉舟
煙花層影亂蘭楫淡雲浮招渉非卬友鄉思寄白[illegible]

龍洞飛泉　前人

龍起何年月驚飛剩此泉千重銀瀑雨一線水簾天
泰嶺流洋細川雲與洞連蒙莊應未遠載賦灌河[illegible]

遊石門　雷關

舟挽沿涯上尋幽溪洞前鷄頭聳面起石壁矗雲懸
伏步攀岩側摳衣逐水邊足揚爭探窟心怯畏臨淵
軒冕欣酬爵漁樵共煮鮮王城識故址崖字吊先賢
興逸忘歸路風飄促整鞭臨岐還上船隱約夕陽天

雲亭翠壁　趙延鴻

天涯偶爾訪雲亭壁立青山展畫屏煙樹幾重留曉
月疎村到處映晨星崖青萬丈藤蘿護苔綠三春蘭
蕙馨遊到忘歸心寂寂群鷗相伴宿沙汀

煙寺晨鐘　前人

漏聲纔靜待朝陽古寺煙深樹渺茫不識鐘鳴聞幾
處偏驚客夢滯他鄉山城斗大花如錦仙署冰清風
白香莫訝幽閑人跡少琴書相對亦疎狂

南隴春耕　馮紹芳

樂郊春暖酒堪移士女歡呼雨一犁刀劍賣時牛犢
貴蠶桑勤處麥苗肥迎車瑞[illegible][illegible][illegible]拂袖花香傍
野豁知有風流賢令尹琴堂高臥聽黃鸝

入棧　顧艮

蕩漾碧天痕金湯鎮盆門臨岐悲阮籍芳坂憶王尊
狐兎群穿穴漁樵何處村盤旋依古道桑柘未堪論

連雲棧道　　郗之奚

披圖每嘆連雲險登覽方知蜀道難馬向雲端踏鳳
嶺人從天上渡雞關
路轉峯巒路轉除漫空處處帶煙霞只因駐馬山頭
望眼底群山點點沙

蟾宮吸月亭　　張賓滐

仙跡茫茫何處尋山人遥指白雲岑月亭彷彿雲姝

香蟾窟埋藏芝草深石室漫勞傳往事清流猶喜滌
塵襟松梢風送濤聲起上入巖巔和鳥音

蟾宮吸月亭　　杜　華

斗岫何年闢草萊仙宮雲向嶺頭開氣蒸蟾窟山光
隱月映龍潭水意徊松底絲茵供叐簟岩邊花鳥侑
春杯閑尋舊日遺蹤跡惟見若煙鎖綠苔

漢南郡志卷之十六終

漢南郡志卷之十七

關左　知陝西漢中府事滕天綬　重輯

藝文志

漢

登壇對

漢王旣設壇拜信爲大將軍信拜禮畢上坐王曰丞相數言將軍將軍何以教寡人計策信謝因問王曰今東鄉爭權天下豈非項王邪漢王曰然曰大王自料勇悍仁彊孰與項王漢王默然良久曰不如也信

再拜賀曰惟信亦以爲大王不如也然臣嘗事之請言項王之爲人也項王喑啞叱咤千人自廢然不能任屬賢將此特匹夫之勇耳項王見人恭敬慈愛言語姁姁人有疾病涕泣分食飲至使人有功當封爵者印刓敝忍不能予此所謂婦人之仁也項王雖伯天下而臣諸侯不居關中而都彭城有背義帝之約而以親愛王諸侯不平諸侯之見項王遷逐義帝置江南亦皆歸逐其主自王善地項王所過無不殘滅者天下多怨百姓不親附特劫於威彊耳名雖爲伯實失天下心故曰其彊易弱今大王誠能反其道任天下武勇何所不誅以天下城邑封功臣何所不服以義兵從思東歸之士何所不散且三秦王爲秦將將秦子弟數歲矣所殺亡不可勝計又欺其衆降諸侯至新安項王詐坑秦降卒二十餘萬唯獨邯欣翳得脫秦父兄怨此三人痛入骨髓今楚彊以威王此三人秦民莫愛也大王之入武關秋毫無所犯除秦苛法與秦民約法三章秦民無不欲得大王王秦者於諸侯之約大王當王關中關中民咸知之大王失

職入漢中秦民無不恨者今大王舉而東三秦可傳檄而定也於是漢王大喜自以爲得信晩

策對　李冏

丁丑雒陽宜德亭地圻長八十五丈帝引公卿所舉敦樸之士使之對策及特問以當世之敝爲政所宜冏對以此

陛下孝安皇帝變亂舊典封爵阿母因造妖孽改亂嫡嗣至今聖躬狼狽親遇其艱旣拔自困殆龍興即位天下喁喁屬望風政積敝之後易致中興誠當沛然思惟善道而論者猶云方今之事復同于前臣伏在

苴澤痛心傷膽實以漢興以來三百餘年聖賢相繼
十有八主豈無阿乳之恩豈忘爵貴之寵然上畏天
威俯案經典知義不可故不封也今宋阿母雖有大
功勤謹之德但加賞賜足以酬其勞苦至于裂土開
國實乖舊典聞阿母體性謙虛必有遜讓陛下宜許
其辭國之高使成萬安之福夫妃后之家所以少完
全者豈天性當然但以爵位尊顯顓總權柄天道惡
盈不知自損故致顛仆先帝寵遇閻氏位號太疾故
其受禍曾不旋踵老子曰其進銳者其退速也今梁

氏戚爲椒房禮所不臣尊以高爵尚可然也而子弟
羣從榮顯兼加永平建初故事殆不如此宜令步兵
校尉冀及諸侍中還居黃門之官使權去外戚政歸
國家豈不休乎又詔書所以禁侍中尚書中臣子弟
不得爲吏察孝廉者以其秉威權容請託故也而中
常侍在日月之側聲勢振天下子弟祿仕曾無限極
雖外託謙默不干州郡而諂僞之徒望風進舉今可
爲設常禁同之中臣昔館陶公主爲子求郎明帝不
許賜錢千萬所以輕厚賜重薄位者爲官人失才害

及百姓也竊聞長水司馬武宣開陽城門候羊迪等
無他功德初拜便真此雖小失而漸壞舊章先聖法
度所宜堅守故政教一跌百年不復詩云上帝板板
下民卒癉刺周王變祖法度故使下民將盡病也今
陛下之有尚書猶天之有北斗也北斗爲天喉舌尚
書亦爲陛下喉舌斗斟酌元氣運平四時尚書出納
王命賦政四海權尊勢重責之所歸若不平心災眚
必至誠宜審責其人以毗聖政今與陛下共天下者
外則公卿尚書內則常侍黃門譬猶一門之內一家

之事安則共其福慶危則通其禍敗刺史二千石外
統職事內受法則夫表曲者景必邪源清者流必潔
猶叩樹本百枝皆動也由此言之本朝號令豈可蹉
跌天下之紀綱當今之急務也夫人之有政猶水之
有堤防堤防完全雖遭雨水霖潦不能爲變政教一立
暫遭凶年不足爲憂誠令堤防穿漏萬夫同力不能
復救政教一壞賢智馳騖不能復還今堤防雖堅漸
有孔穴譬之一人之身本朝者心腹也州郡者四支
也心腹痛則四支不舉故臣之所憂在心腹之疾非

門文之患也苟堅隄防務政教先安心腹整理本朝
雖有寇賊水旱之變不足介意也誠念隄防壞漏心
腹有疾雖無水旱之災天下固可以憂矣又宜罷退
宦官去其權重裁置常侍二人方直有德者省事左
右小黃門五人才智閑雅給事殿中如此則論者厭
塞升平可致也

遺黃瓊書　李固

順帝丁卯年六月又徵廣漢楊厚江夏黃瓊瓊香
之子也厚既至豫陳漢有三百五十年之戹以爲
戒拜議郎瓊將至
固以書逆遺之

藝文志　卷之十七　遺黃瓊書　五

君子謂伯夷隘柳下惠不恭不夷不惠可否之間聖
賢居身之所珍也誠欲枕山棲谷擬迹巢由斯則可
矣若當輔政濟民今其時也自生民以來善政少而
亂俗多必待堯舜之君此爲士行其志終無時矣嘗
聞語曰嶢嶢者易缺皦皦者易汙盛名之下其實難
副近魯陽樊君被徵初至朝廷設壇席猶待神明雖
無大異而言行所守亦無所缺而毀謗布流應時折
減者豈非觀聽望深聲名太盛乎是故俗論皆言處
士純盜虛聲願先生弘此遠謨令衆人歎服一雪此
言耳

郙閣銘碑　蔡邕

惟斯析里處漢之右谿源漂疾橫注於道涉秋霖漉
盆溢深濤濆波滂沛激揚絕道漢水逆瀼稽滯商旅
路當二州經用所沮沮縣甚久或給州府休謁往還
恒失日晷行旅咨嗟郡縣所苦斯谿既然郙閣尤甚
懸崖鑿石處隱定柱臨深長淵三百餘丈接木相連
號爲萬柱過者慄慄載乘爲下常事迎布遭遇隤納
人物俱墮沉沒洪淵酷烈爲禍自古迄今莫不創楚

藝文志　卷之十七　郙閣銘碑　六

於是太守漢陽河陽李君諱惠字伯都以建寧三年
二月辛巳到官思惟惠利有以綏濟聞此爲難其日
久矣嘉念高帝之開石門元功不朽乃俾官掾下辨
讐審改解危殆即便求隱析里大橋於今乃造校致
攻堅故巧雖百魯班亦莫儗象又醳散關之嶃漯從
朝陽之平燥減西閣就安寧之石道禹導江河以靖
四海經紀厥續艾康萬里勒石示後乃作頌曰降此
惠君克明俊德允武允文躬儉尚約化流若神教民
如均精通晧穹三納苻銀所歷垂勳香風有隣仍致

瑞應豐稔以樂行人羨欣慕君摩已乃詠新詩曰川
兗之間高山崔嵬兮水流蕩蕩地沉荒稱兮與禹爲
鄰析兮告瘠業兮乎於困貧危厄羣黎兮聖朝憫憐
救傾兮全育子遺郁勞日暇兮惟惠劭勤允厥兮言
維歡欣僉曰太平兮文翁復存

前出師表　　諸葛亮

臣亮言先帝創業未半而中道崩殂今天下三分益
州疲弊此誠危急存亡之秋也然侍衛之臣不懈於
內忠志之士忘身於外者蓋追先帝之殊遇欲報之

於陛下也誠宜開張聖聽以光先帝遺德恢弘志士
之氣不宜妄自菲薄引喻失義以塞忠諫之路也宮
中府中俱爲一體陟罰臧否不宜異同若有作姦犯
科及爲忠善者宜付有司論其刑賞以昭陛下平明
之治不宜偏私使內外異法也侍中侍郎郭攸之費
禕董允等此皆良實志慮忠純是以先帝簡拔以遺
陛下愚以爲宮中之事事無大小悉以咨之然後施
行必能裨補闕漏有所廣益將軍向寵性行淑均曉
暢軍事試用於昔日先帝稱之曰能是以衆議舉寵

爲督愚以爲營中之事事無大小悉以咨之必能使
行陣和穆優劣得所也親賢臣遠小人此先漢所以
興隆也親小人遠賢臣此後漢所以傾頹也先帝在
時每與臣論此事未嘗不歎息痛恨於桓靈也侍中
尚書長史參軍此悉貞亮死節之臣也願陛下親之
信之則漢室之隆可計日而待也臣本布衣躬耕南
陽苟全性命於亂世不求聞達於諸侯先帝不以臣
卑鄙猥自枉屈三顧臣於草廬之中諮臣以當世之
事由是感激遂許先帝以驅馳後值傾覆受任於敗

軍之際奉命於危難之間爾來二十有一年矣先帝
知臣謹慎故臨崩寄臣以大事也受命以來夙夜憂
慮恐付託不效以傷先帝之明故五月渡瀘深入不
毛今南方已定甲兵已足當獎帥三軍北定中原庶
竭駑鈍攘除姦凶興復漢室還於舊都此臣所以報
先帝而忠陛下之職分也至於斟酌損益進盡忠言
則攸之禕允之任也願陛下託臣以討賊興復之效
不效則治臣之罪以告先帝之靈若無興德之言則
責攸之禕允等之咎以彰其慢陛下亦宜自謀以咨

諫善道察納雅言深追先帝遺詔臣不勝受恩感激
今當遠離臨表涕泣不知所云

後出師表　諸葛亮

先帝慮漢賊不兩立王業不偏安故託臣以討賊也
以先帝之明量臣之才故知臣伐賊才弱敵彊也然
不伐賊王業亦亡惟坐而待亡孰與伐之是故託臣
而弗疑也臣受命之日寢不安席食不甘味思惟北
征宜先入南故五月渡瀘深入不毛并日而食臣非
不自惜也顧王業不可偏安於蜀都故冒危難以奉

先帝之遺意而議者謂爲非計今賊適疲於西又務
於東兵法乘勞此進趨之時也謹陳其事如左高帝
明並日月謀臣淵深然涉險被創危然後安今陛下
未及高帝謀臣不如良平而欲以長策取勝坐定天
下此臣之未解一也劉繇王朗各據州郡論安言計
動引聖人羣疑滿腹衆難塞胸今歲不戰明年不征
使孫策坐大遂并江東此臣之未解二也曹操智計
殊絕於人其用兵也髣髴孫吳然困於南陽險於烏
巢危於祁連偪於黎陽幾敗北山殆死潼關然後偽
定一時爾況臣才弱而欲以不危而定之此臣之未
解三也曹操五攻昌霸不下四越巢湖不成任用李
服而李服圖之委任夏侯而夏侯敗亡先帝每稱操
爲能猶有此失況臣駑下何能必勝此臣之未解四
也自臣到漢中中間朞年耳然喪趙雲陽羣馬玉閻
芝丁立白壽劉郃鄧銅等及曲長屯將七十餘人突
將無前賨叟青羌散騎武騎一千餘人此皆數十年
之內所糾合四方之精銳非一州之所有若復數年
則損三分之二也當何以圖敵此臣之未解五也今

民窮兵疲而事不可息事不可息則住與行勞費正
等而不及蚤圖之欲以一州之地與賊持久此臣之
未解六也夫難平者事也昔先帝敗軍於楚此時曹
操拊手謂天下已定然後先帝東連吳越西取巴蜀
舉兵北征夏侯授首此操之失計而漢事將成也然
後吳更違盟關羽毀敗秭歸蹉跌曹丕稱帝凡事如
是難可逆見臣鞠躬盡瘁死而後已至於成敗利鈍
非臣之明所能逆覩也

自劾表　諸葛亮

臣以弱才叨竊非據親秉旄鉞以厲三軍不能訓章
明法臨事而懼至有街亭違命之闕箕谷不戒之失
咎皆在臣授任無方臣明不知人恤事多闇春秋責
帥臣職是當請自貶三等以督厥咎

遺表　諸葛亮

成都有桑八百株薄田十五頃子孫衣食自有餘饒
至于臣在外任別無調度隨身衣食悉仰于官不別
治生以長尺寸不使內有餘帛外有贏財以負陛下

唐

興元新路記　孫樵

入扶風東皐門十舉步折而南平行二十里下念濟
坂而西行十里渡渭又十里至郿郿多粲田不爲中
貴人所并則籍東西軍居民百一繫縣自郿南平行
二十五里至臨溪驛扼谷口夾道居民皆籍東西
軍出臨溪驛百步南登黃蜂嶺平行不能百步又前
登渠渠嶺渠音集盤折而上甚峻下渠渠嶺稍平一
驛之間凡行十里至臨溪有支路直絕渭並山後絕
渭過行磧上十里合於大路下黃蜂嶺復有支路並

出渠渠嶺下行亂石中五六里與渭西支路合由
大路十里橋無定河河東南來鬭西山下際號怒北
之河中多白石磊磊如斛又十里至松嶺驛逆旅之
戶馬始食芻自松嶺平行三里逾一橋登八里坂甚
峻下坂行十里平如九衢又三里高低行五里至連雲驛
自連雲西平行二十里上五里嶺路旁樹盤折凡行六
七里及嶺上泥深灰滅踝路旁樹往往如柱塵纏纏
而長依風紛然如訊於新者曰此泥榆也豈此嶺當泥
而樹有此名乎凡泥行十里消稍下去又平行十里

則出谷四望原隰平曠水淺草細可耕稼有居民似
樊川背有景氣又五里至平川驛自平川西並渭南下
行十里至條平不能一里復高低有閣路行七八里地
路爲閣閣北爲驛號關南爲渭渭北自黃路並嶺消河地
驛中間百餘里皆故汾陽王私田嘗用息馬多至萬
蹄今爲飛龍廐入地耳入關行十里皆閣路並渭關
兆有大橋蜿蜒如虹絕渭而南去橋盡路如九衢夾
道植樹步步一株凡行六七里至白雲驛自白雲驛
西並渭皆閣道行十里至崖上有石刻橫爲一行曰

進退凡三字不知何等人也又一十三里至芝田驛皆閣道卒高下多碎石自芝田至仙岑雖閣路皆平行往往澗旁谷中有桑柘民多聚居雞犬相聞水益清山益奇氣候甚和自仙岑南行十三里路左右崖壁然而高出其下殷其有聲如風怒薄水里人謂之鳴崖豈石常鳴耶抑俟人而鳴耶又行十五里至二十四孔閣閣上崖甚奇有石刻其刻云褒中與閣志薄王﨟漢中郡道閣縣椽馬甫漢中郡北部督郵道通都匠中郎將王胡典知　縣匠衛續教蒲池石佐

張梓等百二十人匠張羌教褒中石佐泉疆等百四十人閣道教習常民學川石等凡七十字其側則曰太康元年正月二十九日案其刻乃晉武平吳時蓋晉出此路耳又行十五里至青松驛驛自仙岑而南路旁人煙相望澗旁地益平曠往往墾田至一二百畝桑柘愈多至青松即平田五六百畝谷中號爲坦地居民尤多自青松西行一二里夾路多松竹稍稍深入不復有平田行五六里上小雪嶺極峻折嶺東多泥土疎而黑嶺西尤峻十里百折上下嶺凡十八

里四望多叢竹又高低行十里至山輝驛居民甚少行旅無庇自山輝西高低行二十里上長松嶺極峻羊腸而上十里及嶺上復羊腸而下十五里及嶺下又高下行十里過廻雪驛自廻雪驛南行三里上平粲坂極盤折上下凡十五里至福溪又高下行十里至黃崖崖南極峻折上下黃崖六七里至盤雲驛西行復並澗行二十里即背絕小嶺上下凡五六里稍平又行十里至雙溪驛自雙溪南平行四里至天蒼嶺羊腸而上凡十五里極峻折往往閣路至嶺上南

望興元烟靄中也下嶺尤峻折凡三十里至文川驛自文川南行三十五里至靈泉驛自靈泉平行十五里至長柳店夾道居民又行十五里至興元西平行三十里至褒城縣與斜谷舊路合矣孫樵曰古人當謀新仍舊何必改作利不十法不變豈謀新亦不易耶滎陽公爲漢中以褒斜舊路修阻上疏開文川道以易之觀其上勞及將下勞及卒其勤至矣其始立心誠無異於古人將濟民於艱難也然朝廷有竊竊之議道路有喞喞之嘆豈滎陽公始望耶况謀肇乎

貫貂事倡平李係役卒督工者不增品秩於天子則
加班列於滎陽公無毫利以自與而怨咎獨歸滎陽
公豈古所謂民上者難耶

褒城驛壁　孫樵

褒城驛號天下第一及得寓目視其沼則淺混而茅
視其舟則離敗而膠庭除甚蕪堂廡甚殘烏覩其所
謂宏麗者訊於驛吏則曰忠穆公嘗牧梁州以褒城
控二節度治所龍節虎旗馳驛奔軺以去以來轂交
蹄劘由是崇侈其驛以示雄大蓋當時視他驛爲壯

且一歲賓至者不下數百輩苟夕得其庇饑得其飽
皆暮至朝去寧有顧惜心邪至如棹舟則必折篙破
舷碎鷁而後止漁釣則必枯泉汩泥盡魚而後止至
有飼馬於軒宿隼於堂凡所以汙敗室廬糜毀器用
官小者其下雖氣猛可制官大者其下益暴橫難禁
由是日益破碎不與曩類其曹八九輩雖以供饋之
隙一二力治之其能任數百人殘暴乎語未既有老
甿笑於旁且曰舉今州縣皆驛也吾聞開元中天下
富蕃號爲理平踵千里者不裹糧長子孫者不知兵
今者天下無金革之聲而户口日益破疆埸無侵削
之虞而墾田月益寡生民日益困財力日益竭其故
何哉凡與天子共治天下者刺史縣令而已以耳目
接於民而政令速於行也今朝廷命官既已輕任刺
史縣令而又促數於更易且刺史縣令遠者三歲一
更近者一二歲再更故州縣之政苟有不利於民可
以出意革去其甚者在刺史曰我明日即去何用如
此在縣令亦曰明日我即去何用如此當愁醉醲當
饑飽鮮囊帛櫝金笑與秩終嗚呼州縣眞驛耶矧更

代之隙黠吏貪緣恣爲奸欺以賣州縣者乎如此而
欲望生民不困財力不竭户口不破墾田不寡難矣
哉予既揖退老甿條其言書於褒城驛壁

論擬瓜果人擬官狀　陸贄

德宗幸梁州一路百姓進獻果子胡瓜等物命以散試官酬之贄以爵位爲國之大柄不可以賞獻微情輕褻名器帝以試官虛名無損於事與之亦何妨贄復上此奏

臣愚以謂信賞必罰霸王之資輕爵褻刑衰亂之漸
信賞在功無不報必罰在罪無不懲非功而獲爵則
爵輕非罪而肆刑則刑褻爵賞刑罰國之大綱一綱

或芬草日皆弛雖有善理末如之何入寶季年僥倖
傾門爵以情授賞以寵加天下蕩然紀綱始紊踰山
乘爨遂亂中原逭戍歲增策勳日廣財賦不足以供
跂而職官之賞與焉職員不足以容功而散試之號
行焉青朱雜沓於胥徒金紫普施於輿皂薰蕕無辨
涇渭不分二紀于茲莫之能整當今所病方在爵輕
蔽法貫之猶恐不重若又自棄將何勸人聖旨以爲
試官虛名無損於事臣伏恐陛下思之未熟偶有是
言尚未之信然臣竊以爲過矣夫立國之道惟義與

權誘人之方唯名與利名近虛而于教爲重利近實
而于德爲輕凡所以裁是非立法制者則存乎其義
至於叅虛實揣輕重並行而不傷迭用而不悖因衆
之欲度時之宜消息盈虛使人不倦者則存乎其權
事實利而不濟之以虛則耗匱而物力不給專虛名
而不副之以實則誕謾而人情不趨故國家之制賞
典錫貨財賦秩廩所以彰實也差品列異服章所以
飾虛也居上者必明其義達其變相須以爲表裏使
人日用而不知則爲國之權得矣謹按命秩之載于
甲令者有職事官焉有散官焉有勳官焉有爵號焉
雖以類而分其流有四然其掌務而授俸者惟繫於
職事之一官以序才能以位賢德此所謂施實利而
寓之虛名者也其勳散爵號三者所繫大抵止於服
色資蔭而已以馭崇貴以甄功勞此所謂假虛名以
佐其實利者也虛實交相養故人不瀆賞輕重互相
御故國不廢權今之員外試官頗同勳散爵號雖則
授無費祿受不占員然而突銛鋒排患難者則以是
賞之竭筋力展勤効者又以是酬之其爲用也可謂

重矣今或捧瓜一器挈果一盛亦授試官以酬所獻
則彼突銛鋒而竭筋力者必相謂曰吾以忘軀命而
獲官此以進瓜果而獲官是乃國家以吾之軀命同
於瓜果矣瓜果草木也覗人如草木誰復爲用哉且
員外試官無俸祿之資無攝管之柄無見敬之貴無
免役之優唯假空名以籠浮俗浮俗所以若存若亡
而未甚厭棄者徒以上之所惜耳今陛下若又輕用
之以爲無損於事人竊斯旨復何賴焉後之立功易
用爲賞陛下若欲賞之以職事則官員有限而勳伐

無窮固不勝其用矣陛下若欲賞之以貨財則人力已殫而爵藏皆匱固不充其費矣既未有實利以崇勸又不重虛名而濫施人無藉焉何以爲國且権瓜種果多是野人貧者所資唯在衣食假以冗號亦奚用焉必欲使之懽忻不如厚賞錢帛人不失利國不失權各得所宜兩全其實何有不可固傷大猷願留睿思更少詳度

興元論解姜公輔狀　陸贄

公輔素有高材德宗幸奉天擢爲諫議大夫同中書門下平章事帝徙梁長女唐安公主道薨帝悼之甚詔厚其葬公輔諫曰宜從儉以濟軍興帝怒其賣直欲罷公輔故贄力救解之

公輔頃在翰林與臣久同職任臣今據理辯直則涉於私黨之嫌希旨順成則違於匡輔之義涉嫌止貽於身患違義實玷於君恩徇身忘君臣之恥也別嫌葉義主之明也臣今不敢自行所恥亦願陛下明聖而鑒焉古語有之順旨者愛所由來逆意者惡所從至故人臣皆爭順旨而避逆意非忘家爲國捐身成君者誰能犯顏色觸忌諱建一言開一說哉是以哲后興王知其若此求諫如不及納善如轉圜諒直者嘉之許犯者義之愚淺者恕之狂誕者容之仍虛矯詠之易滋而忠實之不聞也於是置敢諫之鼓植告善之旌垂戒慎之鞀立司過之士猶懼其未也又設官制以言爲常由是有史爲書瞽爲詩工誦箴諫大夫規誨士傳言庶人謗尚恐其怠也每歲孟春遒人以木鐸徇於路而振警之官師相規工執藝事以諫其或不恭邦有常刑然非明智不能招直言非聖德不能求過行招直則其智彌大求過則其德彌光惟衰亂之朝闇惑之主則必諱其過行忿其直言以阿

諛爲納忠以諫諍爲揚惡怨讟溢于下國而耳不欲聞腥德達於上天而心不求寤迨乎顛覆猶未知非情之昏迷乃至於是故明者廣納以成德闇者獨用而敗身成敗之途千古相襲與敗同轍者罔不覆與成同軌者罔不昌以陛下日月之明江海之量自當矯夏癸殷辛拒諫飾非之慝協大禹成湯拜言改過之誠刻又時運方屯物情猶鬱乃是陛下握髮吐哺之日宵衣旰食之辰士無賢愚咸宜錄用言無小大皆務招延固不可復有忤逆之嫌其癸辛之慝也夫

君人者以衆智爲智以衆心爲心恒恐一夫不盡其
情一事不得其理孜孜訪納惟善是求豈但從諫不
咈而已哉乃至求謗言聽輿誦葑菲不以下體而不
採故英華靡遺芻蕘不以賤品而不詢故幽隱必達
今公輔官在諫議任居宰衡獻替彌綸乃其職分此
於芻蕘葑菲豈不優而且重哉此理之常奚足怪也
哉縱使引喻非當不猶愈于輿誦乎矯激過深不猶
愈於謗言乎晉文聽輿人之誦而霸業興虞舜設誹
謗之木而帝德廣斯實聖哲之高蹤陛下何疾焉聖

言又以造塔役費微小非宰臣所論之事下臣愚戇
竊謂不然當問理之是非豈論事之大小若造塔爲
是役雖大而作之何傷若造塔爲非費雖小而言者
何罪夫小者大之漸微者著之萌故君子慎初聖人
存戒知幾者所貴乎不遠而復制理者必在於未亂
之前本立輔臣置之左右朝夕納誨意在防微微而
彌之乃其職也涓涓不遏終變桑田燄燄靡除卒燎
原野流煬已甚禍災已成雖欲救之無及矣書曰不
矜細行終累大德易曰小人以小善爲無益而不爲
也以小惡爲無傷而不去也故惡積而不可掩罪大
而不可解則小之不可不慎也如此陛下安得使之
勿論乎虞書載咎繇之言曰兢兢業業一日二日萬
幾兢兢慎也業業危也幾者動之微也唐虞之際主
聖臣賢庶績咸熙萬邦已協而猶上下相戒既慎且
危慮事之微日至萬數然則微之不可不重也如此
陛下又安可忽而勿念乎舜之爲君始作漆器羣臣
固爭咸謂非宜漆器之爲用也甚堅其爲費也甚寡
然猶相繼諷諫者豈不欲杜其漸而慎其初歟是知

君臣之間義同一體事問大小相須而成故舜命其
臣曰作朕股肱耳目夫股肱之奉於元首不以煩細
而闕於運行耳目之効於心靈不以微瑣而廢於視
聽是以臣子之於君父也盡其敬而敬焉盡其愛而
愛焉敬則顧極於尊榮愛則惧陷於過惡萬邦黎獻
莫不皆然而况位列朝廷任當輔弼主辱與辱主安
與安此而不言誰復言者禮曰近而不諫則尸利也
若宰相者可謂近矣事或乖誤得無諫乎武丁賢君
也傅說賢相也而武丁引金作礪以命其相傅說諭

不從諫以戒其君是則輔弼之任臣敢放曠巨細之
事悉宜盡規陛下所言彼貴微小非宰相所論之事
又謂指朕過失擬自取名此誠異乎愚臣之所聞是
以厭拔擲勝而不敢自默者也若以諫諍爲指過則
剖心之主不宜見罪于哲王若以諫諍爲取名則匪
躬之臣不應垂訓于聖典獻替列職竟使爰爲左右
有人後將焉用臣竊謂指過以不直固不如改過以
昆稱進諫以取名固不如納諫之爲愈假有意將指
過諫以取名但能聞善而遷見諫不逆則所指者適

足以彰陛下莫大之善所取者適足以資陛下無疆
之休因而利焉所獲多矣儻或怒其指過而不改則
陛下招惡直之譏黜其取名而不容則陛下被違諫
之謗是乃掩己過而過彌著損彼名而名益彰果而
行之所失大矣不獲一夫可不慎乎伏願審諒甘言
忠恬逆耳之咨平積憤之氣阻逆詐之情然後試以
愚言反覆參校庶察至理且亮微誠

陸宣公文集序　　權德輿

嘗讀賈誼書觀其經制人文鋪陳帝業術亦至矣然
之宣室恨得後時過亦深矣然竟不能達四聰而盡
其善排羣議而試厥謀道之難行亦已久矣東晦絳
灌何代無之噫一薰一蕕善齊不能同其器方鑿圓
枘良工無以措巧心所以理世少而亂日多大雅哀
而正聲寢漢道未融既失之於賈傅吾唐不幸復損
業於陸公公諱贄字敬輿吳郡蘇人溧陽令偘之子
年十八登進士第應博學宏辭科授鄭州尉非其好
也省母歸壽春刺史張鎰以有名於時一獲晤言大
加賞識暨別鎰以泉貨數萬贐曰願以此奉太夫人

一日之膳公悉辭之領新茶一串而已是歲以書判
拔萃調渭南主簿遷御史府以監察換之德宗在春
宮時知名召對翰林即日爲學士由祠部員外轉考
功郎中朱泚之亂從幸奉天時車駕播遷詔書旁午
公灑翰即成不復起草初若不經思慮及成而奏無
不曲盡事情中於機會倉卒填委同職者無不拱手
嘆伏不能復有所助嘗從容奏曰此時詔書陛下宜
痛自引過以感人心昔禹湯以罪己勃興楚昭以善
言復國陛下誠能不吝改過以言謝天下俾臣草辭

無諱庶幾蓋華心上從之故行在詔書始下雖武
人悍卒無不揮涕激發議者以德宗平寇克亂不惟
神武之功爪牙宣力蓋以資文德服心之助焉及還
京師李抱眞來朝奏曰陛下出山南時山東士卒聞
書詔之辭無不感泣思奮臣節臣知賊不足平也公
自行在帶本職拜諫議大夫中書舍人精敏小心未
嘗有過艱難扈從行在輒隨啟沃謀猷特所親信有
時謎語不以公卿指名但呼陸九而已初幸梁洋棧
道危狹從官前後相失上夜次山館召公不至泣然

號於禁旅曰得陸贄者賞千金頃之公至太子親王
皆賀初公既職內署母韋氏尚在吳中上遣中使迎
致京師道路置驛文士榮之丁韋夫人憂去職持喪
於洛遣人護渫陽之柩附塋河南一遣中使監護其
事四方賻遺數百萬公一無所取素與蜀帥韋南康
布衣交善韋令每月置遺公奏而受之服闋復內職
權知兵部侍郎覲見之日太子爲之興改容叙弔優
禮如此內外屬望旦夕俟其輔政爲竇參忌嫉故緩
之眞拜兵部侍郎知貢舉時人之盛公議稱之貞元

八年拜中書侍郎平章事公以少年入侍內殿特蒙
知遇不可與衆浮沉苟且自愛事有不可必諍之上
察物太精躬臨庶政失其大體動與公違奸諛從而
間之屢至不悅親友或規之公曰吾上不負天子下
不負吾所學不恤其他公精於吏事斟酌剖決不爽
錙銖其經綸制度具在德宗實錄及竇參納劉士寧
之賂爲李巽所發得罪左遷構議者以公與參素不
協歸罪相之議於公戶部侍郎判度支裴延齡以奸
回得幸售將亂政物議莫敢指言公獨以身當之屢

言不可翰林學士吳通玄忌公先達每切中傷陰結
延齡互言公短宰相趙憬公之引援昇爲同列以公
排邪守正心復異之羣邪沮謀直道不勝十年退公
爲賓客罷政事明年夏旱芻糧不給軍校訴於上延
齡奏曰此皆陸贄輩怨望鼓扇軍人也貶公忠州別
駕上怒不可測賴陽城張萬福救之獲免蜀帥韋令
抗表請以贄代已歲貽資糧公在南實閉門却掃郡
人稀識其面復避謗不著書唯考校醫方撰集驗方
五十卷行於世江淮十稔永貞初與鄭餘慶陽城同

徵還公已衰殘時年五十二公之秉筆內署也摧古揚今雄文藻思敷之爲文誥伸之爲典謨俾儒彼向風儒夫增氣則有制誥集一十卷覽公之作則知公之爲文也潤色之餘論思獻納軍國利害巨細必陳則有奏草七卷覽公之奏則知公之爲臣也其在相位也推賢與能舉直錯枉將斡璿衡而揭日月清氛沴而平泰階敷其道也與伊說爭衡考其文也與典謨接軫則有中書奏議七卷覽公之奏議則知公之事君也古人以士之遇也其要有四焉才位時命也

藝文志　卷之十七　陸宣公文集序　三七

仲尼有才而無位其道不行賈生有時而無命終於一黜惟公才不謂不長位不謂不達逢時而不盡其道非命歟裴氏之子焉能使公不遇哉說者又以房魏姚宋逢時遇主克致清平陸君亦獲幸時君而不能與房魏爭列蓋道未至也應之曰道雖在我弘之在人蜚蝗竟天農稷不能善稼奔車覆轍丘軻亦廢現行若使四君與公易時而相則一否一臧未可知也而致君不及貞觀開元者蓋時不幸也豈公不幸哉以爲其道未至不亦誣乎公之文集有詩文賦集表狀爲別集十五卷其關於時政昭昭然與金石不朽者惟制誥奏議乎雖已流行多謬編次今以類相從冠於編首兼略書其官氏景行以爲序引俾後之君子覽公制作效之爲文以臣事君之道不其偉歟

秋興亭記　賈至

前戶後牖順闔闢之易簡也上棟下宇無彫琢之飾儉也簡近智儉近仁仁智居之何陋之有當發生之辰則攢秀能于堦砌見鶯其鳴矣處臺榭之日則納清風于洞戶見暑之徂矣在搖落之時則俯瀬氣于

藝文志　卷之十七　秋興亭記　三八

軒檻見火之流矣值凝寒之節則棲洞雲于扃闥見雪之紛矣政成訟清體安心逸而詩興最高因以名亭

鵲巢背太歲賦　權德輿

營巢有因惟鵲無能始自小寒之日不當太歲之神辨向背以經營必先避地顧縱橫而積累足以藩身且其矯翼徘徊向隅栖息時懷擇木之志日就積薪之力若在離宮之下不可巢南知當子位之中無因逐北所以率先羣輩鼎脉知歸應時節而遷易辨方

隅之是非念彼明神自易地而攸處顧茲弱羽信何
枝而可依時也苟遂居安寧辭力役銜窮草而構思
向高柯以容跡動觀所忌如方士之工隮擇地已有
知風豈無方一枝而自託雖小數之能拘且相賀以
和鳴喜同於雀乃卜居而聚類趨甚於鳧況復藉用
茅茨殊荷庇蔭任風雨而自適豈陰陽而去泰念上
宜之是顧方信樂天匪集止之自然焉能向晦爾乃
節屬嚴凝時方沍寒理地角而知禁豈天時之可干
切銜泥而萃止知於歲杪聊寓跡以求安旣而飲啄

無虛推移不滯得厭勝之良術誠棲遲之上計潛彰
鳴條之慮必附枳枸之勢推枯拉朽已完葺於崇朝
命儔引雛聊優游以卒歲顧末俗之無違信微禽之
可繼

故相國權公碑　　韓　愈

上之元和六年其相曰權公諱德輿字載之其本出
自殷帝武丁武丁之子降封于權權江漢國也周衰
入楚爲權氏楚滅徙秦而居天水畧陽符秦之王
國其臣有安丘公皐者討大臣之言後六世至平

公文誕爲唐上庸太守荆州大都督長史焯有聲烈
平凉曾孫諱倕贈尚書禮部郎中以藝學與蘇源明
相善卒官羽林軍錄事參軍於公爲王父郎中生贈
太子太保諱皐以忠孝致大名去官累以官徵不起
追謚貞孝是實生公公在相位三年其後以吏部尚
書授節鎭山南年六十以薨贈尚書左僕射謚文公
公生三歲知變四聲四歲能爲詩七歲而貞孝公卒
來弔哭者見其顏色聲容皆相謂權氏世有其人及
長好學孝敬祥順貞元八年以前江西府監察御史

徵拜博士朝士以得人相慶改左補闕章奏不絕議
排姦倖與陽城爲助轉起居舍人遂知制誥凡撰命
詞九年以類集爲五十卷天下稱其能十八年以中
書舍人典貢士拜尚書禮部侍郎薦士於公者其言
可信不以其人布衣不用卽不可信雖大官勢人交
言一不以綴意奏廣歲所取進士明經在得人不以
員拘轉户兵吏三曹侍郎太子賓客復爲兵部遷太
常卿天下愈推爲鉅人長德時天子以爲宰相宜參
用道德人因拜禮部尚書同中書門下平章事公旣

謫辭不許其所設張舉措必本於寬大以幾教化多所助與維匡調劑不失其正中於和節不爲聲章因善與賢不矜主已以吏部尚書留守東都東方諸帥有利病不能自請者公常與疏陳不以露布復拜太常轉刑部尚書考定新舊令式爲三十編舉可長用其山南河南勤于選付治以和簡人以寧便以疾求還十三年某月甲子道薨于洋之白草奏至天子痛傷爲之不御朝郎官致贈錫官居野處上下弔哭皆曰善人死矣其年某月日葬河南北山在貞孝東五

里公由陪屬升列年除歲遷以至公宰人皆喜聞若已與有無忌嫉者于頔坐于殺人失位自因親戚莫敢過門省顧朝莫敢言者公將留守東都爲上言曰頔之罪既貰不竟宜因賜寬詔上曰然公爲吾行諭之頔以不憂凡前後考第進士及庭所策試士踵驪爲宰相達官與公相先後其餘布處臺閣外府凡百餘人自始學至疾未病未嘗一日去書不觀公既以能爲文辭擅名累朝多名卿大夫功德然其爲家不視簿書未嘗問有亡曾不待餘公娶清河崔氏女生人遂嘗相德宗號爲名臣既葬其子監察御史璩纍然服喪來有請乃作銘文曰權在商周世無不存減是從秦廢劉之間井泉始侯以及安丘詆訶浮屠皇極之扶貞孝之生鳳鳥不至爵位豈多半塗以稅壽耆豈多四十而逝雖其不有以惠厥後是生相君爲朝德首行世祖之文世師之流連六官出入屏毗無黨無讎舉世莫疵人所憚爲公勇爲之其所競馳公絕不窺孰克知之德將在斯刻詩墓碑以永厥垂

江運記

柳子厚

御史大夫嚴公牧於梁五年嗣天子用周漢進律增秩之典以親諸侯謂公有功德理刑就加禮部尚書是年四月使中謁者來錫公命賓僚吏屬將校卒士黧老童孺填溢公門舞蹈歡呼願建碑記德垂億萬祀公固不許而相與怨咨逡巡如不飲食于是西鄙之人密以刊山導江之事願刻巖石曰維梁之西其蔽曰某山其守曰興州興州之西爲戎居歲備亭障實以精卒以道之險阻兵困於食守用不固公患之曰吾嘗爲興州凡其土人之故吾能知之自長舉北

至於青泥山又西抵於成州過栗亭川踰寶井堡崖谷峻隘十里百折負重而上若蹈利刃盛秋水潦窮冬雨雪深泥積水相輔爲害顛踣騰藉血流棧道糗糧芻藁塡谷委山牛馬群畜相藉物故運夫畢力守卒延頸嗷嗷之聲其可哀也若是者綿三百里而餘自長舉而西可以導江而下二日而至昔之人莫得知也吾受命于君而育斯人其可已乎乃出軍府之帑以備器用卽山僦工由是轉巨石仆大木焚以炎火沃以食醯摧其堅剛化爲灰燼畚鍤之下易甚朽

壤乃闢乃墾乃宜乃理隨山之曲直以休人力順地之高下以殺湍悍厥功既成咸如其素于是決去壅土疏導江濤萬夫呼忭莫不如志雷騰雲奔百里一瞬既會既遠濟爲安流蒸徒謳歌枕臥而至戍人無虞專力待寇惟我公之功疇可侔也而無以酬德致其大願又不可得命矧公之始來屬當惡歲府庾甚虛器備甚殫饑饉昏札死徙充路賴公節用愛人克安而生老窮有養幼乳以遂不問不使咸得其志公命鼓鑄庫有利兵公命屯田師有餘糧選徒練旅有衆孔武平刑議獄有衆不黷增石爲防膏我稻粱歲無凶災家有積倉傳館是飾旅忘其歸杠梁以成人不履危若是者皆以兵隙師士而爲之不出四人之力而百役以就且我西鄙之職官故不能具舉惟公和坦直方廉毅信讓敦尚儒學抑損貴倖率忠與仁以厚其誠有可以安利於人者行之堅勇不俟終日其興功濟物宜如此其大也昔之爲國者惟水事爲重故有嚾大澤勤其官而受封國者矣西門遺利史起興嘆白圭壑鄰孟子不與公能夷險休勞以惠萬

代其功烈尤章章焉不可蓋也是用假辭碣工勒石存之用永憲於後祀

搴星亭記

房武

我皇帝道高前聖德邁三皇天下宴然四方無事朝廷清謐常思鷺舞之儀宮苑歡娛每賜春遊之賞天恩廣備錫賚月霑旬日飛觴求諸勝地武興泉石觸目驚人況卜良遊自須奇絕順政延勝郡南十里山峰重複石壁干雲綠水澄灣清泠見底岡巒隱映蒼翠難名雖王羲之蘭亭未足云比石季倫之金谷豈

前同年武功署萬民常沾。澮同諸英鎮盡日歡遊
銘曰太原王姓河南人名。字叔仁宋嘉祐歲壬寅
尚書中郎守武興郡四境。璘珣構新亭迓佳賓曰
翠峯景寔真唐天寶房使君上錫宴刊堅珉亭之石
名不泯

武侯廟碑銘　　沈迥

皇帝御極貞元三祀時乘盛林府主左僕射馮翊嚴
氏總師文武將佐洎衆輪突歸之旅疆理西鄙營軍
沔陽先聲馳於種落伐謀息其在狡于時威武振疊

魯騎收跡塞垣蕭條烽燧滅熄士無保障之役馬無
服轅之勞重關弛柝邊鼓樓我師惟揚則有餘力
乃昇高訪古周覽原隰敬修丞廟式薦馨香光靈若
存年祀浸遠雖簫鼓忻奏邑里祈禳而風雨飄淪祠
堂落搆土階莫數尺之崇庭除無袤丈之隙登降不
能成禮牲玉不得備陳頹墉肩灌木翳具樵蘇滿
徑麋鹿走集馬翊曰丞相以命世令德功存季漢遺
風餘烈顯赫南方丘隴南山寢在茲地荒祠偏倚廟
貌詭裂非所以式先賢崇祀典也乃發泉府徵役徒
撤繕營甍雍叢薄是營是葺衆工群至繚以高墉階
陛翦牧增以峻宇昭示威神霄英昔賢像設如在翼
翼新廟日至而畢頗謂小子揚搉前烈銘于廟門曰
在昔君臣合德興造功業有若伊尹相湯呂望興周
夷吾霸齊樂毅昌燕是數君子皆風雲相感垂裕來
世嘗以為阿衡則尊立聖主王八下樂推尚父則上贊
獨夫諸侯同舉管氏藉強齊之力以宗周無令王樂
生因建國之資贊燕昭為興王君臣同道僅能成功
惟武侯遭時昏亂群雄競起同光之澤已竭桓靈之

愆在人遇先主之短促值曹氏之雄富能以區區一
州介在山谷驅羸卒輔孱主以傾擊中原撐拒強敵設
時則辛癸惡稔語地則燕齊並勝遷夏殷者未可校
功霸桓昭者不足侔力向使天假之年理兵渭洞其
將席卷西邑底綏東周祀漢配天不失舊物矣洪伐
彰彰宜冠古今倬軼前烈其誰曰不然武侯名跡存
乎國志今之群書姑務統論大畧叙我新意至於備
載爵位追述史傳非作者之意也今則不書其銘曰
桓靈濟雲海濆流群雄蝟起爭九州天既厭漢

人思代劉沸渭交爭存亡之秋其誰存之時惟武侯
伊昔武侯跽足南陽退藏於密不曜其光有時有君
將排垢氛魚脫溪泉龍躍風雲先主纘緒天下三分
馥馥德馨悠悠清塵前哲後賢心跡晤淪建兹新廟
式是粢祇

漢南郡志卷之十七終

閣左　知陝西漢中府事滕天綬　重纂

藝文志

魏

石門銘　太原王遠

此門蓋漢永平中所穿經數百載世代綿迴戎羿遞作乍開乍閉通塞不恒自晉氏南遷斯路廢矣其崖岸崩淪澗閣湮圮南北各數十里車馬不通者久之攀蘿捫葛然後可至皇魏正始元年漢中獻地褒斜

始開至於門北一里西上鑿山爲道峭岨盤迂九折無以加徑途窒礙行者苦之梁初附實俟才賢朝難其人褒簡良牧三年詔假節龍驤將軍梁秦二州刺史泰山羊公建旟嶓嶓撫境綏邊蓋有叔子之風焉以天險難升轉輸艱阻表求自迴萬以京開創道路釋負擔之勞就方軌之逸詔遣左校令賈三德領徒一萬人將師百人共成其事三德巧思機發情解意會雖元凱之梁河德衡之損蹋未足以偶其奇起正正四年十一月十日訖永平二年正月畢工閣廣[illegible]丈路廣六尺皆塡谿棧壑砰險梁危自迴萬至於[illegible]三百餘里連輈駢轡而進往哲所不工前賢所輟思莫不夷而通焉王生履之可無臨深之歎葛氏若存幸息木牛之勞于是畜産鹽鐵之利紈錦罽毦之饒充牣川內四民富實百姓息肩壯矣自非思埒班爾籌等張蔡忠公忘私何能成其事哉乃作銘曰龍門斯鑿大禹所彰兹巖乃穴肇自漢皇道由國中以宣四方其功伊何既逸且康去深去阻匪閣匪梁西帶汧隴東控樊襄河山雖險漢德是強昔爲畿甸今則

關疆永懷古烈跡在人亡不逢殊績何用再光水眺悠皛林望幽長夕㝉晩露晝涵曙霜秋風夏起寒鳥春傷穹窿高閣有車轔轔咸夷古道駟牡其騑千載絶軌百兩更新敢刊巖曲以紀鴻塵

棧道銘　歐陽詹

秦之坤蜀之艮連高夾深九州之險也陰谿窮谷萬仞直下鋳崖峭壁千里無土亘隔呀絶巉巇冥冥鹿無谿猿猱相望三代而往踣足莫之能越秦雖有心蜀雖有情五萬年間邈不相接且秦之與蜀也

一其性物同所宕齊欲無餘門教化無餘源可貿遷可親昵擘坼地脈睽離物理豈造化之意乎天實凝清而成地實凝濁而形當其凝也如鎔金下鑄騰雲上浮空隙有所不開廻翔有所不合澄結既定竅缺生乎其中西南有漏天天之竅缺也于斯有茲地地之竅缺也天地也者將以上覆下燾含蓄萬靈可通必使而通者也苟有可通而未通則賢代其工而通之故有爲舟以濟川爲梯以踰山惟茲地有川不可以舟涉有山不可以梯及粵有智慮以全依造立巨

衡而舉追氏絕懸纏以下梓人猿垂絕谷鳥傍危岑鑿積石以全力梁半空于未用斜根玉壘旁綴青泥截斷岸以虹矯繞翠屏而龍蜿堅勁膠固雲横砥平總庸蜀之通途統岐雍之康莊都邑之能步山川之無徑若水決防如鴻嚮陽南之北之匯武湯湯躋我我以自若臨蒼蒼而不懼繇是贄幣以遷達人神以會同稽禮樂之短長汚隆可王者王可公者公而相吹以風或曰受琢之石長存可構之才無窮易剋代蠹斯道也未始有終嗚呼爲上懷來在乎德爲下服德在乎義德義之如今日則或人之言有孚其鋟之則石雖存恐不爲琢材雖多恐不爲構思夫往昔有時而有有時而無是用惕惕天下蚩蚩知聖賢創物之意之人寡明德義固物之道之人稀敢陳兩端之要銘諸斯道之左庶主德義者存今身之所履踵武湯者荷古人之攸作銘曰天覆地燾本以同設大象難全或漏或缺損多益少聖賢代工彼雖有缺與無缺同維北曰秦維南則蜀地缺其間坤維不續斗起斷岸屹爲兩區秦人路絕蜀火煙孤天實不通賢斯

有造鑽堅剡勁無蹊以通若川匪舟若陸匪車緣危轉虛步驟交如構雖在功存亦由德項拂劉怒旋見以蹈隋落我營自顛而植地非華勢材不易林培植以致惠怨之心勿謂斯道可久禮不以禮可有而無恭不以恭可無而有創之之意如彼固之之理有茲彼之不易茲而易知勒銘道左其同我思

宋

篔簹偃竹記　蘇軾

竹之始生一寸之萌耳而節葉具焉自蜩蝮蛇蚹以

至于劍拔十尋者生而有之也今畫者乃節節而爲
之葉葉而累之豈復有竹乎故畫竹必先得成竹于
胸中執筆熟視乃見其所欲畫者急起從之振筆直
遂以追其所見如兔起鶻落少縱則逝矣與可之教
予如此予不能然也而心識其所以然而不能然者
內外不一心手不相應不學之過也故凡有見于中
而操之不熟者平居自視了然而臨事忽焉喪之豈
獨竹乎子由爲墨竹賦以遺與可曰庖丁解牛者也
而養生者取之輪扁斲輪者也而讀書者與之今夫

夫子之託于斯竹也而予以爲有道者則非耶子由
未嘗畫也故得其意而已若予者豈獨得其意并得
其法與可畫竹初不自貴重四方之人持縑以請足
相躡于其門與可厭之投諸地而罵曰吾將以爲韈
才士大夫傳之以爲口實及與可自洋州還而予爲
徐州守與可以書遺予曰近語士大夫吾墨竹一派
近在彭城可往求之韈材當萃于子矣書尾復寫一
詩其畧曰擬將一段鵝谿絹掃取寒梢萬尺長予謂
與可竹長萬尺當用絹二百五十疋知公倦于筆硯
願得此絹而已與可無以答則曰吾言妄矣世豈有
千尺竹也哉予因而實之荅其詩曰世間亦有千尋
竹月落庭空影許長與可笑曰蘇子辯則辯矣然二
百五十疋吾將買田而歸老焉因以所畫篔簹偃竹
遺予曰此竹數尺耳而有萬尺之勢篔簹谷在洋
州與可嘗令予作洋州三十詠篔簹谷其一也予詩
云漢川脩竹賤如蓬斤斧何曾赦籜龍料得清貧饞
太守渭濱千畝在胸中與可是日與其妻遊谷中燒
笋晚食發函得詩失笑噴飯滿案元豐二年正月二

十日與可沒于陳州是歲七月七日予在湖州曝書
畫見此竹廢卷而哭失聲昔曹孟德祭橋公文有車
過腹痛之語而予亦載與可疇昔戲笑之言以見與
可與予親厚無間如此也

靈巖敘別記（刻於靈巖寺）　李耆壽

嘉定丁丑十一月二十有三日金人入寇關表明年
正月四川宣制使資政殿學士臨川董公居誼進屯益
昌督師利州路安撫節制馬軍直徽閣古汴楊公九
時進屯河池以三月十七日遡敵元師一旅軍七[illegible]

復甚衆後十日敵以忿兵自天水犯西和董公復進沔陽敵不戰而遁尋犯大散關符岷州皆以敗去由是關表安堵如故楊公還駐沔董公復駐益昌以六月十有五日叙别靈巖寺幕下眉山任起厚楊師復祥符李耆壽臨川過春年李劉晏大正從行會稽虞剛簡眉山成申之寶城楊恢同谷李榮仲俱不及舉酒而别者壽以承乏郡寄謹書刻之巖石云

遊靈巖詩序記　鮮于侁

熙寧三年秋中澣于侁行部偶公暇與太守虞曹郎

李茂先晉弼僉謨殿省丞文紳儀公遊藥巖精舍册南下數里乃並崖登山又數百步有一巖環覆可拾函佛宮構其下崖壁谽呀石色乳竇椎不可名品像設之前有一軒瞰臨谿山俯仰可愛又東行迤邐行間見石脈出泉玉色如乳云飲之可蠲疾又數十步岷小崖崖修數丈廣二尋中有一石柱承載巖崖殆非耳目所聞見也其後有洞穴云昔人嘗誤入其中行數里見川源花木之遇或憶其家遂恍然欲行迷失處所予愛其境物之異徘徊久之因爲文以記郡寮且記此山之勝事云

褒城新修縣學記　蘇　時

天子卽位之四年是崇寧改元之明年也詔天下郡縣皆得立學蓋將遠追先朝欲爲之志恢復三代甚盛之舉粲然見意其載新書州以是責守相縣以是責令佐外臺內司成董其治醲爵賞以待有功信刑罰以懲有罪綸綍朝頒絃歌暮奏外窮海嶠內卽郊畿邑相屬小大畢舉於是選官以重師儒給田以食朝夕蓋將培植長養以成其材磨治滌濯以成其

器焉嗚呼朝廷待士養與教俱何其盛邪爲之郡縣者當何如邪爲之學生者忍負之耶褒城古漢中之名邑土壤膏腴風俗醇朴慶曆中寶充秘丞爲宰始廟孔子於邑之東隅庳地不善濱江郎水卑濕歎關繼之者率宛心民瘼曾莫暇顧迨今六十有年而令尹魏題張侯克獲奉詔來宰是邑銳意興作躬詣其舍費錢不滿萬而民財不共募工不踰月而民力不與齋祠講說廊廡揖遜濟濟楚楚肅肅雍雍比學成侯欲解去於是邑之父老與其子弟相與咨嗟太息謂

儀能勸善於惡以作於其始復賓賢與能以和於其
終咸欲書石以紀其事然予謂褒中之士山靈所鍾
川源所毓知終知至入室升堂咀嚼先王之糟粕推
迹百氏之筌蹄求不放之良心於學問湛虛明之氣
象於清夜禮樂以之飭躬仁義以之行已儒學文雅
施於有政讜論嘉言施於王庭窮與達乎心與行一
表正鄉閭者功名里能推其本始受成於學然後諭
墨談笑之間學優論政之日有以知建學之功不淺
終君之澤甚至侯方解組歸田尚未晚也歲六月癸

未記

重修縣學記　其名艮提舉四川書局

褒城令開封陳侯彪到官始涖事祗見於先聖先師
顧瞻廟學則太息曰學政首務也爲政者孰不自孔
氏今學校廢久矣荒剝頹圮且將覆壓何以啟人肅
心而表夫重本之意遂召進其秀民而告之言此邪
距漢中甫一舍褒水三堰彷彿蕭何遺跡而谷口則
鄭子真祠在焉孫譙壁記至以爲天下第一在承平
時以經明行修稱者有之以八行舉者有之以進士
第者至紹興間武相接也則此邪不爲陋未易以逸
已晚也今學校如此誰尸其責士愧而退相與約其
用度多少之劑侯實捐俸先之入用競勸首葺先聖
殿正啟聖十哲位次重飾塑像削成陛級上設欄楯
殿左右作從祀堂壁繪七十二賢兩旁夾翼殿益尊
嚴乃治其四旁及兩廡外作三門中門列戟又作遠
門以限出入祭器用器精潔士肄業遊息以至庖湢
莫不有所凡廨新屋以間計者二十因舊屋而新之
者十有餘蓋經始於巳未之孟秋而落成於季冬役

不踰時費不及民而學之成遂甲它邑學有田租奪
於府庠方謀復之且增置以待學者士既德侯之深
乃磨礱堅珉用記嘉績而索文於艮艮謂褒城雖有
學而學之成實自侯始初慶曆中賓君充始廟事孔
子而學未立崇寧初有張君者始撤學舍新廟庭至
乾道中何君渙之適帥興公雖各增修然因陋仍舊
未大釐正大率撤茇于兵火倥偬之餘其未恢弘壯
麗無足怪者今侯整飭邊士厤君內郡俾知有禮樂
文化之實其用心不亦遠乎侯固賢者其於邦人

勵琢磨有年又修復崇奉無斁誠使後之官乎此者如侯則可不然恐今之輪奐矢棘而翬飛者卽他時斷石折瓦之除茂榛潛狐之區未可知也今夫佛老之廬散列天下則其徒自爲之非必官爲之也而爲無不成成無不久者以禍福所誘而崇信者衆也吾夫子之道渾若元氣萬物由之而莫知所以德之校庠序之間非禍福之所在則其難成成而不久者夫亦崇信者之不專而已矣今褒城之學既修用材既良擇工既精斲然森然翼翼嚴嚴誠使學者不以

學舍既修黌念能顧瞻遺形早夜以思既思聖人之思其徒則彈琴鼓瑟舞雩咏嘆洙泗之風究其未泯也涵養成器有名世者出焉則後之官乎此者將以學校爲重其肯棄菁莪之炎而胄子衿之刺邪良會與侯同官知侯加意民務存心教事褒城之士庶幾無廢成矣以副侯所以期之之意

重修山河堰記　楊絳 左從仕郎

乾道元年四川宣撫使判興州吳公璘朝衍在所上寵嘉之再拜上公進爵眞王仍以奉國節旌移漢中粤自用武而來戎馬充斥民事寢緩公至則曰國基於民而民以食爲天凡所以飽吾師彊吾國者民也民事固緩而恬不加恤是不知本之甚也其可乎哉乃申飭僚吏具詔令之忠厚愛民與夫政事之偏而不起者次第施行之給和糴之緡而人無白著停輸時之賦而困窮以蘇兼并均敷悍黠弗貸嚴而不苛寬而有制至若剗蠹除害惠澤流布家至戶到咸知樂業明年春農務未舉公首訪境內浸溉之原其大者無如漢相國曹公山河堰遵褒水限以石順流而

疏之自北而西者注于褒城之野行於東南者悉歸南鄭之區其下支分派各遂地勢周溉田疇之渠百姓饗其利惟時二邑久矣息作每歲鳩工度材以鉅萬計將有事於溝洫狡獪者竊其財侻倖者嗇其十一重以興時小夫賤隸桀汙胥熟賈丁黷貨並緣爲奸以故無告衆害澤不下究公慨然念之銳意改作與提典刑獄兼常平使者秘閣張公商確利病先事設備偕詣堰所擊鮮格神涓日起役春鍤如雲萬指齊作乃檄通判軍府事史祁俾總督之催兩浹月斷手

凡用工若材視纍爲省而增創護岸之堤又數百丈
郤會邑宰宣勞殫力往來其間申畫畔岸以杜分爭
檢校精覈以別勤惰如公指揮人自知畏不擾而辦
先是光道揵積弊滋瘵踰二十年而堰水下流惟供
豪右輪枰之用異時沃野皆化瀉鹵民寔病之公又
躬即其處相方度宜易地穿渠料簡卒徒官給財用
分授方畧佚道使之剋期而就凡以工計者又十萬
有奇水利至是惟廣能周溉三萬餘畝瀉鹵復爲上
腴記事而民弗預掦又難焉欽惟我公威名駿烈爲

社稷之衛而司全蜀之命者歷三紀矣逮茲保釐功
崇位極乃復推原本始篤意民事爲朝廷固不拔之
基與黔首垂無窮之福殆非識慮淺近者之所能爲
也曹爲異代創業之輔公實今日中興之佐先後相
望千有餘歲其愛民利物之心及所成就不約而同
可謂盛德事也召父杜母何足擬倫褒中之石幸可
磨鐫辭雖不腆綠職在是庸敢直書昭示來世

重修山河堰記　　閻蒼舒 左承直郎

山河堰在興元褒城縣北山下圖志載水出太白山

山在鳳州瀆泉南流入斜谷下入褒中又旬入漢江
父老相傳此堰曹相國作考之史元年四月漢王就
國留蕭丞相收租給軍五月王引兵出褒雍建成侯
爲將軍從還定三秦三年王與諸侯鄴侯守關中則
此堰疑非蕭曹所親臨詔云蜀漢民給軍事勞苦復
勿租稅二歲三年關中大饑令民就食蜀漢則漢中
饋餉亦顆矣平土上腴必資水利三堰之興安知不
出於二公乎由漢迄今維梁爲巨鎮世宿重兵取足
南畝稅事宜力國朝有山河軍嘉祐三年提舉常平

史照謂遊手擾人罷之歲用食水民牟畝出工官爲
董齊其役疏利害釐蠹弊新簿書嚴賞罰條而上之
是時富公韓公曾公當國奏下都水植碑褒城至今
遵用紹興三年漢中被兵民多驚擾而堰事荒矣既
而復業稍葺舊役則戶版凋耗功緒鹵莽堰既疏漏
渠亦滲淺每秋潦猥盛即敗堰堙渠下民告病田收
十六七旱歲尤甚乾道五年上命參知政事相臺王
公宣撫四川明年移府漢中一日行堰上顧視慨然
乃命知興元府利州路安撫使御前諸軍都統治吳

僚佐商度之圖以獻曰謹酌民言堰敗當自外增二埌渠堰當競力通之異時野水衝激當浚以新港出飛槽俾不爲渠病顧規模宏深非常歲比乞用紹興累降旨發工徒出官帑修之冬十月公命大出後府錢幣募兵市財積岸蹲山明年春正月丁酉厥役告成合六堰袤一千二里五十步外增修二埌皆精堅可永勿壞二渠若新港一萬一千九百四十步悉力浚之因得桐板若角石狀而渠遂復視比歲所修深廣倍之使伐石十板復置渠下以爲識用長歲冰失

四千四百六十八人發官軍民兵合九千六百八十一人用堰渠料工凡材木若干人夫總五十三萬五千八百七十八工自行府出錢犒材饗犒及帥司賞給有差合計用錢三萬一千二百六十緡其渠港分流爲筒瓞者九十有九凡溉南鄭褒二十三萬三千畝是役也公嘗一再臨視謂賓客曰漢河防之役將軍以負薪竟寒之天下事功苟以身先無不濟者不特水事也於是守帥郡使者賓僚吏屬將騎熊羆之士皆在而工徒八卒雲興椎鑿雷動讙謳之聲響㺯一川耋老孺童遮迎馬首舞躍歌呼再拜投謝曰父兄子弟聞之先民未嘗覩斯役也公之功德遠矣其敢忘賜帥吳侯屬耆舒記之不得辭維秦漢以來言水利者曰盆泉其最暴著則鄭白二渠鄭國起前白公繼後相距纔百五十二年民得其饒而歌之今我褒渠自漢丞相開跡迨今千三百七十有三年公始以副丞相臨之而後興其工斯民之永歌宜哉蒼舒以諸從事隊公命是役皆所經見於是書之無愧辭

白水路記　在縣北一百二十里大石碑刻　雷簡夫

至和二年冬利州路轉運使主客郎中李虞卿以蜀道青泥嶺舊路高峻請開白水路自鳳州河池驛至長舉驛五十一里有半以便公私之行具上未報卽預畫材費以待其可明年春選興州巡轄馬遞鋪殿直喬達領橋閣并郵兵五十餘人因山伐木積於路處遂籍其人用訖是役又請知興安軍事虞部員外郎劉拱總護督作一切仰給悉令爲具命僉署興安判官太子中舍李良佑權知長舉縣事順政縣令商應程度遠近按視險易同督斯衆卻鳳州河池縣事

中丞王令圖首建路議卽移文令圖迴幹其事至秋
七月始可其奏秋八月行者已走新路矣十二月諸
工告畢作閣道三千三百九間郵亭營屋綱院三百
八十三間減舊三十三里廢青泥一驛除郵兵驛馬
一百五十六人騎歲省驛廩鋪糧五千石畜草一萬
圍放執事役夫三十餘人路未成會李遷東川路今
轉運使工部郎中田諒卒審其績狀可成故壽猶已
出事益不懈於是斯役於李而遂成於田也嘉祐
二年三月田以狀上且曰廣卿以至和二年仲春興

是役仲夏發去其經營建樹之狀本與令圖同臣輒
承乏在臣何力願朝廷旌廣卿令圖之勞用勸來者
又拱之總役應用良祐應之按視修創達之採造望
領皆有著效亦乞陞擢至於軍士十長而下並望賜
與以慰遠心朝廷議依其請初景德元年嘗通此路
益青泥土豪輩唧唧巧語以疑行路且驛廢則客邸
酒壚爲棄物矣浮食遊手安所仰耶小人居常爭半
分之利或睚眦相抵遲行人一切之急射一日丁字
之資顧肯默默耶造作百端理固然耳嚮使愚者

惟其誕說賢者不惑於風聞則斯路初亦不廢也六
扺蜀道之難自昔以青泥嶺稱首一旦避險卽安寬
民省費斯利害斷然易曉烏用聽其悠悠之談耶而
後之人見已成之易不念始成之難苟念其難則斯
路永期不廢矣嘉祐二年二月六日記

龍門洞記　　眉山蘇在廷

自蜀至京四千餘里幾半天下自利至興行五百里
幾半蜀道自興三泉西行大道不能二里又自大道
南行支徑不能百步山谷水湧少焉突有若覩闕者

當其前追而視之則龍門洞也其深七十三步廣半
之其兩傍石壁之嵌空突怒者若耳目鼻口鱗甲眼
肘俱具其下皆石爲底水激其上若鋪莞簟石墮其
間若設俎豆其兩巖瘦木萃蔓附石草生歲綴下覆
若綴纓絡木蔓之間布水十道後先交映若垂冕旒
水落石低其勢跳瀉與石相鬬若濺踏雪其聲鏘鳴
與洞相應若響其玲瓏寒清邃幽殆非人境予不能盡
名其狀蓋造物者專爲是瑰詭以貽世俗天地間一
尤物也循洞南走石斷山分有土田甚沃有竹筍給

稍孤柟雜他井木甚茂野人居之若桃花源者少西
而卉不百步泉湧地中清冷滑甘委蛇東下及洞之
竅而落洞不知所出相傳有蟄龍騰去壁罅掀籠而
爲此也故以云水出洞中北合吉谿陵大江深不可遊
淳化間縣令錢侯永始闢爲游賞之所橋於南北閉
於下範於東亭榭臺圃於西以便游者又南而卉路
盆險山水益秀復得洞若重簷复屋有石床甚古然
以道惡絕無人游歲大旱取湫水輒應疑龍之所家
以前洞爲門閭而此其堂奧云蜀人往來凡十數過

過未嘗不進進未嘗不飲酒賦詩而去洞中木石草
木皆若舊識予同年友李侯請爲記予聞之山川無
知以人爲榮辱峴山非畢以叔子而顯冉溪雖秀以
子厚而愚今茲洞之奇可冠天下非得奇文無以稱夫
文人之過其下者相屬也而獨以屬愚何哉嗟夫靈
壁之石天下奇玩也蓋僅有竅穴處耳以其近於中
都故取重當世甚至一拳之微價累千金而爾不可
得其亦巧於效技也此洞豈特百倍於靈壁乃蓄然
獨秀於遠方不效技於王公貴人之前徒爲田夫漁
父之所觀賞高人逸士之所玩藝其抱有類予者
予與其舊識而賢之以予文不如山靈尚許之否

韓公襲美亭記　　知州　宋　莘

宋臣之盛未有如韓氏者初尚書左丞贈太子少傅
忠憲公億大丞相魏國公琦皆進士崛起蔚然勳德
相望及其父子兄弟一門四世爲賢卿相議者謂源
流相承皆忠憲所出蓋天之卓昌韓氏未有艾也夫
豈其然耶祥符間忠憲公以太常博士出守洋州實
生仲子僕射公縝後五十年繼領郡事是歲嘉祐五

年洋人德之士大夫榮之爲作襲美堂一公亦不鄙
棄也皆賦詩見意遺洋人爲九門重蓋自祥符歷嘉
祐以迄於今踰百五十禩邦人頌而歌舞之不少衰
焉噫天之生斯人將以爲宗社華夏之福而洋再世
私之其爲榮幸宜如何異時洋居敵衝凡城邑宮府
大罹兵燼之餘而堂亦墟矣惟一公慈惠之政風流
之化根于人心傳于爺耆夜光炯炯燦然與天漢俱永
豈亦有神物護持之耶乃相與屬其父老而告之曰
吾聞春秋之世韓獻子有大功於趙故宋興韓世族

興仝乃國家再造其子孫尚多賢沒是迹二公遺墨
勤諸金石而往告之且貨其必有與者父老咸歡喜
踴躍再拜以請曰碑立矣漢水在此公言不食併詮
其詞刻之以傳不朽

洋州念佛嚴大悟禪師碑　宋　閻文叔

昔唐代宗時有聖僧焉姓張氏名法照興勢縣大灘
里人也少捨家爲沙門証定慧力入於神通嘗遊廬
山適南岳得法而歸在此岩上庵居泉飲日夜專念
阿彌陀佛每念佛時常化佛空中顯現聲不加大聞

於長安天子乃遣使者以禮迎之既至賜號爲供奉
大德念佛和尚又號五會念佛法事般若道場主國
師而天子承教焉初法照居廬山入正定至極樂國
見衆惡衣侍佛者佛告曰此衡山承遠也出而求之
乃之南岳見長老承遠居岩石之下羸形垢面躬負
薪樵凡化人立中道而教之俾得以疾至故示專念
青佘巷刻谿谷率勤誘掖度援於衆是爲教魁其徒
至萬計法照乃從學而專教天下故作五會念佛法
事依無量壽佛經廣說偈頌以專念爲教於體其中亦
闢無生忍法至是乃言其師南岳大長老有異德天
子南衡而禮焉度其道不可徵乃名其居曰般若道
場以尊其位德宗皇帝讃法照曰性入依刧得念正
真悟常罕測諸佛了因帝又問曰佛留法法衆生欲
依何門法照以偈答曰諸佛在心頭迷人向外求內
懷無價寶不識一生休帝乃大悅經讃廣布流行法
照在長安居章敬寺每入城邑聚落常以布施捐衆
念佛從化者甚多至不可計莫不奉持齋戒厥後城
中有一屠者爲失利養起瞋恨心袖刃而來將不利

於法照時法照以他心智知其心念謂屠者曰爾欲
墮入地獄耶而來害我屠者愕然棄刀於地悔過作
禮願從念佛念之聲聲奄然立化法照亦結跏趺坐
而入國家勑謚大悟禪師是日在彼殁已此張氏家
明覩其形容須臾乃現神變隱身巨石之中遂不復
見焉嗚呼法照禪師者其西方之聖人乎不然何以
遊神彼國行化此方度惡人於須臾現色身於沒後
神變自在無礙也由其當時念佛於此故世記此岩
以念佛名之又從而構立祠宇焉迹其道塲之遺則

今岩殿之後有草庵基其經行之地則今山徑之側有錫杖泉其遺教則有五會念佛法事其遺像則此殿壁之上有古所畫法照行像至今郡人每歲以仲夏六日致祀於是岩四衆集會是日能使疑者信慢者敬斯以威德神化所感而然也或曰旣聖矣猶現行念佛者以何義耶復以何義專念阿彌陀佛耶曰以勝義觀則無去無來無生無滅非有漏非無漏非有爲非無爲方維上下無所不在過現未來無時不存以太虛空爲法身以妙真如爲覺性視之不可見

聽之不可聞故經曰若以色見我以音聲求我是人行邪道不能見如來以世諦言則有因有果有修有証有三十二大丈夫相八十隨形好可見之色有六十美妙支音可聞之聲有十力四無所畏四無礙辯十八不共法爲成道相有三乘十二分教爲說法相所在之處有十方所出之時有三十成就淨土拜授衆生名稱形相皆爲福田故經曰若人散亂心入於塔廟中一稱南無佛皆以成佛道二種理趣非合非離非一非異離有無邊是謂中道捨斷常見是謂正

智是故智者隨以空性觀於如來而以不捨諸有爲法行佛隨念此法照所以現形念佛之義也十萬三世一切如來名號無數至於功德威身辨才智慧証入法界成就無上正等菩提則一如來所能具足如是作意專念一佛則爲普念一切諸佛以經考之西方去此十萬億佛刹有世界焉名曰極樂彼世界中有如來名阿彌陀誓願洪深修行廣遠功德莊嚴淨土慈悲濟度衆生推本往昔過無數大刧初心修行菩薩道時於世間自在王如來所法無上正等覺心

具稱二十一億清淨佛土廣發四八種殊勝大願如實安住種種功德修習如是菩薩行時經於無量那由他刧初未會起三毒五欲住三解脫門行六波羅蜜復令無邊諸衆生類住無上道起諸妙行以至成佛皆不可以語言分別之所能知積集如是不可思議無量功德乃取正覺成佛已來於今十刧現在說法無量菩薩及聲聞衆恭敬圍遶左觀世音右大勢至二大菩薩而爲上首彼佛如來光明無邊十方普照壽命無量一國皆同故名阿彌陀又名無量壽人

有異名謂無量光般世界中稱歎嚴飾香花充滿無
三惡無八難所有衆生皆如自在天所有菩薩皆住
不退地無有衆苦但受諸樂是故彼國名曰極樂無
邊世界諸佛如來皆共稱讚阿彌陀佛所有功德他
世界中若有衆生聞此佛名生淨信心能如十六觀
行修行迴向願生彼國者以願得生永出輪回終成
正覺雖下品者亦正理果此法眼所以專念阿彌陀
佛之義也且三歸六念以佛以先一稱南無佛陀善
根無盡況能專念者乎法眼以此教人蓋得其要矣

我願以此法門示之衆人傳之後世使聞之者皆發
信心而歸正覺是以立石此岩而述其事義以記焉

金華寺龍骨塔銘　　　　游國佐

金華老僧顯公所居後依洞獲龍牙角及骨鱗并大骨數
若干類爛然斷者十數枚其牙大若巨人縮示告曰此
山神龍所依棲故角藏龍且去矣今德人並至是境山
復清且深龍當還來此其兆也然之言詳岩公異之乃
卸洞旁大磐石上累甓爲浮圖藏取其牙角骨舍藏
焉是歲紹興甲子二月也銘曰　淵龍兮去何之
妙龍腊兮見於斯巨人焉兮審前知休徵生兮豈無
欺建浮圖兮淵之湄因磐石兮應歷歷憲人蒞兮境
毋隳壞若龍兮歸何時

山河堰賦　　　　失名

山河二堰蓋漢相國酇文終侯曹公所肇創昔高皇帝
公王漢中安養百姓圖志兵食公因江河以灌溉饋畢
之饒隨山濬川灌流九州卒致儲偫衍豐以供軍需大備
用能輔佐大業克成厥勳遺迹因作傳文實賜如書
信相傳圖經具載碑記可考班班不誣由漢迄今民

賴其勝是堰也閑之以木聚木以石每歲孟陬鳩工
集材以繕修之雖出于人爲寔侔造化之妙然勝衰異
際物理之常以泛漲勞有時無患總紛堰因舊工役不
度易淺暴漲六堰盡決田廢幾亡民用艱悉常平使
者國史右司粟部范公顧瞻咨嗟觀揣幾千萬助民
輸木勸農使者遂師閻學侍郎廣漢張公實主盟之
集材于癸丑之冬明年春大役工徒日以萬計奮鍤
運斤如列行陣進退作止抱鼓相應皆有準繩析溪
航掘數千萬章作于仲春之乙未告成于三月之甲

子南鄭令臨淄晏表實司是職籍以二公心乎愛民先事備具所謂先天下而憂其憂後天下而樂其樂者也請記成績而爲之賦云閱漢中之形勝兮實關梁之奥區控斜谷之衝要兮隸褒中而與俱山連大麓兮勢若從萬馬江從太白兮濫觴而紆徐不捨晝夜兮盈科而後進鏜鎝澎湃兮下有蹴文

乾明寺記　苾芻修信

大宋太平興國三年詔賜興元府中梁山伽藍號乾明禪院山在禹貢梁州之中隸漢中郡距郡城一十

二里高四里西望嶓冢北眺褒斜東瞰洋川南睨巴丘谿谷窈窕林徑盤紆而上有石馬池水春冬不涸時出雲雨見怪物馬兮亡矣人夜或聞其嘶鳴其神曰靈壽將軍紹興二十年聖朝加封休應侯廟號澤潤山半舊有館舍初不知何自與起僞蜀廣政間新羅國僧傳失其名從海東來居之遂成伽藍其後有慧眼法乘禪印法眼諸師並稱有道伽藍於是乎盛大紹興三年兵火延燒棟宇經像無孑遺僧徒皆奔迸去時則有尊宿居行來首圖興造其次仲璋文其次勝堯永璘璋永逮今海珍先後經營之垂五十年伽藍皆復就凡爲屋若樓殿堂室祠廟亭宇以至賓寮庖舍無慮千楹闢田疇水陸百頃飯禪衲歲不下十餘萬人嗟乎盛哉恢弘象教隆振法化如此六尊宿者可謂能事矣雖然今之成者昔之壞者也方其壞也非夫郡邑公卿大夫士清信檀越勠力調護之曰我有以云爲何由哉珍洋川人肄業于城固法隆院嘗遊東吳從天台禪師授心印臨濟正傳也住山十餘年禪林法制粲然一新乃礱石於宇下使其徒

德珪來俾予書之是歲辛丑淳熙八年秋九月苾芻修信書

妙嚴院碑記　比丘道虞

自興元東底味溪取道北行凡六十有五里步西北岡登斗峰山高千尺松檜萬株山之巔有蟾蜍之窟山之腹有松檜之樹山之根有㟐谷之水截水作堰別爲五門溉灌民田之利蓋甚溥也岸之北稍畦千頃烟火萬家乃有古蹟妙嚴佛氏之宮不知其創自何代隸城固安樂鄉嘉祐八年詔賜今額地望爽塏

卜築奇勝跡鈎翠栢烟籠雲靄面揖千峰在目睫許壽木千尋斷崖萬仞靈禽韻美野草花香四顧山川風景佳麗殆勝地也乾道丁亥院寺將絶檀越齊普明等聞諸有司與善濟沙門道深者主之始深之來敗垣破屋弗堪其居補敝修新漸加增葺其徒祖興祖俊相與周旋輔佐之厥後祖俊南遊師孫海源等協力無倦化富者財誘貧者力伐杞梓木選斧斤巧三門兩廊翬飛幻現法堂佛殿位置莊嚴是役也經始起於艱難成就資於衆力歷年既久今始落成嗚

呼經之營之可謂難矣受業於是者甚無忘前人之勤勞則無愧於廣廈之庇矣嘉定改元戊辰上元日鏡庵比丘道虔記

重修園池亭榭上梁文　宋 南 勝

刼火洞然不貸池亭三十景春風髭寓種戚桃李幾千家雖横湖多花竹之奇獨披錦擁園林之秀自冉渦去後誰爲主已嘆荒凉况異邪何處得此花畧宜盻睞莫使鴛鴦蝶懶虛度三春縱教鴻去燕來葺成一日判府安撫郎中主盟勝事着意幽尋爲思宫錦之淋漓忽對亭顔而鮮順雲斤月斧重修畫棟珠簾露萊風枝依舊朱唇翠袖喚回景象增賁名園植萬牛棟宇之林出玉鳳文章之手咽笙簧於綉帳不妨我去君獨留促環珮於蓬萊更囑花須連夜發式形徽語用舉修梁　梁之東亭下花光曉漲紅但願花丛千里共家家錦幄貯春風　梁之西萬緑千紅巧綴幃少綴胸中雲五色爛裁宫錦織天機　梁之南翠袖朱唇酒半酣試向蓬萊高處望一邊花氣與天參　梁之北勾引部華歸花國只鮮花時醉錦幃不

知此日東君力　梁之上華屋亭亭園錦帳袖中携取玉雲機歸去蓬瀛飾方丈　梁之下冉冉飛雲変條盡但願他年功我儀過訪遺基着高榭　伏願上梁以後豐年多暇樂事并來相繼雲斤足四老當年之詠大開錦幃被一城和氣之春鼓聲悉變於笙歌臨畝若安於亭榭仙人去後留落花流水之春太守請誰記飲酒作亭之日

忠護侯廟記　宋 朱 紱

居傳史明皇西幸至咸陽道宦者王洛卿前行置食

吕吏民莫有應者日向中帝猶未饍民有獻糒飯銍
以麥豆帝皆傒貿慰勞及考圖經僖宗西幸至白石
鎮有叟進醪醴上問其來曰君父子谷因賜金幣逡
巡其谷夫貫爲天下富有天下一日去國西幸則糒
飧醪醴之獻適當饑渴皆錄其意而賜之賞可以示
勸世鑑也父子谷今在梁泉之東北有廟存焉士人
以爲州主歲時致祭宣和初郡人請于朝賜爵曰忠
護蓋旌其草野不忘君而志於忠也夫山谷間不無
隱君子如商山之老得以定儲是知泰之將亡而避

戶有僖宗末年唐室微矣豈無隱君子哉黃星所照
假醪醴以薦尊親上之誠傳說相高宗若作酒醴爾
惟麴糵僖宗若能舉之于時扶顛持危或無有愧於
傳巖麴糵之用耶叟也寓意於箴誠天不沒其意云
祀以永存焉

重修大成至聖文宣王廟記　寶克

服儒之服讀儒之書不知儒之道是猶終日戴天不
知天之高終日履地不知地之厚亦有異端壞亂全
其行已矣我夫子之道文而明一以貫有在方策炳
若日星祖述憲章顯仁藏用聖人之備者也若夫窮
神知化自誠而明中庸可能皇猷可復其聖也天縱
其性也生知制作素王之道立三綱五常總人倫之
大紀以正君臣以親父子以齡夫婦以睦兄弟俾民
日遷善而不知則顯仁藏用之道備矣子思謂天地
之無不持載無不覆幬然有道之用有所隱晦文中
子謂天地生我不能鞠我父母鞠我不能成我成我
者夫子也道不啻天地父母遍於夫子受罔極之恩
其與太極合德神道並行誠哉言之至矣道之蘊矣

乃知太極權輿一氣并明二儀明夫子之道包乎天
地其道之言出乎一而已矣國家功格窮壤頌溢金
石書軌咸一聲教無外庠序大闢禮樂大備使賢不
家食野無遺逸有以見人文化成天下單浮雕之盛
烈也褒城縣隸封漢中跨據秦隴控斜谷之嚴阻厥
田沃衍其俗寡庶三堰之美利在學校之構絃誦之
業適爾罕聞儒祠宇尚隨人易知教先是舊廟僻處
山塢荒庭寥落鞠成榛莽菸撩傾圮風雨弗庇春秋
祥奠何陋如之克居治是邑涖事之初乃狀其迹建

曹公府時尚書水部員外郎李公泰雅鎮濟矜悍意儒宗既聞矢謀亟從改作鄒是周爰延署擇堰之石得官地一區爰稽度址鳩材僝工靡踰月而棟宇閎新不越時而塑像儼列堂奧深邃開閎有嚴式覲大壯前以子思之言但取諭天地未顯道之爲用而文中子明成我之意與太極脗合淵乎探道之賾邈焉臻道之極吾是以知庶幾聖人之道者其中說之謂夫誌諸溫珉辭達無愧慶曆四年九月四日謹記

漢相國酇侯曹公廟記　寶充

古者通溝洫鑿陂澤所以備旱也建一事興一利所以惠衆也昔秦用鄭國鑿涇水自中山抵瓠口爲渠溉田收皆畝一鍾關中號稱沃埜無凶年之患漢任白公復引涇水首起谷口尾入櫟陽均水溉田大獲厥利民到於今稱之是謂鄭白之渠衣食之源蓋云鄭國在前白公在後秦漢之際兩渠之饒莫盛於此漢中是維梁之與壤褒邑控斜谷之臨首群山始盡一川砥平輻輳衆流合成巨派胥者樂水性仁傳施舅自谷口作爲三堰橫截中流擘四洸渠左右股引第一堰東西分兩洸渠溉本縣田第二第三堰分東洸四渠溉南鄭田西洸四渠平注疏入田疇製桐板以限其多少量地給之俾水均足而民絕爭矣溝洫綺錯原隰龍鱗灌溉胝連畎澮周布混溯汙萊悉茂稻糧每秋成望之多穟如雲露積如坻雖天時亢暘歲亡災沴之虞一廛之直或售之不下五十萬錢厥田膏腴厥俗富庶郤三堰之利兼濟然矣堰之製則聚之以石束之以木盛夏谿谷暴漲或至隤隳故褒城南鄭兩邑每歲孟陬籍丁役以繕完訖工府牧必

親蒞其績率爲常矩李唐僖除山南西道節鉞皆兼營田使額乃知堰之設不其重乎按圖經即漢相國曹公叅所肇剏也詢耆舊之說咸亦如之詳本傳始以戰鬭籌畧差校勳伐及列領視三堰當時以爲瑣末豈非史氏之闕也歟今祠宇宏闢血食斯饗蓋導其源流啟一時之利循其經制有千古之賜祭法曰法施於民則祀之又曰能禦大菑則祀之是則三堰之法施於民復能禦旱暵之災誠有鍾水豐物輔世之大功爲廟致祀固其宜也抑又知蕭曹二相國屬

高皇以王漢中之際憤鴻門之抑剏愛養士卒廟意兵食夏出心術如營茲堰卒致储峙豐稔軍需大備不旋踵而奄宅中夏是克彌成王業者也昔鄭白二渠後續遼遠不啻相萬爾昔召伯甘棠聽訟子產脫韓濟人而尤謂古之遺愛矧三堰之利世濟粒食斯民賴之其愛之厚不亦愈乎而千百年來寂亡紀述吁可怪也克明守是邑緬懷前烈摭其事實而即爲之制云

西嶽行祠記

失名

維中統五年太歲甲子三月丙子朔念七日壬寅今有漁關沔州管軍水路轉運都元帥府同沔州長官元帥兩司官吏軍民人等竊見自罹兵火神亦莫依廟貌既殘祀典何有震承君命俾治沔陽雖日有年未暇及茲歲庚申春震等乃相謀曰州治之北舊有西嶽故址頹敗久矣盍往與之即是歲之仲春念八日命工度材經之營之不日成之宮宇翬飛三門峻立塑像莊嚴粉飾具備凡有祈者莫不應響焉嘗謂鬼神非人不歆神而不靈神其幻矣人而不祀人自

渠矣既而歲焉而風雨時境焉而豺虎息物焉而災孽不生民焉而疾病不作神之聽之介爾景福斯謂盛矣猶有碑記求而弗獲厥應孔昭不容自已幸茲癸亥甲生之歲正當否傾泰來之時相與勒諸堅珉庶可流芳萬世

漢南郡志卷之十八終

漢南郡志卷之十九

闕左　知陝西漢中府事滕天綬重輯

藝文志

明

漢中府廟學記　伍福

學校爲國家元氣敦崇聖道脩叙彝倫儲養賢才以爲世用自三代與後世有天下者必以是爲重焉漢中古名郡宋慶曆中建學於城外東南一里許元至元六年提舉王得輿始移置城中西南隅元末燬於

兵燹迨及今朝統一寰區弘闡文運洪武五年知府事番陽費震因元舊址脩建廟學以立教事歷歲滋久先後爲政者雖嘗繕治然皆制仍其舊頹圮相尋成化初予奉勑綱紀學政至斯顧視荒陋不足以副國家脩明禮教之意時知府遷安趙王初抵官即能以作新經營爲已任於凡可以供工用之費者恒究厥心日積月累儲備唯謹踰三四載計其事可集時可爲乃建白巡撫陝西都堂大夫鄢公然其言遂夬意一新是圖遂按察副使梁君廷寶撫治茲土亟爲

定畫規制而賛其成工師度材方以不得大木爲憂維時六月大雨連日漢水暴溢漂流巨木蔽江而下抵岸遽止奚啻數千皆碩材也憲副君暨守備都指揮李武率軍民輦至屹如山積闔郡驚訝皆謂天相斯文爲有在於是刻日肇事悉撤舊作新故址增士而築之於東爲大子大成殿九楹崇五十尺廣倍之深殺廣之四上施琉璃獸脊四垂綠瓦兩廡周廻爲間四十有八戟門五楹前爲欞星門皆壯麗雄偉等威儀稱殿後爲尊經閣儲頒賜經籍崇五丈簷牙四

出角搆翬飛中廣四丈深殺四之一閣前左右爲諸生文房限門屋墻垣殿東則搆明倫堂堂後爲會饌堂明倫堂東西翼以四齋中爲廣埕前啟重門其氣象皆高明而規模甚弘邃與夫官舍庖湢庾庫射圃凡所宜有罔不悉備已而完以杇垣塈堊之堅煥以金碧采繪之飾而南面之像侑食之容章服之別儼乎若臨工既訖郡之父老諸生來告以記爲懇嗚呼學校爲國家元氣尚矣三代之隆考諸經可見春秋魯僖公能脩泮宮國人頌之後世以爲美談矧今天

于在上重道右儒度越往古禮教修明洋洋乎寰宇
之內士生斯世何其幸與茲學完矣美矣游息於斯者
者尚有所恩乎仰聖賢之德容而興其嚮慕之心誦
經傳之微言而致其學問之力朝夕不懈以迄於成
功出而致用必有裨於生民社稷庶幾不負乎此苦
徒飽食逸居而忘所事有不愧於心哉故記之俾尊
於石相其役者同知劉璽通判原邁知縣成章教授
李鏻訓導楊洪也

重修漢中府儒學記　劉彭年

維江漢咏于詩被聖人之化最深且厚更代以來號
稱名郡不衰豈非理義之涵濡流風之漸被于人者
也哉迨我國家垂百六十年餘丕闡人文作育卑
隆右之盛又乃皇上尤篤意六經以斯文爲已任
之遭際宜何如其爲感發也哉茲者巡茶御史渭
劉公按部茲土首謁文廟之傾圮曰是何以妥聖靈
嚴宮墻以新士胄也哉遂命南鄭縣知縣張佑曰
惟才且有司之守也給罰鍰若干財不出于徵輸
取辦于和雇勿聚前功勿後後觀首事于嘉靖丙
秋八月落成于冬十有二月又經始勿亟之意也公
乃以紀事之任諉重于彭年謝弗敢命乃作而言曰
記修學者弘矣殆無辭之可置其亦曰目先師之位
置曰此教之所由始也目明倫之表著曰此士子所
從學也見堂宇之傾圮曰此法之所得爲而不可後
也諸士瞻禮于是誦法六學于是而所以汲汲于修
廢者窮有養達有施將深其器業以儲國家之任使
也故曰長則材諸仕公之修舉新其外之所安也士
之藏修新其內之所有也諸士于學校之傾圮固將

有望于急先務者之有以修舉之矣至于被聖人遐
化之地又遭際列聖作育之久及監司守令作新之
意而思所以新之則非監司守令之所能豫而且有
厚望焉者宜何如其爲心也嗚呼諸士其有以勉之
哉聖賢之立教亦不過曰明倫申之孝弟而已語曰
孝弟之道通于神明又曰人人親其親長其長而天
下平又曰無他達之天下也堯舜之道孝弟而已矣
故曰聖人人倫之至也願諸士亦惟于此重有以勉
之而已亦即所謂申之之意也不徒講說之而又深

究之不能深究之而又專有之隨所得之淺深也
見諸施設也以事君則以事長亦將隨遇而舉之可
則于用也爲有本爲實學征有益于事而切之爲實效
名臣之烈此其發端矣至于富貴利達以取給備覬覦
應仕亦士之所必有而學校之盛衰人材之隆替不
足繫焉不敢以是責生員也若夫係籍聖賢爲學不爲已
志在溫飽甚者家修而庭穢行污而玷門治雖謂之賊
于學亦可也柔且辱學亦可也諸士其將不欲聞乎亦
不敢以是責諸生也侍御公世南陽之新野人族名良

鄭字一井[illegible]其他[illegible]尚書院學教[illegible]卿十餘
所著有名勝記之詳矣皆足以占公之博雅端本急先
務類如此歲年恭守之常可得附姓名以託不朽豈
有榮權焉是爲記

漢中府重修廟學記　　謝文

先孔子而聖者非孔子無以明後孔子而聖者非孔
子無以法至哉言乎夫以孔子之生有德無位豈能
然哉既正欲以修明帝王之道著之六經垂之萬世俾
後之奉天惠民者有所持循而不至于冥行妄作也

候唐宋之君中之知愚不一循則治不循則亂提于
影響信不誣矣我皇明誕膺天命奄有九有御極之
初即正嶽鎮海瀆封號以山川功臣烈士以初封其
除一切不經之稱無名之祀悉皆革去惟我孔子京
都有監郡縣有學家塾黨庠遍及天下加封之號尊
崇帝王崇祀之典隆配天地一因前代之舊而不少
損焉者誠以萬世帝王之師本源之報當如是也聖
子神孫率循不忘百餘年來得人之盛致治之隆超
二帝一三王豈雜霸雜夷之代之隣可得而彷彿耶按

漢中古梁州之域嘗爲秦楚之交領州一縣十二誠關
中一鉅鎮也故有廟學興替由倡成化壬辰郡守慈
安趙公嘗改新之越歲二十新者復敝弘治庚申阜
城周公以刑部郎中奉命來治郡事首謁廟學目擊
頹廢即欲修葺顧誠信未孚不容驟舉觀察之後均
徭薄賦賑窮恤孤凡可利于民者與興鋤奸禍盜息
刑刪繁凡有害于民者與除一念弗違百廢俱舉期
年之內威愛大行僚屬吾之政已通人已和時可以
有爲矣乃以其狀請于關南道憲副馬公曰惟茲盛

詩有裨化理宜亟圖之勿緩宰下君先計殿堂既壞齋舍危陋之用爲材幾何爲工爲費幾何乃出官錢搆良材卜吉興工撤舊更新腐者以易傾者以立隘者闢卑者崇丹堊黝漆彩繪加昔垣墉甓甃增修悉備前鑿泮池甃以石甓架橋于上引流其中經始于辛酉仲冬落成于壬戌孟春時維上下之祀邦人奔走在廟者莫不改觀咸謂斯舉也財不歛衆役不強民廟貌之麗成功之速盖前所無而今所有者宜有著作昭示將來訓導姜鍾秀介書來命偁予記其事

余惟學校者風化之源人材之所自出也學校興則人材盛觀風者每以學之興廢覘守令之淑慝而黜寓旌別之意爲守令者恒多以簿書期會迎合上意爲能其于學校漫不加省非不欲爲盖亦材力之所限量也周公以英敏之資秉蘗之操材足以有爲而力又能行之故不爲則已爲之易成昔文翁守成都以蜀地僻陋爲選郡縣小吏開敏者遣詣京師受業博士業成還歸文翁以爲右職又起學宮于市中招下縣子弟以爲學徒每出行縣益從諸生明經飭行者與俱縣民爭以爲榮教化興行比于齊魯人到于今稱文翁之治不衰若吾漢中舟車四通士沃俗美非僻陋之區學宮幽閒業可靜修無市囂之混英才濟濟後先相望非下吏之選周公酬經飭史小有文名今當提調之任苟有受教之地者摳衣請學道在邇無跋涉之艱士遭其時何其幸歟繼今而后入斯廟則思孔子之道忠孝爲大升斯堂則思學校之地禮義爲先隆師取友深造而有得焉幸而居位而行道則爲德爲民揚名顯親流芳竹帛齊休古人而後

已或不得志則展庭闈之樂抱江湖之憂推其學私淑鄉人亦不失其爲善人君子之歸如是則教化之行人材之盛將不得與成都比歟僉謂漢中古蜀地而周公則今之文翁也公名東伯震其字雨村爲別號云

南鄭縣學記　呂柟

政有綱紀由教者新教有規模尊師者隆師有胚胎育徒者切故君子不知幾不足與有行也不知本不足與有用也聖人之道譬之庶人則宗祖也宜家可

而犀祇譽之帝王則天地也宜南郊而北祇然後饗儀
不若重言重言莫如體道體道莫如信經昔漢高帝
之王漢中也固常懷少牢之誠於夫子想君臣之義
於縣絶文景武昭光明之世大啟膠庠丕闡儒風海
内康乂不愧於商周中間數傳戚畹秉政嬖倖據路
天下紛紛然亂則亦傳士倚席不講學舍鞠爲園蔬
之故也今天下一統建學溥於四海然時葺而[illegible]新
之則在有土吏之良惡風俗之隆污賢才之多寡政
事之興廢咸决於是夫南鄭固漢中地今漢中爲[illegible]

西省郡南鄭則郡附郭邑郡邑各一學而夫子廟尊
經閣則共之蓋國初洪武八年知縣陳師錫之所創
延成化九年按察副使東平梁公觀之徙置於今地
者也二學夾廟而南面離遂市廛固士子所也惟歲
月既久縣之循令庠舍傾圮僅存厥基正德戊巳間
四明介齋呂公和江東碩儒陜西憲副既駐節於關
南即行道於下車憫邑庠之久廢以興復爲己任乃
新尊經閣乃新明倫堂乃齋乃號乃倉乃庫乃廚乃
射乃及教官之第煥然一新師生有依渢渢乎琴瑟
之奏也芋芋乎菁莪之茂也濟濟乎俎豆之列也蓋
欲挽鄒魯之風不啻爲文翁之化縣有教諭淮陽陳
君楫者嘗知于予乃使鄉生鳳謂予曰介齋先生之
撫鎮漢中也盈儲蓄徧郡縣空囹圄生草莽戍西鄉
盜賊息練什伍賞罰信若乃買山以築城刼奸以庇
民財尤其表表者也涇野子曰此於介齋也何有夫
道無無用之體人有不學而能盡得其幾與本也易
曰積豕之牙吉爲學爲政皆宜若是占也故由政而
言崇教所以舉政也由學而言明禮所以克己也介

齋已見諸政諸生不可不從諸學不然豈惟負介齋
作養之意而孔孟所以爲吾徒者亦荒矣則夫土木
之傷民財版築之勞民力又何言哉諸生其念之乎
理是役者兩郡何君子奇通判周君盛推官范君紳
知縣牛[illegible]主簿郝貴而陳君及訓導白翰則又其正
教諸生者也

褒城重修儒學記　楊廷和大學士

褒城舊有學自宋慶曆以來歷乾道嘉定間屢修之
元季廢頹洪武中訓導李均佐知縣李璜相繼修葺

歲久復敝弘治戊午鹿邑張侯表來知縣事下車之
初周視廟學慼焉於中以民之未信不可勞也踰年
政通乃進諸生若父老及庶人在官者而語之曰漢
中爲陝望郡褒城又漢中望縣也自陝以西觀一省
之文教者終於是或有歎焉則將易其地矣自川以
北觀鄰國之文教者始於是或有歎焉則將易其地
矣地不可易也人不可易也顧其本何如耳學校文
教之本也賢才其徵也本之不立於何徵之其本蓋
長人者之責也今夫學校之所以爲教雖不專在庠

舍間然聞之百工居肆以成其事則庠舍固士之
肆也廢而不葺豈獨長人者之羞亦褒人之責也始
以爾褒之故言之褒之六堰自漢以來未之或廢也
非六堰之澤能不廢也爲民之衣食於是故不敢廢
也夫以民之衣食於是誠不可廢也不知飽食煖衣
而無教則如之何哉此猶爲其有益於民而爲之也
乃若乾明之院則釋子之居也其興其廢卒無與於
民者而屢廢屢葺且侈大之以爲中梁之壯麗雖費
不惜也若是者亦獨何哉今夫材褒所產也力褒人
之所能效也吾將因褒之人致褒之材而借其力以
終吾事可乎於是諸生從父老從庶人在官者從無
弗響應者侯知民之信而可勞也且以白於按察副
使馬公懋知府事周公東二公皆曰此先務也其不
可後既得命乃募胥木者復其家令民採於山而致
之縣工人之有事於官者亦復之首建明倫之堂三
間翼以兩齋各如堂之數文廟則仍舊貫之善撤去
脫尨易以新者修戟門三間東西廡倍舊加一焉廡
居有亭習射有圃食饌有堂鄉賢有祠廚圃庫庾之

類俱以法備經始於己未之春落成於庚申之冬人
徒見其工之鉅而不知其費之所出皆嘖嘖稱歎侯
亦樂其志願之遂也乃卜日率諸生舍菜告廟退坐
明倫堂上諭於衆曰今茲成事惟諸生之功二三父
老之勤庶人在官者亦與有力焉長人者之責亦已
塞矣今而後修於家善於鄉用於天下以振褒中之
文教使往來觀者不敢易視之則誰之責也且六堰
之澤歲修之而歲收不虛也乾明之居者亦且晨鐘
暮鼓以不忘其所有事諸生顧不念及此耶諸生皆

應曰明府惠愛褒人而圖振其文教此君子之澤也
敢不敏以從事初己未之秋予以先大人憂歸過家
鄭褒城儒學訓導胡復全預以其事告予請爲記予
明年遣庠生張鄉不遠千里來蜀申前請予時方丧
裴北上未暇也再過褒主簿栢英復以爲言也比予
京鄉進士張瑞請益堅遷延至今乃克應之而並以
侯之褒政附焉以見侯之善用其民而褒人之樂于
從事皆可書也侯篤信好學成化甲午首舉於鄉及
試禮部不合以親老就選得山東之日照縣旋改今
藝文志　卷之十九　褒城儒學記　卅三
任先後皆有善政能言者條舉而頌之史家當有采
焉記爲學校者故不得具載云

敬聖祠碑　　張佑

自遂古英俊繼作極建化孚際昌運者咸沐沃澤叅
第澤因物與以息匪作師以倡文教則萬古蒙昧若
長夜漫漫然何時旦耶幸上帝憫愛民物于叔梁紇
肉食曾鄹邑秘靈毓秀素矣乃錫瑞協禱適攝提貞
于北陬惟庚子吾先師以降焉德超百王化流千古
淵源寧無所自乎但後議禮者以翁列旁祀實先朝
諺典因之我明天子踐祚謚曰啟聖爵以上公命海
內別建祠以祀又謂道惟孔氏之粹當崇空部元流
奚足尚乃命郡國凡梵宇淫祠悉毀之嗚呼此及正
闢邪之令典斷自睿衷侯千聖而無易者奈何奉行
不恪闢南雖有祠而卑狹淺隘甚弗稱時民又有宗
美材爲道殿備者悉非梗化者歟我陳侯璣以京大
夫出刺天漢目擊兹獘喟曰是豈將順德意而共成
一代正大光明之偉業乎遂畧址東降于罰取厥材
以克聖祠用龍見戒事火見致用不索諸民儲弩積
藝文志　卷之十九　敬聖祠碑　卅四
工未久聚條致棟宇暈飛門墻屹立器皿龕帳靡不
備自是物所各當而禮行稱情矣日至告畢命佑記
之佑竊慨夫踵訛則名弗正眈異則術弗端狥俗則
正弗理奚足爲諸士率哉方今聖明迭須釐訛黜異
之令而丕變陋習者賴有賢侯焉衆美集矣諸士亟
濡德化亦將何爲潛修以需用耶繼自今盍思孔氏
家法淑身心者惟天德王道養窮節者惟薦靖勵達
施者惟忠蓋凡九流亂經之説功利背道之謀悉屏
絕退聽未嘗爲純粹之瑕翳士克執此以往則懿德

精忠可與金石同堅日月爭光而擅當代殊絶人物矣若假文義以梯榮貴崇慝他術以叛我大同之至道不惟負聖明敷化右文之善治而于賢侯作新激勸之美意亦莫能慰矣諸士其懋之哉時創厥儒績者太府連軒陳侯璣又有二守潼渠李侯美別駕忠軒楊侯廷相東谷譙侯暘司李裕菴陳侯鍊咸先後贊成厥緒矣

學田記

項思教

洋邑儒學舊未有田今創有于東郡劉公夫洋在前

代號雄郡迨今改郡爲邑而輿圖版籍如故然惟政俗頹靡閭閻凋敝吏是者唯皇皇拯救日不暇給而學田則等于末務矣公以當道推轂借寇茲邑旬月之間百廢俱興至學校尤嘉之惠謁祀日見廟舍圮壞諸生告乏公喟然曰學校之政不修儲養之資未裕也儲養之資未裕學田之議未行也是可緩耶遂盡稽民間閒田得沿南九頃池一區官地凡若干畝其先惟出租輸官以佐公費嗣後掌故不經上下侵漁于公家無毫髮濟公毅然更正收爲學田且創制建規俾儲蓄有所出入有籍宗廟羨于斯庠序餙于斯貧之周于斯所謂學校之政庶幾修矣公持狀來儀實獲我心乃上其事于當道諸公稱善且令樹碑撰文以圖永久事既竣庠之鄭諭仕隆李訓時用偕諸多士請記于余以彰公之惠德善政且以告後之來者余爲之言曰無恒産而有恒心惟士爲能二三子雖不田可也而公之所以必欲田乎爾者豈直分人以財之惠而已哉公家世近聖人之居登山觀海風雩浴沂胸襟迥别故其所過每多文教之化而學

田之有于洋蓋欲鄒魯其地鄒魯其人鄒魯其心也二三子誠能不含已之田而仁以種之義以耨之禮以經之信以成之則吾心之田勃然矣若夫正經界時會計禁貪剝暴則有司存非爾二三子責也二三子識之公諱鉞字叔薦别號曉山山東歷城人登嘉靖辛酉鄉薦甲戌冬來判漢中府事署洋在乙亥之春其他美政種種茲不暇盡述

洗公田記

郭慶年

泰于方内名勝地人文蔚起今命洗公督學于茲土

盍霧霧然出即甲乙兩比悉優拔士可知已頃念秦
士多貧檄百金下諸郡邑聚學田檄至之日咸津津
頌功德而未有成也州守進諸弟子員曰夫王制上
中下士自常祿外圭田亡征者人五十晦名山大澤
不以朌其餘以祿士為閒田于時六禮七教八政具
舉士罔不師教而王道成吁何其隆也我明作人比
隆周室邇者饑饉荐臻士而家徒四壁者十之六向
往枳步王孫誰哀余有司責也則未聞督學使者罍
田養士若椒別業然者顧寧之沃壤疆半屬衛民問

多峻嶺荒谷耳于是偕僚屬弟子躬度原隰揀沃避
磽得田五十二畝一分號曰洗公田歲籍其入歸半
於學宮總除租四石九斗一升以供糧差實得租五
十一石一斗八升二合七勺以贍諸士報成守命學
正記于是學正亦進諸弟子員曰吾黨之挾筴來也
亦知洗公田可以翼王道哉今夫市門雍樂奚奴狗
馬與食連騎夫士也讀說詩書誦法先王豈得治家
人生產迺至緩急仰屋而厭于禮使者誠念之也誠
為諸士學計也諸士學乎未學乎夫三舍之避非技
百人之敵非武不勝冠蓬萊游滄海而區區戴粒非
志故鹵莽滅裂之薄食於報則負使者即應山川之
靈徼益計借歲課以升之司馬為天子使假令富慢
貴驕殘仁賊義則尤負使者竊聞天子勤耘以收一
國大夫勤耘以收世祿君子勤耘以顯令德不則晨
興理荒帶月荷鋤田舍翁且然豈其號為士者不問
晝粥時以天下任而以蕘稗終乎必不然矣余不佞
願寧士今日者毋先于食而後于學異日者必敬其
事而後其食一于聖賢之學以報于天子以訓于四

方而王道成庶幾哉無負使者教養之意主者經理
之勞云諸弟子員曰唯作洗公田記洗公諱季文號
太素浙江烏程人盖丁丑會魁云昔悉心董事者寧
羌州知州盧大謨北直永年人而記其事者則署學
正蜀富順郭慶年也其訓導則郃陽謝錫緝吏目渭
歷城范啟東咸先後綜理並書之

修學置器記　　張佑

嘉靖十有四載秋八月蓮軒陳公以中州名進士遷
尚書郎拜關南刺史蒞任未幾廢興弊絕化溢江漢

之濟衆謂古循良復作退食少暇汲汲以振新黌校
爲第一事每視朔望躬課生徒月會季試賞罰嚴明
若養蒙然由是士氣完美文業精粹取科第覯光作
賓者倍曩昔矣祀篆之初見殿廡門墻堂齋號舍廢
墜弗堪雖啟聖有祠敬一有亭咸狹陋弗稱時制悉
鳩工易材以新之繼遇丁祀以器皿未備喟然嘆曰
是奚足罄厥誠奠厥靈耶乃置器置籩矩度壯麗鮮
妍輝耀頓易舊觀又慮守者弗虔乃命佑以器數勒
諸石佑曰昔魯僖光復周公之宇閟新泮宮奚斯董

役史克作頌千載流爲美談佑官清源再官南鄭爲
公屬吏歆澤服義素矣茲睹偉績於侯有光公德海
汪洋莫能爲頌謹述修學顛末置器名數刻諸碑左
以貽弗墜云爾公河南鄢城人名璣字天儀蓮軒其
別號云

畧陽縣遷建廟學記　何景明

正德巳卯春余董學事由徽州入畧浮白水江下畧
陽視其城中畢江水西來衝之多激流迅湍齧圻崩
圻廟學宮正居其畢是夏縣書報江溢大水城隨學宮
悉沒副使寧波呂君克中時按治關南乃行縣躬詣
其地視之則堂壇塹爲沮洳殿廡蕩于沙石矣遂集
衆謀曰茲地卑甚不可復即復終能免患耶于是使
同知何子奇率學官張繡諸生羅江劉儀等攺卜相
其地宜圖爲久遠獲地于縣治之北抗敞可宮考兆
曰吉僉議畢諧君乃擇委漢中衛知事金坡治其工
又發贖金三百餘付之坡程諸匠作鑿石代材拓荒
闢穢經始于庚辰夏五月又五越月而卒其役凡爲
宮室殿五楹廡東西各八楹戟門三楹櫺星門三楹

泮池一名宦祠各一楹堂三楹齋東西各三楹儀門三
楹學門三楹東西號舍各十一楹其餘牲所神厨庫
庭咸備右高爲廟左下爲學崇卑就列嚮背因形榱
題約制輪奐餙觀聖靈既妥賢才斯萃惟君思創樂
成猷厥終始乃令教諭李崇實狀列其事請紀諸石
按志云畧陽地自漢歷唐宋爲沔州隸與元府元始
徙州治于鐸水改畧陽爲縣隸之至正十年縣令李
舜臣建學于縣治北國朝改沔州爲縣與畧陽俱隸
漢中府洪武四年縣丞葉禮徙學于縣治東北正統

十三年大水學宮壞教諭譚志與修之成化四年又大水學宮又壞知縣李鑑修之坡之開此地也掘土得古碑視其記實李舜臣徙學故地也蓋自棄禮以徙之後迄今凡三遭大水而後徙地仍復其故云豈非得數哉夫略陽爲古羌氐之域至文王行江漢之化其風氣已開文命漸被矣然由数代以及我明立學崇教之盛則習俗移易其何已乎然百餘年來人物聲名尚未底于融顯豈以僻處梁雍之間乎亦由晏兵薦滲役繁生鮮而士不得以隆其業也呂君之

涖關南拊循其民簡練其卒厚農薄歛芟寇清刑然後興廢舉墜修學敦教選官師勵人士以行其政教焉孔子曰足食足兵民信之矣余于關南庶其見之昔文翁與教相如爲師蜀之有學蓋肇于此今茲之定是宅阜隆以降湍悍搆造維新地復其舊大相人協理琢勢會肆寧厥居寔惟永觀俾俎豆之事表於東南絃誦之音流于漢沔文翁豈專美耶後世必有考略陽之學究其文物所從來者則呂君功德何可以弗著哉何可以弗著哉

重修廟學記

龔懋賢

漢在秦封遠略陽又漢遠邑按地志略陽壤接嘉陵星分鶉首益稱輿區舊矣邑有學自元至正建今吏置非一今址則仍元故地歷年多殿廡半就圮至敬聖名宦鄉賢諸祠敬一亭諸制得具備者固闕如也皇帝九年辛巳知縣王子之臣慨然以修廢爲已任先是請於撫憲蕭公余偕茶院赫君但可其議既治其圮又增其闕者越明年壬午遣邑傳王子鴻漸告成事於余因以記請余惟我國家以學士經世而育

士則於學校故上自二千石下至令長皆有學誠重之也略陽雖褊小豈直丁室已乎高文二廟間中第化不乏人昭廟而後歲有禾之司徒者亦甡甡文獻故都矣廼今廟廡鞠荒祠亭不備曷以貞教而育士備哉王子之此一舉也士教其興矣雖然余又覆國家建學之意猶有進于是者以告王子夫秦故伏羲神農黃帝堯舜禹湯文武周公之所治開闢以來神聖繼作十常九人秦產也厥後雖以祖龍計首功塵六國而儒風不盡六帝跨馬上收三秦而詩書闕里

然自惠文醞釀以逮唐宋千餘年間其鴻儒俊彥縉武經文若孟堅伏波汾陽橫渠權載之之徒猶種種不愧前喆而德輿者卽畧陽人也夫洪河清漢白馬金牛秀吐二華靈開太乙今山川非伏羲以來之山川耶矧今皇帝銳意興文列聖功令具在學官知敬一箴諸訓正伏羲以來相傳心法夫以如是山川具如是教法而以今觀秦人士返落落遠不逮古至於支城岩邑并制科鄉舉百年不一二睹此何故歟王子來令畧陽他務未遑首以增治學舍爲務毋乃謂

其故在此矣固也然亦不盡然何者育才在學興學在教生才在山川成才則存乎其人夫自科舉之途辟而利祿之習營心學之教湮而道德之風熄今之所謂學古之所謂藝耳今之所謂才古之所謂技耳嗟嗟山川有靈豈第爲國家產科舉之輩以應利祿之求已耶國家建學豈僅欲山川生此利祿之人以實科舉之彀已耶斷不然矣畧陽近在古聖喆山川之內其人才之生必有可觀者願王子之有以教之也教當如何導之以學不以藝廸之以才不以技

師而教以願學孔子也步兩廡而教以思齊群賢也守當代之名言則教以敬一治其心也應科第之旁求則教以道德有於身也教之以義軒以下諸聖爲必可師而繩武也教之以橫渠載之以上諸賢爲必可友而比肩也必如是教而後可以爲學必如是學而後可以爲教必如是教而後於國家建置學官之意斯爲稱情若曰畧陽下邑姑爲二三子科第計也非所以望於王子余於傳士之來語之若此傳士日以余言誠進於學政矣不獨告王子可以告全秦可以告天下遂書之作修學記

重修縣治碑記

南鑑

畧陽爲川陝之限窮谷巉巖素稱不易治正德戊辰盜起通巴明年蔓延至是破城郭焚廬舍民罹禍危殆什之六七其奔潰流離者又顛戀鄉土號泣道路聲振原隰盜既平人無所於歸詭言景與上下危之未幾四川馬君來令兹土始至與民約曰若苦盜賊乎曰然曰出汝力保汝生何如曰以逸役我敢不奉命遂掇拾煨燼曲方規措之凡土石磚甓之屬不

閱月而川委雲集度可舉事乃庀匠氏傭庶工牏城以磚承木以鐵建樓於城四隅環城爲屋可通巡警與廟學壇壝藩臬行者縣治舖舍次第告成咸歸於度觀舊有加焉經始於正德八年正月十五日落成於正德十年八月初一日邑之搢紳徵余爲記余惟士君子之爲政處全盛之時易爲力處凋敝之時難爲功顧盛衰有期通變有數斯固天也君當兵燹之餘乃能芟其蕪去其穢逸其人因其地而復其天人之所難而爲之甚易非有剸煩理劇之才孰克致此

見君之作知君之志君之去危以置安除害以興利則茲舉也匪尋常土木之工可比是宜書也君以鴻臚序班陞今職未二年自延撫而下俱有論薦晏之人恒恐其遷擢而去也余備員分署時與君同朝且有斯文之誼故不辭而爲之書

改創廟學記　毛　芬

漢之晷邑在萬山中鳳山象山峙如屏嘉陵八渡環如帶靈巖古洞形如月峯綺錯而水淵澄洞蘊靈而材備異以故民俗馴秀人才與鬱起自唐宋以迄國朝代毓英傑唐則權公皋權公德輿以宰相柱史著聲宋則周公道王公大才以八座招撫竪節國朝則卜公鑫封公庫實以給事主政開先彬彬濟濟日漸熾赫惟廟學舊在鳳山之麓宣德後改學北關旋改城北而文脈遂斬畧士子嚮思復舊址久矣邑侯申公承令茲土政教休明患風遜邑然猶以興學崇文爲第一務謂山脈來自象山於是斷路以聯其脈也建樓以竪其牙也闢道以通其氣也立倉以儲其糧也士民已大喜耳目改觀已及奉太府王公之命舉修

邑誌見永樂前科第蟬聯舊學在鳳山下因承士民之請率諸弟子員往觀之果華山水之奇爲武興最秀形勝遂盍體太府之意而推廣其事即改文廟爲朝天宮改儒學爲文昌祠改訓導宅爲社學存其舊也於鳳山舊址創建廟學鳩俸百金鳩工庀材以恢往圖又時蠲贖鍰佐之大成殿啟聖祠兩廡名宦鄉賢祠并儒齋號舍然具備縱閎曲檻偃僊而雲起軒翥而翬飛匪華樸而文質適中令奕奕然觀成矣諸士謂有崇聖廸文育賢敷化之功請記於石以示不

杇余惟古帝王以建學造士領之有司故有司於邑事莫劾於因而今昔大典盛衰分轍尤劾於創謂創即因也亦可今以百餘年久鬱之氣已值否極顧不鬱則不發鬱不極則發不大侯於鳳麓之學不難恢復激勸之猷不難振舉舉諸所措置已自井井有條詎謂古昔廟貌不失尺寸而猶不地靈人傑與古唐宋先賢輩較隆比列也耶聚學爲海淬詞爲鋒翩翩乎齊軌前鑣與海內競常則此有啟必發之時哉予故謂公之創即善於因也亦可是役也財取諸俸工

藝文志　卷之十九　改創廟學記　毛

取諸傭士不知費民不知勞肇於癸丑之夏落成於甲寅之春則侯之所以加惠畧士子鴻且遠也侯諱如塤別號奏廷由舉人天中之延津人以兵部司務出爲今清廉正直善政居多惠民德之自有觀風者采之以獻非廟學之記所能若夫僚吏及耆民之與有勞者附名碑陰

改創廟學記　喬進璠

闡以南之邑有畧也嘉陵如帶靈峻列屏秀色靈氣之所苞孕自唐宋迨國初人文熙洽科甲繩繩然起

惟學宮在東關鳳山之麓而英傑蔚興景泰後遷改北關未幾河伯爲祟復改城中而文脉不[illegible]矣今百七十餘年正泰開之會邑申令如塤酌士子改創之議力恢蒐圖鳩俸百餘金出穀百餘石擇日祭告庀材鳩工先大成殿弘麗高敞焜燿澤宮至東西廡戟門櫺星門儒學明倫堂次第而圖之工出於募不徵夫家材出於俸不費公帑經始於癸丑之秋暨甲寅之春工即告竣至於改文廟爲朝天宮改儒學爲文昌祠存其舊也邑庠士劉紹先等走丐余言以勒貞

藝文志　卷之十九　改創廟學記　兲

珉余惟先王御世化民埏埴萬宇罔不興建學宮育成材儁故誦其法言仰其德容以聖賢爲師勿變於流俗言學則本於經術言政則純于王道使天下稱淵源有自庶幾登斯堂也人人有循進之念焉余分憲漢疆匪止激濁揚清亦以興起斯文爲務今邑學改創伊始諸士幸地靈人傑余以爲從人傑副地靈而人自傑爾諸士趨向欲端操持欲定識見欲達以平涵養欲淵以厚研幾聰明正直之表而發情於澹泊寧靜之間衆諱之有不聞衆觀之有不見衆壇慕

而治悅縮心韜躬而有不為蓋孔孟家法祖宗憲章為律為度不激不隨猶菽粟布帛之切於身其烏以旦夕之海鐘越緹而易吾素也此之謂行不越貞其行始懿才不拂世其才始適今日惜寸惜分他日鴨飛豹變又何地靈之不人傑哉先正如唐之權柱史宋之周八座明之卜瑣閩芳規謚行照耀簡編期以鴈行而頡頏之濟濟多士副今日循良創之意矣余是以不辭固陋遂提筆而署於石

重修廟學記

王埕

泮縣廟學殽自洪武四年迄於弘治甲寅知縣李政改作循居公署於外門雖鍵鑰日就頹圮正德丁丑六月瀘陽君卿以丞來攝縣事目擊其敝乃慨然嘆曰風俗係於人才人才係於造就學宮乃本源之地其可視為常物耶邑雖無尹余忝倒贰願畢力以從越明年二月巡撫御史張公文明撫民副使呂公和來茲土首陳其議而可之發銀八十餘兩易地成事遂興徒庀工方圓財用命日不懈廟門庭廡仍其舊而青肖像飾而新之增名宦鄉賢祠於戟門左右前則鑿以泮池深九尺許水注則淵渟可玩堂齋移于廟西堂左號房兩序後則射圃公署二區居內重門以崇庖廪各有列次街之東西樹以巨楔題曰重道崇儒經始於戊寅四月告成於己卯六月其規制視舊益宏敞矣是役也公將不及仵之三四而多出於捐俸之助非敦道義善任使以致民悅以忘勞安望其有成耶邑之致政姚臣生員楊倫輩德公之舉丐珵記以刻之貞珉以垂久遠以作士類珵不敏不敢以辭竊惟濂溪周子有曰夫子道高德厚教化無窮

實與天地參而四時同誠不易之至論然教化之在天下可一日無耶洪惟我國家法虞夏商周建學之意鑒漢唐宋而斟酌之內設國學外設府州縣學以王祀我夫子以端化原使民間俊秀遊息於斯服習乎經而身體乎道是以百五十年來風淳俗美挽回虞夏商周之盛而陋漢唐宋於下風猗歟盛哉漢中古為名郡洋為首邑山川明麗人物質良其興起於教化也有自矣廟學之修復得侍御張公副憲呂公之出聲傳君之綜理周密力任厥成其培植之功也

夫豈淺哉珵於揆庠授經之餘勸其勤懲其惰作其氣試與諸士思其所以居我教我者謂何必推其所服習而身體者以教化乎人其或有一不幸則當論是非不論利害論逆順不論成敗論萬世不論一時爲子死孝爲臣死忠以法諸古以傳諸後庶不負教化之責不負監司二尹之激勸苟徒藉此以爲媒祿之基榮身之途余不敢知嘗思其所以勖之哉正德

庚辰三月望日

創建魁樓碑記

李喬岱

漢中東南越二百里而遙則蜀西鄉北屏秦嶮南障巴嶺木溪洋川環流如帶盖稱巖邑云明興以文教新寓内三秦豪傑士咸蔚然奮興西邑科名寥落冠盖不數數見也邑傳士弟子毎謂堪輿家云學址宜于巽方有所建豎巍峩其勢以聯秀氣矣辛亥秋學傳李世芳毅然倡義俾黌序之東南豎魁樓焉會令君徐來聘捧檄涖任謁廟之夕夢有緋衣高冠者語曰西鄉文運且開黌序東樓宜建也令君訝而神之遂捐俸緡遍告里之紳衿捐貲各有差庀材鳩工竣事焉及秋楊生學程果以毛詩冠本房聲隆隆起徐君過洋謂余曰其事詎爲奇異也余曰君知楊孝廉耶童時就學余家塾弱冠爲諸生食公餼毎當事較藝輒冠軍人傑地靈遺言可攷然不有斯之閒建竭生將不能躬自奮興乎隨楊孝廉造余請記勒諸石余曰是舉也令長學博嘶厥務矣鋭謀新搆力覩功成寧直啻諸士發跡之標的殆得鼓舞豪傑之機權乎夫士之爭進取也猶兵之決戰勝也兵有法有畫也法有畫則志定不疑氣充不餒有不戰戰必勝西

邑士夙狃胥俗未步閫中先心疑氣餒則激昂奮迅之機微故藉堪輿家言風土類而振人文若樹之幟示之竅則定其志令不疑克其氣使不餒夫登高而望目非加明順風而呼聲非加疾所及者遠所因者便也昔田單借神師以勵士氣乃一鼓破燕王霸借氷堅以定衆心一渡興漢噫余益信是舉也得鼓舞豪傑之機權也西邑士從此志愈定氣愈充科第文物日彬彬盛而名卿碩輔雲仍蟬聯則侯與傳學功德豈不與巍樓俱不朽哉是爲記

新修文昌宮碑記　崔濤

按誌文昌居紫微垣在天太乙尊三爾門斗之中主記集其神降於蜀之梓潼七曲九折開司桂籍嗣祚或曰憑依山川之靈故有應感降生之異舊誌謂光分張宿發跡周詩嘗歷不可攷唐宋來代有封號多建祠于文廟之側春秋並祀之典庶明舊有宮規制弘敞勝國以來日就傾圮止前後殿一門一余蒞茲土一日謁畢見殿宇傾頹慨然嘆曰法施于民與御災捍患祀法有之矧修廢舉墜非可以義起者非守土

之責歟乃命典史鄭李尹梓主其役思有以董其事鳩聚材工土木具舉余捐出金若干以益之經始於春二月落成於次年春二月爲拜殿一爲寢宮一爲桂香閣高百尺左右有魁星奎聖祠東西有道院樹以坊門繚以墻垣周圍計一百二十七丈金碧輝煌此然改觀樓觀之勝甲于漢江而符漢山之真可以鎮斯土而福斯人矣先是陰雨彌月人情抑鬱比至寶興多士之期天明氣清衢雲在北余謂神人亦悅所致且乞余一言以記其成余進多士而盟於神謹嚴言曰仰止宮墻俎豆有章若知所以祀神之意乎於鼎於天始惡思周危若知神所以鑒觀之意乎夫觀于天文知所以兆乎人觀于人文知所以應乎天今多士文物可以非炫勾棘篇麗云爾也以典謨訓誥爲標本以子史百家爲端緒不曰天地之至文乎他日以文章秉著非狷聲華拾青紫云爾也大則爲伊傅周召小而爲龔黃卓魯而不曰經緯天地之文乎士誦法孔子六經之道燦如日星有余淵源者出焉洛閩其選也不曰羽翼六經之文乎人文與天文並耀國運與

世運同昌是神所以歆祀下土之意哉夫詩曰靖共爾位正直是與神之聽之式穀以女又曰豈弟君子福祿攸降夫不祭明神昭格之理而僕僕于禱祀之繳是厚誣于神也不及休咎之所從而拘拘於事應之不可必是速戾於神也多士其識之哉其識之哉

改修漢中府門記　范以作

漢中世隸梁雍蓋今專隸雍故梁之產得雍之三自巳丑以秋官郎守郡距漢雖二載舊案按歷五載事凡關體要宜興除因其得一二先聞以此歲明年之冬殺

守漢實以仲夏涖止入其疆視其政所需興除因革
率如閘最急莫如府庫大莫如府門舊皆無之又莫
如府之城垣府之爨校非皆無之而頹廢弗飭也然
悉鉅工也工鉅故費侈費侈故前此者以天時人事
遂難焉視政之後營府庫次營城垣又四月營兹門
先是府之前門不知創自何年止兩柱如坊誠又疵
制且舊故說者曰門來遠而制古前守嘗謀之不易
措手也予謂臨馭有體廣狹有時變通有權誠何息
焉卽市材鳩工不三旬而門告新王存坊之兩柱不

盡革志舊也三同官捐俸各有數廣亍一人之不足
者成速而費亦省疑有功之旣則走白叟黄童于此
觀集縉紳暨諸青衿弟子于此因語三同官曰然則
謂門來遠而制古前嘗謀之不易措手者豈盡然乎
三同官復以爨校詢予謂尤
聖賢所係如之何予因巳籌費矣亦無勳予屬也然不
可以復無者遂卽門而約前後工書之若謂漢事凡
關體要宜興除因革如是而止未也

復江漢堂記　范以作

坆漢郡自周世實惟秦惠文王始置然亦因水爲名
王宋紹興中建有兹堂其名堂與名郡同悉勝稱也
第不知自何時堂之名復易中間更端置弗考今揭
蓋親民云予謂親民守令之槩郡擄漢上游領漢地
丁有六州縣之封局專漢名若也載攷漢禹貢稱朝
宗于臣節爲順退孔門稱瞻濯于官守爲潔操周詩
稱化國于治理爲休澤三者孰尚焉遂名之彼其時
予未訪前名也一日檢郡乘始得之因億先民垂示
今若受之可以得巳若堂之外曰天理國法内曰民

命攸關後曰雙清類皆循故實多歲薅抑亦名江漢
意也因勒諸石并以風十有六屬

修城記　楊廷儀

正德巳巳蜀有寇亂縱横通巴間寔與漢中接壤于
時東萊中丞藍公璋駐節漢中以事進勳任丘邉公
憲涖任專職撫民乃相與約束邉疆和輯民人申命
行事澤究于下則又謂蜀寇且窮萬一奔逸我土驚
擾我民不豫則淚我其殆哉乃飭有司各飭城事褒
城據秦蜀之衝壞敝滋甚藍公曰唯兹褒城城歸于

臯今不亟城何以爲民於是遷公進而言曰承此委者府同知何子亓由丞其乂之始經理楨幹事步自城南包山絡原極于西北以瞰黑龍江計五千二百六十餘尺規度既定料民于原分工程力擇日興事雉堞突起齊崇于山復慮土脉墳壤城不能久以累後人爲屋城上四百九十間計九百餘楹覆以陶瓦可通徒行登高望之逶迤綿延勢若長蛇城高二十尺南北建樓五間南曰大通與蜀通也北曰連雲與棧閣連也儼崔嵬于雉闔起且瞻于江滸殺百二之

勢從聳鶴樓之岑豈徒玩目而已哉盖經始于壬申秋八月越明年夏四月告成又明年予北還知縣事清苑石君宗太持城事始末狀授予曰某承乏茲邑重念蜀亂不靖蔓延鄰境及今城事適完釋我大憂惟藍公之功不可忘而遷公之力贊其成者亦所當錄也從事者不可無述非藉金石無以傳遠非得名言無以信後願請一言記之藍公予伯兄石齋先生交友遷公予同年進士文不可辭乃爲之言曰城以衛民本有司首務也而暴官汗吏率皆慢之或有才者則眩文詞以銘名或勤事者則程案牘以爲功磨崖刻詩模紙遺人羅織聽訟鉤鉅自詡方城之外盜賊充斥鄰壤之封焚刼殆盡倉卒入境則先去以爲民望是惡在其爲人上乎二公乃能協謀共議綢巳然民敬事簡下塙懲前轍而力爲民計自褒既城女牆啼鳥靜掃烽塵之警登樓長嘯坐銷窺覬之心其所活民命不下千萬計可謂有功于褒人矣禮有功于土者宜世享之褒人其有思乎是役也主之者藍公經之者遷公郡守隣水楊一鈞贊之同知何子亓成而

石宗太表之廷儀爲之記

褒城縣修城記

張　瑞

褒城今之縣治建自宋慶曆以前歷我皇明於茲五百餘年矣其城池興廢稽志無載徵跡無還是茲所未有也民物雖曰萃止僻邇斜谷兇盜虎狼出沒猶昔雖克防禦匪直居者患之往來逆旅每未稱便官守於斯先後接踵有人其間諸創作者竟未一聞爲相傳以爲歷代頻易且當道衝不暇爲之有能爲之又阻於術士版築之興將不利於官家之說咨或有

之而因仍至此也傳曰窮則變變則通通則久固理勢之必然耳然則通其變者夫固不有待其人耶鹿邑張君表以弘治戊午八月來令吾邑未逾兩月政務畢理因有設險之舉或以前言私相議者侯聞而輒麾之曰保障斯民幸吾道耳或世不經之說尚宜聽信哉遂集論所部率皆環視得可城池二里五分有奇乃書四門而命之自北而西二百五十四丈自西而南二十八丈自東而北五十八丈在官及鄉市民爲之自南而東百十六丈關山甲丁五爲之其區

處乂當如此於時聞者無不悅從退無後言即肇工於十月二十四日屬耆民李政丘應陵敦役事復詰邏閱出俸貲以充勞費發倉廩以濟多艱用心精密若治家事然匠役子來如簇杵鍤四隅相聞登登不倦無或恐嗟越己未春告成其廣袤高堅深闊悉如厥命門各三樓東曰龍江西曰蜀道南曰大通北曰連雲凡甓苫扃鑰靡不完固宛然新造自是主客帖扃頌聲載道孰非有以致之故曰弗勞弗逸弗損弗益美哉侯之斯舉乎父老韓景輩將欲勒其事於石侯止之今復懇請始得乃請予文以鳴其盛予曰天下之事賁飭於蠱壞之餘者易門新於草創之初者難況侯處古今所易或之事斷然造端爲之俾成於三月之間可垂於永遠爲闔邑居民無窮之福非愛民之深見理之明勇足以有爲能如是耶他如杜私謁崇學校禮士夫均賦役急邊儲清獄訟廣吏舍營棧道之類以及昔尹日照之十二政績非不可書然方勃勃未艾也庸是乎企望而謹爲記

修城記　周東

褒城不知創於何代相傳漢以來已有之考之誌云宋嘉定十二年十一月己亥築明洪武之三年知府費震重修迄今百五六十年夾塌圮壞殆存基址而已弘治十五年十一月庚子始令軍民分功修築民自東門轉北門抵西門止長共五里二分軍自西門轉南門抵東門止長共四里一分俱寬增一丈高增五尺東門磚甓二百三十丈北門磚甓二百七十丈東角樓磚甓五十丈北角樓磚甓四十丈有奇西門磚甓三十丈有奇南門磚甓七十丈有奇南角樓

墻磚甃三十丈大小子墻磚甃一百三十丈但存晉角樓更鋪更易翻修共五十六座越十六年癸亥二月而功成用過大磚共一百二十萬有奇灰六千石有奇大小椽木以萬計釘鐵麻枲如山蓋千億萬之費也而費官銀止於六百七十五兩荷鍤如雲揮杵如雨肩相摩而聲相應蓋千萬億之工也而役不及於田夫由漢及唐經宋歷元數千年之基也而一新於三月之間殆必有所以本之者矣孟子曰以佚道使民則民不怨經曰百堵皆興鼛鼓弗勝而後經畫

營度可其事者都御史陳清周季麟副使馬懋夙夜公勤董其役者府同知李時衞掌印指揮王翱至若一磚一灰一椽一木一夫一匠之所自出與夫籌畫籌終而卒成之者則本府知府周東也

洗心亭記

洗心云者雨村夫所以名其所作之亭也或曰凡洗之具盤與水也子嘗是室而環之池其以是室爲盤乎以是池爲水乎曰洗一也而義不同焉身之洗盤也心之洗則弗止于是室以爲盤者矣其必以天地日月萬物四海以爲盤乎身之洗水也心之洗則弗止于是池以爲水者矣其必以妙乎天地日月萬物四海之內而不可見聞者爲之水乎甚矣身心之洗不同也身之垢塵也穢也心之垢軒冕也珠玉也生死也逸樂也身之垢不去則垢乎一體心之垢不去則垢乎一家垢乎一國垢乎天下身之洗藉乎人心之洗則有非人之所能與者洗之之機其妙矣哉其必澄然其靜也瑩然其不雜也湛然其不動欲也不軒冕其軒冕不珠玉其珠玉不生死其生死不逸樂

其逸樂克然有得而超乎欣戚得喪榮辱升沉之外其是之謂洗乎雖然心之洗合乎天地日月萬物四海而爲盤者也凡天地日月萬物四海之內有一民一物之未新者皆吾盤之內有未洗也其將何以盡乎吾盤之所洗耶其必如傳之所謂無匹夫匹婦之不得其所如中庸之所謂天地位萬物育其庶乎得以盡乎吾盤之所洗哉否則指是亭以爲盤指是池以爲水其庶不知洗之爲洗者矣

同寅友愛圖序　　袁宏

興元古郡漢中新府地靈人傑儁髦聚會於一時志
合道同氣誼上齊於前古嶽瀆鍾秀申甫應期生長
雖有高明光之殊方出處幸際治平之昌運一堂書判
維至正而無私聯步趨公必竭誠而兼直雍雍其遜
歷前王謙厚之風彤穆流官得古人正大之體承忠
藎續敷理正殷蓋以會遇不常聚散有數時維季夏
戀繪圖命之下臨序屬仲秋斷龕行程之見促同寅
寵重難忘別離之懷握手心酸遂作圖形之計完全
友愛追人所不能三捷丹青筆法得人神之妙四難並

洌不必冠履陸地之偃抗有絃之琴音韻默契乎道義
詠無聲之詩楷寫胸臆乎目前賡唱擅李杜之雄才
謙草契鍾王之雅趣暢春烟景大塊文章落硯酒瓢
直若日用之具蒼頭赤腳異然伏侍之誠雙鶴喚天
百齡在處松竹挺四時之節操杏桃呈一月之精英
荷葉浮青不摘然先聲之秀芭蕉分綠常帶雨露之恩
滿日幽芳一時佳興太守袁公安若字德宏乃安慶
桐鄉之耒學訪守郁公敬修字惟善實浙水武林之
以家則鴈啟節揚伯據西蜀令邑齋明別駕日晟郁景勝
東鄂其家紳歡洽之名圖敘天倫之樂事不有所作
孰紀雅情執筆無能愧我嶽雕蟲之小技捫心有感
予君敦尚友之高風守條如井泉終始一致係氏舊
赤子彼此同心閑食碩我毋廢斷金之志江湖廊廟
要念坐椿日之誠名節實剛乎古人氣誼永堅乎金石
歲時伏臘展圖興念慕之懷予姓流傳累世有所藏
之慶恭疏短引致賜愚誠是為序

漢南郡志卷之十九終

漢南郡志卷之二十

闕左　知陝西漢中府事滕天綬　重輯

藝文志

庫樓記

黄　江　訓導

誌茲邑古褒州也先是舊庫卑隘益易竊發貽累典守者多矣褒侯張公以君子貴未然之防不一勞者不久安由是白之當道卜基於堂之東室樹壁立高數丈許甃石砌甓堅不可入覆架樓閣峻不可升金帛貯中鬼神莫測雲梯上下至晚撤之典守者可帖

席矣且忝徒子來不日成之始於嘉靖九年冬成於次年春踰二載公以宣道時達撤組而去執政乃簡隣沔判簿楊君署其事楊君目此奇之以善可傳也屬予以記公諱霈字肅之山右臨縣人守已愛民實跡昭著積粟萬餘備用救荒囹圄空虛民免淹滯載觀政明倫堂建學門修社學及諸行署倉廒之類皆次第舉修出自已輸而不煩擾於民使公有一毫謀利釣民之心祇見訟理公庭賂歸私室安能有如是多番修創萬餘積貯也哉原公之心誠也愛民忠上而已也是以禱雨徵乎祈晴應感後園枯榴花實境內麥秀至兩岐粟登至二穗而嘉瑞頻應闔邑戴德神君列司毋聲賢令誠古之循良今之曠典也因施記之為將來者勸

枕流亭記

雨村夫於弘治辛酉十月作一楹于漢之城西八里許榜其亭曰枕流客有難之者曰流動物也涉將濡矣奚其枕雨村夫謂之曰噫子以形視流哉夫物有形有韻以形而視物則物與我而皆凝故不可枕以

韻而視物則我與物而皆空又惡不可枕哉故天吾得而枕其清地吾得而枕其厚日月吾得而枕其明雷霆吾得而枕其鼓舞雨露吾得而枕其霑濡潮汐吾得而枕其信金石吾得而枕其堅草木吾得而枕其文以至昆蟲鳥獸蠛蠓之屬吾得而枕其動息又烏止於流哉且夫淙淙琤琤響乎巖壑而溉乎滄畝者水之形也滌乎胸抱而浣乎塵俗使夫得之者泠然而潔惕然而醒悠然而超乎富貴軒冕榮辱欣戚得喪之外者水之韻也故以形而視流則是流之功

不過百里之內而止耳是不爲病夫是流哉以韻爾視是流吾將取之以潤乎一軀以潤乎一郡以潤乎一藩以潤乎天下以潤乎四裔以潤乎後世又惡往而不得于是流哉夫子曰逝者如斯夫孟子曰原泉混混不舍晝夜孺子之歌曰滄浪之水清兮可以濯我纓皆所以明乎桄之旨也客聞之避席逡巡曰甚哉雨村夫之善于桄也

安民碑記　　　　秦時吉

南鄭漢中之附郭其廣四十里袤一百六十里桄斜

襟漢弘武初編戶五里正德初增至二十里叅省四方湊合之衆而世族大家盖無幾也且介于兩衛地狹民貧徭差繁冗閭閻之疲敝久矣頃因山寇哨聚當事者謂城洋而下諸邑近寇使專轉輸以給軍餉而暫移其差之什一于南鄭茲一時救變之權也寇既平而差不返是用偏累日甚民不聊生閭有相率流移者適我邑侯李公至下車未幾卽問民間疾苦父老百姓首以是對公聞而慨嘆者久之遂毅然自任曰此吾守土者事也由是竭精殫力廣詢博訪端

委既詳卽條陳于上時在上者體國綏民者悉允行之南鄭之民殆若脫泥途而釋重負居者安輯流移者歸復其業浸浸乎有樂生之慶矣父老百姓尤慮歲久而遂湮請立碑以誌久遠在上者喜且嘆曰義哉此舉可以觀化矣樹南國之棠者思召伯之政泣峴山之碑者追叔子之德從古已然迄今復見吾獨能壅遏下情乎乃允其所請衆欣然輸石請予紀其槩于碑端命之曰安民碑盖不忘所自也李公蜀之綿州人戊午科鄉進士諱梓字仲材號佩芳云

張公五井記　　　張棟

襃城有城在連城山麓左繞龍江出東門不數步襃人取汲于斯然淋雨積則石舂滓滑山水暴漲則滓濁橫流計出無聊取亦不厭必不得已或渹沙洲之浸泉或出數里而其汲以生活之資有奔走之累甚非所爲計也我黃坡張公以庚戌夏來知縣事加意民隱銳志修舉慨水澤之囏難憫夙汲之未潔詢諸長老則謂襃當山麓去水際深遠且山石聯絡功難于成必不可井間有矧者則謂庠校門內在由井出

甃泉寒不涸第椎石參錯編至甁甈羸人患而胥坐是
是以不井侯慨然曰褒果不可井乎吾試爲之必有
泉乃已乃於甲寅夏諏日度基得城南隅地頗洿下
而城隍中瀦水浸滛乃大喜謂必可成也遂擇長集
徒立程量費不數丈而及泉不踰月而工即則又集
諸長老曰是孰謂褒不可井乎吾必欲延巷皆井乃
已又諏日度基得一地于故養濟院之所又得一地
於武安王廟之墓迤于城西則余屋北之地可遷也
迤於公署則丁字街口之地可定也井基既定工亦

藝文志　卷之二十　張公五井記　五

隨舉分方里之短長以便汲計丁口之多寡以度費
因戶則之下上以給工度井泉之深淺以辦甓甃肄
督程時一甃徧井俱及泉而渫冽可食侯又大喜則
又集諸長老曰是孰謂褒不可井乎乃詣治折獄贖
措塼甓分諸四井以補不逮而井甃用成往來井井
雖積淋無憾橫流不計矣侯之功可不謂大耶夫山
石聯絡水際深遠褒之地勢則然侯破因循之說成
勿幕之功不兩浹月環褒皆井則侯之功可不謂速
耶夫褒通衢也輻車輻輳薪水時供昏暮暫投索求

奚辦褒既有井無問昏曉取之裕如然此自平時云
爾辛卯之歲邪術煽惑盜亂村黨褒閉城門者若干
日於時不惟求飽者之艱且亦濟渴之艱使其有井
城雖閉奚而懼也今四方無虞不知侯之功民亦烏
知侯思慮之深遠也然井幾成侯不待矣嗚呼惠人
者在而惠人不見寧非百世之一憾也轆轤曉放靜
聽吊賢之聲水乳朝澄漫漪悼賢之淚侯之善政不
可縷陳其豪舉清操忠誠高誼詳則見於余所爲宦
蹟實狀畧則在於褒志新稿也友人徐子謂侯之功

藝文志　卷之二十　張公五井記　六

與營三堰逼石門者同當勒之石而余伯兄連城以
先君龍江翁襄事自玉田奔歸撫景思人慕澤知報
亦謂不可不昭之久遠命余紀其肯綮如此嗟侯之
心同水澄清嗟侯之德同水淵深澤在人亡弔天不
慭辭雖有窮情銘堅石侯諱庚字伯星山東曹縣人
辛卯魁元別號黃坡云

自儆說　楊守正

漢中府知府范公慮官之不良致小民有不得其所
者大書民命攸關四字檄各州縣刻字懸於公堂之

前俾屬吏接目警心戒固知縣揚守正仰承德意因著言自警縣官之職於民最親民窮當憫天命惟寅已貴民賤民非己倫勢分雖異嗜欲則均慮其饑寒也衣食足乎心慮其迷錯也教誨是諄害為之去利為之新社庶為措冤抑為伸欺召懲閭閻之橫族科歛禁里甲之奸人繫獄罪人察吏卒之凌傳窮鄉亦予防盜賊之仍頒乃尊禮高年乃作興學校乃保安善人乃刑誅不孝崇儉以示民之惜財正己以率民之遵道政事無窮細微難料一心存民命攸關四字乃

護官切要此心不存罔知自慄惟求已肥不恤民瘼汚心一萌豈顧陰隲乃顛倒是非乃擅作凶吉加以非刑小民用牀顯納苞苴賄通百鑑遂取倖求貫笑營逸於乎財為民天豈容爾侵明有法誅幽有鬼叱爾身苟免爾裔遭殃惟知貨悖而來豈知貨悖而出積金未必能守先賢垂訓在昧但見愚因財而過饒賢因財而志失難以貪求非義之財用為子孫長遠之術或狼奔以日消或招尤而就鑽禍之所享者無幾禍之遊來也不日諦而思之何若如是規其病源冀能自律苟能念民命之攸關自能守官箴而弗洪為斯言者漢府太翁身為民牧心憫民窮端居黃堂之上深憂比屋之中一夫不獲方寸惋惋乃立言以警群吏乃懸字以示憂果時接於目復警乎耳嗟余下吏生也愚蒙自得翁訓目箴心惕逼求不愧於名教庶幾無忝于官風並言報王家作養之素用答天曹銓選之公苟愛夫一毫之汚時何顏見千古之豪雄無玷無議有始有終惟願群黎之家給不虞一日之囊空於乎此猶其平居也即有不幸國事倥傯猝有

為也則律心思竭氣力以保障赤子不能為也則盡人倫秉天道以輸攄孤忠安肯以民命在己職守在躬而與隨逐波流之輩以苟合同也哉

漢中府酌均水利四六碑記　崔應科

天下事有迹若相拂而實則相利者眾人疑之達者信焉蓋不便於一時而便於千萬世不便於一人而便於千萬人則相拂者勿恤其拂而相利者其圖矣利若漢府水利之法上四下六是已水利之大者無如山河堰自高堰子沈三百里川為洞口若四十有八

灌溉軍民田畝四萬四千八百二十有三上壩與下
壩利實共之遲者下壩之民每苦澆灌之難一值亢
暘苗枯若燎秋成無望國課奚輸嗷嗷之衆有轉而
爲溝中瘠耳夫君子不以所養人者害人同此蒼赤
同此渠堰使遠水氓曾不得丏升斗之水以自潤不
均不安司牧之謂何議者曰地之遠近殊也田之多
寡異也澆灌之時日未均也豪強之把截未杜也相
度通變之術是在人矣萬曆二十三年司理宋公奉
文踏看災傷巡歷兩壩悉利病之原酌民情之便定

其期限由高堰子至李官兒張家洞口澆田一萬六
千六百八十畝臨近官溝注水甚易議爲四日由高
橋至三皇川澆田二萬五千一百四十三畝坐落窵
遠注水甚難議爲六日均爲兩輪週而復始在上者
不知其餘在下者無有不足數年聚訟一旦息爭洵
萬世永利哉無何宋公以內召去矣頃以日久竇格
迨二十八年巡道李公復查准其議命竪貞珉以垂
久遠未果三十一年郡丞張公至以職水利巡隴畝
博採群議無如宋公法善乃遵其所行之善仍爲上
四下六之法碑心築堤捐俸直固議撥田夫分爲兩
班赴上壩洞口宿守防範完日歸農每輪畢則差役
同小甲工頭封閉焉經畫周以悉矣時皂角灣茅壩
軍民何濟民魏時耀等咸欲勒碑以識不忘余竊聞
之害不十者不易業利不百者不革舊四六之規創
于一人非爲獨見成於數人非爲扶同盖上壩之田
畝什五下壩之田什七上壩之水朝疏而夕沾下壩
之水經日而未遍上受其盈則積之者漏卮下受其
縮則流之者躋涔上得其四不爲偏瘠下得其六不

爲偏肥下之六僅足以當上之四灌注未幾而日已
周田畦未滿而洞旋閉果孰利而孰病乎兹法也化
而裁之與民宜之絕爭競之端革盜决之弊酌彼此
之利垂永久之規詎不善始終哉非智謀疇能至此
乎宋公諱一韓號圃田

五門堰碑記　　　賈中立

天下之物大能爲天下利害者水而已刊山川濬畝
澮行其所無事者備其害也興堰務開渠道因之以
灌溉者資其利也故能計其功業之大宜以莫之與

焉若乃憂民之憂利民之利足食而兆國者其蒲侯之謂與侯鄜延人名庸字時中世儒業由學官登進士至正丁亥冬八月來宰是邑公平正大境宇一新以宣化撫民興利除害為務相可為者不擇難易汲汲焉常若不及縣治北谷湑水出焉有堰截水分割其派與湑相望而下不十里皆抵斗山之麓上抱石嘴半中築堤遏水碧潭去此上流構溝五門恐水或溢納橐入溝用保是堤因曰五門堰也溉田四萬八百四十餘畝勤廢七十每歲旨凡一集修竹木四萬

九百有奇夫工八百七十五人踰月方畢累值雨漲湑必浩淼漫激漏泥蕩堤為盡圯後加督修築崇稍乃蕆狀衆宦尚矣秋八月無故崩潰侯詣彼相視顧左右曰此為湑水正衝之要雖極殫民力而加億萬之計欲其無害焉可得乎如是豈利用厚生猶枉尋直尺弗忍為遂登高周視於石嘴盤桓良久曰此可圖也雖遏底皆石果哉不難常用及農隙命堰長董工役召冶匠鍛器具率屬夫百餘以役其事應期咸集衆或曰此神堰也無乃不可侯曰我當之又有進其說曰甲申

之閒亦嘗大兆有匠欲鑿鬭其縫三萬五千不允堤潰而去今幸不動其財不擾其衆水止以若等之力將敵無量之堅不亦遂乎侯勃然而叱之曰是非若爾所知遽奮捲擐衿倡鍾以鑿而衆心樂為以繼日夜之以火滌之以水皆曰果忽而崩乃以所取之石仍塞舊渠亦以次成功及半途石忽而礲崖莫不畏難退怯嗔怒排沮之者衆釁而入侯親不為意愈躬操其器慄初與敵一勇皆攘袂鶩相語曰力耶術耶抑天之所輔耶愈愈信服莫敢後先經始是歲之秋功成于戊子

之春神其庸哉一其深四仞袤一十八丈餘所可理無不致力甲者崇狹者廣曲者直圮者完其固莫當功竟乃還堰長賈文美李敬宗及耆宿余出乎曰我侯真邑宰也凡治行如謂置之惟是役之興若可苟焉固不待夫千百載之下今一為之不言可知請為紀其績勤于珉樹之堰側將示諸來世知其開鑿之源此余親及見之義不容辭詳夫侯之舉此可謂極其心目之誠於余之見其一利一害已判然矣遽至義氣所發而不能遏惟其所向何物不屈惟其所感

[illegible]勿不格況彼之冥頑奚以能抗其誠哉是則推拶
恭裂分崩離析而莫之堪偶遇顛覆群沮游沸正謂
震驚百里不喪匕鬯及其以身先之與民同其蓼一
感遂逼嗚呼非誠之至義之至其孰能與于此是能
卒成永久之業而建遠大之功俾民絕其修築之勞
而樂無窮之利猗歟至哉民圖一報無所措施乃為
立祠繪其坐容唯旦夕瞻仰而伸敬焉竊謂宋之魯
公後閻公蒼舒皆由是邑而遷宰輔名著青史昔好
事者為具載其行事立于縣圃之東昭然可考惟今

治行功業殊與無愧他日罷祭旋巽雖不敢必亦知
時之有待銘曰粵惟上帝於焉赫赫降此忠良揮揚
奕奕忠良惟何是曰蒲侯曰強哉矯克忠其猷去彼
頑害而導其利左右斯民侯惠極致仁慈豈弟德音
孔良民之思之山固水長

重修五門堰碑記　黃九成

聖天子御極以愛養百姓為先務天語渙頒慶洽遠
邇一時內外大小臣工咸精白一心以承休德天下
翕然稱至治矣萬曆三年乙亥夏河東喬侯來令城
司涖任之初首詢及地方利害興革父老有以五門
堰務為對者侯然之即躬詣相度見其上流舊工苟
且每遇霪水泛漲堰輒衝潰下流渠道淺窄一值猛
雨迅急岸隨頹圮自五門十里而下至斗山之麓有
所謂石峽者節年渠岸不固水旋入河民甚苦之侯
議以五門上流用石壘砌以建悠久之基下流修為
活堰以洩橫溢之勢石峽用石固堤以彈衝決之患
又于堰西創立禹稷廟三間使人人知重本之意大
門三間二門以為堰夫棲止之所樹以松柏繚以周

垣于五門石堰擇人守之量給水田數畝令其伺時
啟閉務俾水利之疏通于斗山石峽擇人守之量及
山地耕種令其常行巡護以防奸民之陰壞沿渠一
帶偏栽柳樹培植堤根于永固規畫既定乃申其議
於漢中太守項公欽分巡關南憲副沈公二公者
夙懷經濟素著風猷為國之忠惠民之仁皆協合侯
心之同然者咸允其請侯于是身先經理不憚寒暑
分委責成罔懈夙夜工料酌之田畝而民不偏累口
糧令其自辦而官無冗費諸執事者既各恪慎爾乃

叙又知上之人一勞永逸之意皆子來赴工踴躍從事經始于四年丙子冬十月落成于七年己卯夏六月是年秋喬侯丁內憂歸行裝蕭然清苦儉約無異寒士侯心行才識久矣應循良卓異之選至修堰實績尤表表在人耳目者也父老人等僉謂侯之遺愛恐其久而泯也謂予爲文勒諸石庶侯之澤永世無窮也余雖不文而知侯特深庸何敢辭嘗稽諸堯典曰敬授人時舜典曰食哉惟時是堯舜之治天下皆以安民爲先務也今我皇上一德格天任賢輔政治

隆堯舜而二公喬侯乃能仰體聖心成此美政凡吾邑五門堰以下凡五萬畝之田灌溉無遺利矣昔漢鄭當時穿渭渠人以爲便白公穿白渠民得其饒今五門石峽水利疏通民受其賜視鄭白之績不尤居其右也耶然此特叙其及一邑者耳繇自今二公喬侯推膺大責在樹立大勳業不日海隅出日咸被其澤矣其棠之思豈止一城固已哉

百丈堰乾溝議　古燕楊守正

余視堰務至百丈堰設於壻水南行之中流以木石障水閘約有百丈俾水東行循渠以溉田其爲力亦勞矣渠之東北曰駱駝山遇天雨其水甚猛橫衝渠道水洩不得溉田衝止則復修一歲之間屢衝屢修民甚苦之余循山麓相水勢議欲以灰石塞山之南口約十餘丈自東而西挑渠長二百丈深三尺闊二丈由慶山北歸昇仙口河內一勞永逸百世之利也限于財力不克易成余深惜之特著於此以俟後之君子需時豐爲之是爲記

百丈堰高公碑記

城固之北有壻水河經流境內平洋沃壤在昔稱爲民事者相其高下之勢障石爲堰鑿渠引水灌溉稻田萬餘頃城民之生養永賴其利澤匪淺鮮也顧堰凡五處而百丈堰截河橫堤其田糧較他堰獨重而工力亦既倍矣至于渠口尤咽喉緊要之處且與乾溝爲隣歲值用水之時嘗有暴水衝淤隨淘隨塞不勝疏鑿之苦所由乾溝之爲渠患無禦也董是役者毎毎稱難萬曆戊戌歲邑侯高公循省境內水利處心下問詳察通塞之故乃得渠口頻淤之說遂進父

光而論之日暴水之爲害若此惟無以禦之則水利
弗通民之憂勞無怪其然也縱堰成百丈奚濟哉浩
當石橋以閘暴水則渠可免于沙淤茲非萬年長利
乎父老稽首曰善于是不動民財自捐俸數十金易
石條數百丈再易石灰百餘石命匠鳩工令堰長率
田戶計日刻期務秉農隙以成厥功但見一時人心
欣然相謂曰水利吾生養所之也朝不費吾財吾何
憚而不供其役乃樂于趨事赴工運石鑿砌不三月
而橋功告成蓋本以佚道使民故民忘其勞而成功

之速如此也橋溝二洞每洞闊四尺許仍于兩岸築
堤數十丈遇暴水則用板閘洞口庶洪流可禦而渠
道無復衝淤之患自是西成無失而民生以遂其利
不亦遠且大哉嗚呼昔者禹抑洪水萬世永賴公也
建橋捍患惠養下民其功當不在大禹下而民之感
德業休又奚啻一時而已哉故因名其橋曰高公橋
俾後世觀河流而思功享粒食而誦德者知所自云
高公諱登明號雲台由鄉進士山西翼城縣人

新建揚塘堰碑記　李時學

洋之邈西與城因接壤有河曰埒水導水灌田因載
其流爲堰堰名曰揚塘而洋與城之民咸主之總計
所灌田一萬六千五百畝有奇先若居農以耗衆穫
監于外荆棘綢繆其中藉爲障水且毋遇河伯揚濤
率渦然泛漲而新畬禾苗歸之一浪矣父老悵望咨
嗟莫可誰何坐是國稅民生爲之兩病余邑宰張公
目擊其艱難欲興役大舉以爲事非一邑事而費非
一邑費也係協謀于城宰高公上其狀聞于郡守李
公郡佐張公皆惻然動念盛贊曰可聞于分守蔡公

分巡張公二公惻惻乎若饑溺之由已也亦曰可又
轉聞于上直指于公以修之名實詳載覈之卒允其
議命甫下洋以令丞城以張某董其事伐石于山艘
灰于爐而群材畢集焉經營幾月而各鋪告完敞其
門爲五洞傍其岸爲一堤水漲則用木閘以阻泛濫
水消則去木閘以通安流凡築砌所需無不堅以固
周以密也于今庶幾經而瞻眺者驚同九里潤同觀
向之枯木朽株煥乎一新矣余因是爲之言曰洋城
之民無遷業惟此水田爲當産第水利毋歲動可不

之者蓋由上之人積習因循以致堰之敗壞使然誰有倡率綜理如今日之舉乎即如今日之舉苟令財不裕未善工不省未善利不百亦未善且也所轉移者賑貸之穀也所度支者三百之需也所沾溉者萬命之賴也一舉而三利附孰謂此堰之修非一勞而永逸者哉又有說焉非常之功非常之人建之此堰之修不知凡更而處置得宜卒未前聞適者建議敬工洋之張公城之高公而諮詢計畫力爲主張者則郡守李公郡佐張公軫恤阡陌區爲指示者則分守

蔡公分巡張公至于專委任嚴科條者直指之力居多焉厥功之成豈偶然哉於此益信創之者固難而守之者亦不易也何者天下事以衆人成之常不足以一人敗之恒有餘千丈之堤潰于蟻穴矧此堰乎倘後之人因其基而時爲補葺之則歌帝力者將世世不休而數君子締造之恩波應與此河俱長矣不然任其頹敝而莫恤則有非今日意也是役也論田則洋之田多城之田少論費則洋之費七城之費三因併記之以爲後鑒焉余躬覩盛事愧不能文謹

邑父老固懇以垂不朽道其事如左因以曰爲碑于公諱永清山東青城人蔡公諱應科福建龍溪人張公諱太徵山西蒲州人李公諱有實山東黃縣人張公諱書紳直隸栢鄉人

重修六堰記

黃九成

漢中爲關陝雄郡城固爲漢中巨邑縣西北四十里有高堰西四十里有上官堰西北三十三里有百丈堰三十里有五門堰二十里有石峽堰縣北十五里有楊塡堰城固堤堰凡十有九而六堰之利居多六

堰之中五門堰十居其六工程尤爲浩大石峽堰在斗山之麓甚爲緊要楊塡堰城洋二邑均被其利城固用水十之三洋縣用水十之七凡此六堰溉田七萬餘畝誠咽喉之重地民命所攸關也萬曆三年乙亥夏安邑喬侯來令城固曾一修治與高侯同侯三晉人傑循良君子也涖任以來孜孜以民事爲急每歲春夏躬履四郊見民之勤于耕耘者獎賞之惰農自佚者懲戒之及抵高堰上官堰百丈堰五門堰石峽堰楊塡堰見其舊工漸弛洞口剝落堤埂踈薄水

施惠愛吉者有先朝顧太康王三原之風指日特進崇階參預機務弘化寅亮可坐致也吉漢南陽守杜詩政治清平百姓便之又修治陂池廣拓土田郡內比室殷足時人以方召信臣南陽爲之語曰前有召父後有杜母今吾邑喬侯修堰于前爲城人樹其棠之澤吉侯繼理于後爲城人建無窮之基頌之曰前有喬父後有高母宜其然乎侯誠心實政賢能卓異他日遠大之業可預卜也請以斯語勒爲貞珉以垂萬世之久云

開五門堰石硤記

郭豈

城固爲漢中屬邑介梁洋之間南控巴山北距漢水東西皆平壤風土淳厚甲于諸邑而民皆治陂堰灌畎澮以力農業邑西北二十里有堰曰五門爲田幾五萬頃當激增水以灌之而堰抵斗山之麓中抱石嘴水弗可渠民始刳木爲槽集木跨石此門以引水水泛溢槽木輒爲漂去明歲復如之民不堪其苦勝國時縣尹□庸者始鑿石爲渠民順利之而渠深廣纔以尺計□以年久圯毀始復如砥水瀰漫即催

利從期也乃建議重葺修整區畫精詳申其議于漢中太守李公欽差兵巡關南憲副今陞分守關南大參張公二公咸允其議侯于是捐俸金及贖鍰買辦石灰六百餘石使工煅治石條八百餘丈夫役徵諸田畝官不費而民不擾檄委簿李子尉張子董其役李子德性和平臨事謹愼身任勤勞不遑寧處張子才識敏練奉委勤愼躬親督催勛績懋著經始于萬曆二十七年己亥春三月自高堰而下百丈堰五門堰石峽堰又西上官堰又東楊塡堰修整嚴密規制

一新水勢漏注七萬餘畝之田灌溉無遺利城固蒸黎烝沐厚生之惠矣父老人等感侯之德屬九成爲文以紀其績九成愧以素不能文然誼安可辭請敬陳其畧焉嘗讀書曰德惟善政政在養民洪範八政以食爲先是食者民生日用之資而一日不可闕而務農者食之所由裕也今　聖天子御極宵旰乾翼惟以安民爲務一時內外大小臣工咸竭忠殫力以副　聖意海內熙皞稱盛治矣若我張公李公二公者俱以名世之才膺巡守之任廉察凛凛風采撫綏

得一二以及汚下之地而高壞復不可得稍遇旱則皆焦土矣民甚病之所以至今民以堰告者無虛歲尹邑者類不能爲計弘治壬子漢中府司理郝公徃攝縣事公素有能譽民即以告公親徃視得其方畧即白太守袁公具以請于欽差撫治漢中憲副朱公少參崔公皆曰民之失業吾儕之憂也以利民宜急爲之太守與之同心恊謀以濟厥事大集環邑之民告以疏導法因下令儲薪木以萬計令丁夫以千計與夫匠亦百計事既集即率衆徃治之民知其利已

也莫不忻躍從事無敢後者于是積薪石間熾火燒之俟石暴裂乃以水沃之石皆融潰遂督匠悉力椎鑿無不應手崩摧石且堅復燒而沃之如是者數渠深袤二丈廣倍之延袤六七里逾月而工告成峽谿豁然一通渠水蕩蕩于田畝高下無不需足而所謂五萬者無遺利矣是歲因以大稔民懽忻鼓舞感德不已迺相與集邑庭請大尹常君恭曰堰乃吾民百世之利也亭其利可忘其所自耶謹具石願求言以紀治堰之積樹諸堰側以垂永久庶少展吾民圖報之私常君以屬余余惟水之利于人大矣昔叔孫敖起芍陂而楚蒙其惠李冰鑿江水溉蜀以富饒今諸公開此堰以利城固之民而民遂享其利視孫李二公何如哉余聞之官民一體也上下一心也憂民之憂者民亦憂其憂樂民之樂者民亦樂其樂今諸公之憂民如此而民之樂也固宜諸公他日立要津登樞輔其愛民憂國之心發而成正大光明之業又寧啻如是而已哉憲副公名漢字景雲江右世家少參公名通字仕亨河南巨族太守公名宏字德宏居官

舒之桐城府推官名晟字景陽家濟南之歷城記之者則山右之高平郭豈靜之也是爲記

改修三道石堰記　　田起鳳

城固堰凡一十九處名堰之下又各有堰邑西十里許介在童楊尹三村間有堰名三道堰蓋五門堰之分水油浮激之支流也所灌田不下數頃舊制堰村俱係木磚壘砌遇背河泛漲上流梓㰖溝洪濤洶湧而下堰口棧木如漂落葉直抵灌流每當揷秧時偶值暑雨堰圮滴水不得入田秋稼無望雖時歲喜登

繁旋成旋傾百姓吁嗟浩歎亦徒付之無可奈何而
已邑紳張公諱鳳翮者惻然憫之力請於邑令梁候
申文郡憲慨捐巳貲募工匠採石辦灰躬親督理晏
食露宿者凡閱月一時之民知其有利于民生咸鼓
舞踴躍子來趨事不踰數月而告竣嗣是歲歲秋禾
以登遠近懽洽舉手加額造碑亭于楊家坎之西尹
營之東丐余爲文刻石以紀其事余惟士君子以天
下爲已任事無巨細舉凡有利于民者悉樂與興而
況鑿堰通渠有關國課民生之重者乎但人情樂于

觀成難于慮始興一事而少有掣肘隳然中阻者有
之公獨不較錙銖不撓衆議慷慨解囊爲民塈一勞
永逸長久不朽之績則公之仁心義氣雄才大畧其
覩古人爲何如耶吾樂城自元蒲公創開石峽歷明
而喬而高相繼修理邑人食其德爲建生祠祀名宦
至今黄童白叟傳頌不絶謂其與秦鄭國漢白公後
先輝映今公之改造三道堰也其功不在鄭白下而
謂不可與喬高兩侯頡頏上下哉昔之人有言曰居
桑梓而無善行可稱則其居官可知公之念切桑梓

如此若其居官又可操券而卜矣是爲記

修理城垣記　王九峯

城固在漢中之東北隅薄垣高僅尋許三面爲門而
闕其北無壕塹溝壘以限其外幸海内太平百餘年
不見干戈鬦爭之事百姓飽煖衣食出租賦力役以
供其上盗賊稀少夜户不閉無復意外之虞其居者
幸鄉邑無事日與百姓安處後先相襲亦不復以修
戎器戒不虞爲意自正德巳巳蜀郡盗起鄰於漢中
人始知警然猶幸其地遠無所爲備其七年壬申盗

猝至漢濱邑人於是大懼争先奔潰投匿林藪而又
顧戀鄉土哭泣道路聲振山谷盗尋西去邑人亦歸
其家然驚禽駭獸浸無可恃訛言屢興寢食失常當
是時都御史即墨藍公璋撫臨其地而拊髀嘆曰豈
可以感我小民哉得才能之士而用之城吾邑又何
憂哉於是詢諸衆而分巡任丘邊君億進曰通判周
盛此其人也公曰然吾固巳知之其可城矣周君既
至與百姓約曰若苦盗賊乎曰然出汝力保汝生乍
卯於是稽首謝曰謹奉命又曰得無忌者乎吾誌

人曰不敢乃始於是年三月越明年癸酉七月告成事凡城周圍以里計者七高以丈計者三闗臧於高者六之一池深如城之闗闊增於城之高者亦六之一闗門於北與三門者等甃磚于土承木以鐵層樓上峙揭石於扁曰東曰永和西曰安遠南曰通濟北曰新寧識始作也其外各築土環遶而名曰月城取其象也城四隅各樹以樓四隅之相距每二十丈豎以小樓以所計者六十有五而城之上甃磚爲渠通於小樓之側除水患也其爲女墻也上甃下磚凡以垛

千有五百而城之制備矣是役也磚甓以萬計者百二十有奇木以株計者六千二百鐵計萬斤石灰以石計者千五百有奇石以條計者九百有奇食米以石力以丁計者萬餘方邑之城也適知縣瀘州李君完至則見夫士人之游眺熙然以爲金湯之固可恃而不恐李君自念曰諸君之功其與茲城相爲終始者乎我其圖之未幾數十人直入請見李君曰若將何爲其一人大言曰我儕小人得以安居朝暮者誰之賜也惟巡撫□其功惟丘備成其猷惟郡倅董其功我儕小人不敢忘其所自敢告與執事者將何以命之敢不敬從李起告曰父老來吾爲若等伐南山之石徵於有文者撰述勲績大書深刻樹之城門巍乎煥然詔于來裔俾世世有以思也於若何如於是稽首謝曰幸甚李君退使使請于予曰天下之事未有不相介以成者也上有以發之無代於爲下有以能之不究其美皆未足以議乎是觀城固之邑其能無感焉爾乎孟子有言以佚道使民雖勞不怨世亦有以佚道爲者朕往往生怨何也各曰佚之其實與

之患是居下而代上所爲者罪也勞之不怨其城固之役乎上之擇人得其道下之所自盡亦得其道是則皆可書也夫藍公之傅大邊君之克實皆廟堂之資而天下之望也日有以勸鼎鐘紀旂常者也蓋無以藉乎是惟周君之政有體上之心又有以得民之心或者藉是以有傳歟併書以告來者是爲記

修土門貢峪二堰碑記　李時孳

土門古有堰民瀾畎陌利之溝洫貫峪河西南越三里許民田方受灌溉此河出沒無常狂瀾一倒直衝

中流于是隴畝之間動若枯渴其收入蓋不可以豐
凶定也是邪稱大患焉晉安邑姚公來領斯邑目擊
其害惻然動心申請帑藏架長堤以障之修成石堰
二座共五十丈飛槽九座龍門洞口一十四處安築
得宜疊灌有法遂成有基無壞之績焉斯役也經始
之者姚公萬涵而胼手胝足以董厥事則洋之蓮幕
贊黄越君璧耳其功始於乙巳年孟夏之廿六而至
小春而績報竣緣百姓之喜色相告也故勒石以誌

土門賈峪二堰碑記　李喬岱

瀵水上游去邑城可十里許斗折蛇行運漄三堰獨
土門堰沙礫善潰又橫當賈峪之衝先是第用樹枛
沙石權宜修葺一經驟雨狂瀾漂決埽無一存灌溉
不淪歲以爲常禹都姚侯至閔焉乎民顧瞻咨嗟遂
議修石堰爲久遠計排衆論持獨斷因捐俸金百餘
助民興作推去沙石其堰巨石爲底上累條石塗以
石灰檄幕史趙公璧日董其役夙夜拮据殫厥心力
候三日間一巡稽焉起乙巳正月逾年三月工竣高
可及肩長則亘河其下流處預防衝激多置圓石本
閘其外賈峪中流留龍口一十二丈漸低其平以洩
漲流欵致堅密而官不辭勞役不告疲諸父老懽呼
踴躍相語道路謂侯不一勞吾不永逸今而後瀵水
不涸則石堰不朽以余亦得食堰之毛者且職在文
墨請記巔末嗚呼書紀禹功小及畎澮茲堰經幾千
百餘年及營石爲之實自今伊始况侯已上膺誥命
行補諫銓漸涉政府他日掀揭事業要亦興于此蓋
可忽乎哉後之來者睹後之堰念後之功尚其謹視
而嗣葺之以永其利於無窮云

金洋堰碑記

西鄉縣治東西越二十里許有峽口在巴山之麓洋
河出焉河源來蜀境逶迤曲折歷千餘里至此蓋
始出峽下流百餘步則其泒漸闊川原平夷可田峽
口兩岸對峙如門前人因障水爲堰名曰金洋堰下
溉數千畝其利甚溥弘治春余承臺檄來攝循東作
方興君民來言堰上有祠故事有祀祀則邑之官僚
親蒞董民事也越四月二十日余暨邑傳曾君庠博
古君聯騎詣祠既舉祀畢遂兼扁舟泝渠達堰周覽

堤岸是日也天宇晴明風光清爽鳥啼花放水碧石青人峽口約里餘遥見崖壁奇絕疾棹而至下有石磴可坐數人遂繫舟山麓從人進餚觴運酌微醺命吏紀姓名歲月于石壁旋挽舟還祠因詢作堰之始父老具稱起自前代遠不可攷惟祠二像左爲汝寧丘侯彼右爲蕭城李侯春則在國朝先後重修堰者也蓋景泰初丘侯來邑循視渠道慨然興復因召居民諭以築堤灌田之利民樂從命侯乃躬自督勵緣山峽口訪址植木壘石培土橫截河流俾水有所蓄

然後依山爲渠隨勢利導以通溉各令種樹以固其本堤旁數百步即分支渠以溥其濟區畫布置慮無遺方經始辛未之秋訖於丙子之冬蓋農隙始用民力故歷六年而後成雖遲不厭堰之堤長十餘丈廣半之渠之堤高丈餘厚同之渠面闊二丈許自堰向北折而西長二十里燥土悉爲腴田而一方水利穪匪鮮矣成化戊子李侯繼來值雨圮堤侯爲加倍民念丘功意爲建祠侯許成之民乃并像祀焉余乃嘆曰政在養民養先農事水利猶農事所亟也故司牧者重之然而爲政在人人存政舉故良牧又不多見焉夫金洋之堰舊矣其廢也不知凡幾年今邑者又不知經幾人乃重修僅見于丘而丘之後建祠始見于李固皆所謂有待而行者彼俗吏精敝簿書念營聲利至于民事畧不關心以視二公其賢不肖何如也昔召伯嘗以聽訟憇棠下而民之詠思者歌甘棠遺愛難忘耳西民之粒食千載有金洋則二公之遺澤亦千載在也而誰其忘之余猶取貞珉書以表景仰私懷并爲後世同志者言耳

党公施粥活民記

程三樂

城固僻在秦之西南隅距城不半舍皆大山天梯石棧行者捫參車不得方軌漢以一帶水逼江而硍硍磕磕復所在有水崖礙湍之險僅能走漁艇大舩絕不得至以故外者不入而其民貧且俗不積小有凶荒輒所至嗷嗷有力者不免稱貸貧即塡於壑甚者挺而走險如在山寇竊發強半皆饑民也余丁巳忝牧斯土至即旱魃爲虐自冬而春麥不半穫甁罄盎復大火爍金千里赤地所不盡枯禾復秋爲霪雨所

虎公諱中瞻若束髮時即以天下為己任既而以庚
戌進士令交河隨以循良召司第胎車起召炭今循例
得里歸族旨日聞其舊在交交饑公為請於法賑濟全活
者以萬計茲歸里里饑問念心之義不滅於保交然而
公不一視遂是明聞饑聲輒嘆曰吾鄉民且盡盡中廢
而獨見之亦心乎相與鼓舞激勸紛為納粟各捐有餘
共得粟數百石即於大廠內可加一食每食必親給
必嚴嘗凡可以體恤勝活民命無不殫厥心以一身
而身為數千人之命所不恤也適進他美心饑民擇涅成
霈泼民失賜翁仰望臨敗迪踴來千僧膺踴壯者持金出
走老稚婦宦侍妾而子僧然不仰所出奠辛上臺加
意民廣不啻切身之恫瘝乃求所以起死枯骨而肉焉
而子亦稟給維失望期朝朝今而夕行之為之設粥廠
一其力不能支者哺之得活數千人計一時食上人德
意者多地於此者曰守土之官以朝廷財活朝廷之赤
子于燒屋之下誰實居之而不自念念於地方乎珠環柱
誰無冠死維在敗訪鄉大夫豈而旨主焉得
聚之財眉可就之相又就迫而鄉大夫是念也里人

豈願以身代不意迸血為朝膏民相與震民哭入曰天乎公
活我胡不為我活公也天乎嗟嗟公在玟泊又入在
鄉活鄉人使其不沒而在天下為霖為雨流澤又章
有進哉公之仗文明臺公諱傑阜然有氣節行履發迹復
嶠然為明興以來清白吏公仗仁心義氣固性具亦
世法也歟予職司地方方不能自活民為有賑以地
久活地方之賢大夫例得上請隨崇本道謂是可以
風也義感動之貞珉以垂不朽檄下予奉此為之茁石
於粥廠當前小白天不悔禍再有今日之艮侯其繼我

虎公而興起即匯虎公以活民我撫邑且世世戴之
矣是為誌萬曆四十八年歲在庚申仲春吉日立

洋縣令題名記 劉浚

余兒時則聞諸鄙諺必亟稱陝宦難陝宦難云既壯有
知識鄉長老時時為言凡宦莫難於縣令以其近民
而處卑也近民則事繁處卑則動易獲譴故縣而縣
縣陝非不宜矣歲癸酉余備計起北道經洋漢則聞人
問道洋之難治輒以負痛自之由斯知官難於縣縣
縣於陝陝難於洋洋也詎不謂元難者耶及二年乙

作鎬天曹而令洋之命下嗟乎向所謂難之尤者
余適丁之秦人有告曰洋令罕良吏即有良者十幾
二三余亦曰命也莫可如何安之為態數抵洋人其纏粟
奎垂茇野洪滕膏郊人其郭人土滌彬此閭斛如信
是則洋奚歎矣君三日余應之乃知洋土雖大而賈
賦太重差役百出視他郡縣倍焉民終歲勤作僅以
供官猶孑遺罔上泥其餘它也責之鄉閭以故庄日
就寥生日就蹙外雖可觀而中實困因甚矣倉廪日
因之華與民也既歸官也洋令罕良去邦在是與鄉

在是與雖然余問於牧君子不易為所以行不擇民
而鄉庭累塔籍刑別疾風勁草知長人者患不識而誠
先民饑賴且行矣有於洋民誠以立政庶績且熙至
有於洋政假令洋具先難盡郊前說則何又有良而
去者什之一二三平余是無論良不良悉取而請名焉
余塞也且部從來云

旱異政記　　尹什賓

夕稱成湯禱於桑林以六事切責誠感甘澍自古
記之越此歷世亙昔旱異蹟未聞若茲響應者

仙天久亢陽憂形於色露禱輒應今上仁
憂及蒼黎輒旱布袍減膳步行南郊三日宿修省精誠
祈禱時雨滂若誠應大抵古今皆天動民王豈日徹
一旱禱一誠遂爾感召唯是時帶行所憂勤日與等
脈心相流貫是非無禱禱必感應云如守令奉有圖
命分牧一方百萬生靈待命猶無日以需雨望全活
漢陽延袤山谷中鳥阜崎嶇事非沃野無能當迥月
旱即稱田取給然亦龍江禾漲稍所間四五十里
許溉田數千頃一遇歲旱上源先竭灌溉不給皆主

寅歲漢中先是秋後已減往年十分之一逮今春閒夏麥
又不登黔黎艱於生活五六月又亢旱應
屬無論旱不益禱雨若有水上源一洞
未流者先生因及為未流者誠上源者亦業已插
病群情洶洶哀鳴於公門甚慮日言遣守推明公
撫論漢軍民曰天不雨源流細徒增謂何須遂與
一二寅僚禱心至屬停刑息訟省不張宴行不乘騎
素袍徒步禱於風雨壇其祭告之文亦以六事自責
日莅直行而禮取過軍轉禱祭司之人以身代民誠

詞漁獵者衆與禁網疏而豪暴者競與礦税訮停無法而向隅者哀聲動地與諸犯平反未當而覆盆者怨氣沖天與不然胡油然之雲不作沛然之雨不施也顧天諄懇且請以身讃禱無幾何至誠感格當畢念登壇之日倏見陰雲靉靆濁霧濛濛即示雨兆不二日其雨立降晝夜如注四野沾足萬口歡呼如辭倒懸嗣後雨澤相繼不先不後匪遲匪霪風不鳴條雨不破塊奚啻稻田委潤即道上行潦皆可田可溉一望綠野萬寶告成遐邇有秋奸民爭訟頓息猗歟

異哉明公下車勵精方新一切惠政如新釁官勤課士敦鄉約疏水利甦行役平物價剔衙蠹等善已足以愜輿情而感天意一旦爲民憂旱勞心焦思即以時政所易爨世情所譏言者上回天意下蘇蒿禾全活億萬生靈蟻命非即成湯六事之責乎非即商霖之應於桑林乎益緣明公天性循良油然赤子眞心故上格天心仁愛沛然下雨靈應不爽不則胡其雨之降不出三日繼後之澤次第不借皇天示異若茲哉以故闔郡青衿黃童白叟快然自幸躋在休養生息中日見太和豐稔對在江漢間奚待卜于三載成之時耶不佞作賓等叨濡霖雨大遂渴望感不在農畝後父老青衿薦紳輩共屬余以文鑴之石益德公之澤欲紀之不朽亦覩河流而思禹功意也即不文敢不頌其實以記崔明公諱應科號登吾河南登封縣人登萬曆乙未進士歷户刑郎署出守漢中云

佑啟殿記

崔應科

佑啟奚以名也攷之書曰佑啟我後人易曰佑者助也傳曰天之所啟則佑啟之義蓋有淵矣茲以額殿

蓋邀惠乞靈保障我漢南蒸庶我生齒時時佑啟深章神之貺焉耳乃其殿則昔有而後圮久圮而今時修者也歲癸卯三月朔前夕余夢謁一神祠謁畢門扉後闔胥中一女神塑像據地趺坐裸而慰余不忍瞻從傍出因恚工匠粧塑不如禮嘆息久之心以忒簡自許覺而知其爲夢也豈不爲意時漏下四鼓矣昧爽亟援視爲謁廟計出芹泮詣城隍皆前禮成黃冠數人叩余言曰本廟後殿圮廢宜修請視之余許而視步經芥壘背闔閭東北隅有神像二置辟左荷

躬揖之黃冠云後殿神也無棲所暫此供之及詳閱而後則殿基鞠爲園蕪甎瓦掃無一存僅僅塵甍有向恍惚有丹青遺痕余爲之憮然動念憂中事其此之謂乎惟余受事幾二載伏臘瞻拜雩禱享祀第前殿一對越而已前殿以內趾未進尺寸目未覩若何狀後殿圮廢實未之知事神之道謂何罪也久矣一旦徵於夢得於羽士口符於所見興復之工頗可緩耶遂捐俸金若干易材覓匠刻期造作木者土者陶者冶者不阻風雨不憚炎暑群然拮据時督有役則

盧貫王真受爲之日督有官則王簿張文憖爲之旬督在余則工程之多寡官役之勤惰悉考覆焉以故人效其勤神翼其功經始于三月十七日落成于六月十三日余以其殿之成也一注目焉見柱揭一紙問之黃冠以募人塑像對余曰能修殿而不能塑神非夫也復出俸金若干像胎舊而使廓衣飾土而以金甫浹旬冠裳儀範煥然一新先是塑者塑神之手容稍欹旋更以正余未知也夜夢先祖妣衣白几坐手頻頻動既而匠告以前言如是如是神之終始具悉荷一一不爽哉則以精靈烜赫曰雨而雨曰暘而暘捕虎而虎就殪疑獄而獄示情受命如響非一日矣從此而益佑民以安樂益啟民以亂嗣皆神之事也尤受神者之大願也是爲記

重修城隍廟碑記　盧汝爲

自昔帝王疆理天下凡大小都邑靡不有城有隍神以主之廟以祀之蓋欲保障生民翊安社稷爾維我城固肇建於秦置郡縣之初廟制之設其來遠矣茲歲時伏臘無遠近無老幼爭趨焚獻以誠祀禱楷規

制卑狹周旋未便士民咸相謂曰此一邑之主也非群祠比宜高明廣大庶稱尊崇之典矧茲歲久傾圮恐坐視弗修舉乎廼焚香矢心者十有七人相與勤區畫慎出納秉公輸誠共濟厥事由是四境之內懽忻鼓舞捐財者隨分而施效力者因時以致凡供應之類悉源源至矣起隆慶辛未秋越壬申夏初落成爲棟宇巍峩規模宏遠金碧輝映瑞靄凌空視昔卑狹改觀多矣夫増新之美視成之速如此神顧求工人乎人顧禱于神乎良由百千年來英靈如響有禱

輔應弱者植強以昌鋤兇抑詔伸冤苦獲蠲福善禍淫錙銖不爽息災下萬姓威震乎一方彼此喜施樂于宜力勞者不約而同未期年遽告事竣嗚呼感應之理焉可誣耶方今聖明在上百神效靈久矣仰贊化育俾安黎庶俾我境內雨暘時若人物阜斯固明神陰作之力也若夫洗心滌行勸善修德俾有衆仁人君子又獨非明神爲聖之意乎吾儕能兢業自新以副神意則上下相孚幽明胥慶共翊太平之盛與天地相悠久於有光于今日之舉爾苟徒欲以此媒福遠

害殆非所以即事之道矣况神以至公至正名亦不識肯私庇乎否也諸君子其惧之哉其惧之哉是役也木石灰甓之用若干計工作賞賚之資若干計威不贅紀他如寢殿獻殿各三楹廊廡東西各五楹前則樂樓外而大門又各三楹悉更新之基地廣袤盈畝有五焚修者居址亦附其內此開設所定未嘗加損云

漢南郡志卷之二十終

漢南郡志卷之二十一

附左　知陝西漢中府事滕天綬重輯

藝文志

重修城隍廟記　李應庄

萬曆壬寅冬余承乏尹漢南之畧陽初入境地僻民
稀林深山峻峽有辭志已而思曰忠臣不擇地而
安奈何以山僻自嫌若歲餘凡廨宇資儲極其朴野
而不敢言陋葢以羅允之地困窮之民不敢更張煩
擾也惟是　城隍廟在城隅雜於民舍每瞻拜之下

不稱神明棲止乃卜諸城南得舊府館一所地勢崇
廠兩山傍峙遂謀士庶而遷之凡木石磚瓦之類第
於館之已頹敗者增其一二庶民欣然趨事不再月
而告成爰立石以紀其事夫兩儀既判幽明各別明
則有人建立官師以長之邑有宰郡有守省有監司
各引其職各業其官昭布森列事權不亂而後人道
理明既如此幽亦宜然葢陰陽表裏交相爲用凡人
有隱慝之所未宜刑政之所不及皆賴夫神明洞察
陰降之罰以佐夫彰癉之所窮者也而或謂幽冥之中
淨若幻杳若有若無則闇於禍福之大較而拘於耳
目心志之不廣況有官罰必有城是倚有城則必有
隍是籍有城隍則必有神是主與諸神之不邇於人
民而遠滯于官司者又自不同則是舉惡可已也夫
神宜嚴肅不宜雜亂神好正直不好邪媚神享誠敬
不享靡文鑒愓以不鑒貪卒則今日之修廟與異日
之所以事神者可不又有不待余言而自滌濯其心慮
孚其衍以求無愧於神明者耶是爲記

重修城隍廟碑記　李來鳳

昔日孟氏有曰民爲貴夫環宇之民幾且億而先賢邑
以爲貴何耶經云民爲邦本本固邦寧嗚呼知邦之
寧即知民之貴矣國家于民明責諸吏幽責諸神俾
幽明協贊佑我黔黎共享豐芑雖年磐石悠久無疆也云
吏者匪司牧乎云神者匪城隍乎司牧理陽教明心
思雖智慮育之以仁正之以義切其痌瘝而延其命
脈至于耳目之未逮適然之數莫可逃者付諸城隍
之神陰佐之禦其災捍其患福庇其良殃而殺譴其
慈惠俾四境之内治於歷歷也西鄉城隍廟前有芯

蜀壯麗地多圯陋沿湮歲邑宦朱君翻之余兆金石
丹漆繪梓諸工計二百餘金朱君恐湮己邑士共言之
乙亥夏畢侯來牧勝拜謁帳諸額圯遂捐俸百餘
次第修舉惟角門獨存東而之西縣西路通合牆道
于地故也今年秋余備員學校總知侯捐金兆乃剖
學宮隙地輸城侯助之諸鄉士大夫暨諸義民各助
之而角門東西振振若兩翼且奉設凡祭器所需若
俾神之職糾察而弗類于維二百年來廢典一新矣
邑士民乞余記以誌石余聞之曰神明之道體隆而幽

依素之不備則神不憑依今廟貌完美如是凡物居
萃厥盡薪薪西土人民永受其庇匪侯節之其誰歟
且侯惠愛民不止在神有身繼之政事益必之誌禪秉之
化飲食教誨若春風和煦其能繞于神廟者亦猶病
之意也否則民義遂而鬼神近豈識保者哉

城隍廟碑　　洪承疇

憶昔日秦鹿方熾四海鼎沸沛公起失其鹿而天下共逐之
豐沛豪傑得先入咸陽之兆遇老嫗赤帝子之言與
楚項角鬬爭雄鏖戰彼鴻門之會幾以不測公奚總

之得漢中縶道一拜大將十面九里之討壓項羽機斯
奄有四海人言漢高之成天下在三傑吾以爲漢高
之得天下在尊神雖未以大風歌縶陽以伊誰兆哉
斯時也尊神一陀執血知有沛公而不知有己都有
一時附會忠節而不知有千古血食今名出乎日月
之上貫乎金石之中轟乎雷霆之外視死如歸從容
就義日月不能掩其光明金石不能擬其堅確雷霆
不能敵其轟烈比假如尊神而顯大偉伍之見豈止
漢高之不克爲漢高沛公之不能爲沛公矣計漢明

歷數二千餘向使就中成火德四百六十餘年之基
業今祖宗朝漸歷一百七十春秋矣親藩分封于斯
甫及十載適流寇氛擾至再至三尊神衷亦猶夫昔
也欲保支庶府之安臣民之樂釋聖天子西顧之憂
榮陽一時滿腔熱血不負勍敵而火其居矣日在明
成春月之侯焦頭爛額枝柱于灰燼生前結榮陽代劉開
德于漢於今漢中烈條編歷于明自田成籌數屬思
而上之聖天子當享國無疆之慶殆與我明八百之
曆相比休焉耳昭代凡有血氣者莫不尊親上貫之

賈士民欲舉未果茲歷詹懷食報乃捐貲差官誣吉
修建而承奉正邪公承奉副王公等各為樂助雖有
多寡之殊同一果修之念大殿五間明軒三間東西
各王殿十間後殿三間東西配殿六間圍廊四十四
間儀門三間鐘鼓二樓大門五間二門三間牌樓三
間照壁一座一切傾圮崩塌湫隘荒蕪之處急以修
砌補葺棟宇翬飛簷甍苞密朱丹華彩畫炫朗之文
章赫奕威靈動皈依之斧鉞煥然可觀而尊神與諸
神之靈爽亦妥乎於穆之天矣拜壇伊邇古蹟燦然

想當年飆附雲從不知其淒凉經幾刼也而威靈直
與天地為消歇日月金石雷霆道並行而不相悖夫
三傑日將無同乎日同謹記

城隍廟碑記　伍福

廟祀神明有自來矣昔舜受堯禪武王伐商皆望於
山川徧于羣神蓋以嶽瀆功在衛國福民則祀之也
宜也我朝大明受命稽古祀神必建廟寢匪但崇祀
嶽瀆通天下郡邑皆廟祀城隍者以其功在捍衛宜
報之也或追錄有功于是土者為之亦禮以義起之
意也顧他郡邑城隍或有姓氏若洋縣則古碑泯淤
無由而考諒神當日必澤被當時功昭海宇有不可
勝紀者蓋生為英傑沒為明神其耿耿精靈輔國福
民廟庭享祀同天地之悠久厥有由然俗傳八月朔
二日乃其膺誕之辰邑民恒於是月日奉祀愈虔祭
以清酒維羊維豕用享虔恪闔邑士大夫莫不肅衣
而拜然舊有廟卑隘况無兩廡儀門闕然足以稱崇
祀之意幸縣令北直隸鹽山韓侯文諤廟嘆曰凡祀
神必皆加謹嚴若斯卑隘其可乎哉廼命道士王道

仙劉道元革舊鼎新仍令其勸募以助不逮新廟既
成輪奐倍昔丹楹刻桷山節藻梲煥然赫然旋增兩
廡儀門坊門垣四周俱高且固寢後擴地八畝亓廟
壁亦繪神像兩廡又肖六曹十四司門外左仍蓋道
室三間士庶來觀者無不顧瞻起敬也是廟自韓侯
重修雨暘隨禱而應旱潦疾癘不作五穀六畜繁茂
人愈給足乃屬文以紀其事夫治民事神固令所當
為者然必其人讀書明理而後能盡其道今韓侯有
學有行則其于此固有合于義理之當然者是故可

書也

城隍廟靈應記　張棟

歲丙午春督學大村楊公行部校漢中士於郡庠得朱子文伯應壁南鄭得張子之言汝修於褒得二子遂偕讀正學書院抵冬以明省旅寓長安僧舍至于八月中三偶疾作不能肄業一日晝寢未寐偶見衣緋者闖然而入立於榻前予驚且起敬詢之曰吾褒城城隍也以事至省知汝在此特來一視然不讀書而晝寢何也予曰病不能興神曰凡大比之年當謁神遍察士子

淑慝吾已知汝毖選甚讀病即愈吾去矣神仍趨出而出予疾亦若脫至八月試期畢夢至一所神仍在焉朱子張子暨予咸拜謁之神答一禮問予曰汝讀書耶予曰然神曰朱與汝皆中張次之仍書曰飛昇四字贈予予寤而竊喜而訝知神陰佑也然亦不敢以告人迨揭曉朱子果中式予俾以易魁省後張子薦壬子而神之言益驗矣自是予益畏神之靈也凡有所往疾病必默禱于神神亦吉凶無弗應者抵今年予家君龍江翁病予亦詣往文縣佑拂為許才歲為祈於神禱於家君亦之箴曰病不治又曰病不起至予則曰療又曰求明醫及果竟不起而予之禱弗驗吾日而疵疾矣夫神有靈異而驕之非智也受神之貺而不報非禮也神固非樂人之報以求聘其靈異者予每神異神欲為勒石須其顯應而未果迨今讀禮少暇故特為神誌之夫天下統梁土爲城浚池爲隍則是神之司乃城隍之主者矣因以防閑保障闔邑之民主典幽明死生之事者也振言命崇事載在祀典非若淫祠比而福善禍淫懲惡赫赫使人瞻而

畏之仰而畏之善者益勵其振作之心惡者潛消其暴慕之跡則神之力居多何者以其近於民也易曰問焉而以言其受命也如響無有遠近幽深遂知來物非至神其孰能與於此哉此國朝有盛察斯民之封又謂聖不可知固有超于高城深池之表者世有淫祠其精靈附人之形聲以自表見其言禍福間有所應亦非不可信也要訣而妄久而衰人始厭仰之惟恐後從則褻玩焉者以其禍福之權不專神亦非正故也予以識其勞鬮謂不當錄於士林而乃已

佑於神神以糾察幽明爲務因以盡人而昭報之乃
陰篤厚於予然則神亦靈矣哉雖然子産曰天道遠
人道邇夫子曰敬鬼神而遠之予爲神勒石豈有求
邀乎夫苟心純乎理事合於正神苟不祐吾自信吾
心之神可以格天心若夫爲一切僥倖苟且媒孽短
長之計以營衛其身且越常理事祈禱而冀神之見
祐神必笑而吐焉縱不見禍吾謂幸而免焉耳是故
禍福無不自已求之者神能報之亦能因其機而爲
之予因以獲夫昭報者爲神視而因以不邀禍爲來
者告也神耶人耶聽邪否邪謹記

陝公祈禱感應記　范吉

天下之物莫不有神城隍又神之所必有而可以感
通焉者顧人之誠何如耳公安陝公茂之守漢中克
勉於誠以爲感神之本故凡水旱皆於城隍禱禱斯
應之捷於桴鼓或曰偶然耳夫事固有偶然者然凡
偶於暫焉而不可偶於久且數也乃成化十三年丁
酉夏四月不雨公禱於城隍雨或偶然也次年戊戌
春二月又不雨公禱之又雨比秋八月苦雨公禱之
則止而不雨果可以爲偶乎次年己亥夏六月又不
雨又次年庚子春二月又不雨冬如之自冬而辛丑
春亦如之是年秋則復如戊戌之秋至若壬寅秋七
月癸卯夏四月甲辰春二月又皆不雨自己亥至甲
辰不雨者七公禱之皆雨其間苦潦者二公禱之可
止而不雨抑可以爲偶乎夫既非偶然則可以爲果
矣或又以公之禱之也肅而衣冠變而食飲易而寢
處齋如也故神之應之也速是獨不觀夫方外之流
乎朝而揖暮而拜出入而必告滅類以相從以敬事

其所謂佛老氏者似也而彼蚩蚩者疾病焉患難焉
或請而求之萬無一應其故何哉彼之所謂神者遠
也我之所謂神者實也正也彼之禱之也外而假我
之禱之也内而真是以彼之徒勞而我有應矧公之
感神也皆自安養百姓中得之其所以禱之者久矣
豈一朝一夕之故哉宜乎漢民以陝公爲有年之耆
龜也耆老等享豐穰之多與公之政而求記於余故
爲此辭以歸之公字本　由名進士歷任郎中爲今
官也

魁星樓記　王一魁

余聞天以星辰爲文覽天文志斗罡七星位之四爲
魁則斗爲天之樞而文其主也學者景仰北斗舊矣
以故後世學宮建魁樓特祀若曰文明具泰象云哉
邑庠學改建自嘉靖庚寅爲二遷於茲迄雖科第選
仍甲午後稍有利鈍說者咸謂形勝宜亟圖而魁樓
則議而未舉也迨我張公以名進士領篆至邑甫下
車謁先聖同學博士諸弟子員指點形勝公即知其
青龍不振而東壁未遑也舉爲諸青衿家言者若合符

謂曰學制未備責在有司魁樓之舉可後耶於是歲
夏卜地坦墉之左厚築其上廣敞許置樓三層楹金星像
具備仍命工肖像迄秋告成公不鄙不文問記於余
余惟人以地傑地以人靈斯樓從前則空舉幸遇我公
作興垂不朽謀是俎豆輝煌宮牆炳耀人文鳴運江
漢抑地幸耶人幸耶雖然魁之義大矣麗天則見乎
星在人則見乎人士惟得其義以魁可魁鄉亦可魁
于宇内有如魁之不辭流而爲斗爲箕爲鬼爲蜮非
魁召人人實自召即不然奚以徼福睢睢焉乞靈乎

魁竊恐脈脂于血酒道傍而穰者農夫事爾魁必吐之
矣豈豪傑所屑爲抑豈我公所以作興之意也是爲
記公諱以巖別號益吾河南洛陽人登乙未進士

崇應廟記　汪仲達

川主廟在褒城南五十里詳創建有記臨丁無稽弘
治癸丑里之人有以精誠稱者神付其靈俾代而言
日某嘗廟食茲土霖際不治遺址且存盍興復以妥
慰我也將爲若惠俾民有庇焉諸父老聞者咸異然
日若此神之顯靈也殆有形聲之可對越焉敢不勉

與敢不畏與乃齋宿以告於邑侯羅公請公畀之文
上告於郡伯劉公璽公畀之日日治民事神吾守也
事有應於民而請之果不爲淫祀其力圖成可也遂
下命俾父老之願亦飭所司聚材鳩工不踰年爲正
殿三楹前殿如之傍翼以兩室甃砌柱石則仍舊貫
像刻得之深嚴儼乎若臨是歲雨暘時百穀登災異
息彰善癉惡細鼓答祥居民間出入車馬之聲闐溢
官府執法之所焉工既訖記於廟狀並以崇惠爲羅
侯侯欣欣然率耆碩耶諸守仆曰爲吾民者以義毋忽

兄友弟恭鄉閭讓飽嫁衣衾出租賦力役以供其上
若夫有干王教非禮傷道者悉去之其俗厚矣爲天
生民立牧賞善罰惡好惡休違欲民之仁厚焉耳爲
神福善禍淫禦災捍患亦以匡民牧者之所不逮欲
民之仁厚焉耳今而後教行俗興矣民其勗哉諸稽
首拜嘉侯亦唯唯因往謁題其殿曰崇應越明年乙
卯漢中方城大旱九月不雨承前守袁公宏靡神不
舉應雲如故公躬請禱之輒雨既又旱再禱之又雨
公感出藏緡若干募里市得金帛若干式廟之用垂

永遠歷嘉靖癸卯五十餘年前廟復傾墜凡向爲父
老之子弟者今爲父老也咸曰報祀吾禮也繩武吾
事也遂鳩材以修新爲已午闢舊址而增築岑樓三
楹外殿稱之坊與門各一額仍崇應而樓名達覲焉
碩材良甓高明弘壯像貌端嚴絲繪華煥大過於昔
經始於癸卯之初落成於甲辰之冬父老求予言以
勒於石予聞禮有功於民宜百世祀狄仁傑毀吳楚
祠胡穎毀佛像惟以無補而滋惑或糜費用二君子
反經乃爾茲祀穰穰乎歲時之稔赫赫乎善惡之昭
熙熙乎俗里之厚前郡伯劉公諄復者盡矣父老輩
捐貲督程掄財增飾翼翼匪懈丞圖厥成皆可尚也
同府掾岳君與祿乃鄉校人望焉者而予來趨事嚮
應效勤賜者不減千百人書之碑陰

禹王廟記　舒鵬翼

嶓冢山禹王廟成漢中府倅張侯良知寧羌州守蕭
君遇祥書來請予記予惟古聖賢之在當時有大功
德于民者皆得立廟祀之朝廷履道建中盡倫定制
毀淫異正靡神不宗夏后氏紹堯舜精一之傳開子

孫帝王繼續之統五帝讓功三王推德可千萬世祀
之遡於大歷服之九年詔有司立廟京師輿王躬牛
遣官攝祭載登法典與祚相承若茲廟也予過屢矣
南去州百里許東去府二百里許鳥跡獸蹄通於官
道歲時伏臘嚋薦蘋蘩雖不建可也張侯書云禹都
安邑安邑有廟崩於會稽會稽有廟惟是嶓冢漢江
發源禹寔經焉廟何可廢蕭守書云鼇靈治蜀水蜀
人祀之西門豹治鄴鄴人祀之惟是嶓冢故祠遺址
禹寔妥焉祀惡得乏乎予憮然喟曰昔眉山蘇軾撰

韓昌黎廟碑謂公之神如水之在地中鑿井得泉豈顓在是則夫覩河興思探穴增感所從來遠矣肆今之葺而廟廟而祀也允宜爾哉顧小子墮落歲深荒迷日久大懼不能佟一辭以發聖之蘊然願竊附姓名於石以垂無疆謹稽首頓首再拜而記其畧曰當堯之時洪水滔天民遭陷溺茹毛飲血厥食惟艱堯有憂焉舉禹治之俾繩鯀業禹自冀州梁岐太原岳陽覃懷至於衡漳又自積石龍門壺口雷首砥柱析城至於王屋又自嶓冢荊山內方大別衡山敷淺雲

藝文志　卷之二十一　禹王廟記　十五

夢至於彭蠡蓋不敢壅塞汨亂以取震怒故浩浩蕩蕩東注江海禹可謂智矣禹傷先人父鯀以功不成殛手足胼胝居外十三年過門不敢入生啟不得子惡衣菲食陸行乘車水行乘船泥行乘橇山行乘檋日孳孳排決濬瀹弗遑寧處禹可謂孝矣方其隨山刊木鬼神龍蟒護惜巢穴作爲妖怪風沙晝暝迷失道路禹乃仰望咨嗟俄見上帝授以太上先天呼召萬靈之書且令其臣狂章虞餘黄魔大翳庚辰童律爲之助由是能呼吸風雷役使神物得竟開鑿之志

禹可謂神矣四隅既宅九州攸同稷得以播百穀契得以敷五教垂得以司百工皐陶得以明五刑伯夔得以典三禮后夔得以正五音龍得以主賓任土作貢勞而不伐禹可謂功矣是故天錫洪範舜禪帝位致彝倫之攸叙會諸侯于塗山而下民底定萬世永賴孔子曰禹盡力乎溝洫吾無間然矣劉定公曰洪水横流微禹吾其魚乎嗚呼禹之功史雖載之而不知其由於孝禹之智人能言之而不知其由于神合智與神謂之聖合功與孝謂之德德且聖庶幾其記

藝文志　卷之二十一　禹王廟記　十六

禹哉復作九歌俾土人誦之以侑饗祀歌曰洚水儆堯兮氾濫國中四岳薦禹兮俾爲司空禹治水兮注之東方拯横流兮爲民粒食言乘四載兮勞身焦思克蓋前愆兮萬世之利聲爲律兮身爲度其言可信兮其仁可附庶土交正兮底愼財賦不自滿假兮拜昌言聲教訖兮奠黎元水土平兮生齒繁洛出書兮錫九疇通九道兮開九州亹亹穆穆兮六府孔修娶塗山兮辛壬啟呱呱兮何必荒度土功兮五服弼成應曆數兮帝命赫泣罪人兮痛自責舞干羽兮有苗格

輯五瑞兮建皇極朝玉帛兮會萬國戮防風氏兮明黜陟宅百揆兮股肱良敷文命兮庶事康於羌好兮大耿光

重修漢桓侯廟記　蔣　奎

侯張姓名飛字翼德義結昭烈匡扶漢祚初封西鄉侯後封閬中王食邑西鄉又封桓侯邑之城池矣創立焉然廟祀則未也國朝正德己巳秋七月流賊猖亂勢逼邑城忽夜大雨迅烈河水海湧全軍得地勝不戰而賊氣懾時悉撫藍公璋兵憲來公天球咸以

觀軍至有夢金甲神人按劍助陣者知爲侯威靈所通也邑遂獲無虞寇亦尋就滅矣事定後二公乃題請勅封侯武義忠顯助順王隨委郡判周盛擇地卜吉廟侯于邑西歲以八月封日奉祀焉嘉靖己亥德平閻公文奎來判縣事備聞烜赫輒動欽瞻慯其廟傾葺而新之屬某爲記某聞功德在世崇報在人應之機理有固然以王正氣充盈宇宙千古不泯無論夢論其顯靈殄寇一事俾屹然金湯得鞏固無疆者迄于今靡非王功德賜也彼其廟貌就頹弗

不加修將崇報之謂何此郭公所以有感而必舉也夫後之視今不異今之視昔守土者續王之功德不窮亦無忘心郭公之心焉可矣

重修五雲宮記　明　失　名

有修斯有紀有修而不紀後之人莫知觀感則從而修之矣此君子之心必欲刻之堅珉垂諸永久俾人目擊其事亦皆有所感發興起其同然之善心而董修焉矣時有仙林道士葉崇德日宇縣治東南隅左宮五雲所奉之　神正直靈佑忠顯通慧王神極靈

異觀諸古碑可考而知神張姓諱　嘉字伯達漢天師七世孫仙裔也李唐天寶元年五月五日降生於南宜州張公名祓家母盧氏誕之辰異香浹日自稚習儒術尚節義至遊長安友李泌同處類宮嘗誦詩書時年十有五也偶值唐肅宗舉兵討祿山之叛布衣上書屢有戰功補參軍事迨從李泌平南賊百戰皆有制勝之志無怯縮之心上因功烈蓋世賜宰雲宮神秉心正直宰治是邑視民如子撫綏甚厚舉得其歡心則神之忠在國家而惠及于民矣惜乎爲宰未

幾天不假年二十三而終於官然神不啻生而靈異
既著威靈于雲居一邑人立祠祀之時復顯神迹於
空中與李泌使者語奈何五代擾攘祀禮廢啇繼遏
義忠禪師自吳入蜀其神現影因得至於洋川忽一
日荷　上帝命神又錫以神職俾久享祀梁洋則神
旣棲於洋而其耿耿精靈或不能外於洋自是以來
靈異屢顯四方之民歲或旱潦疫癘雨暘隨禱而應
疾厲不作於是鄉人達之有司有司述其功績靈異
聞於大元則重其功嘉其異封是王爵則神之爲神

有自來矣然其廟殿闕宫有侐實實枚枚翬飛樓嚮
鱗砌堦墀正殿之前則有獻殿去獻殿前十四步許
則拱陽門正殿之後則有過殿續後則普光殿是殿
後則有雲居殿左右廡轉廊俱五十四間則接拱陽
門後續普光殿左廡列正殿南沿廡則有救苦殿暨
祈嗣藥王桂籍諸殿右廡列正殿北沿廡則有斬嗣
殿暨護道靈官作樂進膳諸殿拱陽門左右則皆有
殿前有五雲樓層三高百尺夌摩霄漢上今有時禮
部尚書濮經謁詩五雲樓前四十五步許則有三門
則有左右耳門正殿左右丹墀暨樓前甬道左右翠
松百餘株春滿四時宫墻外北有道會司暨諸道院
周圍常住地六十畝有奇歲月旣深殿廡亦老正殿
門外左右二將貌像衣鎧劍脫不足稱民崇祀之誠
吾於是敬發丹誠捐已資仍募留家以助其不給繪
畫則託諸丹青補剝則委諸塑匠至若補椽瓦朽脫
則又因能信任也二將貌像衣鎧則飾金施采殿廡
欒櫨則易腐以新椽瓦則因圮致復墻壁則因隳致
興左廡則繪神出像鑾駕暨諸將形右廡則有神入

像車輦及諸將容殿廡欒櫨則皆漆飾丹砂由是廟
貌深遠清靜神像儼然動人敬畏奉承已亥春正月
興工冬十一月訖工事畢久之乃來屬文爲記予竊
謂德盛者必享乎無窮之祀澤遠者必垂乎無疆之
休彼神之生也其靈異如日之麗天神之歿也其靈
異如水之行地忠奮於一時而果名於萬世功施於
李唐而褒封於大元顯神於空中而錫職於上帝身
殞於雲居而血食於是邦神之靈異不可度思則神
之名不待祠而顯神之心不待記而明是蓋與天地

合其德與日月同其光則廟貌崢嶸享祀無窮與天地同悠久無疆守矣豈有其功德而不享其報者乎崇德之重脩如是後之居乎是邦者必將有事於廟有事於廟者必將有考於碑其尚知所勉焉謹記

漢關公廟碑記　　李遇知

今寓内上首自天子后王君公下暨甿黎紅女嬰孺靡不悚心瞻崇　武安王神云自巨而罷會暨罷州邑相錯如繡及遠而罷結輿僻之鄉靡不搆祠崇奉武安王神云吾洋隸梁雍北屏晉則神産鄉也南障

蜀則神撫土也家有繪祠村有賽祠而規模弘敞樹境内觀瞻無若邑城東廟祠其創建由始無攷歲久則圮民間風洗物詘相坐沿視莫能更新昭不朽歲庚戌左令君蒞任銳意牧民政修事舉越次年因水旱禱過神祠慨心廟貌傾圮輙謀更新之遂捐俸緡擇歷居者義督工仍風市居紳及諸尚義稍捐助共襄盛舉於是壬子春之孟庀材經始越秋之季工乃竣南向有門入則樹九柱楔坊稱一時華搆循而入則兩廡各三楹俱新創上有正殿獻殿雖仍舊貫稍潤色之而境内伏臘趨蹌肩摩轂擊動色改觀矣諸父老拜手颺言曰是左令君之賜也囑余一言以勒之石余曰關公初起應募掃黄巾若敗葉甑良梟德若承蜩縛禁君繫鼠復七軍若滃螗其跳盪摧拉之雄武夫而能然之間關萬死跡故主於一錐莫立之地力抗漢賊扶炎燼於一綫未盡之息其孤忠亮節夫人而能言之公之發威靈著於遠邇郵大災捍大患於世恆著夫人而能頌之曷足以盡神噫巍乎天地之大也皓乎日月之明也雄而峙者山不舍晝

夜而流者川孰非靈耶而關公神靈赫赫在世天地若以大日月若以明山若以之雄水若以之不舍晝夜耶聖人論鬼神曰誠之不可揜蓋鬼神之靈載於人心之靈撐大塊而貫萬古治民事神道固相須總一誠也今君爲政百廢俱新廡績其崇茲特記肅神一端爾令君左姓諱立功號性餘山西平陽府洪洞縣人由鄉進士初授三原儒教諭擢任今洋邑云

重建開國侯廟記　　陳熙

天神人一也蓋神不言而善應有感而遂通原始反

終故有幽明之說共體物而不遺亦未外乎人者也不然則神何以顯其靈人何以感其依哉洋邑西一合許池南村有神祠祀開國侯者侯鳳翔天興人也楊姓從義名子和其字也維神系緒遠矣自東漢太尉震起於關西以清白遺子孫奕世戴德代不乏人侯也紹祖遺風奮乎有宋累成勳績位至于侯父仲方母高氏累贈大夫碩人夫人累贈封令人子八人孫男十一人曾孫男三人元孫男二人皆任大夫郎官女十人孫女十七人曾孫女三人亦適大夫郎官

爵封三代貴於滿門侯年逾七十自嘆曰吾奮身戎祕荷國恩寵誓欲捐軀以效尺寸力所不逮勉強而不可得矣會主帥解嚴丐歸田里其請甚確主帥以侯精力未衰止聽解兵職遂辟知龍州又知文州復知洋州尤以愛民爲本初洋州有楊填堰等八堰久廢不治侯皆再葺之溉田五千餘頃復稅五千餘石又增營四十四屯公私以濟乾道五年二月十八日以侯終於所居之正寢享年七十有八葬於城固縣安樂鄉水北村生祠之側朝廷推聞侯德命立祠肇祀以迄於今池南村舊有行祠經年血食惠及於民日久殿宇摧殘砌壘頹毀近年以來是處水利灌溉不周民擾稅租艱於貢賦然此何莫非神祠所不寧耶適有堰長劉洪廟祝封有才等與衆議曰水之源本根於楊侯行祠敝壞實負於洞可不修飾以答神休欲爲之不得躊躕間棠邑侯崔公抱經濟之材備不世之德來宰是邑首以敬神恤民爲本興利除害爲念洪等赴告其詳公就委洪鳩工聚材命匠經營廣其基址大其規模既勤於樸斵復繪於丹青工未

已水利大通民被其澤靡不權心非神不言而善應有感而遂通崔公敬神恤民之驗歟公既復完宗宇以神之丕績勒諸堅珉俾百世之後民知有以戴神之庥而神亦有無窮之錫顧予陋末足以後神之盛德再辭弗獲故勉爲之考侯以數百孤軍出重圍不測之地親從吳氏伯仲控乘勝方張之氣創堰揚堰以惠梁洋之民復散關以壯川蜀之勢起匹夫之微而爵通侯之貴勤勞百戰而享平二千石之榮明哲保身以功名始終光前裕後而斯民蒙惠蓋鮮有也

出乎侯之右者也異時載在盟府繪像血食二方武必百世其誰不宜崔公敬神恤民重建之德亦耿耿而不磨矣若富民者士常捐財助並書於碑

天臺山碑記　　張允升

天臺山者漢之西北祖山也其脉遠接秦嶺迤邐終南秦漢間多隱君子貽名天台左有杜陽右有連城面列斗山帶環漢沔俱聖仙蹟其山大頂有無量石殿君下有神泉再下蜿蜒扶輿磅礴鬱積臺山之秀多鍾於是先一二千石率居民建有混元玉虛宮三宮

殿巘无石梁四壁崑壘前巍然而獨聳者峭壁千仞名曰金爐山爲形若寶篆金爐也上鑄雷祖石殿環向玉虛其爐下并座天龜石橫絕當全面朝大頂其餘脉西有蠟燭峯峯下有洞洞中有徑莫知底止石磊層積如碑凌空諺云石碑口地脉墳起如星羅列諺云七谷堆其山高大八九百里峻高而橫絕山之靈扶祐民物山之澤浸潤洪纖山之藏利益公私漢民張凌春等世蔭其福覩宮殿傾頹捐貲重修其功甫完叛建石碑以誌不朽同羽士吳仝江祈文于予

嘉其盛舉謹述顛末咸著厥石乃爲歌云山之蒼蒼兮雲幾許而常圍麓之茫茫兮峯群起而周匝松陰絕頂兮窈幽崔巍嵯峨兮太華燭峯聳秀兮奇葩千里兮澤潤褒斜生民兮永奠無涯莫祥萬古兮長發碗礌兮石英丹砂斲石于此兮世膺千壽勳績永著兮式思攸遐

重修真武宮碑記　　王堯民

乾坤定位二儀開五嶽之端人鬼分形五嶽鎮九州之迆東濱銀榜標題長子之宮西海玉門實聚百神

之野皆所節宣寒暑鼓舞陰陽萬物賴之以生成四民順之而動止兵戈靖之而底息穀粟因之而豐登元天元聖玉虛師相一炁上帝蕩魔天尊者顓帝之神水德繼王先天則正位乾符北斗則尉酉元氣職領紫微之右垣則並天乙太乙之座墟列虛星之分野則總司禄司命之權坎當關太乙之中天啟聖靈之孕幽明叶相上下同流溟一五之精以有生建一一之道以度震洎乎髫年辭親就道東遊震土元君指迷受錫劍于天帝悟磨杵於神姥折梅枝而許

升崇峻以圓宮庶將護壇龍神集足於貲卯金屏而
遐升當王階而指日受命上清數惠下土一分判人鬼
登大寶膺圖之功戡忿妖魔繼黃帝蚩尤之戰皷賭
天書官侯居坎位殷族禱劍乾樞開黑帝之宮元龜赤
蛇埤輔闢元都之府歷胡顯應有感必通我太祖高
皇帝德符天帝功配唐虞修武修文而華國成靈之蹟
崇秩王而百神歆享逮及太宗皇帝鑽承凡考欽若
昊天寔藉神威以輯聖躬爰踐宸力以靖多難蓋精
靈通乎變化誠慶達乎神祇也是以勅仰重臣建

藝文志　卷之二十一　真武宮碑記　三

宮祠地于太岳畫日星宿用周金碧丘極輝煌之盛會大
盡殿森之誠今之恭禋泰和山是也是以益六不敢居
有感必通雖宮祠館遍於天下名山大川少秀靈
故其居處雖常周遊靡止是以漢中郡城舊有帝宮
其創始於洛成則有記已缺經風雨之摧殘久矣頹敝
之瞻視適蕃藩桐封至漢華際承秦邢公謝明天威
仁愛性成道貫三才王斯寶其翊贊仁敦孝野民命
顯以昭蘇凡有廟貌傾圮不肆重修壯麗翰茲宮殿
惻然扼腕於是捐俸為材命楊伴讀董其事伊誰不
辭勞勤竭力督工匠茲集鳩著鳩用告成約椽瓦堅磚
雅于楮繪輔棟桷欄劉刻金鋪飛甍鮮妍壽棟雲蒸乳
石以崇上帝而綏百靈誕膺萬年祉被福澤六幕民
人厥功偉矣嗟哉是哉肇事於乙亥之春工竣于乙
亥之秋民謹書泐爲之記

重建觀音閣記　李喬泰

漢郡門以南一大會也群山環抱江漢合流至公坐
嶽巒蓋回迎中梁斜桃其間水色山光毓秀然岸鐘
秀毓靈宜無出于此惟是東南之隅地勢斬卜龍脈

藝文志　卷之二十一　觀音閣記　三八

依堪輿家曰地脈欲長否則衰蘊其欲厚否則傾
文筆欲聳否則孝官茲地形偏以宅吉據堪輿之上
游無以佑之然欲壯其厝之厚以發扶輿之氣則
莫高於臺畢待乎其人斯方一面其象爲風極順之義
也宜崇以樓閣助順彰明以法靈曜惟是郡伯王公
然之慮事度材鳩工庀役捐俸若干金以首事焉
號者臨者雜而榮臺為一閣成為通衢直遂維襟
之下共文昌而拱信漢臺以連臺為樞者三閣之
居鼎以臨二樞盛閣也金碧交映色相呈雄悲隱

灣山如屏如帶顧其額曰龍頭關音閣歸然矗然文峯挺峙天柱高撐不亦斯郡之巨麗也哉既落成郡之人奔走駭矚喟然曰吾漢安得有此聿觀我公畢慮殫精培植風氣學宮有闢試院有剏而又建危閣以引回龍造福於漢人至矣僉曰此盛舉也礱石丐屬余記之余惟西方之聖有圓通大士其名曰觀世音又名曰觀自在眷屬則文事阿彌陀而弟普得大勢其爍迦羅首毋陀羅臂清静寶目則首八萬四千其化身則百千萬億其應度則無坱無邊恒河沙數

藝文志　卷之二十一　觀音閣記

而獨于最下五濁惡世所謂閻浮提者爲至切則夫五濁惡世故大士之所最悲憫而亟欲拯援之者也我公剏建此閣寧是扶教弘文培風聚脉爲一方福利毋亦曰菩薩假名也西方假地也天堂地獄假象也夫以吾郡之一隅于佛事至猥小耳然使闡提之衆因而有所提策振怠而爲警破慳而爲施闢左竪金錢粟帛不去而之彼耶敗傳陸游治鬭訟之業而皈善地者非一末法之一助也耶又有言郡治沱漢及今其勢盤紆若龍而茲閣爲之頭不亦大存哉是役也經始于甲寅之三月閱月之工竣王公董其成郡丞杜公邦楝别駕謝公明寵司理鄭公獻時相與協而相之而閣後一區則州邑大夫受指于王公而共濟其事如南鄭令李公良棟寧羌熊公撰秀褒城辛公敏道城固馬公中駉洋县左公立功西鄉何公憲鳳邑王公挨疇沔邑邹公钫略陽申公如塤皆有一簣功者也

新剏興明寺碑記

苾蒭修信

府治東十五里許有地名五道渠衆流環向諸路交

藝文志　卷之二十一　興明寺碑記

集去村落遼遠四顧寂寥每行人至此非苦于休憩之無所則苦于饑渴之無濟樵南鄭霍令經歷是區愁如是乃度量地形于路之迤南架築一庵招僧苾茶湯往來茲地仕者農者商與旅者僉獲其便而經之迄今五稔餘矣第事屬草創僅僅佛殿一厦厨一門垣未整寺額未題規制陋無以致遊閒之輩晝晝夜梟繫馬于楹棵卧于案甚之不呼而石撞其户使酒而挺碎其窗借口善地恣意出入惡聲克塞莫敢誰何庵基漸就頹圯象教難存而焚修之苾蒭且

寺趾足彼主人慶心始事者未免灰心未路更何問善果狀而成寶剎模也余叨是郡于迎送上官巡行阡陌間入庵內瞻禮如來像詢及守者得聞所自始與所由嶔郁欎然動修葺之念大書禁示以遏潤亂之流旋發俸金若干特竪寺門託南鄭慕趙尚賢董其事掄材鳩工刻期視成首爲山門其次儀門其次垣墉內外整飭規制完固鐘鼓磬鐸之類亦皆造置兩廡廡方丈之建行將次第舉焉因題額曰興明寺俾歲月彌久此寺當自而前所稱諸無藉者不得以

肆故習侵招提爾夫瞿曇幻化止念息欲在儒者固鄙其苦空置勿譚然顓愚之民難禱義而易趨佛從其易者而引之則強暴可變爲慈悲嚚凌可化爲寂靜未必非因明通蔽之一機者而入施入濟佛心補行乂之家詩書戶禮樂雍熙太和號君子鄉可翹跂也護國安民端有賴焉所爲興隆國家歷億萬不衰者詎淺鮮哉事既竣二三父老咸請勒石以志不朽余思拂其意爲之記其顛末如此維時郡丞張君光宇南鄭尹李僎尉張文英皆助其成而趙慕之督率者居多善人陳一乾終始注意拮据焦勞亦黎眠中之櫃那也附書之貞珉云

重修廣慶寺記　周洪謨

廣慶寺在西鄉縣治東百武僧會司在焉故老相傳爲剏於宋歟之東則書元泰定元年距今百三十五年其材堅且良故皇朝洪武永樂間寺僧景因而葺之以得不壞景泰七年秋八月掌司事靜元新其舊並兩廊齋庖之屬鐘鼓之簴皆一新之其佛像元既所塑莊嚴奇偉亦爲飾焉既而因縣尹慶符馬君恕

來考績京師乃商之曰吾聞太史氏某者予蜀人且與公僑公其能爲予求爲寺記使後之人有所稽于今而不若今之無所稽于昔不亦善乎馬君諾之乃詢余道靜元爲銅梁名族子自少爲僧歷遊天下名山古剎至西鄉樂其山泉甘土沃訟簡俗淳故不復他適焉其律身持行䠶䠶焉不苟言笑平素率其徒藝木綿水稲以自給衣食比歲頗熟乃廣其積以葺茲寺而邑人事佛者亦樂助之貲故未浹月功遂告成予爲縣凡祠廟壇場之屬皆所當理而況茲寺…

時爲國祝釐之所而靜元乃能自任以爲功不云勞焉予不能徵子之言以負其托不亦愿乎子尚爲之記使茲寺及靜元皆托子以不朽嗚呼靜元有慕于予哉以靜元之清修涵養而造其極則凡爲釋氏之學者將宗而播之以傳于來世何待予言哉是爲記

普恩寺碑文　　黃九成

漢中府城固之西五里有普恩寺舊誌所載其來甚遠聖天子御極是爲萬曆元年癸酉僧德一取佛經一藏奉于普恩寺越二年甲戌建立藏經殿一所工

完德一禀于邑令喬侯請予爲文以記之予聞德一陝西興平人俗姓宋氏自幼披緇于多寶寺因雲遊鳳縣紫柏山投逕陽禪僧學廣爲師素有戒行蓋名僧也募化衆貲印完佛經六百三十八函六千三百七十三卷舟載至于城固士民迎留僉稟邑令傳侯轉聞之憲副李公郡伯翟公稚令于普恩寺奉安焉但基址窄狹衆爲捐財易地擴而大之乃修建經殿五間觀音殿三間彌勒殿三間龍神殿三間齋房三間繚以周垣樹以栢株廟貌尊嚴規模宏遠于此朝廷祝聖主萬萬壽報國佑民蓋真梵宇之勝槩也經始于二年甲戌正月迄其落成則六年戊寅十月也予聞佛生西域自漢明帝時佛教始入中國其法以慈悲爲心以惠濟爲事以廣大爲務謂人存改有輪迴善惡有報應皆教人修行之意也今閱藏經其微言妙理莫可窮詰其高文奇字未易測識撮其大要歸于禪定而已元臣有言清靜寂滅自治可也夫佛教雖一于清靜然亦不害其爲善信也視世之欺道陵德觭詐營私者相去奚啻千萬哉昔韓文公振

古豪傑也遇高僧大顛與之交遊而敬重我朝王文端公名公鉅儒也宅有佛堂少保楊文定公文章名世也庭懸觀音像無亦以慈悲之心有契于吾儒之仁矣乎以是知二公允今修殿者誠與人爲善之心此殿修而所以尊崇釋典裨益世教者大矣豈曰小補之哉

杜陽院碑記

夫天以日月星辰爲文地以山川草木爲麗使一方無勝境則地不靈人不傑而亦無所仰望矣亦奚取

陝右漢中府城固縣治北境地名昇仙有寺曰杜陵
院且以是院門主言之左環塔水右近伏牛前距斗
山後據高嶺周阜盤旋林麓幽邃其形勢何雄偉其
規模何壯麗耶然此院自唐歷宋金梁被兵燹殿宇
荒涼歷元至大明初年無盡禪師孑身于院澗飲水
食落眉跡抱膝吐納元和乃有道者也由是四方緇侶
虧而蓄積良材興復重修茫無門則盧禪耿李黃裔是
而後歷世遠矣舊制隳頹迨我聖朝成化丙戌盤庵
大泰寺主無瑕經此院欲修廢墜務必之初寺有

宏良規制教士郡遊歷意于此議也迄施費財相聚
思量斷求攢修力至中道復武功聖寺禪僧圓缺
深仰羅厥衆竭過院爾感群心捐金興慈遂與住持
僧性庵學嶠心戮力劃圖制作經營拙粧不期年成
室廡廊宇一新已而又獲昔座碑泄泥中收事峙
瞭教典增益前修者衆畏與飲金鑄從佛像裝飾廟
羅置立鐘鼓應聲嗚呼足以示顯謝以足以大闡宗
風由是僧侶咸有歸宿之地門方成用嘉此之心既
而住持僧性寶言于衆曰今茲院已落成矣盍無一
言以誌之遂命工鐫珉以紀緣修之績斯有以昭悠
溯溪之圖畫映帶若此雄構峻閣聳峙雲臺點翠丹漆
壯觀法門僧衆與同人物維新民樂同天地于悠久
歷萬世而無疆與

重修開明寺記　楊　廉

開明禪寺洋之古刹也肇建於宋之端平開元之慶
元元年會縣捐僧當住田三百四十畝有碑可據後毀
於兵火田亦湮沒洪武三年重構而新之奈何物更
則變歲久則化自弘治年來風雨飄搖日就朽敗崇

其教者每爲之歎息正謂闡風不競甚爲僧之累正
德間寺僧心倫仰而歎曰茲寺之設雖曰僧會司實
爲歷代朝賀習儀計也顧茲傾頹若是賊吾輩之義而
於佛門所謂上報君王者果何自而展耶遂請於護
印住持幾復盧厥緣化修理疏曰此吾意也好爲之乃
罄其所有以經營苦力不能給繼而募緣檀越引進
充費金錢十數不敢私用鳩工召梓土木並興于正
殿並伽藍祖師殿以及禪林門坊梁棟之傾頹者正
之朽腐者易之簷楹飛翬龍脈齾言一一煥然無

秋欽先是殿中古佛伽藍等神並門下護法天王一
多比毀至是悉皆莊嚴如故壁間羅漢重施彩色儼
若生存殿前有古塔規制雄偉亦因世代變遷而上
下鐫花脫落塔中畫像剝蝕亦皆化而爲新煥然聖朱
漆舉以往故但見金碧輝煌丹青炳煥而畫棟飛雲
高聳撐漢廣廈長廊晨鐘暮鼓真可以壯禪林之美
觀凡稱百官嗚呼明君禮之勝地矣嗟夫僧家者流自
叢者多而於所謂君親恩若膜外者有之以故莫能
企盡藏有納雜目聚集傳華之所云若矣必論乃能溯原

建寺之本意而知君父之當先慨然以修理爲己任
幾能盡聞其言而契於心遂從而規畫貲成之是皆異
名僧行而可嘉尚也已後之祇髮者果能與之同志
聯而嘗之庶此剎之增重有隆無替而命出於尋常
萬萬也其翻蓋正殿在正德二年造遷興工始於癸
酉而告成於乙亥之春云

重修牛頭禪寺記略　秦藩宗老半百翁

崇慶禪寺在縣邑西二十五里牛頭山之陽唐貞觀
間法融禪師修道之所也周回盤踞林麓幽邃可觀
刹愛其山明水秀結茆寺之北岩石中禪持戒律
小食澗飲具大神通感百鳥獻花虎狼馴伏之異道
處遐播遠近鄉閭信相與協謀始創精藍今碧衣輝高
瑤宏敞寺側一丘有黑龍泉形似牛頭口中水注瀑布
壹夜不息雖旱不竭居民田若干頃右偏泉水甘馨清冽
偕時汲飲乃古林之勝迹也林泉清幽松竹蔭蔚四
方緇流以時而至者咸接待食息於此山自唐以
來屢歷宋金元以來興廢相尋崇殿宇教法浸盛叢林
光顯者皆前遊從代不乏人至宋宣和初石鋪禪廊

建重修之碑寧宗嘉定間廣元王撰年首高巋碑記
金大定五年興元府時天旱禁守臣禱雨於中梁山
七日忽期不應祭以爲憂從禱於牛頭山山頂元雲
四興雷雨沛然遊往遠近沾足歲大豐乃誌其碑歷也
變故寺廢壞而殿與尚存者迨至我朝成化改元陝西
彌陀院玉山禪師自蜀中來振錫茲土慨荒千戶侯
興非請主領祀事悉捐己貲相其規制翻修殿宇繪
塑聖像聚徒有堂雲集有齋殿堂門廡高明弘麗加
八雄規家風大振時非請余文以記之以為叢林

地不可不鐫諸堅石永圖不朽余聞寺據褒中之勝千有餘年其飛甍傑構高凌雲漢與山川相輝名勝於一方上以爲國祝釐下以爲衆祈福使境內年豐物阜家給人足而利國利民有裨益世道是用次其本末貽諸後人扶植教基與國家同爲悠久弗墜云爾

玉芝菴記　夏叔美

玉芝菴者妙智上人之方丈也上人始結茆於漢中之中梁山嘗採拾以爲食夜則趺坐必念真空一日

採山中獲靈芝二本其生於木者若青瑯玕根一而莖岐於三中恍惚有白衣觀音像其生於石者若赤珊瑚根一而莖岐於二復岐於四上結爲三花每花徑寸餘朱其頂而白其下高數寸許尤異於木生者歸函以匣置之方丈自以爲奇也洪武十有七年聖天子詔天下有司立僧官褒城以妙智應選赴京師負芝以行白於禮部時上感芝草之夢既而進天顏大悅是年五月二十有五也勅賜食光祿復召入賜衣鉢授褒城縣僧會以歸住持乾明院遂不忘芝草之異繪爲圖置方丈間因自號玉芝菴前國子博士河東賀公主漢中委余爲之記余曰上人其亦有道者歟是何修得靈芝而遇聖眷也實吾聖朝道德隆盛和氣鍾秀之所致然假手於上人亦必有自矣上人慕真乘不偶時俗澹然無爲蓋空門之翹楚也因爲記而作頌曰猗歟上人賦性惟純芝草靈異爰啟天真遐感聖夢獻於彤庭奕奕丹葩英英紫莖和氣致祥顯我聖明有錫自天於昭厥身令名不朽鑒於斯文

三岔驛新鑄鐘銘　楊慎

鐘在古爲重器於文見義從金形堅弗華也重用大弗輕也是故景鐘以纂功而戹續寔鑄鐘以始樂而宣聲和鈞鐘以起度而權衡著量鐘以受藏而數錫昭其用也如此是以上世重之也使鳧氏作之使音官和之使大夫銘之制用之器無此爲大中古已還四義遂泯浸遠浸忘制已失傳剜厥用哉老氏浮屠之宮乃假爲用而不歸大踰古制僭龕民利伶州鳩所謂宮金再興茲實繁矣今官府所懸惟以節昏曉

時敎閉爲盍劊詔木意似尚不盡然而止於用之異
敎者同猶爲益於政而推之義亦少近古也哉二合
驛百戶周世濟新繼世爵一新侯館樓舊未有鐘乃
劊爲之予西臨過之適乾工告成事洪濟以厥識
爲請遂爲之詞曰深米山之陽青金所植冶爲巨鐘蓋
厚不石有崇驛樓有嚴鬧道敘明定氏戶啓警行告變
整勇竪望周衆沸川神堅實爾介響音虛傳雲驚霧奔騰雨
驟旗刻蕭牢時度慘旱叵測郵輯接彰耕耘滿山古
來蜀道人自匪難爾馭爾成爾靜爾聽長此氏之音侯

人之政鑑哉庸哉庸哉鑑哉有家世守銘告將來

馬道驛樊河橋記　李良漢

馬道驛之北舊有樊河橋乃漢將樊噲所建也歲久傾圮行人病之居民但架木亭其上隨葺隨壞如是者有百餘年嘉靖庚寅歲分巡閻甫惠副蒲坂劉公每每慈歷茲地見其山高水險匪橋弗濟遂慨然有修建之意焉既而謀協太守武進孫公遂捐贖金六十金命驛丞闞柯營辦以考其成至辛卯冬時和年豐閭閻閒暇柯集坊民之有行誼者募工經營采石於山採木於林畝日聚事董課章程嚴明年壬辰春事方就緒而劉公受擢大參建西元馬公繼總茲郡嗣爲振作而此橋告成且甚壯密堅以足垂永久由是以通秦蜀以利商賈民甚便之嗚呼是舉也用費有數不傷財也興作以時不勞民也聚其所欲順民望也樊公建功於千百年之前二公繼功於千百年之後先後蓋重光矣夫豈偶然者哉是歲秋予以事至此覩其橋巍然煥然制度一新感二公之績不可以弗傳也遂援筆以記始末其大畧如右云

白水石路記　郭元柱貞忠

褒城縣暇階之界地名大石碑一曰小石碑壁立百仞長可十數里許其上則巖石巉巖不可鑿其下則深流湍急不可渡其路則鑿當孔道不可斷唐宋時架木爲橋久而傾圮旅人甚苦之涉渡而溺者更僕未易數里民謀開路以通往來垂久遠而艱於費貲郎有司措或難之戊子夏直指鍾公按部至彼惻然在念爰捐金二百鳩工作路於石壁間里民感公之德爭先赴役不期月而告成輿馬僕卒履若坦途自下

盼之恍然雲霄之上蓋奇績也行旅父老自置豐碑
請有司記其事公檄止之其畧曰古人爲其事隱其
名顧余之所取者名也幸無以名歸我弗獲已乃就
石壁勒三大字其名曰鍾公路今年春不佞行部歷
其地行旅父老擁道而申前請予嘗以執事奉公左
右知公最深義不可辭因索筆序大都於左以紀歲
月公號文陛浙之仁和人立心操行以古聖賢爲標
準初令閩之惠安再令江右樂平俱有異政天子拜
侍御史欽取實授爲天下第一其巡行川陝也適値

地方災祲多方賑恤饑者以銀病者以藥死者以喙
而又愼激揚興學校議禁令一切不便者更爲寬大
惠利之法與民宜之兩省軍民鼓舞德化翕然號爲
鍾佛子青衿多士則以鍾夫子稱之至搢紳私評公
者曰古之人古之人茲特其一事云

遊靈巖記

李 㑺

余承郡伯公委至武興與周郡丞南往遊靈巖蓋長
江之隔也日高春見南山白雲矗起山腰坐眺以待
周君須臾飛蓋傳呼周君至矣相與擊楫中流溯流
而下抵靈巖標奇挹秀游覽之勝槩也崎嶇巑岏若
挑聳千仞焉緇衣奉香前導絕頂凌風側足而登俯
瞰塵寰已足洗塵襟而消宦況矣及至靈巖石室哭
九插青霄立仰紫金光聚前三欐高數十丈翠色青
葱風泉涓涓潺湲漱水泉一泓澄徹飲之足療沉疴
至羅漢洞大柱石梁根若虬龍盤曲蓋天然去雕飾
也前石乳滴若懸珠雖晴空篇日當午浸漬之滴響
千巖爽氣侵人肌骨游暑炎熱如涼秋洗盞更酌
侍立者歌聲震林木逸興遄飛得得來杯斝間拂石

讀苔中郎刻字跡千古有生動之色周君復致鹿靈
巖有灑然塵外之想焉標江閣有因而至前矣芊空
倚山巔高臨江渚巨舫交酹一觴一詠虛巖晴日
波濤之斷者續者起者伏者山間之呼者應者響者
吞者盡檻外長江萬狀烟霞之態須臾動歸與與周
君別靈巖同舟共濟復共酌舟中雷聲忽送千峯雨
來江山花鳥留人與窃思倪雲林遊虎丘遇雨王鳳
洲遊泰和遊泰山遇雨余與司馬弟遊五老峯遇雨
則凌霞之致其揆一也忽霽色開朗王事促裝周君

於勤恤之情亦尔舉白抗手而別至長亭衣雨瀟瀟邑漢
冤若身在靈巖也謹而書為記以誌歲月云爾

褒城協濟夫銀記　張棟

漢中道西北四十里之邑曰褒城城當秦蜀之衝
西受制郵車傳足驛騎絡繹無間昏晝胼胝廿暮驛騎往
所意飲用敢允悖蓋由驕縱以及力役皆害亦然而
力役之害尤甚何者褒之民七里耳其有力役亦皆
出於七里之人之外也其所為例則以七里分屬
四季而時之間冗勞之難易弗論也沿習已久弊滋

後滋扛運擾從傳遞負貫正夫不足而鼠以餘夫餘夫
不足而里夫屬夫並作矣夫餘夫者宜季之里人也
而里夫屬夫者亦豈出於七里之人之外邪於是夫
日不足民益出戶用當事者遂謂褒為衝疲民患紛亟
也而曾不思為之所則亦何以長民為也且馬驛者迺
橋閣山褒屬驛也扛至則二分分一馬遺之夫驛
與易始且勿論二驛所有用每就總於褒而能與褒
相為終始者當與之所為處之者析故也夫數驛之江
遲不過四五十里已耳而縱壅滯陪且不暇給處分

周至尚未就蘇況察北至安山百八十里而止賓南
至沔縣九十里而止齊東至西鄉四十里而止齊州
里之遠近既殊扛擡之分數又異而曾不議為之所
則褒之民其不逃且死者幸也蜀中忠州鐵坡萬倍以
乙卯秋日閱藩理問陟卸褒城縣事甫下車加意民
瘼慨焉睹夫之逃遷皆曰民苦之錯雜且使車之頻繁告
供億之苦曷乃延詢諸士人博訪諸耆老曰之可以為已之
所者不避數計為之會計分挨所石孫公郡守首肯
李公采應加從屬縣付興除秦命歸乃思褒之難於是

置者三事尚其議於孫公後會權於李公益曰處排
甲之馬驛以便走遞也集丁夫之丘以守城池也議協
濟之銀以蘇力役也其在褒非無力役之難所以
聊其不逮者之難皆益加意民隱已處分幸矣而所
司昧於遠圖不能力挽其故以輔相其所不及則民
之困弊夫孰非長吏之責也侯恪其實具於條議首
見察於孫公而李公為之思慮周至處分明允晓判
益之所由興止弊端之所紀極其下識畢曰誼議添
協濟銀一百兩與馬驛四六分擡當無難為者自吉永

嘗不用民力但處之均平則民不告勞不求其省而
自無不省也又曰查照價值仍計道里遠近每十里
一分不許多數則勞逸均而民力舒價直一而民心
定嗚呼夫孰非褒民之福乎盖天下之事蠱壞之極
者整飭之端也因循之甚者蘇活之始也褒之長吏
苦於力役而不能支其官小民困於供億而不能聊
其生方且營其私肥其身筭其錙銖克其囊槖竭民
膏脂以自厚養偶值宦遊者至任其求索敢爲諾應
曾不計民之苦瘠彼以是爲賢此以能自負其庸有

者不能惜會望其挽故轍也曩者長吏偏聽假手下
人按蜀侍御經褒夫遞不足至動分巡東皐紀公之
倩覓紀公爲廉其直竟得兩季銀兩而復不能永受
其惠何也盖此銀之出入有節夫之顧覓有期兒上
經臺者之清查下招奸民之論議偶爾不敷責以侵
欺論以冒破名利於民而害當於官則亦孰肯當其
害而令利於民也此不樂於官一也銀夫一行則餘
夫報罷餘夫報罷則賣嚳者不得專其利兼併者不
得肆其奸民享其利而奸人不得利其利此不樂於
下人一也侯能痛民之隱而不計其害即獲上之心
而爲成其志李公既爲明其利害發其額數立之規
例無問夫之寡多但以五分爲率縣當其三而驛分
其二不計勢之難易但以正夫爲節正夫不足而銀
夫方行按季而支擇長而授凡所施用一如前議使
廢弛者復因弊者甦紛聚射利者去關節規避者消
里夫蠲夫不待革而自無使凡爲吏者皆能如侯監
當塗惜民之心是斯未究之澤曰協濟之銀我李公
所以悲人窮者也載在堅珉者也曰四六分擡我本

公所以乂萬侯者也載在堅珉者也孰議堅而不奪
於浮議審勢定而不移於有終褒民其永甦也夫是
之謂協濟也是故闔庠弟子員頴爲刻石以垂永久
而不暇及其他善政也

漢南郡志卷之二十一終

關左　知陝西漢中府事滕天綬　重輯

藝文志

夏旱祈雨文　崔應科

惟神敷陰陽之大化妙闔闢之元機時雨時暘品彙由之暢茂以生以成群黎藉以無饑蓋宗社根本攸焉是寄而三農命脈神實握之茲者漢南一帶時當首夏雨澤淋霪以致麥苗傷損今焉麥已竣事正需耳稌而天道亢暘越有旬餘已種者無自而秀發未

種者何由而播植土脈乾燥苗將就槁河水細微渠涸不周人心皇皇憂形於色爭奪擾攘間殞命軀矣天漢名邦古稱沃壤時和年豐方爲化國乃今茲緊要機會而蒼冥故靳需濡之澤靜言思之大生廣生乾坤原非不仁而召災致沴皆予等奉職無狀者之所爲也意者苞苴行而攫取過歟鞭過繁而民命殘與催科太迫而假威以漁獵者衆與禁網疏闊而豪暴之併吞者競與礦稅之調停無法而泣向隅者哀聲動地與訪犯之平反未當而抱覆盆者怨氣沖天與不然胡油然之雲不作于太空而沛然之雨不施于下土也夫一歲之計惟此五六兩月神功之溥不踰瞬息片時伏願憫斯人望雨而情急許予等省愆以守職誕布同雲大降甘澍俾之優渥需足物欣欣以向榮則秀穎實栗民皞皞以更生國之正賦庶無或逋而神之靈爽益爲顯鑠倘微虔不足以感格而罪孽未易於遽贖則寧取予不肖之身降之疾疢以易斯民于塗炭而無雨將無禾無禾將無民寧能宴然漢臺以爲神之羞乎惟神其鑒之

捕虎文　崔應科

萬物之中惟人爲貴獸之不仁莫過於虎苟非屏其迒人之亟何以冀夫寧民之福惟茲漢郡幅幀多山叢爾西鄉尤虎山藪憶昔神爲民庇民無物害故草木生之樵蘇利焉禽獸居之雉兎往焉未聞猛獸潛據于中以爲民戕者夫何邇年神慈況愛虎豹成群自汚山峽白額恣噬初掠牛羊于曠野漸窺犬豕於樊落底今益横屡報殺人昏夜遇之者糜白晝觸之者碎嗟乎獸宜肉食民則何辜乃使殘軀盡於饞吻

皿澗彼汙渠父兄拊膺而力不能救妻子長號而殂無所招以致山居者門户晝扃食力者畊樵路絶罝罫莫必其命商賈爲之不通靜言以思旹予等奉職無狀之所致也不然碞不入境虎北渡河自昔咏爲德政胡今仁獸之不郊遊而惡獸之害人者多耶驅逐則力有所不敵坐視則心有所不忍特訪勇士得一唐時奇者遣之徃捕然非恃神力曷遂人謀伏望閔斯人無罪而就死翼勇士得手以應心誕布明威迅掃兇穢或俾其斃於矢石之下或俾其遁於他

方之遠庶民獲伸境土寧謐倘仍縱其包茠靡有底届則異類食人予等徒爲傷悼而保障謂何毋亦爲神之羞乎惟神其鑒之

武侯祠墓碑銘　彭澤

粵正德八年癸酉夏五月巡撫陝西都察院右副都御史東萊藍公章具疏于朝曰周周公旦太公望墓在咸陽漢丞相諸葛亮墓在沔縣周公太公之功載於經諸葛亮丞相之功載于史顧周公墓祠宇卑陋弗稱太公墓僅存一丘諸葛丞相墓雖載祀典祠宇頹壞已甚夫以聖賢藏骨之所顧狐兎出沒樵牧褻踐似無以稱朝廷褒崇之典乞舉行祀禮於春秋更爲治其祠墓事下禮部謂當如所請顧蜀寇未平恐興作勞民兩請于朝制曰准建祠致祭藍公奉行惟謹檄所司肇工於四月畢工於九月漢丞相諸葛忠武侯祠墓則專委之按察司分巡副使任丘邊公億工告成謂澤董師討蜀寇與聞顛末當銘諸麗牲之碑澤惟聖賢之生代天理物唐虞三代君臣尚矣周室東遷唯孔孟繼作克承統緒然皆卒老于行自

是聖賢之學寥寥無聞焉漢儒惟董子仲舒正誼明道之論得孔子作春秋遺意先儒謂其度越諸子然在有漢全盛之際列未見諸行事若夫當垂滅之運馭新附之衆輔孤危之主仗義履仁尊漢討賊置一身死生禍福于度外窮天下萬物不足以動其心卒之大綱以正兵威載揚炎祚復興托孤不二使四海之內英雄黎庶曉然知昭烈之爲帝胄操權之爲漢賊事雖不竟而父子咸以死報國焉先儒謂爲三代遺才又曰禮樂可興有唐工部杜子美亟以詩推

惜之朱大儒緻國朱文公元晦大書特書不一書其出處始末于通鑑綱目採取嘉言善行于小學書華陽伯張先生敬夫極力論辯而贊其盛良有以哉至其爲邦馭衆之才操存省克之學正大剛明嚴毅精神而一本之忠誠獨相兩朝二十餘年人不知其椽自已出雖未考其師友淵源之所自其厚得於稟賦之異妙契于言外之傳者詎可涯涘也哉自比管樂乃其遜辭至於晉陳壽及後世横加貶議于侯者是何不知量也哉夫際亨嘉之會而明良相逢以成

大業者易爲力植草昧之秋而相左右以濟時艱者難爲功非言之難行之難也况超然遠世獨抗聖賢之學之業于百世之下非豪傑之士乎哉藍公疏請于上不曰名臣而曰聖賢蓋以周公爲聖太公孔明爲賢灼有見矣夫真知古人之所至然後吾之學可以爲的而請之藍公於學其知所以嚮往哉他日以太公孔明之業輔我朝廷以上希周召之盛後之學者將仰公如古之聖賢焉斯固天理人心之公也爲銘曰元黄肇判卑高以陳兩儀無心心之者人實曰聖列焉曰賢作后作相代敎化權運會推移聖賢不世千載寥寥寔難乎繼漢業再衰群雄競起權據江東操挾天子昭烈帝冑蓋世之雄徙志慨復奔播屢窮惟忠武侯天資良弼藏器待時魚水共適草廬數語大計確然以蜀討魏祀漢配天無欺之心匪躬之節開濟兩朝卓哉偉烈五月渡瀘孟獲屢擒鉦奸如懿畏侯以心用法公嚴治内攘外死者誠服斥者愛戴蕭曹避舍管樂罔論伊周之志惜哉莫伸漢左沔南侯茲托體天日照臨相我人紀慝臣抗疏新

侯之宫惟帝日都祀典攸崇定軍巍巍清沔瀰瀰侯神涖茲永錫繁祉

諸葛武侯祠上梁文 彭澤

伏以興王良佐自古爲難崇德懿章於今再見天王神聖藩翰建明斯新廟貌之弘規頓覺山川之改煥奠醒萬人塵霿真成千載奇逢慨自漢德再微建安失御天子播遷而若贅諸侯競起以分疆青青千里草雲㫋熢空赫赫兩神京榛荒滿眼高帝之雲仍不億咸離伏而豕奔老瞞之奸悖無雙方欺孤而

就謂中山一旅遂令炎靈重嘘瞻懸掌而含悲忍恥於間關之道路摩鋼釱而掩泣腐心於奔愴之丘墟借時於拊髀之餘失箸於對食之頃結豪傑以圖恢復誓共死生敓大義而得名賢懽如魚水續渭熊之故事動莘野之嶸然得相南陽遂帝西蜀緬維漢丞相諸葛忠武侯之神三代遺才兩儀間氣異稟夙成於童冠英姿卓邁於時流讀書務識其大者匪數壘而尋行爲學惟本於靜焉必廣才而明志知周今古道貫天人一德貞是無瑕多能乃其餘事洵超徇虎

獨擅卧龍擇王於梁甫之吟躬耕於隆中之野犖犖徐元直蘗馨無倫桓桓左將軍英雄蓋世渾忘世爵之兼貫旁求草野之孱儒三顧頻煩片言契合結江東而敗奸操取全蜀而瞰中原當盛暑祀疫癘而定滇南驅麤卒屯渭濱而走仲達天威神算羸兕虎而戮鯨鯢大節孤忠動乾坤而昭日月顧命三言至死不從君自取出師二表涕泣不知其所云禮莫始於謹夫婦貌雖陋而配何妨忠莫先于忘身家產無餘而言踐刑賞公而用舍當勞不怨而廢感恩國祚雖而家教成君雖庸而臣守節禮樂可興仰河汾之如識兩朝開濟感子羨之孤忠奈何歲月之屢遷爰致塚祠之傾落旁風上雨儀容雖在鞠荒宗牧子樵童瞻禮罔知無禁限迨兵戈之擾攘盆俎豆之未遑神靡依歸人興感慨乃者東萊耆俊駐節鉞于關南瀛海世臣分憲條于漢沔僉謀盛舉刻達宸聰渙號大頒工師畢集梗楠杞梓忽山擁而雲滃黝堊丹青漸暈飛而霞爛前堂後寢不日而成左闕右陵於斯爲盛勸忠有典

皇明御極正當天助順無私神爽不亡猶配帝儼九章之煥目鑽仰益虔陳六偉以相工照臨如在　梁之東漢川一碧繞幽宮定軍山下行人過再拜祠前仰下風　梁之西中梁山色映棲題重來此地誰知已工部詩成杜宇啼　梁之南嶺辛蘘峽接風嵐一從星向營中殞千載英雄痛不堪　梁之北漢室山河誰破裂魯陽無力挽斜暉高視乾坤淚沾臆　梁之上仰止丹青恒陟降貞元嘉會際隆時好爲吾君昭景貺　梁之下魄在九原應未化下爲河嶽上日星

相天機奠華夏　伏願上象之後神靈安奠又康順時山增高而水增深境尤佳麗天與長而地與久民用樂康瞻拜門墻獲師資於異代駿奔堂皃享報祀於遺民不顯神休永祚福祚

蔡倫墓記　劉美

有弱阜在龍亭舖之南圍一畝許其平與疇等余行適見之詢諸土人曰漢龍亭侯蔡倫墓也嗟乎此非守土者之責與古有功德于民者祀載在令甲維侯造紙厥始于洋其利幾遍八方即世世享之非濫劍

藝文志　卷之二十二　蔡倫墓記　九

茲托魄之所可令祠宇傾頹龜螭埋沒作樵牧場也余方謀封其墓新其祠會以改官去不果土人黄髮輩感余意請爲立碑余嘉而許焉是日也風澈水怒雲逐鳥驚慘慘冥冥天空野澄衆疑以爲侯有神來云或曰侯非洋人初爲上方令最後建封龍亭遂就封而終于此故洋人造紙得傳或曰侯非但以紙名又監作秘劍及諸器械莫不精好爲後世法或曰侯非但工于技數其事和帝拜中常侍盡心敦慎數犯顏匡弼蓋賢有德者也或曰古者書契編以竹簡文字稀少自侯紙出而鳥獸虫魚之跡遂至家涣户举末世滋僞率由于此或曰由隆古以迄于周六經已具百家之言無論已自侯紙出而載籍充盈俾人人獲睹聖賢心樂于便也則侯之力矣斯數者余皆不足以知之

藍公祠記　康海

漢中士大夫若老人其老壽者一人執禮幣詣予所請之曰雷賊等長養承平之後生不識兵火戰伐之事自諸賊作亂以來父子不相顧室廬田畛不得守

藝文志　卷之二十二　藍公祠記　十

幸賴當宁之神武諸賊皆漸就殄絶父子得相顧室廬田畛得守矣當其時兵食匱匱千里餽餉加轉緯輓也自我藍公愍撫之後調度咸宜百姓不怨此軍旅之元命民視之先軌也而公特以之優蘇吾民故自公守漢中漢中至今日不得蒙兵戎慘烈之禍諸賊雖勁疾剽忽公備守隘險卒無能爲而公又重賞慎罰軍中無大小皆善戰故屢挫賊氣前後誅獲與所撫散者不可勝紀金州褒城城固平利西鄉洋縣黄沙皆高城深池曰此則所必由不可不慎也夫動

之于一心而安養及於萬姓此其恩德吾漢人子孫世世不可忘死與見而受之者古諺曰飯稻思田飲井思泉由昔之生死狼狽與較今之安樂咸遂蓋將如何公今去留都矣我民不可不表識功德于吾漢中故士大夫耆老不揣輒爲肖貌建祠將萬世如親見公今先生爲吾關中人願先生有以記之使吾漢人子孫世世知公之德如此此士大夫耆老深願至幸願先生可焉予歎之曰嗟乎信哉感應之理不誣也吾聞公在漢中慎重周悉以爲盡厥戰守防禦之

道而民不怨斗年過百姓皆歡忻感激如此即士大夫耆老言此其道雖古之人何可讓此豈爲無故不實希免覬覦者自召公奭之甘棠張益州之祠祀皆此類然此又遂其去而圖之可以觀民矣公名章字文繡即墨人甲辰進士初除婺源改潛山尋擢監察御史歷太僕大理少卿僉都御史以事忤逆瑾謫撫州通判起陝西僉事提兵金州遂陞都御史撫陝西後轉南京刑部右侍郎云

方公祠記

徐用檢

正學方先生諱孝孺仕建文朝爲文學博士卒執大節以死焉先生爲台寧海人用檢自總角時即得諸父老譚鄉之往事輒曰方正學奇節云顧未識所稱正學云何也始先生幼傳學雄文詞然每未視之則以明王道闢異端爲己任洪武間被薦召見高皇悅其端整欲老其材遣還之後復被薦召至高皇曰今非用孝孺時稍擢爲漢中學教授日教諸生以聖賢之道蜀獻王聞其賢延爲世子師見禮重爲名其讀書之廬曰正學云者實自漢中也建文嗣位先生乃

表召特受知每議將相大政規正君德一時倚以爲重靖難兵起日入謀議以死社稷自誓後意百折不屈慨然就戮此則先生死事之大凡雖匹夫婦人莫不能知之者也況漢之人士乎漢之士至今猶彬彬向學代不乏人先生之所遺教者遠矣顧立教者先其原尚論者遡其自先生之未遇也嘗臥病絕食家人以告嘆曰古人三旬九食窮豈獨我哉夫志士溝壑勇士喪元孔子贊虞人之志也即先生之絕食怡然而終之大節實可卜于斯此非先生所以爲教之

原乎漢郡故祀先生于名宦未有特祠太守項君思敎雅意崇德從諸人士之請爲請于巡撫都御史董公世彦巡按御史劉公光國咸是其議遂卜學宫左偏鳩工斂材葺宇若干楹繚以垣墻揭其額曰正學方先生祠而劉公且語用檢曰盍記其事一日言及古今事用檢曰商周之際其順天應人之舉不可無周武至於叩馬一諫不可無夷齊若天地之大日月之照臨而恒星之不動者亦寓于其間柰撑持宇宙運旋造化各有攸宜所謂道悖同歸劉公顧用檢曰

此可以作方公祠記矣用檢不敏因出而浸次先生之事畧與報祠之由叙前意而記之漢人士拜斯祠者其亦低佪俯仰先知先生之所以能窮後及其大節而尚論其立教之原矣乎夫巡撫董公敷文飭武巡按劉公昭憲秉公既各懋乃丕績奕然新人聽觀矣至其精神之所充注則均之亟尚友而闡幽微是又二公所以爲教漢人士之所當識焉者也

遊靈巖記　張良知

嘉靖辛丑余佐天漢爰省志牒久懷靈巖名剎梟一登眺歲乙巳暮春朏日郡臨署陽公餘縣尹白子柱州倅張子鎬請遊靈陽明發天雨已而大霽遂繫舟瀕流抵山麓登岸步歷而升捫蘿攀磴行一里許斷崖中以古木斜支爲徒杠乃手循山巔側足而過又盤轉一逕廨大啟入珠林巨巖空邃琇宫搆其腹金闕宏敞果爲奇絶南有元洞石梁中擎幽深叵測傳云路可通僊邈左巉巖削立膚曲中靈泉如乳髓點滴釋子卽石鬮曲道引流遡洞造佛像之下出焉疾者飲之可愈故曰藥水巖昔人愛其峯之峻拔多留

題於上爰剔蘚認讀然時遠斑剝半不可句白尹邀予少憩乃登臨於碧峽之前時午刻不見日益山高西障此畧陽之得名飯既復由藥水巖澌窩磵抵羅漢洞洞之巔觀郙閣漢銘字畫奇古宋太守田克仁慮其漫滅摹刻於兹存古之雅不可泯也僧人又請遊前軒軒瞰大江凴欄俯覘波光澄練若一線兩峯對峙翠色欲流水山相映蒼玉交輝乃知山靈欲吐壯觀天之卽雨卽霽若或助其精爽矣余與二三子之遊信不偶也徘徊久之暮光倏合從人告旋仍泝

之行且明也道之大原出於天成於性聖人特出而
肩之聖王在位道在聖王經制大備故其道行孔子
道在而位不在焉以一身而兼述作之任以立天地
之心以建生民之極教化無窮斯道大明於萬世典
常道之原也德行道之委也經籍道之瀾也藝文道
之流也孔子其海矣顏曾之流幾至於海而善學海
者也冉閔程朱之流學海而未至於海者也董揚蘇
韓之流觀於海而難為水者也下此皆望洋矣明興
以來興皆化導沿流遡源孔子之道其明且行猶諸

水也故子思謂仲尼川流敦化孟子亦以觀瀾為觀
水之術欲志於道者下學而進盈科而進耳爾多士溯
源思孟之本論克養原泉混混不舍則海庶乎其可
學矣此固聖王建學造士之至意而聖賢之所望於
後學焉者也雖天龍門三五者期學者明以行之也此
又諭君作人之意也多士其亦知所奮庸乎哉

諭祭張羽碑文

嘉靖十八年歲次己亥正月庚午朔二十日進布政
司右參議盧應禎諭祭南京工部右侍郎張羽曰惟

澗而歸回首金幽雲封迷望不知處所矣司訓李光
條鄧騰雲咸謂不可無言乎乃賦得古詩一章并敘
此以紀一時之勝云

重修鳳縣儒學泮池記　　教諭余瑋

鳳邑古之鳳州也元末兵燹隳泮池明洪武四年復創
建焉其泮久而成陸嘉靖乙巳春仲月關南分守金
華潘公見而嘆曰黌宮作泮制也陸而弗濬可乎遂
命署邑篆尉中川俞君炯為之于是年冬即捐俸金
鳩工糴材越明年孟夏落成厥鑿維深厥築維堅厥

甃維精厥橋甃以石厥欄環以木扁豎以坊前題曰匯天
池後題曰龍門池水導自竹園之渠其明有別其行
有常盈而弗溢竭而弗涸是謂有本會彰明譚君儉
新尹茲土知堂楚君楷新訓裕學倍俞君與瑋佐觀
之釆芹藻泮俊髦圓橋門進多士乃推其本以厲之
曰泮之作也得名而不得其所以名聖王建學造士
之意荒矣蓋古者天子之學謂之辟雍諸侯之學謂
之泮宮泮者半也形如半璧言半於辟雍也泮之名
始此而意則取諸水焉今夫水匯百川隆萬象彙道

術器宇閎深才猷敏達發身科第職列大行遴選憲臺振揚風紀歷陟藩臬克效旬宣太僕超遷功多考牧理卿晋陟讞獄公平擢貳冬卿實司留務方隆委任遽報長終爰念往勞特頒諭祭爾靈不昧尚克歆承

司空張公碑文　　呂柟

公諱羽字伯翔號中梁登進士初授行人武宗初宦官劉瑾專權常以同鄉干公公獨不近後瑾敗入賑公有先見之明公選御史按淮揚察院院有妖公居

養疾妖不復聞後巡按山東武宗初會中官導上逆獵錫予頗濫公上疏曰明王慎德四夷咸賓不以禽獸病民猶謹衣裳之在笥也上覽其奏曰真御史也遊獵遂止舉朝皆壯其奏時宦官冢宰畏公戇直以御史出守廣平公至府首建滏川書院躬自督課作養漳士著於科第者甚多建閘通水開田萬頃以利民生築堤栽柳以濟往來至今廣民享無窮之利皆公所賜廣平立公祠春秋祭祀勢宦暴殺生員諸吏憚威莫能決公執法宦懼公厚賄權幸朱寧涵搆公下

公獄廣民保奏後上聞誣遂還職後轉河間守公至選賢良退奸貪痛繩以法吏民畏懾莫敢仰視武宗南狩吏緣爲姦賜散宦錢陰欽富室公盡革其獘後超陞山西叅政首擒妖黨巡撫不恤軍士衆軍作亂公不避利害奮然入亂軍中衆畏公正直亂遂息衆稱公即郭子儀單騎見敵不過是也後陞江西廉使公下車首訪巨奸豪猾盡寘諸法江西一省盡稱至治尋轉貴州布政吏日積餘之金舊規不報公盡敷登籍後陞大理寺卿釋冤抑活民命不下數百後陞

工部侍郎展修國學督修皇陵壯麗完固苦心勞力裁省節儉不下萬億嗚呼公自行人至司空歷官凡三十載勲勞著于朝廷清貧如洗公自幼至今與人處恂恂若無所能見義必爲百折不回雖位至九卿見僕吏鄉人未有惰容事父母純孝誠感神簡待諸弟盡讓祖產養外戚相繼承官居家教子嚴肅以正公考績還以疾卒於淮上配呂淑人躬擔井臼脫簪珥以供朝夕逮既貴猶浣補舊衣食淡不改其初公生男三長槩人重光次署正臥光三廩生文光女三

禮室王氏生二女長孫州牧槐子孫濟濟衣冠疊疊
皆由公積德累行所致也嘉靖十八年遣官諭祭勅
修墳墓入漢中鄉賢廣平河間俱入名宦萬曆三十
七年會題特贈忠正名臣監坊本省公實行不能盡
悉姑舉大概云爾

太僕寺少卿洛源張公傳　李遇知

公諱企程字維身號洛源家世武康先是太恭人夢
空中幢幡音樂若有人從天降下公乃生生而儀岸
修奇如神仙中人弱冠試每冠諸文學諸文學共賞

不必折先生咸推為國器于時翁簿閩中以有子致
政歸翁固薄宦先生循然寒士而歲䄂廪祿常分親
族執友婚葬之貧乏者壬午舉陝西鄉試巳丑登焦
竑進士榜除授山東章丘令章在會城東百餘里財
賦浩繁為六郡衝上官責倍于傍邑又徭賦不均豪
強猾吏舞文作奸公慈祥為質出之以清嚴均調而
齊一之民咸安東之人有楊化者貿易歸挾其貲宿
於于大蛟家于大蛟夜殺之匿其尸於沙泥中寃抑
不散依于大蛟族人汲水婦赴縣白公公按其狀往
蛟家得貲又於沙泥中得其尸大蛟俛首按以律乃
歸其尸公問婦婦人言縷縷皆出楊化口問曰事巳
白可去乎婦曰小人之寃幸見天日今去亦海上游
魂久之與化俱盡耳須臾醒問其顛末漠然無知也
于是章無論上下交口頌曰張侯慈毋神君也治章
四載上廉異之召入掖垣章人尸祝焉御史李化龍
記其祠云仁足質也幹足理也操足風也文足奕也
則其勸課六合之咏奚珍則其禮讓絹竹之歌奚虞
則其神明焦延之境勘崔苻則其質獻年歌之庭罕

金矢則其賦役等則不以易條鞭則其清嚴闕說不
以涸堂皇則其與青配成都文翁之教化則其賑濟
彷新安朱子之社倉袍鼓靖於絃誦碩鼠絕於鴻鴈
桑麻蔭於甘棠雞犬安於蔀屋蓋一一實錄云公入
掖垣多所建明以故事冊封肅府乙未轉禮科左給
事中是年河患決邳州宿遷高郵泛漲泗州幾成魚
鱉祖陵松栢沒於水過半按臣牛應元上其狀天子
赫然震怒遣科臣風力者荒度之公始授勑自暑抵
泗展謁祖陵焦心蒿目上念國家萬年根本攸係下

念運道萬艘漕粮數郡生靈利于此未免害於彼而
在事諸臣職事異意見亦異公上疏曰祖陵腹心也
運道咽喉也民生手足也善醫者腹心病則先腹心
咽喉病則先咽喉手足病則先手足脫三者俱病則
由腹心而咽喉而手足輕重緩急自不可紊況腹心
受病寧以咽喉手足故而緩之勿治于是以開周家
橋武家墩爲奠安陵麓第一義先詞議以聞後乃遍
歷沮洳之場徐議分導之策而漕臣褚鈇疏奏導淮
正流洩淮積浮無事過爲分黃驅澤國子遺靡數十

萬金錢蓋爲漕也公慨然謂目前補救終屬模稜又
上疏曰川壅則潰導則利爲今日計惟有分黃流以
殺其勢導淮流以洩其壅因其勢而決排之水由地
中則陵寢安而運道通民生其兼利乎除武墩既開
周橋涇河子嬰溝已疏濬高良澗已建壩金灣河議
疏青口沙隨時濬闢諸凡爲洩淮壅者似無遺策矣
然淮而黃不分則淮卒不可得而洩分黃而不於未
合即黃分而終無救于淮故又議上因黃家壩決口
至毛家溝二十里兩高中下可永免潰決之患且水
勢順利下入漁溝者黃河故道也自此入浪石周三
莊會鮑王二口下流俱有川澤可因又下五港至平
望由灌口入海凡所爲導黃計者亦詳且便矣夫分
黃之義非創自今也嚮不議開老黃河故道乎以重
費百萬而罷矣又不議開腰舖乎以人言暫緩而停
矣於今醞釀益深沉濫滋甚若曰姑洩淮而茲且徐
徐竊恐治淮於淮強河愈浸淮日以長治淮於黃弱
淮始振黃用以安此一役也慮難而計效則可必論
功大而爲利則甚多蓋上流既分下流自減青河之

口淮無黃遏泗州積水可消祖陵永保無虞矣疏入
上下其議先生又畫便利條爲四事曰議錢粮議官
夫議委任議肅法上又下其議一時治河諸臣人人
惎餝務決此而後朝食暨河工肇舉陵水冬消先生
疏請還朝地方諸臣咸疏晉先生董治厥事明年功
始竣上大悅晉太僕寺少卿又明年予假旋里眷戀
子舍敖水情愍低回不忍北上先生在里中敦厚固
慎絕口不言官府事然邑大者如東路如條鞭如水
利以及開採金礦之議極力維持俾無隕越功力居

多無何而桀霜露竟至委頓瞻仰昊天胡寧之隆胡奪之速於是邑人士咸出涕曰天道無知乃令張太僕死兩尊人垂白視藥視斂惜哉公卓異在章丘名宦傳又立朝著平成奏績功在皇祖夫鞠躬盡瘁成敗利鈍不能逆覩漢臣先言之矣分黃之議初議有不便者厥後不由所分路而之黃無亦黃河之水從天上來固自神物抑萬全之策耶後來當事者無庸袖手也皇上仁孝格天河伯効靈然而力排群議於意見曹分流言騰沸之日任勞任怨不負朝廷任使勞苦功高矣余因傳其大者以俟修國史者採擇焉

在大理自罪疏畧　張羽

臣職司刑獄惟知識未逮故冤抑未明有罪者倖免無辜者濫及致災招咎未必不由於臣宜先陷臣以應天變

在工部自罪疏畧　張羽

臣職司虞工邦土是寄順五材以軌百物飭材用以辨名器臣之事惟不能順民物生理之宜全樽節愛養之道工役之興未免傷民器用之作亦或過度傷財病民受職怠事誠禾之狼莠也宜先陷臣以應天變

應詔陳言疏　張羽

一謹慎服器以崇素儉竊聞堯舜之時茅茨土階雖漆器不作成時雍風動之化此乃祖宗開國實用其道且衣服器用制有定數取有常度列在會典可考頃來如制帛鞠衣綵燈梭慶及諸營造等項日漸增加數倍於初臣伏覩陛下臨政以來節儉自持恒敦朴以爲天下先今宜令該部查減繁冗之費以隆儉

約之風昔宋太祖用一薰籠且因趙普條貫之言而正况陛下德比堯舜匹宋祖而不爲者乎臣職司供御伏望皇上凡所需用營作悉服祖宗之舊則財用不竭民力不匱而天下蒙至治之福矣一收錄遺才以實朝廷臣竊聞堯舜之時不廢困窮野無遺賢故成康績其凝之治其後若漢高祖之於雍齒唐太宗之於王魏雖讎且用之今或因一事註誤而投諸荒野或因一言過激而久淪下位似與九德咸事之風伏望聖德包荒取其素行之良畧其一時之過收錄

民之拔賡有爲之人不失可爲之時我朝人才之盛足比虞庚之際矣一優容諫臣以開言路竊聞上古聖君朝有敢諫之鼓市有誹謗之木故嘉言罔攸伏自後若宋真宗之於田錫仁宗之於石介雖以言見黜旋復召用始終保全至今稱美劇陛下含己從人好問好察出於天性遠追堯舜者乎頃者諸臣言事雖涉狂戇原其本心實欲竭愚悃以報陛下不自知其言之過也伏望聖明俯照用其長不責其短錄其忠不究其愚以作敢言之氣以倡儆戒之風則聖德光

於海宇膏澤被於斯民矣上覽奏深納其言次第施行

李辛二侯事蹟記　　李如栗

歲癸亥冬余承乏西邑徧謁神祠見都憲原公大理吳公同祀于邑之東闕詢之左右曰嘗有功于漢南崇祀年遠其事未盡知也祠左右楹後附二像又問之曰茲邑李侯辛簿亦以有功並祀而未聞其詳也余私動衷章之念既焉詢諸士大夫朱恕庵氏騰雲者答曰東像李侯名暎河南內鄉舉也正德庚辰來令祝邑城垣頹圮毅意修復乃申請上司自爲區畫鳩工命匠採石陶甓俾雉堞巍然樓角翬聳保障永賴迄今思之西像辛簿名儒直隸固安人也嘉靖庚子來領是職邑境產茶私販釀患上司督責甚嚴一方受害公擊目矢心多捕私販嘗遣旗旌益堅厥志務在剷除不避艱險聞巨販入境聲勢猖獗奮勇當前被逆反戕遂罹厥害雖績難比李其死于盡職亦可錄也緣邑之名宦祠前令山東張侯始請置原吳二公祠側以享報祀以永瞻思余曰有是哉其允

光于國家崇報之典乎夫有功于民則祀以死勤事則祀自今觀之世道難必久安封守固則安可保修築不免歛怨功潰成則怨自希以李侯之一勞永逸而有備無患所謂佚道之使雖則怨之亨祀宜矣彼辛簿者瘁職勤官捐軀禦寇又足以羞避難苟祿尸位偷生者祀之誰曰不宜意後之視今猶今視昔天理之在人心不以今昔而有間也夫

洋縣修城郵民疏　　李遇知

題爲洋城宜包洋民宜恤仰祈聖明俯[illegible]末議[illegible]

黍黎事臣聞事不一勞不能永逸法不革弊不能興
利聖明在上弘恩普被臣洋均一土地均一人民獨
偏苦向隅臣洋人也世居其邑目擊大端有三一則
城之不可不包也言請內帑中外軍餉方急議無措
言捐助三空四盡維正尚報何敢輕瀆天聽今自臣
始臣捐俸一年計可五百臣之邑有衆紳及有力之
家多少不等量力輸助不可強亦不可避樂義之心
孰肯其後再照臣洋舊爲州治幅幀頗廣計內空地
不下數頃原價每畝二兩合增價十兩以原價給原

藝文志　卷之二十二　鄖民疏　三七

主以八兩修城總計若干似可少裨益萬一地給城
外之人藉以實城則守城有人公私兩便也合捐助
地畝銀用或不給則那縣之贖鍰增補竊恐囊中之
金不輕割也包城舉臣募之上官未有不動念爲照
㓂者非常之舉黎民惧焉及㨗厥成晏如也臣洋所邵
望皇上採臣末議下撫按立限急行也又中州馬户
皆官當官走每過往員役縣官一槩應之洋每年僉
報召募報一人傾一家不至鬻賣吸髓不止是以小
民有盡之脂膏塡無盡之谿壑今議條鞭額定詿驗

及馬夫工食買馬止招馬夫餧馬並不立召募之名
着落官當者杜差官承差之需索酒飯並分外借馬
等費事雖小而省多廢民胝魚肉鞭撻之苦民得樂
業官重愛養之實清華之選以此爲最皇上厲之於
前罰之於後臣所仰望皇上採臣末議下撫按立法
急行也又收頭之苦收頭報之大户添搭賠補之害
緣洋徵收前後傳舍其官倏加再加每兩或加二加
三利入官而累賠民甚至傾銷之添搭起解之添搭
每百兩不下五七兩道路盤費衙門使用尚且不貲

藝文志　卷之二十二　鄖民疏　三八

一貧役耳祖父毋血汗家計委之泥沙呼號怨痛不
一二年蕩然赤身嗟乎非朝廷赤子乎今議用役滿
吏在櫃收記止塡年月銀數不許分外多要一文至
起解時官不妨親往親交止給添搭每百兩三兩足
矣申請分外使費一切停罷官限季終彙解彙算毫
不擾民間有府提差人隨到給文不必停留廢塞酒
飯科泒郎給酒飯官給賞之則吏役有所庇護亦得
向前申一語也臣所望皇上採臣末議下撫按查照
急行也臣請包城爲朝廷固封疆華馬户大户爲朝

廷情殘黎爲公非爲私也臣往衛輝康明官走馬宗
起解畿内八府稱以爲善方敢披瀝陳情代民請命
臣洋人不言洋苦誰言痛痒關切水火同受冒昧上
聞崇禎七年五月内奉聖旨包城官養馬官收解着
撫按即申飭舉行具覆陝督楊鶴陝撫練國事具題
遵依永著爲例

修天寧寺橋記　　瞿四隅

天寧寺水勢夾臨源出北山南入於漢橫截舊官道
君帶爲害甚重嘉靖十五六年間水匝寺旁橋規制

甚偉故老猶及見之但不知所自始今寺前故蹟猶
在也已而有閩人引水以東水漸東行越數年注於
東距故址百步有奇龍泉瞿公移舊橋補葺成新巷
嘉靖二十年間也僅四十年後水存橋去僧水齋募
修石砌兩岸覆以大木已而木槽朽壞化爲烏有矣
數年來人由水中行春冬水落石出可超距而過夏
秋之季怒濤萬狀人畏之裹足不敢蹈余與新亭周
君昕嘗月夜緩步摸索布置其間知非新亭不可新
亭以力自任任事之日忌者出閙君或誘過邑曹倅

遇之見廢圮狀不勝于悒偕洪亮以募疏進閱終篇
而喜即捐俸付新亭更勸之速成新亭于是急如其
家治如其疴掖事於天啟二年之春三年十月落成
雖余亦殫力然捐貲者亦不一人而告其成者周君
成其美者曹倅也夫水之西而東東復西橋之興而
廢廢復興事之成敗良有以戚噫一日之内風波不
定何況數十年後洪濤白浪之爲平疇膴原也平疇
膴原之後爲洪濤白浪也事何可知第願志士仁人
于衰草寒煙中拾其遺跡尚念之復之也

重修通濟橋記　　邢綸

通濟橋者吾漢城東要津也舊以木爲之利往來屢
圮屢葺八用弗堪有司者或閒問也有議甃以石爲
永圖者請于公曰鄖城陳公今壇壝學宫皆事之不
容已者方疲民以完之矣復爲此以困吾民吾不忍
也徐圖之可乎民相謂曰利在吾民公不忍困吾民
公之仁也吾民不以義可乎于是耆民宋鑑段勳蘇
崇端等首出十金以爲倡從而應者百人焉遂集金
二百以告公公曰吾民義矣是固可爲也乃命尉孟

春董其事而邑長張侯佑亦時省乃成焉興事於嘉靖丁酉八月至戊戌三月工未訖陳公張侯以秩遷去且頻年水旱相仍民咸告饑工遲寢迨戊申歲憲副陳公來撫漢民興廢剔蠹不遑暇食旱禱而卉澍應渠通而水利均嘉謀善政不可殫述時巡郊野咨訪民瘼出東郭詢諸有事于橋者以告遂召蘇崇端段朝潘璋嘉其義而獎之語郡守朱公命邑長郝侯入英底其績民甚便之端等來言於綸請記其事綸曰民心之易感也有是哉傳曰未有上好仁而下不

好義者也未有好義其事不終者也其斯之謂乎且漢民感陳公一言慨然捐金以赴上之所欲爲固民心之可以德感也諸公官于漢雖先後異時皆嘗汲汲以道化鼓舞於上矣而士有不勃然興起者乎此余重爲吾漢之士民慶也抑余又有說焉茲橋之成垂諸永久民不病涉所利誠溥使天下之長民者皆諸公之仁則天下之民皆漢民之義矣其所濟寧有既乎嗚呼安得天下之長民者盡如公也哉是故不可不記以告來者

段橋記　梁洲杰

樂城士子類堅靜自守而東關段生（補佐）衮兄弟尤卓犖高出俠風義氣多過人意表予每見而嘉之嘗述其先世修橋事橋橫架溪上覆橋以亭則雨不潰而橋可久行人不苦涉也今癸酉亭充稍脫謀以補葺數日竣段生之敏足見一班異日爲國家抒猷幹濟可需待焉予喜接武有孫后先濟美矣拈筆題日段橋蓋段氏之修譽歸段氏善成段氏不謂之段將誰屬乎更聯其柱曰金斗山作幛往來仰止令德玉帶水相環過去沐浴深仁期與段生在天柱藝戴之間

是年秋九月吉書

築樂城南樂堡識　林有麟（雲間人）

古大臣身任天下必吉凶同患與民共之其視國猶家視鄉井猶家庖湢也漢川數絓氛警摧堅塘如燓圖焉公樂城南墟落保聚遇暾掠輒徙匿咽城而入入無寧居公憫之謀諸家椽相地高下將立堡建城凡有六難厥功頗鉅公調御群情整辦備作創橐傾囷而應之不以役困鄉民民子來夯命使有雜翼然

環堵可居乘陴可守亦終今圖爲百世之利由公衞偵邊徼熟覽障塞察平險之形工制敵之算射隼于墉殪而下之公故具文武才能足辦賊此特其徹土綢垣僅爲桑梓計者耳至若爲朝廷梁棟甍肩任石在四海而維太山公侯干城殆興朝之良佐也歟

葉氏建石橋碑記

童營之傍歸大道而橫流者有渠焉既濶且深往歲造橋者梁柱率以木每遇霆霖渠水泛漲即損折衝塌行者患之乙未秋有二客往府貿易抵橋水漲橋壞不能渡橋以南有灌溉飛槽跨渠之上客從槽過

而及中槽敝墮水均亡于溺也邑紳葉君諱孕秀者聞而傷之謂其弟孕莪曰橋所以通往來而濟行人也今緣橋壞致殞二命所關誠重矣昔宋郊編竹橋渡蟻而蟻賴以活者衆于物且然況人乎建橋之事吾兩人當之矣弟曰諾余懷茲心久矣但慮以木沪橋難保不壞今欲成之以石可乎兄曰善此誠萬世之利也乃議出金二百兩命匠採石無何兄以捐善靜攝其弟不避寒暑躬親督建越二載而石備郎造跳易灰鳩工舉事焉橋兩岸舊屬土堤今則中甃以石而兩傍磚甃甓以灰者如甃石之制至渠心之承石者則純以石甃爲居中流與水敵焉橋面舊用木今則純易以石長短廣狹皆石爲之橋之上有欄亦皆鏤石以成隨于橋傍買地建庵內設諸神像金碧輝煌奉香火者有僧爲置常住數畝給衣食用皆爲守護橋梁計也倘歟休哉洵盛舉已工始于己亥之三月成于辛丑之二月事竣而屬余爲記余惟世之好善者不乏人矣然多務虛名而鮮實事葉君產

於善門其先大人諱添爵者樂行施于故人有善士之稱君善承父志數十年來所行善事不可勝數此橋之外別造磚橋者凡十他如建庵修寺鑄佛齋僧以至捨漏園施履襪之類種種善行皆本實心以行善事求之世人寧有幾哉書曰吉人爲善惟日不足其葉君之謂歟孫叔敖之毋常言曰有陰德者必有陽報今橋功告成人不病涉凡過斯橋者祝頌所及而福祿壽考永綿無替是又可因人心而決天意矣是爲記

崇義橋記　邑令高登名

東關中一渠衝路而南流入于漢每夏秋間霪潦橫發阻滯難渡衆咸苦之予官于斯計無所出欲爲橋垂久遠工頗大欲支木暫涉又寬濶非可草率補苴籌畫間乃有關土人段友海曾以德舉賓介高樹義而稱副其實也請予曰願獨肩力成不募衆一文一粒不動人一工一飯計期告竣予曰有是哉人之好義也果卜期甃砌百千瓴龐采虹架甃行者蟻旋予往觀之橋成矣計費千金修利濟事誠義人也人患

不爲善耳作善事豈凡人哉使人人崇義如段氏宇宙寧有缺陷哉予喜而題之曰崇義橋又扁其橋之亭曰澤流無疆崇義者志善也澤之流自無疆段之食報較渡蟻更弘頌聲當與橋永段氏其昌乎予官于斯敬代衆而祝之故記

樂城十景小跋　董其昌

余讀白香山池上篇所謂十畝之宅五畝之園有水一池有竹千竿雖志存天下而故山之猿鶴松桂未嘗釋諸懷故一觴一咏一丘一壑皆須胸中有之余投閒二紀不能買山乞𨛍每嘗簪薇酹對輒聞鳥語花香書掩清夢真漁樵樂事適張侍御慰堂一函見鄙津津道其里樂城十景命余點綴余就來圖效先生所咏稍加詮飾惜老筆不足傳也屬徵君陳仲醇爲賠十絕徵君主盟石室侍御主盟蘭臺山川勝蹟兩公一撥開互相推可余以當卧遊如向桃源覓棲覩秦山雞犬皆有仙姿別是天地非人間耳

同前　陳繼儒

漢中左控三秦右跨西蜀中纏褒楚爲關隴一大都

會而斗山天柱挾褒斜之險瀉嶓冢之奇遂擅秦漢以來名勝第一往董宗伯元宰以樂城十景詩叶見示余亦續以巴吟輒忸怩終不得快靷一展其畔新歲張侍御慰翁老公祖奉命督學三吳儼然琅函之臨拜而歷視郎嘯昔元宰與余賡歌樂城圖也把玩一迴層巒叠嶂綿亘映帶宜有偉人毓靈故今侍御既以斗岱間出之姿崇廣厲右文之治而後於家鄉風景携入几案時時披對李鄴侯爲宰相而有煙霞之骨正公之謂也余惟古來豔稱祁興流傳遐禩者

莫如岐陽石鼓出於周宣王中興蒐獮之際此種許
古已不得不遜關中為最何況山谿林泉出於聞見
之外一經名手指點恍然東坡與可復出乎他日椽
筆鑑衡之暇屏去呵護角巾野服掉煙艇訪眉道人
此中烹瀹煮蕁泉酌洞庭翠峯寺倍道泉聽館娃鐘
聲因呼范栢年刺史辛無詑語天漢余家亦在廉讓
之間侍御其必以余為知言

邑庠司訓廉先生去思碑　李遇知

先生司訓武康三年矣諸文學侍側見非準繩規矩
弗言非準繩規矩弗行則動色相戒曰先生古人也
巳而有疑之者曰好名人也余曰三代而下惟恐不
好名即好名亦何損于先生乃先生介持清慎終始
如一則又動色相戒曰誠古人非好名人也先生譽
望隆將喬轉便乞休去又有疑之曰好名人也巳而
諸弟子員諸縉紳以及令而守而藩司而臬司一留
再留三留之而不可得一介行李飄然西向又動色
相戒曰漢書極稱二疏賢而工畫者圖其迹韓退之
且序以送楊巨源千古而下抑何寥寥先生誠古人

也于是都人士欲以羊叔一片石識先生德教屬不
佞執筆之役余曰國家三試明經俾之振鐸所以待
明經者不薄蓋祥麟瑞鳳羽翼文明于是出焉而往
往自薄之大都謂官甲齒邁日暮途窮苟升斗私吾
妻孥安所為哉于是堂上鐘鼓呼諸生揖弗來者若
詰也諸生腆物來者禮之弗來者恕之業之勤惰
察也監司駁學者至入其室寂然不聞絃誦閱其
鶩然揖讓不就列考其程課謾不警叙兄若是出
亦奚賴焉先生湛然其心明白正大而無所回互義
然其行近裡着巳而不事炫燿其量如千頃之波蕩
之不清淆之不濁而無有畛域循循然其教如春風
化雨繩以義濡以恩而繩無爾我彼此之迹是故束
脩伏臘歲時菽水之敬其貧不舉火者弗受也其邑
稍後時絕弗問也其困窮通融稱貸者不吝俸金為
不問子毋也嘗語人曰我輩何必侈談古人但行古
人之行即古人矣故先生立言立德砥柱迴瀾見古
人之任敦厚周慎坦夷樂易見古人之和而掛冠拂
衣褰裳納履一切問餽少不慊于衷者力為謝絕若

藝文志　卷之二十二　碑　廉先生去思碑

惟恐毫髮點染見古人之清故曰先生古人也百世之師何分出處皆世道所賴以不墜者也先生先世歷有官蹟歷以清操賦歸去來殁而祀于社而先生有汗血龍種一株靈椿談經過鯉世德之報寧有既哉予不佞不能爲吾庠延吾師于須臾于以起敬維風而又不能張大先生之行事於其行也援筆而爲之記君曰爲先生文之則吾豈敢

鳩谷茅溝山記　　　席增光

山在府城之南平衍斗峭環泉山而峙者也絕頂有

茅屋數椽石甃荆扉不鑿不至時有白雲去住而已居者其風朴其人淳其業耕薪其俗任俠每秋冬時輒縱鷹犬絜網罟以得俊爲快酌醲割鮮坐詠行歌有古烈士風焉茲所以盜屡侵而屡禦也予以癸未冬僑寓其間春初有笋蕨杞菊之類以採擷供左右桮案而漁夫樵子往往從山澗中獲魚鱉蝦蟹以佐鷄豚凫鴈所不及其視所謂美人指小兒拳留掌留裙者不啻過之今而後予之喜可知已然居民農忙時歸家暇即裹糧負擔恒縷縷不絕予詰之曰爾各宅爾宅佃爾田樂爾康食不亦便乎何爲此僕僕也有老農笑于旁曰若輩敢愛力哉夫小民之所重者衣食而已固有未成穗即擷方半軸即鬻者乃正賦之外詭名鑿漁之吏諸上下之里正俎詐之此已重困矣而薪炭鐵冶毛羽骨角之屬種種取焉況自變故來牧馬水草者日夜不息即七箸無得免斛升斗耶予聞之中心有耿耿已耳既而忽見漢水因槩是來宕如隙光瀰如弓月隱隱風帆來往其于宮闕城郭廬舍邑井皆列吾前也又見王子七峯鷄鳴諸山

遥瞻點黛十二連城若立指焉而文川廉水近地歷雲草樹濃淡覆露令人意遠故予覽之未始不豁然喜也已又欝然而悲焉老農曰子之悲者何也予曰東北者神京在焉予嘗過花村歷玉盆走石門登雞頭臨獻策金門矣雖淪落不偶肝胆猶存今日者不勝去國懷憂孤臣萬里之感焉能勿悲乎吾聞君子在朝則心民在野則心君今吾既悲其民又悲其君是悲竟無時而已也果誰爲悁予之喜也哉于是老農亦泣數行下蓋野人之至性似誠于賢士大夫也

巳

南山祝文

席增光

瞻彼南山奇峯插天出雲降雨材大生焉其福我烝黎者葢萬億斯年昊天不造亂越王家荆吳晉豫其盜如麻灞滻灃涇旣覩千群之飲馬褒斜漢沔旋驚萬騎之吹笳燕子傍誰飛兮矣酒新亭之淚蘆花和我老誠哉動有道之嗟邦國殄瘁鶴唳難安魯連之不帝秦蹈乎東海司空之値危亂入于王官仰芳踪其未遠撫深谷而盤桓去彼塵垢適我煙瀞有酒盈

尊蕉黃荔丹巳而巳而維山之湄方者似義員者似知溫其如仁鎮靜君凝斜者如倚恍雨中之折角頂者欲醉宛高臥乎東籬悠哉悠哉維山之陬或俯或仰半碧半蒼有凹而曲有峻而壘或孤危陡峭如大臣正色垂紳剛毅而難犯或嵬崔峷巍如古人經憂履險百折而不回于是躡石磴入雲峯蹑絕頂俯幽宮登彼南山兮有泉涓涓文川武匊思我栢年眺之依之勝跡想廉讓之潺潺登彼南山兮有竹叢叢旣清以貧思我文同撫筼簹之修竹千畝在其胸中登彼南山兮有木蓁蓁辟召却聘思我子眞把釣臺于江上收谷口之殘春登彼南山兮有石纍纍躬耕而隱思我卧龍望定軍之煙樹懷梁甫于隆中巳矣乎吾舍此安歸乎何以食之烹芝采薇沆瀣爲飲兮朝霞爲餐惟此山是依何以服之紉蘭佩香芰荷爲衣兮芙蓉爲裳惟此山是翔何以居之桃石漱流虹蜺爲帶兮綠蘿爲帷惟此山是之何以友之聽鶯猿啼鳴木石爲群兮麋鹿與遊惟此山是求噫嘻折腰玉斗米慙無松菊之榮葢頭一把茅聊作龟魚之主風亢

輩閑不必買山尤隱猿鶴易怨肯教林澗貽羞永作夙褁山靈昭鑒

補遺舊均糧碑記

孫　瀾

古帝王疆理宇内以三等制田賦以十有二壤辨土宜夫聖人何樂乎與民紛紛哉葢地有肥磽則產有多寡而難易因之此而不辨吾恐責有于無取盈二縮低昂反易軒輊倒置其流弊何極非聖人平天下之公心矣我國家一統全盛九土和均宜無所謂平也者乃遐陬僻隅幽隱難通如西鄉考民雖有不

籍而戶口之轉易靡常稅雖有成期而額數之那移莫辨有如富民置產累在貧民買者寧多其價而少帶其糧賣者甘負空差而願圖厚價孰知多蓄之家利在輕徭而窮民過眼之價轉手爲空且自貽剜肉醫瘡之患矣迨于旣久田連阡陌者賦止勺圭地無立錐者輸且闗石催科者無可伊何但令里老輩四六包賠而已噫以包賠而供國稅在一時苟且尚不可究也辨愈難而徵愈迫柰之何民不窮且盜也隆慶初議均丈立金銀銅鐵以第其等按高下肥瘠以

酌其宜冊籍燦然閭閻引領而一二豪右惡其礙已切齒蹙眉暘提控訴陰肆謗誣司土者往往傳舍其官而道傍其議避怨却勞推東家西而新糧之行竟莫慰雲霓之望良有以耳余洛人性任眞叨以甲第承乏之來茲聞邑人初接報咸抵掌稱慶謂糧可必均矣比及蒞任屢稟上司移檄督促急於星火且曰文到三日而無一赴告斷在必行時戊寅仲冬迄今春士民歡聲載道無一異言足信新糧之行允孚輿論矣迺呈冊於上布帖於下毅然行之會余奉新命叅洛川釋篆在即士民因請壽之石余日糧行矣何石爲夫是舉也議之不當則擾生舉之不决則疑生去擾絕疑乃可以久使是邑而恒遇賢有司也則可萬一不肖者弋身家之腴而忘痌瘝之慮至富家挾以私而吏胥肆其猾不數年爲囂塵矣余雖不避勞怨竟何益哉於是紀其顛末勒石于儀門西用告我同心民瘼者勿鼓簧于豪吻簸弄于奸舌則余雖去西邑之年亦猶在西邑之日也若謂足紹古聖人疆理之遺以佐國家井賦則余又豈敢

漢南郡志卷之二十二終

漢南郡志卷之二十三

闇左　知陝西漢中府事滕天綬重輯

藝文志

皇清

賈大司馬脩棧記　党崇雅

康熙三年秋九月尚書公奉天子命巡視漢南城垣渡渭入棧喟然曰是昔魏武所謂五百石穴者也行人騎畜經其地者大則有性命之虞小亦有顛仆之患自五丁闢徑以後數千年於

茲矣降至明季逆寇橫肆秦蜀梗塞羊腸一線僅供猿狐出沒幸天佑皇清我世祖章皇帝仗義提兵出無辜於水火之中奠元元於祍席之上爰登大寶傳及聖明天下一統而西服朝宗勢必以棧道爲咽喉顧乃深澗臨窄使億萬年皇華馳驛之路弗克共遊蕩平余心滋戚務使巉岈盡削闊成坦途庶幾無負鎮撫之任雖然吾不忍以逸人者勞人必也計口授食計食授金乃克有成功因捐金募工指授方略進閤南巡使范公而謀之適命恭戎李君司李曾君尚董其事於是脩險塌凡五千二百丈有奇險石路凡二萬三千八十九丈有奇險土路凡一千七百八十一丈有奇脩偏橋一百一十八處計一百五十七丈去偏橋而壘石以補之者自江面至岸高三丈許共長六十五丈二尺凡十五處脩水渠一百四十五道煅石三十二處共一百五十六丈六尺去當路山根大石

二百八十九處壘脩木欄杆一百二十三處凡九百三十八丈有奇合營兵驛夫民夫各匠積六萬九千八十三工是役也不三月而告竣成功之速若有神助夫自有雲棧以來閱歷數千載其間豈無豪傑自命之士痛惜行路之難思欲平險爲易然皆逡巡不敢施功者以雲棧地連雍梁二郡寶鳳褒三邑綿亘六百里高者出層霄下者臨無地置足靡所舉手何從乃欲寸寸而治之尺尺而易之噫綦難也尚書公獨不以爲難奮焉圖之一舉而二郡三邑六百里蚰

盤祖秩之區無尺寸不坦若康莊誠不朽盛事也且
皇棧主京兆數百里尚書公開府尊重設非奉
財南巡必不遠歷棧偏是杳城之役天實假之以令尚
書公竟億萬年未竟之業也夫人之動業存乎志量
擇及一時猶爲是艱難之尚書公一慫行間體忠
君愛國之心開萬古蕩平之績其志慮爲何如乎余老
矣不能復遊覽斜深幸億萬年未竟之業賴尚書公
克底厥成又喜尚書公功德之隆與天地同其悠久
而余以野老頌揚嘉績載名其上榮莫大焉因記其

事而刻諸石一置雞頭關一置前樊碑志功所自始
與所自成也尚書公姓賈諱漢復字膠侯別號靜庵
山西曲沃人范公諱發愚河南河內人李君諱承恩
北直大興人俞君諱王孫浙江秀水人

重修正學方公祠堂記　李仲顒

漢中之有方公祠爲布答祀也其獨祀於漢中者何
以公曾漢中教授也宦教授而復祀正學者何昔蜀
獻王聞其賢聘教世子因以正學名其讀書之廬故
人稱之曰方正學也祠不於名宦而特祠於孔廟之
東偏爰始太守項君思教請于都御史董公世彥恕
按御史劉公光國所加崇其祀典者也于永興元一
載晉拜公祠仰公大節孤忠以赤族之死報明太祖
于九京而竊有感于其間也明成祖與公是皆有天
意存焉李唐之際使天獨生秦王而不生建成則可
無喋血禁門之舉有明之初使天任傳位建文而不
生燕王則可無拔編行遜之事惟其始定于立嫡以
長之序爲慈不得不大命有歸是以改翻世界身爐
鍛隨惟成就一百折不回之方孝孺鑄之以此朕家

事不移慰之以先生勿過勞苦不移終不肯此讀書
種絕是知褰齊之扣馬而諫也較易公之不草詔天
下也較難當斯之時視死如歸若太祖者真可謂知
人善任使者矣不然何以公始被詔則謂皇孫曰此
壯士當老其才弔薦召至則又曰非用孝孺時也郎
公生平以明王道闢異端爲己任綱常名義之事莫
有大于君臣定分改王改步者故郎正學一字寧獨
爲公教蜀之羅雖以之概通於天下後世可也而予
更有望焉今後祀兩廡類不外夫文章節義以公抱

伊周之頹而生未竟其施接程朱之派而死不朽其
宇郎配食宜廟誰曰不宜是有待於當代之考献徵
文者余于講約之暇過公之祠合諸同事為之修葺
復昌言闢題用載彼麗牲之石

東城樓新建三聖祠碑　陳名夏

關帝廟商兵師議戰守矢天決策誓保孤城遂開別
文武派分信地各當一面原王于三公得東面焉及
南郊之戰副戎李公失利以身殉衆戎王公移守南
門於是東城上下止原于二公矣先是賀公珍駐漢東

門外修接引菴一所祀聖帝也北又修聖帝廟一所
虞帝祀也及攻城時遂伏其內以護身我兵矢石不
能近夾木填壕賊因之以為利於是謀所以禁之而
未決請于胡公公曰神依于人焚廟以存人也不然
數萬生靈將就屠神其安之乎于公曰果神有靈得
保萬全賊退即建聖廟于東城頭以圖報衆曰唯唯
乃整弓矢備火具諸健丁奮勇爭先火具齊舉對壘
矢石以待須臾風起火發營就灰燼賊之技遂窮我
之神益耻攻者無依守者有心一久間有兵於壕中
見空際一赤面長鬚大人衣緋服立于譙双指賊發時
始沒將士聞之鼓氣數倍以為此壯繆公顯佑却敵
必矣於是火器所擊聲若雷轟無不命中者則又以
為祝融氏之助厥威且馬騰於槽作足嘘騰長鳴以
待則又以為馬祖之神刻厥靈也賊雖攻圍閱月而
文武軍民恃以無恐及援兵至圍解逆珍遁去于公
即卜日闢地庀材鳩工建祠于東城門頭合三神而
立像焉丹青滌瀹之必飭土木金石之未精由是迄
今越丁亥之春始告竣使人瞻拜於斯者春秋享祀

無忘昭假之由則禋祀永而神依揚矣不然人有功
而不賞英雄不免浩嘆豈神威孔赫如是而顧忍滅
沒之耶而思建此之故則當日之養兵措餉勇戰力
守轟轟烈烈諸附文武之功名亦附是不朽矣役之蕆
斯土者其視諸于公因胡公請記于余既為之記因
為之銘銘曰漢水若帶梁山若礪三聖臣之厥靈則
時建祠立石永貞無斁福我烝黎食休千禩

修街濬溝記　梁鋐

漢城萬山中手掌地耳漢山拱護漢水環遶古所稱

天府之國也迨漢高皇發跡于此人民叢聚城郭鱗然樹表分道列爲市廛四通八達路匽相連復鑿渠以通水徑令水流而民不苦于水患之何其周以詳也至訊其道之廣狹渠之深淺而故老皆無傳者蓋天下之平久矣自　鼎革來兵馬雲集叢穢山堆蕪以𤇆燼之餘灰頹垣之敗土俱弃置于道上遂致虛土浮立而坑坎參差凹塘深隔而泥潦迸溢不惟行者有舉步維艱之嘆且水道壅淤甫雨橫流于街衢既雨衝波于民舍漂泊之虞岌岌乎若倍嘗窟也有

識者有其心而無其力有力者又復越人視秦人之肥瘠而漠不關心至我公簡命南發天乳明而景星出識者已卜長生君之臨吾漢矣乃下車以來無時不軫念民瘼無事不詢民疾苦一覩街道慨然曰事有微而不可忽者今日之街今日之渠是也無論崎嶇泥塗難語周行第思八心之不公也兆于路道之不平財用之日絀也由于蓄洩之無術國計民生于焉攸賴可不揣高下而仍溝洫也哉毅然以身成之會同守道郭公元戎何公公暨寅屬咸有利民濟物之念遂捐俸金散給各坊磚石工用取足于是焉而竟不日成之也夫凡民樂于觀成而難于慮始茲胡以響應若斯也意者不鮮囊槖不煩餱糧與靈臺之詩可取而爲公詠也享安居而行康莊欣欣然有喜色而相告也而公復愀然曰事有不難于創而難于因者今日之街今日之渠是也物無百年不敝之理况車輪馬蹄之所蹂躪負重疾走之所顛踣能保其不仍舊乎倘後之君子匯吾意而行之則此街此渠雖百世可也既不憚拮据之勞經營于六有而復深事後之慮

啟佑乎將來于是黃童白叟群相率而歌曰漢山崔巍兮漢水源淵吾儕何幸兮載地浮天滿腔春意兮樂利興然平治道途兮已登春臺商旅往來兮歌舞聲喧我公仁壽兮億萬斯年此俚謠也書之以見公之一端云至于公之居心如水持法如山膏澤流于江漢事業濟于天壤燕皇天而昌厥後者自有史官竹帛之書無俟予之悉也

郡伯滕公倡興水利功德碑記

漢南水利之興始於前漢蕭相國疏治渠堰以資灌溉有田者世食其德隴不與焉盖水之爲性趨下利於平疇隴居高阜難以逆致也而漢南爲地高下不一田隴相半隴樹二麥田獨種稻皆乎稻之望歲于水者固可必而田止一秋麥之望歲于天者不可必而隴居其半然在秋稻既穫二麥方時又不得不舍田而事隴苟春雨愆期二麥不登歲鮮有不罹于儉夫豈風土使然務宜變通因酌恒以爲隴止宜麥田

止宜稻時俗相因執爲成見不惟補救無術且并自安于儉又以豐爲過望者其來舊矣郡伯滕公下車以來凡爲地方起見固無弊不革無利不興矣是在農務尤其屬念者若勸植桑柘而蚕工舉均平水利而紛競息從此男無曠耕女無廢織其爲吾民長養之計可謂週且備矣德亦厚矣然猶自以爲未也恒是以隴畝若旱未得補救之術爲民生憂由是敎民多備種粒無分田隴並樹二麥且復叮嚀誡諭謂且固蓄堰水及期播種雨時則田隴並登即不時亦[illegible]

萬隴就田以趣水利顧水之爲利其時既得之秋未必不得之春田之爲力縱薄既宜于稻未必不宜于麥且刈麥後始事種稻于田則獲兩秋于農又不妨時是一變通其間工力所至可使野無曠土倉有餘粒不雨而旱自救饑儉而歲亦豐不猶愈于終朝悒悒登隴看天恒恐違時耳心守儉以自約者哉今下民初未之信趣試之歷今三載兩罹旱虐而吾民卒無流離之苦飢餓之狀者恳由我公預爲遠計水田播種二麥故也猗歟偉哉我公之德蕭相而下其

誰與儔士民歡戴咸曰其有極乎是備述其事而載諸石若曰志公之德則不獨吾沔士民已也務亦藉以鑑示後來使父得以是傳之子子得以是傳之孫世世相傳永食公德倡興水利于無窮云爾

沔[illegible]紳士百姓

城洋兩縣分修水利碑記　滕天綬

昔王元翰先生續文獻通考載明嘉靖中汪鋐奏云丘濬有言井田之制雖不可行溝洫之制則不可廢誠確論也夫秦鄭國開涇水爲渠溉舄鹵之地四萬餘頃關中遂爲沃壤其跡可倣而行也如勑陝西撫臣相地之宜某水可導某水可疏其導之也或爲洫其疏之也或爲遂或爲瀦因地勢高下或爲防以止水或爲澮以瀉水或當爲陂或當爲堰因時制宜三年之後必有成效云漢南諸屬之各有堰也始於秦

漢迄于明留心水利者蓋非一人亦非一日矣唯是邑既分疆民遂惜力如彼楊塡之水城固洋縣所并用者城固去楊塡也近洋縣去楊塡也遠濬水之工城三洋七奉有往例而丁家洞至鵝兒堰城固資其水者便洋縣欲以其工全諉之城固城固則曰我之用水也十分之三耳安得獨勞我爲由是紛紛訟端起矣余典是邦城與洋視不爲二余視城與洋水則爲一于是親履其所集城與洋之令尉諭城洋之民既有重輕遠近議分議合而僉悅服矣又於丁家洞上長留溝酌其勞逸使城爲主而洋爲客分濬分挑城不獨勞洋不獨逸主客互用彼此相協而楊塡波流遂直注于謝村之橋見夫城洋兩岸溝澮皆盈隰畛俱潤依塍穿壑莫不交浥也城洋兩地主伯俶載婦子饁餉有黍有稌與與翼翼也僉謂比年來水未有今之足且沃也余顧而樂之呼民而告誡之曰夫天不愛寶故岧河水自太白山流經城固北爾民得利其利向使岧水別流堰又不立民其如水何爾乃各惜其力置楊塡于不問任其壅阻浸抑稿爾禾稼

亦愚矣哉天不惜水源官不惜籌慮民其惜力以違天心違上意可乎不可乎今已供厥用剏厥力吾民其永遵厥令而保此水也況今

聖天子爲天下蓄泄大河數遣大臣往勘至于再至于三我漢南遠在疆界莫非王土曷敢有佚厥志利人之所害害人之所利乎今而後毋惜已力以答天心受水德順上令如茨如梁有倉有廩上輸天庾下盈百室寧其大慶汝否則惰厥力弗公厥心由水去留各以秦越人相視寧則大罰汝謂予不信汝其問諸

水濱
今到城固縣洋縣印捕各官會同分定挑修杆數如
左楊塡堰以下自封河堰起至鵝兒堰止共計一千
二百八十八杆內封河堰至丁家洞四百杆城固縣
挑修一百二十杆洋縣挑修一百八十杆長嶺溝至
鵝兒堰六十三杆城固縣挑修一十八杆九尺洋縣
挑修四十四杆一尺續議定丁家洞起至長嶺溝止
共計八百二十五杆城固縣于放水洞口附渠切近
洋縣離渠隔遠分定城固民挑五百四十五杆洋民

挑二百八十杆長一丈

南褒二縣梳洗堰均水約 滕天綬

查照漫水橋下梳洗堰及東西二溝田畝花費頼斯水
灌溉以免旱傷之苦士民相安已久樂利多年前緣
多事之際兵民乘勢掘挖以致東溝田畝數載失收
昨於二十六年二月内據東溝百姓李芬周震臣魏
瀛等又據西溝士民李登朱自貴牛君弼等各呈訴前
來隨委洋縣縣丞張文英踏勘田畝本府即單騎詣勘因
量地形之高下度田畝之多寡約定水口分寸因酌
計議定梳洗堰水口一尺八寸石橋一洞東高溝水
口一尺一寸石橋一洞皂角灣水口五尺六寸各安
立平水並嚴禁掘挖在案至于上壩自金華堰起至
李官洞口止一十四道洞口兩邊各立木柱一根安
設閘板便于封閉其放水日期仍照往例上四下六
爲定其封鎖上壩洞口許下壩之人親自封鎖看守
如遇山水暴發即將所封洞口併開以免驟水鼓衝
堤堰之患今本廳水利均沾各獲豐收人心已平遂
會銀勒石以垂久遠相應如其所請永杜爭端可也

自勒石之後各依前定水口分寸照常起閉以備灌
溉至于亢旱傷苗乃係天災亦不得藉口不均恃強
搶挖混亂舊規倘有強梁不遵者許叫土民公舉立拿
嚴究重處斷不可姑寬以起爭競于將來

東城樓碑記 滕天綬

城之有樓非以爲觀也所以捍衛一方上爲
朝廷疆宇之守下爲斯民奮阜之微所關亦甚鉅矣故
廢興成毀職斯土者與有責焉康熙二十有五年冬
十一月予承

天子寵命來守是郡越三日遙視城垣雉堞有四樓傾
圮大半即思起而葺之時大兵初撤哀鴻甫集簿書
鞅掌不遑問經度營表也今年
皇上恩蠲租水火遺黎獲有起色守土之官乃得從事興
作于封疆因而請命於
道憲金公偕郡丞梁文煊別駕韋娫率同南鄭縣令
韓維藩捐金覓料約費不下二百餘金皆一一取給
于俸餘未嘗累民間一縷一粒而棟楹梁桷楯檻之
僅存一二者皆腐朽無用今盡易以良木矣蓋瓦級

甎之盡殘今皆煥然其覆庇之矣丹雘之浸漶不辨
者今皆華彩而軒翔矣委經歷司張廷佐經始于是
歲之十月上旬不兩月而功成而此樓巍然漢城之
表爲之題扁其額曰南國先春夫治民者莫先于培
生氣萬物之義成於冬而生於春東則生氣之所從
入也予之重整斯樓也殆予以民生聚爲先之意乎
樓成登其上遠觀四境其外則平疇千頃宛然其盈
目也其內則烟火萬家歷歷其在望也終南鬱葱之
氣繞於前漢水淼波之勢環于側予與二三僚友共
坐春臺願小民歲歲如春同遊化日之長斯則予作
樓經始之初心也用是勒石以爲之記

漢南新建社稷壇記　滕天綬

社稷壇舊在西門外數武之地載在漢誌祀有年
神明昭格已非一日孰敢率以臆見議去故址也緣
歲代遞遷萑苻借竊輒以無主屍骸遷瘞斯土始者
旣備繼者效尤相延至今遂成纍纍荒塚孤墳一坏
棊置星布
神祇不崇奉祀之地哉余每於對越之頃惕然於心

而且拜稽無地不勝浩嘆欲得一席清淨土以享焉
因委官周視揆度得舊壇附近地一片寬弘平厰安
妥爰捐俸命工環築土垣建立石坊旣肅仰企載遠矚
牧其與春秋之俎豆
神明之馨格不幾攸隆而攸在哉從茲以往德澤洋
洋鑒誠歆享自是無疆其眷顧斯土佑咸下民者又
豈有量耶惟企後之君子常加意而葺修之是余今
日之志即後來之志矣壇計地四畝零五釐南北一
十八丈東西一十三丈五尺周圍共六十三丈壇基

東西二丈六尺南北二丈四尺高一尺周圍墻垣共
一百二十四堵勒石以記

漢丞相忠武侯諸葛孔明墓祠碑銘　滕天綬

漢南沔縣南十里定軍山有石表云漢丞相諸葛公之墓墓之前有祠按後主景耀六年春詔爲公立廟於沔陽唐貞元間右僕射馮翊嚴君葺之事載邑乘可攷也祠之由來也遠矣其後或圮或新終不至沒于冷烟荒草中者公之靈乎抑人心直道之不容泯乎予自丙寅奉

命來守漢郡漢然徒見山高而水深想公當日欲北定中原瀝血誓師泣涕拜表八年之內興勍敵強兵轉鬭於陳倉斜谷崎嶇險阻之域抑何忠而勇壯而直也今去公千載如覩目前景行之懷形諸寤寐戊辰維夏始拜公墓攝衣入祠肅瞻遺像追溯遺烈不覺喟然歎曰公眞伊尹之儔亞歟伊尹挈有夏之天下畀之成湯天也公不能移吳魏之河山還之後漢亦天也尚論者於古聖賢雖視其德原其心而已其成敗之端宜畧而不論夫公高卧南陽抱膝長吟何嘗欲出而圖天下哉與有莘之夫躬耕以樂堯舜之道者同也及先主訪士于司馬徽而徽以公對草廬三顧三聘幡然豈有異哉伊尹以天下爲已任公以中原未復歎息旁皇讀其興復漢室還於舊都以報先帝之言其爲已任不亦重乎昭烈之將崩也謂公曰此子可輔則輔之如其不才君可自取是豈大丈夫故爲矯情之語以嘗之耶蓋深慎曹操之篡奪孫權之割據故寧以荊益已成之業授之于公而不忍爲吳魏所吞并其志亦悲其見亦正矣夫後主之庸懦

不及太甲遠甚公豈不能行放桐之故事顧後主雖無守成之德亦未顛覆典刑公曷敢驚天下之耳目爲曹孫口實故守死不二竭盡臣節以身殉道事國一十二年此心可質天地可荅鬼神彼假周公之跡餙其新莽之奸者西漢之所以中絕也托文王之跡行曹瞞之智者後漢之所以傾頹也志伊尹之志而不爲伊尹之事者此季漢之所以重光也德則天民之德心則王者之心烏可以成敗論哉且劉氏迭興高祖以布衣除暴秦光武以赤伏恢舊業先主以帝

肖應人心一姓相承凡四百六十九年而絕炎漢之
運可謂盛矣盛則必衰理固然耳公能違天運而使
赤帝子之裔經久不易若乎不能也是曰天也予思
程子以王佐許公朱子則曰天民之未粹者推重亦
云當矣然不若張輔論樂葛優劣以為孔明包文武
之德殆將與伊呂爭儔豈徒樂毅為伍之有合于予
必也拜其墓登其堂行其庭慨乎如聞其聲如見其
人故述予論次如此而系之以銘銘曰
赤帝創業新莽篡孌肇造光武漢室中興繼以靈獻

藝文志　卷之二十三　孔明墓祠碑　九

身播國屯中原割裂鼎足三分　篤生孔明南陽卧
龍梁父擁吟抱道隆中三顧草廬一德符同奄有荊
葢名號寔公　蜀主吞吳時無法正主上東行莫能
諫聽天意靡常廢興罔定永安徂絕千秋抱恨　宗
臣孔明奉厥後昆矢志中原誓復故京出師二表泣
血驚神文以寧內武以赫靈　偉哉張輔立論孔優
樂毅非比伊呂是儔福祚忽移大命不猶志夬身殲
哲人不留　空山遺廟草木蒙戎綸巾想像事業虛
空松杉零落伏臘猶同肅衣瞻拜純德高風　日月
不磨忠臣不臧百千萬祀永觀厥烈勒此貞珉大書
深刻著茲臣道耶示來葉

重修吏書房碑記　滕天綬

朝廷命官以守疆隅教養撫綏以外莫不視地方之至
重者力振其因循頹靡之氣而不以更新獨是當兵
戈蹂躪之餘百務俱弛傾頹滿目守土者復不補救
而經理之雖沃壤名區一變而為荊榛磽地伊可歎
也予丙寅冬自潮來守是邦若城郭若倉廩若學宮
皆係根本重務尚且荒廢若此下至民間田畝生息

藝文志　卷之二十三　吏書房碑記　三

木道蓄泄之方自不暇計矣甚而府署兩廊之左
餘數椽書役卷宗無可存留其視乃公事蔑如也予
不禁瞿然曰有是哉廢弛乎予何以守土毅然欲次
第更新而力不給焉一瓦一木又誓不取給小民展
轉踟躕罄所有俸金而力圖之首從事
聖廟崇教化也次起城樓峻藩衛也次修倉廒重軍需
也次清鄭褒固洋諸地之堰口急民利也次蓋惠民
所卹鰥寡也至公署出入之間見吏朝抱牘而入暮
袖卷而出非獨無以示體且諸書吏亦何以供事也

於是鳩工庀材其殘毀傷撓者易新材而補葺之其傾圮無存者就舊基而重構之不數月而東西兩房具舉經歷照磨二廳事並重加修整焉諸書吏咸請於庭曰我公整理殘殭諸工告竣萬物之氣於此一新我役人等俱荷恩而勤厥事非鐫之金石無以示後且亦不識我公次第更新之初意也予曰然乃援筆以爲之記

重建汚縣廣積倉碑記　　梁文煊

府倉既築閱五月汚倉工亦竣計爲屋十有三楹其

大小之制崇卑廣狹之式皆與府倉等而土木匠役之值仍捐俸爲之總理者邑令董瑞祚也督作者大使范大正也自此出納惟一民便輸將兵便取給矣乃上臺及同事之急公利民與余之經營苦心當與汚民相告焉先是舊制兩倉計間架者四十蓋以漢南四營貧糧于汚者獨居其三倉不備則食不足食不足而病于兵者且累于民故昔人之經理者最重于汚乃兵燹之餘毀厥棟梁易爲灰燼頹厥墻垣平爲丘墟昔制不可問于是借逃祠宇權宜安置星羅棊布或數十里民攜升斗東西奔走雖有稱梁逾甋穿亂幼者苦肩老者畏負哀此窮黎而不寧若是哉且散棲野屯守護則難綿歷歲時保固孔艱或有一失司牧是責則又守土者之累也余于是有更新之請初議建二十楹先足舊數之半餘則次第增補然將取之公費公費不足將問之民力民力不堪不得已復議捐俸而官斯土者又皆飲水酌水羞澁空囊且役先兩役相繼並與實苦無術數月拮据勉副是役而又賦于初議皇皇乎有力不從心之感焉茲暫

告成而用心亦已至矣即未必一勞永逸然從此而銖積寸累月築歲增俾不墮廢以復前日之規模或庶幾漸有望乎則是役也其始基之矣用告吾民以垂於後

心遠亭記　　梁文煊

佐漢之二年爲康熙戊辰歲其仲冬政事稍暇乃闢書舍之南隅隙地構小亭一椽廣及仞高七尺欽其制也翌以土覆以茅昭其儉也亭既成顏之以心遠時與武林朱子百斯魏里葉子湛生坐嘯其中客曰

善哉子之名斯亭也凡人志趣則事滞慮近則見淺譬處溝瀆之下者不識滄海之深登丘垤之上者不審山岳之變身在于是心即繫焉其他遺焉者多矣若夫抱膝匡居而能含容萬類取懷遠大則山川之奇麗原隰之包絡以及人民城郭之錯綜鳥獸草木之變幻雖隔于外無不畢集于中子之澄懷觀物見其塊然而峙纍然而來者心與之融焉淵然而靜者心與之契焉悠然而逝者心與之化焉宜其超鴻濛離形跡不爭聞見于矩步間也及而觀之則鳥啼空

堦花開曲檻與天朝雲出岫夜月橫窗又何嘗不條然備列斯亭雖小可以喻大余日是吾志也遂識之于石

重建廣積倉碑記　　梁文煊

漢中東北抵咸陽西南通巴蜀為雍梁孔道其間巘峰峻嶺高下起伏荊榛叢莽綿亘以千里蓋備禦若斯之難也故亭障戍守獨多於他郡戍多則餉繁經制月給餉銀外取衛所屯糧一萬七千有奇以供之支應之餘計每歲存留不下數千石新舊叅累陳陳相因稍不慎浥毁見告以此他郡之糧恒若其少而漢郡之糧似又苦其多則其所最急者莫若積貯之是謀矣歲丁卯夏文煊奉

命佐理茲土水利茶法而外兼職是役每念軍糈之重必措置萬全欲揆所以出當先度其所以入然後可以經久而無弊乃召胥吏而詢之曰倉廒廩餼士馬攸賚謀之無術責在典守斯倉斯箱今獨不聞焉何歟僉曰兵燹之餘規模盡廢前之屯蓄者或寄僧寮或權市舍風雨之不蔽則上漏而下濕扃户之不固

則日減而月消期年之後十損一二焉數歲之久十損三四焉任事者非不憂形於色惴惴焉恐其補償之不暇而無可如何也則相與聽之故因循以至于今而未有成謀余聞之而愀然以失夫以漢郡四面崇山中平一綫地卑而土浥而又無堅築以護之求其不紅朽而長存也豈可得哉乃謀之

寅長滕公將與各屬共捐俸錢構椽四十楹以備永久　公曰善亟請命於

道憲金公及各上臺並邀儁允因於府治南仍廣積

倉之廢址諏日興築命察庶張廷佐董其事李群材
會衆役乃經乃營乃塗乃斲陶冶竹木之工靡不遍
及五閱月而告成以倉用維艱先爲屋二十有三檻
崇基高閈磬屋盤岩苞固外則周以土垣前立崇門峙其
啟閉且庶幾風雨之是蔽而扃戶之能固乎嘗是時
也問材焉取商賈是售問工焉役金錢以資傭工十
五旬不費民間斗粟尺布者安其生也古之爲治者
孟冬命有司穿竇窖修囷倉書載之令典無廢其事誠
以盖藏之是謹積聚之是謀者政之要道也余不敏

蒞事於斯愧無善政及人敢曰無忝厥職用著貞珉
乎良以同事者協力以成是舉則固有不可泯者也
故爲之記若夫沔倉設祭嘗別有鐫石茲且未及也

修天寧寺橋碑記　　吉允迪

橋繼成于明之天啟癸亥僅十數年至崇禎庚午以
木梁粢發遂毀行人病若時金戈繼遷不遑問徒杠輿
梁也及
定鼎又越甲子八民既集邸里漸復舉斯橋周君諱
應瑞冢子茂才命新合衆謀而新之暗綴克承志良

足嘉哉既竟倉董厥事立化主走募四方峻山迷谷藏
起善心盖謂汶子濟衆因以濟涉橋之功不易雖一
大澗而高踰几尋丈淵又相倍石維鑿甃砌磚在險
基不厚則條起條落之虞淵從之潰以潰焉制不敵
則可構可宜之雩退從之衛以附焉是舉弘用廣庸
宜忽乎人樂施乎其爲采虹如于順治十二年二月
竣于順治十四年十月又擇橋東壁岸之地營佛菴
居僧司爲啟奉三元聖像及真武庇橋梁衆神屋兩進
各三楹址約畔餘宮垣朱壁塗漆則人之未有隨緣諸

信應列名貞珉董之永久會是茂才命新謀笑走遐率義
者弗能余以周君拮据靡遺織力心血凡何能堪過
役雖然吉人爲善孜孜不足未竟其身世在必昌茂
才兩子定心亦能踵其孰乾肩鼎又之齊心賦玉樓也倩宅
相茂才王景過求余作橋記余不謝不敏乃執筆記
曰橋舊有碣澤梁之載政非草野事也草野而諭政
之所害且作廣人波羅維因緣且慎定斯心福田若海
矣兹淵河源不百里計河漲不終日寧事涉艱施褰衣
艱涉盈盈東流悵望何及求伊人于蒹葭見渡濟之

檀輻此固時之窮也爰有篤惠憫兹崩鈌再造千涯
世德作求余意水之緣結于周君而周君之緣結于
衆中以洎行人也但顧江不溢而上河不渟而瀦順
彼安流無祟億萬斯年河也衍不已之澤橋也種無
漏之因奚必後人之不臨橋興感橋其籍後人之永
奠也哉周君頎于是周君生于是已周君兩子何慽
風木耶余率書以付周君郎作碑記

總督川陝部院殷公德政碑記

嘗觀堯舜之世則有禝契湯武之世則有伊周益君
明則臣良君聖則臣賢上下遭逢固有時也生民出
乎其世被乎其澤鑿井而飲耕田而食不知帝力於
何有一何幸也自漢唐以還代有隆替下民之情惟
視上之所培養而導利之耳今我
聖天子在上文德武功已越堯舜而駕湯武百揆時叙
庶績咸熙循以愛養元元致念惟恐一夫之或失其
所故受職用人必量才而任而於節鉞大臣則尤加

慎焉且秦之於蜀逼近邊鄙形勢要害天下未有重
於此者非文武兼資之才不足以勝斯任當前川陝
制憲齊公晋大司寇去
朝廷以内外臣工有才者未必有守有守者未必有才
厥惟　殷公才守並優通經史有戰功是席非公不
可廼以甘州提督
特簡川陝總制若此異數誠古今指不一二屈也使非
公有以致
聖明之重曷克有此公清亶端亮不伐不矜浩浩落落

莫可涯涘下車來以爲天之所天在乎黎庶日思所
以報
國家故日思所以安黎庶也於是夙夜惟寅惇德允元
不嚴而威不施而恩先之以文告繼之以儆戒劾其
弗率者數人而西南半壁文貞武肅莫不奉職惟謹
百廢維新昔孔子攝行相事三月而魯大治今公秉
節僅數月而官方飭矣軍旅整矣地方寧謐矣邊塞
廓清矣至於絶科斂禁耗贈抑豪強殛棍蠹有所宜
行無不釐剔然以秦蜀邊陬較之孔子治魯則又難

焉蓋公政行真戇無偶敦篤不虛故僚吏不敢欺而
小民不求益而自受其益矣古所謂有治人無治法
洵非虛語宜
陛見時
聖眷優隆獨與他大臣迥然異也伏惟
皇上神聖固無稱於堯舜湯武而我公功業又何稱於
稷契伊周歌歟休哉
聖賢相與明良喜起之風復見於今日吾儕何幸而生
今之世得以比隆上古耕鑿自安享此太平無事之

福也易曰篤實輝光日新其德書曰民心無常惟惠
之懷在公恫瘝念切則日新其德在小民仰承休德
則日懷其惠凡秦蜀軍民罔不歡呼禱頌而我漢上
山谷之民則感之不能述其誠言之不能通其意況
公忠義特達惠政著功載之史冊勒之鼎彝不惟
聖主知朝野知士庶軍吏及羌苗蠻貉知即千萬世而
無不知之又何藉山野之稱述爲哉然吾儕處於窮
僻之鄉想望丰采而不及見安可無片石以比名公
之甘棠將以朝夕叩見焉若夫公之嘉猷善政又焉

能盡之耶
康熙四十九年歲次庚寅孟夏穀旦陝西漢中府九
屬士庶公立

五雲宮禱雨靈驗記　常名揚

嘗讀劉向五行傳董子天人策及春秋繁露諸書而謂天道雖遠至誠而不動者未之有也第推之於其理而不驗之於事則人且疑之矣即驗之於其事而不驗之於衆共見聞之事則人且又疑之矣夫所爲衆共見之事孰有如今日之禱雨立應者哉時去不之秋七月旣望旱魃忽肆殘毒三旬不雨以致漢之各州縣泉源告竭禾黍蕉枯而南褒城洋且遍地蝝生實逼處此以害我田苗農夫相與咨於野商賈相

與嗟於市行旅相與怨于途呼搶奔控之聲日數千聒耳而牧令之以灾見告者牘且幾於盈尺民命倒懸其勢將不容以終日憂心孔熾晝夕靡寧爰進縣守而謀之事至此急矣非叩籲

上帝之垂憐無他救法遂擇於廿之有五率同城文武齋宿於五雲宮致懇乞誠撰青詞以上達跪而焚匕而復長跪不起祇見呼吸風雲揮斥雷電之狀不移時雨明日大雨又明日雨大如注沾濡浸足而煌則大半驅入坎中餘復有群鴉來集啄之殆盡一望鬱鬱懣匕民始大慰西城之願載道惟呼往來不絶噫嘻異哉昔人稱枯苗復穎蝗不爲灾今皆一時有焉其信然耶其適然耶因思古者歲旱其上則省獄薄賦脩祀典問疾苦爲民遍請于山川社稷故有叩天求雨之祭有省愆罪己之文有歸誠請改之禱諸如史記所載湯以六事自責禮謂大雩帝用盛樂春秋書九月大雩此皆彰明較著感通

上帝之巳事屬在小臣何敢妄希響應至於如斯其極耶乃縢守則進而致詞曰不但此也巳巳之夏曾以

晴禱之而一驗矣庚午之冬又以雪禱之而再驗矣今復立沛滂沱臧茲百縢是

上帝之仁愛吾民正有加而無已也公旣憂民之憂即何不樂民之樂紀其實以垂於不朽哉嗚呼予將奚以紀之昔蘓子瞻以得雨而喜以名亭今予與縢守得雨而喜以貞珉於宮總一歸乎

上帝之浩蕩而已矣故曰天道雖遠至誠而不動者未之有也縢守諱天綬關左人

重脩漢中府廟學記　縢天綬　今

上御極之二十有三年東巡祀闕里
御書萬世師表俾天下郡州縣學懸爲廟額一時
聖域重光廢者興圯者立蒸蒸然進髦士而育之矣漢
中郡學自宋設於城東南外一里元至元間移至城
中西南隅歷明迄今脩廢屢矣壇蓋地當楚蜀之交爲
師行餉道之出入設立鎮戍碁布雲屯賁鏞鼉鼓之
盛每慨想於訊囚獻馘之間歲在丙寅
皇上宸衷獨斷臥榻閘南撤止更番歸任守土向之飛
芻輓粟輟弦釋耒者皆得適南畝樂膠庠被服詠歌

渢渢乎江漢遺風矣顧
廟貌傾頹闕焉弗事時當上丁釋奠之辰僅從漂搖蕩
析中瞻拜徬徨至求
啟聖公祠而敗瓦頹垣無復存者其餘堂廡蕪爲茂草
齋亭盪於沙礫者不知幾何其何以重本原昭制度
爲黼黻太平之盛事乎余承
命來守是邦奉 道憲金公倡明教化力持文運入
廟低徊慨然太息命作新而經營之於治郡之明年
鳩工庀材率先倡助纖悉不以煩吾民委經歷張廷
佐訓導華爾礪董其役拓荒闢穢經始於丁卯春仲
得南鄭縣令韓維新等捐貲勷事越七月而工迄成
凡重修大殿九楹新建啟聖祠三楹廡東西各十二
楹戟門五楹鄉賢名宦祠各三楹櫺星門三楹以及
明倫堂東西齋敬一亭配從賢儒之位置更衣致齋
之處所諸冝有無缺又於其外橫衢修三坊環廟址
籠學地一頃七十一畝三分零規制布位創無增有
亦庶幾妥侑
聖靈矣工既竣遴際賓興諸士咸集余進而教之曰漢

中土厚水清化被日久人物聲名之盛夙爲三秦最
邇者戎馬生郊師儒道廢士或不得以隆其業也今
聖天子修明典禮廣厲學宮余承乏導揚郵化爲諸士
洊其宮而植其基使皆進德修業日底於高明廣大
之域出而爲瑞於社稷邦家以歸功於地靈人傑之
故則今日之舉豈非天相人協理臻運合之一要會
也乎不然而業荒於嬉行隳於隨雖宮墻萬仞美富
日新有望望然不得其門而入耳諸士勉乎哉余因
學之成而敘訓士之言以爲記

蓄水灌麥碑記　　滕天綬

粵稽漢南水利肇自前漢蕭曹二公嗣是疏濬修築代不乏人數千載而下講之詳矣利云普矣惟是蓄水灌麥從未講及豈前賢未之思耶抑後人慮未週耶余於丙寅冬來守是邦緣地方恒以水利是角逐得轍跡各堰壩洞口深勝地勢水利之原更思各堰之水夏秋藉以灌溉水田俾一方無旱災之昔厥功大矣毋復喙矣從自秋成之後各堰之水胥於無用切思水之爲患罔已爲利益弘既可以救夏秋之旱

獨不可以救春冬之旱乎既可以溉稻獨不可溉麥乎爰謂九屬父老曰何莫因已穫之田播種二麥即因此見在之水利撤入灌之不幾田有兩秋而水盡其利也衆父老曰否否復進而謂之曰何爲否否父老因謂曰若田可兩秋水可兩用何上下千古未聞是言也余再進而謂之曰子既不以余言爲信何莫耕稻田數畝撤水灌之以試余言何如父老曰唯唯是歲庚午冬父老各耕田種麥如余言灌溉待至麥熟倍出尋常已有成效各屬士民咸訴勒石以誌此

事然查往例每歲春時各堰工頭督修堰壩引水溉田迨至七月間遂棄不問今既蓄水灌麥每年秋冬九月間仍復加修方克有濟此乃地方永遠自然之利也但恐事久梗弛應如士民所講勒之于石以垂永遠雖據各屬士民勒有瑣淚然此蓄水灌麥之利關係民生爰是直書其事勒石於府門之右倘後之君子亦如漢南水利詳察勸諭則蓄水之利自與各堰之水利並垂不朽矣因是記之

漢中守滕公勸民冬水灌田種麥碑記

月令孟夏麥秋至夏也何名之以秋蓋百穀皆成於秋惟麥成於夏故曰麥秋江淮交豫間納稼後皆蓺麥涓乎麥實刈之而後播穀一歲如有二秋云漢洋之民異是以原則麥以田則稻是以歲止一秋而民日以蹙夫天與人以時人不知乘地與人以利人不知因是負天地也蚩氓昧焉不得拒人導之其負天地也歷幾千百年而莫之覺大夫滕公哲人也來守漢郡孜孜以民事爲亟先是漢之畝皆滋堰渠以

灌溉久而有湮廢者公督吏輯治淤者疏之圮者築之堰制以徭役仍令歲修以防其潰民胥賴焉然而堰渠所及之田自冬徂春皆爲曠土民不知其可麥公曰何不蓺民曰冬月渠水涸厥田龜坼其何能麥公笑曰匪伊渠涸人自涸之耳爾僅及春一濤爲稻計苟能及秋再濤則冬水且汩汩而不竭矧漢南氣燠無堅冰冬水潆活無不可灌者若之何其不麥民從之果驗於是始知歲有兩秋而民呂以裕昔召信臣爲南陽守於穰縣南六十里造鉗盧陂累石爲隄旁開六石門以節水勢用廣溉灌歲歲增多人得其利後杜詩復脩其業時有召父杜母之歌今滕公秉天時因地利發前人所未發以粒我蒸民從此飲和食德頌聲與水俱長者洵與古名臣若合符節也哲人之貽澤大矣哉惟是庸人好逸而惡勞向之堰渠歲一濤惰者猶或憚之姦者猶或格之茲爲麥計而歲再濤罔知勞之所以惠之也保毋惰者姦者不流於憚且格乎若然則仍無麥而負天地且負滕公也邑人士慮之請勒貞珉以垂永久俾千百世守之莫

渝是爲記旹康熙三十一年歲次壬申正麥秋之月也

洋縣知縣鄒溶謹識

創脩秋堰碑記

事有創之一時而善卽宜埀之萬世而使可久允關國計顯然也而係於民生者爲尤要城固巖邑也山壘麗高原什之三其平地可爲田者大柢什之七焉四郊之外溝洫交錯阡陌鱗集着老相傳曰是畇畇者皆宜於稻者也咸相習以固然自我太守滕公蒞任來晋心堰務憫水旱之不時慨雨暘之多愆客秋炕陽致嘆高阜苦難耕植我公多方區處以爲宜於稻者卽宜於麥田雖龜析引水可灌也飭令各屬堰役

脩堤疏渠脩理一如春例爰是水利疏通田皆種麥是歸之一歲一稔者今竟一歲而再稔若田肥而力勤甚且畝可一石城邑之堰冬無開田法稱善也邑之士民家給人足享其樂利曰此我太守滕公之所賜也而可忘所自哉咸思勒石頌功以垂永久因思事爲之而無其利民或不旋踵而弛之爲之而倍收其利則鮮有不旦夕記憶者雖然農隙之民每好逸而惡勞况漢南川源率多山泉合流秋潦泛漲堰堤不無嚙决城邑之民脩蓄洩而善種植遂其性使然哉而疏鑿不時因仍苟且以自便則是上之人不忘省憂民或視爲故事而奉其令因以不勤也今與民更始俾西成之後水源必濬田皆植麥毋爲閒曠毋俾異種將見冬水涓涓不竭而四野麥浪翻秋此千萬世之利也寧獨一時稱善云爾哉爰命石工鐫文于珉因以誌公創造之德於不朽云

城固縣紳士百姓

滕公創脩西邑秋堰碑記

事有出於創而似因者功固貴於審因亦有出於因而實創者功則倍於能創蓋原其意若爲一時權宜之計而蒙其利實深萬代難忘之德也則我太守滕公之飭脩秋堰是矣夫堰以滋稻也而又用之以滋麥此順其勢而利導之因之事也麥熟于夏也而先使固其本于冬此師其意而神明之因之事而實創之事漢之民所爲有創脩秋堰之記蓋欲誌公德于不朽云獨是西邑之堰則更有異焉者西邑環城皆

山中間平原可田者不過數里故雖有二水而木馬西來竟屬廢棄惟洋川自東南來至武子山之西懸兩崖以東之塲可田計其利可千餘頃然而飛泉險溪時多橫溢不無齧决壅滯之虞是舊雖有三堨之名而秔秠黑黍嘗半在溝洫間矣即有省憂如公者中令脩築亦旋復之而旋廢之故漢東之地惟西邑不多田邇來雨暘愆期三載于兹我太守滕公慨黍麥之稿落恤民食之維艱多方區畫因成跡而創新例爰著爲令使秋冬之堰一如其[illegible]夏[illegible]秋歲之守[illegible]

汲不断我西邑之力勤于堰務者亦既堅且深矣于是漢之民喜稻禾者復喜麥秀而獨我西邑之民不惟樂再稔抑且慶全穫也是公之功直可補造化之不及而公之德實足與天地而並垂吾儕小人食其德敢忘其報烏得不思所以感之而烏得不誌之哉爰勒石以記

西鄉縣紳士百姓

關左　知陝西漢中府事滕天綬　重輯

藝文志

靖逆侯張公墓誌銘　王弘撰

康熙二十有二年秋八月靖逆侯張公入
朝道經華陰吾詢及弘撰而弘撰適他往冬十月公還
鎮承嘉幣之辱見於嶽祠語移晷温温恭人也異乎
素所聞威武者明年夏公薨公之子雲翼扶柩歸於
京兆之第將襄大事而先期以所自爲狀屬書其幽

宮之石弘撰以賤且不文謝不敢承顧與雲翼爲兄
弟之好十年以久不克終辭按狀公諱勇字非熊陝
西漢中府洋縣人曾祖考諱奎璧曾祖妣趙氏祖考
諱興祖妣尹氏考諱通妣田氏以公貴俱
誥贈榮祿大夫一品夫人如典公生而岐嶷早失怙恃
豪俠不羈值賊亂遊於四方
大清定鼎在江上英王見而奇之以公陝西人命赴陝
西總督孟公標下時寇圍西安城急公破之圍解轉
戰南北山間功最多被創亦甚孟公益奇之順治五
年回紇叛用爲前鋒復臨洮蘭凉諸州皆以身先克
甘州預自傳將軍約以城破之日無殺繼克肅州河
西悉定援甘肅總兵安輯士民爲生聚教養之計差
賴台吉部落不敢牧馬祁連十一年奉
旨陛見賜甲胄弓矢諸物命爲經畧右標提督康熙元
年提督雲南二年奉
上諭謂公鎮守甘肅威名素著屬番讋服仍以提督調
甘州公至有貪牧内地者殲之定羌廟明年仍乞大
草灘地

上遣兵部大臣議可否公曰吾守土臣也知有土而已
大草灘不可得且其漸不可長遂沮公益設永固協
營築八堡寨日爲防守計十二年雲南亂延及臨蘭
時河橋爲賊焚公以草囊渡河開蘭州遣將復臨洮
上欲重其權加公靖逆將軍復晉爵靖逆侯尋復河州
檄土官楊朝梁諭以恩信使糾十兵剿渝瑪取洮州
諸營壘留西寧鎮兵仍圍蘭州而親率軍圍鞏昌取
漳寧諸縣絶其援又益兵楊朝梁使困岷州
上聞之諭兵部以秦省巖疆重地軍務方殷謂公忠勤

韜略著諳畧優長凡用兵籌餉一切機務聽便宜從事
公聞命益奮將肇昌未下公料賊急必開門突犯預
分布待之賊果出殺俘殆盡餘騎遁入城已而就撫
蘭州亦詣西寧鎮降惠安變刺殺寧夏提督陳福人
心洶洶公率兵赴之至中衛聞四川賊大舉出秦州
公檄定寧夏將士安反側急趨肇昌軍於伏羌時西
和通渭諸處俱賊竊據公發兵四應獨以麾下數百
騎禦之渠門與賊相持者三月餘後軍漸集擊之遁
公胆智絶人又熟悉要害紀律嚴明所過秋毫無犯

朕劳苦行間創痛時作乃具疏辭任
上溫旨慰留未幾加授一等侯十六年加少傅兼太子
太傅再具疏辭尋復進太子太師一等侯世襲十次
二十一年以衰病具疏辭者再未蒙
上允二十二年具疏請
陛見
上許之以公有足疾特命肩輿入
上日自逆賊變亂來保全秦省卿大有功公對曰賴
皇上之福文武臣方畧兵士戮力苦戰臣以病不能發

一矢即復汛地乃臣職分臣何功
上悅賜宴賜御衣玉帶雜綵鞍馬公間乞休具疏入奉
旨謂公患病雖真但係嚴疆宿將韜鈐素裕尚可坐鎮
調度以展猷爲復不允時合首吉部落內侵殺下古
城守備紀法報聞公遂還鎮明年疾劇具疏謝
恩不忘邊計薨之日大風晝冥文武官吏及軍民皆哭
之失聲爲罷市
天子聞之震悼賜祭葬有加贈少師謚曰襄壯禮也公
貌偉氣清度量宏廓善鑑拔人倫輕財好施居恒令

人誦書其旁且喜聽山林逸事不則正襟危坐不異
老衲鈴閣之下唯數童子侍無疾言無遽色而見者
股栗家庭之間男治外事女治內事肅如也雅意好
古收藏彝鼎書畫晚年盡棄之嘗語人曰吾少時矢
志功名比年以來無日不心在山林獨嘗念邊外部
落多羌亦伏奸一鬨入則秦中大被其害我固秦人
寧忍使至此若熱官爛作亦恐之爛熟耳公鎮西陲
先後幾四十年秦人賴以安枕嗚呼豈獨秦人之利
也哉公生於明萬曆四十四年三月初二日薨於康

歷二十三年四月十五日享年六十有九配李氏洋
縣人明御史李公時蓉曾孫女
誥封一品夫人李配李氏京州人原任操江總督兵部
尚書李公棲鳳女以子貴 封淑人任崇副室陳氏
參將陳應舉女李子十六人長雲翥蔭次即雲翼大理
寺卿娶劉氏原任甘肅總兵官左都督劉公友元女
孚 贈淑人繼娶趙氏原任鑾儀衛鑾儀使勇略將
軍趙公良棟女 封淑人次雲翮戶部江西清吏司
郎中娶黃氏江南甲辰進士黃君律女 封宜人次雲翱

藝文志 卷之二十四 張公墓誌銘 五

以廕入國子監次雲翬次雲翰俱業儒女一人適江
南蘇州府同知劉二傑即左都督劉公子孫一人宗
仁幼雲翼出康熙二十四年春正月二十有二日葬
於西安府咸寧縣東南鳳棲原銘曰
桓桓元侯維國之楨兼資文武出作長城車馬有赫
干戈惟揚西陲既靖于古有光馴平大難不震不怒
仁民恤物克謐厥度右顧分陝八星遂落榮被有加
爾明是若煌煌王節錫之封樹易名嘗惠忠典禮孔且
并鬼之墟山高水長鳳棲者原貴朔卜藏舉知窈

茲令德於萬斯年過者是式比事屬詞貞石信史
臣爍之彰以慰國士

少保大卿李公紀畧　劉如漢

公諱遇知字伸伯號貞谷晚號遯翁秦洋縣人嘉賓
孫生而慧具武之靈自童子時光采四照日授萬言不
忘且數行俱下六七歲有成人之度十歲能文十二
歲見賞於邑令張以謙試以年少初登第文對如上日
許以公輔崇禎次年歲貢補此後有聲名補餼漢太守
李有賞聘而教其子在學日思報其科次歸家并溫

藝文志 卷之二十四 李公紀畧 六

後即登己酉賢書主試者公安袁宏道得卷之先父
壽宮甲孫不忍揚拔刻策自比且見卷曰此孫立亭後勁
也聯捷庚戌進士除授京兆令六年小心選以遂
謀臨守重以教行拊庶兼公長民守此應勵榮劇新
砌之亦全生皆雜聽斷曲隱要言所裁繇訟止息介
立亭清風移移下上畢之初折豪胥之藏睹臣蠹之
蕤黎自律手永不助斷剎甚河提遠聘滋溫荊如李洪
張綱值福國之封東明派應來趣衆催拔勢橫索詰
不遂意致校尉死中以人命誣發舉公獨鎮靜給以

如額不溢不廢評命者退壬令重治校尉如申詹嘉
護駕侍郎趙鍰巡撫王紀總按楊州鶴萬崇德大名
道焦馨大名守趙琦推府李繼貞皆服青年練達徵
收絲毫無加詞訟贖鍰不罰嘗矢天日可對神明衙
署有紡績聲米糵交勵疏糲布素不改寒士如敬妻
文伯特召考選時禰廟經年不御朝政多稍以省親
告歸將入文部先擬虞衡主政舊觀政工部也及歸
贈尚書祖貧不能舉喪貸於人始襄事時公妻先祖
家薄貲爲人竊如掃矣公病癱瘓不起嗚呼庸吏可

爲也而不可爲也服闋入京補兵科給事時邊關多
事奏月凡數十上議確而策長有任賢勿貳去邪勿
疑理餉徵兵定經略楊鎬熊廷弼撫臣王化貞失陷
罪悉蒙俞允有醉樞政又議本兵張鶴鳴之循詞疏
借遣寇遺散再丁毋憂代食卜葬有騂鶴求舞騂鳥
飛近之祥人爲其孝感會補官正崔魏煬蔽舉國如
狂之日公先官樞坦嘗有疏言禰將明亂日作指魏
崔諸人抑正罷講學事薦鄒元標馮從吾等数十人
觸時所忌甫近都郤有臺中其爲魏璫之義子撫其

同類盧某中以薦舉匪類劾姤東林矯旨削籍追奪
誥命禍幾不測歸如唐介四年中今日遠某明日校
斃某公嘗自語曰不寘行其其不飾行昭昭安義命
俟之崇禎初訪遺宜用閣臣冢臣言時起禮科尋轉
戶右吏左晉理章奏及十庫時籍沒魏璫贓物估計
一一如價帝日誠宜冊封蜀藩餽遺悉卻同行甯寧
伯毛孟龍每日李公廉大異我大異我枉馳驅道
路也復命佐計澄叙惟清時稱藻鑑之公鶚忠如汲
黯魏徵超遷太常少卿寅清典禮不從衆人希旨見

官寺日熾遂有南赫正卿之轉尋局閒官平允之下
民自不宽如于公日惟事遊詠山川搜奇探幽随侶
傳振商謝堅姚士慎王思任李孫宸錢士升呂維祺
王錫袞諸名公公飄洒風塵外望若神仙如李太白
蘇子瞻居鍾山右元武洞南詩倣陶杜字宗蘭亭無
聖教法文追左國間用韓歐自成一家可垂千秋識
者珍之未幾拜右司空轉左司空不復事詩文日監
修慶陵工工尚周士璞工右程紹各領銀二萬公工
竣奏完省銀一萬二千俱繳進周程尚苦不足是役

也竭歷辛苦寢食不遑帝曰忠亮敏練璽書褒美賜幣賜金羊酒扇饌始無虛日竹頭木屑適於用如陶侃封三代如其官廕其元子尋陞戶部尚書總督倉場八年經理萬艘齊集帝曰能方三年報績有東南命脈國本攸關卿視國如家而且忘家奮身急國而吏體國之旌時不乏寃郎苦旱防盜打壩催趲捻不惜餘力五十而鬚始白帝曰勞臣也月賜宴如蕭鄧侯會以倉糧不繼營兵譁請怨戶尚李待問之減每兩二分而已知郎請全復人心始定隨梟營將卜三

藝文志　卷之二十四　李子公　記畧　九

元及倡亂軍十餘人以肅國紀嘗坐鎮潞河嘗星攉直沽萬難措手於無米之炊萬難施智於多盜之區間關跋涉筆禿脣焦帝鑒其才欲拜綸扉乃烏程韓城謂其清介形已格其枚卜者七次乞休者十三疏朝共想望如李綱司馬光考滿封三代廕其仲子乃有南冢宰之陞尋加少保將行雲南司郎中王宗昌請曰八年斗頭積米二十餘萬折銀奉供行槖公詫曰烏有是哉焉用此宗昌謂常額不可留留亦無所顧者公立草疏報上見餉應如劉寵一錢不受帝丨

卿守嚴一介清畏人知有臣如卿朕將永倚加太保錫廕長孫時東兵出倉臣自貽清支對不精復奏留公督理支放入衛兵數百萬散糧不緩晷刻査閱兵馬以元輔周延儒來公副之延儒貪懦無爲進勸不納卒罹于罪兵退郎召公入面擢吏部尚書事勢日壞於不可爲之日思維用人挽回天意而不可得如左雄山濤起舊太常卿沈自彰舊文選劉廷諫共討蕩平如枚卜如推督撫如簡方面如擇守令如癸未殿門甲公定其卷旁謀總副叅遊及分鎮勳戚皆長

藝文志　卷之二十四　李子公　記畧　十

才提足賊阻皆不能前扼旋怛譬鞠躬盡瘁如諸葛孔明及亂甚以文山正氣歌作屏常顧而泣焉都城三月十九日陷自縊十紅廟賊邏卒入解縊執見賊帥劉宗閔追之仕再三不從公責以大義謂以賊逼聖明賊陷都城天理滅絕尚敢強我仕賊耶觸閔怒仍曲諭宋企郊等多乃勸之謂公清廉不可多得公終不從遂遇害死一門同死者七人此其著于官者至家以孝友敦睦稱爲人端方簡重不喜人事人亦不敢干以私爲邑長久計有疏請包城雖未果其議

仙奉行無人如官食官當官走馬如華僉召募收頭
洋人得保身家如賫粥濟饑于五雲宮如定鄉兵守
城而脫大寇之侵攻如助塋助婚如拔苦如憐貧如
全舊知子弟之爭家而勸之和好如受惡人之凌欺
終化之為善不能縷述此其著于鄉者自弱冠登朝
三十六年無一仕宅老房頹垦卄之晏如兄弟同居
不忍析箸儉朴崇古君子謂有古大臣風範膺誥勅
者五而榮及祖父毋沐蔭子者三而恩延孫子遭際
之隆為世所羨痛國之難為世所哀副室王氏先自

縊死閤郡請祀知縣柯棟道府范發愚郭來祚督撫
白如梅賈漢復提學王功成徐明弼允請彙奏崇祀
鄉賢閣臣党崇雅禮臣胡世安科臣劉如蘭議謚忠愍
節下該部漢生也晚不及見公手稜在洋時會聞公
賢啟紀之以備史乘

張宜男先生墓誌銘　　一　　錢邦芑

先生名兆羆字宜男漢中府洋縣人生于萬曆丙戌
年十月祖簡選貢生官縣丞有治聲生子二人長企
萬曆乙丑科進士第禮科左給事陞太僕寺少卿
次企孟邑學生即先生父也次企周舉庚子鄉試授
司李簡以子企程封少卿熊十六遊泮後連遭父伯
大喪而祖父毋復繼殞十年之間拮据卒瘠孝友篤
信承先啟後惟恐墜先世聲于是德重鄉閭閭稱為
正士且讀書善寸願為三秦先達名流所推萬曆壬
子副車後遂困場屋崇禎初年陝西寇起李賊擁衆
數十萬入漢中先生結義起兵保鄉里與賊數戰賊
卒敗遁縣城以全丁丑鄉里監司先達推公行誼舉
孝廉入對己卯授河南溫縣知縣縣有巨猾為民害

前後大吏俱不能除士民苦之先生下車即設計立
斃之並剪其黨一邑以安是年冬即以最調孟縣值
巨寇橫行河南群邑多殘破公率家丁練鄉勇屢出
斬寇流賊遂不敢犯孟縣隣邑多恃以固更多方煮
粥活饑黎是聲達宸聰癸未河南官各舉有司卓異
天子親朝問曰孟縣有好官何獨不舉于是侍御霍
達等疏薦得召見擢南京湖廣道御史巡視北城順
治乙酉陞徐州兵備道時大兵之後白骨遍野城郭
蕪先生收瘞白骨設廠賫粥招撫流離開允順治

年而徐大治百姓賴以活者蓋不止萬計己丑
湖南衡州兵巡道時兩粵用兵供應旁午衡民凋殘烟火幾絕復值旱荒相繼餓殍載道先生安輯兵士招撫流亡後捐俸糴米施粥以賑饑者歲所活不啻萬計衡民德之爲建祠頌德癸巳冬陞布政司左叅政分守蒼梧道公時年六十有九致仕歸里次年經畧洪公疇復若仍任蒼梧先生力辭不起優游林下十年以德望推于鄉黨地方有司遇大事必就其家諮之而後行故漢中郡邑遠近咸蒙其福至甲辰十

一月二十日終于家時年七十有九先生初娶王氏繼娶况氏楚氏康氏有子四人長錫次維次約次綜皆補弟子員能讀書守先生庭訓孝友端謹門以內雍雍肅肅稱于鄉里女三人長適同邑諸生周九鼎次適同邑諸生薛賓賢次適城固縣諸生党以訓孫三人長述仲傚仲次等歲丙午芑隱居南巖山麓有先生祠芑往瞻禮士民頌德者交口因感賢者之福人國也蓋無時無地不可以有爲先生之官于徐
也皆值干戈搶攘哀鴻未集之時雖才人當之無

束手却步而先生殫誠竭力多方調劑卒使地方奠安民生樂業歌功頌德遍於童叟豈有他奇哉惟本于至誠行以清愼故能使小民實受其福其與世之要譽希榮者殆不可同日語矣聞先生易簀之時以一文簿授諸子曰吾以清白吏財帛遺汝輩此吾宦時所積今以相遺汝等能承受即享用不盡其諸子啟篋蓋在衡時賑饑簿也嗚呼司馬溫公謂陰德以遺子孫其先生之謂與丁未冬第三子約來遊南嶽執經問業于芑之門一日將辭歸漢中請于芑曰約

之辭吾師而歸也將與諸兄弟卜葬先子于邑之南陽村蓋在祖塋之中俾歲時伏臘無有間也敢請先生爲墓銘庶几先子之德不泯于後世夫表重先賢德業以歆召後人此餞邦芑之志也于是詳其事而爲之銘銘曰名宦樹德民家澤福源遠子孫食書于石藏之窖石可泐不沒

重修文廟記

毛際可

泮邑學宮之起不知自何代始也大率蒞兹土者傳舍其官而亦等學宮於傳舍矣時不葺榱宇滋頹

致正殿僅存尚不足蔽風雨若尊經閣若啟聖祠及兩廡鄉賢名宦與櫺星之址一任其彌日蕩然鞠為茂草矣余寅友柯公出宰是邑於釋奠之初即欲鼎建而一新之議者謂洋之二患未除民生未遂時詘不可舉寖尋以積逋之未蠲也里胥侵蝕未已也華陽距邑百里以遥而山與田不與吾民爭斯土也柯公復慨然傷之廣謀僉謀剏興廢剔靡遺一時督撫藩臬府諸憲皆實心惠民靡所掣肘故荒糧則條議請蠲不惜以一官之去就爭之情詞激烈遂減歲額不下三千

而後余請里民自輸凡小里之蚕食鄉閭者一切罷去漸次下招徠之令給犂荒者以子粒牛種而華陽不毛之墟宕石田悉化為沃壤於是二患者畢除歲庚成正月吉乃復推紳士父老於庭告以修學之舉并捐其數年所得之全俸以為倡輿情歡趨庶芸泰為動時鳩工若縣丞任君振路典史張君正宿董成者為教諭梁君維宸一蔑一椽不以毫髮委之里下大工告竣雖曰修復其工實與剏始者等洋之博士弟子員來徵言於余余曰柯公之惓惓於此其志深而望遠

舞佾飾　至聖之廟貌已也蓋將進諸生而懸最焉爾諸生身列宮牆學聖賢之學自當心聖賢之心然或一日之間玩愒中乘非即吾心之積逋乎睨覷比匪游戲徵逐甚且義利之辨不明而黍偷攸斁之事相仍而起非即侵蝕乎吾心而更為心之山與田不者乎今

聖天子昌明聖學而良有司克廣德心諸生肆習其中者必且尊聞行知明體達用畢畢然絕玩愒之漸遠遊匪之黨杜侵斁之萌庶邑之二患除而吾心之三

患亦因以除焉期不負柯公惓惓之意否則覩今之輪奐壯麗者不以為朔日登拜之區則以為發取青紫之藉耶不其然余願諸生異日擢巍科躋顯仕以整飭一邑之壯猷整飭海內齊濟多士不令之而為邦家之光也哉是舉也百廢以興官箴以肅士風丕變萬民定胥庠一舉而四善備矣夫飲流溯源合當留心本自今伊始紳士父老咏樸棫而歌黍苗益且顧瞻廟貌而不忘肇始者矣爰拜手以記

膺兩九宣洞文

毛際可

嗚呼旻秋之交不雨者彌月禾苗漸已就枯漢之九穜皆然不獨城固一邑也夫以天之降災九屬而區區一令乃敢呼籲而冐請于神也可謂不自量力而爲無益之求矣况邇者聞　京師亢暘煩
天子憂勞步禱而始能漸回天意若際可自蒞任数載其間聽斷之混淆胥役之蒙蔽辜過出于無心者殆不論即清夜捫心果能如古懸魚飲水之吏歟敢于欺神是敢于欺天也然則神之視際可不過一庸碌之令耳以庸碌之令而爲此無益之求不几徒增

神怒而賜之懲耶雖然　上天甚仁愛下民其所以降罰者皆因有司之失職以及閭左之嗟兢侈僻有以致之夫以吏之故而移禍于民民不任其責也即以一二弗類之民而亟移禍于萬姓俾善者無所知勸而不善者無所知懲似以爲　上天所不取也際可自数日來惶惶宵旦詢之父老皆云境内惟神爲最靈祈禱無不立應何不爲一方之民而請命于
上帝乎即或勢不得請竊謂如古良臣汲黯之流皆宅矯詔賑饑不惟當時天子不怒而且聲施赫赫至今以神之靈蜿龍風雨之屬無不統轄即分其鱗甲嘴爪之餘已足蘇一時之枯槁諒亦彼蒼所不禁耳且九屬之中惟城邑之正課荒逃無徵者以数百計其它盖以秋賦不登則鞭朴愈多逃亡益衆國課民生攸關係匪淺又有慮者自黄家溉以下支流繁碎得水維艱而溉向渠爲最全賴雨暘時若可以幸望豐穰今楮渴已極彌望俱焦其民又協力而尚氣將來爭奪水道鬬毆不已或致殺傷是民之困于桎梏囹圄而死者又不止饑餒足憫已也際可自比年勞瘁憂

竇毋致嘔血此神之所知者今跋涉五十里冒暑而來非敢以區區之誠望逹　神聽惟祈不以鄙棄令之故膜視其民且上仰體
天子憂勞元元之意立賜甘霖消慰黎庶之望或以其餘膏沾九屬總出鴻慈非際可祈禱所敢必也謹告

禱雨澴泉洞文　毛際可

際可前因九旱已極躬禱于九真洞之神其時麗日當天四望絶無雲翳迨入洞禱祀之後忽陰藹翕集

旭霖灑甚是夕疾風自東北來雨若傾峽方謂秋成有望矣然不踰時輒止豈際可猶虞而終忽有以干神之怒耶抑龍雖靈未奉　上帝之命僅能相濡以沫而不能崇朝耶今轉盼一日正當極而渴否窮將泰之會又聞神之顯應尤著捷如影響故敢泰遘官耆人等特布血誠即哀籲命依懇轉籲　上天以國課不可全虧民命不可終困速賜甘霖以蘇群槁使人謂神之靈出于諸湫之上際可亦將不揣蕪陋著為歌頌播之四方以彰威靈于萬一爾不休歟

侯禱澇泉祠文　　毛際可

嗚呼　神之威靈彰彰也際可向者躬禱雨于九眞洞未必驟而雨隨之越一日復為文致禱于澇泉祠夜未半而迅雷驟雨視前夕為加倍然猶以為未足也是以親率寮屬復有今茲之請不幾再三之瀆乎雖然天不雨而神賜之以雨是神之不欲困民以生也至于再至于三則天亦知民之呼籲者如此其切而不能旦夕緩也神以此轉請不難矣情迫勢窮兆澤普謹告

署邑事張公去思碑　　和甚門

嘗讀詩至召南之什有曰蔽芾甘棠勿翦勿伐未嘗不反覆流連信德化入人之深感發於不自已有如斯也三代而後罕止其儔求其今日接召伯之芳躅以實心行實政而勤宣令德保小民惟我張公為最著公任洋邑代篆纔城垣已廢遺丘荒瘠慮未起其瘡痍者甚亟公下車剔奸蠹弊布愷敷仁凡有利于民者舉之惟恐不先凡有害于民者革之惟恐不速若詣刻禮賢下士重道崇儒憐老濟貧繼微減刑安

甫以止雖經之訟償餞以息催角之爭飭積惡而吏役畏法弊現履而行戶沐恩且勿冒濫居安恬無擾指屈莫數權追呼不聞翦除衙荒革去火耗種種善政難以枚舉不半載間士庶樂業退邇勸舞久矣愷悌君子豈謂是歟今新侯胡公蒞洋公遷洋閩邑士庶感公之至慕之切勒諸石傳之永久譔俾世世子孫思公不得見見刻如見公焉因囑余為文余雖不敏然亦何敢辭竊惟治盜若業隆才高而若用廣以公之法上才豈區區百里所能限哉方今

聖天子留心吏治璽書褒異擢登台輔以仁覆城洋者仁覆天下直公指顧間事也予俟余言之諄復惟即公之實心實政德化入人之深以感發于不自已者畧述其大端勒諸貞珉庶幾與耳棠之咏後先輝映以垂不朽云公諱仕憲號簡碩江南蘇州府長洲縣籍宜興人

張公德政碑記　黄王鉉

晋陵張公之涖吾洋也蓋九年矣洋人依公者素服公者誠家戶尸祝之不能盡思勒石以誌其德而願未逮歲丁卯豫章謝侯以蕤苑名家令邑事侯至誠惻怛經濟本諸性情宣聖所稱學道愛人之君子也甫下車即稔公之廉明爲九郡第一而倚如左右手是年秋七月侯以入闈校士請長安縣治付公代理公心侯之心行侯之行洋人俛自嘆曰吾儕自庚申恢疆以來禁旅屯集凶荒飢饉雜然洊臻千瘡百孔渾體疕瘍醫者剜補無從鮮有不膈膜視之者我公佐治九年飲氷茹蘗不索民間斤錙不敢攝小民一粒一粟民有饑寒疾苦則惻然泣下不啻痌瘝之切

然肌膚幾爲捐粟賑濟必期飽其果然之腹而後已民有以訟入庭槪弗准吏勸且怨之歡然如一父之子家庭爾汝焉有來上件之批然則拔卻導窾無三思無再宿猾吏胗拳暴足而不敢奸公之一顰一笑其他禮士唯謹御下唯和司會計則革羨耗代催徵則省刑罰種種及民善政數而稱之不足以盡指臚而記之不足以盡石然尤大而切遠而芳者公專司水務水之利利在堰田如溢水如二郎三郎公莫不經理而督修之而功之最鉅者爲楊墳欒城橫截上流洋畝下且遥公年年開之導之暑不張蓋寒不擁爐上下數十里往來徒步於峻坎深隧之間不言勞一貪徹骨自備米薪以日供於用不言苦水之患患在陞野如白楊灣如貫溪歸如龍泉以下秋潦水漲無歲無災公莫不親歷而濬治之而害之永除者則在東郊以外其渠上接堰口下通大江是亦時加挑修然不得其法與不得其人則將修時淤每逢暴溢萬頃茫然民其立沼矣公親請勘驗目擊心傷張示於衆今寬五尺深七尺加往功一倍不及式者法無

貸挑王左氏村從生員白斗垣等之議新開一渠以接二渠之水入於江自今以往創者勞於前守者當能繼于後崖下成高壤矣沸波狂瀾莫復爲梗矣鞔輸不苦無資矣代治兩月渠旋數朞公心侯之心行侯之行公與侯之功不在一時而在百世公與侯之德不僅及身而積孫子矣洋人士用是屬余序列其事伐石書以代俎豆公諱仕憲號簡碩係江南蘇州府長洲縣人

行樂賦并序

黃王鉉

余自梅川歸來踈懶病發喜静坐輒好飲酒酒酣讀離騷閒則賦詩有時狂起便放脚出門又愛獨遊於時春也筆牀告假提收拾九十春光又思俗塵汚人別墅在東偶然念及策蹇而往聽其遲疾忽忽不覺至貫溪處矣興會所感發諸唫詠因慕北徵之古格用寫行樂之清言偭規矩而改錯余猶惡其佻巧時繽紛以變易余不忍爲此態也其辭曰

夫何天地之邈邈兮萬物雜以寃嗷差兩間之正氣兮既生我而爲人並厥號于三才兮庸肯隨乎俗學衆皆角其巧僞吾獨任夫我真營營耿吾所羞兮聊自安于賤貧酒毋醉而賦詩兮與古人而爲親此意不堪持贈兮朝夕視乎吾身因嗟人生鮮百年兮唯達者爲可久既衆憂戕其心兮復萬感多所誘懸勞勞以終日兮即金石其速朽道在順乎自然兮寵養生之非偶唱既往不可以及兮羌唯茲乎飲酒吾能樂吾之真兮聿想見乎五柳雖棲身城之南角兮而有山水之樂此安所於內取兮會心難以悉說看江

頭之山色悅留聞而景活飛水鷗以上下自雲來去其何閑真趣無人以領兮開門（謂南城門也）於是乎放脚爾迺寒威去暘和來山花自映好鳥窺人舞晴中之柳飄雪裏之香此身不知在人間世也伊東帝之式序兮風吹日而悠揚堅冰醉而仍寒兮迺氣候之所嘗雲爇猶其出岫兮草萋萋而始芳紛吾歡市邑之雜遝兮懷先人之舊莊緊乘時而觀化兮聊逍遥以相羊攜春色而冉冉兮爰至止於吾之鄉居環視而如故園不蕪而闕墻自媿毋之清安歡弱弟乎迎

寶纏照其莫擊兮語剌剌而獨長滔余欣然登高兮
臨東出以遥望媿謝公之高卧兮與發越而洋洋北
瞰秦嶺西俯漢江鳳翼飛其左龍首眠其傍醉遠郵
之烟樹兮酌澗壑于濂觴送夕陽而万下兮足遑遑
於月光逢農老於水畔兮問今歲之麻桑慕田園之
爲樂兮頓滌情夫冠裳荃復把袂而夜遊兮畝月下
之僧房亨武夷以共啜兮話三生而如在爾迺信步
以歸來卧敝盧之竹牀若羲皇時上人忽月影之在
堂辭曰天既生我繫行樂兮閉門謝客讀離騷兮薄

佃數畝食其力兮教子若弟家庭怡怡兮濁酒一壺琴
在御兮有時出户詠且嘯兮五柳先生是吾師兮

創建錫印庵碑　　李爾振

蓋聞梵教垂覺悟之旨禪宗啟皈依之門麗象闢圖
蔭曇華于下土划香結篆移寶樹于高天一龕蓮喋
半偈朗宣鎔群心之迷筏乘彼岸新刱址之願堂煥
叢林誠敬伸乎茎草莊嚴見以岷山佛國可覩衣珠
毎蔡法喻鷲峰聳聽功力匪等河沙矢許各異全盟
自同要之利我利人總云慈悲之舉故爾因心因土

寶示華藏之傳樂域遥西傳望遺圯地衍而境與壤
腴而澤洪平楚隣爭遠之區域崇陵對宸翰之天章
匹夫匹婦偏爲踴躍含識含知均在提醒晨鐘暮鼓
挹爽氣于金風月課時修報深恩于釋典靈花孀吐
龍燭忍草根滋瑶宫榱題蠹漢櫓宇拂雲爽塏弘敞
洞幽翼張不煩人費畢殫巳工積磨礲于歲月表閃
峙于龍神者僥君巷遇紉書兗邾之業壯追豐蒯之
名期父母于安全輿和好于兄弟感次星臺之兆夢
久存玉聯之虔陳遂欲創宅期完隱衷供賦辨芴稽

未卒給治墳畢果始營克襄邁勤渠于拮据善築建
于籌畫曹谿掬水知香立開寶勝祇舍布金作界頓
監精藍現身得度不宰官而長者禮足自言奉天竺
以頭陀道根永固名異常飛元配左氏齋戒允持贊
助功德米鹽能施佐成福田良由艱苦于蚤歲思締
亨昌于後昆戴笄而種果超倫以除從鹿門之隱得
婦彌光吳市之僑相夫有道所謂鷄鳴視旦雅稱風
雨同心今于僥君見之雙玉英發兩奇競上長子生
員銳雪夜火天罔憚寒暑仲子生員鐘風朝雨夕備

受庠勞志親之志事親之事又將以萃歡承順者共溥其闢土樹基也智德福人生于西方吉祥善事多于西隅如饒君捨弗恡進弗輟二子勤益力行益堅騏驥孫子桂蘭本支濟美乎踵芳哉仁成其性德茂其源一門之綿遠一堂之具慶是知錫廣印長當必積厚流深奕世克昌高閭咸祝佛從人祈人膺佛惠菴署錫印示錫祚印矣正殿三楹建于康熙二年十一月初二日子時子山午向中奉阿彌陀佛集香爲體而塗之金二翼續起東西各三楹是爲僧室門內

爲尊天堂三楹堂後中半奉尊天前半奉協天帝旁仍爲僧室又續二翼而起鎮山衞法實式賴之門屏墻垣先毀而成有額有聯事詳載恭通志中又蓮鋼爲供爐一鉼二計重一百觔菴址叁畝周圍樹以松桂檜栢百餘株工始于康熙二年十一月初三日工落于康熙六年正月十九日凡五越春秋耳菴延僧晉潤等焚修于其內于田拾畝地二坵爲饘粥資惟願汎掃滋溉壅埴草木藉佛卮而恒輝持法輪以不毁紀其終始書其歲月勒之貞珉昭茲來許云

修魁樓記

周　忠

粵稽桂苑縹錦籍司文昌筆翰[illegible]花柄握魁斗魁斗宿七曰執陰曰叶諸曰視金曰拒理曰防仵曰開寶曰招搖象應文明天官志之詳矣故古來培風氣者首聖廟次文昌祠次魁宿樓用以啟佑人士昌明來學莫急於此洋自廟學北遷城頭建有魁宿樓直學宮之巽隅創自明之萬曆間基址樓臺門戶欄楯極高廣壯麗其時聯翩科第謂鬥㑹列台垣者代不乏人迨崇禎末毀于兵燹舊觀無存

國朝以來傳舍相仍者久之康熙八年閬邑侯柯公起殫舉廢僅一小閣耳卑闇狹隘不可以觀以故歷年于茲賢書寥落幾于廿載歲丁卯春正月既望豫章謝侯來蒞是邑三日謁廟行釋奠畢瞻拜樓上起立周矚愾焉心動即思改易更新退而謀之同寀曰僖公居魯而泮宮作文翁在蜀而禮殿興泮之人文地氣其有待而克也如斯及今不理誰執其咎是年正值大比侯有入闈校士之聘求士之隽若渴任未幾閱月度費捐俸諏辰鳩工伐石以渠畫富以[illegible]易畢

而高易狹而寬較明萬曆舊制增倍始事于是年之七月不三十日而告成未嘗索民間半菽一鏹而此樓儼然霄漢之表自下觀上峻可齊雲翼翼其嚴正也自上視下目周四外煌煌其遠暎也其丹青粧繪華彩而軒翔也其俎豆絃箫翕翕有以相置也登斯樓者歡欣焉鼓舞焉莫不謂侯之大有起色于樓而樓之大有起色于士也而囑予爲言以記其事予固知侯之所以莅泮政非止爲樓然也侯之于民也愛之惟恐不至而體恤休養必使無民之不被其愛而

後已侯之于士也造之惟恐不盡而培振風氣必使無士之不大有造而後已雖深谷斗絕被化滋深醇茂日蒸則諸士之沐浴于侯教者匪伊朝夕而兕前烈餘風去古未遠誠使勉勉焉毋荒于嬉毋廢于業則

國朝所以養士之意且在又寧無閒衡台垣接踵其後而以無負于樓者無負于侯此其崛起爲何如若夫山之拜相水之文明會其時而多士以興甦于青鳥家言要亦足以副侯厚望諸士作樓之意也於是諸士敎敎焉誾誾焉有慨于予言也而麗之樓前以爲記

發育堂記　謝景安

堂可以無名乎曰不可名可以無實乎曰不可泮在漢亦稱巨邑想當年廛市之幅輳居室之稠錯故有是稱而其稱遂相沿於今也今城郭如故風土已非漠然徒見山高而水清行於野野多曠土見夫民民有菜色蓋其時勢使然予何以遂丁其時耶顧城野之蕭條又不必言即衙舍數間亦率頹垣敗瓦風雨

不能蔽亦日不能蔭其他可知矣而謂猶可仍巨邑之稱乎因爲捐貲甃修過亭一小間上下各扁數字上曰爲民父毋下曰爾誰又外日天鑒在茲并梓二語於門尤無欲言人之心行可以告天總欲觸目自警也且大堂舊亦無堂名予爲額之曰發育堂每思寒燈夜讀時謂他日得一官當不敢負

君恩不遺父訓𠩄已以愛民今一行作吏顧可湏臾忘耶以是朝乾夕惕刻刻以愛養爲念事事以平恕爲心前途之茫茫概聽之於彼蒼茲堂之取義於發育

者實欲奬勸誘掖休養生聚優游漸漬俾洋洋乎一邑之人民賤者發之以至於貴貧者發之以至於富微者發之以至於顯愚且柔者發之以至於强而明而且庠士則詩書禮義以育其身必農工商旅則牽牛服賈以育其室家仕之出而爲牧爲守者則廉潔勤慎以育其人民此發育之義之大綱也抑尤有進焉育之貴先而發之貴後必厚育而薄發早育而遲發多育而小發使育之有餘而發無不足則庶幾乎官於洋取名發育之義乎名堂之意在是乎顧名思

實之義亦在是矣後之君子升斯堂也亦必心乎之必繩乎之所不逮者矣康熙丁卯季冬謝景安記

請均楊塡堰水利詳

竊照漢南水利勸諸貞石載列郡誌其功最著其利甚普國賦民生至今攸賴近緣水勢衝決不常河道淤塞不一兼以修築人事之不齊世道之不古遂有樂利不均之偏以致城洋二縣爭端競起數十年來兵連禍結不啻疆場將昔人良法美意幾致終墜今本府會同清軍廳親歷其地相視河道上下情形察查水勢消漲時候併查田地之多寡地方之遠近長堤之長短洞口之高下不惟二縣爭執利弊灼然可見即古人立法之心亦宛然在目矣及後人酌議三七分工三七分水甚得其平如城民所謂田地之多寡定洞口之廣狹豈有是理哉今本府約算城固縣洞口小者八九寸大者一尺五六寸不等若以三七較之則洋縣之洞口小者宜有二尺餘矣大者即該四五尺矣夫偏又未之見[illegible]斯言固不可以自欺尚敢以欺人併欲欺官長哉[illegible]洋民所謂節年分定工

後竟不挑濬藉淤塞爲[illegible]之計是矣及本府查勘該縣地界堰[illegible]修[illegible]塞亦如城境豈責人不知責己耶除併責儆外今本府推古人創立之志爲士民作萬世利均沾之計與[illegible]永遠無爭善後良圖姑俟十月終期秋成告畢之候専委幹員另示興工河道淤塞者挑濬之堰堤低頽者修築之凡沿河地界在城田用水地方者城民照舊例撥夫濬築在洋田用水地方者洋民照舊例鳩工挑修至於截河大堰係二縣用水之源頭暫行遏截見堰乃二縣灌水之

要口須照田地用水之多寡分工計程合力修築查城田十之三用水亦十之三工宜三分洋田十之七用水亦十之七工宜七分是用水既均而力役尤平也又查幇河堰鵞兒堰二處係洩水要口若二堰修築不得其法不惟若許田畝灌溉不繼而且徒勞無益如往者以亂石磊砌難免隨水飄流之患茲欲其鞏固一勞永逸莫若編設蘆囤之法爲善如編用蘆囤之法蘆囤每一個長一丈高二三尺許約與堰堤量隔數丈其蘆囤內塡以亂石編立兩條中間數尺仍塡亂石於內水小障攔不竭水漲任其浸過自是工可久而水利有頼矣他如城田洞口俱要另修合照閘式高不過四尺寬不過三尺餘其所費無幾便於封鎖至臨期用水之時城田洞口俱開放水三晝夜三日已滿許洋縣管水利官率同堰長逐一封鎖洋田洞口以七日七夜爲期自此週而復始水無不給利無不均矣再考城民設立水車八具亦高田救旱之必需無禁過之理但止許單輪不許雙具恐其攔阻河道壅塞下流即單具水車亦止許小壍取水

轉輪而已不得過高阻遏下河之水也倘或籌謀未及内有不齊亦未可必俟堰渠畢集放水之時本府單騎親勘放水驗式再爲酌畫務使二縣均得水利一勞永逸併杜爭端至於勒石垂守容俟工程告竣之日水利普均之後另行申飭可也合行飭知爲此仰縣官吏查照來文事理即委縣丞典史督催堰長人夫照依城三洋七分工修築堰堤挑濬河渠務俾兩縣均得水利事竣之日申報本府以憑親臨查勘毋得遲緩等因奉此查得里縣渠道挑完即關移城固訂期赴堰確遵憲示看驗幇河鵞兒等堰洩水要口合力加修務期水利疏通不致中阻使窮鄉盡水之田畝咸沾灌溉均戴洪恩隨於本月初十日同張縣丞公同胡令樓典史自鵞兒堰至截河堰逐一相視源流分工修築其鵞兒堰原修堅固永無水患不必加修至截河幇河二堰俱係要工牢固根底無如蘆囤砌石方免吹底之虞但係河中磊石時値嚴寒夫役艱難入於水中用力寬俟春初及時興工至期即令張縣丞及里職親加督率分修不妨東作用保

萬全至於一路渠道而蒙頒示各照用水地方各挑
各界原以均勞逸清推諉杜爭端革坐享水利之弊
至公至明無逾于此憲令方新城民遂欲更張甲職
昨至堰口城邑士民遮道聲言城邑用水一路洞口
俱要洋縣分挑甲職因思水利不均苟蒙憲臺親勘
定百世不易之規下屬祇有恪遵焉敢紛更再將憲
示宣揚巢其稟奉法役又勸諭甲縣士民自帮河
堰起至丁家洞止長嶺溝起至鶯兒堰止強之三七
分工帮挑總欲急速完工仰副憲恩之意至于丁家

洞口以下長嶺溝洞口以上皆係城田用水洞口自
應城民挑修會同胡令三面議明在洋民方咎甲職
違法徇情帮挑上下兩處而城民尚欲自上而下一
槩三七分工不惟大違憲示更且碍理難言以丁家
洞起渠南八洞渠北八車皆城田車水放水之路乃
俱欲洋民挑濬將洋邑數十里之渠道又責之何人
耶無怪洋民嘵嘵不已萬不能代城民挑渠之語甲
職已面覆胡令自應城民早行挑濬轉報庶免遲延
推諉致干嚴譴也

申請殘邑鹽課偏苦文　謝景安

竊照鹽課之設原因食鹽起數按戶口定鹽課此通
例也洋邑之戶口不多于州縣而洋邑之鹽課數倍
于州縣九屬鹽課原額與加增共三千餘兩而洋邑
之課原額與加增遂一千三百九十兩零一縣分九
屬之半洋縣之困苦無訴者久在憲臺洞鑒中矣考
成有例辦納維艱甲職爲此寢食不寧憂慮無窮昨
歲蒙憲臺盛恩加意鹽政招商裕課行鹽銷引闔邑
里民焚香誦恩甲職亦日夕感德後因上憲批照舊

例辦納故甲縣去歲之課甲職遵照舊例責之小販
店戶其各店戶中有典賣之具稱貸無門者甲職不
得不設法完解矣今歲計無可設法無所出轉瞬四
月限臨卻何以應欲於本縣招商辦課而洋邑地瘠
民窮苦無應役之人一聽招商民皆聞風遠遁咄咄
縣令展轉思維束手無策惟有切懇憲臺力請上憲
于府城總會之地招商行鹽均引輸課則國課無悞
官商因蘇興利除害莫大于此在各州縣咸沐仁恩
而洋邑之戶視高厚更無已極事關完餉考成例嚴

卑職不得不縷陳苦情伏乞憲臺力賜轉請施行

申請瘞骨文　謝景安

竊照設立義塚收埋暴露屍骨卑縣歲時遵行盖掩骼埋胔王政之所必及者也但喪葬例有定期停柩暴露律載甚嚴而卑職洋邑城内關外遍有星藏寄殯之柩有數十年未葬者有數代不葬者一任風雨漂摇棺木朽爛行道必惻而爲子孫者恬然不以爲念風俗人心之壞至於此極且詳查鄉村到處皆然卑職於正月間出示勸諭早早急葬又恐士民覩爲

具文無從稽察因在城着令木鐸善民在鄉飭令約正清造各地方停柩數目開報某柩有某子孫親支姓名早晚傳諭務令自限月日依期起葬其有無後之棺及赤貧不能舉者卑職即量行捐貲給發約正眷其掩埋及查開四鄉停柩數目城鄉共計一千二百餘喪前限期二月内葬者今報過已葬一百三十餘柩亦見天生下民厥有恒性仁孝之思未始不可以感發也卑職因思人心日漓皆由習俗浸淫訪諸父老稽之輿論謂此浮屠之俗不獨洋邑爲然漢屬皆有之并不獨漢屬爲然秦省俱有之夫送死大事葬必以禮尚不忍比化者土親膚而何忍子復有子孫或生孫尚將祖父之骸棺棄置荒郊耶在卑職勸禁有心職分固敢踰越此疆爾界跬步即屬難行敢以地方風俗人心之失仰賣憲臺惻隱澤骨之仁俯飭各屬凡有停柩之家嚴令本人自限月日槩行扦葬以發孝思而慰幽魂此亦轉移風俗人心之一大事也如果卑職芻蕘可採伏乞立賜允行并懇轉詳撫憲臺通飭秦省州縣施行

漢南郡志卷之二十四終

藝文志論

詞山大川名疆要地曰有文人或紀一時之盛典或彰奕世之偉功或關於政事勤成以示將來或切于民生休戚以垂不朽與夫高賢碩彥雅吏儒林觸物行吟登高作賦風雲起于筆端珠玉形于象外咏之而興遠懸聞之而動懷思致足尚也載籍前志備考邑史奕奕照照卷不勝列但歲月遼遠者字跡差訛胥吏抄謄者校正有闕今已細行蒐證亦自畧少者寘至于無游于風化無益于觀感者寧今毋留寧嚴

毋濫更有牽綴他郡之篇章攙入本地之卷帙止于借美實在失真前人既錯雜遽繼起又肆收羅棄去不存以徵實錄觀斯編者讀淮陰之對知有興王讀武侯之表知有忠節讀賈公瓜果之奏侃侃知貞直之心讀席子南山之祝肅肅見孤京之志讀于瞻與可倡和諸作不覺有風雅之思則夫興觀群怨事君事父未嘗不於斯編見之矣至于我

清定鼎以來盛化旁洽休聲不顯凡今述作悉留心于經濟共示懿于圭璋孝際

右文悉臻茂美其或流進于吟風弄月者均不取焉雖然文墨畢陳宜于分類以別其體製舊志俱從世代不便參列以易其前後故仍其舊惟是深庭遠塞斷碣殘碑巨族名門家藏世載有論剞劂有沒丘戈一槩不得博採窮于茲不無憾焉耳漢中守滕天綬識

告城隍廟禱雨文　　魏壽期 南鄭令 繁昌人

尊神以土主名是一邑之土地人民惟神主之郎惟神庇之今者亢旱越月秋陽倍酷苗之秀者皆枯未秀者欲萎矣南本貧邑又嘗昨歲水患之餘胡能堪此其上天所以降罰者將以濮民之不力農歟抑以有司之失職歟夫民爲上天所生譬爲災者豈恐以所生之不肖而遽絕其食溺民之情亦由教民者之未盡其方其過豈獨在下若有司失職之罰卽宜有司身受之胡爲以吏之故而貽禍於民不特民不任

受度亦上天所不願也玆四境塈澤孔亟矣如數日不雨則必無年無年則民將流離他鄉且民轉溝壑以死於神保障一方之道其謂之何伏惟力請於帝以速救之不能旦夕殺也帝其有不聽者乎敢告

告沔邑城隍廟驅虎文

竊惟仁民愛物者天之心興利除害者吏之責尊神則監長吏以治人治物者也人害物猶不可況以物害人乎沔以瘠土値年飢民無食今欲食不下咽今有虎爲害不惟在野而徑入邑不惟傷畜而偶傷人此眞物理之變繫守土者不能體上天仁愛之心卜爲民除害故至此甚也予代庖玆土咎奚容辭預子思之尊神體天心以仁民方將推仁民之心以愛物詎有聽不仁之獸反害吾民倘令之有過則咎不罪及令之身而又安爲傻蚩蚩之氓旣不得食且不免食於獸尊神其能恐乎伏惟徧勅四山主者疾驅丑虎盡殄厥類以除民害否則令必率虞人及壯士等或用網罟或用火器誓當誅殛無遺咎若神之陰消而潛殛之爲無負厥職乎敢告

勸俗歌十首　魏壽期

人類原來是性生，奈何嗜慾汨天真。試看鳥獸痴愚物，也有哀哀乳哺情。勸孝父母

人生難得弟兄親，手足菁行體不分。恨煞枕邊言似蜜，只知財帛那知倫。勸和兄弟

夫婦人倫首造端，禮由和氣見室家安。堪嗟反目生乖戾，不顧糟糠頃刻離。勸重夫婦

民爲邦本食爲天，足食根本在種田。但使深耕無曠日，何愁稼穡不逢年。勸力農桑

皇恩浩蕩屬租豈有無良賦，恐逋及早辦糧完正課，扣門那怕吏胥呼。勸急公

長法從來不悞人，莫嫌樸實是獃名。逞刁逞悍成何用，法網絡纏若輩身。勸守分

天理只存方寸間，良心難泯自羞顏。怪來好利都忘義，頓把公平兩字刪。勸循理

生計無如儉與勤，儉比勤還足勝幾分。樂歲常懷凶歲慮，食時用禮是良箴。勸節用

賓子賢孫是讀書，莫將牛馬襲襟裾。粗能解得書中

意，到底愚人也不愚。勸教子弟

里仁爲美總宜和，同井相親情誼多。俗說籬牢犬不入，勿因小忿起風波。勸睦鄉里

烈婦李氏小傳

薛銓 洋縣舉人

節烈李氏者河南汝州李仲奇之季女也夫林師樂福建福州府福清縣人隨梓里提督何公傳之任道經其地委禽焉時氏年十七性貞靜未嘗苟言笑既而從夫播遷異地屢歷險阻閱八載許歲庚午流寓漢南僅產一女夫遠出日久訛傳凶問氏仰天疾呼即引刀欲刎賴隣母以風聞未確力阻乃止夫尋歸氏鬻女紅供饔飧相敬如賓甘貧無怨色丁丑春夫寢疾氏日夜泣禱於所奉　觀音大士前願乞身代

及六月二日夫垂危語氏曰汝年尚少又無嗣再醮必得所毋徒自苦氏疾聲應曰生既結髮死當同穴倘良人即世吾何忍獨存言未畢而夫卒氏痛哭仆地幾絕移刻方甦泣嘆曰吾死志已決頭夫骸未收夫文未字事將誰諉且吾弟尚在固原萬一以吾身死不明故累及夫姪吾能瞑目乎次晨急遣人往固原召弟李文郁來漢仝治葬事擇浙杭施禹臣之長子為壻遣女出閣乃營宅兆卜葬葬既定設奠端拜於夫柩前旋辭靚帛且囑女以孝姑嫜敬天夫勸從成家為務言訖欻自盡弟姪暨姻婭輩環跪泣勸氏笑容謝曰吾豈不知生樂死苦顧言不可負義不獨生若必欲強吾生其謂吾非人類乎衆悚然莫敢出聲氏徐顧弟姪曰吾死後止須汝二人視含殮切不可令外人見吾體是夜遂雉經於靈輀右側三日後盍棺面猶如生閭郡咸哀嘆驚駭以為異時康熙三十六年八月十二日也以本年八月十九日仝時合葬於府城東南果園塬　邑賢侯覲公憐其節為文親祭緣格於進例不得請

旌表夫潸之漢洋鄉貢士薛銓紀其事施禹臣同閩郡人士爲之鐫石以誌不朽云

南國甘棠　閩郡公刊入誌

漢臺懷古　魏壽期南鄭令，繁昌人

崇臺竦峙與雲連四百炎劉肇迹年會合人豪名將相憑夌天漢古山川林巒麗矚優斜谷襟帶清流廉遜泉繁盛空勞追舊景凄凉入望有荒烟

拜將壇用李雪木原韻

漢兩城外有高臺漢代河山此地開國士無知成大業飾中誰不讓雄才江流古樹間風雨日落荒原暗草萊鍾室那堪追往事功高從恙北難猜

沔陽謁武侯祠用少陵韻

丞相祠堂聳十尋定軍山下氣蕭森江頭陣憶如神勢石上琴晋太古音盡瘁兩朝存漢鼎酧知三顧竭臣心忠誠自是真儒事遺像巖巖儼正襟

拜武侯墓仍用前韻

羽扇綸巾不可尋墓門松檜自森森天邊常有風雲氣空外疑聞鼙鼓音五丈原遺千古恨三分鼎負一生心成都八百桑如故想像清風豁素襟

春日沔陽署中即事

官舍原如寄今知旅況閒庭虛頻過鳥晝靜任賓

稀李春容邀藤蘿屋角攀聽來渾不厭沔水自潺湲

巳卯秋漢江渡民王起宗種粟一莖兩穗詩以紀之

漢川滿目嗟仳離何幸書年恰有期巳似永嘉盈麥秀更同圓嶠出瓊枝臨風屈曲雙龍舞映水飄搖並蒂姿早識倉箱應共慶獨租惠政順三時

巳卯九月聞兒諜北闈捷音志喜

曉起霜寒未放衙忽來簷雷鵲聲譁塵飛天外金烏帖香吐階前樹巳花驚馬偶邀千里目鶯鳩學奮九

霄遐五年勞吏眉差展藉得先猷有克家

雞頭關

路入古褒谷由來形勝傳三秦關扼要萬仞壁參天有險皆成景無聲不應泉憑高思舊烈轉餉異當年

曉過鳳嶺二首

霜寒曙景動戴月陟層巔馬足低飾樹峯腰側見天雲光開竹石秋色老林泉回首山城裏稀疎出曉烟

聳立當天半雄奇非一名蹤烟時起賦叠嶂幻陰晴綠遶巖花紫孌風花磬清徘徊下山路石磴拂雲平

紫栢山

洞壑神仙宅到來生道心轡丁徹千仞峻白日萬山陰
譏匕濤翻樹悠匕雲出林至今思辟穀天外遠鴻音

留侯祠步故明趙忠毅公原韻

秋殘策馬山中道山中寂歷無鳴鳥有祠山麓獨巍
然祠邊四面峯巒好羨彼赤松共遊人心法傳來橋
上老圓嶠方壺詎可期昔人知幾應不早但言佐漢
功已成誰識報韓志未了君不見博浪沙中計慮深
祖龍一擊心膽浇

藝文志　三

馬嵬懷古步王大司寇阮亭先生原韻三首

昭陽飛燕倏驚秋艷咲名花逝水流堪嘆紅塵馳驛
處玉釵零落淹荒丘
漁陽鼙鼓撼西秦紅粉香銷野陌春何似回鑾從蜀
道猶存天寶舊宮人
一杯荒塚徑分岐秋草淒凉猶狖悲杳匕芳魂千載
夢空憐睡比海棠時

會同寧羌等五州縣帶管五驛公申協站積累

許文　　　　魏壽期

漢中府寧羌州南鄭縣褒城縣沔縣鳳縣馬道武關
等驛驛丞爲遞年協站積累遭塘困苦難堪瀝血公
懇原情更換稍蘇窮驛亟救倒懸事竊惟漢屬西接
巴蜀北連雲棧寧南等五州縣屬十五驛每驛額設
馬五十四匹以備支應往來差使晝夜絡繹不絕一
遇大差經過尚有支應不敷必須互相聯絡務保無
悞急需此　各憲臺素所洞鑒者也自康熙三十五

藝文志　三

年軍興以來連歲屢奉調協西鳳延各站馬匹每次
每驛馬或三十餘匹或二十餘匹或十餘匹不等每
次應隨馬夫多至二十名少亦不下十數名或七八
名其間路途遙隔一千七八百里者有一千二三百
里者協所草料騰貴夫馬差使浩繁跑斃買補重價
墊賠額設一年之站銀尚不敷一季之支用剜肉醫
瘡艱苦萬狀卑職等揭貸苦賠苟免悞公之愆積累
已非一日矣今春復奉　憲檄調換遞堡各塘站分
撥寧南等五州縣帶管五驛每驛撥馬二十一匹共

隙每驛撥馬十匹漢屬十五驛共該馬二百餘匹畢
職等漢塘如數挑選馬匹呈按起去後無奈遷陸
草料未幾比往歲價值增數倍每馬一匹日用草料一
錢八九分不等每夫日用飯食每名七八分不等較
塘站差使倍於驛如織若不速言各驛所當二季之工
料兩月之間支應殆盡前於五月內各站馬夫紛紛
回驛索取盤費立等接濟稍若遲緩必致失馬夫困
無救畢職等復百計設那無預借秋季工料濟此眉
急今又告匱馬夫倉皇泣哀陳畢職等聞之焦心如焚

藝文志　四

官借手無策且漢南有驛之州縣舊歲或派准米以或
賠累從百姓之倉者十有八九人人二慈薄汲吏遭且要
旱五賊追呼不前州縣既無可那雖驛員亦借貸無
門若再冒協遞塘兵嘩然全乏衛額設之一料有
遲遞塘之路即恐無窮以有限待無窮其不至驚覽之人[illegible]
悞甚塞錯若未之有也近雖蒙　撫憲閔恩詳准備等
等州縣令各撤回馬七匹然一時無馬[illegible]豈能便
回畢職等查西鳳各屬驛站每驛額設馬有七八十
匹至百餘匹若每馬一匹額設料草銀有八九分至

一錢若每夫一名額支工食銀有四五至六七若雖
漢屬各驛設在雲棧距省已有千餘里深山窮谷道
路崎嶇每驛僅額設馬五十四匹每馬一匹僅日支
草料銀六分零每夫僅日支工食銀三分較之西鳳
額設馬匹工料不啻減半至於他省外郡倒斃皆有
買補馬價獨漢屬俱係畢職等自行買補遇閏且不
給二料今撥協遞塘相去幾三千里是途路愈險而
夫馬愈少夫馬少而協站愈甚途愈繁豈非苦而益苦
者乎即西鳳各屬之夫馬額設數目既多額支工

藝文志　五

料又重而距遞塘路程較漢又甚近尚蒙　憲臺憐
其勞苦即撥西安府況畢職等隔棧驛馬奉調協遞一
越半載有餘賠累難以盡述其苦比西[illegible]屬三郡不
啻倍蓰謹在　憲臺犀照之中必無有不惻然動念
者也故不揣冒昧瀝血陳情伏懇　憲臺憐念窮驛
苦情轉詳　院憲俯將他郡所屬驛馬　酌賜撥調
前赴榆林[illegible]協再撫漢屬承協遞塘馬匹回驛寬息
不特挽回夫馬得以起死回生而畢職等亦不致重
受倒斃之厄咸感　鴻恩於罔涯矣

請納豆抵米詳文

魏壽期

漢中府南鄭縣爲脩淮納豆抵米以完　國稅事查得漢寧二衛濱河一帶屯地今歲陡遭洪水衝崩秋禾無收節經詳明已在　憲臺洞鑒之內兩士民先以緩徵具詳茲以納豆抵米具詳紛紛不已者蓋緣粟谷盡被河水衝淤菽豆稍收十之四五況乎漢地磽瘠素鮮蓄儲即間有薄收之家僅可本身完糧安有羸餘發糶米豆之價日增追呼之令難緩百姓稱貸無門糴買無獲是以接踵哀求以豆代米意欲勉完　國課並非米貴而豆賤避重就輕也卑職豈不知秋糧乃額定色様關係軍糈何容置喙但事有權變貴於因時額有盈縮期於足賦與其堅執色様而多逋何如暫通色様而易徵今屯民實屬無粟可納又無粟可買若令隨便納豆猶可口卹腹減竭蹶輸將若必拘於半米半豆之例竊恐今日之懇求納豆者遲日則並豆亦歸無有經徵之考成固不足惜不幾　國稅虛懸而兵食給悞乎再查今歲各營未奉撥支糧料即來歲奉撥而各儆存貯米麥不下四萬餘石猶可通融支放卑職身在地方不敢隱蔽民情疾苦合無懇　憲臺電鑒時艱恩賜通融權從民便有米者仍令照額分納無米者准其納豆抵米庶幾一轉移間而　國課易完小民得免敲扑公私兩便窮黎實頂　洪慈於無既矣

公詳蠲免加增鹽課文　魏壽期

漢中府南鄭縣魏會同九州縣公呈爲浮課輸有急
公窮商賠累慘苦循例籲請
題豁以甦積困以善鹽法事竊照漢屬僻處山陬從
前久罹兵燹迄今户口凋殘哀鴻未復民間食鹽一
項窮商勉赴靈州大池掣運往返程途四千隔以山
險棧道舟車不通驢駝人負艱苦萬狀銷賣尤難前
於康熙十八年逆賊蕩平以後十九年間奉文循照
淮浙割没之例每引加鹽二十五斤加徵銀七分其
時各商慮恐加鹽必至壅滯情愿加課而不帶鹽此
亦念切急公權冝佐餉大兵全撤之日仍循舊額不
必計及其有日後之累也嗣於康熙二十八年
戸部爲河東商本等事覆　前鹽院沖　疏稱河東
地方狹小商人空包十有餘年加鹽而不能售勢必
强派民食不獨累商而更累民請將七分課銀准其
除豁覆奉
俞旨欽遵在案又蒙　前任鹽道金　爲
皇仁周及海隅等事詳蒙　前任鹽院索　批開查鳳

翔府七分加增已於康熙二十八年奉
旨蠲免至延安漢中二府七分加課原與河東一例所
加去歲止　題免河東而不並言西屬固屬偏累雖
係鹽法但　撫院有久任之責地方利弊自應入
告仍詳　撫院酌奪會　題繳隨經詳蒙　前撫憲
薩　檄行確查詳覆之後迄今未奉知照又於三十
一年十二月内蒙　鹽道李　爲民流額引難銷等
事業將西延漢三府引課壅滯苦累難完緣由申詳
督撫兩院在案今畢職等屢據各商哀籲慘切故敢冒
昧呈詳切念漢南久遭兵燹之餘殘黎尚未全歸故
土池鹽寫遠掣運誠屬艱難加鹽則萬分不能疏銷
增課則窮商實難措辦况此項無鹽之課當年原屬
急公佐餉今經十數年來賠累無休將來各商必至
賣妻鬻子盖漢郡之鹽商不過存其鹽商之名安能
與淮浙富饒者比倘不稍加矜恤則正課必漸有虧
鹽法從此隳壞職等身任地方之責豈敢緘默不言
况伊等喋喋敷陳倂訴河東之外加七分久矣奉豁
而西屬之鳳翔亦已蠲除獨漢郡之窮商遠跡山陬

詳龍灣水災文　魏壽期

漢中府南鄭縣爲申報水災事。卑職隨卽單騎親詣彼處地方踏勘被災情形，委係復被水衝地畝，王林兒等所控果眞。蓋緣龍灣處在河濵，三面臨水，適當黑龍江水與漢江水交會之衝，以致匆受水患。自昨歲六月十六日洪水爲灾，崩地成河，共計四頃八十畝七分，已經勘明申報本府轉報在案。迨秋抄覆勘，水雖漸退，尚不成灾，而秋禾籽粒無收，屯民俱嗷嗷乏食。今春幸蒙 憲恩批允借給倉糧暫爲續命，迨

今三十六年秋糧，卑職承認交應三十七年丁條，俱皆無力輸納。詎意今歲八月十一二等日陰雨連綿，江水泛漲，將兩岸旱枯秋禾之地，於十三日霖雨大作，連枯菫帶地復遭衝崩，不待將舊崩漸淤之地仍復坍陷，且兩岸新衝又約有三百餘畝，新舊衝崩共地八頃三十七畝有奇，盡成大河，墳塋淹沒，房舍傾頹，民多露宿，戶戶悲啼，旣失經年之望，更有爲魚之憂，顚連失所，眞堪憫惻。似此疊罹水災，異常困苦，若不請 憲輸救災黎，何以聊生？一面諭令鄉地志民擧運倍難，又不能邀沐 憲恩一視，無淫乎若輩呼號萬狀，日懇公庭也。幸際 憲臺福星臨漢，政各商咸慶得生之時，職等目睞披陳，伏乞 憲臺急賜詳 題請豁，俾鹽政可救，則小民無淡食之苦，商因得甦，則正課無虧鉄之患，恤商並以恤民，裕課適以保課， 憲臺再造之洪仁，上下交受脾益矣。

并新崩畝數及地主姓名逐一查明造冊另詳外合
將踏勘過實在重復衝崩大畧情形先行申報伏乞
憲台俯鑒屡被災傷民不堪命俯將前後衝崩地畝
轉請豁除抑或別作賑恤庶小民不致展轉流離感
戴 洪慈再造矣於三十八年七月初一日奉
巡撫陝西等處地方贊理軍務兵部右侍郎兼都察
院右副都御史貝 憲牌前事康熙三十八年六月
二十三日准
戶部咨陝西清吏司案呈奉本部送戶科抄出陝撫
藝文志　圭
貝 題前事等因康熙三十八年四月初七日題本
月二十九日奉
旨該部議奏欽此欽遵於五月十一日抄出到部該臣
等查得陝撫貝 疏稱南鄭縣龍灣地方水衝地畝
一案經前撫臣巴 會題准部咨令委道府等官踏
勘作何蠲免之處具題到日再議隨委漢興道丁
親詣龍灣地方踏勘委係江水泛漲盡衝成河地八
頃三十七畝七分應徵糧五十一石五斗三升二合
銀六兩九錢二分零無從辦課應請永遠豁除取具

冊結送部外會同督臣吳 具題等因前來查前項
地畝該撫既稱係江水泛漲盡衝成河無從辦課
等語將所徵錢糧應如該撫所題准其豁免若此地
未經成河捏以成河謊免錢糧或傍人首告或科道
題參將該督撫一併議處可也等因康熙三十八年
五月二十日題本月二十八日奉
旨依議欽此欽遵抄部行文到部院准此合行出示曉
諭為此示仰龍灣被災地方軍民人等一體欽遵知
照施行
藝文志　三

祭林烈婦文

進士出身文林郎知漢中府南鄭縣事加一級魏壽朔謹以香帛牲醴之儀致祭於本縣故民林師樂妻近故節烈婦李氏之墓而言曰維

聖明之在上兮啟世運之隆昌忻節義之奮起兮著有道之禎祥藉大吏以承流兮宣德教於四方乃有閨中少婦克植綱常產自崆峒之地僑居先義之鄉羨偎李之毓秀兮作和靖之糟糠備晰素比於王氏兮舉案不讓乎孟光詎粟砧無端而感疾兮浸假二

豎之入於膏肓奄奄殘喘之莫續兮琴聲倏爾其悲傷嗟黃鵠之孤影兮誓從泉下以仍雙雖無藐諸之可撫兮猶顧茲弱息之相傍遵易簀之遺言擇婿兮贅苟延夫兩月而稱未亡迨今佳城之既卜兮良人將衣歸乎北邙爰再拜大慟以設奠兮復笑指其女曰爾幸有郎今日可畢吾願兮忍見夫骸之獨藏遂從容觧經帶而高懸兮中夜自經於靈輀之旁噫融融其同穴兮魂飄飄其成行族黨凄然其淚如雨兮里之人咸驚駭以若狂童叟爭執紼以前導兮其凡若第俱聞贊誦而眉揚雖挂典之格於成例兮自輿論之終不可息嗚乎凜凜兮乾坤正氣冽冽兮丈夫剛腸皎皎兮心如冰雪稜稜兮堅比純剛龍從兮梁山峻浩渺兮漢水長惟貞烈兮並赤占星斗兮光芒身雖死兮不死名千載兮猶香誠風化之攸賴兮增邑乘之輝煌守土亦與有辱卑兮適遘此奇節之傳芳聊擷溪毛以薦馨兮猥陳蕪詞而侑觴尚饗

請緩征詳府文　魏[illegible]

漢中府南鄭縣為懇　天憐災恤之恩准緩徵秋糧事查得漢南地土磽瘠民力凋殘所望秋禾豐登庶免啼饑之慮詎意今夏霪雨連綿陽侯肆虐於六月十六日又遭暴雨異常洪水泛漲有寧衛龍灣地方被水沖崩屯地四頃八十餘畝竟成河道秋禾無存其餘沿江各處屯地或被水沖或被沙淤禾苗頗多受損即未沖未淤者亦為陰雨浸濟半未成熟卑職於六月二十一日已將龍灣沖崩情形具文詳報

憲臺在案今褒城縣踏勘因水退漸復淤起尚不成灾是以未敢違例請免而秋成實為歉薄但今徵比秋糧之際例應完納粟豆奈茲粟豆稀少縱有薄收之家輸納糧無餘難供糊口是以市價騰貴糴買維艱也民既苦於枵腹之嗟又慮追呼之迫俯仰莫措因而紛紛具呈籲懇哀求緩徵暫寬目前之喘息卑職非不知國賦為重考成則例甚嚴既係尚不成災何敢妄瀆[illegible]緩[illegible]取[illegible]炭然目擊窮民困苦無處糴買之狀正

聖王軫念秦省各上憲撫恤民瘼之時若令民隱壅於

上聞卑職豈能辭咎既據士民公籲前來敢不據情轉達除本年兵餉條銀已各勉輸將完外惟衛屯秋糧應有額徵之粟豆只得冒昧代陳合無懇乞

憲臺俯鑒窮黎疾苦格外擢宜准令卑職查明果係被災人戶將本年秋糧緩至三十七年帶秋輸納庶幾哀鳴可集而屯民慶更生之澤矣

後記

清康熙年間漢中府知府滕天綬主修的《漢南郡志》，在漢中亡佚已約二百年。公元二〇一六年，當漢中市檔案館從南京圖書館得到此書電子版後，頗有楚弓楚得之感，遂與國家圖書館、上海圖書館所藏《漢南郡志》和嘉慶年間嚴如熤續修《漢南續修郡志》比較研究，做了版本辨識、錯頁糾正、闕頁彌補、重頁剔除等初步整理工作，發現存世的《漢南郡志》係清康熙三十年刻本而非流行所説的康熙二十八年刻本。在整理方面，以南京圖書館藏本爲底本，主要做了兩項工作：其一是重編目録。原目録與正文不盡一致，重編時一般以正文標目爲主，輔以原目録題目；新目録分級和標題以方便查閲爲要，不苛求形式整齊。其二是處理錯頁。原書錯頁嚴重，有同卷内或章節内前後顛倒，有此卷和彼卷相互竄頁，有整葉竄位，亦有原版續接差錯，有闕頁，亦有重頁。整理時：對十多處顛倒、竄頁進行了調整糾正；對卷二、卷三、卷二十、卷末中三葉又兩個半葉闕頁和一葉殘頁依據上海圖書館藏本做了補充；卷六、卷十八、卷二十中一葉又兩個半葉因字跡模糊或書寫較拙，依據國家圖書館、上海圖書館藏本做了調换；對卷十四重復兩個半葉、卷十八《重修山河堰記》重複一葉做了剔除；對卷十二將明代丙午科石聲諧至壬子科陳所養等一十六位舉人置於清康熙己酉、壬子科之後的問題，因原刻續接有誤，故除調整位置外，還嘗試做了拼接。而卷二十三藝文將『元』置於『宋』之前，因不影響閲讀，整理時未做改動；同卷中因再印時抽换文章造成的頁碼錯誤和不連續，亦仍其舊。

《漢南郡志》複製、整理、出版過程中，得到各方人士的鼎力支持。漢中市黨政領導人王建軍、牟曉非、何俊傑等自始至終給予關注，提供方便。王建軍市長安排撥出專款解决複製、出版所需，體現了一地最高行政領導對三百多年前另一位行政長官留下的文化遺産的重視。漢中市檔案館館長孫啓祥承担具體整理工作。陝西理工大學教師王浩遠博士提供《漢南郡志》庋藏綫索，並一同聯係複製，查詢資料，討論方案，破解疑難。漢中市博物館副館長馮歲平研究館員、漢中市文管會辦公室主任左湯泉副研究館員、四川大學歷史地理研究所所長李勇先副教授、陝西理工大學教師張顯鋒館員、南京圖書館研究館員徐憶農女士和漢中市檔案館幹部張洪濤、沙建國（以上副館長）、劉默、趙顯鋒、唐偉等，在複製、整理、出版過程中都予以積極協助。巴蜀書社編審施維先生做了技術指導和出版把關工作。如果是著在提供史料、傳播文化上能對社會有所裨益，他們的心血就没有白費。

整理者

二〇一六年十二月